MW01623103

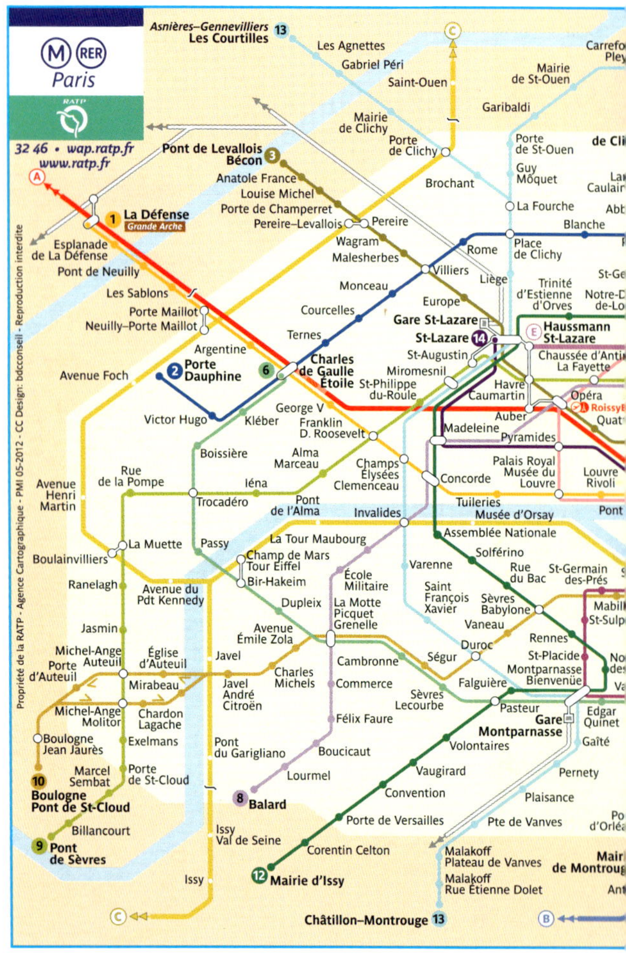

M RER
Paris
RATP
32 46 • wap.ratp.fr
www.ratp.fr
Propriété de la RATP - Agence Cartographique - PMI 05-2012 - CC Design: bdcconseil - Reproduction interdite
Asnières–Gennevilliers Les Courtilles 13
Les Agnettes
Gabriel Péri
Saint-Ouen
Mairie de St-Ouen
Garibaldi
Mairie de Clichy
Porte de Clichy
Porte de St-Ouen
Guy Môquet
La Fourche
Brochant
Pont de Levallois Bécon 3
Anatole France
Louise Michel
Porte de Champerret
Pereire–Levallois
Pereire
Wagram
Malesherbes
Villiers
Rome
Place de Clichy
Blanche
Liège
Monceau
Europe
Trinité d'Estienne d'Orves
Courcelles
Gare St-Lazare
St-Lazare 14
Haussmann St-Lazare
Chaussée d'Anti
La Fayette
Ternes
St-Augustin
Charles de Gaulle Étoile
Miromesnil
St-Philippe du-Roule
Havre Caumartin
Opéra
Auber
La Défense Grande Arche 1
Esplanade de La Défense
Pont de Neuilly
Les Sablons
Porte Maillot
Neuilly–Porte Maillot
Argentine
Avenue Foch
Porte Dauphine 2
6
Victor Hugo
Kléber
George V
Franklin D. Roosevelt
Madeleine
Pyramides
Boissière
Alma Marceau
Champs Élysées Clemenceau
Palais Royal Musée du Louvre
Louvre Rivoli
Avenue Henri Martin
Rue de la Pompe
Iéna
Concorde
Trocadéro
Pont de l'Alma
Invalides
Tuileries
Musée d'Orsay
Assemblée Nationale
La Muette
Passy
La Tour Maubourg
Boulainvilliers
Champ de Mars Tour Eiffel
Bir-Hakeim
École Militaire
Varenne
Solférino
Rue du Bac
St-Germain des-Prés
Ranelagh
Avenue du Pdt Kennedy
Dupleix
La Motte Picquet Grenelle
Saint François Xavier
Sèvres Babylone
Vaneau
Jasmin
Avenue Émile Zola
Duroc
Rennes
St-Placide
Montparnasse Bienvenüe
Michel-Ange Auteuil
Porte d'Auteuil
Église d'Auteuil
Javel
Cambronne
Ségur
Mirabeau
Charles Michels
Javel André Citroën
Commerce
Falguière
Sèvres Lecourbe
Pasteur
Michel-Ange Molitor
Chardon Lagache
Gare Montparnasse
Edgar Quinet
Félix Faure
Boulogne Jean Jaurès
Exelmans
Pont du Garigliano
Volontaires
Gaîté
Boucicaut
Marcel Sembat
Porte de St-Cloud
Vaugirard
Pernety
Lourmel
10 Boulogne Pont de St-Cloud
8 Balard
Convention
Plaisance
Billancourt
Porte de Versailles
Pte de Vanves
9 Pont de Sèvres
Issy Val de Seine
Corentin Celton
Malakoff Plateau de Vanves
Malakoff Rue Étienne Dolet
12 Mairie d'Issy
Issy
Châtillon–Montrouge 13

Basilique de St-Denis
13 St-Denis–Université
CDG
B
St-Denis–Porte de Paris
La Courneuve Aubervilliers
La Courneuve 8 Mai 1945 7
Le Bourget
La Plaine Stade de France
Aubervilliers Front Populaire 12
Aubervilliers–Pantin Quatre Chemins
Fort d'Aubervilliers
Bobigny Pablo Picasso
4
Simplon
Jules Joffrin
Marcadet Poissonniers
Porte de la Chapelle
Marx Dormoy
Pantin
5
Porte de la Villette
Bobigny–Pantin R. Queneau
Corentin Cariou
Église de Pantin
E
Funiculaire de Montmartre
Château Rouge
Barbès Rochechouart
La Chapelle
Crimée
Riquet
Stalingrad
Ourcq
Laumière
Porte de Pantin
Hoche
Anvers
Gare du Nord
Jaurès
Danube
Pré St-Gervais
Mairie des Lilas
Magenta
Louis Blanc
7bis
Bolivar
Botzaris
11
Poissonnière
Château Landon
Colonel Fabien
Buttes Chaumont
3bis
Cadet
Gare de l'Est
Belleville
Pyrénées
Jourdain
Place des Fêtes
Télégraphe
Porte des Lilas
Le Peletier
Château d'Eau
Jacques Bonsergent
Strasbourg St-Denis
Couronnes
Saint-Fargeau
Goncourt
Grands Boulevards
Bonne Nouvelle
Ménilmontant
Pelleport
Temple
République
Arts et Métiers
Oberkampf
Père Lachaise
Porte de Bagnolet
Gallieni
Sentier
Réaumur Sébastopol
Parmentier
3
Filles du Calvaire
Rue St-Maur
Gambetta
Étienne Marcel
Châtelet Les Halles
Les Halles
Rambuteau
St-Sébastien Froissart
St-Ambroise
Philippe Auguste
Mairie de Montreuil
9
Richard Lenoir
Croix de Chavaux
Hôtel de Ville
Voltaire
Châtelet
Chemin Vert
Alexandre Dumas
Bréguet Sabin
Robespierre
Cité
St-Paul
Charonne
Maraîchers
Porte de Montreuil
Bastille
Avron
St-Michel Notre-Dame
Pont Marie
Rue des Boulets
2
Ledru-Rollin
Buzenval
Faidherbe Chaligny
6
Nation
A
Sully Morland
Cluny La Sorbonne
Pte de Vincennes
St-Mandé
Maubert Mutualité
Quai de la Rapée
Gare de Lyon
Reuilly–Diderot
Montgallet
Picpus
Bérault
Jussieu
Cardinal Lemoine
1
Bel-Air
Château de Vincennes
Place Monge
Gare d'Austerlitz
Daumesnil
Michel Bizot
Port-Royal
10
Censier Daubenton
orlybus
Dugommier
Denfert Rochereau
Saint Marcel
Porte Dorée
Les Gobelins
Bercy
Porte de Charenton
Campo Formio
St-Jacques
Quai de la Gare
Cour St-Émilion
Liberté
Corvisart
Place d'Italie
Chevaleret
Charenton–Écoles
Bibliothèque Fr. Mitterrand
Glacière
5
Nationale
Olympiades
14
Tolbiac
École Vétérinaire de Maisons-Alfort
Maisons-Alfort-Stade
Cité Universitaire
Maison Blanche
Porte d'Italie
Porte d'Ivry
Pierre et Marie Curie
Ivry sur-Seine
Maisons-Alfort Les Juilliottes
Le Kremlin Bicêtre
Porte de Choisy
Gentilly
Créteil–L'Échat
Villejuif Léo Lagrange
Mairie d'Ivry 7
Créteil–Université
Orlyval tarification spéciale
Villejuif Paul Vaillant-Couturier
Vitry sur-Seine
Créteil–Préfecture
Orly
Villejuif Louis Aragon 7
C
D
8 Créteil Pointe du Lac

Plan de Paris

Map of Paris - Mapa de Paris
Karte von Paris - Mapa di Parigi

	Légende	Legend	Leyenda	Legende	Leggenda
	Rue à sens unique	One-way street	Calle de sentido único	Einbahnstraße	Strada a senso unico
	Rue piétonne, privée ou réglementée	Pedestrian street, private or restricted	Calle peatonal, privado o restringido	Fußgängerzone, private oder eingeschränkt	Strada pedonale, privato o limitato
	Boulevard périphérique Autoroute	Ring road, highway	Bulevar periférico, autopista	Ringstraße, Autobahn	Circonvallazione, autostrada
	Mairie	Town hall	Ayuntamiento	Rathaus	Municipio
i	Office de Tourisme	Tourist Office	Oficina de Turismo	Tourist Office	Ufficio del Turismo
M	Ministère, Institution	Ministry, institution	Ministerio, institución	Ministerium, die Einrichtung	Ministero, istituto
H	Hôpital	Hospital	Hospital	Krankenhaus	Ospedale
	Bureau de Poste	Post office	Oficina de correos	Postamt	Ufficio postale
P	Parking	Parking	Aparcamiento	Parkplatz	Parcheggio
	Station service	Gas station	Gasolinera	Tankstelle	Stazione benzina
M	Station de Métro	Subway station	Estación de metro	U-Bahn-Station	Stazione della metropolitana
RER	Station de RER	RER station	Estación de RER	RER-Station	Stazione di RER
T1 T2 T3	Station de Tramway	Tram station	Estación de tranvia	Tram-Station	Tram stazione
SNCF	Gare SNCF	Train station	Estación de tren	Bahnhof	Stazione ferroviaria
TAXI	Station taxi avec borne d'appel	Taxi station with call terminal	Llamada de la estación terminal de taxis	Bahnhof Taxi rufen terminal	Stazione dei taxi con telefono
	Piscine	Swimming pool	Piscina	Schwimmbad	Piscina

PLAN DE PARIS par Arrondissement

Map of PARIS by district

Index des rues avec commençant et finissant
et les stations de Métro les plus proches
Streets index with streets beginning at and ending
at and the nearest underground stations

BUS - METRO - RER
RENSEIGNEMENTS UTILES

BUS - SUBWAY - RER
USEFUL INFORMATION

Editions A. LECONTE
Editeur depuis 1920
e-mail : contact@editions-leconte.com
Site : www.editions-leconte.com

Moyen de trouver une rue et la station de métro la desservant

Chaque plan d'arrondissement est divisé en carrés.

Chaque côté est désigné en hauteur par une lettre et en largeur par un chiffre.

La nomenclature précise le carré dans lequel se trouve située la rue recherchée.

Exemple : ***rue Lavoisier,*** la nomenclature donne : 1ère colonne : ***8*** - arrondissement auquel appartient cette rue - 3ème colonne : ***H5*** - limitation du carré dans lequel elle se trouve - 4ème colonne : ***d'Anjou, 59*** - rue et numéro où elle commence......***d'Astorg, 22*** - son aboutissement - 5ème colonne : ***St-Augustin*** - station de métro la plus proche.

Les rues très longues sont divisées par séries de numéros. Exemple : ***rue de Rivoli*** : la partie comprenant les numéros de 1 à 26 est desservie par la station de métro Saint-Paul, de 27 à 56 : par Hôtel-de-Ville, de 53 à 110 : par Châtelet, de 91 à 150: par Louvre, de 150 à 170 : par Palais-Royal, de 170 à 208 : par Tuilleries, et de 208 à 268 : par Concorde.

En général, le numérotage des rues part de la Seine pour les rues perpendiculaires au fleuve (pairs à droite et impairs à gauche).

Pour les rues parallèles, il suit le cours du fleuve.

How to find a street and the nearest Underground Station

The map is divided into squares.

Each side is designated by a letter for the height and a number for the width.

The index indicates the square where the street looked for is to be found.

Thus to find: ***rue Lavoisier,*** the index gives: 1st column: ***8*** - number of the arrondissement where the street is - 3rd column: ***H5*** - shows the square where the street is - 4th column: ***d'Anjou, 59*** - street and number where it begins......***d'Astorg, 22*** - where it ends - 5th column: ***St-Augustin*** - nearest underground station.

The very long streets are divided into series of numbers. Thus numbers 1-27 in the ***rue de Rivoli*** are being served by Saint-Paul station, numbers 27-56: by Hôtel-de-Ville station, 53-110: by Châtelet station, 91-150: by Louvre station, 150-170: by Palais-Royal station, 170-206: by Tuileries station, 206-268: by Concorde station.

For streets perpendicular to the Seine, the numbering begins from the river (even ones on the right, odd ones on the left).

Where streets are running parallel to the Seine, the numbering follows generally the river direction.

SOMMAIRE
Summary - Resumen
Zusammenfassung - Riassunto

Rues situées sur plusieurs arrondissements ou desservies par plusieurs stations de Métro

•

Streets situated on several districts or harmed by several subway stations

•

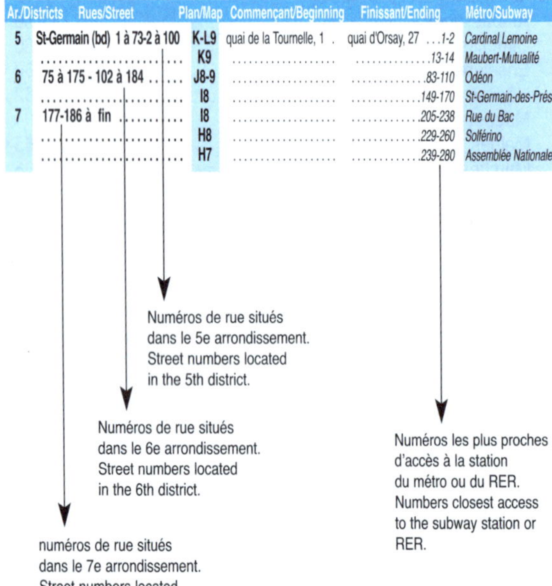

INDEX DES RUES

Street index - Calle indice

Straße Index - Elenco delle vie

Ar./Districts	Rues/Street	Plan/Map	Commençant/Beginning	Finissant/Ending	Métro/Subway
	A				
6	**Abbaye (de l')**	**J8**	de l'Echaudé, 18	Bonaparte, 37	*St-Germain-des-Prés*
5	**Abbé Basset (pl. de l')**	**K9**	Mont. Ste-Geneviève	St-Etienne du Mont	*Cardinal Lemoine*
14	**Abbé Carton (de l')**	**H12**	des Suisses, 5	des Plantes,60	*Plaisance*
5	**Abbé de l'Epée (de l')**	**J10**	Gay-Lussac, 48	Henri Barbusse, 1	*Luxembourg*
16	**Abbé Franz-Stock (pl. de l')**	**B11**	Av. Marcel Doret	du Général Clavery	*Porte de St-Cloud*
13	**Abbé G. Hénocque (pl.)**	**K13**	des Peupliers	de la Colonie	*Tolbiac*
16	**Abbé Gillet (de l')**	**D8**	Lyautey	Jean Bologne	*Passy*
6	**Abbé Grégoire (l')**	**I9**	de Sèvres, 73	de Vaugirard, 90	*Saint-Placide*
15	**Abbé Groult (de l')**	**F11**	Pl. Etienne Pernet	Pl. Charles Vallin	*Convention/Félix Faure*
14	**Abbé J. Lebeuf (pl. de l')**	**H11**	du Château	Guilleminot	*Pernety*
4	**Abbé Migne (de l')**	**L8**	Francs-Bourgeois, 51		*Rambuteau*
18	**Abbé Patureau (l')**	**J3**	Paul Féval, 8	Caulaincourt, 116	*Lamarck-Caulaincourt*
15	**Abbé Roger Derry (de l')**	**F9**	du Laos, 11	Av. Suffren, 94	*La Motte-Picquet*
16	**Abbé Roussel (av.)**	**C9**	J. de La Fontaine, 37	Av. Th. Gauthier, 30	*Eglise d'Auteuil*
17	**Abbé Rousselot (de l')**	**F3**	Bd Berthier, 116	Av. Brunetière, 11	*Pereire*
14	**Abbé Soulange Bodin (de l')**	**H11**	Guilleminot, 11	de l'Ouest, 70	*Pernety*
18	**Abbesses (pas. des)**	**J3**	des Abbesses, 20	Trois Frères, 57	*Abbesses*
18	**Abbesses (pl. des)**	**J3**	des Abbesses, 20	la Vieuville	*Abbesses*
18	**Abbesses (des)**	**J3**	des Martyrs, 89	Lepic, 34	*Abbesses*
10	**Abbeville (d')** 1 à 17 - 2 à 16	**K4**	Pl. Franz Liszt, 1	de Maubeuge, 82	*Poissonnière*
9	19 à 23 - 18 à 20	**K4**			*Poissonnière*
12	**Abel**	**N9**	Bd Diderot, 25	de Charenton, 90	*Gare de Lyon*
16	**Abel Ferry**	**B11**	Bd Murat, 128	de la Petite Arche	*Porte de St-Cloud*
13	**Abel Gance**	**N11**	Q. de la Gare	Av. de France	*Quai de la Gare*
13	**Abel Hovelacque**	**K12**	Av. des Gobelins, 62	Bd Aug. Blanqui, 16	*Place d'Italie*
12	**Abel Leblanc (pas.)**	**N10**	de Charenton, 127	Crozatier, 19	*Reuilly-Diderot*
11	**Abel Rabaud**	**M6**	Av. Parmentier, 140	des Goncourt, 7	*Goncourt*
17	**Abel Truchet**	**H4**	Bd des Batignolles, 30	Caroline, 11	*Place Clichy*
2	**Aboukir (d')**	**K6**	Pl. des Victoires, 9	St-Denis ...*1-2 à 93-96*	*Sentier*
				93-96 à fin	*Strasbourg-St-Denis*
18	**Abreuvoir (de l')**	**J3**	des Saules, 9	Pl. Dalida	*Lamarck-Caulaincourt*
17	**Acacias (pas. des)**	**E4**	Av. Mac-Mahon, 33	des Acacias, 56	*Ch. de Gaulle-Etoile*
17	**Acacias (des)**	**E5**	Pl. Yves et C. Morandat	Av. Mac-Mahon, 35	*Argentine*

Ar./Districts	Rues/Street	Plan/Map	Commençant/Beginning	Finissant/Ending	Métro/Subway
6	Acadie (pl. d')	J8	du Four	de Montfaucon	*Mabillon*
20	Achille	P7	des Rondeaux, 28	Ramus, 25	*Gambetta*
14	Achille Luchaire	H13	Albert Sorel, 8	Bd Brune, 114	*Porte d'Orléans*
18	Achille Martinet	J2	Marcadet, 184	Montcalm, 28	*Lamarck-Caulaincourt*
5	Adanson (sq.)	K11	Monge, 119	....	*Censier-Daubenton*
20	Adjudant Réau (de l')	Q6	du Cap. Marchal, 20	de la Dhuis, 1	*Pelleport*
20	Adjudant Vincenot (pl. de l')	Q6	du Surmelin	Bd Mortier, 93	*Saint-Fargeau*
4	Adolphe Adam	K8	Q. de Gesvres, 14	Av. Victoria, 13	*Châtelet*
15	Adolphe Chérioux (pl.)	F10	Blomet, 93	Vaugirard, 258	*Vaugirard*
14	Adolphe Focillon	I13	Sarrette, 26	Leneveux, 1	*Alésia*
1	Adolphe Jullien	J7	de Viarmes, 11	du Louvre, 40	*Louvre*
9	Adolphe Max (pl.)	I4	de Bruxelles	de Douais	*Place Clichy*
19	Adolphe Mille	O3	Av. Jean Jaurès, 185	....	*Ourcq*
14	Adolphe Pinard (bd)	G13	Av. Pte de Châtillon	limite du 15ème arr.	*Porte de Vanves*
16	Adolphe Yvon	C7	Pl. Tattegrain, 6	Bd Lannes, 65	*Rue de la Pompe*
19	Adour (v. de l')	O5	de la Villette, 13	Mélingue, 14	*Jourdain*
16	Adrien Hébrard (av.)	C8	Pl. Rodin, 4	Av. Mozart, 65	*Jasmin*
9	Adrien Oudin (pl.)	J5	Taitbout	Bd Haussmann	*Chaussée-d'Antin*
20	Adrienne (c.)	P8	de Bagnolet, 82	....	*Alexandre Dumas*
14	Adrienne (v.)	I12	Av. du Gal Leclerc, 17	....	*Mouton-Duvernet*
7	Adrienne Lecouvreur (al.)	F8	Av. Gustave Eiffel	Pl. Joffre	*Ecole Militaire*
14	Adrienne Simon (v.)	I11	Daguerre, 48	....	*Denfert-Rochereau*
18	Affre	L3	de Jessaint, 18	Myrha, 7	*La Chapelle*
16	Agar	C9	Gros, 41	J. de La Fontaine, 19	*Jasmin*
9	Agent Bailly (de l')	J4	Rodier, 13	Milton, 22	*Cadet*
4	Agrippa d'Aubigné	L9	Q. Henri IV, 40	Bd Morland, 17	*Sully-Morland*
8	Aguesseau (d')	H6	du Fbg St-Honoré, 60	de Surène, 23	*Madeleine*
14	Aide Sociale (sq. de l')	H11	Av. du Maine, 158	....	*Gaîté*
19	Aigrettes (v. des)	O4	David d'Angers, 16	....	*Danube*
18	Aimé Lavy	K2	Hermel, 35	du Mont Cenis, 74	*Jules Joffrin*
17	Aimé Maillart (pl.)	E4	Av. Niel	Laugier	*Ternes*
13	Aimé Morot	K14	Bd Kellermann, 65	Av. Caffieri	*Porte d'Italie*
19	Aisne (de l')	N2	Q. de l'Oise, 13	de l'Ourcq, 28	*Crimée*
10	Aix (d')	M6	du Fbg du Temple, 53	Jacq. Louvel-Tessier, 8	*Goncourt*
14	Alain	H11	Vercingétorix, 76	Pl. de Catalogne, 19	*Pernety*
15	Alain Chartier	E11	Blomet, 149bis	Convention, 189	*Convention*
14	Alain Fournier (sq.)	G12	Sq. Auguste Renoir	de la Briqueterie	*Porte de Vanves*
15	Alasseur	F9	Dupleix, 17	Champaubert, 14	*La Motte-Picquet*
10	Alban Satragne (sq.)	L5	du Fbg St-Denis, 107	....	*Gare de l'Est*
16	Albéric Magnard	C7	Octave Feuillet, 5	....	*La Muette*
13	Albert	M13	Régnault, 62	de Tolbiac, 53	*Olympiades*

Ar./Districts	Rues/Street	Plan/Map	Commençant/Beginning	Finissant/Ending	Métro/Subway
8	Albert Ier (crs)	G6	Pl. du Canada	Pl. de l'Alma	*Champs-Elysées-Clem.*
16	Albert Ier de Monaco (av.)	E7	Pl. de Varsovie	Av. Hussein Ier de Jord.	*Trocadéro*
15	Albert Bartholomé (av.)	F12	Av. Pte de la Plaine	Av. Pte de Brancion	*Porte de Vanves*
15	Albert Bartholomé (sq.)	E12	Av. Albert Bartholomé		*Porte de Vanves*
13	Albert Bayet	L12	Av. Edison, 66	Bd Vincent Auriol, 197	*Place d'Italie*
10	Albert Camus	M4	Pl. du Col Fabien, 7	Pl. Robert Desnos	*Colonel Fabien*
15	Albert Cohen (pl.)	C11	Leblanc, 10-12		*Balard*
7	Albert de Lapparent	G9	Av. de Saxe, 30	José M. de Heredia, 7	*Ségur*
16	Albert de Mun (av.)	E7	Av. de New-York, 54	Av. du Pdt Wilson, 43	*Iéna*
13	Albert Einstein	N13	Bd Jean Simon, 30	Al. Domon et L. Duquet	*Biblio. F. Mitterrand*
18	Albert Kahn (pl.)	K2	Bd Ornano	Championnet	*Simplon*
13	Albert Londres (pl.)	L13	des Frs d'Astier de la V.		*Tolbiac*
12	Albert Malet	Q10	Av. Emile Laurent, 7	Jules Lemaître, 8	*Bel-Air*
20	Albert Marquet	Q8	Courat, 15	Vitruve, 15	*Maraîchers*
19	Albert Robida (v.)	O4	Arthur Rozier, 51	de Crimée, 36	*Botzaris*
17	Albert Roussel	G2	Bd Berthier 64	Stép. Grappelli, 10	*Porte de Clichy*
17	Albert Samain	E3	Bd Berthier, 168	Stéphane Mallarmé, 5	*Porte de Champerret*
14	Albert Sorel	H13	Bd Brune, 122	Av. Ernest Reyer, 29	*Porte d'Orléans*
10	Albert Thomas	L6	Léon Jouhaux, 5	Pl. Jacq. Bonsergent	*République*
20	Albert Willemetz	R9	Av. Pte de Vincennes	de Lagny	*Saint-Mandé*
13	Albin Cachot (sq.)	J12	L. M. Nordmann, 141		*Glacière*
13	Albin Haller	K13	Fontaine à Mulard, 19	Brillat Savarin, 24	*Maison Blanche*
12	Albinoni	O11	Al. Vivaldi, 50	Jacques Hillairet, 34	*Montgallet*
16	Alboni (de l')	D8	Av. Pdt Kennedy, 16	Bd Delessert, 23	*Passy*
16	Alboni (sq.)	E8	de l'Alboni, 6	des Eaux	*Passy*
14	Alembert (d')	I12	Hallé, 17	Bezout, 2	*Mouton-Duvernet*
15	Alençon (d')	H10	Bd Montparnasse, 46	Av. du Maine, 7	*Montparnasse-Bienv.*
14	Alésia (d')	H12	Pl. Coluche	de Vouillé *1-2 à 130-149*	*Alésia*
				130-149 à fin	*Plaisance*
14	Alésia (v. d')	H12	d'Alésia, 111ter	des Plantes, 39	*Alésia*
19	Alexander Fleming	Q4	Av. du Belvédère	Av. Pte Pré St-Gervais	*Pré-St-Gervais*
15	Alexandre (pas.)	H10	Bd Vaugirard, 71		*Pasteur*
7/8	Alexandre III (pt)	G7	Q. d'Orsay	cours la Reine	*Invalides*
15	Alexandre Cabanel	F9	Av. de Lowendal, 26	Bd Garibaldi, 1	*Cambronne*
17	Alexandre Charpentier	E3	Pl. Jules Renard	Bd de l'Yser, 23	*Porte de Champerret*
19	Alexandre de Humboldt	N3	de Colmar, 5	Q. de la Marne, 6	*Laumière*
11	Alex. Dumas 1 à 59 - 2 à 72	P8	Bd Voltaire, 199	Pl. de Réunion, 69	*Rue des Boulets*
20	61 à 107 - 74 à 106	P8			*Alexandre Dumas*
18	Alexandre l'Ecuyer (imp.)	J1	du Ruisseau, 103		*Pte de Clignancourt*
10	Alexandre Parodi	M4	Q. de Valmy, 167	du Fbg St-Martin, 222	*Louis Blanc*
19	Alexandre Ribot (v.)	P4	David d'Angers, 74	de l'Egalité, 17	*Danube*

Ar./Districts	Rues/Street	Plan/Map	Commençant/Beginning	Finissant/Ending	Métro/Subway
16	**Alexandre Tansman (v.)**	**B10**	Lancret, 1	....	*Chardon-Lagache*
13	**Alexandre Vialatte (al.)**	**L13**	du Tages, 11	A. P. de Mandiargues, 16 .	*Maison Blanche*
2	**Alexandrie (d')**	**K6**	Saint-Denis, 241	d'Aboukir, 104	*Réaumur-Sébastopol*
11	**Alexandrine (pas.)**	**O8**	Léon Frot, 44	Emile Lepeu, 27	*Charonne*
16	**Alfred Bruneau**	**D8**	des Vignes, 24	Pl. Chopin, 3	*La Muette*
16	**Alfred Capus (sq.)**	**B9**	Bd Suchet, 116	du Mal Lyautey, 25 ...	*Auteuil*
16	**Alfred Dehodencq**	**C7**	Octave Feuillet, 19	....	*La Muette*
16	**Alfred Dehodencq (sq.)**	**C7**	Alfred Dehodencq, 9 ...	....	*La Muette*
8	**Alfred de Vigny** 1 à 9 - 2 à 16 ..	**F4**	Pl. du Gal Brocard	de Chazelles, 10	*Courcelles*
17	11 à 11bis - 18 à 20	**F4**	....	....	*Courcelles*
15	**Alfred Dreyfus (pl.)**	**E9**	Av. Emile Zola	du Théatre	*Emile Zola*
14	**Alfred Durand-Claye**	**G12**	Ray. Losserand, 198	Vercingétorix, 231	*Porte de Vanves*
13	**Alfred Fouillée**	**M14**	Bd Masséna, 117	Av. Léon Bollée, 2	*Porte de Choisy*
5	**Alfred Kastler (pl.)**	**K10**	Erasme	Rataud	*Place Monge*
17	**Alfred Roll**	**F3**	Bd Pereire, 80	Bd Berthier, 33	*Pereire*
15	**Alfred Sauvy (pl.)**	**E8**	Desaix, 23	....	*Bir-Hakeim*
9	**Alfred Stevens**	**J4**	des Martyrs, 65	Pas. Alf. Stevens	*Pigalle*
9	**Alfred Stevens (pas.)**	**J4**	Alf. Stevens, 10	Bd de Clichy, 9	*Pigalle*
12	**Alger (cr d')**	**M9**	Bercy, 245	....	*Quai de la Rapée*
1	**Alger (d')**	**I6**	de Rivoli, 214	Saint-Honoré, 219	*Tuileries*
19	**Algérie (bd d')**	**P4**	Bd Sérurier, 50	Av. de la Pte Brunet ..	*Pré-St-Gervais*
10	**Alibert**	**M5**	Q. de Jemmapes, 66 ..	Av. Parmentier, 161 ...	*République*
14	**Alice (sq.)**	**G13**	Didot, 127	....	*Porte de Vanves*
13	**Alice Domon et L. Duquet** ..	**N12**	Q. Panhard Levassor, 33 .	Av. de France, 58	*Biblio. F. Mitterrand*
12	**Aligre (pl. d')**	**N9**	de Cotte, 10	Beccaria, 25	*Ledru-Rollin*
12	**Aligre (d')**	**N9**	de Charenton, 95	du Fbg St-Antoine, 138 .	*Ledru-Rollin*
16	**Aliscamps (sq. des)**	**B9**	Bd Suchet, 100	Av. Mal Lyautey, 9	*Porte d'Auteuil*
12	**Allard**	**R10**	Bd de la Guyane	Saint-Mandé (94)	*Saint-Mandé*
7	**Allent**	**I8**	de Lille, 15	de Verneuil, 22	*Rue du Bac*
15	**Alleray (pl. d')**	**G11**	d'Alleray, 65	Brancion	*Vaugirard*
15	**Alleray (d')**	**G11**	de Vaugirard, 297	Pl. Falguière, 2	*Vaugirard*
15	**Alleray (ham. d')**	**F11**	d'Alleray, 25	....	*Vaugirard*
19	**Allier (q. de l')**	**N1**	Bd Macdonald	Aubervilliers (93)	*Porte la Villette*
7	**Alma (c. de l')**	**F7**	Av. Bosquet, 4	Av. Rapp, 9	*Alma-Marceau*
16	**Alma (pl. de l')** 1 à 1bis	**F7**	Av. de New York	Av. George V, 1	*Alma-Marceau*
8	3 à 7	**F7**	....	....	*Alma-Marceau*
7/8/16	**Alma (p. de l')**	**F7**	Av. de New-York	Q. d'Orsay	*Alma-Marceau*
3	**Alombert (pas.)**	**L7**	des Gravilliers, 26	au Maire, 9	*Arts-et-Métiers*
19	**Alouettes (des)**	**O4**	Fessart, 28	Botzaris, 64	*Botzaris*
13	**Alpes (pl. des)**	**L12**	Bd Vincent Auriol, 166 ..	Stéphen Pichon	*Place d'Italie*
16	**Alphand (av.)**	**D5**	Duret, 23	Piccini, 16bis	*Porte Maillot*

Ar./Districts	Rues/Street	Plan/Map	Commençant/Beginning	Finissant/Ending	Métro/Subway
13	Alphand	K12	des 5 Diamants, 56	Barrault, 13	*Corvisart*
16	Alphonse XIII (av.)	D8	Raynouard, 34	de l'Abbé Guillet, 3	*Passy*
20	Alphonse Allais (pl.)	N6	de Tourtille	Bisson	*Couronnes*
19	Alphonse Aulard	P4	Bd Sérurier, 52	Bd d'Algérie, 9	*Pré-St-Gervais*
11	Alphonse Baudin	M7	Pelée, 19	Saint-Sébastien, 30	*Richard Lenoir*
15	Alphonse Bertillon	G11	de la Procession, 96	de Vouillée, 61	*Plaisance*
14	Alphonse Daudet	I13	Sarrette, 30	Av. du Gal Leclerc, 89	*Alésia*
17	Alphonse de Neuville	F3	Pl. d'Israël	Bd Pereire, 79	*Wagram*
6	Alphonse Deville (pl.)	I9	Bd Raspail	du Cherche-Midi	*Sèvres-Babylone*
15	Alphonse Humbert (pl.)	D10	Av. Emile Zola	de Javel	*Javel-André Citröen*
19	Alphonse Karr	N2	Av. de Flandre, 169	de Cambrai, 20	*Corentin-Cariou*
5	Alphonse Laveran (pl.)	J10	du Val-de-Grâce	Saint-Jacques	*Port-Royal*
20	Alphonse Penaud	Q6	du Surmelin, 54	du Cap. Ferber, 39	*Saint-Fargeau*
20	Alquier Debrousse (al.)	Q7	des Balkans, 26	Bd Davoult, 181	*Porte de Bagnolet*
10	Alsace (d')	L4	du 8 mai 1945, 6	La Fayette, 166	*Gare de l'Est*
19	Alsace (v. d')	P4	de Mouzaïa, 22		*Botzaris*
12	Alsace-Lorraine (cr d')	O10	de Reuilly, 67		*Montgallet*
19	Alsace-Lorraine (d')	P4	du Gal Brunet, 47	Manin, 40bis	*Danube*
19	Amalia (v.)	P4	du Gal Brunet, 36	de la Liberté, 11	*Danube*
20	Amandiers (des)	O7	Pl. A. Métivier, 11	de Ménilmontant, 52	*Père-Lachaise*
2	Amboise (d')	J5	de Richelieu, 93	Favart, 14	*Richelieu-Drouot*
14	Ambroise Croizat	I13	Av. Paul Appell	Monticelli	*Porte d'Orléans*
10	Ambroise Paré	K4	de Maubeuge, 95	Bd de Magenta, 152	*Barbès-Rochechouart*
19	Ambroise Rendu (av.)	P3	Av. Pte Chaumont, 6	Av. Pte Brunet, 3	*Danube*
9	Ambroise Thomas	K5	Richer, 8	du Fbg Poissonnière, 57	*Poissonnière*
12	Ambroisie (de l')	O11	François Truffaut, 39	Joseph Kessel, 28	*Cour Saint-Emilion*
15	Amédée Gordini (pl.)	E12	Av. Pte de la Plaine, 2		*Porte de Versailles*
7	Amélie	G7	Saint-Dominique, 91	de Grenelle, 170bis	*La Tour-Maubourg*
20	Amélie (v.)	Q5	Borrégo, 42bis		*Saint-Fargeau*
11	Amelot	M8	Bd Richard Lenoir, 3	Bd Voltaire *.1-2 à 56-75*	*Chemin Vert*
		M7		*56-75 à 106-119*	*St-Sébastien-Froissart*
				106-119 à fin	*Filles du Calvaire*
11	Ameublement (c. de l')	O9	de Montreuil, 29		*Faidherbe-Chaligny*
20	Amicie Lebaudy (sq.)	Q6	Ernest Lefèvre, 5		*Pelleport*
20	Amiens (sq. d')	Q7	Harpignies, 5	Serpollet, 6	*Porte de Bagnolet*
16	Amiral Bruix (bd de l')	D5	Pl. Mal Lattre de Tassigny	Pl. de la Pte Maillot	*Porte Maillot*
16	Amiral Cloué (de l')	C9	Q. Louis Blériot, 62	Av. de Versailles, 59	*Mirabeau*
16	Amiral Courbet (de l')	D6	Av. Victor Hugo, 96	de la Pompe, 150	*Victor-Hugo*
1	Amiral de Coligny (de l')	J7	Q. du Louvre, 30	de Rivoli, 91	*Louvre*
16	Amiral d'Estaing (de l')	E6	de Lubeck, 8	Pl. Etats-Unis, 17	*Boissière*
16	Amiral de Grasse (pl. de l')	E6	Av. Iéna	Pl. des Etats-Unis	*Boissière*

Ar./Districts	Rues/Street	Plan/Map	Commençant/Beginning	Finissant/Ending	Métro/Subway
16	**Amiral Hamelin (de l')**	**E6**	Pl. Marlène Dietrich ...	Av. Kléber, 41	*Boissière*
12	**Am. La Roncière Le Noury (de l')**	**Q11**	Bd Soult, 4	Av. Arm. Rousseau, 9 .	*Porte Dorée*
13	**Am. Mouchez (de l')** 1 à 99 ...	**J14**	Pl. Coluche	Bd Kellermann, 108 ...	*Cité Universitaire*
14	2 à 98	**J14**	....	Bd Jourdan	*Cité Universitaire*
15	**Amiral Roussin (de l')**	**F10**	de la Croix-Nivert, 39 ..	Blomet, 88	*Vaugirard*
18	**Amiraux (des)**	**K2**	des Poissonniers, 119 .	de Clignancourt, 134 ..	*Simplon*
17	**Ampère**	**F3**	Pl. du Nicaragua	Bd Pereire, 119	*Wagram*
14	**Amphithéâtre (pl. de l')**	**H11**	Vercingétorix, 50	....	*Pernety*
8	**Amsterdam (imp. d')**	**I4**	d'Amsterdam, 21	Londres, 39	*Saint-Lazare*
8	**Amsterdam (d')** 9 à 101	**I4**	Saint-Lazare, 106	Pl. de Clichy, 1	*Liège*
9	2 à 106	**I4**	....	....	*Liège*
5	**Amyot**	**K10**	Tournefort, 12	Lhomond, 23	*Place Monge*
17	**Anatole de la Forge**	**E5**	Av. Grande Armée, 16 .	Av. Carnot, 21	*Argentine*
7	**Anatole France (av.)**	**F8**	Q. Branly	Pl. Joffre	*Ecole Militaire*
7	**Anatole France (q.)**	**I7**	Pt Royal	Pt de la Concorde	*Assemblée Nationale*
6	**Ancienne Comédie (de l')** ..	**J8**	St-André des Arts, 67 ..	Bd St-Germain, 134 ..	*Odéon*
3	**Ancre (pas. de l')**	**K7**	Saint-Martin, 221	de Turbigo, 30	*Réaumur-Sébastopol*
16	**Andigné (d')**	**C7**	Chaus. de La Muette, 20	Albéric Magnard, 19 ..	*La Muette*
16	**Andorre (pl. d')**	**C8**	de Boulainvilliers	des Vignes	*La Muette*
18	**André Antoine**	**J4**	Bd de Clichy, 24	des Abbesses, 21	*Pigalle*
18	**André Barsacq**	**J3**	Foyatier, 3	Drevet, 6	*Abbesses*
17	**André Bréchet**	**I1**	Av. Pte Saint-Ouen, 11 ..	de Pont à Mousson ...	*Porte de St-Ouen*
1	**André Breton (al.)**	**K7**	Rambuteau	Al. Blaise Cendras	*Les Halles*
9	**André Breton (pl.)**	**J4**	de Douai	Pierre Fontaine	*Pigalle*
15	**André Chamson (espl.)**	**D11**	Balard, 56	Balard, 64	*Balard*
15	**André Citroën (q.)**	**D9**	Pt de Grenelle	Bd du Gal Mart. Valin .	*Javel/Bd Victor*
16	**André Colledebœuf**	**C9**	Ribera, 20	....	*Jasmin*
19	**André Danjon**	**O3**	de Lorraine, 6	Av. Jean Jaurès, 128 ..	*Ourcq*
18	**André del Sarte**	**K3**	Clignancourt, 29	Charles Nodier, 14 ...	*Château-Rouge*
12	**André Derain**	**Q11**	de Montenpoivre, 14 ...	Marie Laurencin	*Bel-Air*
13	**André Dreyer (sq.)**	**J13**	Wurtz, 16	....	*Glacière*
19	**André Dubois**	**N4**	Av. de Laumière, 8	du Rhin, 24bis	*Laumière*
15	**André Gide**	**G11**	de la Procession	du Cotentin	*Volontaires*
18	**André Gill**	**J4**	des Martyrs, 76	....	*Pigalle*
6	**André Honnorat (pl.)**	**J10**	Av. de l'Observatoire ...	Auguste Comte	*Luxembourg*
15	**André Lefèbvre**	**D10**	des Cévennes, 32	Balard, 39	*Javel-André Citröen*
14	**André Lichtenberger (sq.)** ..	**G13**	des Mariniers, 2	....	*Porte de Vanves*
1	**André Malraux (pl.)**	**J7**	Av. Opéra, 2	Saint-Honoré	*Palais-Royal*
13	**André Masson (pl.)**	**L13**	Vandrezanne, 17	....	*Tolbiac*
16	**André Maurois (bd)**	**D4**	Joseph et M. Hackin ...	Neuilly-s.-Seine (92) ..	*Porte Maillot*
6	**André Mazet**	**J8**	Dauphine, 47	St-André des Arts, 66 .	*Odéon*

Ar./Districts	Rues/Street	Plan/Map	Commençant/Beginning	Finissant/Ending	Métro/Subway
18	André Messager	J2	Letort, 21	Championnet, 93	*Jules Joffrin*
16	André Pascal	C7	de Franqueville, 23		*La Muette*
13	André P. de Mandiargues	L13	Av. d'Italie, 164bis	du Moulin d. l. Pointe, 57	*Maison Blanche*
14	André Rivoire (av.)	I14	Av. David Weill	Lucien Descaves	*Cité Universitaire*
17	André Suarès	G2	Bd Berthier, 16	Av. Pte de Clichy	*Porte de Clichy*
7	André Tardieu (pl.)	G9	Av. de Villars	Bd des Invalides	*Saint-François-Xavier*
15	André Theuriet	F12	Bd Lefebvre, 68	Av. Alb. Bartholomé	*Porte de Versailles*
3/11	André Tollet (sq.)	M6	Pl. de la République		*République*
13	André Trannoy (pl.)	K12	des Cinq Diamants	Bd Auguste Blanqui	*Corvisart*
13	André Voguet	N14	Ivry-sur-Seine (94)	Av. de la Pte d'Ivry	*Pierre Curie*
18	Andrézieux (al. d')	K2	des Poissonniers, 90		*Marcadet-Poissonniers*
8	Andrieux	H4	de Constantinople, 22	Bd des Batignolles, 51	*Rome*
18	Androuet	J3	des Trois Frères, 54	Berthe, 57	*Abbesses*
18	Angélique Compoint	J1	Pas. Saint-Jules, 6	Bd Ney, 113	*Porte de St-Ouen*
18	Angers (imp. d')	I1	Leibnitz, 44bis		*Porte de St-Ouen*
19	Anglais (imp. des)	N3	Av. de Flandre, 74		*Riquet*
5	Anglais (des)	K9	Galande, 21	Bd Saint-Germain, 68	*Maubert-Mutualité*
11	Angoulême (c. d')	N6	Jean-P. Timbaud, 66		*Parmentier*
4	Anjou (q. d')	L9	Saint-Louis en l'Ile, 2	des Deux Ponts, 20	*Sully-Morland*
8	Anjou (d')	H5	du Fbg St-Honoré, 42	Pépinière, 11	*St-Augustin*
16	Ankara (d')	D8	Pl. de Bolivie	Berton, 18	*Trocadéro*
20	Annam (d')	P6	de la Bidassoa	du Retrait, 7	*Gambetta*
19	Anne de Beaujeu (al.)	M4	Math. Moreau, 23	Pas. des Fours à Chaux	*Colonel Fabien*
13	Annie Girardot	K13	Pl. de Rungis	des Longues Raies	*Maison Blanche*
19	Annelets (des)	O4	des Solitaires, 17	de Crimée, 35	*Botzaris*
14	Annibal (c.)	I13	de la Tombe-Issoire, 85		*Alésia*
16	Annonciation (de l')	D8	Raynouard, 46	Pl. de Passy, 3	*La Muette*
15	Anselme Payen	G11	Vigée-Lebrun, 6	Falguière, 112	*Volontaires*
11	Antilles (pl. des)	P9	Bd de Charonne	Av. du Trône	*Nation*
9	Antin (c. d')	I5	de Provence, 57	La Fayette, 5	*Chaussée-d'Antin*
8	Antin (imp. d')	G6	Av. Fr. D. Roosevelt, 29		*Champs-Elysées-Clem.*
2	Antin (d')	I6	D. Casanova, 12	de Port-Mahon, 5	*Opéra*
16	Antoine Arnauld	C8	Gustave Zédé, 4bis	Davioud, 3	*Ranelagh*
16	Antoine Arnauld (sq.)	C8	Antoine Arnaud, 5		*Ranelagh*
15	Antoine Bourdelle	H10	Av. du Maine, 24	Falguière, 19	*Montparnasse-Bienv.*
1	Antoine Carême (pas.)	K7	Saint-Honoré	Pas. des Lingères	*Les Halles*
14	Antoine Chantin	H13	Av. Jean Moulin, 26	des Plantes, 47	*Alésia*
6	Antoine Dubois	J9	Ecole de Médecine, 23	Monsieur le Prince, 21	*Odéon*
12	Antoine Furetière (pl.)	Q11	de la Nlle Calédonie	du Gal Archinard	*Porte Dorée*
15	Antoine Hajje	D10	Saint-Charles, 93		*Charles Michels*
12	Antoine Julien Hénard	O10	Av. Daumesnil, 159	de Reuilly, 78	*Montgallet*

Ar./Districts	Rues/Street	Plan/Map	Commençant/Beginning	Finissant/Ending	Métro/Subway
20	Antoine Loubeyre (c.)	O6	de la Mare, 23		Jourdain
16	Antoine Roucher	C9	Mirabeau, 14	Corot, 4	Eglise d'Auteuil
12	Antoine Vollon	N9	Théophile Roussel, 8	du Fbg St-Antoine, 106	Ledru-Rollin
15	Antonin Mercié	F12	Bd Lefebvre, 90	Av. A. Bartholomé, 49	Porte de Vanves
9	Anvers (pl. d')	K4	Av. Trudaine, 19	Bd de Rochechouart, 39	Anvers
17	Apennins (des)	H2	Av. de Clichy, 118	Davy, 39	Brochant
10	Aqueduc (de l')	M4	La Fayette, 169	Bd de la Villette, 149	Louis Blanc
19	Aquitaine (sq. d')	P3	Av. Pte Chaumont	Bd Sérurier, 132	Porte de Pantin
13	Arago (bd) 1 à 73 - 2 à 82	K11	Av. des Gobelins, 24	Pl. Denfert-Rochereau	Les Gobelins
14	77 à 101 - 84 à 116	J11			Denfert-Rochereau
13	Arago (sq.)	K11	Bd Arago, 44		Glacière
5	Arbalète (de l')	K10	des Patriarches, 20	Berthollet, 11	Censier-Daubenton
1	Arbre-Sec (de l')	J7	Pl. de l'Ecole, 4	Saint-Honoré, 109	Pont-Neuf
14	Arbustes (des)	G12	Ray. Losserand, 203		Porte de Vanves
8	Arcade (de l')	H5	Bd Malesherbes, 4	de Rome, 9	Saint-Lazare
17	Arc de Triomphe (de l')	E5	du Gal Lanrezac, 7	des Acacias, 48	Ch. de Gaulle-Etoile
19	Archereau	N2	Riquet, 46	de l'Ourcq, 89	Crimée
5	Archevêché (pt de l')	K9	Q. de l'Archevêché	Q. de la Tournelle	Maubert-Mutualité
4	Archevêché (q. de l')	K9	Pont Saint-Louis	Pont de l'Archevêché	Cité
4	Archives (des) 1 à 41 - 2 à 56	L7	de Rivoli, 50	de Bretagne, 51	Hôtel de Ville
3	43 à 87 - 78 à 96	L7			Rambuteau
4	Arcole (pt d')	K8	Q. des Gesvres	Q. aux Fleurs	Cité
4	Arcole (d')	K8	Q. aux Fleurs, 23	Cloître Notre-Dame, 22	Cité
14	Arcueil (d')	J14	de l'Am. Mouchez, 78	Bd Jourdan, 10	Cité Universitaire
19	Ardennes (des)	O3	Av. Jean Jaurès, 159	Q. de la Marne, 40	Ourcq
5	Arènes (des)	L10	Linné, 21	Pl. Emile Mâle	Jussieu
8	Argenson (d')	H5	La Boétie, 14	Bd Haussmann, 109	Miromesnil
1	Argenteuil (d')	I6	de l'Echelle, 7	Saint-Roch, 32	Pyramides
16	Argentine (d')	E5	Chalgrin, 4	Av. Grand -Armée, 25	Argentine
19	Argonne (pl. de l')	O2	de l'Argonne, 17	Dampierre, 2	Corentin-Cariou
19	Argonne (de l')	O2	Q. de l'Oise, 39	Av. de Flandre, 154	Corentin-Cariou
2	Argout (d')	J6	Etienne Marcel, 46	Montmartre, 63	Sentier
16	Arioste (de l')	A10	Bd Murat, 82	Av. Parc des Princes	Porte de St-Cloud
7	Aristide Briand	H7	Bd St-Germain, 243	de l'Université, 110	Assemblée Nationale
18	Aristide Bruant	J3	Véron, 38	Abbesses, 59	Blanche
15	Aristide Maillol	G11	Falguière, 109	Maurice Maignen, 14	Pasteur
17	Armaillé (d')	E4	des Acacias, 29	Saint-Ferdinand, 5	Argentine
18	Armand (v.)	I2	Championnet, 217		Guy Môquet
19	Armand Carrel (pl.)	N4	Av. de Laumière	Manin	Laumière
19	Armand Carrel	N4	Pl. Armand Carrel, 3	Av. Jean Jaurès	Laumière
19	Armand Fallières (v.)	O4	Miguel Hidalgo, 6		Botzaris

Ar./Districts	Rues/Street	Plan/Map	Commençant/Beginning	Finissant/Ending	Métro/Subway
18	Armand Gauthier	I3	Félix Ziem, 1bis	E. Carrière, 14	*Lamarck-Caulaincourt*
15	Armand Moisant	H10	Falguière, 25	Bd Vaugirard, 20	*Montparnasse-Bienv.*
12	Armand Rousseau (av.)	Q11	Pl. Ed. Renard, 3	Em. Lefébure	*Porte Dorée*
18	Armée d'Orient (de l')	J3	Lepic, 68	Lepic, 78	*Blanche*
17	Armenonville (d')	D4	Gust. Charpentier, 14	Neuilly-sur-Seine (92)	*Porte Maillot*
15	Armorique (de l')	G11	Bd Pasteur, 68	du Cotentin, 22	*Pasteur*
17	Arnault Tzanck (pl.)	H1	Av. Pte Pouchet	Emile Borel	*Porte de St-Ouen*
3	Arquebusiers (des)	M7	Bd Beaumarchais, 89	Saint-Claude, 3	*St-Sébastien-Froissart*
5	Arras (d')	K9	des Ecoles, 7	Monge, 27	*Cardinal Lemoine*
15	Arrivée (de l')	H10	Bd Montparnasse, 64	Av. du Maine, 31	*Montparnasse-Bienv.*
4	Arsenal (de l')	M9	Mornay, 2bis	de la Cerisaie, 1	*Bastille*
8	Arsène Houssaye	F5	Av. Champs Elysées, 152	Beaujon, 3	*Ch. de Gaulle-Etoile*
15	Arsonval (d')	G10	Falguière, 63	de l'Armorique, 8	*Pasteur*
12	Artagnan (d')	O10	du Col. Rozanoff, 21		*Reuilly-Diderot*
17	Arthur Brière	I2	Av. Saint-Ouen	Jean Leclaire, 10	*Porte de St-Ouen*
10	Arthur Groussier	M5	Av. Parmentier, 168	Saint-Maur, 203	*Goncourt*
19	Arthur Honegger (al.)	P3	Sente des Dorées, 8	Av. Jean Jaurès, 228	*Porte de Pantin*
18	Arthur Ranc	I1	Bd Ney, 166	Henri Huchard	*Porte de St-Ouen*
13	Arthur Rimbaud (al.)	N11	Pont de Bercy	Pont National	*Q. de la Gare*
19	Arthur Rozier	O4	Solitaires, 37	Compans, 67	*Botzaris*
14	Artistes (des)	J13	d'Alésia, 13	Saint-Yves, 2bis	*Alésia*
8	Artois (d')	G5	La Boétie, 96	Washington, 44bis	*St-Philippe du Roule*
17	Arts (av. des)	E4	Av. de Verzy, 5		*Porte Maillot*
1/6	Arts (pt des)	J8	Q. Franç. Mitterrand	Pl. de l'Institut	*Pont-Neuf*
12	Arts (imp. des)	P9	du Pensionnat, 3		*Nation*
14	Arts (pas. des)	H11	Ray. Losserand, 31	Edouard Jacques, 14	*Pernety*
18	Arts (v. des)	I3	Hégé. Moreau, 15		*La Fourche*
11	Asile (pas. de l')	N7	Pas. Chemin Vert, 2bis	Popincourt, 51	*Saint-Ambroise*
11	Asile-Popincourt	N7	Moufle, 4	Popincourt, 57	*Saint-Ambroise*
6	Assas (d')	I10	de Cherche-Midi, 25	Av. Observatoire *1-2 à 55-78*	*Rennes*
				55-78 à fin	*Port Royal*
14	Asseline	H11	Maison Dieu, 12	du Château, 143	*Pernety*
18	Assomoir (pl. de l')	K3	des Islettes, 9		*Barbès-Rochechouart*
16	Assomption (l')	C8	de Boulainvilliers, 17	Bd de Montmorency, 1	*Ranelagh*
8	Astorg (d')	H5	de la Ville-l'Evêque, 24	La Boétie, 3	*Saint-Augustin*
15	Astrolabe (v. de l')	H10	de Vaugirard, 119	V. du Mt Tonnerre, 17	*Falguière*
9	Athènes (d')	I4	de Clichy, 19	d'Amsterdam, 38	*Trinité*
19	Atlas (pas. de l')	N5	de l'Atlas, 10bis	de l'Atlas, 14	*Belleville*
19	Atlas (de l')	N5	Rébeval, 1	Av. Simon Bolivar, 69	*Belleville*
9	Auber	I5	Pl. de l'Opéra, 5	Tronchet, 36	*Opéra*
18	Aubervilliers (d') 1 à 215	M1	Bd de la Chapelle, 2	Bd Ney, 1 *1-2 à 79-96*	*Stalingrad*

Ar./Districts	Rues/Street	Plan/Map	Commençant/Beginning	Finissant/Ending	Métro/Subway
19	Aubervilliers (d') 2 à 224	M2		79-96 à fin	Crimée
17	Aublet (v.)	E4	Laugier, 44		Pereire
17	Auboin	H1	Clichy (92)		Pte de St Ouen
12	Aubrac (de l')	O11	de l'Ambroisie, 15	Baron Le Roy, 14	Cour Saint-Emilion
4	Aubriot	L8	Ste-Croix Bretonn., 16	Blancs Manteaux, 15	Hôtel de Ville
20	Aubry (c.)	P8	de Bagnolet, 15	V. Riberolle, 1	Alexandre Dumas
4	Aubry le Boucher	K7	Saint-Martin, 107	Pl. Edmond Michelet	Châtelet
14	Aude (de l')	I13	Av. René Coty, 48	de la Tombe Issoire, 91	Alésia
18	Audran	J3	Véron, 30	des Abbesses, 47	Abbesses
12	Audubon	M10	Bd Diderot, 5bis	de Bercy, 225	Gare de Lyon
20	Auger	P9	Bd Charonne, 36	d'Avron, 14	Buzenval
7	Augereau	F8	Saint-Dominique, 139	de Grenelle, 214	Ecole Militaire
13	Augusta Holmes (pl.)	M11	Q. d'Austerlitz, 29	Paul Klee, 14	Quai de la Gare
11	Auguste Barbier	M6	Fontaine au Roi, 35	Av. Parmentier, 125	Goncourt
19	Auguste Baron (pl.)	O1	Av. Pte de la Villette	Bd de la Commanderie	Porte la Villette
15	Auguste Bartholdi	E9	Pl. Dupleix	Bd de Grenelle, 73	Dupleix
13	Auguste Blanqui (bd)	K12	Pl. d'Italie, 12	de la Santé .1-2 à 88-101	Corvisart
				88-101 à fin	Glacière
13	Auguste Blanqui (v.)	M12	Jeanne d'Arc, 46		Nationale
14	Auguste Cain	H13	Av. Jean Moulin, 56	des Plantes, 67	Porte d'Orléans
15	Auguste Chabrières (c.)	E11	Aug. Chabrières, 22		Porte de Versailles
15	Auguste Chabrières	E11	Desnouettes, 41bis	de la Croix-Nivert, 250	Porte de Versailles
20	Auguste Chapuis	Q8	Mendelssohn, 9	des Drs Déjérine, 15	Porte de Montreuil
6	Auguste Comte	J10	Bd Saint-Michel, 66	d'Assas, 57	Notre-D. des Champs
15	Auguste Dorchain	F10	de la Croix Nivert, 55	Quinault, 2	Commerce
13	Auguste Lançon	K13	Barrault, 74	de Rungis, 34	Cité Universitaire
11	Auguste Laurent	N8	Mercœur, 1	de la Roquette, 140	Voltaire
16	Auguste Maquet	B11	Bd Exelmans, 5bis	Bd Murat, 185	Exelmans
20	Auguste Métivier (pl.)	O7	des Amandiers	Av. Gambetta, 1	Père-Lachaise
14	Auguste Mie	H11	Froidevaux, 73	Av. du Maine, 97	Gaîté
13	Auguste Perret	L13	Av. d'Italie, 81	Av. de Choisy, 105	Tolbiac
14	Auguste Renoir (sq.)	G12	Ray. Losserand, 207	Bd Brune, 39	Porte de Vanves
16	Auguste Vacquerie	F6	Newton, 3	Dumont d'Urville, 12	Kléber
15	Auguste Vitu	D10	Av. Emile Zola, 14	Séb. Mercier, 13	Javel-André Citröen
13	Augustin Mouchot	K13	Brillat-Savarin		Maison Blanche
19	Augustin Thierry	P5	Compans, 9	du Pré St-Gervais, 12	Place des Fêtes
9	Aumale (d')	J4	Saint-Georges, 45	de la Rochefoucauld, 24	Saint-Georges
13	Aumont	L13	de Tolbiac, 125	Av. d'Ivry, 106	Tolbiac
17	Aumont-Thiéville	E4	Bd Gouvion St-Cyr, 25	Roger Bacon, 11	Porte de Champerret
17	Aurelle de Paladines (bd d')	D4	Pl. du Gal Kœnig, 16	Cino Del Duca, 33	Porte Maillot
5	Austerlitz (c. d')	L10	Nicolas Houël, 1		Gare d'Austerlitz

Ar./Districts	Rues/Street	Plan/Map	Commençant/Beginning	Finissant/Ending	Métro/Subway
5/12/13	Austerlitz (pt)	M10	Pl. Mazas	Pl. Valhubert	*Gare d'Austerlitz*
13	Austerlitz (q. d')	M11	Bd Vincent Auriol, 2	Pl. Valhubert, 1	*Gare d'Austerlitz*
12	Austerlitz (d')	M9	de Bercy, 232	de Lyon, 23	*Gare de Lyon*
15	Australie (prde d')	E8	Pt Bir Hakeim	le long du Q. Branly	*Champ de Mars-Tour Eiffel*
16	Auteuil (d')	B9	Théophile Gautier, 68	Bd Murat, 1	*Michel-Ange-Auteuil*
16	Auteuil (bd d')	A10	Av. de la Pte Molitor	Nungesser et Coli	*Michel-Ange-Molitor*
4	Avé Maria (de l')	L8	Saint-Paul, 3	du Fauconnier, 4	*Pont-Marie*
11	Avenir (c. de l')	O6	Bd Ménilmontant, 121		*Ménilmontant*
20	Avenir (de l')	P5	Pixérécourt, 30		*Place des Fêtes*
16	Avenue du Bois (sq. de l')	E5	Le Sueur, 9		*Argentine*
16	Avenue Foch (sq. de l')	D5	Av. Foch, 80		*Porte Dauphine*
17	Aveyron (sq. de l')	F3	Jules Bourdais, 10		*Pereire*
15	Avre (de l')	F9	Bd Grenelle, 138	Letellier, 41	*La Motte-Picquet*
20	Avron (d')	Q8	Bd de Charonne, 44	Bd Davout, 67	*Avron*
18	Azaïs	J3	parvis du Sacré-Cœur	Saint-Eleuthère, 12	*Abbesses*

B

Ar./Districts	Rues/Street	Plan/Map	Commençant/Beginning	Finissant/Ending	Métro/Subway
7	Babylone (de)	H9	Bd Raspail, 46	Bd Invalides, 35	*Sèvres-Babylone*
7	Bac (du)	I8	Q. Voltaire, 35	de Sèvres *1-2 à 87-96*	*Rue du Bac*
				87-96 à fin	*Sèvres-Babylone*
2	Bachaumont	K6	Montorgueil, 63	Montmartre, 78	*Sentier*
18	Bachelet	K3	Nicolet, 18	Lambert, 29	*Château-Rouge*
20	Bagnolet (de)	Q7	Bd de Charonne, 148	Bd Davout, 229	*Alexandre Dumas*
18	Baigneur (du)	K2	Ramey, 51	du Mont Cenis, 42	*Marcadet-Poissonniers*
1	Baillet	J7	de la Monnaie, 21	de l'Arbre Sec, 22	*Louvre*
1	Bailleul	J7	de l'Arbre Sec, 37	du Louvre, 10	*Louvre*
14	Baillou	H12	des Plantes, 52	Lecuirot, 7	*Alésia*
3	Bailly	L6	Réaumur, 27	Beaubourg, 98	*Arts-et-Métiers*
15	Balard (pl.)	D11	Av. Félix Faure, 150	Bd Victor	*Balard*
15	Balard	D10	Rd-Pt du Pt Mirabeau, 7	Pl. Balard, 1	*Javel-André Citröen*
11	Baleine (imp. de la)	N6	Jean-P. Timbaud, 90		*Couronnes*
20	Balkans (des)	Q7	Vitruve, 61	de Bagnolet, 148	*Porte de Bagnolet*
9	Ballu	I4	Blanche, 55	de Clichy, 72	*Place Clichy*
9	Ballu (v.)	I4	Ballu, 23		*Place Clichy*
17	Balny d'Avricourt	F4	Pierre Demours, 51	Av. Niel, 82	*Pereire*
1	Baltard	K7	Al. St-John Perse	Rambuteau	*Les Halles*
8	Balzac	F5	Av. Champs Elysées, 124	du Fbg St-Honoré, 193	*George V*
2	Banque (de la)	J6	des Petits Pères, 1	Pl. de la Bourse, 7	*Bourse*
13	Banquier (du)	L11	Duméril, 24	Av. des Gobelins, 53	*Campo-Formio*
13	Baptiste Renard	M12	Château d. Rentiers, 105	Nationale, 94	*Olympiades*

Ar./Districts	Rues/Street	Plan/Map	Commençant/Beginning	Finissant/Ending	Métro/Subway
19	Barbanègre	O2	de Nantes, 14	Q. de Gironde, 7	*Corentin-Cariou*
18	Barbès (bd)	K3	Bd la Chapelle, 126	Ordener, 75 *.1-2 à 43-64*	*Barbès-Roch./Ch. Rouge*
				43-64 à fin	*Ch. Rouge/Marcadet-P.*
7	Barbet de Jouy	H8	de Varenne, 67	de Babylone, 62	*Varenne*
3	Barbette	L7	Elzévir, 7	Vieille du Temple, 68	*Saint-Paul*
7	Barbey d'Aurevilly (av.)	F8	Av. de la Bourdonnais, 42	Al. Adrie. Lecouvreur	*Ecole Militaire*
16	Barcelone (pl. de)	C9	Av. de Versailles	Mirabeau	*Mirabeau*
14	Bardinet	H12	d'Alésia, 179	de l'Abbé Carton, 27bis	*Plaisance*
15	Bargue	G11	de Vaugirard, 29bis	Falguière, 136	*Volontaires*
17	Baron	H2	de La Jonquière, 56	Navier, 51	*Guy Môquet*
12	Baron le Roy (du)	O11	Pl. Lachambeaudie, 4		*Cour Saint-Emilion*
13	Barrault (pas.)	K12	des Cinq Diamants, 48	Barrault, 7	*Corvisart*
13	Barrault	K13	Bd Aug. Blanqui, 73	Pl. de Rungis, 9	*Corvisart*
19	Barrelet de Ricou	N5	Geor. Lardennois, 89	Philippe Hecht, 1	*Bolivar*
4	Barres (des)	L8	de l'Hôtel de Ville, 62	Franç. Miron, 14	*Hôtel de Ville*
18	Barrière Blanche (de la)	I3	Joseph de Maistre, 21	Carpeaux, 2	*Guy Moquet*
12	Barrier (imp.)	N9	de Cîteaux, 19		*Reuilly-Diderot*
3	Barrois (pas.)	L7	des Gravilliers, 34	au Maire, 15	*Arts-et-Métiers*
10	Barthélemy (pas.)	M3	du Fbg St-Martin, 263	de l'Aqueduc, 84	*Porte la Villette*
15	Barthélemy	G10	Av. de Breteuil, 82	Av. de Suffren, 161	*Sèvres-Lecourbe*
17	Barye	F4	Médéric, 19	Cardinet, 20	*Courcelles*
2	Basfour (pas.)	K6	Saint-Denis, 176	de Palestro, 25	*Réaumur-Sébastopol*
11	Basfroi (pas.)	N8	Pas. Ch. Dallery, 22	Av. Ledru-Rollin, 159	*Voltaire*
11	Basfroi	N8	de Charonne, 69	de la Roquette, 106	*Voltaire*
20	Basilide Fossard (imp.)	Q6	Av. Gambetta, 90		*Pelleport*
8	Bassano (de) 23 à 39 - 34 à 58	F6	Av. d'Iéna, 58	Av. Champs Elysées, 101	*George V*
16	1 à 21 - 2 à 32	F6			*Iéna*
5	Basse des Carmes	K9	Mont. Ste-Geneviève, 8	des Carmes, 3	*Maubert-Mutualité*
4	Bassompierre	M9	Bd Bourdon, 25	de l'Arsenal, 10	*Bastille*
19	Baste	N4	Av. Secrétan, 33	Bouret, 19	*Bolivar*
16	Bastien Lepage	B9	Pierre Guérin, 11bis	J. de La Fontaine, 79	*Michel-Ange-Auteuil*
12	Bastille (bd de la)	M9	Pl. Mazas	Pl. de la Bastille	*Bastille*
4	Bastille (pl. de la) 1 à 7	M8	Saint-Antoine, 1	de Lyon	*Bastille*
11	8 à 14	M8			*Bastille*
12	2 à 6	M8			*Bastille*
4	Bastille (de la)	M8	de Tournelles, 2	Pl. de la Bastille, 7	*Bastille*
10	Bataille de Stalingrad (pl.) 1 à 11	M4	Bd de la Villette	Av. de Flandres	*Stalingrad*
19	2 à 10	M4			*Stalingrad*
12	Bataillon du Pacifique (pl. du)	N10	Bd de Bercy	de Bercy	*Bercy*
4	Bat. Fr. ONU en Corée (pl. du)	L8	Q. de l'Hôtel de Ville	de l'Hôtel de Ville	*Pont-Marie*
8	Batignolles (bd des) 5 à 63	H4	Pl. Clichy, 5	Pl. P. Goubaux *.5-45 - 8-62*	*Pl. Clichy/Rome*

Ar./Districts	Rues/Street	Plan/Map	Commençant/Beginning	Finissant/Ending	Métro/Subway
17	8 à 102	H4		45-62 à fin	Rome/Villiers
17	**Batignolles**	H3	Bd des Batignolles, 32	Pl. Dr Félix Lobligeois	Rome
16	**Bauches (des)**	C8	de Boulainvilliers, 45	Gustave Zédé, 3	Ranelagh
18	**Baudelique**	K2	Ordener, 64	Bd Ornano, 23	Simplon
13	**Baudoin**	M12	Clisson, 17	Dunois, 42	Chevaleret
4	**Baudoyer (pl.)**	L8	François Miron	de Rivoli, 25	Hôtel de Ville
13	**Baudran (imp.)**	L13	Damesme, 17		Tolbiac
13	**Baudricourt (imp.)**	L13	Baudricourt, 66		Tolbiac
13	**Baudricourt**	L13	Nationale, 103	Av. de Choisy, 70	Olympiades
14	**Bauer (c.)**	H12	Didot, 36	des Thermopyles, 15	Pernety
12	**Baulant**	O10	du Charolais, 30	de Charenton, 208	Dugommier
20	**Baumann (v.)**	Q6	Alphonse Penaud, 35	Etienne Marey, 32	Pelleport
15	**Bausset**	F11	Pl. Adolp. Chérioux, 8	de l'Abbé Groult, 77	Vaugirard
8	**Bayard**	G6	Crs Albert Ier	Av. Montaigne, 42	Champs-Elysées-Clem.
17	**Bayen**	E4	Poncelet, 1	Bd Gouvion St-Cyr, 21	Ternes
5	**Bazeilles (de)**	K11	Censier, 53	Monge, 118	Censier-Daubenton
3	**Béarn (de)**	M8	Pl. des Vosges, 28	Saint-Gilles, 5	Chemin Vert
15	**Béatrix Dussanne**	E9	Viala, 19	de Lourmel, 16	Dupleix
3	**Beaubourg (imp.)**	L7	Beaubourg, 37		Rambuteau
3	**Beaubourg** 21-22 à 107	L7	Simon Le Franc, 14	de Turbigo, 48	Arts-et-Métiers
4	2 à 20 - 13 à 17	K7			Rambuteau
3	**Beauce (de)**	L7	Pastourelle, 8	de Bretagne, 45	Arts-et-Métiers
8	**Beaucour (av.)**	F5	Av. Hoche, 16		Ternes
20	**Beaufils (pas.)**	Q9	du Volga, 13	d'Avron, 82	Maraîchers
15	**Beaugrenelle**	D9	Emeriau, 61	Saint-Charles, 74	Charles Michels
11	**Beauharnais (c.)**	O8	Léon Frot, 6	Neuve des Boulets, 28	Charonne
1	**Beaujolais (gal. de)**	J6	Gal. Montpensier	Gal. de Valois	Bourse
1	**Beaujolais (pas.)**	J6	de Montpensier, 47	de Richelieu, 52	Bourse
1	**Beaujolais (de)**	J6	de Valois, 43	de Montpensier, 38	Bourse
8	**Beaujon**	F5	Pl. Georg. Guillaumin	Av. de Wagram, 6	Ch. de Gaulle-Etoile
8	**Beaujon (sq.)**	G5	Bd Haussmann, 150		Miromesnil
4	**Beaumarchais (bd)** 1 à 31	M8	Bd Richard Lenoir, 1	Pt aux Choux *.1-2 à 26-31*	Bastille
11	2 à 102	M8		26-31 à 86-89	Chemin Vert
3	33 à 113	M8		86-89 à fin	St-Sébastien-Froissart
7	**Beaune (de)**	I7-8	Q. Voltaire, 27	de l'Université, 34	Rue du Bac
14	**Beaunier**	I13	Tombe Issoire, 136	Av. Gal Leclerc, 115bis	Porte d'Orléans
2	**Beauregard**	K6	Poissonnière, 14	Bd Bonne Nouvelle, 5b	Bonne Nouvelle
2	**Beaurepaire (c.)**	K6	Greneta, 48		Etienne Marcel
10	**Beaurepaire**	M6	Bd de Magenta, 2	Q. de Valmy, 71	République
16	**Beauséjour (bd de)**	C8	ch. de la Muette, 15	l'Assomption, 102	Ranelagh
16	**Beauséjour (v.)**	C8	Bd Beauséjour, 7		Ranelagh

Be

Ar./Districts	Rues/Street	Plan/Map	Commençant/Beginning	Finissant/Ending	Métro/Subway
4	**Beautreillis**	**M8**	des Lions St-Paul, 2	Saint-Antoine, 43	*Sully-Morland*
8	**Beauvau (pl.)**	**H6**	du Fbg St-Honoré, 90	Miromesnil, 2	*Champs-Elysées-Clem.*
6	**Beaux-Arts (des)**	**J8**	de Seine, 14	Bonaparte, 11	*St-Germain-des-Prés*
12	**Beccaria**	**N9**	Charenton, 115	Pl. d'Aligre, 17	*Gare de Lyon*
18	**Becquerel**	**J3**	Bachelet, 23	du Mont Cenis, 26	*Lamarck-Caulaincourt*
16	**Beethoven**	**E8**	Av. du Pdt Kennedy, 2	Bd Delessert, 11	*Passy*
12	**Bel Air (av. du)**	**P9**	Av. de St-Mandé, 15	Pl. de la Nation, 24bis	*Nation*
12	**Bel Air (cr du)**	**N9**	du Fbg St-Antoine, 56		*Ledru-Rollin*
12	**Bel Air (v. du)**	**Q10**	Av. St-Mandé, 102bis	Stier de la Lieutenance	*Porte de Vincennes*
11	**Belfort (de)**	**O8**	Bd Voltaire, 133	Léon Frot, 69	*Charonne*
7	**Belgrade (de)**	**F8**	Av. d. l. Bourdonnais, 56	Al. Adr. Lecouvreur	*Ecole Militaire*
20	**Belgrand**	**Q7**	Pl. Gambetta, 4	de Bagnolet, 179	*Porte de Bagnolet*
18	**Belhomme**	**K3**	Bd de Rochechouart, 20	de Sofia, 7	*Barbès-Rochechouart*
17	**Belidor**	**D4**	Av. des Ternes, 93	Bd Gouvion St-Cyr, 71	*Porte Maillot*
15	**Bellart**	**G9**	Pérignon, 11	Av. de Suffren, 155	*Sèvres-Lecourbe*
7	**Bellechasse (de)**	**H7**	de Lille	de Varenne, 66	*Solférino*
9	**Bellefond (de)**	**K4**	Fbg Poissonnière, 105	de Rochechouart, 26	*Poissonnière*
16	**Belles Feuilles (des)**	**D6**	Pl. de Mexico, 10	Pl. Chanceler Adenauer	*Porte Dauphine*
16	**Belles Feuilles (imp. des)**	**D6**	des Belles Feuilles, 48		*Porte Dauphine*
11	**Belleville (bd de)** 1 à 79	**N6**	Oberkampf, 159	de Belleville *1-2 à 37-48*	*Ménilmontant/Couronnes*
20	2 à 132	**N6**		*37-48 à fin*	*Couronnes/Belleville*
19	**Belleville (de)** 1 à 353	**O5**	Bd de la Villette, 2	Bd Sérurier *1-2 à 92-93*	*Belleville/Pyrénées*
20	2 à 328	**Q5**		*92-93 à 140-141*	*Pyrénées/Jourdain*
				140-141 à 240-263	*Jourdain/Télégraphe*
				240-263 à fin	*Télégraphe/Pte des Lilas*
19	**Bellevue (de)**	**P4**	Compans, 72	des Lilas, 31	*Place des Fêtes*
19	**Bellevue (v. de)**	**P4**	de Mouzaïa, 32	de Bellevue, 15	*Danube*
18	**Belliard**	**J1**	des Poissonniers, 165	Av. St-Ouen *1-2 à 77*	*Pte de Clignancourt*
				77 à fin	*Porte de St-Ouen*
18	**Belliard (v.)**	**I2**	Pas. Daunay, 12	Belliard, 189	*Porte de St-Ouen*
13	**Bellier-Dedouvre**	**K13**	Charles Fourier, 25	Colonie, 61	*Tolbiac*
13	**Bellièvre (de)**	**M11**	Q. d'Austerlitz, 9	Edmond Flamand, 8	*Quai de la Gare*
16	**Bellini**	**D7**	Scheffer, 21	Av. Paul Doumer	*Passy*
19	**Bellot**	**M3**	de Tanger, 17bis	d'Aubervilliers, 40	*Stalingrad*
16	**Belloy (de)**	**E6**	Pl. des Etats-Unis, 16	Av. Kléber, 37	*Boissière*
19	**Belvédère (av. du)**	**Q4**	Av. René Fonck, 25	Le Pré St-Gervais (93)	*Pré-St-Gervais*
10	**Belzunce (de)**	**K4**	Bd Magenta, 109	de Maubeuge, 86	*Gare du Nord*
2	**Ben-Aïad (pas.)**	**K6**	Mandar, 8	Léopold Bellan, 9	*Sentier*
14	**Bénard**	**H12**	des Plantes, 22	Didot, 37	*Mouton-Duvernet*
19	**Benjamin Constant**	**N2**	Av. Corentin Cariou, 7	de Cambrai, 30	*Corentin-Cariou*
5	**Benjamin Fondane (pl.)**	**K10**	Rollin, 2	Rollin, 4	*Place Monge*

Ar./Districts	Rues/Street	Plan/Map	Commençant/Beginning	Finissant/Ending	Métro/Subway
16	**Benjamin Franklin**	D7	Pl. de Costa Rica	Av. Paul Doumer, 1	*Trocadéro/Passy*
16	**Benjamin Godard**	C6	Dufrenoy, 2	de Lota	*Rue de la Pompe*
20	**Benoît Frachon (av.)**	R8	Av. Léon Gaumont, 46	Av. Pte de Montreuil	*Porte de Montreuil*
16	**Benouville**	D6	Spontini, 32	de la Faisanderie, 37	*Porte Dauphine*
16	**Béranger (ham.)**	C8	J. de La Fontaine, 16		*Ranelagh*
3	**Béranger**	M6	Pl. Olympe de Gouges	du Temple, 180	*République*
4	**Bérard (cr)**	M8	Imp. Guéménée, 8		*Bastille*
13	**Berbier du Mets**	K11	de Croulebarbe, 26	Bd Arago, 17	*Les Gobelins*
12	**Bercy (bd de)**	N11	Q. de Bercy	de Charenton, 238	*Bercy/Dugommier*
12/13	**Bercy (pt de)**	N11	Q. de Bercy	Q. d'Austerlitz	*Quai de la Gare*
12	**Bercy (q. de)**	N11	Charenton-le-Pont (94)	Q. de la Rapée, 16	*Bercy*
12	**Bercy (al. de)**	N10	Bd de Bercy, 13	Bd Diderot, 20	*Bercy*
12	**Bercy (de)**	O11	de Dijon, 5	Bd Bastille *.1-2 à 144-147*	*Bercy*
		M10		*144-147 à fin*	*Gare de Lyon*
20	**Bergame (imp. de)**	P8	des Vignoles, 30		*Avron*
1	**Berger**	K7	Bd Sébastopol, 29	du Louvre, 38	*Les Halles*
9	**Bergère (c.)**	K5	du Fbg Montmartre, 6	Bergère, 23	*Grands Boulevards*
9	**Bergère**	K5	Fbg Poissonnière, 13	du Fbg Montmartre, 12	*Grands Boulevards*
13	**Bergère d'Ivry (pl. de la)**	K12	de Croulebarde	Corvisart	*Corvisart*
15	**Bergers (des)**	D10	de Javel, 60	Cauchy, 33	*Charles Michels*
14	**Berges Hennequines (des)**	J13	Av. de la Sibelle, 22	Empereur Julien, 12	*Cité Universitaire*
6	**Bérite (de)**	H9	du Cherche Midi, 67	Jean-F. Gerbillon, 9	*Saint-Placide*
16	**Berlioz**	D5	Pergolèse, 30	du Cdt Marchand, 7	*Porte Maillot*
3	**Bernard de Clairvaux**	K7	Brantôme	Saint-Martin, 172	*Rambuteau*
14	**Bernard de Ventadour**	H11	Pernety, 83	Desprez, 7	*Pernety*
18	**Bernard Dimey**	K2	Jules Coquet, 1	Vauvenargues, 70	*Porte de St-Ouen*
16	**Bernard Duperier (espl.)**	E6	jardins du Trocadéro	Av. des Nations-Unis, 4	*Trocadéro*
5	**Bernard Halpern (pl.)**	K10	des Patriarches	Daubenton	*Censier-Daubenton*
17	**Bernard Lafay (prde)**	E3	Bd Aurelle de Paladines	Av. Pte d'Asnières	*Porte de Champerret*
3	**Bernard Lazare (pl.)**	L6	Borda	de Turbigo	*Arts et Métiers*
12	**Bernard Lecache**	R10	du Chaffault, 21	Av. Pte Vincennes, 22	*Porte de Vincennes*
6	**Bernard Palissy**	I8	de Rennes, 54	du Dragon, 15	*St-Germain-des-Prés*
19	**Bernard Tétu**	N12	Colette Magny		*Corentin Cariou*
5	**Bernardins (des)**	K9	Q. la Tournelle, 57		*Maubert-Mutualité*
8	**Berne (de)**	H4	de St-Pétersbourg, 5	de Moscou, 33bis	*Rome*
8	**Bernouilli**	H4	de Rome, 71	de Constantinople, 20	*Rome*
8	**Berri (de)**	G5	Av. Champs Elysées, 92	Bd Haussmann, 163	*George V*
8	**Berri Washington (gal.)**	F5	de Berri, 5		*George V*
8	**Berryer**	F5	Av. de Friedland, 4	du Fbg St-Honoré, 191	*George V*
8	**Berryer (c.)**	H6	Royale, 25	Boissy d'Anglas, 24	*Madeleine*
15	**Bertelotte (al. de la)**	C12	du Col Pierre Avia, 24		*Balard*

Be

Ar./Districts	Rues/Street	Plan/Map	Commençant/Beginning	Finissant/Ending	Métro/Subway
3	**Berthaud (imp.)**	**L7**	Beaubourg, 22	....	*Rambuteau*
18	**Berthe**	**J3**	Drevet, 3	Pl. Emile Goudeau, 16 .	*Abbesses*
8	**Berthie Albrecht**	**F5**	Beaujon, 14	Av. Hoche, 29	*Ch. de Gaulle-Etoile*
17	**Berthier (bd)**	**G2**	Av. de Clichy, 187	Av. Villiers ..*1-2 à 13-76*	*Porte de Clichy*
	....	**F3**	....	...........*13-76 à fin*	*Porte de Champerret*
17	**Berthier (v.)**	**E3**	Av. de Villiers, 133	....	*Porte de Champerret*
5	**Berthollet**	**K11**	Claude Bernard, 43 ...	Bd de Port-Royal, 62 ..	*Censier-Daubenton*
1	**Bertin Poirée**	**K7**	Q. de la Mégisserie, 12 ..	de Rivoli, 63	*Châtelet*
16	**Berton**	**D8**	d'Ankara, 17	Raynouard, 57	*Passy*
11	**Bertrand (c.)**	**N7**	Av. d. l. République, 81 ..	....	*Rue Saint-Maur*
18	**Bervic**	**K3**	Bd Barbès, 3	Belhomme, 4	*Barbès-Rochechouart*
17	**Berzélius (pas.)**	**H2**	Berzélius, 74	Pouchet, 63	*Brochant*
17	**Berzélius**	**H2**	Av. de Clichy, 168	du Col. Manhès, 7	*Brochant*
11	**Beslay (pas.)**	**N7**	de la Folie-Méricourt, 30 ..	Av. Parmentier, 65	*Parmentier*
17	**Bessières (bd)**	**H1**	Av. de St-Ouen, 153 ...	Av. de Clichy .*1-2 à 62-65*	*Porte de St-Ouen*
	....		....	..........*62-65 à fin*	*Porte de Clichy*
17	**Bessières**	**H2**	Fragonard, 15	Bd Bessières, 111	*Porte de Clichy*
15	**Bessin (du)**	**G12**	Lieuvin, 5	Castagnary, 94	*Porte de Vanves*
4	**Béthune (q. de)**	**L9**	Bd Henri IV, 1	des Deux Ponts, 2	*Sully-Morland*
17	**Beudant**	**H4**	Bd des Batignolles, 74 ..	des Dames, 91	*Rome*
8/16	**Beyrouth (pl. de)**	**F6**	Av. Pierre Ier de Serbie ..	Av. Marceau	*Alma-Marceau*
14	**Bezout**	**I12**	de la Tombe-Issoire, 68 .	Av. du Gal Leclerc, 67 ..	*Alésia*
10	**Bichat**	**M6**	du Fbg du Temple, 45 ..	Q. de Jemmapes, 106 .	*Goncourt*
20	**Bidassoa (de la)**	**P6**	Av. Gambetta, 53	Sorbier, 11	*Gambetta*
12	**Bidault (rlle)**	**N10**	Av. Daumesnil, 123	de Charenton, 158 ...	*Reuilly-Diderot*
8	**Bienfaisance (de la)**	**H5**	du Rocher, 29	Pl. Narvik	*Saint-Augustin*
15	**Bienvenüe (pl.)**	**H10**	Bd de Vaugirard, 6	Av. du Maine, 32	*Montparnasse-Bienv.*
5	**Bièvre (de)**	**K9**	Q. de la Tournelle, 65 ..	Bd Saint-Germain, 52 .	*Maubert-Mutualité*
12	**Bignon**	**O10**	de Charenton, 193	Av. Daumesnil, 132 ...	*Dugommier*
14	**Bigorre (de)**	**I12**	du Commandeur, 15 ...	d'Alésia, 28	*Alésia*
19	**Bigot (se. à)**	**O1**	Bd Commanderie, 13 ..	....	*Porte la Villette*
19	**Binder (pas.)**	**N3**	Pas. du Sud	Pas. Dubois, 8	*Laumière*
17	**Biot**	**I3**	Pl. de Clichy, 5	des Dames, 9	*Place Clichy*
4	**Birague (de)**	**M8**	Saint-Antoine, 36	Pl. des Vosges, 1	*Bastille*
15/16	**Bir-Hakeim (pt de)**	**E8**	Av. du Pr. Kennedy	Bd de Grenelle	*Passy*
12	**Biscornet**	**M9**	Lacuée, 9bis	Bd de la Bastille, 48 ..	*Bastille*
20	**Bisson**	**N6**	Bd de Belleville, 86	des Couronnes, 27 ...	*Couronnes*
19	**Bitche (pl. de)**	**N3**	Q. de l'Oise	de Crimée	*Crimée*
7	**Bixio**	**G8**	Av. de Lowendal, 1bis ..	Av. de Ségur, 2ter	*Ecole Militaire*
17	**Bizerte (de)**	**H3**	Nollet, 11	Truffaut, 16	*Place Clichy*
5	**Blainville**	**K10**	Mouffetard, 10	Tournefort, 1	*Place Monge*

Ar./Districts	Rues/Street	Plan/Map	Commençant/Beginning	Finissant/Ending	Métro/Subway
1	Blaise Cendrars (al.)	J7	Al. André Breton	de Viarmes	*Les Halles*
6	Blaise-Desgoffe	H10	de Rennes, 138	de Vaugirard, 79	*Saint-Placide*
20	Blanchard	Q8	Bd Davout, 98	Félix Terrier, 5	*Porte de Montreuil*
9	Blanche	I4	Pl. d'Est. d'Orves, 6	Pl. Blanche, 5	*Trinité/Blanche*
14	Blanche (c.)	G12	Ray. Losserand, 190		*Porte de Vanves*
9	Blanche (pl.)	I3	Bd de Clichy	Blanche	*Blanche*
19	Blanche-Antoinette	O4	François Pinton, 4		*Danube*
4	Blancs-Manteaux (des)	L7	Vieille du Temple, 51	du Temple, 40	*Rambuteau*
9	Bleue	K5	Fbg Poissonnière, 67	La Fayette, 72	*Cadet*
7	Bleuet de France (rd-pt du)	G7	Pl. des Invalides		*La Tour-Maubourg*
15	Blomet	G10	Lecourbe, 23	St-Lambert *1-2 à 92-93*	*Volontaires/Vaugirard*
		E11		*92-93 à fin*	*Vaugirard/Convention*
2/3	Blondel	L6	Saint-Martin, 351	Saint-Denis, 238	*Strasbourg-St-Denis*
11	Bluets (des)	O7	Av. République, 79bis	Bd Ménilmontant, 111	*Rue Saint-Maur*
13	Bobillot	L12	Pl. d'Italie, 18	Pl. de Rungis *1-2 à 56-79*	*Place d'Italie*
		K13		*56-79 à fin*	*Tolbiac*
15	Bocage (du)	F12	du Lieuvin, 9		*Porte de Vanves*
8	Boccador (du)	F6	Av. Montaigne, 19	Av. George V, 22	*Alma-Marceau*
9	Bochart de Saron	J4	Condorcet, 52	Bd Rochechouart, 47	*Anvers*
19	Boers (v. des)	O4	du Gal Brunet, 17	Miguel Hidalgo, 12	*Danube*
4	Bœuf (imp. du)	L7	Saint-Merri, 10		*Rambuteau*
5	Bœufs (imp. des)	K9	Ecole Polytechnique, 20		*Maubert-Mutualité*
2	Boïeldieu (pl.)	J6	Favart, 1	Marivaux, 5	*Richelieu-Drouot*
16	Boileau	B10	d'Auteuil, 31	Av. de Versailles, 188	*Michel-Ange-Molitor*
16	Boileau (v.)	B10	Molitor, 18		*Michel-Ange-Molitor*
18	Boinod	K2	Bd Ornano, 6	Championnet, 1	*Simplon*
19	Bois (des)	P4	du Pré St-Gervais, 42b	Bd Sérurier, 71	*Place des Fêtes*
16	Bois-de-Boulogne (du)	E5	Le Sueur, 17	Duret, 28	*Argentine*
19	Bois de l'Orme (v. du)	P5	de Romainville, 14		*Télégraphe*
17	Bois le Prêtre (bd du)	H1	Pl. Arnault Tzanck, 8	Clichy (92)	*Porte de St-Ouen*
16	Bois le Vent	C8	Pl. de Passy, 2	Mozart, 7	*La Muette*
16	Boissière	E6	Pl. d'Iéna, 6	Pl. Victor Hugo, 3	*Boissière*
16	Boissière (v.)	E6	Boissière, 29		*Boissière*
18	Boissieu	K3	Bd Barbès, 3	Belhomme, 8	*Barbès-Rochechouart*
14	Boissonade	I11	Bd Montparnasse, 156	Bd Raspail, 255	*Raspail*
8	Boissy d'Anglas	H6	Pl. de la Concorde, 10	Bd Malesherbes, 5	*Concorde*
13	Boiton (pas.)	K13	Butte aux Cailles, 11	Martin Bernard, 8	*Corvisart*
19	Boléro (v.)	O3	Joseph Kosma, 5		*Ourcq*
19	Bolivar (sq.)	O5	Av. Simon Bolivar, 36	Clavel, 25bis	*Pyrénées*
16	Bolivie (pl. de)	D8	d'Ankara	Av. du Pdt Kennedy	*Passy*
11	Bon Secours (imp.)	O8	Bd Voltaire, 172		*Charonne*

Bo

Ar./Districts	Rues/Street	Plan/Map	Commençant/Beginning	Finissant/Ending	Métro/Subway
6	**Bonaparte**	J8	Q. Malaquais, 7	de Vaugirard ..1-2 à 49-82	St-Germain-des-Prés
	....		....	...........49-82 à fin	St-Sulpice
18	**Bonne (de la)**	J3	Chevalier de la Barre, 30 ..	Becquerel, 7	Château-Rouge
11	**Bonne Graine (pas. de la)** ..	N9	du Fbg St-Antoine, 115 ..	Pas. Josset, 7	Ledru-Rollin
2	**Bonne Nouvelle (bd)** 1 à 39 ..	K6	Saint-Denis, 291	Poissonnière ..1-2 à 21-24	Strasbourg-St-Denis
10	2 à 44	K6	....	...........21-24 à fin	Bonne Nouvelle
10	**Bonne Nouvelle (imp.)**	K6	Bd Bonne Nouvelle, 20 ..	....	Bonne Nouvelle
18	**Bonnet**	J1	Paul Abadie, 5	Jean Dollfus, 22	Porte de St-Ouen
1	**Bons Enfants (des)**	J7	Saint-Honoré, 192	du Colonel Driant, 13 .	Palais-Royal
3	**Borda**	L6	Volta, 33	Montgolfier, 10	Arts-et-Métiers
18	**Boris Vian**	L3	de Chartres, 18	Polonceau, 7	Barbès-Rochechouart
20	**Borrégo (v. du)**	P5	Borrégo, 33	....	Saint-Fargeau
20	**Borrégo (du)**	P5	Pelleport, 154	Haxo, 77	Saint-Fargeau
15	**Borromée**	F10	Blomet, 57	de Vaugirard, 222	Volontaires
16	**Bosio**	B9	Poussin, 6	Pierre Guérin, 21	Michel-Ange-Auteuil
7	**Bosquet (av.)**	F8	Cognacq-Jay, 23	Pl. l'Ecole Militaire, 2 ..	Ecole Militaire
7	**Bosquet**	G8	Cler, 46	Av. Bosquet, 69	Ecole Militaire
7	**Bosquet (v.)**	F7	de l'Université, 167	....	Ecole Militaire
10	**Bossuet**	K4	La Fayette, 111	de Belzunce, 3	Gare du Nord
20	**Botha**	O6	Transvaal, 16	....	Pyrénées
19	**Botzaris**	O4	Pradier, 15	de Crimée, 41	Buttes-Chaumont/Botzaris
10	**Bouchardon**	L6	René Boulanger, 84 ...	du Château d'Eau, 33 .	Strasbourg-St-Denis
1	**Boucher**	K7	du Pont Neuf, 6	des Bourdonnais, 25 ..	Châtelet
15	**Bouchut**	G9	Pérignon, 5	Barthélemy, 4	Sèvres-Lecourbe
18	**Boucry**	L2	Pl. Hébert, 7	de la Chapelle, 66	Porte de la Chapelle
20	**Boudin (pas.)**	Q6	Alphonse Penaud, 38 ..	de la Justice, 20	Saint-Fargeau
16	**Boudon (av.)**	C9	J. de La Fontaine, 43 ..	George Sand, 12	Eglise d'Auteuil
9	**Boudreau**	I5	Auber, 7	de Caumartin, 28	Opéra
16	**Boufflers (av. de)**	B9	Av. des Peupliers, 12 ..	Av. des Tilleuls, 5	Michel-Ange-Auteuil
7	**Bougainville**	G8	Av. La Motte-Picquet, 17 ..	Chevert, 14	Ecole Militaire
15	**Bouilloux-Lafont**	D11	Av. Félix Faure, 139 ...	Leblanc, 89	Balard
16	**Boulainvilliers (ham. de)** ...	C8	de Boulainvilliers, 27 ...	du Ranelagh, 61	Ranelagh
16	**Boulainvilliers (de)**	C8	Pl. Clément-Ader, 4 ...	de Passy, 101	La Muette
5	**Boulangers (des)**	K10	Linné, 39	Monge, 29bis	Jussieu/Card. Lemoine
14	**Boulard**	I11	Froidevaux, 11	Brézin, 28	Denfert-Rochereau
17	**Boulay (pas.)**	H2	de La Jonquière, 102 ..	Bd Bessières, 99	Porte de Clichy
17	**Boulay**	H2	Av. Clichy, 178	de La Jonquière, 79 ..	Porte de Clichy
12	**Boule Blanche (pas. de la)** .	M9	de Charenton, 47	du Fbg St-Antoine, 50 .	Ledru-Rollin
9	**Boule Rouge (imp. de la)** ..	J5	Geoffroy-Marie, 7	....	Grands Boulevards
9	**Boule Rouge (de la)**	K5	Montyon, 4	Richer, 27	Grands Boulevards
19	**Bouleaux (sq. des)**	N4	de Meaux, 64	....	Bolivar

Ar./Districts	Rues/Street	Plan/Map	Commençant/Beginning	Finissant/Ending	Métro/Subway
11	**Boulets (des)**	**O9**	du Fbg St-Antoine, 301	Bd Voltaire, 228	*Rue des Boulets*
14	**Boulitte**	**H12**	Didot, 95		*Plaisance*
11	**Boulle**	**M8**	Bd Richard Lenoir, 32	Froment, 5	*Bréguet-Sabin*
17	**Boulnois (pl.)**	**E4**	Bayen, 6		*Ternes*
1	**Bouloi (du)**	**J7**	Croix Pts Champs, 10	Coquillière, 29	*Louvre*
16	**Bouquet de Longchamp (du)**	**E6**	de Longchamp, 26	Boissière, 25	*Boissière*
4	**Bourbon (q. de)**	**L8**	des Deux Ponts, 39	Jean du Bellay, 1	*Pont-Marie*
6	**Bourbon le Château (de)**	**J8**	de Buci, 26	de l'Echaudé, 19	*St-Germain-des-Prés*
9	**Bourdaloue**	**J5**	de Châteaudun, 20	Saint-Lazare, 1	*Notre-D. de Lorette*
8	**Bourdin (imp.)**	**G6**	de Marignan, 3		*Franklin-D.-Roosevelt*
4	**Bourdon (bd)**	**M9**	Bd Morland, 2	Bd Henri IV, 46	*Bastille*
1	**Bourdonnais (imp. des)**	**K7**	des Bourdonnais, 37		*Châtelet*
1	**Bourdonnais (des)**	**K7**	Q. de la Mégisserie, 20	des halles, 21	*Châtelet*
19	**Bouret**	**N4**	Edouard Pailleron, 15	Jean Jaurès, 10	*Jaurès*
2	**Bourg l'Abbé (pas. du)**	**K7**	Saint-Denis, 120	de Palestro, 3	*Etienne Marcel*
3	**Bourg l'Abbé (du)**	**K7**	Saint-Martin, 203bis	Bd de Sébastopol, 66	*Etienne Marcel*
4	**Bourg Tibourg (du)**	**L8**	de Rivoli, 42bis	Ste-Cx Bretonnerie, 7	*Hôtel de Ville*
7	**Bourgogne (de)**	**H8**	Pl. du Palais Bourbon, 8	de Varenne, 84	*Varenne*
13	**Bourgoin (imp.)**	**M13**	Nationale, 31bis		*Porte d'Ivry*
13	**Bourgoin (pas.)**	**M13**	Château d. Rentiers, 45	Nationale, 32bis	*Porte d'Ivry*
13	**Bourgon**	**L13**	Av. d'Italie, 142	Damesme, 41	*Maison Blanche*
17	**Boursault**	**H3**	Bd Batignolles, 62	Charles Fillion, 1	*Rome*
17	**Boursault (imp.)**	**H4**	Boursault, 7		*Rome*
2	**Bourse (pl. de la)**	**J6**	du Quatre Septembre	Vivienne	*Bourse*
2	**Bourse (de la)**	**J6**	Vivienne, 29	de Richelieu, 78	*Bourse*
15	**Bourseul**	**F11**	des Favorites, 12	d'Alleray, 17	*Vaugirard*
13	**Boussingault**	**K13**	Pl. de Rungis, 10	Pl. Coluche	*Glacière*
4	**Boutarel**	**L9**	Q. d'Orléans, 34	St-Louis en l'Ile, 75	*Pont-Marie*
5	**Boutebrie**	**K9**	Parcheminerie, 15	Bd St-Germain, 90	*Maubert-Mutualité*
13	**Boutin**	**J12**	de la Glacière, 116bis	de la Santé, 121bis	*Glacière*
10	**Boutron (imp.)**	**L5**	du Fbg St-Martin, 172		*Château Landon*
13	**Boutroux (av.)**	**N13**	Av. Pte de Vitry, 15	Av. Claude Regaud, 13	*Porte d'Ivry*
5	**Bouvart (imp.)**	**K9**	Lanneau, 8		*Maubert-Mutualité*
11	**Bouvier**	**O9**	des Boulets, 45	de Chanzy, 38	*Rue des Boulets*
11	**Bouvines (av. de)**	**P9**	Pl. de la Nation, 9	de Montreuil, 100	*Nation*
11	**Bouvines (de)**	**P9**	de Tunis, 4	Av. Bouvines, 1	*Nation*
10	**Boy-Zelenski**	**M5**	Pl. Robert Desnos	Ecluses St-Martin, 6	*Colonel Fabien*
20	**Boyer**	**P6**	de la Bidassoa, 42	de Ménilmontant, 92	*Gambetta*
14	**Boyer-Barret**	**H12**	Ray. Losserand, 93	C. Bauer, 21	*Pernety*
10	**Brady (pas.)**	**L5**	du Fbg St-Martin, 43	du. Fbg St-Denis, 46	*Château-d'Eau*
12	**Brahms**	**P10**	Av. Daumesnil, 181	Al. Vivaldi, 9	*Daumesnil*

Ar./Districts	Rues/Street	Plan/Map	Commençant/Beginning	Finissant/Ending	Métro/Subway
15	**Brancion**	F12	Pl. d'Alleray, 6	Bd Lefebvre, 167	*Convention*
15	**Brancion (sq.)**	F13	Av. Alb. Bartholomé, 88		*Porte de Vanves*
7	**Branly (q.)** 1 à 71	F7	Pl. de la Résistance	Bd de Grenelle *.1-2 à 67*	*Pont de l'Alma*
15	73 à 107	E8		*67 à fin*	*Bir-Hakeim*
3	**Brantôme (pas.)**	K7	Rambuteau	Brantôme	*Rambuteau*
3	**Brantôme**	K7	Rambuteau	Grenier St-Lazare, 11	*Rambuteau*
3	**Braque (de)**	L7	des Archives, 47	du Temple, 68	*Rambuteau*
15	**Brazzaville (pl. de)**	D9	Q. de Grenelle, 47	Emeriau, 26	*Bir-Hakeim*
6	**Bréa**	I10	Vavin, 19	Bd Raspail, 143	*Vavin*
12	**Brèche aux Loups (de la)**	P11	de Charenton, 255	Claude Decaen, 93	*Daumesnil*
11	**Bréguet**	N8	Bd Richard Lenoir, 26	Popincourt, 29	*Bréguet-Sabin*
17	**Brémontier**	F3	Pl. Mgr Loutil	pl, d'Israël	*Wagram*
17	**Brésil (pl. du)**	F3	Av. de Wagram	Av. de Villiers	*Wagram*
16	**Bresse (sq. de la)**	B11	Bd Murat, 140		*Porte de St-Cloud*
3	**Bretagne (de)**	L7	de Turenne, 103	du Temple, 158	*Filles du Calvaire*
7	**Breteuil (av. de)** 1 à 67 - 2 à 76	G9	Pl. Vauban, 7	Bd Garibaldi *..1-2 à 30-50*	*Saint-François-Xavier*
15	71 à 85 - 78 à 88	G9		*30-50 à fin*	*Sèvres-Lecourbe*
7	**Breteuil (pl. de)** 1 à 11	G9	Av. de Breteuil	Av. de Saxe	*Sèvres-Lecourbe*
15	4 à 10	G9			*Sèvres-Lecourbe*
20	**Bretonneau**	Q6	Pelleport, 78	Le Bua, 25	*Pelleport*
10	**Bretons (cr des)**	M5	du. Fbg du Temple, 99	du Buisson St-Louis, 4	*Goncourt*
4	**Bretonvilliers (de)**	L9	Q. de Béthune, 14	Saint-Louis en l'Ile, 7	*Sully-Morland*
17	**Brey**	F5	Av. de Wagram, 19	de Montenotte, 13	*Ch. de Gaulle-Etoile*
14	**Brezin**	I12	Av. du Gal Leclerc, 46	Av. du Maine, 171	*Mouton-Duvernet*
9	**Briare (pas.)**	J5	de Rochechouart, 7	de Maubeuge, 24	*Cadet*
17	**Bridaine**	H3	Truffaut, 39	Boursault, 48	*Rome*
19	**Brie (pas. de la)**	M4	de Meaux, 43	de Chaumont, 9	*Jaurès*
12	**Briens (stier)**	Q10	Bd Picpus, 54	Sibuet, 39	*Picpus*
16	**Brignole**	F6	Av. du Pr. Wilson, 16	Av. Pierre Ier de Serbie, 8	*Iéna*
13	**Brillat-Savarin**	K13	des Peupliers, 42	Boussingault, 41	*Maison Blanche/Cité Univ.*
19	**Brindeau (al. du)**	N3	de la Moselle, 9		*Laumière*
18	**Briquet (pas.)**	K4	Seveste, 3	Briquet, 2	*Anvers*
18	**Briquet**	J4	Bd Rochechouart, 66	d'Orsel, 27	*Anvers*
14	**Briqueterie (de la)**	G13	Ray. Losserand, 223	Bd Brune, 19	*Porte de Vanves*
4	**Brisemiche**	K7	du Cloître St-Merri, 10	Saint-Merri, 23	*Hôtel de Ville*
4	**Brissac (de)**	M9	Bd Morland, 10	Crillon, 5	*Quai de La Rapée*
20	**Brizeux (sq.)**	P6	de la Chine, 48	de Ménilmontant, 136	*Pelleport*
5	**Broca** 5 à 49 - 8 à 52	K11	Claude Bernard, 13	Bd Arago, 34	*Les Gobelins*
13	67 à 97 - 68 à 98	K11			*Les Gobelins*
17	**Brochant**	H3	Charles Fillion, 16	Av. de Clichy, 127	*Brochant*
2	**Brongniart**	J6	Montmartre, 133	N.-D. des Victoires, 50	*Bourse*

Ar./Districts	Rues/Street	Plan/Map	Commençant/Beginning	Finissant/Ending	Métro/Subway
4	**Brosse (de)**	**L8**	Q. de l'Hôtel de Ville, 90	Pl. Saint-Gervais, 1	*Hôtel de Ville*
18	**Brouillards (al. des)**	**J3**	Pl. Dalida	Pl. Casadesus	*Lamarck-Caulaincourt*
14	**Broussais**	**J12**	Dareau, 29	d'Alésia, 8	*St-Jacques*
15	**Brown-Séquard**	**H10**	Falguière, 45	Bd Vaugirard, 48	*Pasteur*
13	**Bruant**	**M11**	Bd Vincent Auriol, 60	Jenner, 10	*Chevaleret*
14	**Bruller**	**J12**	du Saint-Gothard, 22	Av. René Coty, 37	*St-Jacques*
12	**Brulon (pas.)**	**N9**	de Cîteaux, 37	Crozatier, 64	*Faidherbe-Chaligny*
14	**Brune (bd)**	**H13**	Limite 15ème	Pl. 25 Août 44 *.1-2 à 90-105*	*Porte de Vanves*
				90-105 à fin	*Porte d'Orléans*
14	**Brune (v.)**	**H13**	des Plantes, 72		*Porte d'Orléans*
17	**Brunel**	**E5**	Pl. Yvon et C. Morandat	Bd Pereire, 235	*Argentine*
13	**Bruneseau**	**O13**	Bd du Gal Jean Simon	Q. d'Ivry	*Porte de Charenton*
17	**Brunetière (av.)**	**F2**	Av. Pte d'Asnières, 15	Jules Bourdais, 16	*Porte de Champerret*
9	**Bruno Coquatrix**	**I5**	de Caumartin 18	Edouard VII 13	*Opéra*
9	**Bruxelles (de)**	**I4**	Pl. Blanche, 5	de Clichy, 78	*Blanche*
8	**Bucarest**	**I4**	d'Amsterdam, 59	de Moscou, 20	*Liège*
5	**Bûcherie (de la)**	**K9**	du Haut Pavé, 6	du Petit Pont, 1	*Maubert-Mutualité*
6	**Buci (carr. de)**	**J8**	Dauphine, 63	Ancienne Comédie, 2	*Odéon*
6	**Buci (de)**	**J8**	Ancienne Comédie, 2	Bd St-Germain, 160	*St-Germain-des-Prés*
9	**Budapest**	**I5**	Saint-Lazare, 96	Pl. Budapest, 2	*Saint-Lazare*
9	**Budapest (pl. de)**	**I4**	de Budapest, 16	d'Amsterdam, 21	*Saint-Lazare*
4	**Budé**	**L9**	Q. d'Orléans, 10	St-Louis en l'Ile, 45	*Pont-Marie*
7	**Buenos-Aires (de)**	**E8**	Al. Léon Bourgeois	Av. de Suffren, 3	*Bir-Hakeim*
9	**Buffault**	**J5**	Fbg Montmartre, 46	Lamartine, 11	*Cadet*
5	**Buffon**	**L10**	Bd de l'Hôpital, 2	Geoffroy-St-Hilaire, 34b	*Gare d'Austerlitz*
16	**Bugeaud (av.)**	**D6**	Pl. Victor Hugo, 8	Av. Foch, 77	*Porte Dauphine*
16	**Buis (du)**	**C9**	Chardon Lagache, 2	d'Auteuil, 11	*Eglise d'Auteuil*
10	**Buisson St-Louis (pas. du)**	**M5**	de Buisson St-Louis, 5	Buisson St-Louis, 17	*Belleville*
10	**Buisson Saint-Louis (du)**	**N5**	Saint-Maur, 192	Bd de la Villette, 25	*Belleville*
11	**Bullourde (pas.)**	**N8**	Keller, 14	Pas. Ch. Dallery, 15	*Voltaire*
13	**Buot**	**K13**	de l'Espérance, 7	Martin Bernard, 12bis	*Corvisart*
11	**Bureau (imp. du)**	**P8**	Pas. du Bureau, 52		*Alexandre Dumas*
11	**Bureau (pas. du)**	**P8**	de Charonne, 168	Alexandre Dumas, 41	*Alexandre Dumas*
19	**Burnouf**	**N5**	Bd de la Villette, 66	Av. Simon Bolivar, 87	*Colonel Fabien*
18	**Burq**	**J3**	des Abbesses, 48		*Abbesses*
13	**Butte aux Cailles (de la)**	**K12**	Pl. Paul Verlaine, 2	Barrault, 29	*Corvisart*
19	**Buttes Chaumont (v. des)**	**O4**	de la Villette, 73		*Botzaris*
18	**Buzelin**	**M2**	Riquet, 72bis	de Torcy, 13	*Marx Dormoy*
20	**Buzenval (de)**	**Q9**	de Lagny, 25	Alexandre Dumas, 94	*Buzenval*

Ar./Districts	Rues/Street	Plan/Map	Commençant/Beginning	Finissant/Ending	Métro/Subway
	C				
14	Cabanis	J12	de la Santé, 66	Broussais, 5	*Glacière*
13	Cacheux	K14	Bd Kellermann, 94	des Longues Raies, 41	*Cité Universitaire*
9	Cadet	J5	Fbg Montmartre, 34	Lamartine, 1	*Cadet*
13	Cadets de la France Libre (des)	N12	Thomas Mann	des Grds Moulins, 44	*Biblio. F. Mitterrand*
15	Cadix (de)	E12	du Hameau, 17	Vaugirard, 372	*Porte de Versailles*
18	Cadran (imp. du)	K3	Bd Rochechouart, 52		*Anvers*
3	Caffarelli	L7	de Bretagne, 44	Perrée, 3	*République*
13	Caffieri (av.)	K14	Poterne des Peupliers	Thomire, 7	*Porte d'Italie*
19	Cahors (de)	P3	Bd Sérurier, 116	Av. Ambroise Rendu	*Danube*
10	Cail	L4	Philippe de Girard, 19	du Fbg St-Denis, 212	*La Chapelle*
13	Caillaux	L13	Av. de Choisy, 59	Av. d'Italie, 111	*Maison Blanche*
12	Cailletet	R10	Mongenot, 27	Saint-Mandé (94)	*Saint-Mandé*
18	Caillié	M3	Bd de la Chapelle, 8	du Département, 25	*Stalingrad*
2	Caire (gal. du)	K6	Pas. du Caire		*Sentier*
2	Caire (pas. du)	K6	du Caire, 44	d'Alexandrie, 33	*Sentier*
2	Caire (pl. du)	K6	d'Aboukir, 100	du Caire, 53	*Sentier*
2	Caire (du)	K6	Bd Sébastopol, 111	Pl. du Caire	*Réaumur-Sébastopol*
9	Calais (de)	I4	Blanche, 65	Pl. Adolphe Max, 3	*Blanche*
18	Calmels (imp.)	J2	du Pôle Nord, 18		*Jules Joffrin*
18	Calmels	J2	du Ruisseau, 41	Montcalm, 38	*Jules Joffrin*
18	Calmels Prolongée	J2	du Pôle Nord, 3		*Jules Joffrin*
18	Calvaire (pl. du)	J3	du Calvaire, 1	Poulbot, 13	*Abbesses*
18	Calvaire (du)	J3	Gabrielle, 20	Pl. du Tertre, 11bis	*Abbesses*
8	Cambacérès	H5	Pl. des Saussaies, 1bis	La Boétie, 15	*Miromesnil*
19	Cambo (de)	P5	des Bois, 14		*Télégraphe*
20	Cambodge (du)	P6	Av. Gambetta, 83	Orfila, 58	*Gambetta*
1	Cambon	I6	de Rivoli, 244	Bd de la Madeleine, 1	*Concorde*
19	Cambrai (de)	N2	de l'Ourcq, 68	Av. Corentin Cariou, 17	*Corentin-Cariou*
15	Cambronne (pl.)	F9	Bd de Grenelle, 168	Cambronne	*Cambronne*
15	Cambronne	F10	Pl. Cambronne, 4	de Vaugirard, 230	*Cambronne/Vaugirard*
14	Camélias (des)	G12	Ray. Losserand, 197		*Porte de Vanves*
17	Camille Blaisot	I1	André Bréchet, 4		*Porte de St-Ouen*
20	Camille Bombois	Q6	Bd Mortier, 19	Irénée Blanc, 44	*Porte de Bagnolet*
15	Camille Claudel (pl.)	H10	du Cherche-Midi	de Vaugirard	*Falguière*
11	Camille Desmoulins	N7	Pl. Léon Blum, 8	Saint-Maur, 13	*Voltaire*
18	Camille Flammarion	J1	Bd Ney, 134	René Binet	*Pte de Clignancourt*
6	Camille Jullian (pl.)	J10	d'Assas	Av. de l'Observatoire	*Port-Royal*
17	Camille Pissarro	F3	de Saint-Marceaux, 9	Jean-Louis Forain, 8	*Péreire*
18	Camille Tahan	I3	Cavallotti, 10		*Place Clichy*

Ar./Districts	Rues/Street	Plan/Map	Commençant/Beginning	Finissant/Ending	Métro/Subway
16	**Camoëns (av.)**	D7	Bd Delessert, 4	Benjamin Franklin, 14	*Passy*
14	**Campagne Première**	I11	Bd Montparnasse, 146	Bd Raspail, 237	*Raspail*
13	**Campo-Formio (de)**	L11	Pinel, 2	Bd de l'Hôpital, 123	*Campo-Formio*
15	**Camulogène**	F12	Chauvelot, 7	....	*Porte de Vanves*
8	**Canada (pl. du)**	G6	Av. Franklin D. Roosevelt	Crs Albert Ier	*Franklin-D.-Roosevelt*
18	**Canada (du)**	L2	Riquet, 84	de la Guadeloupe, 5	*Marx Dormoy*
12	**Canart (imp.)**	Q10	de la Voûte, 34	....	*Porte de Vincennes*
11	**Candie (de)**	N9	Trousseau, 20	de la Forge Royale, 9	*Ledru-Rollin*
5	**Candolle (de)**	K11	Monge, 104	Daubenton, 37	*Censier-Daubenton*
6	**Canettes (des)**	I9	du Four, 27	Pl. Saint-Sulpice, 6	*Mabillon*
6	**Canivet (du)**	I9	Servandoni, 10	Férou, 5	*St-Sulpice*
12	**Cannebière**	P11	Claude Decaen, 72	Av. Daumesnil, 188	*Daumesnil*
13	**Cantagrel**	N13	du Chevaleret, 11	de Tolbiac, 45	*Biblio. F. Mitterrand*
11	**Cantal (cr du)**	M8	de la Roquette, 22	de Lappe, 18	*Bastille*
19	**Cantate (v.)**	O2	Joseph Kosma	....	*Ourcq*
15	**Capitaine Dronne (al. du)**	H11	Gare Montparnasse	....	*Montparnasse-Bienv.*
20	**Capitaine Ferber**	Q6	Pelleport, 40	Bd Mortier, 59	*Porte de Bagnolet*
17	**Capitaine Lagache (du)**	I2	Legendre, 177	Guy Môquet, 48	*Guy Môquet*
18	**Capitaine Madon (du)**	I2	Av. de St-Ouen, 50	Ganneron, 63	*Guy Môquet*
20	**Capitaine Marchal (du)**	Q6	Etienne Marey, 1	Le Bua, 32	*Pelleport*
15	**Capitaine Ménard (du)**	D10	Pl. Alph. Humbert, 2	de la Convention, 25	*Javel-André Citröen*
16	**Capitaine Olchanski (du)**	B9	Av. Mozart, 126	Mission Marchand, 2	*Michel-Ange-Auteuil*
15	**Capitaine Scott (du)**	E8	Desaix, 10	de la Fédération, 37	*Dupleix*
20	**Capitaine Tarron (du)**	Q6	Géo Chavez, 2	Bd Mortier, 1	*Porte de Bagnolet*
18	**Caplat**	K3	de la Charbonnière, 32	de la Goutte d'Or, 47	*Barbès-Rochechouart*
17	**Caporal Peugeot (du)**	E3	Bd de la Somme, 58	Jacques Ibert, 27	*Porte de Champerret*
12	**Capri (de)**	P11	de Wattignies, 59	Claude Decaen, 43	*Michel Bizot*
18	**Capron**	I3	Av. de Clichy, 18	Cavallotti, 1	*Place Clichy*
2	**Capucines (bd des)** 1 à 43	I6	Louis le Grand, 25	des Capucines, 24	*Opéra*
9	2 à 30	I6	....	....	*Opéra*
1	**Capucines (des)** 1 à 23	I6	Pl. Vendôme, 25	Bd des Capucines, 43	*Opéra*
2	2 à 24	I6	....	....	*Opéra*
15	**Carcel**	F11	Maublanc, 4	Gerbert, 5	*Vaugirard*
17	**Cardan**	H2	Emile Level, 7	Boulay, 6	*Porte de Clichy*
20	**Cardeurs (sq. des)**	Q8	Saint-Blaise, 41	....	*Porte de Montreuil*
15	**Cardinal Amette (pl. du)**	F9	Pl. Dupleix	Sq. de La Motte-Piquet	*Dupleix*
18	**Cardinal Dubois (du)**	J3	Lamarck, 1	Foyatier	*Abbesses*
18	**Cardinal Guibert (du)**	J3	parvis du Sacré-Cœur	Chevalier d. l. Barre, 37	*Abbesses*
12	**Cardinal Lavigerie (pl. du)**	Q12	Bd Poniatowski	rte des Fortifications	*Porte Dorée*
5	**Cardinal Lemoine (c. du)**	K9	du. Card. Lemoine, 18	....	*Cardinal Lemoine*
5	**Cardinal Lemoine (du)**	K9	Q. de la Tournelle, 17	Pl. Contrescarpe, 1	*Cardinal Lemoine*

Ar./Districts	Rues/Street	Plan/Map	Commençant/Beginning	Finissant/Ending	Métro/Subway
9	Cardinal Mercier (du)	I4	de Clichy, 56		Place Clichy
6	Cardinale	J8	de Furstemberg, 3	de l'Abbaye, 2	St-Germain-des-Prés
17	Cardinet (pas.)	G3	de Tocqueville, 74	Cardinet, 127	Malesherbes
17	Cardinet	G4	Av. de Wagram, 78	Av. de Clichy .1-2 à 138-145	Wagram/Malesherbes
		H2		138-145 à fin	Brochant
19	Cardinoux (al. des)	N1	Bd Macdonald, 212	Emile Bollaert, 81	Corentin-Carriou
19	Carducci	O5	de la Villette, 45	Pl. Hannah Arendt	Botzaris
5	Carmes (des)	K9	Bd Saint-Germain, 49	Ecole Polytechnique, 20	Maubert-Mutualité
17	Carnot (av.)	E5	Pl. Charles de Gaulle	des Acacias, 40	Ch. de Gaulle-Etoile
12	Carnot (bd)	R10	Av. Pte Vincennes, 14	Emile Laurent	Porte de Vincennes
17	Caroline	H3	Darcet, 7	des Batignolles, 6	Place Clichy
19	Carolus Duran	P4	de l'Orme, 4bis	Haxo, 143	Pré-St-Gervais
4	Caron	L8	Saint-Antoine, 86	de Jarente, 5	Saint-Paul
18	Carpeaux	I2	Etex, 2	Marcadet, 205	Guy Môquet
15	Carrier-Belleuse	F9	Bd Garibaldi,	Cambronne, 13	Cambronne
11	Carrière-Mainguet (imp.)	O8	Carrière-Mainguet		Charonne
11	Carrière-Mainguet	O8	Léon Frot, 54	Emile Lepeu, 37	Charonne
16	Carrières (imp. des)	D8	de Passy, 26		Passy
19	Carrières d'Amérique (des)	P3	Manin, 46	Bd Sérurier, 141bis	Danube
1	Carrousel (pl. du)	I7	Jardin du Carrousel	cour Napoléon	Palais-Royal
1/7	Carrousel (pt du)	I7	Q. François Mitterrand	Q. Voltaire	Palais-Royal
20	Cartellier (av.)	R7	Av. Pte de Bagnolet	Bagnolet (93)	Porte de Bagnolet
15	Casablanca (de)	E11	de la Croix Nivert, 194		Boucicaut
18	Casadesus (pl.)	J3	Al. des Brouillards, 10	Simon Dereure, 10	Lamarck-Caulaincourt
20	Cascades (des)	O6	de Ménilmontant, 101	Pl. Henri Krasucki	Pyrénées
6	Casimir Delavigne	J9	Monsieur le Prince, 10	Pl. de l'Odéon, 1	Odéon
7	Casimir Périer	H8	Saint-Dominique, 31	de Grenelle, 124	Solférino
6	Cassette	I9	de Rennes, 71	de Vaugirard, 66	St-Sulpice
14	Cassini	J11	Fbg St-Jacques, 34	Av. Denfert-Rochereau, 63	Port-Royal
15	Castagnary	G11	Pl. Falguière, 6	Brancion, 107 .1-2 à 88	Plaisance
		F12		88 à fin	Porte de Vanves
20	Casteggio (imp. de)	P8	des Vignoles, 21		Avron
20	Castel (v.)	O5	du Transvaal, 16		Pyrénées
8	Castellane (de)	I5	Tronchet, 17	de l'Arcade, 26	Madeleine
4	Castex	M8	Bd Henri IV, 37	Saint-Antoine, 15	Bastille
1	Castiglione (de)	I6	de Rivoli, 232	Saint-Honoré, 235	Tuileries
14	Catalogne (pl. de)	H11	du Cdt René Mouchotte	du Château	Gaîté
1	Catinat	J6	La Vrillière, 4	Pl. des Victoires, 1	Bourse
17	Catulle Mendès	E3	Av. Stép. Mallarmé, 10	Bd de la Somme, 21	Porte de Champerret
18	Cauchois	I3	Lepic, 13	Constance, 7	Blanche
15	Cauchy	D10	Q. André Citroën, 99	Saint-Charles, 172	Javel-André Citröen

Ar./Districts	Rues/Street	Plan/Map	Commençant/Beginning	Finissant/Ending	Métro/Subway
18	Caulaincourt	I3	Bd de Clichy, 122	Mt Cenis, 47 *.1-2 à 21-22*	*Place Clichy*
		J3		*21-22 à fin*	*Lamarck-Caulaincourt*
18	Caulaincourt (sq.)	J2	Caulaincourt, 63	Lamarck, 83	*Lamarck-Caulaincourt*
9	Caumartin (de)	I5	Bd des Capucines, 30	Saint-Lazare, 97	*Havre-Caumartin*
15	Cavalerie (de la)	F9	Av. La Motte-Picquet, 53	du Laos, 20	*La Motte-Picquet*
18	Cavallotti	I3	Capron, 27	Ganneron, 18	*Place Clichy*
18	Cavé	L3	Stephenson, 23	des Gardes, 28	*Château-Rouge*
19	Cavendish	N4	Manin, 63	de Meaux, 84	*Laumière*
18	Cazotte	K3	Charles Nodier, 3	Ronsard, 2	*Anvers*
18	Cécile Brunschvicg	K2	du Simplon, 14	Boinot, 34	*Simplon*
4	Célestin Hennion (al.)	K8	Q. de Corse, 19	Q. de Corse, 21	*Cité*
4	Célestins (q. des)	L9	Bd Henri IV, 11	Nonnains d'Hyères, 2	*Sully-Morland/Pt Marie*
14	Cels (imp.)	H11	Cels, 7		*Gaîté*
14	Cels	I11	Fermat, 8	Auguste Mie, 5	*Gaîté*
20	Cendriers (des)	O6	Bd Ménilmontant, 100	des Amandiers, 77	*Ménilmontant*
5	Censier	L10	Geoffroy-St-Hilaire, 33	Bazeilles, 1	*Censier-Daubenton*
15	Cépré	F9	Miollis, 24	Bd Garibaldi, 16	*Cambronne*
4	Cerisaie (de la)	M9	Bd Bourdon, 31bis	du Petit Musc, 24	*Bastille*
8	Cerisoles (de)	F6	Clément Marot, 24	François Ier, 41	*Franklin-D.-Roosevelt*
17	Cernuschi	G3	Bd Malesherbes, 148	de Tocqueville, 79	*Wagram*
8	César Caire (av.)	H5	Pl. Saint-Augustin	de la Bienfaisance, 11	*Saint-Augustin*
15	César Frank	G9	Av. de Saxe, 52	Bellart, 5	*Ségur*
11	Cesselin	O9	Paul Bert, 8	c. de l'Ameublement, 13	*Faidherbe-Chaligny*
15	Cévennes (des)	D10	Q. André Citroën, 83	de Lourmel, 146	*Javel-André Citröen*
2	Chabanais	J6	des Pts Champs, 22	Rameau, 9	*Bourse*
12	Chablis (de)	O11	Pommard, 6	de Bercy, 7	*Cour Saint-Emilion*
10	Chabrol (c. de)	K5	Cr Ferme St-Lazare, 16	de Chabrol, 25	*Gare de l'Est*
10	Chabrol (de)	L5	Bd de Magenta, 85	La Fayette, 98	*Poissonnière*
12	Chaffault (du)	R10	Jeanne Jugan	Saint-Mandé (94)	*Saint-Mandé*
16	Chaillot (de)	F6	Pierre Ier de Servie	Av. Marceau, 37	*Iéna*
16	Chaillot (sq. de)	F6	de Chaillot, 37		*Iéna*
7	Chaise (de la)	I8	de Grenelle, 31	Bd Raspail, 37	*Sèvres-Babylone*
17	Chalabre (imp.)	H2	Av. de Clichy, 163		*Brochant*
10	Chalet (du)	N5	Buisson St-Louis, 25	Sainte-Marthe, 32	*Belleville*
16	Chalets (av. des)	C8	Ranelagh, 101bis	de l'Assomption, 64	*Ranelagh*
16	Chalgrin	E5	Av. Foch, 22	Le Sueur, 4	*Argentine*
12	Chaligny	O9	Pl. Col Bourgoin, 3	du Fbg St-Antoine, 198	*Faidherbe-Chaligny*
12	Chalon (cr de)	N10	de Chalon, 32		*Gare de Lyon*
12	Chalon (de)	N10	de Rambouillet, 3	Bd Diderot, 22	*Gare de Lyon*
12	Chambertin (de)	N11	de Bercy, 118	Bd de Bercy, 38	*Bercy*
15	Chambéry (de)	F12	des Morillons, 60	Castagnary, 140	*Porte de Vanves*

Ar./Districts	Rues/Street	Plan/Map	Commençant/Beginning	Finissant/Ending	Métro/Subway
8	Chambiges	F6	du Boccador, 10	Clément Marot, 5	*Alma-Marceau*
16	Chamfort	C9	de la Source, 18	Av. Mozart, 105	*Jasmin*
18	Champ à Loups (pas. du)	I1	Bernard Dimey, 5	Leibniz, 72	*Porte de St-Ouen*
13	Champ de l'Alouette (du)	K12	Corvisart, 24	de la Glacière, 59	*Glacière*
7	Champ de Mars (du)	F8	Duvivier, 18	Av. Bourdonnais, 93	*Ecole Militaire*
18	Champ Marie (pas. du)	J1	Vincent Compoint, 23	Belliard, 121	*Pte de Clignancourt*
20	Champagne (c.)	Q8	des Pyrénées, 81	de la Réunion, 16	*Maraîchers*
12	Champagne (ter. de)	O12	Bercy Expo		*Cour Saint-Emilion*
7	Champagny (de)	H8	Casimir Périer, 2	Martignac, 1	*Solférino*
15	Champaubert (av. de)	F9	Av. de Suffren, 80	du Gal de Larminat, 6	*La Motte-Picquet*
7	Champfleury	F8	Al. Thomy-Thierry, 22	Av. de Suffren, 45	*La Motte-Picquet*
18	Championnet (pas.)	K2	Championnet, 57	Neuve Charbonnière, 13	*Pte de Clignancourt*
18	Championnet	K2	des Poissonniers, 135	Marcadet ...*1-2 à 127-132*	*Pte de Clignancourt*
		J2		*127-132 à fin*	*Guy Môquet*
18	Championnet (v.)	I2	Championnet, 198		*Guy Môquet*
5	Champollion	J9	des Ecoles, 51	Pl. de la Sorbonne, 6	*Maubert-Mutualité*
8	Champs (gal. des)	F5	Av. des Champs Elysées	de Ponthieu	*George V*
8	Champs Elysées (arc. des)	F5	Av. Champs Elysées, 76	de Ponthieu, 59	*George V*
8	Champs Elysées (av. des)	G6	Pl. de la Concorde	Pl. Ch. de Gaulle *.1-2 à 13-18*	*Concorde/Champs E.-Cl.*
				13-18 à 33-48	*Champs E.-C./Franklin-D.-R.*
				33-48 à 101-114	*Franklin-D.-R./George V*
				101-114 à fin	*George V/Ch. de Gaulle*
8	Ch. Elysées-M. Dassault (rd-pt)	G6	Av. des Champs Elysées	Av. Franklin D. Roosevelt	*Franklin-D.-Roosevelt*
7	Chanaleilles (de)	H8	Vaneau, 24	Barbet de Jouy, 17	*Saint-François-Xavier*
16	Chancelier Adenauer (pl. du)	D6	Spontini	Av. Bugeaud	*Porte Dauphine*
15	Chandon (imp.)	E11	Lecourbe, 282		*Boucicaut*
16	Chanez	B9	d'Auteuil, 77	Molitor, 50	*Porte d'Auteuil*
16	Chanez (v.)	B9	Chanez, 3		*Porte d'Auteuil*
12	Changarnier	Q10	Bd Soult, 80	Av. Lamoricière	*Porte de Vincennes*
1/4	Change (pt au)	K8	Q. de la Mégisserie	Q. de l'Horloge	*Châtelet*
4	Chanoinesse	K8	Cloître Notre-Dame, 6b	d'Arcole, 9	*Cité*
16	Chantemesse (av.)	C6	Bd Lannes	Av. du Mal Fayolle, 47	*Rue de la Pompe*
12	Chantier (pas. du)	N9	de Charenton, 53	duFbg St-Antoine, 66	*Ledru-Rollin*
5	Chantiers (des)	L9	Fossés St-Bernard, 6	du Card. Lemoine, 5	*Cardinal Lemoine*
9	Chantilly (de)	K4	de Bellefond, 24	de Maubeuge, 60	*Poissonnière*
4	Chantres (des)	K8	Q. aux Fleurs, 11	des Chanoinesses, 10	*Cité*
13	Chanvin (pas.)	M12	du Chevaleret, 147	de Vimoutiers, 14	*Chevaleret*
11	Chanzy	O8	Saint-Bernard, 26	Bd Voltaire, 210	*Charonne*
17	Chapelle (av. de la)	D4	Av. de Verzy, 3		*Porte Maillot*
10	Chapelle (bd de la) 1 à 51	L3	d'Aubervilliers, 1	Bd Barbès *.1-2 à 39-52*	*La Chapelle*
18	2 à 126	L3		*39-52 à fin*	*Barbès-Rochechouart*

Ar./Districts	Rues/Street	Plan/Map	Commençant/Beginning	Finissant/Ending	Métro/Subway
18	Chapelle (c. de la)	L3	Marx Dormoy, 37		La Chapelle
18	Chapelle (imp. de la)	L2	de la Chapelle, 31		Marx Dormoy
18	Chapelle (pl. de la)	L3	Marx Dormoy	Bd de la Chapelle	La Chapelle
18	Chapelle (de la)	L2	Ordener, 2	Bd Ney, 29	M. Dormoy/Pte d. l. Chapelle
3	Chapon	L7	du Temple, 113	Saint-Martin, 230	Arts-et-Métiers
18	Chappe	J3	des Trois Frères, 6	Saint-Eleuthère, 5	Abbesses
9	Chaptal	I4	Jean-Bap. Pigalle, 49	Blanche, 66	Pigalle
9	Chaptal (c.)	I4	Chaptal, 20		Blanche
16	Chapu	B10	Bd Exelmans, 16	Av. de Versailles, 163	Exelmans
13	Charbonnel	J13	Brillat-Savarin, 61	de l'Am. Mouchez, 57	Cité Universitaire
18	Charbonnière (de la)	L3	de la Goutte d'Or, 1	Bd de la Chapelle, 100	Barbès-Rochechouart
15	Charbonniers (pas. des)	G10	Bd Garibaldi, 86	Lecourbe, 10	Sèvres-Lecourbe
13	Charcot	M12	du Chevaleret, 123	Pl. Jeanne-d'Arc, 26	Olympiades
16	Chardin	E8	Le Nôtre, 5	Beethoven, 4	Passy
16	Chardon-Lagache	B10	du Buis, 1	Av. de Versailles, 178	Chardon-Lagache
19	Charente (q. de la)	O2	Bd Macdonald, 121		Porte la Villette
12	Charenton (de)	N9	Pl. de la Bastille, 6	Bd Poniatowski *.1-2 à 97-98*	Bastille
		P12		*97-98 à 189-208*	Reuilly-Diderot
				189-208 à 257-308	Dugommier
				257-308 à fin	Porte de Charenton
4	Charlemagne	L8	Saint-Paul, 31	de Fourcy, 2	Saint-Paul
4	Charles V	L8	du Petit-Musc, 17	Saint-Paul, 18	Sully-Morland
18	Charles Albert (pas.)	I1	Leibniz, 70	Jules Cloquet, 2	Porte de St-Ouen
12	Charles Baudelaire	N9	de Prague, 4	du Fbg St-Antoine, 118	Ledru-Rollin
12	Charles Bénard (v.)	Q10	du Dr Arnold Netter, 49		Picpus
18	Charles Bernard (pl.)	J2	du Poteau, 16	Duhesme, 68	Jules Joffrin
13	Charles Bertheau	M13	Simone Weil	Av. de Choisy, 38	Porte de Choisy
12	Charles Bossut	O10	du Charolais, 74	Av. Daumesnil, 98	Reuilly-Diderot
20	Charles Cros	Q5	Bd Mortier, 162	des Glaïeuls	Porte des Lilas
11	Charles Dallery (pas.)	N8	de Charonne, 53	de la Roquette, 90bis	Voltaire
12	Charles de Foucauld (av.)	Q12	Joseph Chailley, 9	Av. du Gal Dodds, 10	Porte Dorée
8/16/17	Charles de Gaulle (pl.)	E5	Av. des Champs Elysées	Av. de Wagram	Ch. de Gaulle-Etoile
12/13	Charles de Gaulle (pt)	M10	Q. d'Austerlitz	Q. de la Rapée	Gare de Lyon
11	Charles Delescluze	N8	Trousseau, 48	Saint-Bernard, 31	Ledru-Rollin
16	Charles Dickens	D8	des Eaux, 9	Av. Fremiet	Passy
16	Charles Dickens (sq.)	D8	des Eaux, 6		Passy
14	Charles Divry	I12	Boulard, 42	Gassendi, 29	Denfert-Rochereau
18	Charles Dullin (pl.)	J4	d'Orsel, 48	Dancourt, 10	Anvers
20	Charles et Robert	R8	Bd Davout, 66	Pl. Pte de Montreuil	Porte de Montreuil
17	Charles Fillion (pl.)	H3	Boursault, 85	Cardinet, 146	Brochant
7	Charles Floquet (av.)	F8	Av. Octave Gréard, 3	Jean Carriès	La Motte-Picquet

Ar./Districts	Rues/Street	Plan/Map	Commençant/Beginning	Finissant/Ending	Métro/Subway
13	Charles Fourier	K13	Pl. Abbé G. Hénocque	de Tolbiac, 193	*Tolbiac*
3	Charles François Dupuis	M6	Dupetit-Thouars, 4	Béranger, 7	*République*
20	Charles Friedel	P5	Olivier Métra, 18	Pixérécourt, 43	*Télégraphe*
9	Charles Garnier (pl.)	I5	Auber, 4	Scribe, 11	*Opéra*
17	Charles Gerhardt	F3	Gustave Doré, 1		*Wagram*
8	Charles Girault (av.)	G6	Av. Dutuit	Av. Winston Churchill	*Champs-Elysées-Clem.*
9	Charles Godon (c.)	J4	Milton, 25	La Tour d'Auvergne, 41	*Saint-Georges*
18	Charles Hermite	M1	Av. Pte d'Aubervilliers, 7	Bd Ney, 52	*Porte de la Chapelle*
16	Charles Lamoureux	D6	Emile Ménier, 23	de Noisiel, 3	*Porte Dauphine*
15	Charles Laurent (sq.)	F10	Cambronne, 71	Lecourbe, 102	*Volontaires*
18	Charles Lauth	M1	Bd Ney, 18	Gaston Tissandier, 2	*Porte de la Chapelle*
14	Charles Le Goffic	H13	Bd Brune, 108	Av. Ernest Reyer, 11	*Porte d'Orléans*
15	Charles Lecocq	E10	de la Croix Nivert, 123	Lecourbe, 204	*Convention*
13	Charles Leroy	M14	Av. Pte de Choisy, 2	Ivry-sur-Seine (94)	*Porte de Choisy*
11	Charles Luizet	M7	Bd Filles d. Calvaire, 16	Amelot, 107	*St-Sébastien-Froissart*
16	Charles-Marie Widor	B10	Chardon-Lagache, 86	Boileau, 77bis	*Exelmans*
15	Charles Michels (pl.)	D9	Saint-Charles	Av. Emile Zola	*Charles Michels*
19	Charles Monselet	P4	Bd Sérurier, 50	Bd d'Algérie, 7	*Pré-St-Gervais*
13	Charles Moureu	L12	de Tolbiac, 98	Av. Edison, 53	*Tolbiac*
12	Charles Nicolle	O10	de Charenton, 173	C. Moynet, 11	*Montgallet*
18	Charles Nodier	K3	Pl. Saint-Pierre	André Del Sarte, 21	*Anvers*
11	Charles Petit (imp.)	O9	Paul Bert, 4		*Faidherbe-Chaligny*
20	Charles Renouvier	P7	des Rondeaux, 10	Stendhal, 21	*Gambetta*
7	Charles Risler (av.)	F8	Al. Adrienne Lecouvreur	Al. Thomy-Thierry	*Ecole Militaire*
10	Charles Robin	M5	Av. Cl. Vellefaux, 37	Grange aux Belles, 38	*Colonel Fabien*
16	Charles Tellier	B11	Bd Murat, 157	Le Marois, 19	*Porte de St-Cloud*
19	Charles Tillon (pl.)	M1	sur Av. Pte d'Aubervilliers	Bd Macdonald/J. Oberlé	*Porte de la Chapelle*
17	Charles Tournemire	D3	Av. Pte Champerret, 5	Av. Pte de Villiers, 20	*Porte de Champerret*
15	Charles Vallin (pl.)	F11	de la Convention	de l'Abbé Groult	*Convention*
15	Charles Weiss	G12	Labrouste, 45	Castagnary, 52	*Plaisance*
3	Charlot	M7	des Quatre Fils, 12	Bd du Temple, 27	*Filles du Calvaire*
7	Charlotte Perriand (al.)	I8	sur le Bd Raspail	de Grenelle / de Varenne	*Rue du Bac*
15	Charmilles (v. des)	G12	Castagnary, 56		*Plaisance*
12	Charolais (pas. du)	O10	du Charolais, 26	Baulant, 4	*Dugommier*
12	Charolais (du)	O11	Bd de Bercy, 19	Daumesnil, 82	*Dugommier*
11	Charonne (bd de) 1 à 151	P9	Crs de Vincennes, 1	P. Bayle, 2 *.1-2 à 51-80*	*Avron*
20	2 à 212	P9		*.51-80 à fin*	*Al. Dumas/Ph. Auguste*
11	Charonne (de)	O8	du Fbg St-Antoine, 61	Bd Charonne *.1-2 à 126-137*	*Ledru-Rollin/Charonne*
				126-127 à fin	*Alexandre Dumas*
9	Charras	I5	Bd Haussmann, 54	de Provence, 99	*Havre-Caumartin*
11	Charrière	N8	de Charonne, 86		*Charonne*

Ar./Districts	Rues/Street	Plan/Map	Commençant/Beginning	Finissant/Ending	Métro/Subway
5	Chartière (imp.)	K9	de Lanneau, 11		*Maubert-Mutualité*
18	Chartres (de)	L3	Bd de la Chapelle, 58	de la Goutte d'Or, 45	*La Chapelle*
6	Chartreux (des)	J10	Av. Observervatoire, 8	d'Assas, 87	*Port-Royal*
8	Chassaigne-Goyon (pl.)	G5	du Fbg Saint-Honoré	La Boétie	*St-Philippe du Roule*
15	Chasseloup-Laubat	F9	Av. de Suffren, 128	Av. de Ségur, 46	*Ségur*
17	Chasseurs (av. des)	G3	Bd Pereire, 57	Bd Malesherbes, 162	*Wagram*
5	Chat qui pêche (du)	K8	Q. Saint-Michel, 9	de la Huchette, 12	*Saint-Michel*
14	Château (du)	H11	5 Martyrs Lycée Buffon	Av. du Maine, 164	*Pernéty*
10	Château d'Eau (du)	L6	Bd Magenta, 1	du Fbg St-Denis, 68	*République/Chât.-d'Eau*
13	Château des Rentiers	M13	Bd Masséna, 52	Bd V. Auriol *1-2 à 85-90*	*Olympiades/Pte d'Ivry*
		L12		*85-90 à fin*	*Nationale/Olympiades*
10	Château Landon (du)	M4	du Fbg St-Martin, 185	Bd de la Chapelle, 1	*Château Landon*
14	Château Ouvrier (al. du)	H11	Ray. Losserand, 69	Pl. Marcel Paul	*Pernety*
18	Château Rouge (pl. du)	K3	Bd Barbès, 44	Poulet, 21	*Château-Rouge*
8	Chateaubriand (de)	F5	Washington, 17	Av. de Friedland, 33	*George V*
9	Châteaudun (de)	J5	La Fayette, 55	Chaussée d'Antin, 70	*Notre-D. de Lorette*
17	Châtelet (pas.)	I1	Jacques Kellner, 36	Bd Bessières, 35	*Porte de St-Ouen*
1/4	Châtelet (pl. du)	K8	Q. de Gesvres	Av. Victoria	*Châtelet*
14	Châtillon (de)	H13	Av. Jean Moulin, 18	des Plantes, 43	*Alésia*
14	Châtillon (sq. de)	H13	Av. Jean Moulin, 33		*Alésia*
9	Chauchat	J5	Bd Haussmann, 4	La Fayette, 42	*Richelieu-Drouot/Le Peletier*
10	Chaudron	M4	du Fbg St-Martin, 241	Château Landon, 52	*Stalingrad*
19	Chaufourniers (des)	N4	de Meaux, 16		*Colonel Fabien*
19	Chaumont (de)	M4	Av. Secrétan, 24	C. Lepage, 11	*Jaurès*
20	Chauré (sq.)	Q6	du Lt Chauré, 17		*Gambetta*
9	Chaussée d'Antin (de la)	I5	Bd des Capucines, 4	Saint-Lazare, 73	*Chaus.-d'Antin/Trinité*
12	Chaussin (pas.)	P11	de Picpus, 99	de Toul, 21bis	*Bel-Air*
10	Chausson (imp.)	M5	Grange aux Belles, 31		*Colonel Fabien*
8	Chauveau-Lagarde	H5	Pl. Madeleine, 21	Bd Malesherbes, 12	*Madeleine*
15	Chauvelot	F12	Brancion, 115	Jacques Baudry, 32	*Porte de Vanves*
9	Chavarche Missakian (pl.)	K5	de Montholon	La Fayette	*Cadet*
17	Chazelles (de)	G4	Pl. Rép. de l'Equateur	de Prony, 15	*Courcelles*
14	Chef d'E. de Guillebon (al. du)	H11	Gare Montparnasse		*Montparnasse-Bienv.*
19	Chemin de Fer (du)	O1	Pl. Auguste Baron	Pantin (93)	*Porte la Villette*
11	Chemin Vert (pas. du)	N7	Chemin Vert, 43	de l'Asile Popincourt, 8	*Richard Lenoir*
11	Chemin Vert (du)	M8	Beaumarchais, 46	Av. République *1-2 à 26-31*	*Chemin Vert*
		O7		*26-31 à 94-101*	*Saint-Ambroise*
				94-101 à fin	*Père-Lachaise*
19	Cheminets (des)	P3	de la Marseillaise	Le Pré-St-Gervais (93)	*Porte de Pantin*
12	Chêne Vert (cr du)	N9	de Charenton, 48		*Ledru-Rollin*
2	Chénier	K6	Sainte-Foy, 23	de Cléry, 94	*Strasbourg-St-Denis*

Ch

Ar./Districts	Rues/Street	Plan/Map	Commençant/Beginning	Finissant/Ending	Métro/Subway
20	Cher (du)	P7	Cour des Noues, 26	Belgrand, 6	*Gambetta*
15	Cherbourg (de)	F12	des Morillons, 62	Fizeau, 9	*Porte de Vanves*
6	Cherche-Midi (du) 1 à 121 - 2 à 128b	I9	Pl. Michel Debré	Pl. C. Claudel *.1-2 à 85-94*	*Sèvres-Babylone*
15	Cherche-Midi (du) 123-133 à 130-146	H10	Pl. Michel Debré	Pl. C. Claudel *85-94 à fin*	*Falguière*
13	Chéreau	K13	Butte aux Cailles, 1	Bobillot, 36	*Corvisart*
16	Chernoviz	D8	Raynouard, 24	de Passy, 35	*Passy*
17	Chéroy (de)	H4	Bd Batignolles, 78bis	des Dames, 99	*Rome*
2	Chérubini	J6	Chabanais, 11	Sainte-Anne, 52	*Quatre Septembre*
11	Cheval Blanc (pas. du)	M8	de la Roquette, 2		*Bastille*
13	Chevaleret (du)	N13	Regnault, 16	Bd V. Auriol *.1-2 à 62-93*	*Biblio. F. Mitterrand*
		N12		*62-93 à fin*	*Chevaleret*
18	Chevalier de la Barre (du)	J3	Ramey, 9	du Mont Cenis, 8	*Abbesses*
8	Chevalier St-George (de) 1 à 15	I6	Saint-Honoré, 404	Duphot, 21	*Concorde*
1	2 à 14	I6			*Concorde*
20	Chevaliers (imp. des)	P5	Pixérécourt, 40		*Télégraphe*
7	Chevert	G8	Bd La Tour-Maubourg, 74	Av. Tourville, 20	*Ecole Militaire*
9	Cheverus (de)	I4-5	Pl. d'Estienne d'Orves, 8	de la Trinité, 1	*Trinité*
11	Chevet (du)	M6	Deguerry, 1	Darboy, 2	*Goncourt*
11	Chevreul	O9	du Fbg St-Antoine, 303	de Montreuil, 72	*Rue des Boulets*
6	Chevreuse (de)	I10	N.-D. des Champs, 76	Bd Montparnasse, 125	*Vavin*
16	Cheysson (v.)	B10	Boileau, 84		*Exelmans*
20	Chine (de la)	P6	Cour des Noues, 20	de Ménilmontant, 126	*Gambetta*
13	Choderlos de Laclos	N12	Neuve Tolbiac	Emile Durkheim, 5	*Biblio. F. Mitterrand*
2	Choiseul (pas.)	J6	des Petits-Champs, 42	Saint-Augustin, 23	*Quatre Septembre*
2	Choiseul (de)	J6	Saint-Augustin, 16	Bd des Italiens, 21	*Quatre Septembre*
13	Choisy (av. de)	L13	Bd Masséna, 122	Bd V. Auriol *.1-2 à 72-75*	*Porte de Choisy*
				72-75 à 157-160	*Tolbiac*
				157-160 à fin	*Place d'Italie*
7	Chomel	I9	Bd Raspail, 40	de Babylone, 12	*Sèvres-Babylone*
16	Chopin (pl.)	D8	Lekain, 12	Duban, 2	*La Muette*
9	Choron	J4	Maubeuge, 11	des Martyrs, 16	*Notre-D. de Lorette*
12	Chrétien de Troyes	N10	de Rambouillet, 7	av, Daumesnil, 68	*Gare de Lyon*
12	Christian Dewet	P9	du Serg. Bauchat, 35	Dorian, 11	*Nation*
7	Christian Pineau (al.)	I8	sur le Bd Raspail	du Bac / de Luynes	*Rue du Bac*
18	Christiani	K3	Bd Barbès, 17	de Clignancourt, 34	*Barbès-Rochechouart*
6	Christine	J8	Grands-Augustins, 14	Dauphine, 33	*Saint-Michel*
17	Christine de Pisan	G3	de Saussure, 130		*Wagram*
8	Christophe Colomb	F6	Pl. Henri Dunant	Av. Marceau, 54	*George V*
6	Cicé (de)	I10	Stanislas, 16	du Montparnasse, 25	*Notre-D. des Champs*
16	Cimarosa	E6	Av. Kléber, 66	Lauriston, 77	*Boissière*
17	Cimetière des Batignolles (av.)	G2	Av. Pte de Clichy, 12	Saint-Just, 9	*Porte de Clichy*

Ar./Districts	Rues/Street	Plan/Map	Commençant/Beginning	Finissant/Ending	Métro/Subway
5	**Cimetière St-Benoist (du)** ..	K9	Imp. Chartière	Saint-Jacques	*Maubert-Mutualité*
17	**Cino del Duca**	D3	Av. Pte Champerret, 15 .	Bd d'Aurelle de Paladines	*Porte de Champerret*
13	**Cinq Diamants (des)**	K12	Bd Auguste Blanqui, 33 .	Butte aux Cailles, 30 ..	*Corvisart*
15	**5 Martyrs du Lycée Buffon (pl.)**	H11	Bd Pasteur, 97	du Château, 61	*Montparnasse-Bienv.*
8	**Cirque (du)**	G6	Av. Gabriel, 402	du Fbg St-Honoré, 63 .	*Champs-Elysées-Clem.*
6	**Ciseaux (des)**	I8	Bd St-Germain, 145 ...	du Four, 16	*St-Germain-des-Prés*
4	**Cité (de la)**	K8	Q. de la Corse	Q. du Marché Neuf ...	*Cité*
14	**Cité Universitaire (de la)** ...	J14	Liard	Bd Jourdan, 20	*Cité Universitaire*
12	**Cîteaux (de)**	N9	Bd Diderot, 43	du Fbg St-Antoine, 160 .	*Faidherbe-Chaligny*
10	**Civiale**	N5	Bd de la Villette, 7	Buisson St-Louis, 30 ..	*Belleville*
16	**Civry (de)**	B10	Bd Exelmans, 89	de Varize, 20	*Michel-Ange-Molitor*
17	**Clairaut**	H3	Av. de Clichy, 111	....	*La Fourche*
8	**Clapeyron**	H4	de Moscou, 24	Bd des Batignolles, 29 .	*Rome*
8	**Claridge (gal. du)**	F5	Av. des Champs Elysées	de Ponthieu	*George V*
5	**Claude Bernard**	K11	de Bazeilles, 4	Pl. Pierre Lampué	*Censier-Daubenton*
13	**Claude Bourdet (pl.)**	K12	Corvisart	des Cordelières	*Corvisart*
16	**Claude Chahu**	D7	de Passy, 16	Gavarni, 7	*Passy*
17	**Claude Debussy**	E3	Pl. Jules Renard	Bd de l'Yser, 3	*Porte de Champerret*
17	**Claude Debussy (sq.)**	G3	Legendre, 23bis	Sq. Fernand Tombelle, 4 .	*Villiers*
12	**Claude Decaen**	P11	Bd Poniatowski, 67	Pl. Félix Eboué, 6	*Daumesnil/Pte Dorée*
16	**Claude Farrère**	A10	Av. du Gal Sarrail	du Cdt Guilbaud	*Michel-Ange-Molitor*
16	**Claude François (pl.)**	B10	sur Bd Exelmans	entre 23 et 31	*Exelmans*
14/15	**Claude Garamond**	F13	Julia Bartet	Av. de la Pte Brancion .	*Porte de Vanves*
16	**Claude Lorrain**	B10	Boileau, 82	Michel-Ange, 79	*Exelmans*
16	**Claude Lorrain (v.)**	B10	Av. de La Frillière, 10 ..	....	*Exelmans*
19	**Claude Monet (v.)**	O4	Miguel Hidalgo, 19	François Pinton, 7	*Danube*
17	**Claude Pouillet**	H3	Lebouteux, 12	Legendre, 34	*Villiers*
13	**Claude Regaud (av.)**	M14	Bd Masséna, 49	Pl. du Dr Yersin	*Porte d'Ivry*
16	**Claude Terrasse**	B11	Av. de Versailles, 185 ..	Bd Murat, 129bis	*Porte de St-Cloud*
12	**Claude Tillier**	O9	Diderot, 79	Fbg St-Antoine, 238bis .	*Reuilly-Diderot*
10	**Claude Vellefaux (av.)**	M5	Av. Parmentier, 174 ...	Pl. Colonel Fabien, 1 ..	*Colonel Fabien*
9	**Clauzel**	J4	des Martyrs, 33	Henri Monnier, 6	*Saint-Georges*
19	**Clavel**	O5	de Belleville, 95	Fessart, 45	*Buttes-Chaumont*
5	**Clef (de la)**	K10	du Fer à Moulin, 22 ...	Lacépède, 15	*Pl. Monge*
8	**Clemenceau (pl.)**	G6	Av. Winston Churchill ..	Av. des Champs Elysées	*Champs-Elysées-Clem.*
1	**Clémence Royer**	J7	de Viarmes, 29	Coquillière, 9	*Les Halles*
6	**Clément**	J8	de Seine, 72	Mabillon, 3	*Mabillon*
16	**Clément Ader (pl.)**	D9	de Boulainvilliers	Av. de Versailles	*Mirabeau*
8	**Clément Marot**	F6	Av. Montaigne, 29	Pierre Charron, 46	*Franklin-D.-Roosevelt*
15	**Clément Myionnet**	D10	Pl. Mont. du Goulet, 5 ..	Léontine, 14	*Javel-André Citröen*
7	**Cler**	G8	Saint-Dominique, 111 ..	Av. La Motte-Picquet, 30 .	*Ecole Militaire*

Ar./Districts	Rues/Street	Plan/Map	Commençant/Beginning	Finissant/Ending	Métro/Subway
2	Cléry (pas. de)	K6	Cléry, 57	Beauregard, 20	Bonne Nouvelle
2	Cléry (de)	K6	Montmartre, 104	Bd Bonne-Nouvelle, 5 .	Sentier
17	Clichy (av. de).............	H2	Pl. de Clichy, 11	Bd Bessières 1-2 à 41-52	Place Clichy
	3 à 187 et 66 à 194bis		....	......41-52 à 125-126	La Fourche
18	2 à 62....................	I3	....	....125-126 à 165-176	Brochant
	....		....	.........165-176 à fin	Porte de Clichy
9	Clichy (bd de) 1 à 83	J4	des Martyrs, 67	Pl. Clichy .....1-2 à 43-64	Pigalle/Blanche
18	2 à 142	J4	....	...........43-64 à fin	Blanche/Place Clichy
8/17	Clichy (pl. de) 3-5 à 11	I4	Bd de Clichy, 91	Bd des Batignolles, 10 .	Place Clichy
9/18	1 - 2 à 10bis-12 à 16	I4	....	....	Place Clichy
18	Clichy (pas. de)	I3	Bd de Clichy, 128	Av. de Clichy, 4	Place Clichy
9	Clichy (de)................	I4	Pl. d'Est. d'Orves, 5 ...	Pl. de Clichy, 1	Trinité/Place Clichy
18	Clignancourt (de)	K3	Bd Rochechouart, 36 ..	Championnet .1-2 à 34-49	Barbès-Rochechouart
	....	K2	....	........34-49 à 64-71	Château-Rouge
	....		....	......64-71 à 106-115	Marcadet-Poissonniers
	....		....	.........106-115 à fin	Simplon
13	Clisson (imp.)	M12	Clisson, 43	....	Nationale
13	Clisson	M12	du Chevaleret, 171	Pl. Nationale	Nationale
4	Cloche Perce	L8	François Miron, 13	du Roi de Sicile, 27 ...	Saint-Paul
15	Clodion	E9	Bd de Grenelle, 49	Daniel Stern, 22	Dupleix
4	Cloître Notre-Dame (du) ...	K8	Q. aux Fleurs, 1	Pl. Parvis Notre-Dame .	Cité
4	Cloître Saint-Merri (du)	K7	du Renard, 17	Saint-Martin, 78	Hôtel de Ville
20	Clos (du)	Q8	Courat, 2bis	Saint-Blaise, 58	Maraîchers
5	Clos Bruneau (pas. du)	K9	des Ecoles, 33	des Carmes, 11	Maubert-Mutualité
11	Clos de Malevart (v. du)....	M10	Darboy, 7	....	Goncourt
15	Clos Feuquières (du)	E11	Théodore Deck, 5	Desnouettes, 10	Convention
5	Clotaire	K10	Pl. du Panthéon, 19 ...	Fossés St-Jacques, 17 .	Luxembourg
5	Clotilde	K10	Clovis, 23	de l'Estrapade, 16	Cardinal Lemoine
11	Clotilde de Vaux	M8	Bd Beaumarchais, 56 ..	Amelot, 47	Chemin Vert
19	Clôture (de la)............	P1	Pantin (93)	Bd Macdonald, 24	Porte la Villette
15	Clouet	F9	Bd Garibaldi, 24	Miollis, 14	Cambronne
5	Clovis	K10	du Card. Lemoine, 58 ..	Pl. Sainte-Geneviève ..	Cardinal Lemoine
19	Clovis Hugues	N4	Armand Carrel, 65	de Meaux, 65	Jaurès
18	Cloÿs (des)	J2	Duhesme, 51	Damrémont, 102	Jules Joffrin
18	Cloÿs (imp. des)	J2	des Cloÿs, 23	....	Jules Joffrin
18	Cloÿs (pas. des)	J2	Marcadet, 192........	Montcalm, 16........	Lamarck-Caulaincourt
5	Cluny (de)	K9	Bd Saint-Germain, 73 ..	Du Sommerard, 22 ...	Maubert-Mutualité
5	Cochin..................	K9	de Poissy, 4	de Pontoise, 3	Maubert-Mutualité
6	Coëtlogon	I9	de Rennes, 92	d'Assas, 5	St-Sulpice
14	Cœur de Vey (v.)..........	I12	Av. Gal Leclerc, 54	....	Mouton-Duvernet
7	Cognacq-Jay	F7	Malar, 2.............	Av. Bosquet, 3	Alma-Marceau

Ar./Districts	Rues/Street	Plan/Map	Commençant/Beginning	Finissant/Ending	Métro/Subway
2	**Colbert**	**J6**	Vivienne, 11	Richelieu, 58	*Bourse*
2	**Colbert (gal. et pas.)**	**J6**	des Petits-Champs, 6 ..	....	*Bourse*
1	**Colette (pl.)**	**J7**	Saint-Honoré	Pl. André Malraux	*Palais-Royal*
19	**Colette Magny**	**N2**	Curial	de Cambrai	*Corentin Cariou*
8	**Colisée (du)**	**G5**	Av. Champs Elysées, 48 ..	du Fbg St-Honoré, 97 .	*St-Philippe du Roule*
5	**Collégiale (de la)**	**K11**	Bd Saint-Marcel, 86 ...	Fer-à-Moulin, 37	*Les Gobelins*
14	**Collet (v.)**	**G13**	Didot, 119	....	*Porte de Vanves*
17	**Collette**	**I2**	Av. de Saint-Ouen, 83 .	Jean Leclaire, 6	*Guy Môquet*
9	**Collin (pas.)**	**J4**	Duperré, 18	Bd de Clichy, 29	*Pigalle*
19	**Colmar (de)**	**N3**	de Crimée, 154	Evette, 1	*Crimée/Riquet*
4	**Colombe (de la)**	**K8**	Q. aux Fleurs, 21	Chanoinesse, 26	*Cité*
16	**Colombie (pl. de)**	**C7**	Bd Suchet	Av. Henri Martin	*Rue de la Pompe*
16	**Colonel Bonnet (av. du)**	**D8**	Raynouard, 68	Alfred Bruneau, 10 ...	*La Muette*
12	**Colonel Bourgoin (pl. du)** ..	**O10**	de Charenton	Crozatier	*Reuilly-Diderot*
15	**Col Colonna d'Ornano (du)** .	**F10**	François Bonvin, 12 ...	villa Poirier, 12	*Volontaires*
7	**Colonel Combes (du)**	**G7**	Jean Nicot, 6	Malar, 5	*La Tour-Maubourg*
13	**Colonel Dominé (du)**	**L14**	Bd Kellermann, 2	Bd Kellermann, 16	*Porte d'Italie*
1	**Colonel Driant (du)**	**J7**	Jean-J. Rousseau, 29 ..	Valois, 8	*Palais-Royal*
10	**Col Fabien (pl. du) 1 à 13** ...	**M4**	Bd de la Villette	Av. Mathurin Moreau ..	*Colonel Fabien*
19	**2 à 8**	**M4**	....	....	*Colonel Fabien*
14	**Col Henri Rol-Tanguy (av. du)** .	**I11**	Pl. Denfert Rochereau ..	Av. du Gal Leclerc	*Denfert-Rochereau*
17	**Colonel Manhès (du)**	**H2**	Pouchet, 67	Belzélius, 57	*Guy Môquet*
17	**Colonel Moll (du)**	**E5**	des Acacias, 15	Saint-Ferdinand, 9	*Ch. de Gaulle-Etoile*
14	**Colonel Monteil (du)**	**G13**	Bd Brune, 36	Maurice Bouchor, 3 ...	*Porte de Vanves*
12	**Colonel Oudot (du)**	**Q11**	Av. Daumesnil, 271	Bd Soult, 25	*Porte Dorée*
15	**Colonel Pierre Avia (du)** ...	**C12**	Louis Armand	Issy-les-Moulineaux (92) .	*Balard*
12	**Colonel Rozanoff (du)**	**O10**	de Reuilly, 42	de Reuilly, 32	*Montgallet*
17	**Colonels Renard (des)**	**E4**	du Colonel Moll, 10	d'Armaillé, 15	*Argentine*
13	**Colonie (de la)**	**K13**	Vergniaud, 57	Pl. Abbé G. Hénocque ..	*Tolbiac*
2	**Colonnes (des)**	**J6**	Quatre Septembre, 4 ..	Feydeau, 23	*Bourse*
12	**Colonnes du Trône (des)** ...	**P9**	Av. de St-Mandé, 23 ...	Pl. l'Ile de la Réunion .	*Nation*
13/14	**Coluche (pl.)**	**J13**	d'Alésia	de Tolbiac	*Glacière*
12	**Combattants en Afrique du . Nord (pl. des)**	**M10**	Bd Diderot	de Lyon	*Gare de Lyon*
7	**Comète (de la)**	**G7**	Saint-Dominique, 75 ...	de Grenelle, 160	*La Tour-Maubourg*
7	**Commaille (de)**	**H8**	de la Planche, 8	du Bac, 103	*Sèvres-Babylone*
17	**Cdt Charles Martel (pas. du)** .	**H3**	de Rome, 113	Dulong, 26	*Rome*
16	**Cdt Guilbaud (du)**	**A10**	Av. Pte St-Cloud, 26 ...	Claude Farrère, 21 ...	*Porte de St-Cloud*
20	**Cdt L'Herminier (du)**	**R9**	Av. Pte Vincennes, 23 .	de Lagny	*Porte de Vincennes*
11	**Commandant Lamy (du)** ...	**N8**	de la Roquette, 45	Sedaine, 30bis	*Bréguet-Sabin*
15	**Commandant Léandri (du)** .	**E11**	de la Convention, 152 .	Jacques Mawas, 2 ...	*Convention*

Co

Ar./Districts	Rues/Street	Plan/Map	Commençant/Beginning	Finissant/Ending	Métro/Subway
16	Cdt Marchand (du)	D5	Av. Malakoff, 153	....	Porte Maillot
10	Cdt Mortenol (du)	L5	Q. de Valmy, 127	....	Colonel Fabien
15	Cdt Raynal (al. du)	D10	Al. Le Gramat, 16	Cauchy, 21	Lourmel
14/15	Cdt René Mouchotte (du)	H11	Av. du Maine, 58	Pl. de Catalogne	Montparnasse-Bienv.
8	Commandant Rivière (du)	G5	Av. Fr.-D. Roosevelt, 71	d'Artois, 10	St-Philippe du Roule
16	Cdt Schlœsing (du)	D7	Av. Paul Doumer, 1	Pétrarque, 6	Trocadéro
19	Commanderie (bd de la)	O1	Pl. Auguste Baron	Aubervilliers (93)	Porte la Villette
14	Commandeur (du)	I12	Bezout, 11	Pas. Montbrun, 9	Alésia
15	Commerce (du)	F9	Bd de Grenelle, 128	des Entrepreneurs, 99	La Motte-Picquet
15	Commerce (pl. du)	E10	Violet, 69	du Commerce, 80	Commerce
15	Commerce (imp. du)	E10	du Commerce, 70	....	Commerce
6	Commerce St-André (cr du)	J8	St-André des Arts, 59	Bd Saint-Germain, 130	Odéon
3	Commerce St-Martin (pas. du)	K7	Brantôme	Saint-Martin, 184	Rambuteau
3	Commines	M7	de Turenne, 90	Bd Filles du Calvaire, 11	Filles du Calvaire
13	Commune de Paris (pl. de la)	K13	de la Butte aux Cailles	Buot	Corvisart
19	Compans	O4	de Belleville, 213	d'Hautpoul, 18	Place des Fêtes
10	Compiègne (de)	K4	Bd Magenta, 122	Dunkerque, 25	Gare du Nord
17	Compoint (v.)	H2	Guy Môquet, 38	....	Guy Môquet
15	Comtat Venaissin (pl. du)	E10	de Javel	des Frères Morane	Félix Faure
7/8	Concorde (p. de la)	H7	Q. des Tuileries	Q. d'Orsay	Concorde
8	Concorde (pl. de la)	H6	Royale	Av. des Champs Elysées	Concorde
6	Condé (de)	J9	car. de l'Odéon	de Vaugirard, 22	Odéon
11	Condillac	O7	Av. de la République, 99	des Nanettes, 8	Père-Lachaise
9	Condorcet	K4	de Maubeuge, 59	des Martyrs, 58	Anvers
9	Condorcet (c.)	K4	Condorcet, 27	....	Anvers
20	Confiance (imp. de la)	P8	des Vignoles, 34	....	Avron
12	Congo (du)	O10	du Charolais, 38	Av. Daumesnil, 128	Dugommier
16	Conseiller Collignon	C7	Verdi, 3	d'Andigné, 2	La Muette
9	Conservatoire (du)	K5	Bergère, 12	Richer, 5	Grands Boulevards
18	Constance	I3	Lepic, 19	Joseph de Maistre, 11	Blanche
20	Constant Berthaut	O5	du Jourdain, 5	de Belleville, 132	Jourdain
14	Constantin Brancusi (pl.)	H11	de l'Ouest	Jules Guesde	Gaîté
7	Constant Coquelin (av.)	H9	Bd des Invalides, 59	....	Duroc
18	Constantin Pecqueur (pl.)	J3	Girardon, 15	Av. Junot, 42	Lamarck-Caulaincourt
7	Constantine (de)	G7	de l'Université, 105	de Grenelle, 144	Invalides
8	Constantinople (de)	H4	Pl. de l'Europe	Pl. Prosper Goubaux	Europe
3	Conté	L6	Montgolfier, 1	Vaucanson, 4	Arts-et-Métiers
6	Conti (q. de)	J8	Dauphine, 2	Pl. de l'Institut	Pont-Neuf
6	Conti (imp. de)	J8	Q. de Conti, 13	....	Pont-Neuf
5	Contrescarpe (pl. de la)	K10	Mouffetard	Lacépède, 57	Place Monge
15	Convention (de la)	D10	Rd-Pt du Pt Mirabeau, 7	Pl. Ch. Vallin *.1-2 à 60-63*	Javel-André Citröen

Ar./Districts	Rues/Street	Plan/Map	Commençant/Beginning	Finissant/Ending	Métro/Subway
	....	F11	....	......60-63 à 108-113	Boucicaut
	....		....	.........108-113 à fin	Convention
13	Conventionnel Chiappe (du) .	L14	Bd Masséna, 121	Av. Léon Bollée, 10 ...	Porte de Choisy
8	Copenhague (de)	H4	de Rome, 67	de Constantinople, 10 .	Rome
16	Copernic	E6	Av. Kléber, 52	Pl. Victor Hugo, 1	Victor-Hugo
16	Copernic (v.)	E6	Copernic, 40	....	Victor-Hugo
15	Copreaux	G10	Blomet, 31	de Vaugirard, 202	Volontaires
9	Coq (av. du)	I5	Saint-Lazare, 87	....	Trinité
11	Coq (cr du)	M7	Saint-Sabin, 60	Al. Verte	Richard Lenoir
1	Coq Héron	J7	Coquillière, 24	du Louvre, 17	Les Halles
1	Coquillière	J7	du Jour, 1	Croix Pts-Champs, 44 .	Les Halles
12	Corbera (av. de)	N10	Charenton, 131	Crozatier, 11	Reuilly-Diderot
12	Corbineau	N11	de Bercy, 96	Bd de Bercy, 48	Bercy
15	Corbon	F11	d'Alleray, 40	Pl. Charles Vallin	Vaugirard
13	Cordelières (des)	K11	Bd Arago, 27	Corvisart, 19	Les Gobelins
3	Corderie (de la)	L6	de Franche Comté, 1 ..	Dupetit-Thouars	République
20	Cordon-Boussard (imp.) ...	P6	des Pyrénées, 247	....	Gambetta
19	Corentin Cariou (av.)	O1	Av. de Flandre	Bd Macdonald, 87	Corentin-Cariou
12	Coriolis	O11	Nicolaï, 1	Bd de Bercy, 68	Dugommier
16	Corneille (imp.)	B10	Av. Despréaux	....	Michel-Ange-Molitor
6	Corneille	J9	Pl. de l'Odéon, 7	Pl. Paul Claudel	Odéon
16	Corot	C9	Wilhelm, 22	Av. Th. Gauthier, 61 ...	Eglise d'Auteuil
19	Corrèze (de la)	P3	Bd Sérurier, 100	Av. Ambroise Rendu ..	Danube
4	Corse (q. de la)	K8	d'Arcole, 2	Bd du Palais, 1	Cité
16	Cortambert	D7	Scheffer, 45	Pl. Possoz, 6	La Muette
18	Cortot	J3	du Mont Cenis, 19	des Saules, 8	Lamarck-Caulaincourt
8	Corvetto	G4	Treilhard, 6	de Lisbonne, 15	Villiers
13	Corvisart	K12	Léon-M. Nordmann, 111 .	Bd Aug. Blanqui, 56 ...	Corvisart
1	Cossonnerie (de la)	K7	Bd de Sébastopol, 39 ..	Pierre Lescot, 6	Les Halles
16	Costa Rica (pl. de)	D8	Bd Delessert	Raynouard	Passy
15	Cotentin (du)	G11	Bd Pasteur, 94	Falguière, 93bis	Pasteur
18	Cottages (des)	J2	Duhesme, 5	Marcadet, 157	Lamarck-Caulaincourt
12	Cotte (de)	N9	de Charenton, 91	du Fbg St-Antoine, 126 .	Ledru-Rollin
18	Cottin (pas.)	K3	Ramey, 17	Chevalier d. l. Barre, 18 .	Château-Rouge
14	Couche	I13	d'Alésia, 57	Sarrette, 12	Alésia
14	Coulmiers (de)	H13	Av. du Gal Leclerc, 124 ..	Av. Jean Moulin, 41 ...	Porte d'Orléans
20	Cour des Noues (de la)	P7	Pelleport, 31	des Pyrénées, 198	Gambetta
20	Courat	Q8	du Clos, 1	Sq. de la Salamandre .	Maraîchers
8	Courcelles (bd de) 9 à 91 ...	G4	Pl. Paul Goubaux	Pl. des Ternes .1-2 à 30-31	Villiers
17	2 à 130	G4	....	........31-31 à 43-66	Monceau
	....		....	...........43-66 à fin	Courcelles/Ternes

Ar./Districts	Rues/Street	Plan/Map	Commençant/Beginning	Finissant/Ending	Métro/Subway
8	**Courcelles (de)** 1 à 77 - 2 à 94	G5	La Boétie, 66	Levallois-Perr. (92) *1-2 à 47-48*	*St-Philippe du Roule*
17	81 à 211-98 à 234	F3		*47-48 à 105-138*	*Courcelles*
				105-138 à fin	*Pereire*
15	**Cournot**	E11	Jules Simon	de Javel, 191	*Convention*
20	**Couronnes (des)**	O6	Bd de Belleville, 56	Pl. Henri Krasucki	*Couronnes*
1	**Courtalon**	K7	Saint-Denis, 21	Sainte-Opportune, 6	*Châtelet*
12	**Courteline (av.)**	R10	Bd Soult, 72	Saint-Mandé (94)	*Saint-Mandé-Tourelle*
11	**Courtois (pas.)**	O8	Léon Frot, 62	Folie-Regnault, 16	*Charonne*
7	**Courty (de)**	H7	Bd St-Germain, 237	de l'Université, 104	*Assemblée Nationale*
18	**Coustou**	I3	Bd de Clichy, 64	Lepic, 12	*Blanche*
4	**Coutellerie (de la)**	K8	de Rivoli, 31	Av. Victoria, 6	*Hôtel de Ville*
3	**Coutures St-Gervais (des)**	L7	de Thorigny, 5	Vieille du Temple, 94	*St-Sébastien-Froissart*
11	**Couvent (c. du)**	O8	de Charonne, 99		*Charonne*
13	**Coypel**	L12	Bd de l'Hôpital, 142	Av. des Gobelins, 75	*Place d'Italie*
18	**Coysevox**	I2	Etex, 6bis	Marcadet, 235	*Guy Môquet*
13	**Crayons (pas. des)**	N12	du Chevaleret, 97		*Biblio. F. Mitterrand*
6	**Crébillon**	J9	de Condé, 15	Pl. de l'Odéon, 2	*Odéon*
17	**Crèche (de la)**	G3	de Saussure, 142		*Wagram*
13	**Crédit Lyonnais (imp. du)**	K14	Amiral Mouchez, 91		*Cité Universitaire*
12	**Crémieux**	M9	de Bercy, 228	de Lyon, 19	*Gare de Lyon*
11	**Crespin du Gast**	N6	Oberkampf, 148	Pas. Ménilmontant, 21	*Ménilmontant*
9	**Cretet**	J4	Bochart de Saron, 5	Lallier, 8	*Anvers*
16	**Crevaux**	D5	Av. Bugeaud, 30	Av. Foch, 61	*Victor-Hugo*
4	**Crillon**	M9	Bd Morland, 4bis	de l'Arsenal, 4	*Sully-Morland*
19	**Crimée (pas. de)**	N2	de Crimée, 219	Curial, 52	*Crimée*
19	**Crimée (de)**	O4	des Fêtes, 25	Aubervilliers *.1-2 à 41-44*	*Place des Fêtes*
		N2		*41-44 à 79-90*	*Botzaris*
				79-90 à 157-158	*Laumière*
				157-158 à fin	*Crimée*
20	**Crins (imp. des)**	P8	des Vignoles, 23		*Avron*
20	**Cristino Garcia**	R9	Maryse Hilsz, 10	de Lagny, 125	*Porte de Vincennes*
14	**Crocé-Spinelli**	H11	Vercingétorix, 61	de l'Ouest, 80bis	*Pernety*
15	**Croisic (sq. du)**	H10	Bd Montparnasse, 14		*Duroc*
2	**Croissant (du)**	J6	du Sentier, 13	Montmartre, 144	*Sentier*
1	**Croix des Petits Champs**	J7	Saint-Honoré, 170	Pl. des Victoires, 1bis	*Palais-Royal*
11	**Croix Faubin (de la)**	O8	Folie Regnault, 7	de la Roquette, 168	*Voltaire*
13	**Croix Jarry (de la)**	N13	Watt, 17	Jean Antoine de Baïf	*Biblio. F. Mitterrand*
18	**Croix Moreau (de la)**	M2	Tristan Tzara, 26	Tchaïkovski, 23	*Porte de la Chapelle*
15	**Croix Nivert (de la)**	F10	Pl. Cambronne, 2	Vaugirard *.1-2 à 91-102*	*Cambronne*
		E11		*91-102 à 189-198*	*Félix Faure*
				189-198 à fin	*Porte de Versailles*

Ar./Districts	Rues/Street	Plan/Map	Commençant/Beginning	Finissant/Ending	Métro/Subway
15	Croix Nivert (v.)	F10	de la Croix Nivert, 31	Cambronne, 36	*Cambronne*
20	Croix Saint-Simon (de la)	Q8	Maraîchers, 76	Bd Davout, 105	*Maraîchers*
15	Cronstadt	F11	Pl. Charles Vallin	des Morillons, 51	*Convention*
19	Cronstadt (v. de)	O4	du Gal Brunet, 21	Miguel Hidalgo, 18	*Danube*
13	Croulebarbe	K12	Av. des Gobelins, 44	Corvisart, 57	*Les Gobelins/Corvisart*
12	Crozatier (imp.)	N9	Crozatier, 45		*Reuilly-Diderot*
12	Crozatier	N10	Pl. Col Bourgoin, 1	du Fbg St-Antoine, 128	*Reuilly-Diderot*
11	Crussol (c.)	M7	Oberkampf, 7	de Crussol, 10	*Filles du Calvaire*
11	Crussol (de)	M7	Bd du Temple, 4	Folie Méricourt, 63	*Oberkampf*
18	Cugnot	M2	de Torcy, 2	Pl. Hébert, 1	*Marx Dormoy*
5	Cujas	K9	Pl. du Panthéon, 12	Bd Saint-Michel, 51	*Luxembourg*
3	Cunin-Gridaine	L6	de Turbigo, 47	Saint-Martin, 252	*Arts-et-Métiers*
16	Cure (de la)	C8	Av. Mozart, 64	de l'Yvette, 2	*Jasmin*
18	Curé (imp. du)	L2	de la Chapelle, 9		*Marx Dormoy*
19	Curial	M2	Riquet, 46	de Cambrai *1-2 à 65-78*	*Riquet/Crimée*
		N1		*65-78 à fin*	*Corentin-Cariou*
19	Curial (v.)	M2	Curial, 7	d'Aubervilliers, 118	*Crimée*
17	Curnonsky	F2	A. Ladwig à Levallois-P.	M. Ravel à Levallois-P.	*Pereire*
18	Custine	K3	Bd Barbès, 35	du Mont Cenis, 34	*Château-Rouge*
5	Cuvier	L10	Q. Saint-Bernard	Linné, 2	*Jussieu*
1	Cygne (du)	K7	Bd de Sébastopol, 59	de Turbigo, 8bis	*Etienne Marcel*
15	Cygnes (al. des)	E8	Pt de Bir-Hakeim	Pt de Grenelle	*Passy*
18	Cyrano de Bergerac	J2	Francœur, 12	Marcadet, 115	*Lamarck-Caulaincourt*

D

Ar./Districts	Rues/Street	Plan/Map	Commençant/Beginning	Finissant/Ending	Métro/Subway
20	Dagorno (pas.)	Q8	des Haies, 100	des Pyrénées, 101	*Maraîchers*
12	Dagorno	P10	de Picpus, 61	Bd de Picpus, 21	*Bel-Air*
14	Daguerre	I11	Av. Gal Leclerc, 4	Av. du Maine, 109	*Denfert-Rochereau*
11	Dahomey (du)	O9	Saint-Bernard, 10	Faidherbe, 7	*Faidherbe-Chaligny*
2	Dalayrac	J6	Méhul, 2	Monsigny, 2	*Pyramides*
18	Dalida (pl.)	J3	de l'Abreuvoir	Girardon	*Lamarck-Caulaincourt*
13	Dalloz	M13	Dupuy de Lôme, 8	Bd Masséna, 71	*Porte d'Ivry*
15	Dalou	G10	de Vaugirard, 169	Falguière, 42	*Pasteur*
17	Dames (des)	I3	Av. de Clichy, 25	de Lévis, 12 *8-65*	*La Fourche/Villiers*
13	Damesme (imp.)	L13	Damesme, 57		*Maison Blanche*
13	Damesme	L13	de Tolbiac, 161	Bd Kellermann, 42	*Tolbiac/Maison Blanche*
2	Damiette (de)	K6	des Forges, 1	d'Aboukir, 96	*Sentier*
11	Damoye (cr)	M8	Pl. de la Bastille, 12	Daval, 12	*Bastille*
19	Dampierre	O2	Pl. de l'Argonne	Q. de la Gironde, 15	*Corentin-Cariou*
18	Damrémont (v.)	J2	Damrémont, 110		*Lamarck-Caulaincourt*

Da

Ar./Districts	Rues/Street	Plan/Map	Commençant/Beginning	Finissant/Ending	Métro/Subway
18	Damrémont	J2	Joseph de Maistre, 18	Belliard, 99 *.1-2 à 85-104*	*Lamarck-Caulaincourt*
				85-104 à fin	*Pte de Clignancourt*
18	Dancourt	J4	Bd Rochechouart, 98	V. Dancourt, 1	*Anvers*
18	Dancourt (v.)	J4	Dancourt	Bd Rochechouart, 104	*Pigalle/Anvers*
16	Dangeau	C8	Av. Mozart, 79	Ribera, 42	*Jasmin*
7	Daniel Lesueur (av.)	H9	Bd des Invalides, 63		*Duroc*
15	Daniel Stern	E9	Pl. Dupleix, 20	Pl. Marcel Cerdan	*Dupleix*
14	Daniel Templier (parvis)	H11	Av. du Maine		*Gaîté*
1	Danielle Casanova 1 à 37	I6	Av. de l'Opéra, 31	de la Paix, 4	*Pyramides*
2	2 à 32	I6			*Pyramides*
5	Dante	K9	Galande, 43	Bd Saint-Germain, 82	*Maubert-Mutualité*
6	Danton	J8	Pl. St-André des Arts	Bd St-Germain, 116	*Odéon*
15	Dantzig (pas. de)	F12	de Dantzig, 50bis	de la Saïda, 27	*Convention*
15	Dantzig (de)	F11	de la Convention, 238	Bd Lefebvre, 91	*Convention*
19	Danube (v. du)	P4	David d'Angers, 70	de l'Egalité, 11	*Danube*
19	Danube (ham. du)	P4	du Gal Brunet, 46		*Danube*
14	Danville	I11	Daguerre, 41	Liancourt, 16	*Denfert-Rochereau*
8	Dany (imp.)	H4	du Rocher, 44		*Saint-Lazare*
11	Darboy	M6	Av. Parmentier, 132	Saint-Maur, 163	*Goncourt*
17	Darcet	I3	Bd des Batignolles, 18	des Dames, 23	*Place Clichy*
20	Darcy	Q6	du Surmelin, 49	Haxo, 16	*Saint-Fargeau*
17	Dardanelles (des)	D4	Bd Pershing, 6	Bd de Dixmude, 9	*Porte Maillot*
14	Dareau (pas.)	J12	Dareau, 34	de la Tombe-Issoire, 41	*St-Jacques*
14	Dareau	J12	Bd Saint-Jacques, 17	Av. René Coty, 17	*St-Jacques*
19	Darius Milhaud (al.)	P3	Manin, 95	Petit, 120	*Danube*
13	Darmesteter	N13	Av. Boutroux, 10	Bd Masséna, 29	*Porte d'Ivry*
11	Darno Maffini (pl.)	M6	bd Jules Ferry	bd Richard Lenoir	*République*
8	Daru	F4	de Fbg St-Honoré, 254	Courcelles, 75	*Courcelles*
18	Darwin	J2	des Saules, 29	d. l. Fontaine du But, 6	*Lamarck-Caulaincourt*
5	Daubenton	L10	Geoffroy-St-Hilaire, 37	Mouffetard, 127	*Censier-Daubenton*
17	Daubigny	G3	Cardinet, 77	Cernuschi, 6	*Malesherbes*
12	Daumesnil (av.)	N10	de Lyon, 32	St-Mandé (94) *.1 à 82-129*	*Gare de Lyon*
		Q11		*82-129 à 206-219*	*Daumesnil*
				206-219 à 271-276	*Michel Bizot*
				271-276 à fin	*Porte Dorée*
12	Daumesnil (v.)	P11	Av. Daumesnil, 218	de Fécamp, 59	*Michel Bizot*
16	Daumier	B11	Bd Murat, 179	Claude Terrasse, 3	*Porte de St-Cloud*
11	Daunay (imp)	O7	de la Folie Regnault, 58		*Père-Lachaise*
18	Daunay (pas.)	I2	Av. de St-Ouen, 122	Av. de St-Ouen, 126	*Porte de St-Ouen*
2	Daunou	I6	Louis le Grand, 13	Bd des Capucines, 29	*Opéra*
6	Dauphine (pas.)	J8	Dauphine, 30	Mazarine, 27	*Odéon*

Ar./Districts	Rues/Street	Plan/Map	Commençant/Beginning	Finissant/Ending	Métro/Subway
1	**Dauphine (pl.)**	**J8**	de Harlay, 2	Henri Robert, 29	*Pont-Neuf*
6	**Dauphine**	**J8**	Q. Gds Augustins, 57	St-André des Arts, 72	*Odéon*
17	**Dautancourt**	**I2**	Av. de Clichy, 90	Davy, 5	*La Fourche*
11	**Daval**	**M8**	Bd Richard Lenoir, 14	Saint-Sabin, 1	*Bréguet-Sabin*
19	**David d'Angers**	**O-P4**	Manin, 24	Bd Sérurier, 121	*Danube*
14	**David Weill (av.)**	**I14**	Bd Jourdan	Av. André Rivoire	*Cité Universitaire*
13	**Daviel**	**K12**	Barrault, 30	de la Glacière, 97bis	*Glacière*
13	**Daviel (v.)**	**K13**	Daviel, 7		*Glacière*
16	**Davioud**	**C8**	Mozart, 23	de l'Assomption, 48	*Ranelagh*
20	**Davout (bd)**	**Q9**	Crs Vincennes, 111	de Bagnolet ...*1-2 à 94-113*	*Pte de Vincennes*
				94-113 à fin	*Porte de Bagnolet*
17	**Davy**	**I2**	Av. de St-Ouen, 43	Guy Môquet, 28	*Brochant*
17	**Débarcadère (du)**	**D4**	Pl. St-Ferdinand, 34	Bd Pereire, 271	*Porte Maillot*
3	**Debelleyme**	**M7**	de Turenne, 83	de Turenne, 111	*Filles du Calvaire*
12	**Debergue (c.)**	**Q10**	du Rendez-Vous, 28		*Picpus*
19	**Debidour (av.)**	**P4**	Bd Sérurier, 66		*Danube*
11	**Debille (cr)**	**N8**	Av. Ledru-Rollin, 162		*Voltaire*
7/16	**Debilly (plle)**	**F7**	Av. de New York	Q. Branly	*Alma-Marceau*
16	**Debrousse**	**F7**	Av. de New York, 8	Av. du Pdt Wilson, 5	*Alma-Marceau*
16	**Decamps**	**D7**	Pl. Mexico, 5	de la Pompe, 66	*Rue de la Pompe*
1	**Déchargeurs (des)**	**K7**	de Rivoli, 120	des Halles, 11bis	*Châtelet*
14	**Decrès**	**G12**	de Gergovie, 36	d'Alésia, 172	*Plaisance*
18	**Défense (imp. de la)**	**I3**	Av. de Clichy, 22		*Place Clichy*
16	**Degas**	**C9**	Q. Louis Blériot, 40	Félicien David, 23	*Mirabeau*
2	**Degrés (des)**	**K6**	de Cléry, 87	Beauregard, 50	*Strasbourg-St-Denis*
11	**Deguerry**	**N6**	Av. Parmentier, 128	Saint-Maur, 161	*Goncourt*
18	**Dejean**	**K3**	des Poissonniers, 21	Poulet, 26	*Château-Rouge*
20	**Delaître**	**O6**	des Panoyaux, 47	de Ménilmontant, 42	*Ménilmontant*
14	**Delambre**	**I10**	Pl. Pablo Picasso	du Montparnasse, 69	*Edgar-Quinet*
14	**Delambre (sq.)**	**I10**	Delambre, 19	Bd Edgar Quinet, 26	*Edgar-Quinet*
10	**Delanos (pas.)**	**L4**	d'Alsace, 25	du Fbg St-Denis, 148	*Gare de l'Est*
11	**Delaunay (imp.)**	**O8**	de Charonne, 123		*Charonne*
14	**Delbet**	**H12**	d'Alésia, 149	Louis Morard, 32	*Alésia*
8	**Delcassé (av.)**	**G5**	Penthièvre, 28	La Boétie, 37	*Miromesnil*
15	**Delecourt (av.)**	**E10**	Violet, 61		*Commerce*
11	**Delépine (cr)**	**N8**	de Charonne, 37		*Ledru-Rollin*
11	**Delépine (imp.)**	**O8**	Bd Voltaire, 197		*Charonne*
16	**Delessert (bd)**	**E7**	Le Nôtre	Pl. de Costa Rica	*Passy*
10	**Delessert (pas.)**	**M4**	Q. de Valmy, 161	Pierre Dupont, 8	*Château Landon*
19	**Delesseux**	**O3**	des Ardennes, 14	Adolphe Mille, 11	*Ourcq*
17	**Deligny (imp.)**	**H1**	Pas. Pouchet, 8		*Porte de St-Ouen*

Ar./Districts	Rues/Street	Plan/Map	Commençant/Beginning	Finissant/Ending	Métro/Subway
13	Deloder (v.)	L13	de la Vistule, 21		*Maison Blanche*
19	Delouvain	O5	de la Villette, 16	Lassus, 11	*Botzaris/Jourdain*
19	Delphine Seyrig	P2	Rte des Petits Ponts		*Porte de la Villette*
9	Delta (du)	K4	Fbg Poissonnière, 179	de Rochechouart, 82	*Barbès-Rochechouart*
10	Demarquay	L4	de l'Aqueduc, 23	du Fbg St-Denis, 190	*Gare du Nord*
10	Denain (bd de)	L4	Bd de Magenta, 114	de Dunkerque, 23	*Gare du Nord*
14	Denfert-Rochereau (av.)	J11	Av. l'Observatoire, 32	Pl. Denfert-Rochereau	*Denfert-Rochereau*
14	Denfert-Rochereau (pl.)	I11	Bd Raspail	Av. du Gal Leclerc	*Denfert-Rochereau*
17	Denis Poisson	E5	Av. Grande Armée, 50b	Pl. St-Ferdinand, 33	*Argentine*
20	Dénoyez	N5	Ramponeau, 3	de Belleville, 8	*Belleville*
7	Denys Cochin (pl.)	G8	Av. de Lowendal	Av. de Tourville	*Ecole Militaire*
17	Déodat de Séverac	G3	de Tocqueville, 80	Jouffroy d'Abbans, 19b	*Malesherbes*
18	Depaquit (pas.)	I3	Lepic, 55	Caulaincourt, 30	*Blanche*
14	Deparcieux	I11	Froidevaux, 49		*Denfert-Rochereau*
14	Départ (du) 1 à 39	H10	Bd Montparnasse, 68	Av. du Maine, 39	*Montparnasse-Bienv.*
15	2 à 36	H10			*Montparnasse-Bienv.*
19	Département (du) 1 à 19ter - 2 à 18	M3	de Tanger, 9	Marx Dormoy *..1-2 à 18-21*	*Stalingrad*
18	21 à 65 - 22 à 30	M3		*18-21 à fin*	*La Chapelle*
17	Des Renaudes	F4	Bd de Courcelles, 110	Av. Niel, 36	*Ternes*
15	Desaix	E8	Av. de Suffren, 38	Bd de Grenelle, 39	*Dupleix*
15	Desaix (sq.)	E8	Bd de Grenelle, 33		*Dupleix*
11	Desargues	N6	de l'Orillon, 20	de la Fontaine-au-Roi	*Belleville*
16	Désaugiers	C9	d'Auteuil, 9	du Buis, 6	*Eglise d'Auteuil*
16	Desbordes-Valmore	D7	de la Tour, 75	Faustin Hélie, 6	*La Muette*
5	Descartes	K10	Mont. Ste-Geneviève	Thouin, 10	*Cardinal Lemoine*
17	Descombes	E3	Guillaume Tell, 9	Av. de Villiers, 145	*Porte de Champerret*
12	Descos	O10	de Charenton, 187	Av. Daumesnil, 132	*Dugommier*
7	Desgenettes	G7	Q. d'Orsay, 45	de l'Université, 144	*La Tour-Maubourg*
19	Desgrais (pas.)	N2	Curial, 34	Mathis, 34	*Crimée*
14	Deshayes (v.)	H13	Didot, 109		*Plaisance*
10	Désir (pas. du)	L5	du Fbg St-Martin, 89	du Fbg St-Denis, 84	*Château-d'Eau*
18	Désiré Ruggieri	J2	Ordener, 168	Championnet, 167	*Porte de St-Ouen*
20	Désirée	O7	Av. Gambetta, 31	des Partants, 22	*Gambetta*
15	Desnouettes	E11	de Vaugirard, 352	Bd Victor, 27	*Convention*
16	Despréaux (av.)	B10	Boileau, 38	Av. Molière	*Michel-Ange-Molitor*
14	Desprez	H11	Vercingétorix, 81	de l'Ouest, 98	*Pernety*
13	Dessous des Berges (du)	N13	Regnault, 50	de Domrémy, 23	*Biblio. F. Mitterrand*
6	Deux Anges (imp. des)	I8	Saint-Benoît, 6		*St-Germain-des-Prés*
13	Deux Avenues (des)	L12	Av. de Choisy, 157	Av. d'Italie, 33	*Tolbiac*
1	Deux Boules (des)	K7	Lavandières Ste-Op., 17	Bertin Poirée, 20	*Châtelet*
17	Deux Cousins (imp. des)	E3	d'Héliopolis, 11		*Porte de Champerret*

Ar./Districts	Rues/Street	Plan/Map	Commençant/Beginning	Finissant/Ending	Métro/Subway
1	Deux Ecus (pl. des)	J7	du Louvre, 13	Jean-J. Rousseau, 22	*Louvre*
10	Deux Gares (des)	L4	d'Alsace, 29	du Fbg St-Denis, 152	*Gare de l'Est*
18	Deux Nèthes (imp. des)	I3	Av. de Clichy, 32		*Place Clichy*
1	Deux Pavillons (pas. des)	J6	de Beaujolais, 6	des Petits de Champs, 5	*Bourse*
4	Deux Ponts (des)	L9	Q. d'Orléans, 2	Q. de Bourbon, 1	*Pont-Marie*
20	Deux Portes (pas. des)	Q7	Galleron, 8	Saint-Blaise, 28	*Porte de Montreuil*
9	Deux Sœurs (pas. des)	J5	du Fbg Montmartre, 42	La Fayette, 56	*Cadet*
15	Deuxième D. B. (al. de la)	H10	Gare Montparnasse		*Montparnasse-Bienv.*
20	Devéria	P5	Pelleport, 146	Télégraphe, 23	*Télégraphe*
20	Dhuis (de la)	Q6	de l'Adjudant Réau, 5	du Surmelin, 34	*Pelleport*
9	Diaghilev (pl.)	I5	Scribe	Bd Haussmann	*Chaussée-d'Antin*
19	Diane de Poitiers (al.)	N5	de Belleville, 21	Rébeval, 36	*Belleville*
19	Diapason (sq. du)	O3	Adolphe Mille, 6		*Porte de Pantin*
18	Diard	J2	Marcadet, 125	Francœur, 18	*Lamarck-Caulaincourt*
12	Diderot (bd)	N10	Q. de la Rapée, 90	Pl. de la Nation *.1-2 à 41-50*	*Gare de Lyon*
		O9		*41-50 à 95-134*	*Reuilly-Diderot*
				95-134 à fin	*Nation*
12	Diderot (cr)	N10	Al. de Bercy	de Chalon	*Gare de Lyon*
14	Didot	H12	du Château, 146	Bd Brune, 79	*Pernety*
16	Dietz-Monnin (v.)	B10	V. Cheysson, 10	Parent de Rosan, 6	*Exelmans*
20	Dieu (pas.)	Q8	des Haies, 105	des Orteaux, 50	*Maraîchers*
10	Dieu	M6	Beaurepaire, 14	Q. Valmy, 55bis	*République*
13	Dieudonné Costes	M14	Av. de la Pte d'Ivry, 43	Emile Levassor, 9	*Porte d'Ivry*
13	Dieulafoy	L13	docteur Leray, 4	Henri-Pape, 17	*Tolbiac*
12	Dijon (de)	O11	de Pommard, 2	de Bercy, 1	*Cour Saint-Emilion*
13	Disque (du)	M13	Av. d'Ivry, 32	Av. d'Ivry, 70	*Tolbiac*
6	Dix-huit juin 1940 (pl. du)	H10	Bd Montparnasse, 71	de Rennes, 2	*Montparnasse-Bienv.*
12	Dix-neuf mars 1962 (pl. du)	N9	Abel	Av. Daumesnil	*Gare de Lyon*
17	Dixmude (bd de)	D4	Av. Pte de Villiers, 11	de Salonique	*Porte Maillot*
18	Django Reinhardt (pl.)	J1	Av. Pte de Clignancourt	René Binet	*Pte de Clignancourt*
17	Dobropol (du)	D4	Bd Pershing, 2	Bd de Dixmude, 3	*Porte de Champerret*
10	Dr Alfred Fournier (pl. du)	M5	Bichat	Av. Richerand	*Jacques Bonsergent*
12	Dr Antoine Béclère (pl. du)	O9	Fbg St-Antoine, 182		*Faidherbe-Chaligny*
12	Dr Arnold Netter (av. du)	Q10	du Sahel, 31	Cr de Vincennes, 80	*Porte de Vincennes*
18	Docteur Babinski (du)	I1	Av. Pte Montmartre	Av. Pte de St-Ouen	*Porte de St-Ouen*
16	Docteur Blanche (du)	B8	de l'Assomption, 83	Raffet, 34	*Jasmin*
16	Docteur Blanche (sq. du)	B9	du Dr Blanche, 53bis		*Jasmin*
13	Docteur Bourneville (du)	L14	Bd Kellermann	Av. de la Pte d'Italie	*Porte d'Italie*
7	Docteur Brouardel (av. du)	E8	Al. Thomy-Thierry	Av. de Suffren, 35	*Dupleix*
13	Dr Charles Richet (du)	M12	Jeanne d'Arc, 79	Nationale, 166	*Nationale*
17	Dr Félix Lobligeois (pl. du)	H3	des Batignolles	Legendre	*Rome*

Ar./Districts	Rues/Street	Plan/Map	Commençant/Beginning	Finissant/Ending	Métro/Subway
15	**Docteur Finlay (du)**	**E9**	Q. de Grenelle, 27	Bd de Grenelle, 56 ...	*Dupleix*
16	**Docteur Germain Sée (du)** .	**D8**	Av. Pdt Kennedy, 104 ..	de Lamballe, 23	*Passy*
20	**Docteur Gley (av. du)**	**Q5**	Pl. Maquis du Vercors ...	des Frères Flavien ...	*Porte des Lilas*
12	**Docteur Goujon (du)**	**P10**	Bd de Reuilly, 55	de Picpus, 86bis	*Daumesnil*
16	**Docteur Hayem (pl. du)**	**C8**	de Boulainvilliers	Jean de La Fontaine ..	*Ranelagh*
17	**Docteur Heulin (du)**	**H2**	Av. de Clichy, 100	Davy, 15	*La Fourche*
15	**Dr Jacquemaire-Clemenceau** .	**F10**	Mademoiselle, 36	Léon Séché, 1	*Vaugirard*
8	**Dr Jacques Bertillon (imp. du)**	**F6**	Av. Pierre Ier de Serbie ..	....	*Alma-Marceau*
20	**Docteur Labbé (du)**	**Q6**	Bd Mortier, 82	Le Vau, 29	*Saint-Fargeau*
19	**Docteur Lamaze (du)**	**M3**	Riquet, 36	Archereau, 10	*Riquet*
8	**Docteur Lancereaux (du)** ..	**G5**	Pl. de Narvik, 5	de Courcelles, 32	*Miromesnil*
13	**Docteur Landouzy (du)**	**L13**	de l'Interne Loëb, 4	des Peupliers, 39	*Maison Blanche*
14	**Dr Lannelongue (av. du)** ...	**I14**	Av. Pierre Masse	Bd Romain Rolland ...	*Porte d'Orléans*
13	**Docteur Laurent (du)**	**L13**	Av. d'Italie, 102	Damesme, 5	*Tolbiac*
13	**Docteur Lecène (du)**	**L13**	du Docteur Tuffier, 16 ..	du Dr Landouzy, 5	*Maison Blanche*
13	**Docteur Leray (du)**	**L13**	Damesme, 34	Abbé G. Hénocque, 13 .	*Maison Blanche*
13	**Dr Lucas-Championnière (du)** .	**L13**	du Dr Leray, 17	Damesme, 44	*Maison Blanche*
13	**Docteur Magnan (du)**	**L13**	Charles Moureu, 11 ...	Av. de Choisy, 120	*Tolbiac*
13	**Docteur Navarre (pl. du)** ...	**M12**	Nationale	Baptiste Renard	*Olympiades*
20	**Docteur Paquelin (du)**	**Q6**	Av. Gambetta, 76	Ernest Lefèvre, 11	*Pelleport*
17	**Docteur Paul Brousse (du)** .	**H2**	de La Jonquière, 94 ...	Bd Bessières, 95	*Porte de Clichy*
16	**Dr Paul Michaux (pl. du)** ...	**A11**	du Lt-Col Deport	Av. Parc des Princes ..	*Porte de St-Cloud*
19	**Docteur Potain (du)**	**P5**	de Belleville, 251	des Bois, 18	*Télégraphe*
15	**Docteur Roux (du)**	**G10**	Bd Pasteur, 34	des Volontaires, 49 ...	*Pasteur*
13	**Docteur Tuffier (du)**	**L13**	Damesme, 52	des Peupliers, 43	*Maison Blanche*
13	**Dr Victor Hutinel (du)**	**M12**	Jeanne d'Arc, 71	Nationale, 158	*Nationale*
13	**Docteur Yersin (pl. du)**	**M14**	Av. Joseph Bédier	Av. de la Pte d'Ivry ...	*Porte d'Ivry*
20	**Docteurs Déjérine (des)** ...	**R8**	Av. Pte de Montreuil, 7 ..	Eugène Reisz, 4	*Porte de Montreuil*
16	**Dode de la Brunerie (av.)** ...	**B11**	Av. Marcel Doret, 6	Av. Georg. Lafont, 104 .	*Porte de St-Cloud*
17	**Doisy (pas.)**	**E4**	Av. des Ternes, 55	d'Armaillé, 18bis	*Ternes*
5	**Dolomieu**	**K10**	de la Clef, 41	Monge, 77bis	*Place Monge*
5	**Domat**	**K9**	des Anglais, 8	Dante, 7	*Maubert-Mutualité*
15	**Dombasle (imp.)**	**F11**	Dombasle, 58	....	*Convention*
15	**Dombasle (pas.)**	**F11**	de l'Abbé Groult, 126 ..	de la Convention, 223 .	*Convention*
15	**Dombasle**	**F11**	de Vaugirard, 353	Pl. Charles Vallin	*Convention*
16	**Dôme (du)**	**E5**	Lauriston, 24	Av. Victor Hugo, 27 ...	*Ch. de Gaulle-Etoile*
15	**Dominique Pado**	**E11**	de la Croix Nivert, 211 ..	....	*Convention*
13	**Domrémy (de)**	**M12**	du Chevaleret, 107	Jean Colly, 20	*Olympiades*
16	**Donizetti**	**B9**	d'Auteuil, 6	Poussin, 7	*Michel-Ange-Auteuil*
17	**Dordogne (sq. de la)**	**F3**	Bd Berthier, 122	....	*Pereire*
19	**Dorées (se. des)**	**P3**	Petit, 97	Av. Jean Jaurès, 212 ..	*Porte de Pantin*

Ar./Districts	Rues/Street	Plan/Map	Commençant/Beginning	Finissant/Ending	Métro/Subway
12	Dorian (av.)	P9	de Picpus, 9	Pl. de la Nation, 4	*Nation*
12	Dorian	P9	de Picpus, 12	Pierre Bourdan, 1	*Nation*
16	Dosne	D6	de la Pompe, 159	Av. Bugeaud, 25	*Victor-Hugo*
9	Douai (de)	J4	Jean-Bap. Pigalle, 65	Bd de Clichy, 77	*Blanche/Pl. Clichy*
14	Douanier Rousseau (du)	I13	Tombe Issoire, 108	du Père Corentin, 13	*Porte d'Orléans*
17	Douaumont (bd de)	G2	Bd du Fort de Vaux	Av. Pte de Clichy	*Porte de Clichy*
4/5	Double (pt au)	K8	Pl. Parvis N.-Dame	Q. de Montebello	*Cité*
18	Doudeauville	L3	Marx Dormoy, 59	Clignancourt, 58	*Marx Dormoy*
6	Dragon (du)	I8	Bd St-Germain, 163	Pl. Michel Debré	*St-Germain-des-Prés*
11	Dranem	N6	V. Gaudelet, 5	Av. Jean Aicard, 15	*Ménilmontant*
17	Dreux (de)	D4	Gust. Charpentier, 26	Neuilly-sur Seine (92)	*Porte Maillot*
18	Drevet	J3	des Trois Frères, 30	Gabrielle, 21	*Abbesses*
12	Driancourt (pas.)	N9	de Cîteaux, 33	Crozatier, 60	*Faidherbe-Chaligny*
14	Droits de l'Enfant (pl. des)	I12	d'Alésia, 39	de la Tombe Issoire, 86	*Alésia*
9	Drouot	J5	Bd Montmartre	La Fayette, 50	*Richelieu-Drouot*
12	Druinot (imp.)	N9	de Cîteaux, 41		*Faidherbe-Chaligny*
14	Du Cange	G11	Desprez, 4	de Gergovie, 21	*Pernety*
14	Du Couëdic	I12	Av. René Coty, 14	Av. Gal Leclerc, 43	*Mouton Duvernet*
5	Du Sommerard	K9	des Carmes, 6	Bd Saint-Michel, 25	*Maubert-Mutualité*
15	Du Guesclin (pas.)	F9	Dupleix, 14	de Presle, 11	*Dupleix*
15	Du Guesclin	F9	de Presle, 15	Dupleix, 22	*Dupleix*
10	Dubail (pas.)	L5	du Fbg St-Martin, 120	des Vinaigriers, 60	*Gare de l'Est*
16	Duban	D8	Pl. Chopin	Pl. de Passy, 5	*La Muette*
8	Dublin (pl. de)	I4	de Moscou	de Turin	*Liège*
19	Dubois (pas.)	N3	Petit, 38		*Laumière*
20	Dubourg (c.)	P7	Stendhal, 52	des Prairies, 57	*Gambetta*
12	Dubrunfaut	O11	Bd de Reuilly, 5	Av. Daumesnil, 146	*Dugommier*
12	Dubuffet (pas.)	O12	Av. Terroirs de France, 53	Pirogues de Bercy, 50	*Cour St-Emilion*
18	Duc	J2	Hermel, 29	Duhesme, 52	*Jules Joffrin*
13	Duchefdelaville	M12	du Chevaleret, 153	Dunois, 30	*Chevaleret*
11	Dudouy (pas.)	N7	Saint-Maur, 48	Servan, 59	*Rue Saint-Maur*
20	Duée (pas. de la)	P5	de la Duée, 17	Pixérécourt, 28	*Gambetta*
20	Duée (de la)	P5	Pixérécourt, 8	des Pavillons, 24	*Gambetta*
16	Dufrénoy	C6	Av. Victor Hugo, 184	Bd Lannes, 37	*Rue de la Pompe*
16	Dufresne (v.)	B11	Bd Murat, 151ter	Claude Terrasse, 39	*Porte de St-Cloud*
12	Dugommier	O11	Bd de Reuilly, 7	Av. Daumesnil, 152bis	*Dugommier*
6	Duguay-Trouin	I9	d'Assas, 56	de Fleurus, 19	*Saint-Placide*
18	Duhesme (pas.)	K1	du Mont Cenis, 112	Championnet, 44	*Pte de Clignancourt*
18	Duhesme	J2	Lamarck, 92	Pas. Duhesme, 8	*Jules Joffrin*
15	Dulac	H10	Vaugirard, 157	Falguière, 24	*Falguière*
20	Dulaure	Q6	Bd Mortier, 36	le Vau, 9	*Porte de Bagnolet*

Ar./Districts	Rues/Street	Plan/Map	Commençant/Beginning	Finissant/Ending	Métro/Subway
10	**Dulcie September (pl.)**	L4	La Fayette	du Château Landon ...	*Château Landon*
17	**Dulong**	H3	des Dames, 86	Cardinet, 140	*Rome*
11	**Dumas (pas.)**	O9	Bd Voltaire, 213	Voltaire, 22	*Rue des Boulets*
13	**Duméril**	L11	Jeanne d'Arc, 177	Bd de l'Hôpital, 102 ...	*Campo-Formio*
16	**Dumont d'Urville**	E6	Pl. des Etats-Unis, 14 ..	Av. d'Iéna, 63	*Kléber*
19	**Dunes (des)**	N5	Lauzin, 8	Av. Simon Bolivar, 49 .	*Belleville*
10	**Dunkerque (de)** 1 à 47 - 2 à 36bis	K4	d'Alsace, 43	Pl. d'Anvers *.1-2 à 38-51*	*Gare du Nord*
9	51 à 95 - 38 à 86	K4	....	...........*38-51 à fin*	*Anvers*
13	**Dunois**	M12	de Domrémy, 30	Bd Vincent Auriol, 101 .	*Chevaleret*
13	**Dunois (sq.)**	M12	Dunois, 78	....	*Chevaleret*
9	**Duperré**	J4	Pl. Pigalle, 11	de Douai, 20bis	*Pigalle*
3	**Dupetit-Thouars (c.)**	L6	Dupetit-Thouars, 14 ...	....	*République*
3	**Dupetit-Thouars**	L6	de Picardie, 27	du Temple, 160	*République*
1	**Duphot** 1 à 21 - 2 à 26	I6	Saint-Honoré, 382	Bd d. l. Madeleine, 23 .	*Madeleine*
8	23 à 25	I6	....	....	*Madeleine*
6	**Dupin**	I9	de Sèvres, 47	du Cherche Midi, 48 ..	*Sèvres-Babylone*
16	**Duplan (c.)**	D5	Pergolèse, 12bis	....	*Porte Maillot*
15	**Dupleix (pl.)**	E9	Dupleix, 26	de Pondichéry	*Dupleix*
15	**Dupleix**	F9	Av. de Suffren, 74	Bd de Grenelle, 83 ...	*Dupleix*
11	**Dupont (c.)**	N7	Saint-Maur, 52	....	*Rue Saint-Maur*
16	**Dupont (v.)**	D5	Pergolèse, 48	....	*Porte Maillot*
20	**Dupont de l'Eure**	P6	Av. Gambetta, 115	Villiers Isle Adam, 102 .	*Pelleport*
7	**Dupont des Loges**	F7	Pl. Edwige Feuillère ...	Av. Bosquet, 16ter	*Ecole Militaire*
18	**Dupuy (imp.)**	L3	Philippe de Girard, 74b ..	....	*Marx Dormoy*
13	**Dupuy de Lôme**	M14	Péan, 3	Av. Pte d'Ivry, 44	*Porte d'Ivry*
6	**Dupuytren**	J9	Ecole de Médecine, 29 ..	Monsieur le Prince, 5 .	*Odéon*
7	**Duquesne (av.)**	G9	Av. de Tourville, 29	Eblé, 6	*Saint-François-Xavier*
12	**Durance (de la)**	P11	Brèche aux Loups, 29 .	Bd de Reuilly, 24	*Daumesnil*
11	**Duranti**	O7	Saint-Maur, 20	Folie-Régnault, 59	*Père-Lachaise*
18	**Durantin**	J3	Ravignan, 1bis	Lepic, 62	*Abbesses*
15	**Duranton**	E11	de Lourmel, 135	Lecourbe, 274	*Boucicaut*
8	**Duras (de)**	H6	du Fbg St-Honoré, 76 ..	Montalivet, 13	*Champs-Elysées-Clem.*
16	**Duret**	E5	Av. Foch, 48	Pl. Gal Patton, 61bis ..	*Argentine*
20	**Duris**	O6	des Amandiers, 37	des Panoyaux, 34	*Père-Lachaise*
20	**Duris (pas.)**	O7	Duris, 7	Jacques Prévert, 12 ..	*Père-Lachaise*
11	**Durmar (c.)**	N6	Oberkampf, 154	....	*Ménilmontant*
7	**Duroc**	G9	Bd des Invalides, 52 ...	Pl. de Breteuil, 3	*Duroc*
20	**Dury-Vasselon (v.)**	Q5	de Belleville, 292	....	*Pte des Lilas*
2	**Dussoubs**	K6	Tiquetonne, 24	du Caire, 35	*Etienne Marcel*
14	**Duthy (v.)**	H12	Didot, 99	....	*Plaisance*
15	**Dutot**	G11	des Volontaires, 52	Pl. d'Alleray, 5	*Pasteur*

Ar./Districts	Rues/Street	Plan/Map	Commençant/Beginning	Finissant/Ending	Métro/Subway
8	Dutuit (av.)	H6	Crs La Reine	Av. des Champs Elysées	*Champs-Elysées-Clem.*
19	Duvergier	N3	Q. de la Seine, 79	Av. de Flandre, 84	*Crimée*
7	Duvivier	G8	de Grenelle, 157	Av. La Motte-Picquet, 20	*Ecole Militaire*

E

Ar./Districts	Rues/Street	Plan/Map	Commençant/Beginning	Finissant/Ending	Métro/Subway
16	Eaux (des)	D8	Av. Pdt Kennedy, 18	Raynouard, 9	*Passy*
11	Eaux Vives (pas. des)	M7	Bd Richard Lenoir, 69	Alphonse Baudin	*Richard Lenoir*
12	Ebelmen	O10	Montgallet, 19	Ste-Claire Deville, 2	*Montgallet*
7	Eblé	G9	Bd des Invalides, 46	Av. de Breteuil, 39	*Duroc*
6	Echaudé (de l')	J8	de Seine, 40	Bd St-Germain, 164	*Mabillon*
1	Echelle (de l')	I7	de Rivoli, 182	Av. de l'Opéra, 3	*Pyramides*
10	Echiquier (de l')	K5	du Fbg St-Denis, 33	Fbg Poissonnière, 16	*Strasbourg-St-Denis*
10	Ecluses Saint-Martin (des)	M5	Grange aux Belles, 47	Q. de Jemmapes, 146	*Colonel Fabien*
9	Ecole (imp. de l')	J4	de l'Agent Bailly, 5		*Notre-D. de Lorette*
1	Ecole (pl. de l')	J7	Q. du Louvre, 12	de l'Arbre Sec, 2	*Pont Neuf*
6	Ecole de Médecine (de l')	J9	Bd Saint-Michel, 26	Bd Saint-Germain, 85	*Odéon*
7	Ecole Militaire (pl. de l')	G8	Av. Bosquet	Av. Duquesne	*Ecole Militaire*
5	Ecole Polytechnique (de l')	K9	Mont. Ste-Geneviève, 52	des Carmes, 21	*Maubert-Mutualité*
20	Ecoles (c. des)	P6	Orfila, 13	Villiers l'Isle Adam, 28	*Gambetta*
5	Ecoles (des)	K9	du Card. Lemoine, 30	Bd Saint-Michel, 25	*Card. Lemoine/Cluny*
15	Ecoliers (pas. des)	E10	Violet, 75	Pas. Entrepreneurs, 3b	*Commerce*
5	Ecosse (d')	K9	de Lanneau, 3		*Maubert-Mutualité*
4	Ecouffes (des)	L8	de Rivoli, 26	des Rosiers, 19	*Saint-Paul*
16	Ecrivains Combatants Morts pour la France (sq. des)	B7	Bd Suchet, 22	Av. Mal Maunoury, 21	*La Muette*
15	Edgar Faure	E8	Desaix, 9	Pl. Dupleix, 8	*Dupleix*
19	Edgar Poë	N5	Barrelet de Ricou, 3	Rémy de Gourmont, 17	*Buttes-Chaumont*
14	Edgar Quinet (bd)	I10	Bd Raspail, 232	du Départ, 25	*Raspail/Edgar-Quinet*
19	Edgar Varèse	O3	Adolphe Mille, 12	Galerie de la Villette	*Porte de Pantin*
8	Edimbourg (d')	H4	de Rome, 59	du Rocher, 70	*Europe*
13	Edison (av.)	L12	Baudricourt, 20	Av. de Choisy, 178	*Place d'Italie*
19	Edit de Nantes (pl. de l'.)	N3	Pl. de Bitche	Duvergier, 1	*Crimée*
20	Edith Piaf (pl.)	Q6	du Cap. Ferber	Belgrand	*Porte de Bagnolet*
16	Edmond About	C7	de Siam, 17	Bd Emile Augier, 46	*Rue de la Pompe*
13	Edmond Flamand	M11	Bd Vincent Auriol, 20	Av. P. Mendès France, 32	*Quai de la Gare*
13	Edmond Gondinet	K12	Corvisart, 54	Bd Aug. Blanqui, 70b	*Corvisart*
15	Edmond Guillout	G10	Dalou, 10	Bd Pasteur, 43	*Pasteur*
4	Edmond Michelet (pl.)	K7	Saint-Martin	Aubry le Boucher	*Rambuteau*
15	Edmond Roger	E10	Violet, 62	des Entrepreneurs, 65	*Charles Michels*
6	Edmond Rostand (pl.)	J9	de Médicis	Bd Saint-Michel	*Luxembourg*

Ar./Districts	Rues/Street	Plan/Map	Commençant/Beginning	Finissant/Ending	Métro/Subway
14	Edmond Rousse	H13	Bd Brune, 132	Av. Ernest Reyer, 32	Porte d'Orléans
7	Edmond Valentin	F7	Av. Bosquet, 14bis	Av. Rapp, 23	Alma-Marceau
9	Edouard VII (pl.)	I5	Edouard VII, 5		Opéra
9	Edouard VII	I6	Bd des Capucines, 16	de Caumartin, 18	Opéra
9	Edouard VII (sq.)	I6	Bd des Capucines, 24	Pl. Edouard VII	Opéra
1	Edouard Colonne	K8	Q. de la Mégisserie, 2	Av. Victoria, 25	Châtelet
17	Edouard Detaille	G4	Cardinet, 41	Av. de Villiers, 59	Wagram
16	Edouard Fournier	C7	Bd Jules Sandeau, 19	Octave Feuillet, 24	Rue de la Pompe
14	Edouard Jacques	H11	Ray. Losserand, 23	du Château, 141	Pernety
12	Edouard Lartet	R11	du Gal Archinard, 11	Bd de la Guyane	Porte Dorée
11	Edouard Lockroy	N6	Av. Parmentier, 88ter	Jean-P. Timbaud, 60	Parmentier
13	Edouard Manet	L12	Av. Stéphen Pichon, 28	Bd de l'Hôpital, 161	Place d'Italie
19	Edouard Pailleron	N4	Av. Simon Bolivar, 114	Manin, 59	Bolivar
5	Edouard Quénu	K11	Mouffetard, 142	Claude Bernard, 6	Censier-Daubenton
12	Edouard Renard (pl.)	Q11	Bd Soult	Av. Armand Rousseau	Porte Dorée
12	Edouard Robert	P11	de Fécamp, 39	Tourneux, 6	Michel Bizot
16	Edouard Vaillant (av.)	A11	Av. Georges Lafont	Av. Pte de St-Cloud	Porte de St-Cloud
8	Edward Tuck (av.)	H6	Crs la Reine	Av. Dutuit	Champs-Elysées-Clem.
7	Edwige Feuillère (pl.)	F7	Dupont des Loges	Sédillot	Pont de l'Alma
19	Egalité (de l')	P4	de la Fraternité, 2	Mouzaïa, 55	Danube
4	Eginhard	L8	Saint-Paul, 31	Charlemagne, 4	Saint-Paul
15	Eglise (imp. de l')	E10	de l'Eglise, 83		Félix Faure
15	Eglise (de l')	E10	Saint-Charles, 105	Av. Félix Faure, 2	Félix Faure
16	Eglise d'Auteuil (pl. de l')	C9	Théophile Gautier	Chardon Lagache	Eglise d'Auteuil
16	Eglise de l'Assomption (pl.)	B8	de l'Assomption, 90		Ranelagh
19	Eiders (al. des)	N2	de Cambrai, 16	de l'Ourcq, 64	Crimée
7	El Salvador (pl.)	G9	Av. Duquesne	Av. de Breteuil	Saint-François-Xavier
12	Elie Faure	R10	du Chaffault, 21	Av. Pte Vincennes, 24	Saint-Mandé-Tourelle
20	Elisa Borey	O6	des Amandiers, 68	Sorbier, 26	Père-Lachaise
12	Elisa Lemonnier	O10	Dubrunfaut, 11	Av. Daumesnil, 136	Dugommier
3	Elisabeth Dmitrieff (pl.)	L6	de Turbigo	du Temple	Temple
7	Elisée Reclus (av.)	F8	Av. Silvestre de Sacy, 3	Av. Joseph Bouvard	Ecole Militaire
13	Elsa Morante	N12	Al. Domon et L. Duquet, 16	Françoise Dolto, 11	Biblio. F. Mitterrand
8	Elysée (de l')	H6	Av. Gabriel, 24	du Fbg St-Honoré, 49	Champs-Elysées-Clem.
20	Elysée Ménilmontant (de l')	O6	Julien Lacroix, 8		Ménilmontant
8	Elysées-La Boétie (gal.)	G6	Av. Champs Elysées, 52	La Boétie, 109	Franklin-D.-Roosevelt
8	Elysées-Rond Point (gal.)	G6	Av. des Champs Elysées	Av. Fr.-D. Roosevelt, 45	Franklin-D.-Roosevelt
8	Elysées 26 (gal.)	G6	Av. des Champs Elysées	de Ponthieu, 17	Franklin-D.-Roosevelt
3	Elzévir	L8	Francs Bourgeois, 24	du Parc Royal, 21	Saint-Paul
19	Emélie	N3	de Crimée, 164	de Joinville, 1	Crimée
15	Emeriau	E9	du Dr Finlay, 24	Linois, 29	Charles Michels

Ar./Districts	Rues/Street	Plan/Map	Commençant/Beginning	Finissant/Ending	Métro/Subway
7	Emile Acollas (av.)	F9	Jean Carriès	Pl. Joffre, 10	*La Motte-Picquet*
17	Emile Allez	E4	Bd Gouvion St-Cyr, 29	Roger Bacon, 7	*Porte de Champerret*
16	Emile Augier (bd)	C7	d'Andigné, 2	Pl. Tattegrain, 3	*La Muette*
16	Emile Bergerat (av.)	C9	Av. Recteur Poincaré, 13	Av. Léopold II	*Jasmin*
18	Emile Bertin	M1	Bd Ney, 44	Charles Hermite	*Porte de la Chapelle*
18	Emile Blémont	J2	du Poteau, 38	André Messager, 7	*Jules Joffrin*
19	Emile Bollaert	N1	Q. du Lot, 11	Av. Pte d'Aubervilliers, 2	*Corentin Cariou*
17	Emile Borel	H1	Pl. Arnault Tzanck, 6	....	*Porte de St-Ouen*
18	Emile Chaine	K2	des Poissonniers, 99	Boinod, 24	*Marcadet-Poissonniers*
7	Emile Deschanel (av.)	F8	Av. Joseph Bouvard	Savorgnan de Brazza, 9	*Ecole Militaire*
13	Emile Deslandres	K11	Berbier du Mets, 13	des Cordelières, 13	*Les Gobelins*
19	Emile Desvaux	P5	de Romainville, 17	des Bois, 22	*Pré-St-Gervais*
14	E. Deutsch de la Meurthe	J13	Nansouty	Bd Jourdan, 30	*Cité Universitaire*
14	Emile Dubois	J12	Dareau, 16	de la Tombe Issoire, 23	*St-Jacques*
15	Emile Duclaux	G10	Blomet, 13	de Vaugirard, 184	*Volontaires*
18	Emile Duployé	L3	Stephenson, 53	Marcadet, 3	*Marcadet-Poissonniers*
13	Emile Durkheim	N12	Q. François Mauriac, 13	Av. de France, 126	*Biblio. F. Mitterrand*
17	Emile et Armand Massar (av.)	F3	Jules Bourdais, 7	Av. Paul Adam, 20	*Porte de Champerret*
14	Emile Faguet	I14	Bd Jourdan, 63	Av. Paul Appell, 2	*Porte d'Orléans*
12	Emile Gilbert	M9	Bd Diderot, 21ter	Parrot, 4bis	*Gare de Lyon*
18	Emile Goudeau (pl.)	J3	Berthe	Ravignan	*Abbesses*
20	Emile Landrin (pl.)	P7	des Prairies	de la Cour des Noues	*Gambetta*
20	Emile Landrin	P7	des Rondeaux, 50	des Pyrénées, 235	*Gambetta*
12	Emile Laurent (av.)	Q10	Bd Soult	Bd Carnot, 40	*Porte Dorée*
11	Emile Lepeu	O8	Léon Frot, 40	Imp. Carrières-Mainguet	*Charonne*
13	Emile Levassor	M14	Av. Pte de la d'Ivry	Dieudonné Coste	*Porte d'Ivry*
17	Emile Level	H2	Av. de Clichy, 172	de la Jonquière, 77	*Brochant*
19	Emile Loubet (v.)	P4	de Mouzaïa, 28	de Bellevue, 11quater	*Botzaris*
5	Emile Mâle (pl.)	L10	des Arènes	de Navarre	*Jussieu*
16	Emile Ménier	D6	de Pomereu, 21	des Belles Feuilles, 71	*Victor-Hugo*
16	Emile Meyer (v.)	B10	V. Cheysson	Parent de Rozan, 14	*Exelmans*
20	Emile Pierre Casel	Q6	de la Py, 22	Géo Chavez, 13	*Porte de Bagnolet*
7	Emile Pouvillon (av.)	F8	Av. de La Bourdonnais, 40	Al. Ad. Lecouvreur, 17	*Ecole Militaire*
19	Emile Reynaud	O1	Pl. Auguste Baron	Bd de la Commanderie	*Porte la Villette*
14	Emile Richard	I11	Bd Edgar Quinet, 1bis	Froidevaux, 39	*Raspail*
15	Emile Zola (av.)	D9	Rd-Pt du Pt Mirabeau	Fondary ....*1-2 à 27-36*	*Javel-André Citröen*
	....	E9	....	......*27-36 à 101-110*	*Charles Michels*
	....		....	.........*101-110 à fin*	*Emile Zola*
15	Emile Zola (sq.)	E9	Av. Emile Zola, 87bis	....	*Charles Michels*
13	Emilie du Châtelet	N13	av de France	Nicole R. Lepaute	*Biblio. F. Mitterrand*
12	Emilio Castelar	N9	Traversière, 42	de Cotte, 9bis	*Ledru-Rollin*

Ar./Districts	Rues/Street	Plan/Map	Commençant/Beginning	Finissant/Ending	Métro/Subway
5	**Emir Abdelkader (pl. de l')**	L11	Geoffroy-Saint-Hilaire	Poliveau	*Censier Daubenton*
17	**Emmanuel Chabrier (sq.)**	G3	Sq. Fern. de la Tombelle		*Malesherbes*
15	**Emmanuel Chauvière**	D10	Léontine, 13	Gutenberg, 42	*Javel-André Citröen*
5	**Emmanuel Levinas (pl.)**	K10	de l'Estrapade	de Blainville	*Place Monge*
20	**Emmery**	O5	des Pyrénées, 296	des Rigoles, 35bis	*Jourdain*
14	**Empereur Julien (de l')**	J13	Empereur Valentinien, 7	Berges Hennequines, 6	*Cité Universitaire*
14	**Empereur Valentinien (de l')**	J13	Av. de la Sibelle, 8	Thomas Francine, 14	*Cité universitaire*
19	**Encheval (de l')**	O4	de la Villette, 92	des Annelets, 35	*Botzaris*
15	**Enfant Jésus (imp. de l')**	H10	de Vaugirard, 148		*Pasteur*
14	**Enfer (pas. d')**	I11	Campagne Première, 21	Bd Raspail, 247	*Raspail*
10	**Enghien (d')**	K5	du Fbg St-Denis, 45	du Fbg Poissonnière, 20	*Bonne Nouvelle*
15	**Entrepreneurs (pas. des)**	E10	des Entrepreneurs, 87	Pl. du Commerce, 10	*Commerce*
15	**Entrepreneurs (des)**	E10	Av. Emile Zola, 76	de la Croix Nivert, 102	*Charles Michels*
15	**Entrepreneurs (v. des)**	E10	des Entrepreneurs, 40		*Charles Michels*
20	**Envierges (des)**	O5	Piat, 18	Pl. Henri Krasucki	*Pyrénées*
5	**Epée de Bois (de l')**	K10	Monge, 86	Mouffetard, 89	*Censier-Daubenton*
6	**Eperon (de l')**	J8	St-André des Arts, 41	Bd St-Germain, 120	*Odéon*
14	**Epinettes (pas. des)**	I10	Bd Montparnasse, 76		*Montparnasse-Bienv.*
17	**Epinettes (des)**	H1	de La Jonquière, 62	Bd Bessières, 45	*Guy Môquet*
17	**Epinettes (v. des)**	H1	des Epinettes, 40	Lantiez, 43	*Guy Môquet*
19	**Equerre (de l')**	N5	Rébeval, 71	Rébeval, 91	*Buttes-Chaumont*
12	**Erard (imp.)**	O10	Erard, 7		*Reuilly-Diderot*
12	**Erard**	O9	du Col Bourgoin, 5	de Reuilly, 26	*Reuilly-Diderot*
5	**Erasme**	K10	Rataud	d'Ulm, 31	*Place Monge*
18	**Erckmann-Chatrian**	K3	Polonceau, 32	Richomme, 9	*Barbès-Rochechouart*
19	**Erik Satie**	O3	Pl. Francis Poulenc	Georges Auric, 9	*Danube*
19	**Eric Tabarly (prom.)**	N3	Q. de la Loire, 31	Q. de la Loire, 39	*Laumière*
16	**Erlanger (av.)**	B9	Erlanger, 5		*Michel-Ange-Molitor*
16	**Erlanger**	B9	d'Auteuil, 65	Bd Exelmans, 88	*Michel-Ange-Molitor*
16	**Erlanger (v.)**	B10	Erlanger, 25		*Michel-Ange-Molitor*
16	**Ermitage (av. de l')**	B10	Gde Av. Villa Réunion, 10	Gde Av. Villa Réunion, 18	*Chardon-Lagache*
20	**Ermitage (c. de l')**	P6	de Ménilmontant, 113		*Ménilmontant*
20	**Ermitage (de l')**	O6	de Ménilmontant, 105	Olivier Métra, 23	*Ménilmontant*
20	**Ermitage (v. de l')**	O6	de l'Ermitage, 12	des Pyrénées, 315	*Ménilmontant*
14	**Ernest Cresson**	I12	Av. du Gal Leclerc, 18	Boulard, 33	*Denfert-Rochereau*
6	**Ernest Denis (pl.)**	J10	Av. de l'Observatoire	Bd Saint-Michel	*Port-Royal*
13	**Ernest et Henri Rousselle**	L13	Damesme, 16	du Moulin des Prés, 69	*Tolbiac*
17	**Ernest Goüin**	H2	Emile Level, 13	Boulay, 12	*Porte de Clichy*
16	**Ernest Hébert**	B7	Bd Suchet, 10	du Mal Maunoury, 11	*La Muette*
15	**Ernest Hemingway**	C11	Leblanc, 64	Bd Gal Martial Valin, 49	*Balard*
12	**Ernest Lacoste**	Q11	Bd Poniatowski, 107	de Picpus, 151	*Porte Dorée*

Ar./Districts	Rues/Street	Plan/Map	Commençant/Beginning	Finissant/Ending	Métro/Subway
12	Ernest Lavisse	Q10	Albert Malet, 5	Albert Malet, 11	*Porte de Vincennes*
12	Ernest Lefébure	Q11	Bd Soult, 12	Av. Armand Rousseau	*Porte Dorée*
20	Ernest Lefèvre	Q6	du Surmelin, 19	Av. Gambetta, 84	*Pelleport*
7	Ernest Psichari	G8	C. Négrier, 4	Av. La Motte-Picquet, 18	*Ecole Militaire*
15	Ernest Renan	G10	Lecourbe, 17	de Vaugirard, 174	*Pasteur*
15	Ernest Renan (av.)	E12	Pl. Pte de Versailles	Oradour-sur-Glane, 35	*Porte de Versailles*
14	Ernest Reyer (av.)	H13	Av. Pte de Châtillon	Pl. du 25 Août 1944	*Porte d'Orléans*
17	Ernest Roche	H2	du Dr Paul Brousse, 2	Pouchet, 75	*Porte de Clichy*
18	Ernestine	L3	Doudeauville, 44	Ordener, 25	*Marcadet-Poissonniers*
13	Escadrille Norm.-Niemen (pl.)	M12	de Vimoutiers	Pierre Gourdault	*Bilbliothèque*
19	Escaut (de l')	N2	de Crimée, 229	Curial, 60	*Crimée*
18	Esclangon	J1	du Ruisseau, 102	Letort, 47	*Pte de Clignancourt*
12	Escoffier	P13	Q. de Bercy	de l'Entrepôt	*Porte de Charenton*
13	Espérance (de l')	K13	Butte aux Cailles, 27	Barrault, 61	*Corvisart*
13	Esquirol	L11	Pl. Pinel, 11	Bd de l'Hôpital, 113	*Nationale*
5	Essai (de l')	L11	Bd Saint-Marcel, 34	Poliveau, 35	*St-Marcel*
20	Est (de l')	P6	Pixérécourt, 11	des Pyrénées, 290	*Jourdain*
13	Este (v. d')	M13	Bd Masséna, 94	Av. d'Ivry, 23	*Porte de Choisy*
20	Esterel (sq. de l')	Q9	Bd Davout, 8	Sq. du Var, 3	*Porte de Vincennes*
9	Estienne d'Orves (pl. d')	I5	de Clichy	Blanche	*Trinité*
5	Estrapade (pl. de l')	J10	des Fossés St-Jacques	de l'Estrapade	*Luxembourg*
5	Estrapade (de l')	K10	Tournefort, 2	Pl. de l'Estrapade, 1	*Place Monge*
7	Estrées (d')	G9	Av. de Villars, 16	Pl. de Fontenoy, 1	*Saint-François-Xavier*
16	Etats-Unis (pl. des)	E6	Av. d'Iéna	Galilée, 13	*Boissière*
18	Etex	I2	Carpeaux, 1	Av. de St-Ouen, 62	*Guy Môquet*
18	Etex (v.)	I2	Etex, 10		*Guy Môquet*
20	Etienne Dolet	O6	Bd de Belleville, 6	Julien Lacroix, 5	*Ménilmontant*
18	Etienne Jodelle	I3	V. Pierre Ginier, 11	Av. de St-Ouen, 10bis	*La Fourche*
1	Etienne Marcel 1 à 51	K7	Bd de Sébastopol, 65	Pl. des Victoires, 7	*Etienne Marcel*
2	2 à 54	K7			*Etienne Marcel*
20	Etienne Marey	Q6	Pl. Octave Chanute, 5	du Surmelin, 50	*Pelleport*
20	Etienne Marey (v.)	Q6	Etienne Marey, 16		*Pelleport*
15	Etienne Pernet (pl.)	E10	Av. Félix Faure	des Entrepreneurs, 104	*Félix Faure*
17	Etoile (de l')	F5	Av. de Wagram, 25	Av. Mac-Mahon, 20	*Ch. de Gaulle-Etoile*
11	Etoile d'Or (cr de l')	N9	du Fbg St-Antoine, 75		*Ledru-Rollin*
13	Eugène Atget	K12	Jonas, 1	Bd Aug. Blanqui, 59	*Corvisart*
16	Eugène Beaudoin (pas.)	B8	de l'Yvette, 38		*Jasmin*
18	Eugène Carrière	I2	Joseph de Maistre, 44	Vauvenargues, 15	*Guy Môquet*
14	Eugène Claudius-Petit (pl.)	J13	d'Alésia, 5ter	Av. de la Sibelle, 13	*Glacière*
16	Eugène Delacroix	D7	Descamps, 37	de la Tour, 100	*Rue de la Pompe*
17	Eugène Flachat	F3	Alfred Roll, 1	Gourgaud, 18	*Pereire*

Ar./Districts	Rues/Street	Plan/Map	Commençant/Beginning	Finissant/Ending	Métro/Subway
18	Eugène Fournière	J1	Bd Ney, 120	René Binet, 17	Pte de Clignancourt
15	Eugène Gibez	E11	de Vaugirard, 373bis	Olivier de Serres, 42	Convention
12	Eugène Hatton (sq.)	O10	Av. Daumesnil, 124	Av. Daumesnil, 128	Dugommier
19	Eugène Jumin	P3	Petit, 95	Av. Jean Jaurès, 198	Porte de Pantin
16	Eugène Labiche	C7	Bd Jules Sandeau, 27	Octave Feuillet, 28	Rue de la Pompe
19	Eugène Leblanc (v.)	P4	de Mouzaïa, 24	de Bellevue, 11bis	Botzaris
16	Eugène Manuel	D7	Claude Chahu, 9	Av. Paul Doumer, 65	Passy
16	Eugène Manuel (v.)	D7	Eugène Manuel, 7		Passy
15	Eugène Millon	E11	de la Convention, 172	Saint-Lambert, 23	Convention
13	Eugène Oudiné	N13	Cantagel, 1	Albert, 30	Porte d'Ivry
14	Eugène Pelletan	I11	Froidevaux, 13	Lalande, 1	Denfert-Rochereau
16	Eugène Poubelle	D9	Q. Louis Blériot, 7		Mirabeau
20	Eugène Reisz	Q8	Bd Davout, 94	Louis Lumière	Porte de Montreuil
3	Eugène Spuller	L7	de Bretagne, 46	Dupetit-Thouars	République
18	Eugène Süe	K2	Marcadet, 92	de Clignancourt, 105	Marcadet-Poissonniers
10	Eugène Varlin	M4	Q. de Valmy, 145	du Fbg St-Martin, 196	Château Landon
19	Eugénie Cotton	P4	Compans, 52	des Lilas, 23	Place des Fêtes
12	Eugénie Eboué	O10	Erard, 18		Reuilly-Diderot
20	Eugénie Legrand	P7	des Rondeaux, 16	Ramus, 13	Gambetta
8	Euler	F6	de Bassano, 31	Av. Marceau, 66	George V
20	Eupatoria (d')	O6	Julien Lacroix, 2ter	de la Mare, 1	Ménilmontant
20	Eupatoria (pas. d')	O6	d'Eupatoria, 13		Ménilmontant
14	Eure (de l')	H12	Hippolyte Maindron, 14	Didot, 23	Pernety
8	Europe (pl. de l')	H4	de Londres	de Saint-Pétersbourg	Europe
19	Euryale Dehaynin	N3	Av. Jean Jaurès, 81	Q. de la Loire, 64	Laumière
18	Evangile (de l')	M2	de Torcy, 44	d'Aubervilliers, 175	Marx Dormoy
20	Evariste Galois	R5	de Noisy le Sec	Léon Frappié	Porte des Lilas
20	Eveillard (imp.)	Q7	Belgrand, 36		Porte de Bagnolet
19	Evette	N3	de Thionville, 3	Q. de la Marne, 10	Crimée
16	Exelmans (bd)	B10	Q. Louis Blériot, 168	d'Auteuil, 83	Exelmans
7	Exposition (de l')	F8	Saint-Dominique, 129	de Grenelle, 206	Ecole Militaire
16	Eylau (av. d')	D7	Pl. du Trocadéro	Pl. de Mexico	Trocadéro
16	Eylau (v. d')	E5	Av. Victor Hugo, 44		Victor Hugo

F

Ar./Districts	Rues/Street	Plan/Map	Commençant/Beginning	Finissant/Ending	Métro/Subway
7	Fabert	G7	Q. d'Orsay, 39	de Grenelle, 146	Invalides
12	Fabre d'Eglantine	P9	Av. de St-Mandé, 1	Pl. de la Nation, 16	Nation
11	Fabriques (cr des)	N6	Jean-P. Timbaud, 70		Parmentier
13	Fagon	L12	Pl. des Alpes, 5	Bd de l'Hôpital, 163	Place d'Italie
11	Faidherbe	O9	Fbg St-Antoine, 235	de Charonne, 92	Faidherbe-Chaligny

Ar./Districts	Rues/Street	Plan/Map	Commençant/Beginning	Finissant/Ending	Métro/Subway
16	**Faisanderie (de la)**	**D6**	Av. Bugeaud, 59	Av. Victor Hugo, 198 ..	*Porte Dauphine*
16	**Faisanderie (v. de la)**	**C6**	de la Faisanderie, 26 ..	Bd Flandrin, 88	*Porte Dauphine*
18	**Falaise (c.)**	**I1**	Leibniz, 36	Jean Dollfus, 8	*Porte de St-Ouen*
20	**Falaises (v. des)**	**Q6**	de la Py, 68	....	*Porte de Bagnolet*
18	**Falconet**	**K3**	Chevalier de la Barre ..	Pas. Cottin, 3bis	*Château-Rouge*
15	**Falguière (c.)**	**G10**	Falguière, 72	....	*Pasteur*
15	**Falguière (pl.)**	**G11**	la Procession, 70	Castagnary, 3	*Volontaires*
15	**Falguière**	**G11**	de Vaugirard, 131bis ...	Pl. Falguière, 3	*Pasteur*
15	**Fallempin**	**E9**	de Lourmel, 15	Violet, 18	*Dupleix*
16	**Fantin-Latour**	**B11**	Q. Louis Blériot, 172 ...	Bd Exelmans, 17	*Exelmans*
17	**Faraday**	**E4**	Lebon, 8bis	Laugier, 49	*Ternes*
10	**Fbg du Temple (du)** 1 à 137 ..	**M6**	Pl. de la République, 10 ..	Bd d. l. Villette *.1-2 à 66-67*	*République/Goncourt*
11	2 à 124	**M6**	....	*...........66-67 à fin*	*Goncourt/Belleville*
9	**Faubourg Montmartre (du)** .	**J5**	Bd Montmartre, 2	Lamartine, 43	*Grands Boulevards*
9	**Fbg Poissonnière (du)** 1 à 195	**K5**	Bd Poissonnière, 2	Bd Magenta *.1-2 à 64-67*	*Bonne Nouvelle*
10	2 à 172	**K4**	....	*......64-67 à 114-141*	*Poissonnière*
	....		....	*.........114-141 à fin*	*Barbès-Rochechouart*
11	**Faubourg St-Antoine (du)** ..	**N9**	de la Roquette, 2	Pl. de la Nation *.1-2 à 61-66*	*Bastille*
	1 à 323		....	*......61-66 à 138-149*	*Ledru-Rollin*
12	2 à 280	**O9**	....	*....138-149 à 240-285*	*Faidherbe-Chaligny*
	....		....	*.........240-285 à fin*	*Nation*
10	**Faubourg Saint-Denis (du)** .	**L5**	Bd Saint-Denis, 28	Bd Chapelle *.1-2 à 92-95*	*Strasbourg-St-Denis*
	....	**L4**	....	*......92-95 à 157-164*	*Gare de l'Est*
	....		....	*.........157-164 à fin*	*La Chapelle*
8	**Faubourg St-Honoré (du)** ..	**H6**	Royale, 15	Pl. des Ternes *.1-2 à 59-98*	*Concorde*
	....		....	*.......59-98 à 167-190*	*St-Philippe du Roule*
	....		....	*.........167-190 à fin*	*Ternes*
14	**Faubourg St-Jacques (du)** .	**J11**	Bd du Port-Royal, 117 .	Pl. Saint-Jacques	*Saint-Jacques*
10	**Faubourg St-Martin (du)** ...	**L5**	Bd Saint-Denis, 2	Bd Villette *.1-2 à 109-112*	*Strasbourg-St-Denis*
	....	**M4**	....	*....109-112 à 185-196*	*Gare de l'Est*
	....		....	*.........185-196 à fin*	*Stalingrad*
20	**Faucheur (v.)**	**O5**	des Envierges, 3	....	*Pyrénées*
4	**Fauconnier (du)**	**L8**	Q. des Célestins, 38 ...	Charlemagne, 13	*Pont-Marie*
16	**Faustin Hélie**	**C7**	Pl. Possoz, 6	de la Pompe, 10	*La Muette*
18	**Fauvet**	**I3**	Ganneron, 51	Av. de St-Ouen, 36 ...	*La Fourche*
2	**Favart**	**J6**	Grétry, 1	Bd des Italiens, 9	*Richelieu-Drouot*
15	**Favorites (des)**	**F11**	Vaugirard, 273	Pl. d'Alleray	*Vaugirard*
12	**Fécamp (de)**	**P11**	des Meuniers, 20	Av. Daumesnil, 250 ...	*Michel Bizot*
15	**Fédération (de la)**	**F8**	Q. Branly, 103	Av. de Suffren, 70	*La Motte-Picquet*
1	**Federico Garcia Lorca (al.)** .	**K7**	Baltard	Al. André Breton	*Les Halles*
6	**Félibien**	**J9**	Clément, 1	Lobineau, 2	*Odéon*

Ar./Districts	Rues/Street	Plan/Map	Commençant/Beginning	Finissant/Ending	Métro/Subway
16	**Félicien David**	C9	Gros, 19	de Rémusat, 4	*Mirabeau*
13	**Félicien Rops (av.)**	L14	Poterne des Peupliers ..	de Sainte-Hélène	*Porte d'Italie*
17	**Félicité (de la)**	G3	de Tocqueville, 88	de Saussure, 107	*Malesherbes*
16	**Félix d'Hérelle (av.)**	A11	Av. Georges Lafont	Boulogne-Bil. (92)	*Porte de St-Cloud*
12	**Félix Eboué (pl.)**	P11	Bd de Reuilly, 51	de Reuilly, 121	*Daumesnil*
15	**Félix Faure (av.)**	E10	Pl. Etienne Pernet, 26 .	Pl. Balard, 3	*Boucicaut/Lourmel*
15	**Félix Faure**	D11	Av. Félix Faure, 85	Frédéric Mistral, 5	*Lourmel*
19	**Félix Faure (v.)**	P4	de Mouzaïa, 44	de Bellevue, 25bis	*Pré-St-Gervais*
20	**Félix Huguenet**	Q9	Crs de Vincennes, 61 ..	de Lagny, 60	*Porte de Vincennes*
20	**Félix Terrier**	Q8	Eugène Reisz	Harpignies, 2	*Porte de Montreuil*
11	**Félix Voisin**	O8	Gerbier, 14	de la Folie Regnault, 27 .	*Philippe Auguste*
18	**Félix Ziem**	I3	Damrémont, 33	Eugène Carrière, 22 ..	*Lamarck-Caulaincourt*
9	**Fénelon (c.)**	J4	Milton, 32	....	*Anvers*
10	**Fénelon**	K4	d'Abbeville, 2	de Belzunce, 5	*Poissonnière*
15	**Fenoux**	F11	Gerbet, 6	de l'Abbé Groult, 67 ..	*Vaugirard*
5	**Fer à Moulin (du)**	L11	Geoffroy-St-Hilaire, 17 ..	Av. des Gobelins, 1 ...	*Censier-Daubenton*
14	**Ferdinand Brunot (pl.)**	I12	Durouchoux	Saillard	*Mouton-Duvernet*
16	**Ferdinand Buisson (av.)** ...	A11	Av. Georges Lafont	Av. Pte de St-Cloud ...	*Porte de St-Cloud*
12	**Ferdinand de Béhagle**	P12	Bd Poniatowski, 68	Av. Pte de Charenton .	*Porte de Charenton*
4	**Ferdinand Duval**	L8	de Rivoli, 18	des Rosiers, 7	*Saint-Paul*
15	**Ferdinand Fabre**	F11	Blomet, 135	de Vaugirard, 302	*Convention*
18	**Ferdinand Flocon**	K2	Ramey, 56	Ordener, 99bis	*Jules Joffrin*
20	**Ferdinand Gambon**	Q8	d'Avron, 113	de la Croix St-Simon, 4 .	*Maraîchers*
17	**Férembach (c.)**	E4	Saint-Ferdinand, 21 ...	....	*Argentine*
14	**Fermat (pas.)**	H11	Fermat, 2	Froidevaux, 69	*Denfert-Rochereau*
14	**Fermat**	I11	Froidevaux, 57	Daguerre, 82	*Denfert-Rochereau*
20	**Ferme de Savy (de la)**	O5	Jouye-Rouve, 27	Pas. de Pékin, 19	*Pyrénées*
10	**Ferme St-Lazare (cr de la)** ..	L5	Bd de Magenta, 79	....	*Gare de l'Est*
10	**Ferme St-Lazare (pas. de la)** .	L5	de Chabrol, 5	Cr Ferme St-Lazare, 4	*Gare de l'Est*
1	**Fermes (cr des)**	J7	du Louvre, 15	du Bouloi, 22	*Les Halles*
17	**Fermiers (des)**	G3	Jouffroy d'Abbans, 16 ..	de Saussure, 89	*Malesherbes*
13	**Fernand Braudel**	N11	Raymond Aron, 20	Bd Vincent Auriol, 21 ..	*Quai de la Gare*
17	**Fernand Cormon**	F2	Sisley, 1	de Saint-Marceaux, 6 .	*Pereire*
17	**F. de la Tombelle (sq.)**	G3	Sq. Eman. Chabrier ...	Sq. Gabriel Fauré	*Villiers*
12	**Fernand Foureau**	Q9	Bd Soult, 84	Av. Lamoricière, 13 ...	*Porte de Vincennes*
14	**Fernand Holweck**	G11	Vercingétorix, 93	Du Cange, 10	*Pernety*
18	**Fernand Labori**	J1	Bd Ney, 118	René Binet, 9	*Pte de Clignancourt*
20	**Fernand Léger**	O7	des Amandiers, 4	des Muriers, 3	*Père-Lachaise*
14	**Fernand Mourlot (pl.)**	H10	sur Bd Edgar Quinet	du Départ/de la Gaîté .	*Edgar Quinet*
17	**Fernand Pelloutier**	H1	de Pont à Mousson, 4 .	Louis Loucheur, 13 ...	*Porte de St-Ouen*
20	**Fernand Raynaud**	O5	de l'Ermitage, 47	des Cascades, 42	*Jourdain*

Ar./Districts	Rues/Street	Plan/Map	Commençant/Beginning	Finissant/Ending	Métro/Subway
13	**Fernand Widal**	**L14**	Bd Masséna, 131	Av. Léon Bollée, 30	*Porte d'Italie*
6	**Férou**	**I9**	du Canivet, 3	de Vaugirard, 48	*St-Sulpice*
1	**Ferronnerie (de la)**	**K7**	Saint-Denis, 41	de la Lingerie, 2	*Châtelet*
14	**Ferrus**	**J12**	Bd Saint-Jacques, 3	Cabanis, 6	*Glacière*
19	**Fessart**	**O5**	de Palestine, 1	Botzaris, 26	*Buttes-Chaumont*
19	**Fêtes (pl. des)**	**P5**	des Fêtes, 23	Compans, 46	*Place des Fêtes*
19	**Fêtes (des)**	**O5**	de Belleville, 169	de Crimée, 1	*Place des Fêtes*
5	**Feuillantines (des)**	**J10**	Pl. Pierre Lampué	Pierre Nicole, 7	*Port-Royal*
18	**Feutrier**	**K3**	André del Sarte, 8	Muller, 32	*Château-Rouge*
2	**Feydeau (gal.)**	**J6**	Saint-Marc, 10	Gal. des Variétés, 8	*Richelieu-Drouot*
2	**Feydeau**	**J6**	Saint-Marc, 1	de Richelieu, 80	*Bourse*
10	**Fidélité (de la)**	**L5**	Bd de Strasbourg, 75	du Fbg St-Denis, 94	*Gare de l'Est*
4	**Figuier (du)**	**L8**	de l'Hôtel de Ville, 2	Charlemagne, 25	*Pont-Marie*
3	**Filles du Calvaire (bd)** 1 à 17	**M7**	Saint-Sébastien, 1	Oberkampf *1-2 à 9-10*	*St-Sébastien-Froissart*
11	2 à 26	**M7**		*9-10 à fin*	*Filles du Calvaire*
3	**Filles du Calvaire (des)**	**M7**	de Turenne, 94	Bd du Temple, 1	*Filles du Calvaire*
2	**Filles Saint-Thomas (des)**	**J6**	Vivienne, 25	de Richelieu, 66	*Bourse*
18	**Fillettes (des)**	**L2**	Boucry, 4	Tristan Tzara	*Porte de la Chapelle*
7	**Finlande (pl. de)**	**G7**	Q. d'Orsay	Bd La Tour-Maubourg	*Invalides*
18	**Firmin Gémier**	**I2**	Vauvenargues, 51	Lagille, 23	*Porte de St-Ouen*
15	**Firmin Gillot**	**E12**	de Vaugirard, 399	Bd Lefebvre, 51	*Porte de Versailles*
15	**Fizeau**	**F12**	Brancion, 85	Castagnary, 118	*Porte de Vanves*
19	**Flandre (pas. de)**	**N3**	Av. de Flandre, 48	Q. de Seine, 47	*Riquet*
19	**Flandre (av. de)**	**N3**	Bd de la Villette, 210	Av. C. Cariou *1-2 à 64-67*	*Stalingrad*
		N2		*64-67 à 96-109*	*Riquet/Crimée*
				96-109 à fin	*Corentin Cariou*
16	**Flandrin (bd)**	**C6**	Pl. Tattegrain, 4	Pl. du Paraguay, 83	*Porte Dauphine*
5	**Flatters**	**K11**	Bd du Port-Royal, 50	Berthollet, 25	*Censier-Daubenton*
9	**Fléchier**	**J5**	de Châteaudun, 18	du Fbg Montmartre, 67	*Notre-D. de Lorette*
19	**Fleurie (v.)**	**O4**	Carducci, 14	Crs du 7eme Art	*Botzaris*
17	**Fleurs (c. des)**	**H2**	Av. de Clichy, 154	de la Jonquière, 59	*Brochant*
4	**Fleurs (q. aux)**	**K8**	Cloître Notre-Dame, 2	d'Arcole, 1	*Cité*
6	**Fleurus (de)**	**I9**	Guynemer, 22	N.-D. des Champs, 7	*Saint-Placide*
18	**Fleury**	**L3**	Bd de la Chapelle, 74	de la Charbonnière, 17	*Barbès-Rochechouart*
14	**Flora Tristan (pl.)**	**H12**	Didot	Bénard	*Pernety*
16	**Flore (v.)**	**B9**	Av. Mozart, 120		*Ranelagh*
17	**Floréal**	**H1**	Saint-Ouen (93)	Bd Bois-le-Prêtre	*Porte de St-Ouen*
8	**Florence (de)**	**I4**	de St-Pétersbourg, 33	de Turin, 28	*Place Clichy*
16	**Florence Blumenthal**	**C9**	Av. de Versailles, 30	Félicien David,9	*Eglise d'Auteuil*
19	**Florentine (c.)**	**O4**	de la Villette, 84		*Place des Fêtes*
16	**Florentine Estrade (c.)**	**C9**	Verderet, 8		*Eglise d'Auteuil*

Ar./Districts	Rues/Street	Plan/Map	Commençant/Beginning	Finissant/Ending	Métro/Subway
20	Florian	Q8	Vitruve, 37	de Bagnolet, 104	*Maraîchers*
14	Florimont (imp.)	H12	d'Alésia, 150		*Plaisance*
17	Flourens (pas.)	I1	Bd Bessières, 19	Jean Leclaire, 39	*Porte de St-Ouen*
16	Foch (av.)	E5	Pl. Charles de Gaulle	Bd Lannes *.1-2 à 41-50*	*Ch. de Gaulle-Etoile*
16	Foch (av.)	E5	Pl. Charles de Gaulle	Bd Lannes *.41-50 à fin*	*Porte Dauphine*
3	Foin (du)	M8	de Béarn, 3	de Turenne, 30	*Chemin Vert*
11	Folie-Méricourt (de la)	M7	Bd Voltaire, 71	Fontaine au Roi, 2	*Saint-Ambroise*
11	Folie-Regnault (pas. de la)	O7	d. l. Folie-Regnault, 62	Bd Ménilmontant, 43	*Père-Lachaise*
11	Folie-Regnault (de la)	O8	Léon Frot, 70	du Chemin Vert, 132	*Père-Lachaise*
15	Fondary	F9	de Lourmel, 27	de la Croix Nivert, 40	*Emile Zola*
15	Fondary (v.)	F9	Fondary, 81		*Emile Zola*
11	Fonderie (pas. de la)	N6	Jean-P. Timbaud, 72	Saint-Maur, 119	*Parmentier*
12	Fonds Verts (des)	O11	Proudhon, 44	de Charenton, 264	*Dugommier*
13	Fontaine à Mulard (de la)	K13	de la Colonie, 70	Pl. Rungis, 2	*Tolbiac*
11	Fontaine au Roi (de la)	N6	du Fbg du Temple, 32	Bd de Belleville, 57	*Goncourt*
19	Fontaine aux Lions (pl. de la)	P3	Av. Jean Jaurès, 219		*Porte de Pantin*
18	Fontaine du But (de la)	J2	Lamarck, 72	Francœur, 33	*Lamarck-Caulaincourt*
19	Fontainebleau (al. de)	O3	Petit, 106		*Porte de Pantin*
11	Fontaine Timbaud (pl. de la)	M6	Jean-Pierre Timbaud	des Trois Bornes	*Parmentier*
3	Fontaines du Temple (des)	L6	du Temple, 181	de Turbigo, 58	*Arts-et-Métiers*
20	Fontarabie (de)	P8	de la Réunion, 98	des Pyrénées, 135	*Alexandre Dumas*
19	Fontenay (v. de)	O4	du Gal Brunet, 32	de la Liberté, 7	*Botzaris*
7	Fontenoy (pl. de)	G9	Av. de Lowendal, 121	Av. de Saxe, 2	*Ségur*
19	Forceval	O1	Pantin (93)	du Chemin de Fer	*Porte la Villette*
18	Forest	I3	Bd de Clichy, 126	Capron, 8	*Place Clichy*
3	Forez (du)	L7	Charlot, 57	de Picardie, 20	*Filles du Calvaire*
11	Forge Royale (de la)	N9	du Fbg St-Antoine, 165	Charles Delescluze	*Ledru-Rollin*
2	Forges (des)	K6	de Damiette, 2	du Caire, 49	*Sentier*
17	Fort de Vaux (bd du)	F2	Bd de Douaumont	Av. de la Pte d'Asnières	*Porte de Champerret*
8	Fortin (imp.)	G5	Frédéric Bastiat, 9		*St-Philippe du Roule*
17	Fortuny	G4	de Prony, 38	Av. de Villiers, 39	*Malesherbes*
1	Forum des Halles	J-K7			*Châtelet-Les Halles*
	Arc-en-Ciel (de l')	K7	Forum - Niveau -3		*Châtelet-Les Halles*
	Baltard (pas.)	K7	Forum - Niveau 0		*Châtelet-Les Halles*
	Basse (pl.)	K7	Forum - Niveau 0 -1 -2 -3		*Châtelet-Les Halles*
	Basse	K7	Forum - Niveau -3		*Châtelet-Les Halles*
	Berger (pte)	K7	Forum - Niveau 0 -1 -2 -3		*Châtelet-Les Halles*
	Bons Vivants (des)	K7	Forum - Niveau -3		*Châtelet-Les Halles*
	Boucle (de la)	J-K7	Forum - Niveau -3		*Châtelet-Les Halles*
	Brève	K7	Forum - Niveau -3		*Châtelet-Les Halles*
	Carré (pl.)	K7	Forum - Niveau -3		*Châtelet-Les Halles*

Ar./Districts	Rues/Street	Plan/Map	Commençant/Beginning	Finissant/Ending	Métro/Subway
	Cinéma (du)	K7	Forum - Niveau -1		Châtelet-Les Halles
	Equerre d'Argent (de l')	K7	Forum - Niveau -3		Châtelet-Les Halles
	Grande Galerie	K7	Forum - Niveau -3		Châtelet-Les Halles
	Jour (pte du)	K7	Forum - Niveau -3		Châtelet-Les Halles
	Lautréamont (ter.)	K7	Forum - Niveau +1		Châtelet-Les Halles
	Lescot (pte)	K7	Forum - Niveau 0 -1 -2 -3 -4		Châtelet-Les Halles
	Louvre (pte du)	K7	Forum - Niveau 0 -3		Châtelet-Les Halles
	Mondétour (pas.)	K7	Forum - Niveau 0		Châtelet-Les Halles
	Oculus (de l')	K7	Forum - Niveau -3		Châtelet-Les Halles
	Orient Express (de l')	K7	Forum - Niveau -4		Châtelet-Les Halles
	Piliers (des)	K7	Forum - Niveau -3		Châtelet-Les Halles
	Pirouette	K7	Forum - Niveau -3		Châtelet-Les Halles
	Pont Neuf (pte du)	K7	Forum - Niveau 0 -3		Châtelet-Les Halles
	Rambuteau (pte)	K7	Forum - Niveau 0 -1 -2 -3		Châtelet-Les Halles
	Réale (pas.de la)	K7	Forum - Niveau -2		Châtelet-Les Halles
	Rotonde (pl. de la)	J7	Forum - Niveau -3		Châtelet-Les Halles
	Saint-Eustache (balcon)	K7	Forum - Niveau -2		Châtelet-Les Halles
	Saint-Eustache (pte)	K7	Forum - Niveau 0 -3		Châtelet-Les Halles
	Verrières (pas. des)	K7	Forum - Niveau -3		Châtelet-Les Halles
5	Fossés Saint-Bernard (des)	L9	Bd Saint-Germain, 1	Jussieu, 45	Cardinal Lemoine
5	Fossés Saint-Jacques (des)	K10	Saint-Jacques, 161	de l'Estrapade, 22	Luxembourg
5	Fossés Saint-Marcel (des)	L11	du Fer à Moulin, 1	Bd Saint-Marcel, 56	St-Marcel
5	Fouarre (du)	K9	Lagrange, 4	Galande, 38	Maubert-Mutualité
13	Foubert (pas.)	K13	des Peupliers, 10	de Tolbiac, 175ter	Tolbiac
16	Foucault	E7	Av. de New York, 30	Fresnel, 11	Iéna
20	Fougères (des)	Q5	Av. Pte Ménilmontant	de Guébriant, 12	Saint-Fargeau
6	Four (du)	J8	Pl. d'Acadie	Pl. Michel Debré	Mabillon
15	Fourcade	F11	de Vaugirard, 331	Olivier de Serres, 4	Convention
17	Fourcroy	F4	Av. Niel, 14	Rennequin, 13	Ternes
4	Fourcy (de)	L8	de Jouy, 2	Saint-Antoine, 139	Saint-Paul
17	Fourneyron	H3	des Moines, 43	Brochant, 28	Brochant
19	Fours à Chaux (pas. des)	N4	Av. Simon Bolivar, 117		Bolivar
18	Foyatier	J3	Pl. Suzanne Valadon	Saint-Eleuthère, 5	Anvers
17	Fragonard	H2	Av. de Clichy, 192	de la Jonquière, 85	Porte de Clichy
12	Fraisier (rlle)	N9	Av. Daumesnil, 59		Gare de Lyon
13	Franc-Nohain	N13	Av. Boutroux		Porte d'Ivry
1	Française 1 à 5 - 2 à 6	K7	de Turbigo, 3	Tiquetonne, 25	Etienne Marcel
2	7 à 13 - 8 à 14	K7			Etienne Marcel
13	France (av. de)	N13	Ivry-sur-Seine (94)	Bd Vincent Auriol *.1-2 à 170*	Biblio. F. Mitterrand
		N12		*170 à fin*	Quai de la Gare
3	Franche Comté (de)	M7	de Picardie, 32	Pl. Olympe de Gouges	Filles du Calvaire

Ar./Districts	Rues/Street	Plan/Map	Commençant/Beginning	Finissant/Ending	Métro/Subway
11	Franchemont (imp.)	O8	Jean Macé, 14	....	Charonne
18	Francis Carco	L3	Doudeauville, 26	Stephenson, 66	Château-Rouge
18	Francis de Croisset	K1	Jean Cocteau	Av. Pte Clignancourt, 16 .	Pte de Clignancourt
13	Francis de Miomandre	K14	Av. Caffieri	Louis Pergaud	Porte d'Italie
14	Francis de Pressensé	H11	de l'Ouest, 99	Ray. Losserand, 82 ...	Pernety
17	Francis Garnier	I1	Bd Bessières, 22	Frédéric Brunet, 22 ...	Porte de St-Ouen
10	Francis Jammes	M4	Georg Frie. Haendel ...	Louis Blanc, 11	Colonel Fabien
20	Francis Picabia	N6	des Couronnes	de Pali-Kao	Belleville
19	Francis Ponge	P4	Pl. Rhin et Danube, 7 ..	Bd Serrurier, 123	Danube
19	Francis Poulenc (pl.)	O3	Erik Satie	Al. Darius Milhaud	Ourcq
6	Francisque Gay	J8	Bd Saint-Michel, 6	Pl. St-André des Arts, 3 .	Saint-Michel
16	Francisque Sarcey	D7	de la Tour, 25	Eugène Manuel, 8bis .	Passy
7	Franco-Russe (av.)	F7	Av. Rapp, 8	de l'Université, 195 ...	Alma-Marceau
18	Francœur	J2	Caulaincourt, 129	Marcadet, 141	Lamarck-Caulaincourt
8	François Ier (pl.)	G6	François-Ier	Jean Goujon	Franklin-D.-Roosevelt
8	François Ier	G6	Pl. du Canada	Pl. Henry Dunant	Franklin-D.-Roosevelt
13	François Bloch-Lainé	M11	Q. d'Austerlitz, 49	Av. P. Mendès France, 60	Quai de la Gare
15	François Bonvin	G10	Miollis, 11	Lecourbe, 60	Sèvres-Lecourbe
15	François Coppée	E11	Av. Félix Faure, 47	....	Boucicaut
11	François de Neufchâteau ..	N8	Richard Lenoir, 34	Bd Voltaire, 152	Voltaire
16	François Gérard	C9	Av. Théophile Gautier ..	de Rémusat, 16	Eglise d'Auteuil
13	François Mauriac (q.)	N12	Pt de Tolbiac	Raymond Aron, 1	Biblio. F. Mitterrand
16	François Millet	C9	Av. Théo. Gautier, 22 ..	J. de La Fontaine, 29 .	Jasmin
4	François Miron	L8	Pl. Saint-Gervais	de Rivoli, 1	Saint-Paul
1	François Mitterrand (q.)	IJ7	Q. du Louvre	Q. des Tuileries	Louvre-Rivoli
15	François Mouthon	E11	Lecourbe, 245	Jacques Mawas, 6 ...	Boucicaut
19	François Pinton	O4	David d'Angers, 10	v. Claude Monnet, 15 .	Danube
16	François Ponsard	C7	Ch. de la Muette, 2	Gustave Nadaud, 5 ...	La Muette
12	François Truffaut	O12	Q. de Bercy, 126	Baron Le Roy, 26	Cour Saint-Emilion
15	François Villon	F11	d'Alleray, 2	Victor Duruy, 5	Convention
13	Françoise Dolto	N12	Q. Panhard Levassor, 45 .	Av. de France, 72	Quai de la Gare
3	Francs Bourgeois (des) 2 à 60 .	L8	Pl. des Vosges, 19	des Archives ..1-2 à 53-54	Saint-Paul
4	1 à 61	L8	....	..........53-54 à fin	Rambuteau
8	Franklin D. Roosevelt (av.) .	G6	Pl. du Canada	La Boétie, 71	Franklin-D.-Roosevelt
15	Franquet	G12	Santos-Dumont, 21	Labrouste, 60	Plaisance
16	Franqueville (de)	C7	Verdi, 4	Av. Henri Martin, 115 ..	La Muette
10	Franz Liszt (pl.)	K4	La Fayette, 111	d'Abbeville	Poissonnière
19	Fraternité (de la)	P4	de l'Egalité, 1	David d'Angers, 52 ...	Danube
8	Frédéric Bastiat	G5	Paul Baudry, 7	d'Artois, 13	St-Philippe du Roule
17	Frédéric Brunet	I1	Bd Bessières, 36	Francis Garnier, 13 ...	Porte de St-Ouen
7	Frédéric Le Play (av.)	F8	Savorgnan de Brazza, 3 .	Pl. Joffre, 4	Ecole Militaire

Ar./Districts	Rues/Street	Plan/Map	Commençant/Beginning	Finissant/Ending	Métro/Subway
20	Frédéric Loliée	Q9	Mounet-Sully, 10	des Pyrénées, 25	*Maraîchers*
15	Frédéric Magisson	E10	de Javel, 142	Oscar Roty, 25	*Félix Faure*
15	Frédéric Mistral	D11	Jean Maridor, 14	Félix Faure, 13	*Lourmel*
15	Frédéric Mistral (v.)	D11	Frédéric Mistral, 3	Lecourbe, 296	*Lourmel*
19	Frédéric Mourlon	P4	Bd Sérurier, 50	Bd d'Algérie, 7	*Pré-St-Gervais*
5	Frédéric Sauton	K9	de la Bûcherie, 1	Pl. Maubert	*Maubert-Mutualité*
18	Frédéric Schneider	J1	Bd Ney, 138	René Binet	*Pte de Clignancourt*
15	Frédéric Vallois (sq.)	F11	de Vouillé, 3	....	*Convention*
20	Frédérick Lemaître	P5	des Rigoles, 72	de Belleville, 188	*Jourdain*
20	Fréhel (pl.)	N5	de Belleville	Julien Lacroix	*Pyrénées*
15	Frémicourt	F9	du Commerce, 37	Pl. Cambronne, 1	*Commerce*
16	Frémiet (av.)	D8	Av. Pdt Kennedy, 24	Charles Dickens, 5	*Passy*
20	Fréquel (pas.)	Q8	Vitruve, 7	de Fontarabie, 24	*Alexandre Dumas*
13	Frs d'Astier de la Vigerie (des)	L13	Av. d'Ivry, 73	Av. de Choisy	*Tolbiac*
20	Frères Flavien (des)	R5	Léon Frapié, 15	Av. de la Pte des Lilas	*Porte des Lilas*
15	Frères Morane (des)	E10	Pl. Etienne Pernet, 21	de la Croix-Nivert, 148	*Félix Faure*
16	Frères Périer (des)	F7	Av. de New York, 2	Av. du Pdt Wilson, 1	*Alma-Marceau*
15	Frères Voisin (bd des)	C12	Bd Galliéni	du Col Pierre Avia	*Corentin-Celton*
15	Frères Voisin (al.)	C12	du Col Pierre Avia, 38	Bd Frères Voisin, 13	*Corentin-Celton*
16	Fresnel	E7	la Manutention, 7	Av. Albert de Mun, 4	*Iéna*
16	Freycinet	F6	Av. Pdt Wilson, 10	Av. d'Iéna, 46	*Alma-Marceau*
14	Friant	H13	Av. Jean Moulin, 13	Bd Brune, 177	*Alésia*
8	Friedland (av.)	F5	Fbg Saint-Honoré, 177	Pl. Charles de Gaulle	*Ch. de Gaulle-Etoile*
13	Frigos (des)	N12	Thomas Mann, 12	Neuve Tolbiac, 5	*Biblio. F. Mitterrand*
9	Frochot (av.)	J4	Victor Massé, 26	Pl. Pigalle, 3	*Pigalle*
9	Frochot	J4	Victor Massé, 28	Pl. Pigalle, 7	*Pigalle*
14	Froidevaux	I11	Pl. Denfert-Rochereau, 6	Av. du Maine, 89	*Denfert-Rochereau*
3	Froissart	M7	Bd Filles Calvaire, 3	de Turenne, 92	*St-Sébastien-Froissart*
11	Froment	M8	Sedaine, 23	du Chemin Vert, 18	*Bréguet-Sabin*
9	Fromentin	J4	Duperré, 32	Bd de Clichy, 39	*Blanche*
17	Fructidor	I1	Toulouse Lautrec	Saint-Ouen (92)	*Porte de St-Ouen*
13	Fulton	M11	Q. d'Austerlitz, 13	Edmond Flamand, 18	*Quai de la Gare*
6	Furstemberg	J8	Jacob, 3	de l'Abbaye, 4	*St-Germain-des-Prés*
14	Furtado Heine	H12	d'Alésia, 153	Jacquier, 8	*Alésia*
5	Fustel de Coulanges	J11	Pierre Nicole, 41	Saint-Jacques, 344	*Port-Royal*

G

Ar./Districts	Rues/Street	Plan/Map	Commençant/Beginning	Finissant/Ending	Métro/Subway
12	Gabon (du)	Q10	Av. de St-Mandé, 101	de La Voûte, 52	*Porte de Vincennes*
8	Gabriel (av.)	G6	Pl. de la Concorde	Av. Matignon, 2	*Champs-Elysées-Clem.*
15	Gabriel (v.)	H10	Falguière, 9	....	*Falguière*

Ar./Districts	Rues/Street	Plan/Map	Commençant/Beginning	Finissant/Ending	Métro/Subway
17	Gabriel Fauré (sq.)	G3	Legendre, 25		Malesherbes
12	Gabriel Lamé	O11	des Pirogues de Bercy	de Dijon, 2	Cour Saint-Emilion
10	Gabriel Laumain	K5	d'Hauteville, 27	Fbg Poissonnière, 36	Bonne Nouvelle
8	Gabriel Péri (pl.)	H5	Saint-Lazare	de Rome	Saint-Lazare
3	Gabriel Vicaire	L6	Perrée, 12	Dupetit-Thouars, 11	République
18	Gabrielle	J3	Foyatier, 7	Ravignan, 24	Abbesses
19	Gabrielle d'Estrées (al.)	N5	Rampal, 3		Belleville
11	Gaby Sylvia	M7	Nicolas Appert, 4	Bd Richard Lenoir, 51	Richard Lenoir
15	Gager-Gabillot	G11	de la Procession, 36	des Favorites, 45	Vaugirard
20	Gagliardini (v.)	Q5	Haxo, 100	V. Dury-Vasselon	Porte des Lilas
2	Gaillon (pl.)	J6	de Port-Mahon	de la Michodière	Quatre Septembre
2	Gaillon	I6	Av. de l'Opéra, 28	Saint-Augustin, 35	Opéra
14	Gaîté (imp. de la)	I10	de la Gaîté, 3		Edgar-Quinet
14	Gaîté (de la)	H10	Bd Edgar Quinet, 11	Av. du Maine, 73	Edgar-Quinet
5	Galande	K9	des Anglais, 2	Saint-Jacques, 1	Maubert-Mutualité
16	Galilée (de) 1 à 53 - 2 à 50	E6	Av. Kléber, 53	Av. Ch. Elysées *1-2 à 36-37*	Boissière
8	52 à 66 - 57 à 65	F5		*36-37 à fin*	George V
20	Galleron	Q7	Florian, 8	Saint-Blaise, 22	Porte de Montreuil
15	Gallieni (bd)	C12	Camille Desmoulins	Bd des Frères Voisins	Corentin Celton
16	Galliéra (de)	F6	Av. Pdt Wilson, 14bis	Pierre Ier de Serbie, 10	Alma-Marceau
17	Galvani	E3	Laugier, 65	Bd Gouvion-St-Cyr, 19	Porte de Champerret
20	Gambetta (av.)	P7	Pl. Auguste Métivier, 6	de Belleville *1-2 à 20-33*	Père-Lachaise
		Q5		*20-33 à 52-103*	Gambetta
				52-103 à 86-145	Pelleport
				86-145 à 146-229	Saint-Fargeau
				146-229 à fin	Porte des Lilas
20	Gambetta (pas.)	P5	Saint-Fargeau, 29	du Borrégo, 38	Saint-Fargeau
20	Gambetta (pl.)	P7	Av. Gambetta	des Pyrénées	Gambetta
11	Gambey	M6	Oberkampf, 53	Av. République, 32	Parmentier
13	Gandon	L14	Caillaux, 15	Bd Masséna, 146	Maison Blanche
18	Ganneron (pas.)	I3	Av. de St-Ouen, 42	Ganneron, 57	La Fourche
18	Ganneron	I3	Av. de Clichy, 38	Etex, 1bis	La Fourche
19	Garance (al. de la)	O3	Av. Jean Jaurès, 195	Edgar Varèse, 8	Porte de Pantin
6	Garancière	J9	Saint-Sulpice, 29	de Vaugirard, 34	St-Sulpice/Odéon
18	Gardes (des)	K3	de la Goutte d'Or, 28	Myrha, 43	Barbès-Rochechouart
13	Gare (q. de la)	N12	Raymond Aron, 2	Bd Vincent Auriol	Quai de la Gare
19	Gare (de la)	M1	Aubervilliers (93)	de la Haie Coq, 109	Crimée
12	Gare de Reuilly (de la)	P10	de Reuilly, 119	de Picpus, 68	Daumesnil
14	Garenne (pl. de la)	H11	Moulin des Lapins, 15	Sainte-Léonie, 7	Pernety
15	Garibaldi (bd)	G10	Pl. Cambronne, 7	Av. de Breteuil, 88	Sèvres-Lecourbe
15/16	Garigliano (pt du)	C11	Q. André Citroën	Q. Louis Blériot	Exelmans

Ar./Districts	Rues/Street	Plan/Map	Commençant/Beginning	Finissant/Ending	Métro/Subway
15	Garnier (v.)	H10	de Vaugirard, 131		*Falguière*
19	Garonne (q. de la)	O3	Germaine Tailleferre	de Thionville, 34	*Porte de Pantin*
18	Garreau	J3	Ravignan, 9	Durantin, 18	*Abbesses*
20	Gascogne (sq. de la)	Q8	Bd Davout, 74	des Drs Déjérine, 1	*Porte de Montreuil*
20	Gasnier-Guy	P6	des Partants, 30	Pl. Martin Nadaud, 3	*Gambetta*
14	Gassendi	I11	Froidevaux, 39	Av. du Maine, 165	*Denfert-Rochereau*
18	Gaston Auguet	K2	des Poissonniers, 113	Boinot, 38	*Simplon*
14	Gaston Bachelard (al.)	G13	Bd Brune, 99	Bd Brune, 91	*Porte d'Orléans*
17	Gast. Bertandeau (sq.)	E4	Labie, 11		*Porte Maillot*
15	Gaston Boissier	E12	Av. Pte de Plaisance, 12	Av. Alb. Bartholomé, 13	*Porte de Versailles*
18	Gaston Couté	J3	Paul Féval, 12	Lamarck, 45	*Lamarck-Caulaincourt*
18	Gaston Darboux	M1	Av. Pte d'Aubervilliers, 3	Charles Lauth, 6	*Porte de la Chapelle*
15	Gaston de Caillavet	D9	Q. de Grenelle, 63	Emeriau, 54	*Bir-Hakeim*
16	Gaston de Saint-Paul	F7	Av. de New York, 10	Av. du Pdt Wilson, 9	*Alma-Marceau*
7	Gaston Gallimard	I8	de Montalembert	de l'Université	*Rue du Bac*
6	Gaston Monnerville (espl.)	J10	Av. de l'Observatoire		*Port Royal*
19	Gaston Pinot	O4	David d'Angers, 13	d'Alsace-Lorraine, 13	*Danube*
19	Gaston Rébuffat	M3	Av. de Flandre, 3	de Tanger, 12	*Stalingrad*
19	Gaston Tessier	N1	de Crimée, 254	Curial, 89	*Crimée*
18	Gaston Tissandier	M1	Bd Ney, 32	Charles Hermite	*Porte de la Chapelle*
12	Gatbois (pas.)	N10	Pl. Rutebeuf	Av. Daumesnil, 66	*Gare de Lyon*
20	Gâtines (des)	P6	Av. Gambetta, 77	Av. Gambetta, 91	*Gambetta*
11	Gaudelet (v.)	N6	Oberkampf, 114		*Ménilmontant*
14	Gauguet	I13	des Artistes, 36		*Alésia*
17	Gauguin	F3	de Saint-Marceaux	Jean-Louis Forain	*Pereire*
17	Gauthey	H2	Av. de Clichy, 140	de La Jonquière, 53bis	*Brochant*
19	Gauthier (pas.)	N5	Rébeval, 63	Av. Simon Bolivar, 35	*Buttes-Chaumont*
16	Gavarni	D8	de Passy, 12	de la Tour, 11	*Passy*
5	Gay-Lussac	J10	Bd Saint-Michel, 65	Pl. Pierre Lampué	*Luxembourg*
14	Gazan	J13	Av. Reille, 23	de la Cité Universitaire	*Cité Universitaire*
17	Geffroy-Didelot (pas.)	H4	Bd des Batignolles, 90	des Dames, 117	*Villiers*
16	Général Anselin (du)	D5	Bd de l'Amiral Bruix	Rte Pte Sablons à Pte Maillot	*Porte Dauphine*
16	Général Appert (du)	C6	Spontini, 46	Bd Flandrin, 72	*Porte Dauphine*
12	Général Archinard (du)	Q11	Av. du Gal Messimy, 6	Edouard Lartet	*Porte Dorée*
16	Général Aubé (du)	C8	Gustave Zédé, 2	Av. Mozart, 21	*La Muette*
16	Général Balfourier (av. du)	B10	Erlanger, 40	Bd Exelmans, 104	*Michel-Ange-Molitor*
15	Général Baratier (du)	F9	Av. de Champaubert, 9	Av. Motte-Picquet, 52	*La Motte-Picquet*
7	Général Bertrand (du)	G9	Eblé, 13	de Sèvres, 96	*Duroc*
15	Général Beuret (pl. du)	F10	Blomet, 74	Cambronne	*Vaugirard*
15	Général Beuret (du)	F10	Blomet, 77	de Vaugirard, 250	*Vaugirard*
11	Général Blaise (du)	N7	Rochebrune, 7	Lacharrière, 20	*Saint-Ambroise*

Ar./Districts	Rues/Street	Plan/Map	Commençant/Beginning	Finissant/Ending	Métro/Subway
8	Général Brocard (pl. du) ...	F4	de Courcelles	Av. Hoche	*Courcelles*
19	Général Brunet (du)	P4	de Crimée, 42	Bd Sérurier, 125	*Botzaris/Danube*
7	Général Camou (av. du)	F7	Av. Rapp, 22	Av. La Bourdonnais, 33 .	*Ecole Militaire*
17	Général Casso (espl. du) ...	E3	Jules Renard	bd Gouvion Saint-Cyr ..	*Porte de Champerret*
17	Général Catroux (pl. du) ...	G4	Av. de Villiers, 44	Bd Malesherbes, 110 .	*Malesherbes*
16	Général Clavery (av. du) ...	B11	Abel Ferry, 1	Av. Marcel Doret, 5 ...	*Porte de St-Cloud*
16	Général Clergerie (du)	D6	de l'Amiral Courbet, 4 ..	Av. Bugeaud, 9	*Victor-Hugo*
19	Général Cochet (pl. du)	P3	Manin	Petit	*Porte de Pantin*
15	Général de Castelnau (du) .	F9	Av. Motte-Picquet, 49 ..	du Laos, 10	*La Motte-Picquet*
12	Gal de Langle de Cary (du) ..	O12	Escoffier	Bd Poniatowski	*Porte de Charenton*
15	Général de Larminat (du) ..	F9	Av. Motte-Picquet, 56 ..	d'Ouessant, 15	*La Motte-Picquet*
14	Général de Maud'Huy (du) .	H13	Bd Brune, 92	Av. Maurice d'Ocagne .	*Porte d'Orléans*
16	Général Delestraint (du) ...	B10	Bd Exelmans, 77	Bd Murat, 97	*Exelmans*
15	Général Denain (al. du)	E9	Desaix, 25	Pl. Dupleix, 18	*Dupleix*
7	Général Détrie (av. du)	F8	Al. Thomy-Thierry	Av. de Suffren, 53	*La Motte-Picquet*
12	Général Dodds (av. du)	Q11	Bd Poniatowski, 94	Av. Ch. de Foucauld, 6 .	*Porte Dorée*
16	Général Dubail (av. du)	C8	de l'Assomption, 23bis ..	Pl. Rodin, 1	*Jasmin*
8	Gal Eisenhower (av. du) ...	G6	Pl. Clemenceau	Av. Franklin D. Roosevelt .	*Champs-Elysées-Clem.*
15	Général Estienne (du)	D10	Saint-Charles, 119	Lacordaire, 2bis	*Charles Michels*
7	Général Ferrié (av. du)	F8	Al. Adr. Lecouvreur	Al. Thomy-Thierry	*Ecole Militaire*
8	Général Foy (du)	H4	de la Bienfaisance, 16 ..	de Monceau, 86	*Villiers*
7	Général Gouraud (pl. du) ..	F8	Av. La Bourdonnais, 45 ..	Av. Rapp	*Ecole Militaire*
16	Général Grossetti (du)	B11	du Gal Malleterre, 1 ...	Bd Murat, 142	*Porte de St-Cloud*
11	Général Guilhem (du)	N7	du Chemin Vert, 95	Saint-Ambroise, 24 ...	*Rue Saint-Maur*
15	Général Guillaumat (du) ...	E12	Av. Alb. Bartholomé, 11 ..	Pl. Insurgés de Varsovie .	*Porte de Versailles*
17	Général Henrys (du)	I1	Jean Leclaire, 33	Bd Bessières, 27	*Porte de St-Ouen*
14	Général Humbert (du)	G13	Wilfrid Laurier	Prévost Paradol	*Porte de Vanves*
19	Général Ingold (pl. du)	N5	Bd de la Villette	de Belleville	*Belleville*
7/15	Gal J. Pâris de Bollardière (car.)	F9	Av. de Suffren	Pl. Joffre	*La Motte-Picquet*
13	Gal Jean Simon (bd du) ...	O13	Q. d'Ivry, 27	Av. de la Pte d'Ivry ...	*Porte d'Ivry*
17	Général Kœning (al. du) ...	D4	Av. de Salonique, 8	Bd Aurelle de Paladines, 2	*Porte Maillot*
17	Général Kœnig (pl. du)	D4	Bd Pershing	Av. Pte des Ternes ...	*Porte Maillot*
7	Général Lambert (du)	E8	Al. Thomy-Thierry	Av. de Suffren, 23	*Dupleix*
16	Général Langlois (du)	D7	Eugène Delacroix	....	*Rue de la Pompe*
17	Général Lanrezac (du)	E5	Av. Carnot, 12	Av. Mac-Mahon, 17 ...	*Ch. de Gaulle-Etoile*
12	Général Laperrine (av. du) .	Q11	Av. du Gal Dodds, 9 ...	Pl. Edouard Renard, 4 ..	*Porte Dorée*
16	Général Largeau (du)	C9	des Perchamps, 17	J. de La Fontaine, 65t ..	*Michel-Ange-Auteuil*
19	Général Lasalle (du)	N5	de Rébeval, 72	Rampal, 14	*Belleville*
14	Général Leclerc (av. du) ...	I12	Pl. Denfert-Rochereau, 13 .	Bd Brune ....*1-2 à 15-18*	*Denfert-Rochereau*
	....		....	........*15-18 à 51-54*	*Mouton-Duvernet*
	....		....	........*51-54 à 91-92*	*Alésia*

Ar./Districts	Rues/Street	Plan/Map	Commençant/Beginning	Finissant/Ending	Métro/Subway
	....		....	..........*91-92 à fin*	*Porte d'Orléans*
1	**Général Lemonnier (av. du)** ..	**I7**	Q. des Tuileries	de Rivoli, 100	*Tuileries*
15	**Général Lucotte (du)**	**C11**	Lucien Bossoutrot	Av. Pte de Sèvres	*Balard*
14	**Général Maistre (av. du)** ...	**H13**	Henry de Bournazel ...	Gal de Maud'huy, 2 ...	*Porte d'Orléans*
16	**Général Malleterre (du)**	**B11**	du Général Grossetti, 1 ..	de la Petite Arche	*Porte de St-Cloud*
16	**Général Mangin (av. du)** ...	**D8**	d'Ankara, 7	du Dr Germain Sée, 14 .	*Passy*
7	**Gal Margueritte (av. du)**	**F8**	Al. Ad. Lecouvreur	Al. Thomy-Thierry	*Ecole Militaire*
15	**Gal Martial Valin (bd du)** ...	**C11**	Q. André Citroën	Bd Victor	*Balard*
12	**Général Messimy (av. du)** ..	**Q11**	Av. Arm. Rousseau, 22 ..	de la Nlle Calédonie ..	*Porte Dorée*
12	**Gal Michel Bizot (av. du)** ...	**Q11**	de Charenton, 331	du Sahel ...*1-2 à 45-50*	*Porte de Charenton*
	....		....	..........*45-50 à fin*	*Michel Bizot*
15	**Général Monclar (pl. du)** ...	**G12**	Georges Pitard	Castagnary	*Plaisance*
20	**Général Niessel (du)**	**Q9**	Crs de Vincennes, 93 ..	de Lagny, 90	*Porte de Vincennes*
16	**Général Niox (du)**	**B11**	Q. Saint-Exupéry, 18 ..	Bd Murat, 130	*Porte de St-Cloud*
16	**Général Patton (pl. du)**	**E5**	Av. de la Grde Armée ..	Duret	*Argentine*
11	**Général Renault (du)**	**N7**	Av. Parmentier, 36	Général Blaise, 5bis ..	*Saint-Ambroise*
16	**Général Roques (du)**	**A11**	Pl. du Gal Stéfanik, 5 ..	Av. Parc des Princes ..	*Porte de St-Cloud*
16	**Général Sarrail (av. du)**	**A10**	Pl. de la Pte d'Auteuil ..	Lecomte du Noüy, 8 ..	*Porte d'Auteuil*
14	**Gal Séré de Rivières (du)** ..	**G13**	Av. de la Pte Didot	Av. Georg. Lafenest, 10 .	*Porte de Vanves*
16	**Général Stefanik (pl. du)**	**A11**	Bd Murat	du Général Roques ...	*Porte de St-Cloud*
20	**Gal Tessier de Marg. (pl. du)** .	**Q9**	Pat. de la Tour du Pin ..	Henri Tomasi	*Porte de Montreuil*
7	**Général Tripier (av. du)**	**F8**	Al. Thomy Thierry	Av. de Suffren, 37	*Dupleix*
16	**Gaux de Trentinian (pl. des)** .	**C5**	Av. Foch	Pl. Mal Lattre de Tas. .	*Porte Dauphine*
20	**Gênes (c. de)**	**O6**	Vilin, 7	Bisson, 49	*Couronnes*
15	**Gen. de Gaulle Anthonioz (pl.)** .	**E11**	de la Convention	de Vaugirard	*Convention*
12	**Génie (pas. du)**	**O9**	du Fbg St-Antoine, 248 ..	Bd Diderot, 95	*Reuilly-Diderot*
20	**Géo Chavez**	**Q6**	Bd Mortier	Pl. Octave Chanute, 6 .	*Porte de Bagnolet*
4	**Geoffroy l'Angevin**	**L7**	du Temple, 59	Beaubourg, 6	*Rambuteau*
4	**Geoffroy l'Asnier**	**L8**	Q. Hôtel de Ville, 28 ...	François Miron, 48	*Saint-Paul*
9	**Geoffroy-Marie**	**K5**	du Fbg Montmartre, 20 ..	Richer, 29	*Grands Boulevards*
5	**Geoffroy-Saint-Hilaire**	**L11**	Bd Saint-Marcel, 42 ...	Cuvier, 59	*Censier Daubenton*
10	**Georg Friedrich Haendel** ...	**M4**	Q. de Jemmapes, 152 ..	Pl. Robert Desnos, 1 ..	*Colonel Fabien*
8	**George V (av.)**	**F6**	Pl. de l'Alma, 5	Av. Champs Elysées, 99 .	*George V*
13	**George Balanchine**	**N11**	Q. de la Gare	Av. de France	*Quai de la Gare*
15	**George Bernard Shaw**	**E9**	Desaix, 25	Daniel Sterne, 18	*Dupleix*
13	**George Eastman**	**L12**	Av. Edison, 61	Av. de Choisy, 162	*Place d'Italie*
12	**George Gershwin**	**O11**	Paul Belmondo, 18	de Pommard, 17	*Cour Saint-Emilion*
16	**George Sand**	**C9**	François Gérard, 24 ...	Mozart, 113	*Eglise d'Auteuil*
16	**George Sand (v.)**	**C9**	George Sand, 24	....	*Jasmin*
20	**G. A. Boisselat et Blanche (c.)** .	**Q8**	Avron, 131	Rasselins, 7	*Porte de Montreuil*
19	**Georges Auric**	**O3**	d'Hautpoul, 47	Petit, 56bis	*Ourcq*

Ge

Ar./Districts	Rues/Street	Plan/Map	Commençant/Beginning	Finissant/Ending	Métro/Subway
17	Georges Berger	G4	Pl. Rép. Dominicaine ..	Bd Malesherbes, 131 .	Monceau
5	Georges Bernanos (av.)	J10	Bd Saint-Michel, 147 ..	Bd Port-Royal, 100 ...	Port-Royal
9	Georges Berry (pl.)	I5	Joubert	de Caumartin	Havre-Caumartin
14	Georges Besse (al.)	I10	Terre-plein	Bd Edgar Quinet	Edgar-Quinet
16	Georges Bizet	F6	Pl. Pierre Brisson	Av. d'Iéna, 56	Alma-Marceau
14	Georges Braque	J13	Nansouty, 14	....	Cité Universitaire
15	Georges Citerne	E9	du Théâtre, 51	Rouelle, 50	Dupleix
12	Georges Contenot (sq.)	P11	Claude Decaen, 75	de Gravelle, 7	Daumesnil
14	Georges de Porto-Riche ...	I13	Monticelli, 6	Henri Barboux, 5	Porte d'Orléans
5	Georges Desplas	L10	Daubenton, 12	Pl. Puits de l'Ermite, 1 .	Censier-Daubenton
15	Georges Duhamel	G11	André Gide, 25	de la Procession, 87 ..	Plaisance
15	Georges Dumézil	E8	Edgar Faure, 14	Al. Margu. Yourcenar ..	Dupleix
12	Georges et Maï Politzer	O10	Antoine-J. Hénard, 38 ..	....	Montgallet
8	Georges Guillaumin (pl.) ...	F5	Av. de Friedland	Balzac	Ch. de Gaulle-Etoile
14	Georges Lafenestre (av.) ...	G13	Bd Brune, 54	Bd Adolphe Pinard ...	Porte de Vanves
16	Georges Lafont (av.)	A11	Pl. Pte de St-Cloud	Félix d'Hérelle	Porte de St-Cloud
19	Georges Lardennois	N5	Av. Math. Moreau, 38 ..	Barrelet de Ricou, 1 ..	Colonel Fabien
15	Georges Leclanché	G11	Aristide Maillol, 1	André Gide	Pasteur
12	Georges Lesage (sq.)	M9	Av. Ledru-Rollin, 3	....	Quai de La Rapée
16	Georges Leygues	C7	Octave Feuillet, 31	de Franqueville, 22 ...	La Muette
16	Georges Mandel (av.)	D7	Pl. du Trocadéro	de la Pompe, 82	Trocadéro
15	Georges Mulot (pl.)	G9	Bouchut	Valentin Haüy	Sèvres-Lecourbe
20	Georges Perec	Q6	Jules Siegfried, 13	Paul Strauss, 16	Porte de Bagnolet
15	Georges Pitard	G11	de la Procession, 88 ...	Pl. du Gal Monclar, 35 ..	Plaisance
4	Georges Pompidou (pl.) ...	K7	Saint-Merri	Rambuteau	Rambuteau
	Georges Pompidou (voie) ..		Voie express rive droite		
19	Georges Recipon (al.)	M4	de Meaux, 20	de Meaux, 34	Colonel Fabien
16	Georges Risler (av.)	B10	Claude Lorrain	V. Cheysson	Exelmans
20	Georges Rouault (al.)	O6	Julien Lacroix, 41	du Pressoir, 30	Couronnes
14	Georges Saché	H12	de la Sablière, 10	Severo, 11	Mouton-Duvernet
19	Georges Thill	O3	Petit, 73bis	Av. Jean Jaurès, 168 ..	Ourcq
9/18	Georges Ulmer (prom.)	J4	Terre-plein	Bd de Clichy, 17 à 39 ..	Pigalle
16	Georges Ville	E6	Av. Victor Hugo, 61	Paul Valéry, 17	Victor-Hugo
18	Georgette Agutte	I2	Championnet, 190	Belliard, 151	Porte de St-Ouen
20	Georgina (v.)	P5	Taclet, 9	de la Duée, 36	Pelleport
9	Gérando	K4	Av. Trudaine, 10	Bd Rochechouart, 21 .	Anvers
13	Gérard	K12	du Moulin des Prés, 6 ..	Jonas, 11	Place d'Italie
18	Gérard de Nerval	J1	Henri Huchard, 10	Av. Pte Montmartre, 31 .	Porte de St-Ouen
8	Gérard Oury (pl.)	G5	de Courcelles	Rambrandt	Courcelles
16	Gérard Philipe	C6	Bd Lannes, 50	du Mal Fayolle, 63	Porte Dauphine
15	Gerbert	F11	Blomet, 111	de Vaugirard, 280	Vaugirard

Ar./Districts	Rues/Street	Plan/Map	Commençant/Beginning	Finissant/Ending	Métro/Subway
11	Gerbier	O8	de la Folie-Regnault, 15	de la Roquette, 168b	*Philippe Auguste*
14	Gergovie (pas. de)	G11	de Gergovie, 10	Vercingétorix, 128	*Plaisance*
14	Gergovie (de)	H12	de la Procession	d'Alésia, 134	*Pernety*
16	Géricault	B9	d'Auteuil, 52	Poussin, 27	*Michel-Ange-Auteuil*
18	Germain Pilon (c.)	J3	Germain Pilon, 21	....	*Pigalle*
18	Germain Pilon	J3	Bd de Clichy, 36	des Abbesses, 31	*Pigalle*
19	Germaine Tailleferre	O3	des Ardennes, 24	....	*Ourcq*
12	Gerty Archimède	O11	Baron Le Roy, 15	....	*Cour Saint-Emilion*
17	Gervex	F3	Jules Bourdais, 7	de Senlis, 2	*Pereire*
4	Gesvres (q. de)	K8	Pl. de l'Hotel de Ville, 1	Pl. du Châtelet, 2	*Châtelet*
13	Giffard	M11	Q. d'Austerlitz, 3	Bd Vincent Auriol, 8	*Quai de la Gare*
14	Gilbert Perroy (pl.)	I12	Av. du Maine, 169	Mouton-Duvernet	*Mouton-Duvernet*
14	Gilbert Privat (pl.)	I11	Froidevaux face 13-17	....	*Denfert Rochereau*
12	Ginette Hamelin	O11	Terre-plein	de Bercy, 50 à 76	*Bercy*
18	Ginette Neveu	K1	Francis de Croisset	Av. Pte Clignancourt	*Pte de Clignancourt*
12	Ginkgo (cr du)	N10	Pl. Bataillon Pacifique, 16	Bd de Bercy, 11	*Bercy*
15	Ginoux	E9	Emeriau, 53	de Lourmel, 52	*Charles Michels*
14	Giordano Bruno	H13	des Plantes, 68	Ledion, 29	*Alésia*
18	Girardon (imp.)	J3	Girardon, 5	Av. Junot	*Lamarck-Caulaincourt*
18	Girardon	J3	Lepic, 83	Saint-Vincent, 49	*Lamarck-Caulaincourt*
16	Girodet	B9	d'Auteuil, 48	Poussin, 11bis	*Michel-Ange-Auteuil*
19	Gironde (q. de la)	O2	Q. de l'Oise, 43	Bd Macdonald, 129	*Corentin-Cariou*
6	Gît-le-Cœur	J8	Q. Gds Augustins, 23	St-André des Arts, 28	*Saint-Michel*
13	Glacière (de la)	K11	Bd de Port-Royal, 37	Pl. Coluche *.1-2 à 27-34*	*Les Gobelins*
	....	J12	....	..........*27-34 à fin*	*Glacière*
20	Glaïeuls (des)	Q5	Charles Cros	Av. Pte des Lilas	*Porte des Lilas*
16	Glizières (v. des)	C9	des Pâtures, 4	....	*Mirabeau*
9	Gluck	I5	Pl. Jacques Rouché	Pl. Diaghilev	*Opéra*
13	Glycines (des)	K13	des Orchidées, 17	Auguste Lançon, 37	*Cité Universitaire*
5	Gobelins (av. des) 1 à 23 - 2 à 22	K11	Monge, 123	Pl. d'Italie, 1 *1-2 à 44-53*	*Les Gobelins*
13	24 à 76 - 25 à 79	L12	....	..........*44-53 à fin*	*Place d'Italie*
13	Gobelins (des)	K11	Av. des Gobelins, 30	Berbier du Mets, 26	*Les Gobelins*
13	Gobelins (v. des)	K12	Av. des Gobelins, 52	....	*Les Gobelins*
11	Gobert	N8	Richard Lenoir, 24	Bd Voltaire, 158	*Charonne*
13	Godefroy	L12	Pl. des Alpes, 3	Pl. d'Italie, 7	*Place d'Italie*
11	Godefroy Cavaignac	N8	de Charonne, 81	de la Roquette, 130	*Voltaire*
20	Godin (v.)	P7	de Bagnolet, 85	....	*Alexandre Dumas*
9	Godot de Mauroy	I5	Bd de la Madeleine, 8	des Mathurins, 13bis	*Madeleine*
16	Goethe	F6	Pl. Pierre Brisson	de Galliéra, 6	*Alma-Marceau*
19	Goix (pas.)	M3	d'Aubervilliers, 18	du Département, 11	*Stalingrad*
2	Goldoni (pl.)	K6	Greneta	Marie Stuart	*Etienne Marcel*

Ar./Districts	Rues/Street	Plan/Map	Commençant/Beginning	Finissant/Ending	Métro/Subway
1	Gomboust (imp.)	I6	Pl. Marché St-Honoré, 31 .	....	*Pyramides*
1	Gomboust	I6	Saint Roch, 57	Pl. Marché St-Honoré, 38	*Pyramides*
11	Goncourt (des)	M6	Darboy, 3	du Fbg du Temple, 66 .	*Goncourt*
11	Gonnet	O9	du Fbg St-Antoine, 285 ..	de Montreuil, 60	*Rue des Boulets*
16	Gordon Bennett (av.)	A9	Bd d'Auteuil	Av. de la Pte d'Auteuil .	*Porte d'Auteuil*
12	Gossec	P11	Av. Daumesnil, 225	de Picpus, 104	*Michel Bizot*
20	Got (sq.)	Q9	crs de Vincennes, 65 ..	Mounet-Sully, 3	*Porte de Vincennes*
19	Goubet	O3	Manin, 125	Petit, 88	*Danube*
17	Gounod	F4	Av. de Wagram, 121 ...	Pierre Demours, 100 ..	*Wagram*
17	Gourgaud (av.)	F3	Pl. du Mal Juin, 6	Bd Berthier, 51bis	*Pereire*
13	Gouthière	K14	Bd Kellermann, 63	Av. Caffiéri	*Porte d'Italie*
18	Goutte d'Or (de la)	K3	Polonceau, 1	Bd Barbès, 22	*Barbès-Rochechouart*
17	Gouvion Saint-Cyr (bd)	D4	Av. de Villiers, 147	Av. Gde Armée	*Porte Maillot*
17	Gouvion Saint-Cyr (sq.)	E4	Bd Gouvion St-Cyr, 43 ..	....	*Porte Maillot*
6	Gozlin	I8	des Ciseaux, 2	Pl. du Québec, 41	*St-Germain-des-Prés*
10	Grâce de Dieu (cr de la) ...	N5	du Fbg du Temple, 129 ..	....	*Belleville*
5	Gracieuse	K10	de l'Epée de Bois, 2 ...	Lacépède, 29	*Place Monge*
17	Graisivaudan (sq. du)	E3	Alex. Charpentier, 13 ..	Av. Pte de Villiers, 4 ..	*Porte de Champerret*
15	Gramme	F10	du Commerce, 65	de la Croix Nivert, 68 .	*Commerce*
2	Gramont (de)	J6	Saint-Augustin, 12	Bd des Italiens, 15	*Quatre Septembre*
14	Grancey (de)	I12	Pl. Denfert-Rochereau, 20 .	Daguerre, 8	*Denfert-Rochereau*
2	Grand Cerf (pas.)	K6	Saint-Denis, 145	Dussoubs, 8	*Etienne Marcel*
11	Grand Prieuré (du)	M6	de Crussol, 27	Av. de la République, 18 .	*Oberkampf*
3	Grand Veneur (du)	M7	des Arquebusiers	....	*St-Sébastien-Froissart*
16	Grande Armée (av. de la) 1 à 89	E5	Pl. Charles de Gaulle ..	Bd Pereire *.1-2 à 37-40*	*Ch. de Gaulle/Argentine*
17	2 à 80	E5	....	..........*37-40 à fin*	*Argentine/Pte Maillot*
17	Grande Armée (v. de la)	E5	des Acacias, 8	....	*Argentine*
6	Grande Chaumière (de la) ..	I10	N.-D. des Champs, 72 ..	Bd Montparnasse, 115 .	*Vavin*
1	Grande Truanderie (de la) ..	K7	Bd de Sébastopol, 55 ..	Mondétour	*Les Halles*
20	Grandes Rigoles (pl. des) ..	O5	des Pyrénées	des Rigoles	*Jourdan*
6	Grands Augustins (q. des) .	J8	Pl. Saint-Michel, 2	Dauphine, 1	*Saint-Michel*
6	Grands Augustins	J8	Q. Gds Augustins, 51 ..	St-André des Arts, 52 .	*Saint-Michel*
20	Grands Champs (des)	Q9	Bd de Charonne, 30 ...	de Volga, 48	*Buzenval*
5	Grands Degrés (des)	K9	Maître Albert, 2	du Haut Pavé, 3	*Maubert-Mutualité*
13	Grands Moulins (des)	N12	M.-A. Lagroua Weill-Halle .	Cantagrel	*Biblio. F. Mitterrand*
13	Grangé (sq.)	K11	de la Glacière, 22	....	*Glacière*
10	Grange aux Belles (de la) ..	M5	Q. de Jemmapes, 96 ..	Pl. du Col Fabien	*Colonel Fabien*
9	Grange Batelière (de la) ...	J5	du Fbg Montmartre, 19 ..	Drouot, 12	*Richelieu-Drouot*
12	Gravelle (de)	P11	de Wattignies, 49	Claude Decaen, 55 ...	*Daumesnil*
3	Gravilliers (pas. des)	L7	Chapon, 10	des Gravilliers, 19	*Arts-et-Métiers*
3	Gravilliers (des)	L7	du Temple, 119	Saint-Martin, 248	*Arts-et-Métiers*

Ar./Districts	Rues/Street	Plan/Map	Commençant/Beginning	Finissant/Ending	Métro/Subway
8	Greffulhe	I5	de Castellane, 8	des Mathurins, 29	*Havre-Caumartin*
6	Grégoire de Tours	J8	de Buci, 5	des Quatre Vents, 18	*Odéon*
19	Grenade (de la)	P3	de la Marseillaise, 8	des Sept Arpents, 6	*Porte de Pantin*
15	Grenelle (bd de)	F9	Pl. Martyrs Juifs Vélo.	Pl. Cambronne .1-2 à 83-92	*Bir-Hakeim*
				83-92 à fin	*Cambronne*
15/16	Grenelle (pt de)	D9	Maurice Bourdet	Q. de Grenelle	*Charles Michels*
15	Grenelle (q. de)	E8	Pl. Martyrs Juifs Vélo.	Pl. Fernand Forest	*Bir-Hakeim*
6	Grenelle (de) 1 à 7 - 2 à 10	I8	Pl. Michel Debré, 2	Av. La Bourdonnais 1-2 à 27-32	*Sèvres-Babylone*
7	9 à 201 - 12 à 218	G8		27-32 à 39-41	*Rue du Bac*
				39-41 à 129-144	*Varenne*
				129-144 à fin	*La Tour-Maubourg*
15	Grenelle (v. de)	E9	Violet, 16	v. Juge, 7	*Dupleix*
2	Greneta (cr)	K6	Saint-Denis, 163	Greneta, 32	*Réaumur-Sébastopol*
3	Greneta 1 à 15 - 2 à 10	K6	Saint-Martin, 241	Montorgueil, 78	*Réaumur-Sébastopol*
2	17 à 75 - 12 à 66	K6			*Réaumur-Sébastopol*
3	Grenier Saint-Lazare (du)	K7	Beaubourg, 43	Saint-Martin, 186	*Etienne Marcel*
4	Grenier sur l'Eau	L8	du Pt Louis-Philippe, 11	des Barres, 12	*Pont-Marie*
20	Grès (pl. des)	Q7	Vitruve, 42	Saint-Blaise, 31	*Porte de Montreuil*
19	Gresset	N2	de Crimée, 174	de Joinville, 11bis	*Crimée*
2	Grétry	J6	Favart, 1	de Grammont, 18	*Quatre Septembre*
16	Greuze	D7	Av. Georges Mandel, 9	Decamps, 17	*Trocadéro*
7	Gribeauval (de)	I8	Pl. St-Thomas d'Aquin, 2	du Bac, 43	*Rue du Bac*
5	Gril (du)	L10	Censier, 8	Daubenton, 9	*Censier-Daubenton*
19	Grimaud (imp.)	O4	d'Hautpoul, 24	Compans, 130	*Botzaris*
15	Grisel (imp.)	F9	Bd Garibaldi, 3		*Cambronne*
11	Griset (c.)	N6	Oberkampf, 125		*Ménilmontant*
20	Gros (imp.)	Q8	Pas. Dieu, 3		*Alexandre Dumas*
16	Gros	C9	Pl. Clément Ader	Jean de La Fontaine, 15	*Mirabeau*
7	Gros-Caillou (du)	F8	Augereau, 11	de Grenelle, 208bis	*Ecole Militaire*
18	Grosse Bouteille (imp. de la)	J2	du Poteau, 67		*Pte de Clignancourt*
20	Groupe Manouchian	Q6	du Surmelin, 31	Av. Gambetta, 100	*Pelleport*
18	Guadeloupe (de la)	L2	Pajol, 67	de l'Olive, 8	*Marx Dormoy*
8	Guatemala (pl. du)	H5	Bd Malesherbes	de la Bienfaisance	*Saint-Augustin*
16	Gudin	B11	Bd Murat, 123bis	Av. de Versailles, 215	*Porte de St-Cloud*
18	Gué (imp. du)	L1	de la Chapelle, 79		*Porte de la Chapelle*
20	Guébriant (de)	Q5	Bd Mortier, 116	des Fougères, 29	*Saint-Fargeau*
18	Guelma (imp. de)	J4	Bd de Clichy, 26		*Pigalle*
4	Guéménée (imp.)	M8	Saint-Antoine, 26		*Bastille*
6	Guénégaud	J8	Q. de Conti, 5	Mazarine, 15	*Odéon*
11	Guénot	O9	Bd Voltaire, 243	Pl. Marie José Nicoli	*Rue des Boulets*
11	Guénot (pas.)	O9	Bd Voltaire, 221	Guénot, 15	*Rue des Boulets*

Ar./Districts	Rues/Street	Plan/Map	Commençant/Beginning	Finissant/Ending	Métro/Subway
2	**Guérin-Boisseau**	**K6**	de Palestro, 31	Saint-Denis, 184	*Réaumur-Sébastopol*
17	**Guersant**	**E4**	Pierre Demours, 3	Bd Gouvion-St-Cyr, 35	*Porte Maillot*
16	**Guibert (v.)**	**D7**	de la Tour, 83		*Rue de la Pompe*
16	**Guichard**	**D8**	de Passy, 70	Pl. Possoz, 1	*La Muette*
20	**Guignier (pl. du)**	**P5**	des Pyrénées, 292	du Guignier	*Jourdain*
20	**Guignier (du)**	**P5**	de l'Est, 24	Pl. du Guinier	*Jourdain*
16	**Guignières (v. des)**	**C8**	Singer, 31		*Boulainvilliers*
11	**Guilhem (pas.)**	**N7**	du Gal Guilhem, 18	Saint-Maur, 51	*Rue Saint-Maur*
6	**Guillaume Apollinaire**	**I8**	Pl. St-Germain des Prés	Saint-Benoît, 11	*St-Germain-des-Prés*
11	**Guillaume Bertrand**	**N7**	Saint-Maur, 58	Av. République, 90b	*Rue Saint-Maur*
17	**Guillaume Tell**	**E3**	Laugier, 60	Av. de Villiers, 112	*Pereire*
12	**Guillaumot**	**N10**	Av. Daumesnil, 42	Jean Bouton, 7	*Gare de Lyon*
14	**Guilleminot**	**H11**	de l'Ouest, 54	Pernety, 72	*Pernety*
4	**Guillemites (des)**	**L8**	Ste-Cx de la Bretonnerie	des Blancs Manteaux, 9	*Hôtel de Ville*
6	**Guirsade**	**I9**	Mabillon, 12	des Canettes, 19	*Mabillon*
17	**Guizot (v.)**	**E5**	Acacias, 21		*Argentine*
16	**Gustave V de Suède (av.)**	**E7**	Pl. de Varsovie	Av. Hussein Ier de Jord.	*Trocadéro*
17	**Gustave Charpentier**	**D4**	Pl. de Verdun	Bd Aurelle de Paladines	*Porte Maillot*
16	**Gustave Courbet**	**D6**	de Longchamp, 98	de la Pompe, 128	*Victor-Hugo*
17	**Gustave Doré**	**F3**	Av. de Wagram, 155	Bd Pereire, 75	*Wagram*
7	**Gustave Eiffel (av.)**	**E8**	Av. Sylvestre de Sacy	Av. Octave Gréard	*Bir-Hakeim*
17	**Gustave Flaubert**	**F4**	de Courcelles, 105	Rennequin, 14	*Courcelles*
13	**Gustave Geffroy**	**K11**	des Gobelins, 7	Berbier du Mets	*Les Gobelins*
10	**Gustave Goublier**	**L6**	du Fbg St-Martin, 41	Bd de Strasbourg, 18	*Strasbourg-St-Denis*
15	**Gustave Larroumet**	**F10**	Mademoiselle, 24	Léon Lhermitte, 9	*Commerce*
14	**Gustave le Bon**	**H13**	Bd Brune, 110	Av. Ernest Reyer, 19	*Porte d'Orléans*
11	**Gustave Lepeu (pas.)**	**O8**	Léon Frot, 48	Emile Lepeu, 31	*Charonne*
16	**Gustave Nadaud**	**C7**	de la Pompe, 11	Bd Emile Augier, 12	*La Muette*
18	**Gustave Rouanet**	**J1**	du Ruisseau, 89	du Poteau, 82	*Pte de Clignancourt*
9	**Gustave Toudouze (pl.)**	**J4**	Clauzel	Henry Monnier	*Saint-Georges*
16	**Gustave Zédé**	**C8**	des Bauches, 15	du Ranelagh, 72	*Ranelagh*
15	**Gutenberg**	**D10**	de Javel, 54	Espl. Max Guedj	*Javel-André Citröen*
17	**Guttin**	**H2**	Fragonard, 5	Bd Bessières, 113	*Porte de Clichy*
5	**Guy de la Brosse**	**L10**	Jussieu, 11	Linné, 14	*Jussieu*
16	**Guy de Maupassant**	**C7**	Mignard, 10	Bd Emile Augier, 54	*Rue de la Pompe*
17	**Guy Môquet**	**I2**	Av. de Clichy, 152	de La Jonquière, 1	*Guy Môquet*
10	**Guy Patin**	**K4**	Bd de Magenta, 154	Bd de la Chapelle, 45	*Barbès-Rochechouart*
12	**Guyane (bd de la)**	**R11**	Av. Daumesnil	Av. Courteline, 34	*Porte Dorée*
20	**Guyenne (sq. de la)**	**Q8**	Bd Davout, 82	Mendelssohn, 6	*Porte de Montreuil*
6	**Guynemer**	**I9**	de Vaugirard, 21	d'Assas, 55	*Saint-Placide*
13	**Guyton de Morveau**	**K13**	Bobillot, 76	de l'Espérance, 43	*Corvisart*

Ar./Districts	Rues/Street	Plan/Map	Commençant/Beginning	Finissant/Ending	Métro/Subway
	H				
7	**Habib Bourguiba (espl.)** ...	G7	Pt de l'Alma	Pt des Invalides	*Pont de l'Alma*
19	**Haie Coq (de la)**	M1	Aubervilliers (93)	Pl. Skanderbeg	*Porte de la Chapelle*
20	**Haies (des)**	Q8	Planchat, 4	des Maraîchers, 99 ...	*Buzenval*
19	**Hainaut (du)**	O3	Petit, 77	Av. Jean Jaurès, 174 ..	*Ourcq*
9	**Halévy**	I5	Pl. de l'Opéra, 8	Bd Haussmann, 25 ...	*Opéra*
14	**Hallé**	I12	de la Tombe Issoire, 40 ..	du Commandeur, 10 ..	*Mouton-Duvernet*
14	**Hallé (v.)**	I12	Hallé, 36	....	*Mouton-Duvernet*
1	**Halles (des)**	K7	de Rivoli, 104	des Bourdonnais, 38 ..	*Châtelet*
15	**Hameau (du)**	E11	Desnouettes, 29	Bd Victor, 51	*Porte de Versailles*
16	**Hameau Boileau**	B10	Boileau, 38	....	*Michel-Ange-Molitor*
19	**Hannah Arendt (pl.)**	O5	des Alouettes	Carducci	*Buttes Chaumont*
2	**Hanovre (de)**	J6	Choiseul, 17	Louis le Grand, 26	*Quatre Septembre*
20	**Hardy (v.)**	P7	Stendhal, 44	....	*Gambetta*
1	**Harlay (de)**	J8	Q. de l'Horloge, 7	Q. des Orfèvres, 42 ...	*Châtelet*
15	**Harmonie (de l')**	G12	Castagnary, 72	Labrouste, 63	*Plaisance*
5	**Harpe (de la)**	K8	de la Huchette, 31	Bd St-Germain, 98 ...	*Saint-Michel*
20	**Harpignies**	Q7	Bd Davout	Louis Lumière	*Porte de Montreuil*
19	**Hassard**	O4	du Plateau, 24	Botzaris, 52	*Buttes-Chaumont*
3	**Haudriettes (des)**	L7	des Archives, 53	du Temple, 74	*Rambuteau*
9	**Haussmann (bd)** 1 à 53 - 2 à 70 .	J5	Bd des Italiens, 2	Fbg St-Honoré *.1-2 à 13-26*	*Richelieu-Drouot*
	....		....	........*13-26 à 31-48*	*Chaussée-d'Antin*
8	55 à 175 - 72 à 192	G5	....	........*31-48 à 73-88*	*Havre-Caumartin*
	....		....	......*73-88 à 111-132*	*Saint-Augustin*
	....		....	.........*111-132 à fin*	*Miromesnil*
5	**Haut Pavé**	K9	Q. de Montebello, 9 ...	des Grands Degrés, 10 .	*Maubert-Mutualité*
6	**Hautefeuille (imp.)**	J8	Hautefeuille, 3	....	*Odéon*
6	**Hautefeuille**	J9	Pl. St-André des Arts, 9 ..	Ecole de Médecine, 8 .	*Saint-Michel*
19	**Hauterive (v.)**	O4	du Général Brunet, 27 ..	Miguel Hidalgo, 30 ...	*Danube*
13	**Hautes Formes (des)**	M12	Baudricourt, 17	Nationale, 89	*Olympiades*
20	**Hautes Traverses (v. des)** ..	Q8	des Haies, 88	....	*Maraîchers*
10	**Hauteville (c. d')**	K5	d' Hauteville, 82	de Chabrol, 51	*Poissonnière*
10	**Hauteville (d')**	K5	Bd Bonne Nouvelle, 30 ..	Pl. Franz Lisz, 1	*Bonne Nouvelle*
19	**Hautpoul (d')**	O3	de duCrimée, 56	Av. Jean Jaurès, 140 ..	*Botzaris*
20	**Hauts de Belleville (v. des)** .	P5	du Borrégo, 47	....	*St-Fargeau*
8	**Havre (cr du)**	I5	Saint-Lazare, 108	d'Amsterdam, 1	*Saint-Lazare*
9	**Havre (pas. du)**	I5	de Caumartin, 69	Saint-Lazare, 109	*Havre-Caumartin*
8/9	**Havre (pl. du)**	I5	Saint-Lazare	d'Amsterdam	*Saint-Lazare*
8	**Havre (du)** 1 à 17	I5	Bd Haussmann, 70	Pl. du Havre, 13	*Saint-Lazare*
9	2 à 12	I5	....	....	*Saint-Lazare*

Ha

Ar./Districts	Rues/Street	Plan/Map	Commençant/Beginning	Finissant/Ending	Métro/Subway
20	**Haxo (imp.)**	Q6	Alphonse Penaud, 27		*Saint-Fargeau*
20	**Haxo** 1 à 113 - 2 à 110	Q5	du Surmelin, 439	Bd Sérurier, 67	*Télégraphe*
19	112 à 155 - 112 à 152	Q6			*Saint-Fargeau*
18	**Hébert (pl.)**	L2	de l'Evangile, 23	des Roses	*Marx Dormoy*
10	**Hébrard (pas.)**	M5	Saint-Maur, 202	du Chalet, 9	*Belleville*
12	**Hébrard (rlle des)**	O10	du Charolais, 60	Av. Daumesnil, 112	*Dugommier*
19	**Hector Guimard**	N5	Pl. Jean Rostand, 3	Jules Romains, 7	*Belleville*
12	**Hector Malot**	N9	de Chalon, 48	de Charenton, 106	*Gare de Lyon*
18	**Hégésippe Moreau**	I3	Ganneron, 15	Ganneron, 29	*La Fourche*
9	**Helder (du)**	J5	Bd des Italiens, 36	Bd Haussmann, 13	*Chaussée-d'Antin*
17	**Hélène**	I3	Av. de Clichy, 41	Lemercier, 18	*La Fourche*
13	**Hélène Brion**	N12	Q. Panhard Levassor, 41	Av. de France, 66	*Biblio. F. Mitterrand*
20	**Hélène Jakubowicz**	P6	Villiers de l'Isle Adam, 97	de Ménilmontant, 144	*Pelleport*
17	**Héliopolis (d')**	E3	Guillaume Tell, 19	Av. de Villiers, 131	*Porte de Champerret*
12	**Hennel (pas.)**	N10	de Charenton, 140	Av. Daumesnil, 101	*Gare de Lyon*
9	**Henner**	I4	La Bruyère, 42	Chaptal, 15	*Blanche*
4	**Henri IV (bd)**	M9	Q. de Béthune, 12	Pl. de la Bastille	*Sully-Morland/Bastille*
4	**Henri IV (q.)**	M9	Bd Morland, 1	Bd Henri IV, 2	*Sully-Morland*
14	**Henri Barboux**	I13	Bd Jourdan, 115	Av. Paul Appell, 16	*Porte d'Orléans*
5	**Henri Barbusse** 1 à 53 - 2 à 60	J10	Pl. Louis Marin	Av. de l'Observatoire, 51	*Port-Royal*
14	55 - 64 à 66	J11			*Port-Royal*
13	**Henri Becque**	J13	Boussingault, 45	de l'Am. Mouchez, 13	*Glacière*
8	**Henri Bergson (pl.)**	H5	de Laborde	de Vienne	*Saint-Augustin*
15	**Henri Bocquillon**	E10	de Javel, 162	de la Convention, 119	*Félix Faure*
18	**Henri Brisson**	J1	Bd Ney, 156	Arthur Ranc, 12	*Porte de St-Ouen*
20	**Henri Chevreau**	O6	de Ménilmontant, 83	des Couronnes, 98	*Ménilmontant*
16	**Henri de Bornier**	C7	Octave Feuillet, 25	de Franqueville, 18	*La Muette*
15	**Henri-de-France (espl.)**	C11	Bd du Gal Martial		*Boulevard Victor*
14	**Henri Delormel (sq.)**	I12	Ernest Cresson, 5		*Mouton-Duvernet*
12	**Henri Desgrange**	R13	de Bercy	Corbineau, 15	*Bercy*
20	**Henri Dubouillon**	Q5	Haxo, 60	Av. Gambetta, 199	*Saint-Fargeau*
15	**Henri Duchène**	E9	Fondary, 32	Av. Emile Zola, 133	*Commerce*
17	**Henri Duparc (sq.)**	G3	Sq. Ferd. de la Tombelle		*Malesherbes*
20	**Henri Duvernois**	R7	Louis Lumière, 74	Serpollet, 25	*Porte de Bagnolet*
10	**Henri Feulard**	M5	Sambre-et-Meuse, 25	Bd de la Villette, 45	*Colonel Fabien*
19	**Henri Fiszbin (pl.)**	N5	Jules Romain 19	Rébeval, 18	*Belleville*
12	**Henri Frenay (pl.)**	N10	Roland Barthes	Hector Malot, 10	*Gare de Lyon*
16	**Henri Gaillard (pas. sout.)**	C6	Bd Lannes	Bd de l'Amiral Bruix	*Porte Dauphine*
16	**Henri Heine**	B9	Av. Mozart, 96	du Dr Blanche, 49	*Jasmin*
18	**Henri Huchard**	J1	Av. Pte Montmartre, 15	Av. Pte St-Ouen, 24	*Porte de St-Ouen*
20	**Henri Krasucki (pl.)**	O5	de la Mare	des Couronnes	*Pyrénées*

Ar./Districts	Rues/Street	Plan/Map	Commençant/Beginning	Finissant/Ending	Métro/Subway
13	Henri Langlois (pl.)	L12	Bobillot	Av. d'Italie	Place d'Italie
16	Henri Martin (av.)	C7	de la Pompe, 77	Bd Lannes, 77	Rue de la Pompe
20	Henri Matisse (pl.)	O6	du Soleillet, 2	Raoul Dufy, 12	Père-Lachaise
13	Henri Michaux	L13	Vandrezanne, 25	du Moulinet, 32	Tolbiac
7	Henri Moissan	G7	Q. d'Orsay, 59	Av. R. Schuman, 12	La Tour-Maubourg
6	Henri Mondor (pl.)	J9	Bd St-Germain, 87	Bd St-Germain, 103	Odéon
19	Henri Murger	N4	Av. Mathu. Moreau, 37	Secrétan, 66	Bolivar
19	Henri Noguères	N3	Av. Jean Jaurès, 45	Q. de la Loire, 34	Jaurès
13	Henri Pape	L13	Damesme, 18	Pl. Abbé G. Hénocque, 3	Tolbiac
20	Henri Poincaré	P6	Av. Gambetta, 141ter	Saint-Fargeau, 10	Pelleport
15	Henri Queuille (pl.)	G10	Bd Pasteur	Av. de Breteuil	Sèvres-Lecourbe
11	Henri Ranvier	O7	Gerbier, 16	de la Folie-Regnault, 33	Philippe Auguste
14	Henri Regnault	I13	de la Tombe Issoire, 132	du Père Corentin, 45	Porte d'Orléans
19	Henri Ribière	P5	Compans, 12	des Bois, 2	Place des Fêtes
1	Henri Robert	J8	Pl. Dauphine, 27	Pl. du Pont Neuf, 13	Pont-Neuf
17	Henri Rochefort	G4	de Prony, 24	Av. de Villiers, 33	Malesherbes
15	Henri Rollet (pl.)	E11	de Vaugirard	Desnouettes	Convention
20	Henri Tomasi	Q9	Bd Davout, 49		Porte de Montreuil
19	Henri Turot	N5	Bd de la Villette, 88	Av. Simon Bolivar, 93	Colonel Fabien
19	Henri Verneuil	N2	Gaston Tessier	Curial	Corentin Cariou
16	Henry Bataille (sq.)	B8	Bd Suchet, 64	Av. Mal Franchet d'E.	Ranelagh
14	Henry de Bournazel	G13	Bd Brune, 64	Av. Maurice d'Ocagne	Porte de Vanves
6	Henry de Jouvenel	I9	Pl. Saint-Sulpice, 7	du Canivet, 6	St-Sulpice
16	Henry de la Vaulx	B11	Q. Saint-Exupéry	Av. Dode de la Brunerie	Porte de St-Cloud
7	Henry de Montherlant (pl.)	I7	Q. Anatole France, 5	de la Légion d'Honneur	Invalides
14	Henry Dunant (al.)	G12	Léonie Kastner		Porte de Vanves
15	Henry Farman	C12	Pl. Martyrs Rés. Pte Sèvres	Camille Desmoulins	Balard
9	Henry Monnier	J4	Notre-D. de Lorette, 38	Victor Massé, 27	Saint-Georges
16	Henry Paté (sq.)	C9	Félicien David, 34	François Gérard, 27	Mirabeau
17	Hérault de Séchelles	H1	Floréal	Saint-Ouen (93)	Porte de St-Ouen
15	Héricart	E9	Pl. St-Charles, 56bis		Charles Michels
18	Hermann-Lachapelle	K2	Boinod, 31bis	des Amiraux, 19	Simplon
18	Hermel (c.)	K2	Hermel, 12		Jules Joffrin
18	Hermel	K2	Custine, 54	Bd Ornano, 41	Simplon
1	Hérold	J6	Coquillière, 42	Etienne Marcel, 47	Louvre
10	Héron (c.)	M5	de l'Hôpital St-Louis, 5		Colonel Fabien
16	Herran	D6	Decamps, 16	de Longchamp, 101	Rue de la Pompe
16	Herran (v.)	D7	de la Pompe, 81		Rue de la Pompe
6	Herschel	J10	Bd Saint-Michel, 70	Av. de l'Observatoire, 9	Port-Royal
15	Hersent (v.)	F11	d'Alleray, 27		Vaugirard
3	Hesse (de)	M7	Villehardoin, 14		St-Sébastien-Froissart

Ar./Districts	Rues/Street	Plan/Map	Commençant/Beginning	Finissant/Ending	Métro/Subway
9	**Hippolyte Lebas**	J5	de Maubeuge, 7bis	des Martyrs, 10	*Notre-D. de Lorette*
14	**Hippolyte Maindron**	H12	Maurice Ripoche, 53 ...	d'Alésia, 130	*Pernety*
6	**Hirondelle (de l')**	J8	Pl. Saint-Michel, 6	Gît-le-Cœur, 13	*Saint-Michel*
10	**Hittorf (c.)**	L5	C. de Magenta	Hittorf, 2	*Château-d'Eau*
10	**Hittorf**	L5	Pierre Bullet	du Fbg St-Martin, 80 ..	*Château-d'Eau*
19	**Hiver (c.)**	N4	Av. Secrétan, 73	....	*Bolivar*
8	**Hoche (av.)**	F5	Pl. du Gal Brocard	Pl. Charles de Gaulle .	*Ch. de Gaulle-Etoile*
6	**Honoré Chevalier**	I9	Bonaparte, 86	Cassette, 21	*St-Sulpice*
15	**Honoré Gabriel Riqueti (v.)** .	D10	Paul Hervieu, 6	du Cap. Ménard, 12bis .	*Javel-André Citröen*
13	**Hôpital (bd de l')**	M10	Pl. Valhubert, 3	Pl. d'Italie ..*1-2 à 19-38*	*Gare d'Austerlitz*
	1 à 171 - 44 à 144		....	.......*19-38 à 90-109*	*St-Marcel*
5	2 à 42	L10	....	.....*90-109 à 128-149*	*Campo-Formio*
	....		....	.........*128-149 à fin*	*Place d'Italie*
10	**Hôpital Saint-Louis (de l')** ..	M5	Grange aux Belles, 21b .	Q. de Jemmapes, 122 .	*Colonel Fabien*
1	**Horloge (q. de l')**	K8	Bd du Palais, 2	Pl. du Pont Neuf, 13 ..	*Châtelet*
3	**Horloge à Automates (pas.)** .	K7	Rambuteau, 52	Pas. Com. St-Martin ..	*Rambuteau*
14	**Hortensias (al. des)**	G12	Didot, 94bis	....	*Porte de Vanves*
4	**Hospitalières St-Gervais (des)** .	L8	des Rosiers, 46	des Francs Bourgeois, 45 .	*Saint-Paul*
5	**Hôtel Colbert (de l')**	K9	Q. de Montebello, 13 ..	Lagrange, 9	*Maubert-Mutualité*
4	**Hôtel d'Argenson (imp. de l')** .	L8	Vieille du Temple, 20 ..	....	*Saint-Paul*
4	**Hôtel de Ville (pl. de l')**	K8	Q. de Gesvres, 2	de Rivoli, 31	*Hôtel de Ville*
4	**Hôtel de Ville (q. de l')**	K8	Pt Marie	Pt d'Arcole	*Pont-Marie*
4	**Hôtel de Ville (de l')**	L8	du Fauconnier, 3	de Brosse, 2	*Pont-Marie*
4	**Hôtel Saint-Paul (de l')**	M8	Neuve St-Pierre, 12 ...	Saint-Antoine, 61	*Saint-Paul*
20	**Houdart**	O7	Pl. Auguste Métivier, 9 ..	de Tlemcen, 8	*Père-Lachaise*
15	**Houdart de Lamotte**	E10	Av. Félix Faure, 43	....	*Boucicaut*
18	**Houdon**	J4	Bd de Clichy, 16	des Abbesses, 3	*Pigalle*
20	**Houseaux (v. des)**	O7	Bd de Ménilmontant, 84 ..	....	*Ménilmontant*
15	**Hubert Monmarché (pl.)**	F10	Péclet	Lecourbe	*Vaugirard*
5	**Huchette (de la)**	K8	du Petit Pont, 4	Pl. Saint-Michel, 3	*Saint-Michel*
11	**Huit Février 1962 (pl. du)** ...	O8	de Charonne	Bd Voltaire	*Charonne*
10	**Huit Mai 1945 (du)**	L5	du Fbg St-Martin, 131 ..	de Magenta, 84	*Gare de l'Est*
10	**Huit Novembre 1942 (pl. du)** .	K4	La Fayette	du Fbg Poissonnière ..	*Poissonnière*
1	**Hulot (pas.)**	J6	de Montpensier, 31	de Richelieu, 34	*Palais-Royal*
15	**Humblot**	E9	Bd de Grenelle, 61	Daniel Stern, 1	*Dupleix*
16	**Hussein Ier de Jordanie (av.)** .	E7	Av. Gustave V de Suède ..	Av. Albert Ier de Monaco .	*Trocadéro*
17	**Hutte au Garde (pas. de la)** ..	F2	Marguerite Long 17 ...	Av. Pte d'Asnières, 22b .	*Porte de Clichy*
14	**Huyghens**	I10	Bd Raspail, 206	Bd Edgard Quinet, 24 .	*Vavin*
6	**Huysmans**	I10	Duguay-Trouin, 9	Bd Raspail, 107	*Notre-D. des Champs*

Ar./Districts	Rues/Street	Plan/Map	Commençant/Beginning	Finissant/Ending	Métro/Subway

I

Ar./Districts	Rues/Street	Plan/Map	Commençant/Beginning	Finissant/Ending	Métro/Subway
20	Ibsen (av.)	R6	Le Vau	Bagnolet (93)	*Porte de Bagnolet*
16	Iéna (av. d')	E6	Av. Albert de Mun, 6	Pl. Ch. de Gaulle *.1-2 à 45-68*	*Iéna*
				45-68 à fin	*Ch. de Gaulle-Etoile*
16	Iéna (pl. d')	E7	Av. d'Iéna, 24	du Pdt Wilson, 21	*Iéna*
7/16	Iéna (pt d')	E7	Av. de New York	Q. Branly	*Trocadéro*
4	Igor Stravinsky (pl.)	K7	du Cloître Saint-Merri	Brisemiche	*Rambuteau*
12	Ile de la Réunion (pl. de l')	P9	Bd de Picpus	Av. du Trône	*Nation*
14	Ile de Sein (pl. de l')	J11	Bd Arago	du Fbg Saint-Jacques	*St-Jacques*
11	Immeubles Industriels (des)	P9	du Fbg St-Antoine, 307	Bd Voltaire, 262	*Nation*
19	Indochine (bd d')	P3	Av. de la Pte Brunet, 15	Bd Sérurier, 144	*Porte de Pantin*
20	Indre (de l')	Q7	des Prairies, 32	Pelleport, 25	*Gambetta*
11	Industrie (c. de l')	N6	Saint-Maur, 90	Oberkampf, 98	*Rue Saint-Maur*
11	Industrie (cr de l')	O9	de Montreuil, 37bis		*Faidherbe-Chaligny*
10	Industrie (pas. de l')	L6	Bd de Strasbourg, 27	du Fbg St-Denis, 42	*Strasbourg-St-Denis*
13	Industrie (de l')	L13	Bourgon, 7	du Tage, 14	*Maison Blanche*
11	Industrielle (c.)	N7	de la Roquette, 115bis		*Voltaire*
15	Ingénieur Robert Keller (de l')	D9	Q. André Citroën, 11		*Charles Michels*
16	Ingres (av.)	C8	Ch. de la Muette	Bd Suchet, 35	*Ranelagh*
1	Innocents (des)	K7	Saint-Denis, 43	Pl. Marg. de Navarre	*Châtelet*
19	Inspecteur Allès (de l')	P4	des Bois, 21	de Mouzaïa, 66	*Pré-St-Gervais*
6	Institut (pl. de l')	J8	Q. de Conti, 23	Q. Malaquais, 1	*Louvre*
15	Insurgés de Varsovie (pl. des)	E13	Av. Pte de la Plaine	Louis Vicat	*Porte de Versailles*
8	Intérieure	I5	Cr du Havre, 5	Cr de Rome, 12	*Saint-Lazare*
13	Interne Loëb (de l')	L13	du Dr Landouzy		*Maison Blanche*
7	Invalides (bd des)	G8	de Grenelle, 127	de Sèvres *...1-2 à 34-35*	*Varenne/St-François Xavier*
		H9		*34-35 à fin*	*St-François Xavier/Duroc*
7	Invalides (espl. des)	G7	de Constantine	Q. d'Orsay	*Invalides*
7	Invalides (pl. des)	G8	de Grenelle	Av. du Mal Galliéni	*Invalides*
7/8	Invalides (pt des)	G7	Pl. du Canada	Q. d'Orsay	*Invalides*
20	Irénée Blanc	Q6	Mondonville	Jules Siegfried, 22	*Porte de Bagnolet*
13	Iris (des)	K13	Brillat-Savarin, 50	des Glycines	*Cité Universitaire*
19	Iris (v. des)	Q4	Pas. des Mauxins, 1		*Porte des Lilas*
5	Irlandais (des)	K10	de l'Estrapade, 15	Lhomond, 9	*Place Monge*
16	Isabey	B9	d'Auteuil, 48bis	Poussin, 15	*Michel-Ange-Auteuil*
18	Islettes (des)	K3	Bd de la Chapelle, 112	de la Goutte d'Or, 57	*Barbès-Rochechouart*
8	Isly (de l')	I5	du Havre, 7	de Rome, 10	*Saint-Lazare*
17	Israël (pl. d')	F3	Av. de Wagram	Ampère	*Wagram*
15	Issy-les-Moulineaux (q. d')	C11	Bd du Gal Martial Valin	Issy-les-Moulineaux (92)	*Balard*
13	Italie (av. d')	L13	Pl. d'Italie, 20	Bd Masséna *...1-2 à 31-44*	*Place d'Italie*

Ar./Districts	Rues/Street	Plan/Map	Commençant/Beginning	Finissant/Ending	Métro/Subway
13	Italie (av. d')	L14		31-44 à 83-108	*Tolbiac*
				83-108 à 143-186	*Maison Blanche*
				143-186 à fin	*Porte d'Italie*
13	Italie (pl. d')	L12	Av. des Gobelins	Bd Auguste Blanqui	*Place d'Italie*
13	Italie (d')	L13	Damesme, 24	du Moulin des Prés, 99	*Tolbiac*
2	Italiens (bd des) 1 à 31	J5	Bd Haussmann, 1	Louis le Grand, 34	*Richelieu-Drouot/Opéra*
9	2 à 38	J5		13-18	*Richelieu-Drouot/Opéra*
9	Italiens (des)	J5	Bd des Italiens, 26	Taitbout, 3	*Quatre Septembre*
13	Ivry (av. d')	M13	Bd Masséna, 78	Av. Choisy, 116	*Porte d'Ivry/Tolbiac*
13	Ivry (q. d')	O13	Bruneseau	Jean-Baptiste Berlier	*Porte d'Ivry*

J

Ar./Districts	Rues/Street	Plan/Map	Commençant/Beginning	Finissant/Ending	Métro/Subway
6	Jacob	J8	de Seine, 46	des Saints-Pères, 29	*St-Germain-des-Prés*
9	Jacob Kaplan (pl.)	J5	La Fayette	Laffitte	*Le Peletier*
1	Jacobins (pas. des)	I6	Pl. Marché St-Honoré, 51	Pl. Marché St-Honoré, 37	*Pyramides*
11	Jacquard	M7	Ternaux, 15	Oberkampf, 52	*Parmentier*
17	Jacquemont (v.)	H3	Jacquemont, 12		*La Fourche*
17	Jacquemont	H3	Av. de Clichy, 87	Lemercier, 50	*La Fourche*
7	Jacques Bainville (pl.)	H7	Bd St-Germain, 229	Saint-Dominique, 6	*Solférino*
15	Jacques Baudry	F12	Castagnary, 115	Bd Lefebvre, 181	*Porte de Vanves*
17	Jacques Bigen	G4	Pl. du Gal Catroux, 18	Legendre, 17bis	*Malesherbes*
10	Jacques Bonsergent (pl.)	L6	de Lancry	Bd de Magenta	*Jacques Bonsergent*
6	Jacques Callot	J8	Mazarine, 42	de Seine, 47	*Odéon*
18	Jacques Cartier	I2	Championnet, 228	Lagille, 20	*Guy Môquet*
7	J. Chaban-Delmas (espl.)	G9	Pl. El Salvador	Pl. de Breteuil	*St-François Xavier*
4	Jacques Cœur	M8	de la Cerisaie, 4	Saint-Antoine, 3	*Bastille*
6	Jacques Copeau (pl.)	J8	Bd Saint-Germain, 141	GozlinLancry	*St-Germain-des-Prés*
14	Jacques Debu-Bridel (pl.)	J13	Av. Reille	Gazan	*Cité Universitaire*
14	Jacques Demy (pl.)	I12	Mouton-Duvernet	Brézin	*Mouton-Duvernet*
13	Jacques Destrée	L14	G. Péri à Gentilly (94)	Av. Gallieni à Gentilly (94)	*Porte d'Italie*
19	Jacques Duchesne	N1	Bd Macdonald, 192	Emile Bollaert, 55	*Corentin Cariou*
15	Jacques et T. Tréfouel (pl.)	G10	Bd Pasteur	de Vaugirard	*Pasteur*
18	Jacques Froment (pl.)	I2	Carpeaux	Lamarck	*Guy Môquet*
8/17	Jacques Hébertot (prom.)	H4	Terre-plein	bd des Batignolles	*Rome*
5	Jacques-Henri Lartigue	K9	du Card. Lemoine, 50	Monge, 24	*Cardinal Lemoine*
12	Jacques Hillairet	O10	Montgallet, 2	de Reuilly, 68bis	*Montgallet*
17	Jacques Ibert	E3	de Courcelles	Av. Pte Champerret	*Porte de Champerret*
18	Jacques Kablé	L3	du Département, 33	Philippe de Girard, 56	*La Chapelle*
17	Jacques Kellner	I2	Av. de St-Ouen, 125	Bd Bessières, 39	*Porte de St-Ouen*
10	Jacques Louvel-Tessier	M6	Bichat, 22	Saint-Maur, 195	*Goncourt*

Ar./Districts	Rues/Street	Plan/Map	Commencant/Beginning	Finissant/Ending	Métro/Subway
15	**Jacques Marette (pl.)**	**F12**	de Cronstadt	des Morillons	*Convention*
15	**Jacques Mawas**	**E11**	du Cdt Léandri	François Mouthon	*Convention*
16	**Jacques Offenbach**	**C8**	du Gal Aubé, 3	Antoine Arnauld, 6	*Ranelagh*
20	**Jacques Prévert**	**O7**	des Amandiers, 37	de Tlemcen, 18	*Père-Lachaise*
9	**Jacques Rouché (pl.)**	**I5**	Halévy	Meyerbeer	*Opéra*
7	**Jacques Rueff (pl.)**	**F8**	Av. Joseph Bouvard ...	....	*Ecole Militaire*
11	**Jacques Viguès (cr)**	**N8**	cr Saint-Joseph, 3	....	*Bastille*
14	**Jacquier**	**H12**	Louis Morard, 37	Bardinet, 17	*Plaisance*
17	**Jadin**	**G4**	de Chazelles, 39	Médéric, 34	*Monceau*
5	**Jaillot (pas.)**	**K10**	Saint-Médard, 3	Ortolan, 10	*Place Monge*
14	**Jamot (v.)**	**H13**	Didot, 105	....	*Plaisance*
19	**Jandelle (c.)**	**N5**	Rébeval, 53	....	*Belleville*
16	**Jane Evrard (pl.)**	**C8**	Av. Paul Doumer	de la Pompe	*La Muette*
19	**Janssen**	**P4**	des Lilas, 18	de l'Inspecteur Allès ..	*Pré-St-Gervais*
20	**Japon (du)**	**P6**	Belgrand, 1	Av. Gambetta, 48	*Gambetta*
11	**Japy**	**N8**	Fr. de Neufchâteau, 4 ..	Gobert, 7	*Voltaire*
6	**Jardinet (du)**	**J8**	de l'Eperon, 12	Cr de Rohan, 3	*Odéon*
11	**Jardiniers (imp. des)**	**P9**	Bd Voltaire, 215bis	Guénot	*Rue des Boulets*
12	**Jardiniers (des)**	**P11**	de Charenton, 313	des Meuniers, 29bis ..	*Porte de Charenton*
4	**Jardins Saint-Paul (des)** ...	**L8**	Q. des Célestins, 28 ...	Charlemagne, 7	*Pont-Marie*
4	**Jarente (de)**	**L8**	de Turenne, 13	de Sévigné, 12	*Saint-Paul*
10	**Jarry**	**L5**	Bd de Strasbourg, 67 ..	du Fbg St-Denis, 90 ..	*Gare de l'Est*
16	**Jasmin**	**B9**	Mozart, 78	Raffet, 14	*Jasmin*
16	**Jasmin (cr)**	**B9**	Jasmin, 16	....	*Jasmin*
16	**Jasmin (sq.)**	**B9**	Jasmin, 8	....	*Jasmin*
12	**Jaucourt**	**P9**	de Picpus, 17	Pl. de la Nation, 8	*Nation*
15	**Javel (de)**	**D10**	Q. André Citroën, 37 ...	Blomet ....*1-2 à 100-103*	*Javel-André Citrõen*
	....	**E11**	....	....*100-103 à 195-202*	*Félix Faure*
	....		....	.........*195-202 à fin*	*Convention*
13	**Javelot (du)**	**M13**	de Tolbiac, 103	Baudricourt, 49	*Olympiades*
11	**Jean Aicard (av.)**	**N6**	des Bleuets, 5	Oberkampf, 130	*Ménilmontant*
13	**Jean Anouilh**	**N12**	Neuve Tolbiac	Emile Durkheim	*Biblio. F. Mitterrand*
13	**Jean Antoine de Baïf**	**O13**	Q. Panhard et Levassor, 13	de la Croix Jarry, 41 ..	*Biblio. F. Mitterrand*
13	**Jean Arp**	**N11**	George Balanchine	Bd Vincent Auriol	*Quai de la Gare*
6	**Jean Bart**	**I9**	de Vaugirard, 29	de Fleurus, 10	*Saint-Placide*
4	**Jean Beausire (imp.)**	**M8**	Jean Beausire, 19	....	*Bastille*
4	**Jean Beausire (pas.)**	**M8**	Jean Beausire, 11	des Tournelles, 12	*Bastille*
4	**Jean Beausire**	**M8**	de la Bastille, 7	Bd Beaumarchais, 13 .	*Bastille*
16	**Jean Bologne**	**D8**	de l'Annonciation, 12 ..	de Passy, 51	*Passy*
12	**Jean Bouton**	**N10**	Bd Diderot, 30	Paul-Henri Grauwin ...	*Gare de Lyon*
5	**Jean Calvin**	**K10**	Lhomond, 51	Mouffetard, 96	*Censier-Daubenton*

Je

Ar./Districts	Rues/Street	Plan/Map	Commençant/Beginning	Finissant/Ending	Métro/Subway
7	Jean Carriès	F8	Al. Thomy-Thierry	Av. de Suffren, 61bis	La Motte-Picquet
18	Jean Cocteau	K1	Av. Pte Poissonniers, 15	Francis de Croisset	Pte de Clignancourt
13	Jean Colly	M12	de Tolbiac, 48	Château d. Rentiers, 104	Olympiades
18	Jean Cottin	L2	des Roses, 22		Marx Dormoy
15	Jean Daudin	G10	Bd Garibaldi, 54	Lecourbe, 34	Sèvres-Lecourbe
5	Jean de Beauvais	K9	Bd Saint-Germain, 51	Lanneau, 16	Maubert-Mutualité
16	Jean de La Fontaine	C9	de l'Assomption, 1	d'Auteuil, 48	Michel-Ange-Auteuil
13	Jean Delay (pl.)	L13	du Docteur Leray	de l'Interne Loëb	Maison Blanche
14	Jean Dolent	J12	de la Santé, 44	du Fbg St-Jacques, 77	St-Jacques
18	Jean Dollfus	I1	Leibniz, 50	Bd Ney, 117	Porte de St-Ouen
4	Jean du Bellay	L8	Q. de Bourbon, 55	Q. de Bourbon, 33	Hôtel de Ville
13	Jean Dunand	M13	de la Pointe d'Ivry, 18	Charles Bertheau, 7	Maison Blanche
10	Jean et Marie Moinon	M5	Saint-Maur, 218	Sambre-et-Meuse, 34	Belleville
10	Jean Falck (sq.)	M4	Bd de la Villette, 115		Jaurès
13	Jean Fautrier	M13	Château d. Rentiers, 42	Albert, 47	Olympiades
6	Jean Ferrandi	H9	du Cherche-Midi, 83	de Vaugirard, 100	Saint-Placide
11/20	Jean Ferrat (pl.)	O6	bd de Ménilmontant	Oberkampf	Ménilmontant
15	Jean Formigé	F10	Léon Séché, 2	Théop. Renaudot, 21	Vaugirard
15	Jean Fourastié	F10	de l'Am. Roussin, 14	Meilhac, 7	Commerce
18	Jean Gabin (pl.)	K3	Custine	Lambert	Château Rouge
13	Jean Giono	N11	Raymond Aron	Abel Gance	Quai de la Gare
16	Jean Giraudoux	F6	de Chaillot, 53	La Pérouse, 38	Kléber
12	Jean Godart (v.)	Q11	Av. Daumesnil, 276	Ernest Lacoste, 4	Porte Dorée
8	Jean Goujon	G6	Av. Fr. D. Roosevelt, 21	Pl. de la Reine Astrid	Alma-Marceau
16	Jean Hugues	C6	de Longchamp, 160		Porte Dauphine
19	Jean Jaurès (av.)	O3	Q. de Loire, 2	Pl. Pte de Pantin *.1-2 à 63-70*	Jaurès
				63-70 à 110-121	Laumière
				110-121 à 174-185	Ourcq
				174-185 à fin	Porte de Pantin
1	Jean Lantier	K8	Saint-Denis, 1	Bertin Poirée, 14	Châtelet
17	Jean Leclaire	I2	de La Jonquière, 20	Bd Bessières, 9	Guy Môquet
12	Jean Lauprêtre (pl.)	O9	de Reuilly	Erard	Reuilly-Diderot
16	Jean Lorrain (pl.)	B9	Jean de La Fontaine	d'Auteuil	Michel-Ange-Auteuil
11	Jean Macé	O8	de Chanzy, 21	Faidherbe, 40	Charonne
18	Jean Marais (pl.)	J3	du Mont Cenis	Sainte Rustique	Abbesses
15	Jean Maridor	E11	Av. Félix Faure, 81	Lecourbe, 290	Lourmel
19	Jean Ménans	N4	Edouard Pailleron, 42	Manin, 47	Bolivar
8	Jean Mermoz	G5	Rd-Pt Champs Elysées, 2	du Fbg St-Honoré, 95	Franklin-D.-Roosevelt
14	Jean Minjoz	J12	Bd Saint-Jacques, 71	V. Saint-Jacques, 16	St-Jacques
16	Jean Monnet (pl.)	D6	Av. Victor Hugo	de la Pompe	Victor-Hugo
17	Jean Moréas	E3	Av. Stép. Mallarmé, 4	Bd de la Somme, 13	Porte de Champerret

Ar./Districts	Rues/Street	Plan/Map	Commençant/Beginning	Finissant/Ending	Métro/Subway
14	Jean Moulin (av.)	H13	Pl. Victor et H. Basch, 2 . .	Bd Brune, 143	*Alésia*
7	Jean Nicot (pas.)	G8	Saint-Dominique, 89 . . .	de Grenelle, 170bis . . .	*La Tour-Maubourg*
7	Jean Nicot	G7	Q. d'Orsay, 65	Saint-Dominique, 72 . .	*La Tour-Maubourg*
19	Jean Nohain	N4	Clovis Hugues, 2	....	*Jaurès*
19	Jean Oberlé	M1	Av. Pte d'Aubervilliers . .	Av. Pte d'Aubervilliers .	*Porte de la Chapelle*
17	Jean Oestreicher	E3	du Caporal Peugeot, 5 . .	Av. Pte Champerret, 6 .	*Louise Michel*
7	Jean Paulhan (al.)	E7	Q. Branly	Av. Gustave Eiffel	*Passy*
15	Jean Pierre-Bloch	F8	Av. de Suffren, 44	de la Fédération, 55 . .	*Dupleix*
10	Jean Poulmarch	L5	de Marseille, 19	Q. de Valmy, 87	*Jacques Bonsergent*
14	Jean Pronteau (pl.)	H11	Pl. de Moro-Giafferi, 2 .	Moulins des Lapins, 5 .	*Pernety*
19	Jean Quarré	P5	Henri Ribière, 12	du Docteur Potain, 21 .	*Place des Fêtes*
12	Jean Renoir	O11	Paul Belmondo, 48	de Pommard, 43	*Cour Saint-Emilion*
15	Jean Rey	E8	Av. de Suffren, 16	Q. Branly, 101	*Bir-Hakeim*
16	Jean Richepin	C7	de la Pompe, 39	Bd Emile Augier, 40 . . .	*Rue de la Pompe*
18	Jean Robert	L3	Doudeauville, 10	Ordener, 9	*Marx Dormoy*
19	Jean Rostand (pl.)	N5	Bd de la Villette, 10 ...	Hector Guimard	*Belleville*
16	Jean Sablon (al.)	C8	le long de l'av. Ingres . . .	....	*Ranelagh*
13	Jean Sébastien Bach	M12	Clisson, 58	Nationale, 150	*Nationale*
15	Jean Sicard	F12	Bd Lefebvre, 82	Av. Alb. Bartholomé, 41 .	*Porte de Vanves*
15	Jean Thébaud (sq.)	F9	Paul Chautard, 2	Paul Chautard, 6	*Cambronne*
1	Jean Tison	J7	de Rivoli, 150	Bailleul, 11	*Louvre*
18	Jean Varenne	J1	Bd Ney, 154	Av. Pte Montmartre, 11 .	*Porte de St-Ouen*
20	Jean Veber	Q7	Bd Davout, 154	Louis Lumière, 67	*Porte de Bagnolet*
13	Jean Vilar (pl.)	N11	Abel Gance	Georges Balanchine . .	*Quai de la Gare*
14	Jean Zay	H11	du Maine, 92	Jules Guesde, 3	*Gaîté*
13	Jean-Baptiste Berlier	O13	Q. d'Ivry	Bd du Gal Jean Simon .	*Porte d'Ivry*
18	Jean-Baptiste Clément (pl.)	J3	Ravignan, 19	Lepic, 93	*Abbesses*
17	Jean-Baptiste Dumas	E4	Bayen, 44	Laugier, 57	*Pereire*
20	Jean-Baptiste Dumay	O5	des Pyrénées, 346	de Belleville, 114	*Jourdain*
15	Jean-Baptiste Luquet (v.) . .	E10	Av. Emile Zola, 86	des Entrepreneurs, 43b .	*Charles Michels*
9	Jean-Baptiste Pigalle	J4	Blanche, 18	Pl. Pigalle, 9	*Pigalle*
9	Jean-Baptiste Say	J4	Bochart de Saron, 1bis . .	Lallier, 2	*Anvers*
19	Jean-Baptiste Sémanaz	P3	Pré St-Gervais (93)	Sigmund Freud, 50 ...	*Danube*
14	Jean-Claude Arnould	I12	Bd Saint-Jacques, 77 . .	Jean Minjoz,10	*St-Jacques*
6	Jean-François Gerbillon ...	H9	de l'Abbé Grégoire, 24b . .	de Bérite, 4	*Saint-Placide*
18	Jean-François Lépine	L3	Marx Dormoy, 21	Stephenson, 12	*La Chapelle*
18	Jean-Henri Fabre	J1	Av. Pte de Clignancourt .	Av. Pte de Montmartre	*Pte de Clignancourt*
1	Jean-Jacques Rousseau ...	J7	Saint-Honoré, 158	Montmartre, 21	*Les Halles*
17	Jean-Louis Forain	F3	de l'Abbé Rousselot, 12 .	Av. Brunetière	*Pereire*
13	Jean-Marie Jégo	K12	Butte aux Cailles, 8 ...	Samson, 3	*Corvisart*
16	Jean-Paul Laurens (sq.) ...	C8	Av. Th. Rousseau, 5b . .	....	*Ranelagh*

Ar./Districts	Rues/Street	Plan/Map	Commençant/Beginning	Finissant/Ending	Métro/Subway
6	J. P. Sartre et S. de Beauvoir (pl.)	I8	Pl. St-Germain des Prés ..	Pl. du Québec	*St-Germain des Prés*
8	Jean-Pierre Lévy (pl.)	H4	Andrieux	de Constantinople	*Villiers*
11	Jean-Pierre Timbaud	M6	Bd du Temple, 20	Bd de Belleville *.1-2 à 28-31*	*Oberkampf*
	....	N6	....	........*28-31 à 67-76*	*Parmentier*
	....		....	..........*67-76 à fin*	*Couronnes*
13	Jeanne Chauvin	N13	Julie Daubié	des Grands Moulins ..	*Biblio. F. Mitterrand*
13	Jeanne d'Arc (pl.)	M12	Jeanne d'Arc, 38	Lahire, 1	*Olympiades*
13	Jeanne d'Arc	M12	de Domrémy, 52	Bd St-Marcel, 41 *1-2 à 98-105*	*Nationale*
13	Jeanne d'Arc	L11	de Domrémy, 52	Bd St-Marcel, 41 *.98-105 à fin*	*Campo-Formio*
15	Jeanne Hachette	F10	Lecourbe, 163	Blomet, 112	*Vaugirard*
12	Jeanne Jugan	R10	Av. Courteline, 29	Av. Pte de Vincennes, 22	*Saint-Mandé-Tourelle*
10	Jemmapes (q. de)	M6	du Fbg du Temple, 29 ..	Bd d. l. Villette *.1-2 à 97-108*	*République*
	....	M4	....	.....*97-108 à 143-151*	*Château Landon*
	....		....	.........*143-151 à fin*	*Jaurès*
13	Jenner	M11	Bd Vincent Auriol, 80 ..	Jeannes d'Arc, 140 ...	*Campo-Formio*
15	Jenny Alpha (pl.)	D11	av. Félix Faure, 120/126	....	*Balard/Lourmel*
18	Jessaint (de)	L3	Pl. de la Chapelle, 30 ..	de la Charbonnière, 1 .	*La Chapelle*
11	Jeu de Boules (pas. du) ...	M6	Amelot, 142	de Malte, 43	*Oberkampf*
2	Jeûneurs (des)	K6	Poissonnière, 5	Montmartre, 156	*Sentier*
1	Joachim du Bellay (pl.)	K7	Berger	Saint-Denis	*Chât.-Les Halles*
14	Joanès (pas.)	H12	Didot, 93	Joanès, 10	*Plaisance*
14	Joanès	H12	de l'Abbé Carton, 54 ...	Boulitte, 7	*Plaisance*
15	Jobbé Duval	F11	Dombasle, 40	des Morillons, 23	*Convention*
16	Jocelyn (v.)	C6	Sq. Lamartine, 1	....	*Rue de la Pompe*
7	Joffre (pl.)	F8	Av. Duquesne	Av. de Suffren	*Ecole Militaire*
10	Johann Strauss (pl.)	L6	Bd Saint-Martin	René Boulanger	*République*
19	Joinville (imp. de)	N2	Av. de Flandre, 106 ...	....	*Crimée*
19	Joinville (pl. de)	N3	Q. de l'Oise	de Joinville	*Crimée*
19	Joinville (de)	N2	Q. de l'Oise, 3	Av. de Flandre, 102 ...	*Crimée*
14	Jolivet	H10	du Maine, 2	Bd Edgard Quinet, 23 .	*Edgar-Quinet*
11	Joly (c.)	O7	du Chemin Vert, 121 ...	....	*Père-Lachaise*
19	Jomard	N3	de Crimée, 160	de Joinville, 1	*Crimée*
13	Jonas	K12	Eugène Atget, 4	Samson, 28	*Corvisart*
15	Jongkind	D11	Saint-Charles, 205	Varet	*Lourmel*
14	Jonquilles (des)	G12	Ray. Losserand, 182 ...	Vercingétorix, 211	*Porte de Vanves*
14	Jonquoy	H12	des Suisses, 9	Didot, 78	*Plaisance*
16	José Marti (pl.)	D7	Av. Paul Doumer	du Cdt Schlœsing	*Trocadéro*
9	José Rizal (pl.)	J5	de Maubeuge	Choron	*Cadet*
7	José-Maria de Heredia	G9	Av. Ségur, 67	Pérignon, 16	*Ségur*
6	Joseph Bara	I10	d'Assas, 108	N.-D. des Champs, 95 .	*Vavin*
13	Joseph Bédier	N14	Av. Maryse Bastié, 15 ..	du Docteur Yersin, 4 ..	*Porte d'Ivry*

Ar./Districts	Rues/Street	Plan/Map	Commençant/Beginning	Finissant/Ending	Métro/Subway
7	Joseph Bouvard (av.)	F8	Pl. du Gal Gouraud	Av. de Suffren, 35	Ecole Militaire
12	Joseph Chailley	Q12	Bd Poniatowski, 92	Av. Ch. de Foucauld, 5	Porte Dorée
18	Joseph de Maistre	I3	Lepic, 31	Championnet, 217	Blanche/Guy Môquet
18	Joseph Dijon	K2	Bd Ornano, 25	du Mont Cenis, 86	Simplon
20	Joseph Epstein (pl.)	O6	des Partants, 14	des Mûriers, 15	Gambetta
16	Joseph et Marie Hackin	D4	Bd André Maurois, 2	Av. de Neuilly, 23	Porte Maillot
7	Joseph Granier	G8	Louis Codet, 3	Av. de Tourville, 8	Ecole Militaire
12	Joseph Kessel	O11	Q. de Bercy, 154	de Pommard, 1	Cour Saint-Emilion
19	Joseph Kosma	O3	des Ardennes, 26	Q. de la Garonne	Ourcq
15	Joseph Liouville	F10	de la Croix Nivert, 59	Mademoiselle, 43	Commerce
20	Joseph Python	R7	Louis Lumière, 90	Av. Pte de Bagnolet	Porte de Bagnolet
8	Joseph Sansbœuf	H5	de la Pépinière, 6	de Laborde, 3	Saint-Lazare
16	Joseph Wresinski (espl.)	E7	Parv. Droits de l'Homme	Av. Hussein Ier de Jord.	Trocadéro
18	Joséphine	J2	Damrémont, 117	....	Pte de Clignancourt
14	Joséphine Baker (pl.)	H10	Poinsot	Bd Edgar Quinet	Edgar Quinet
20	Josseaume (pas.)	Q8	des Haies, 69	des Vignoles, 72	Buzenval
11	Josset (pas.)	N8	de Charonne, 38	....	Ledru-Rollin
9	Joubert	I5	de la Chaussée d'Antin, 35	Pl. Georges Berry	Chaussée-d'Antin
9	Jouffroy (pas.)	J5	Bd Montmartre, 10	de la Grange Batelière, 9	Richelieu-Drouot
17	Jouffroy d'Abbans	G3	Bd Pereire, 1	Av. de Wagram, 80	Wagram
1	Jour (du)	K7	Coquillière, 2	Montmartre, 9	Les Halles
20	Jourdain (du)	O5	des Pyrénées, 336	de Belleville, 134	Jourdain
14	Jourdan (bd)	J14	Av. Pierre de Coubertin	Pl. du 25 Août 1944, 1	Porte d'Orléans
16	Jouvenet (sq.)	B10	Jouvenet, 14	....	Chardon-Lagache
16	Jouvenet	B10	Av. de Versailles, 150	Boileau, 51	Chardon-Lagache
4	Jouy (de)	L8	Nonnains d'Hyères, 2	François Miron, 50	Saint-Paul
20	Jouye-Rouve	O5	de Belleville, 60	Julien Lacroix, 68	Pyrénées
17	Joyeux (c.)	H1	des Epinettes, 53	....	Porte de St-Ouen
15	Juge	E9	Viala, 9	Violet, 6	Dupleix
15	Juge (v.)	E9	Juge, 20	V. de Grenelle, 4	Dupleix
4	Juges Consuls (des)	K7	de la Verrerie, 68	du Cloître St-Merri, 3bis	Hôtel de Ville
20	Juillet	O6	de la Bidassoa, 44	de la Bidassoa, 54	Gambetta
17	Jules Bourdais	F3	Bd Berthier, 130	Av. Brunetière, 37	Porte de Champerret
13	Jules Breton	L11	Jeanne d'Arc, 166	Bd Saint-Marcel, 35	St-Marcel
12	Jules César	M9	Bd de la Bastille, 22bis	de Lyon, 43	Bastille
6	Jules Chaplain	I10	N.-D. des Champs, 60	Bréa, 21	Vavin
20	Jules Chéret (sq.)	Q8	Mendelssohn, 11	des Docteurs Déjérine, 9	Porte de Montreuil
16	Jules Claretie	C7	Bd Emile Augier, 36	....	La Muette
18	Jules Cloquet	I1	Pas. Charles Albert, 20	Bd Ney, 131	Porte de St-Ouen
4	Jules Cousin	M9	Bd Henri IV, 15	du Petit Musc, 10	Sully-Morland
20	Jules Dumien	P6	Pelleport, 106	Henri Poincaré, 3	Pelleport

Ju

Ar./Districts	Rues/Street	Plan/Map	Commençant/Beginning	Finissant/Ending	Métro/Subway
15	Jules Dupré	F12	des Périchaux, 4	Bd Lefebvre, 93	Porte de Versailles
11	Jules Ferry (bd)	M6	Av. de la République, 13 .	du Fbg du Temple, 28 .	République
14	Jules Guesde	H11	Vercingétorix, 17	Ray. Losserand, 16 ...	Gaîté
14	Jules Hénaffe (pl.)	I13	de la Tombe Issoire ...	Av. Reille	Porte d'Orléans
13	Jules Isaac (prde)	N12	Terre-plein	Av. de France	Biblio. F. Mitterrand
16	Jules Janin (av.)	C7	de la Pompe, 12	de la Pompe, 32	La Muette
18	Jules Joffrin (pl.)	K2	Ordener	....	Jules Joffrin
18	Jules Jouy	J2	Francœur, 16	Cyrano de Bergerac, 3 .	Lamarck-Caulaincourt
19	Jules Laforgue (v.)	O4	Miguel Hidalgo, 13	....	Danube
9	Jules Lefebvre	I4	de Clichy, 49	d'Amsterdam, 66	Liège
12	Jules Lemaître	Q10	Bd Soult, 62	Av. Maurice Ravel, 13 .	Porte de Vincennes
12	Jules Pichard	P11	des Meuniers, 33	....	Porte de Charenton
17	Jules Renard	E3	Claude Debussy	Alexandre Charpentier .	Porte de Champerret
16	Jules Rimet (pl.)	A10	Av. Parc des Princes, 22 ..	....	Porte de Saint-Cloud
19	Jules Romains	N5	de Belleville, 15	Rébeval, 24	Belleville
16	Jules Sandeau (bd)	C7	Octave Feuillet, 2	Pl. Tattegrain, 5	Rue de la Pompe
19	Jules Senard (pl.)	Q4	Av. Pte des Lilas, 1	....	Porte des Lilas
20	Jules Siegfried	Q6	Irénée Blanc, 1	Paul Strauss, 32	Porte de Bagnolet
15	Jules Simon	E10	de la Croix Nivert, 145 ..	Cournot, 2	Félix Faure
1	Jules Supervielle (al.)	K7	Berger	Pl. René Cassin	Les Halles
11	Jules Vallès	O8	Chanzy, 23	de Charonne, 102	Charonne
11	Jules Verne	N6	de l'Orillon, 21	du Fbg du Temple, 98 .	Belleville
14	Julia Bartet	F13	Pl. de la Pte de Vanves ..	Bd Adolphe Pinard ...	Porte de Vanves
13	Julie Daubié	N13	Av. de France, 61	....	Biblio. F. Mitterrand
20	Julien Lacroix (pas.)	O6	des Couronnes, 45	....	Couronnes
20	Julien Lacroix	O6	de Ménilmontant, 49 ...	Pl. Fréhel	Couronnes
13	Julienne (de)	K11	Pascal, 62	Bd Arago, 45	Les Gobelins
10	Juliette Dodu	M5	Claude Vellefaux, 3	Grange aux Belles, 20 .	Colonel Fabien
17	Juliette Lamber	G3	Bd Pereire, 36	Bd Malesherbes, 190 .	Pereire
18	Junot (av.)	J3	Girardon, 3	Caulaincourt, 66	Lamarck-Caulaincourt
13	Jura (du)	L11	Bd Saint-Marcel, 49 ...	Oudry, 14	Campo-Formio
2	Jussienne (de la)	K6	Etienne Marcel, 40	Montmartre, 41bis	Les Halles
5	Jussieu (pl.)	L9	Linné, 24	Jussieu, 19	Jussieu
5	Jussieu	L10	Cuvier, 12	du Card. Lemoine, 35 .	Jussieu
18	Juste Métivier	J3	Av. Junot, 37	Caulaincourt, 56	Lamarck-Caulaincourt
4	Justes de France (al. des) ..	K8	Geoffroy l'Asnier, 17 ...	du Pt Louis-Philippe, 14 .	Pont Marie
20	Justice (de la)	Q6	du Surmelin, 70	Bd Mortier, 71	Pelleport
6	Justin Godart (pl.)	I8	Q. Malaquais, 13	Q. Voltaire, 3	St-Germain des Prés

Ar./Districts	Rues/Street	Plan/Map	Commençant/Beginning	Finissant/Ending	Métro/Subway

K

Ar./Districts	Rues/Street	Plan/Map	Commençant/Beginning	Finissant/Ending	Métro/Subway
19	**Kabylie (de)**	M3	Bd de la Villette, 216	Gaston Rébuffat, 9	*Stalingrad*
11	**Keller**	N8	de Charonne, 41	de la Roquette, 72	*Ledru-Rollin*
13	**Kellermann (bd)**	L14	Av. d'Italie, 192	Am. Mouchez *.1-2 à 56-65*	*Porte d'Italie*
				56-65 à fin	*Cité Universitaire*
16	**Kepler**	F6	de Bassano, 19	Galilée, 40	*Kléber*
13	**Keufer**	L14	Bd Kellermann, 31	Max Jacob	*Porte d'Italie*
16	**Kléber (av.)**	E5	Pl. Charles de Gaulle	Pl. du Trocadéro *.1-2 à 53-68*	*Kléber*
				53-68 à fin	*Trocadéro*
9	**Kossuth (pl.)**	J5	de Châteaudun, 12	du Fbg Montmartre, 58	*Notre-D. de Lorette*
18	**Kracher (pas.)**	K2	de Clignancourt, 137	Neuve Charbonnière, 10	*Simplon*
13	**Küss**	K13	des Peupliers, 38	Brillat Savarin, 14	*Maison Blanche*
15	**Kyoto (pl. de)**	E8	Q. Branly	de la Fédération	*Bir Hakeim*

L

Ar./Districts	Rues/Street	Plan/Map	Commençant/Beginning	Finissant/Ending	Métro/Subway
8	**La Baume (de)**	G5	de Courcelles, 20	Av. Percier, 11	*St-Philippe du Roule*
8	**La Boétie**	H5	Pl. St-Augustin, 3	Av. Champs Elys. *.1-2 à 66-67*	*Miromesnil*
				66-67 à fin	*St-Philippe du Roule*
7	**La Bourdonnais (av. de)**	F8	Q. Branly, 61	Pl. de l'Ecole Militaire, 2	*Ecole Militaire*
9	**La Bruyère**	J4	N.-D. de Lorette, 33	Blanche, 48	*Saint-Georges*
9	**La Bruyère (sq.)**	I4	Jean-Bap. Pigalle, 19		*Trinité*
19	**La Champmeslé (sq.)**	O3	Av. Jean Jaurès, 182		*Porte de Pantin*
17	**La Condamine (de)**	H3	Av. de Clichy, 73	Dulong, 12	*Rome*
9	**La Fayette** 1 à 91 - 2 à 92	J5	Chaussée d'Antin, 38	Q. de Valmy *...1-2 à 26-31*	*Chaussée-d'Antin*
				26-31 à 55-58	*Le Peletier*
				55-58 à 81-84	*Cadet*
10	93 à 249 - 94 à 230	L4		*81-84 à 111-118*	*Poissonnière*
				111-118 à 178-191	*Gare du Nord*
				178-191 à fin	*Louis Blanc*
1	**La Feuillade** 1 à 7	J6	Pl. des Victoires, 4	des Petits Pères, 2	*Bourse*
2	2 à 6	J6			*Bourse*
16	**La Fontaine (ham.)**	C8	Jean de La Fontaine, 8b		*Ranelagh*
16	**La Fontaine (sq.)**	C9	Jean de La Fontaine, 33		*Jasmin*
15	**La Fresnaye (v.)**	G11	Mathurin Régnier, 49		*Volontaire*
16	**La Frillière (av. de)**	B10	Claude Lorrain, 41	Parent de Rosan, 20	*Exelmans*
17	**La Jonquière (imp. de)**	H2	de La Jonquière, 101		*Porte de Clichy*
17	**La Jonquière (de)**	I2	Av. de Saint-Ouen, 81	Bd Bessières, 107	*Guy Môquet*
2	**La Michodière (de)**	J6	Saint-Augustin, 28	Bd des Italiens, 29	*Quatre Septembre*
7	**La Motte-Picquet (av. de)**	G8	Grenelle, 146	Bd Grenelle *.1-2 à 31-32*	*La Tour-Maubourg*
	1 à 43 - 2 à 42bis			*31-32 à 45-48*	*Ecole Militaire*

Ar./Districts	Rues/Street	Plan/Map	Commençant/Beginning	Finissant/Ending	Métro/Subway
15	45 à 67 - 48 à 68	F9	....	..........45-48 à fin	*La Motte-Picquet*
15	**La Motte-Picquet (sq. de)** ..	F9	Pl. du Card. Amette, 11 ..	du Gal de Larminat	*La Motte-Picquet*
16	**La Pérouse**	E5	de Belloy, 4	Av. d'Iéna, 65	*Kléber*
7	**La Planche (de)**	I8	de Varenne, 15	....	*Sèvres-Babylone*
15	**La Quintinie**	G11	Bargue, 18	d'Alleray, 31	*Vaugirard*
4	**La Reynie (de)** 9 à 19 - 16 à 22 .	K7	Quincampoix, 17	Saint-Denis, 32	*Châtelet*
1	23 à 25 - 24 à 26	K7	....	....	*Châtelet*
9	**La Rochefoucauld**	J4	Saint-Lazare, 52	Jean-Bap. Pigalle, 52 .	*Saint-Georges*
7	**La Rochefoucauld (sq. de)** .	H8	du Bac, 108	....	*Sèvres-Babylone*
1	**La Sourdière (de)**	I6	Saint-Honoré, 306	Gomboust, 1	*Tuileries*
9	**La Tour d'Auvergne (imp. de)** .	J4	La Tour d'Auvergne, 34 ..	....	*Anvers*
9	**La Tour d'Auvergne (de)** ...	J4	de Maubeuge, 35	des Martyrs, 52bis	*Anvers*
7	**La Tour-Maubourg (bd de)** .	G7	Q. d'Orsay, 43	Av. de Lowendal, 2 ...	*La Tour-Maubourg*
7	**La Tour-Maubourg (sq. de)** .	G8	de Grenelle, 143	....	*La Tour-Maubourg*
8	**La Trémoille (de)**	F6	Av. George V, 14	François-Ier, 27	*Alma-Marceau*
11	**La Vacquerie**	O8	de la Folie Regnault, 3 ..	de la Roquette, 164b ..	*Voltaire*
18	**La Vieuville**	J3	Pl. des Abbesses	des Trois Frères, 31 ..	*Abbesses*
1	**La Vrillière**	J6	Croix Petits Champs, 41 ..	La Feuillade, 7	*Palais-Royal*
18	**Labat**	K3	des Poissonnière, 61 ..	Bachelet, 14	*Marcadet-Poissonniers*
17	**Labie**	E4	Av. des Ternes, 79	Brunel, 44	*Argentine*
19	**Labois-Rouillon**	M2	Curial, 29	d'Aubervilliers, 164 ...	*Crimée*
8	**Laborde (de)**	H5	du Rocher, 15	Bd Haussmann, 132 ..	*Saint-Augustin*
15	**Labrador (imp. du)**	F12	Camulogène, 5	....	*Porte de Vanves*
15	**Labrouste**	G11	Pl. Falguière, 6	des Morillons, 109bis .	*Plaisance*
20	**Labyrinthe (c. du)**	O6	de Ménilmontant, 24 ...	des Panoyaux, 35	*Ménilmontant*
17	**Lacaille**	I2	Guy Môquet, 51	de La Jonquière, 19 ..	*Guy Môquet*
14	**Lacaze**	I13	de la Tombe Issoire, 128 ..	du Père Corentin, 35 ..	*Alésia*
5	**Lacépède**	L10	Linné, 1	Mouffetard, 19	*Place Monge*
12	**Lachambeaudie (pl.)**	O11	de Bercy, 44	Proudhon	*Cour Saint-Emilion*
11	**Lacharrière**	N7	Bd Voltaire, 73	Saint-Maur, 61	*Saint-Ambroise*
13	**Lachelier**	M14	Pl. de Port-au-Princes .	Bd Masséna, 107	*Porte de Choisy*
15	**Lacordaire**	D10	de Javel, 80	Saint-Charles, 177	*Charles Michels*
15	**Lacretelle**	E12	de Vaugirard, 393	Vaugelas, 47	*Porte de Versailles*
17	**Lacroix**	H2	Av. de Clichy, 112	Davy, 29	*Brochant*
12	**Lacuée**	M9	Bd de la Bastille, 32bis ...	de Lyon, 45	*Bastille*
9	**Laferrière**	J4	N.-D. de Lorette, 18	Henry Monnier, 2	*Saint-Georges*
9	**Laffitte**	J5	Bd des Italiens, 18	Châteaudun, 19	*N.-D. de Lorette*
5	**Lagarde**	K10	Vauquelin, 11	de l'Arbalète, 16	*Censier-Daubenton*
5	**Lagarde (sq.)**	K10	Lagarde, 7	....	*Censier-Daubenton*
18	**Laghouat (de)**	L3	Stéphenson, 39	Léon, 18	*Château-Rouge*
18	**Lagille**	I2	Av. de St-Ouen, 116 ...	....	*Guy Môquet*

Ar./Districts	Rues/Street	Plan/Map	Commençant/Beginning	Finissant/Ending	Métro/Subway
20	Lagny (pas. de)	Q9	de Lagny, 87	Philidor, 18	Porte de Vincennes
20	Lagny (de)	P9	Bd de Charonne, 10	Av. L. Gaumont .1-2 à 149-150	Nation
		Q9		149-150 à fin	Porte de Vincennes
5	Lagrange	K9	Q. de Montebello, 21	Pl. Maubert, 18	Maubert-Mutualité
13	Lahire	M12	Pl. Jeanne d'Arc, 33	Clisson, 79	Olympiades
15	Laïcité (pl. de la)	C10	quai André Citroën	Cauchy	Javel-André Citroën
15	Lakanal	E10	du Commerce, 85	de la Croix Nivert, 88	Commerce
14	Lalande	I11	Froidevaux, 17	Liancourt, 8	Denfert-Rochereau
9	Lallier	J4	Av. Trudaine, 26	Bd de Rochechouart, 53	Anvers
19	Lally-Tollendal	N4	de Meaux, 71	Av. Jean Jaurès, 38	Jaurès
16	Lalo	D5	Pergolèse, 62	Bd Marbeau, 32	Porte Dauphine
17	Lamandé	H3	Bridaine, 6	Legendre, 78	Rome
18	Lamarck	K3	Maurice Utrillo, 8	Etex, 34 ..1-2 à 97-114	Lamarck-Caulaincourt
		I2		97-114 à fin	Guy Môquet
18	Lamarck (sq.)	J2	Lamarck, 102		Lamarck-Caulaincourt
9	Lamartine	J5	de Rochechouart, 1	du Fbg Montmartre, 72	Cadet
16	Lamartine (sq.)	C7	Av. Victor Hugo, 189	Av. Henri Martin, 70	Rue de la Pompe
16	Lamballe (av. de)	D8	Pl. de Bolivie	Raynouard, 63	Passy
18	Lambert	K3	Nicolet, 8	Bachelet, 26	Château-Rouge
12	Lamblardie	P10	Pl. Félix Eboué, 7	de Picpus, 84	Daumesnil
8	Lamennais	F5	Washington, 27	Av. de Friedland, 19	George V
11	Lamier (imp.)	O8	de Mont-Louis, 8		Philippe Auguste
12	Lamoricière	R10	Av. Courteline, 5	Fernand Foureau, 8	Porte de Vincennes
12	Lancette (de la)	P11	Taine, 2	Nicolaï, 25	Daumesnil
16	Lancret	B10	Av. de Versailles, 138	Jouvenet, 10	Chardon-Lagache
10	Lancry (de)	L5	René Boulanger, 50	Q. de Valmy, 83	Jacques Bonsergent
7	Landrieu (pas.)	F7	de l'Université, 169	Saint-Dominique, 100	Ecole Militaire
15	Langeac (de)	E11	Desnouettes, 11	de Vaugirard, 356	Convention
5	Lanneau (de)	K9	Valette, 2	Jean de Beauvais, 29	Maubert-Mutualité
16	Lannes (bd)	C6	Pl. Mal Lattre Tassigny, 5	Av. Henri Martin, 98	Porte Dauphine
17	Lantiez	H2	de la Jonquière, 50	du Gal Henrys, 13	Guy Môquet
17	Lantiez (v.)	H2	Lantiez, 32		Guy Môquet
19	Laonnais (sq. du)	P4	Bd Sérurier, 58		Pré-St-Gervais
15	Laos (du)	F9	Av. Suffren, 88	Alexandre Cabanel, 12	Cambronne
18	Lapeyrère	J2	Marcadet, 110ter	Ordener, 115ter	Jules Joffrin
5	Laplace	K9	Mont. Ste-Geneviève, 58	Valette, 11	Cardinal Lemoine
11	Lappe (de)	N8	de la Roquette, 32	de Charonne, 13	Bastille
16	Largillière	C8	Av. Mozart, 12	Bd de Beauséjour, 1	La Muette
14	Larochelle	H11	de la Gaîté, 31		Gaîté
5	Laromiguière	K10	de l'Estrapade, 7	Amyot, 8bis	Place Monge
5	Larrey	L10	Daubenton, 18	Monge, 75bis	Place Monge

Ar./Districts	Rues/Street	Plan/Map	Commençant/Beginning	Finissant/Ending	Métro/Subway
8	Larribe	H4	de Constantinople, 33	du Rocher, 86	Villiers
7	Las Cases	H8	de Bellechasse, 38	de Bourgogne, 13	Solférino
12	Lasson	Q10	du Dr Arnold Netter, 34	des Marguettes, 9	Picpus
19	Lassus	O5	de Belleville, 137	Fessart, 1	Jourdain
16	Lasteyrie (de)	D5	Av. Raym. Poincaré, 101	de la Pompe, 180	Victor-Hugo
18	Lathuille (pas.)	I3	Av. de Clichy, 12ter	Pas. de Clichy, 11	Place Clichy
5	Latran (de)	K9	Jean de Beauvais, 10	Thénard, 7	Maubert-Mutualité
17	Laugier (v.)	E4	Laugier, 36bis		Pereire
17	Laugier	F4	Poncelet, 23	Gouvion-St-Cyr, 7	Ternes
19	Laumière (av. de)	N4	Pl. Armand Carrel	Jean Jaurès, 94	Laumière
15	Laure Surville	D10	Av. Emile Zola, 4	de la Convention, 3	Javel-André Citröen
20	Laurence Savart	P6	Boyer, 16	du Retrait, 19	Gambetta
16	Laurent-Pichat	D5	Av. Foch, 52	Pergolèse, 49	Victor-Hugo
16	Lauriston	E5	de Presbourg, 9	de Longchamp ..1-2 à 62-67	Kléber
		E6		62-67 à fin	Boissière
19	Lauzin	N5	Rébeval, 39	Av. Simon Bolivar, 59b	Belleville
1	Lavandières Ste-Opportune (des)	K7	Av. Victoria, 24	des Halles, 7	Châtelet
10	Lavoir (v. du)	L6	René Boulanger, 68b		Strasbourg-St-Denis
8	Lavoisier	H5	d'Anjou, 57	d'Astorg, 22	Saint-Augustin
14	Le Brix et Mesmin	I13	Bd Jourdan, 107	Geor. de Porto Riche, 6	Porte d'Orléans
13	Le Brun	L11	Bd Saint-Marcel, 55	Av. des Gobelins, 47	Les Gobelins
20	Le Bua	Q6	Pelleport, 56	du Surmelin, 24	Pelleport
17	Le Chatelier	E3	Av. de Villiers, 120	de Courcelles, 183	Pereire
6/7	Le Corbusier (pl.)	I9	Bd Raspail	de Sèvres	Sèvres-Babylone
13	Le Dantec	K12	Bd Aug. Blanqui, 81	Barrault, 12	Corvisart
5	Le Goff	J9	Soufflot, 15	Gay-Lussac, 9	Luxembourg
15	Le Gramat (al.)	D10	André Lefebvre, 5	Gutenberg, 56	Javel-André Citröen
16	Le Marois	B11	Av. de Versailles, 195	Bd Murat, 117	Porte de St-Cloud
16	Le Nôtre	E7	Av. de New York, 64	Bd Delessert, 1	Passy
9	Le Peletier	J5	Bd des Italiens, 16	Pl. Kossuth	Richelieu-Drouot
4	Le Regrattier	L9	Q. d'Orléans, 22	Q. de Bourbon, 19b	Pont-Marie
16	Le Sueur	E5	Av. Foch, 32	Pl. du Gal Patton	Argentine
16	Le Tasse	E7	Franklin, 20		Trocadéro
20	Le Vau	Q6	Av. Ibsen	Av. Pte Ménilmontant	Porte de Bagnolet
6	Le Verrier	I10	d'Assas, 114	N.-D. des Champs, 99	Vavin
16	Léa Blain (imp.)	B9	Bd Suchet, 59		Porte d'Auteuil
18	Léandre (v.)	J3	Av. Junot, 23ter		Lamarck-Caulaincourt
15	Leblanc	C11	Pl. du Moulin de Javel	Pl. R. Guillemard .1-2 à 47-52	Bd Victor
		D11		47-52 à fin	Balard
17	Lebon	E4	Pierre Demours, 11bis	Bd Pereire, 195	Porte Maillot
14	Lebouis (imp.)	H11	Lebouis, 5		Gaîté

Ar./Districts	Rues/Street	Plan/Map	Commençant/Beginning	Finissant/Ending	Métro/Subway
14	**Lebouis**	H11	de l'Ouest, 21	Ray. Losserand, 8	*Gaîté*
17	**Lebouteux**	H4	de Saussure, 13	de Lévis, 32	*Villiers*
17	**Lechapelais**	I3	Av. de Clichy, 33	Lemercier, 8	*La Fourche*
11	**Léchevin**	N7	Av. Parmentier, 64	Pas. St-Ambroise, 9bis	*Parmentier*
20	**Leclaire (c.)**	Q7	Riblette, 17		*Porte de Montreuil*
14	**Leclerc**	J11	du Fbg St-Jacques, 72	Bd Saint-Jacques, 50	*St-Jacques*
17	**Lécluse**	I3	Bd des Batignolles, 14	des Dames, 15	*Porte de Clichy*
17	**Lecomte**	H3	Legendre, 97bis	Clairaut, 15	*Brochant*
16	**Lecomte de Noüy**	A10	Bd Murat, 56	Av. Parc des Princes, 1	*Exelmans*
16	**Leconte de Lisle**	C9	Av. Théo. Gautier, 60	Pierre Guérin, 8	*Eglise d'Auteuil*
16	**Leconte de Lisle (v.)**	C9	Leconte de Lisle, 9		*Eglise d'Auteuil*
15	**Lecourbe**	G10	Bd Garibaldi, 96	Bd Victor *..1-2 à 107-112*	*Sèvres-Lecourbe*
		D11		*....107-112 à 195-202*	*Vaugirard*
				....195-202 à 292-295	*Convention*
				.........292-295 à fin	*Lourmel*
15	**Lecourbe (v.)**	E11	Lecourbe, 295		*Lourmel*
14	**Lecuirot**	H12	d'Alésia, 141bis	Louis Morard, 18	*Alésia*
18	**Lécuyer**	K3	Ramey, 41	Custine, 48	*Château-Rouge*
14	**Ledion**	H13	Didot, 115	Giordano Bruno, 28	*Porte d'Orléans*
12	**Ledru-Rollin (av.) 1 à 87 - 2 à 88**	M9	Q. de la Rapée, 96	de la Roquette *.1-2 à 73-78*	*Quai de La Rapée*
11	**89 à 113 - 90 à 116**	N8		*......73-78 à 115-118*	*Ledru-Rollin*
				.........115-118 à fin	*Voltaire*
15	**Lefebvre (bd)**	F12	Pl. Pte de Versailles	Limite 14ème *.1-2 à 56-91*	*Porte de Versailles*
				..........56-91 à fin	*Porte de Vanves*
15	**Lefebvre**	E12	Olivier de Serres, 108	Bd Lefebvre, 55	*Porte de Versailles*
17	**Legendre (pas.)**	I2	Av. de Saint-Ouen, 59	Legendre, 186	*Guy Môquet*
17	**Legendre**	G4	Pl. du Gal Catroux, 8	Av. St-Ouen *...1-2 à 65-78*	*Malesherbes*
		H3		*.......65-78 à 119-132*	*La Fourche*
				.........119-132 à fin	*Guy Môquet*
17	**Léger (imp.)**	G3	de Tocqueville, 57bis		*Villiers*
7	**Légion d'Honneur (de la)**	I7	Q. Anatole France	de Lille	*Musée d'Orsay*
14	**Légion Etrangère (de la)**	H14	Av. Pte d'Orléans	Bd Romain Rolland	*Porte d'Orléans*
10	**Legouvé**	L5	de Lancry, 57	Lucien Sampaix, 24	*Jacques Bonsergent*
19	**Legrand**	N5	Burnouf, 12	Simon Bolivar, 83	*Colonel Fabien*
12	**Legraverend**	N9	Bd Diderot, 27ter	Av. Daumesnil, 32	*Gare de Lyon*
18	**Leibniz**	J1	du Poteau, 91	Av. de St-Ouen, 132	*Porte de St-Ouen*
18	**Leibniz (sq.)**	I1	Leibniz, 62		*Porte de St-Ouen*
16	**Lekain**	D8	de l'Annonciation, 29	Pl. Chopin, 2	*La Muette*
14	**Lemaignan**	J13	de l'Am. Mouchez, 26	Av. Reille, 23	*Cité Universitaire*
19	**Léman (du)**	Q5	de Belleville, 349	Bd Sérurier, 9	*Pré-St-Gervais*
17	**Lemercier (c.)**	H3	Lemercier, 30		*La Fourche*

Ar./Districts	Rues/Street	Plan/Map	Commençant/Beginning	Finissant/Ending	Métro/Subway
17	Lemercier	H3	des Dames, 14	Cardinet, 168bis	La Fourche/Brochant
2	Lemoine (pas.)	K6	Bd de Sébastopol, 135	Saint-Denis, 232	Strasbourg-St-Denis
20	Lémon	N5	Bd de Belleville, 120	Dénoyez, 9	Bastille
14	Leneveux	I13	Marguerin, 12	Alphonse Daudet, 14	Alésia
9	Lentonnet	K4	Condorcet, 16	Pétrelle, 21	Anvers
16	Léo Delibes	E6	Av. Kléber, 88	Lauriston, 99	Boissière
13	Léo Fränkel	N13	du Chevaleret	Watt	Biblio. F. Mitterrand
13	Léo Hamon (espl.)	K11	Bd de Port-Royal	Bd Arago	Les Gobelins
18	Léon	K2	Cavé, 34	Ordener, 33	Château-Rouge
18	Léon (pas.)	K3	Saint-Luc, 3	Saint-Luc, 15	Château Rouge
11	Léon Blum (pl.)	N8	Bd Voltaire, 128	Av. Parmentier, 2	Voltaire
13	Léon Bollée (av.)	L14	Pl. de Port-au-Prince	Av. de la Pte d'Italie	Porte d'Italie
16	Léon Bonnat	C9	Ribera, 16		Jasmin
7	Léon Bourgeois (al.)	E8	Q. Branly, 67bis	Av. Octave Gréard, 2	Bir-Hakeim
2	Léon Cladel	J6	Montmartre, 111	Réaumur, 130	Bourse
17	Léon Cogniet	F4	Médéric, 17	Cardinet, 14	Courcelles
17	Léon Cosnard	G3	Legendre, 19	de Tocqueville, 40	Villiers
15	Léon Delagrange	D11	Bd Victor, 37		Porte de Versailles
15	Léon Delhomme	F11	François Villon, 3	Yvart, 4	Vaugirard
16	Léon Deubel (pl.)	B11	Gudin	Le Marois	Porte de St-Cloud
15	Léon Dierx	F12	Bd Lefebvre, 86	Av. Alb. Bartholomé, 43	Porte de Vanves
17	Léon Droux	H4	Bd des Batignolles, 78	de Chéroy, 2	Rome
20	Léon Frapié	Q5	des Fougères	Evariste Galois	Saint-Fargeau
11	Léon Frot	O8	Bd Voltaire, 195	de la Roquette, 158	Charonne
20	Léon Gaumont (av.)	R9	de Lagny	Av. Benoît Frachon	Porte de Montreuil
19	Léon Giraud	N3	de Crimée, 144	de l'Ourcq, 19	Ourcq
15	Léon Guillot (sq.)	F11	de Dantzig, 11		Convention
16	Léon Heuzey (av.)	C9	de Rémusat, 19		Mirabeau
17	Léon Jost	F4	de Chazelles, 1	Cardinet, 6	Courcelles
10	Léon Jouhaux	M6	Pl. de la République, 12	Q. de Valmy, 43	République
15	Léon Lhermitte	F10	de la Croix Nivert, 91	Péclet, 4	Commerce
15	Léon Séché	F10	Jean Formigé, 1	Petel, 2bis	Vaugirard
10	Léon Schwartzenberg	L5	Sq. André Satragne, 9	Cr Ferme St-Lazare, 9	Gare de l'Est
7	Léon Vaudoyer	G9	Av. de Saxe, 40	Pérignon, 12	Ségur
13	Léon-Maurice Nordmann	K11	Bd Arago, 45	de la Santé, 61	Glacière
6/7/15	Léon-Paul Fargue (pl.)	H9	de Sèvres	Bd du Montparnasse	Duroc
12	Léonard Bernstein (pl.)	N11	de Bercy	Paul Belmondo	Bercy
16	Léonard de Vinci	E5	Paul Valéry, 37bis	Pl. Victor Hugo, 2	Victor-Hugo
16	Léonce Reynaud	F6	Av. Marceau, 5	Freycinet, 10	Alma-Marceau
14	Léone (v.)	H12	Bardinet, 16		Alésia
14	Léonidas	H12	des Plantes, 32	Hippolyte Maindron, 31	Alésia

Ar./Districts	Rues/Street	Plan/Map	Commençant/Beginning	Finissant/Ending	Métro/Subway
14	Léonie Kastner (voie)	G12	Didot, 94ter	Al. Henry Dunant	*Porte de Vanves*
15	Léontine	D10	Sébastien Mercier, 38	des Cévennes, 29	*Javel-André Citröen*
16	Léopold II (av.)	C9	J. de La Fontaine, 36	Pl. Rodin	*Jasmin*
2	Léopold Bellan	K6	Montorgueil, 73	Montmartre, 82	*Sentier*
14	Léopold Robert	I10	Bd du Montparnasse, 122	Bd Raspail, 213	*Vavin*
1/7	Léo. Sédar Senghor (plle)	I7	Q. des Tuileries	Q. d'Orsay	*Solférino*
19	Lepage (c.)	M4	de Meaux, 31	Bd de la Villette, 168	*Jaurès*
18	Lepic (pas.)	J3	Lepic, 16	Robert Planquette, 10	*Blanche*
18	Lepic	J3	Bd de Clichy, 82	Pl. J.-Bap. Clément, 7	*Blanche*
13	Leredde	N12	de Tolbiac, 17	Dessous-des-Berges, 68	*Biblio. F. Mitterrand*
15	Leriche	E11	de Vaugirard, 375bis	Olivier de Serres, 48	*Convention*
15	Leroi-Gourhan	E9	Al. du Gal Denain	George Bernard Shaw	*Dupleix*
16	Leroux	E5	Av. Victor Hugo, 54	Av. Foch, 33	*Victor-Hugo*
20	Leroy (c.)	P6	V. de l'Hermitage, 19		*Jourdain*
12	Leroy Dupré	P10	Bd de Picpus, 40	Sibuet, 25	*Bel-Air*
16	Leroy-Beaulieu (sq.)	C8	Av. Adrien Hébrard, 8		*Jasmin*
14	Les Portiques d'Orléans	I12	Av. du Gal Leclerc, 28	Sq. Henri Delormel, 2	*Mouton-Duvernet*
20	Lesage (cr)	N5	Lesage, 13	de Belleville, 48	*Belleville*
20	Lesage	N5	de Tourtille, 28	Jouye-Rouve, 16	*Belleville*
4	Lesdiguières (de)	M8	de la Cerisaie, 8	Saint-Antoine, 9	*Bastille*
20	Lespagnol	O8	du Repos, 4		*Philippe Auguste*
20	Lesseps (de)	P7	de Bagnolet, 81bis		*Alexandre Dumas*
15	Letellier	F9	Violet, 21	de la Croix-Nivert, 26	*Emile Zola*
15	Letellier (v.)	E9	Letellier, 20		*Emile Zola*
18	Letort (imp.)	J2	Letort, 32		*Simplon*
18	Letort	J1	Duhesme, 71	Belliard, 59	*Pte de Clignancourt*
20	Leuck Mathieu	Q7	des Prairies, 40	de la Cour des Noues, 5	*Gambetta*
12	Levant (cr du)	O12	Q. de Bercy, 82	Baron Le Roy, 84	*Cour Saint-Emilion*
20	Levert	O5	Pl. Henri Krasucki	de Belleville, 174	*Place des Fêtes*
17	Lévis (imp. de)	H4	de Lévis, 22		*Villiers*
17	Lévis (pl. de)	G4	Legendre	Lévis	*Villiers*
17	Lévis (de)	H4	Av. de Villiers, 4	Cardinet, 100	*Villiers*
12	Lheureux	O12	Av. Terroirs de France, 33	Pirogues de Bercy, 30	*Cour Saint-Emilion*
11	Lhomme (pas.)	N8	de Charonne, 26	Pas. Josset, 10	*Ledru-Rollin*
5	Lhomond	K10	Fossés St-Jacques, 26	de l'Arbalète, 8	*Censier-Daubenton*
15	Lhuillier	F11	Olivier de Serres, 33		*Convention*
14	Liancourt	I11	Boulard, 32	Av. du Maine, 129	*Denfert-Rochereau*
14	Liard	J14	de l'Am. Mouchez, 78	de la Cité Universitaire, 1	*Cité Universitaire*
20	Liban (du)	O6	Julien Lacroix, 7	des Maronites, 46	*Ménilmontant*
19	Liberté (de la)	P4	de Mouzaïa, 11	de la Fraternité, 1	*Danube*
16	Liberté et Droits de l'Homme (parv.)	E7	Pl. du Trocadéro		*Trocadéro*

Ar./Districts	Rues/Street	Plan/Map	Commençant/Beginning	Finissant/Ending	Métro/Subway
12	Libourne (de)	O12	Av. Terroirs de France, 17	Pirogues de Bercy, 14	*Cour Saint-Emilion*
13	Liégat (cr du)	N12	du Chevaleret, 113		*Biblio. F. Mitterrand*
9	Liège (de) 1 à 19 - 2 à 18	I4	de Clichy, 37	Pl. de l'Europe, 40	*Liège*
8	21 à 47 - 20 à 40	I4			*Europe*
12	Lieutenance (se. de la)	Q10	Bd Soult, 81bis	V. du Bel Air, 19	*Bel-Air*
20	Lieutenant Chauré (du)	Q6	du Cap. Ferber, 37	Etienne Marey, 14	*Pelleport*
1	Lt Henri Karcher (pl. du)	J7	Crx des Petits Champs	du Col. Driant	*Palais Royal*
14	Lieutenant Lapeyre (du)	G13	Bd Brune, 46	du Gal Séré de Rivières	*Porte de Vanves*
14	Lt Stéphane Piobetta (pl. du)	H12	Av. Villemain	Alésia	*Plaisance*
18	Lt-Colonel Dax (du)	J1	René Binet, 40	Jean-Henri Fabre	*Pte de Clignancourt*
16	Lt-Colonel Deport (du)	A11	Pl. du Gal Stefanik, 1	Pl. du Dr. P. Michaux, 4	*Porte de St-Cloud*
15	Lieuvin (du)	F12	des Morillons, 72	Fizeau, 13	*Porte de Vanves*
20	Ligner	P8	de Bagnolet, 39	de Bagnolet, 55	*Alexandre Dumas*
19	Lilas (des)	P4	du Pré St-Gervais, 25	Bd Sérurier, 117	*Place des Fêtes*
19	Lilas (v. des)	P4	de Mouzaïa, 36	de Bellevue, 21	*Place des Fêtes*
9	Lili Boulanger (pl.)	I4	Ballu	de Vintimille	*Place Clichy*
7	Lille (de)	I8	des Saints-Pères, 4	A. Brind, 1 *.1-2 à 65-89*	*Musée d'Orsay*
		H7		*65-89 à fin*	*Assemblée Nationale*
13	Limagne (sq. de la)	N13	Av. Boutroux, 2	Bd Masséna, 21	*Porte d'Ivry*
13	Limousin (sq. du)	N13	Av. Pte de Vitry, 17	Darmesteter, 6	*Porte d'Ivry*
8	Lincoln	F6	François Ier, 56	Av. Champs Elysées, 73	*George V*
1	Lingères (pas. des)	J7	des Halles	Berger, 21	*Les Halles*
1	Lingerie (de la)	K7	des Halles, 22	des Innocents, 21	*Les Halles*
5	Linné	L10	Lacépède, 2	Pl. Jussieu, 7	*Jussieu*
9	Lino Ventura (pl.)	J4	des Martyrs	Av. Trudaine	*Charles Michels*
15	Linois	D9	Pl. Fernand Forest, 7	Pl. Charles Michels, 2	*Charles Michels*
4	Lions Saint-Paul (des)	L8	du Petit-Musc, 7	Saint-Paul, 6	*Sully-Morland*
20	Lippmann	R9	de Lagny, 108	Louis Delaporte, 7	*Porte de Vincennes*
11	Lisa (pas.)	N8	Popincourt, 26		*Voltaire*
8	Lisbonne (de)	G4	du Général Foy, 13	de Courcelles, 60	*Villiers/Courcelles*
13	Liserons (des)	K13	Brillat-Savarin, 46	des Glycines	*Cité Universitaire*
20	Lisfranc	Q7	Stendhal, 18	des Prairies, 21	*Gambetta*
6	Littré	H10	de Vaugirard, 81	de Rennes, 148	*Montparnasse-Bienv.*
18	Livingstone	K3	d'Orsel, 8	Pl. Saint-Pierre	*Anvers*
4	Lobau (de)	K8	Q. de l'Hôtel de Ville	de Rivoli	*Hôtel de Ville*
6	Lobineau	J9	de Seine, 76	Mabillon, 5	*Mabillon*
17	Logelbach (de)	G4	de Phalsbourg, 1	Henri Rochefort, 18	*Monceau*
14	Loing (du)	I13	d'Alésia, 65	Sarrette, 18	*Alésia*
19	Loire (q. de la)	N3	Av. Jean Jaurès, 1	de Crimée, 155	*Riquet*
13	Loiret (du)	N13	Regnault, 8	du Chevaleret, 12	*Porte d'Ivry*
4	Lombards (des) 1 à 25 - 2 à 28	K7	Saint-Martin, 11	Sainte-Opportune, 4	*Châtelet*

Ar./Districts	Rues/Street	Plan/Map	Commençant/Beginning	Finissant/Ending	Métro/Subway
1	31 à 41 - 42 à 68	K7	....	....	*Châtelet*
9	**Londres (c. de)**	I5	Saint-Lazare, 84	de Londres, 13	*Trinité*
9	**Londres (de)** 1 à 35 - 2 à 38 ..	I5	Pl. d'Estienne d'Orves, 1 .	Pl. de l'Europe *.1-2 à 35-38*	*Trinité*
8	39 à 51 - 40 à 60	H4	....	..........*35-38 à fin*	*Europe*
16	**Longchamp (de)**	E6	Pl. d'Iéna, 8	Bd Lannes *.1-2 à 86-91*	*Iéna*
	....	D6	....	..........*86-91 à fin*	*Av. Foch*
16	**Longchamp (v. de)**	E6	de Longchamp, 36	....	*Trocadéro*
13	**Longues Raies (des)**	K14	Bd Kellermann	....	*Cité Universitaire*
8	**Lord Byron**	F5	Chateaubriand, 11	Arsène Houssaye, 6 ..	*George V*
19	**Lorraine (de)**	O3	de Crimée, 96	de Crimée, 134	*Ourcq*
19	**Lorraine (v. de)**	P4	de la Liberté, 22	....	*Danube*
19	**Lot (q. du)**	N1	Bd Macdonald	Aubervilliers (93)	*Porte la Villette*
16	**Lota (de)**	C6	de Longchamp, 131 ...	Benjamin Godard, 11 .	*Porte Dauphine*
1	**Louis Aragon (al.)**	J7	Clémence Royer	....	*Les Halles*
4	**Louis Aragon (pl.)**	K8	quai de Bourbon	quai de Bourbon	*Pont Marie*
15	**Louis Armand**	D12	Pl. Mart. Pte de Sèvres .	de la Pte d'Issy	*Balard*
12	**Louis Armand (pl.)**	M10	Parvis Gare de Lyon ...	....	*Gare de Lyon*
13	**Louis Armstrong (pl.)**	L11	Jeanne d'Arc	Esquirol	*Campo-Formio*
18	**Louis Baillot (pl.)**	L2	Ordener	Marcadet	*Marcadet-Poissonniers*
16	**Louis Barthou (av.)**	C6	Av. du Mal Fayolle	Pl. de Colombie	*Rue de la Pompe*
17	**Louis Bernier (pl.)**	F2	Stéphane Grappelli, 8 ..	Albert Roussel, 25	*Porte de Clichy*
10	**Louis Blanc**	M4	Pl. du Col. Fabien, 11 ..	du Fbg St-Denis, 35	*Louis Blanc*
16	**Louis Blériot (q.)**	C10	Av. de Versailles, 9	Bd Murat, 191	*Mirabeau*
16	**Louis Boilly**	C7	Av. Raphaël, 20	Bd Suchet, 19	*La Muette*
11	**Louis Bonnet**	N6	de l'Orillon, 37	Bd de Belleville, 79 ...	*Belleville*
12	**Louis Braille**	Q11	Bd de Picpus, 4	du Gal Michel Bizot, 113	*Bel-Air*
7	**Louis Codet**	G8	Bd La Tour-Maubourg, 88 .	Chevert, 19	*Ecole Militaire*
16	**Louis David**	D7	Scheffer, 43	de la Tour, 72bis	*Passy*
20	**Louis Delaporte**	R9	Noël Ballay, 7	de Lagny, 112	*Porte de Vincennes*
20	**Louis Delgrès**	O6	des Cendriers, 19	des Panoyaux, 16	*Ménilmontant*
20	**Louis Ganne**	Q7	Bd Davout, 162	Louis Lumière, 73	*Porte de Bagnolet*
12	**Louis Gentil (sq.)**	Q12	Joseph Chailley, 5	Av. du Gal Dodds, 6 ..	*Porte Dorée*
2	**Louis le Grand**	I6	Danielle Casanova, 16 ..	Bd des Italiens, 31	*Opéra*
4	**Louis Lépine (pl.)**	K8	Q. de la Corse	de la Cité	*Cité*
17	**Louis Loucheur**	I1	Bd Bessières, 24	Fernand Pelloutier, 8 ..	*Porte de St-Ouen*
20	**Louis Lumière**	Q7	Eugène Reisz	Av. Pte de Bagnolet ...	*Porte de Bagnolet*
5	**Louis Marin (pl.)**	J10	de l'Abbé de l'Epée	Bd Saint-Michel	*Luxembourg*
14	**Louis Morard**	H12	des Plantes, 56bis	Jacquier, 1	*Alésia*
8	**Louis Murat**	G5	du Dr Lancereaux, 26 ..	de Monceau, 24	*Courcelles*
18	**Louis Pasteur Vallery-Radot**	I1	Gérard de Nerval, 13 ..	Av. Pte St-Ouen, 36 ..	*Porte de St-Ouen*
13	**Louis Pergaud**	K14	Francis de Miomandre ..	du Val de Marne	*Cité Universitaire*

Ar./Districts	Rues/Street	Plan/Map	Commençant/Beginning	Finissant/Ending	Métro/Subway
20	Louis Robert (imp.)	O6	de l'Ermitage, 10bis		*Ménilmontant*
5	Louis Thuillier	J10	d'Ulm, 42	Gay-Lussac, 41bis	*Luxembourg*
15	Louis Vicat	F13	Pl. Insurgés de Varsovie	Bd Adolphe Pinard	*Porte de Vanves*
17	Louis Vierne	E3	Jacques Ibert, 21		*Louise Michel*
20	Louis-Nicolas Clérambault	O6	Duris, 24	des Amandiers, 75	*Père-Lachaise*
11	Louis-Philippe (pas.)	M8	de Lappe, 21	Pas. Thiéré, 27	*Bastille*
4	Louis-Philippe (pt)	L8	Q. de l'Hôtel de Ville	Q. de Bourbon	*Hôtel de Ville*
18	Louise Blanquart	K3	Ronsard	Charles Nodier	*Anvers*
14	Louise et Tony (sq.)	I13	du Loing, 7bis		*Alésia*
19	Louise Labé (al.)	N5	Rébeval, 19	Simon Bolivar, 61	*Belleville*
19	Louise Thuliez	P4	Compans, 48	des Lilas, 1	*Place des Fêtes*
13	Louise Weiss	M12	du Chevaleret, 106	Bd Vincent Auriol, 59	*Chevaleret*
18	Louisiane (de la)	L2	de la Guadeloupe, 2	de Torcy, 21	*Marx Dormoy*
17	Loulou Gasté (pl.)	F3	Alfred Roll	Bd Pereire	*Pereire*
19	Lounès Matoub	N1	Bd Macdonald, 170	Emile Bollaert	*Porte de la Villette*
14	Lourcine (v. de)	J12	Cabanis, 20	Dareau, 7	*Saint Jacques*
15	Lourmel (de)	E9	Pl. Marcel Cerdan	Leblanc *1-2 à 53-58*	*Dupleix*
		D10		*53-58 à 115-120*	*Charles Michels*
				115-120 à fin	*Lourmel*
14	Louvat (imp.)	I12	Sivel, 3	V. Loubat	*Denfert-Rochereau*
14	Louvat (v.)	I12	Boulard, 38bis		*Denfert-Rochereau*
2	Louvois (de)	J6	de Richelieu, 71	Sainte-Anne, 60	*Quatre Septembre*
1	Louvre (pl. du)	J7	de l'Amiral de Coligny		*Louvre*
1	Louvre (q. du)	J7	Pont Neuf	de l'Amiral de Coligny	*Pont-Neuf*
1	Louvre (du) 1 à 25 - 10 à 52	J7	de Rivoli, 154	du Mail *1-10 à 45-52*	*Louvre-Rivoli*
2	27 à 37 - 54 à 62	J6		*45-52 à fin*	*Sentier*
7	Lowendal (av. de) 1 à 23 - 2 à 14	G8	Av. de Tourville, 7	Bd de Grenelle *1-2 à 14-17*	*Ecole Militaire*
15	16 à 26 - 25 à 37	F9		*14-17 à fin*	*Cambronne*
15	Lowendal (sq.)	F9	Alexandre Cabanel, 5		*Cambronne*
16	Lübeck (de)	E6	Av. d'Iéna, 23	Av. du Pdt Wilson, 34	*Iéna*
15	Lucien Bossoutrot	C11	du Gal Lucotte	Bd Gal Martial Valin	*Balard*
14	Lucien Descaves (av.)	I14	Av. Paul-Vail. Couturier	Av. André Rivoire	*Cité Universitaire*
20	Lucien et Sacha Guitry	Q9	Crs de Vincennes, 47	de Lagny, 48	*Porte de Vincennes*
18	Lucien Gaulard	J3	Caulaincourt, 98		*Lamarck-Caulaincourt*
5	Lucien Herr (pl.)	K10	Lhomond	Vauquelin	*Censier-Daubenton*
20	Lucien Lambeau	R8	Louis Lumière	Av. André Lemierre	*Porte de Montreuil*
20	Lucien Leuwen	Q7	Stendhal, 3ter		*Gambetta*
10	Lucien Sampaix	L5	du Château d'Eau, 32	Q. de Valmy, 103	*Jacques Bonsergent*
2	Lulli	J6	Rameau, 2	de Louvois, 1	*Quatre Septembre*
14	Lunain (du)	I13	d'Alésia, 69	Sarrette, 24	*Alésia*
2	Lune (de la)	K6	Bd Bonne Nouvelle, 5b	Poissonnière, 36	*Bonne Nouvelle*

Ar./Districts	Rues/Street	Plan/Map	Commençant/Beginning	Finissant/Ending	Métro/Subway
19	**Lunéville (de)**	O3	Av. Jean Jaurès, 148	Petit, 65	*Ourcq*
4	**Lutèce (de)**	K8	Pl. Louis Lépine	Bd du Palais, 3	*Cité*
7	**Luynes (de)**	I8	Bd St-Germain, 199bis	Bd Raspail, 9	*Rue du Bac*
7	**Luynes (sq. de)**	I8	de Luynes, 5		*Rue du Bac*
20	**Lyanes (des)**	Q7	de Bagnolet, 147	Pelleport, 32	*Porte de Bagnolet*
20	**Lyanes (v. des)**	Q7	des Lyanes, 16		*Porte de Bagnolet*
16	**Lyautey**	D8	Raynouard, 30	de l'Abbé Gillet, 1	*Passy*
12	**Lyon (de)**	M9	Pl. Combat. en A. du N.	Pl. de la Bastille	*Gare de Lyon/Bastille*
5	**Lyonnais (des)**	K11	Broca, 40	Berthollet, 19	*Censier-Daubenton*

M

Ar./Districts	Rues/Street	Plan/Map	Commençant/Beginning	Finissant/Ending	Métro/Subway
6	**Mabillon**	J9	du Four, 13	Saint-Sulpice, 30	*Mabillon*
17	**Mac-Mahon (av.)**	E5	Pl. Charles de Gaulle	Av. des Ternes, 33bis	*Ch. de Gaulle-Etoile*
19	**Macdonald (bd)**	O1	Bd Sérurier	d'Aubervilliers, 224	*Porte la Villette*
12	**Mâconnais (des)**	O12	Lheureux, 8	Baron Le Roy, 62	*Cour Saint-Emilion*
12	**Madagascar (de)**	P11	des Meuniers, 32	de Wattignies, 56	*Porte de Charenton*
6	**Madame**	I9	de Rennes, 55	d'Assas, 49	*St-Sulpice*
1	**Madeleine (bd de la) 1 à 23**	I6	Cambon, 53	Pl. de la Madeleine, 10	*Madeleine*
8	**25 à 27 - 14 à 16**	I6			*Madeleine*
9	**2 à 12bis**	I6			*Madeleine*
8	**Madeleine (gal. de la)**	H6	Pl. de la Madeleine, 9	Boissy d'Anglas, 30	*Madeleine*
8	**Madeleine (pas. de la)**	H6	Pl. de la Madeleine, 19	de l'Arcade, 4	*Madeleine*
8	**Madeleine (pl. de la)**	H6	Royale, 24-27	Tronchet, 1-2	*Madeleine*
10	**Madeleine Braun (pl.)**	L5	du 8 mai 1945	du Fbg Saint Martin	*Gare de l'Est*
13	**Madeleine Brès**	K13	Annie Girardot	Brillat Savarin	*Maison Blanche*
17	**Madeleine Daniélou (pl.)**	D3	Cino Del Duca	Bd d'Aurelle de Paladines	*Porte Maillot*
20	**Madeleine Marzin**	Q8	du Volga, 57	d'Avron, 128	*Porte dxe Montreuil*
15	**M. Renaud et J. L. Barrault (pl.)**	G11	du Cotentin, 17	André Gide, 1	*Pasteur*
15	**Mademoiselle**	F10	des Entrepreneurs, 105	Cambronne, 80	*Commerce*
18	**Madone (de la)**	L2	Marc Séguin, 32	des Roses, 13	*Marx Dormoy*
8	**Madrid (de)**	H4	Pl. de l'Europe	du Général Foy, 16	*Europe*
17	**Magasins de l'Opéra Comique (pl.)**	F2	Bd Berthier, 72	Marguerite Long, 2	*Porte de Clichy*
16	**Magdebourg (de)**	E7	de Lubeck, 38	Av. Kléber, 79	*Trocadéro*
8	**Magellan**	F6	Quentin-Bauchart, 15	de Bassano, 48	*George V*
13	**Magendie**	K11	Corvisart, 8	des Tanneries, 7	*Glacière*
9	**Magenta (bd de) 155 et 157**	L6	Pl. de la République	Bd Rochechouart *.1-2 à 65-66*	*Jacques Bonsergent*
10	**1 à 153 - 2 à 170**	L4		*65-66 à 99-112*	*Gare de l'Est/du Nord*
				99-112 à fin	*Jacques Bonsergent*
10	**Magenta (c. de)**	L5	Bd de Magenta, 33	C. Hittorf, 3-4	*Jacques Bonsergent*

Ma

Ar./Districts	Rues/Street	Plan/Map	Commençant/Beginning	Finissant/Ending	Métro/Subway
19	**Magenta**	**P1**	Pl. Auguste Baron	Pantin (93)	*Porte la Villette*
6	**Mahmoud Darwich (pl.)**	**J8**	Quai Malaquais	de Seine	*St-Germain-des-Prés*
20	**Maigrot-Delaunay (pas.)**	**P9**	des Grds Champs, 22	de la Plaine, 15	*Buzenval*
2	**Mail (du)**	**J6**	Pl. des Petits Pères, 9	Montmartre, 83	*Sentier*
11	**Maillard**	**O8**	La Vacquerie, 8	Gerbier, 5	*Voltaire*
11	**Main d'Or (pas. de la)**	**N9**	du Fbg St-Antoine, 131	de Charonne, 58	*Ledru-Rollin*
11	**Main d'Or (de la)**	**N9**	Trousseau, 9	Pas. de la Main d'Or, 4b	*Ledru-Rollin*
15	**Maine (av. du)** 1 à 39 - 2 à 58	**H10**	Bd Montparnasse, 38	Pl. V. et H. Basch *.1-2 à 63-66*	*Montparnasse-Bienv.*
14	41 à 205 - 64 à 238	**I12**		*63-66 à 131-144*	*Gaîté*
				131-144 à fin	*Alésia*
14	**Maine (du)**	**H10**	de la Gaîté, 8	Av. du Maine, 45	*Edgar-Quinet*
6	**Maintenon (al.)**	**H10**	de Vaugirard, 114		*Montparnasse-Bienv.*
3	**Maire (au)**	**L7**	des Vertus, 9	de Turbigo, 42	*Arts-et-Métiers*
18	**Mairie (c. de la)**	**J3**	La Vieuville, 20		*Abbesses*
13	**Maison Blanche (de la)**	**L13**	Av. d'Italie, 63	de Tolbiac, 141	*Tolbiac*
11	**Maison-Brûlée (cr de la)**	**N9**	du Fbg St-Antoine, 89		*Ledru-Rollin*
14	**Maison Dieu**	**H11**	Ray. Losserand, 21	Av. du Maine, 124	*Gaîté*
5	**Maître Albert**	**K9**	Q. de la Tournelle, 73	Pl. Maubert, 29	*Maubert-Mutualité*
16	**Malakoff (av. de)**	**D5**	Av. Foch, 50	Av. Grande Armée, 89	*Porte Maillot*
16	**Malakoff (imp. de)**	**D5**	Bd de l'Am. Bruix		*Porte Maillot*
16	**Malakoff (v.)**	**E6**	Av. Raym. Poincaré, 32		*Trocadéro*
6	**Malaquais (q.)**	**J8**	de Seine, 2	des Saints-Pères, 1	*St-Germain-des-Prés*
7	**Malar**	**G7**	Q. d'Orsay, 71	Saint-Dominique, 88	*La Tour-Maubourg*
15	**Malassis**	**E12**	Vaugelas, 23	Olivier de Serres, 76	*Convention*
5	**Malebranche**	**J9**	Saint-Jacques, 184	Le Goff, 1	*Luxembourg*
8	**Malesherbes (bd)** 1 à 121 - 2 à 92	**H5**	Pl. de la Madeleine, 9	Bd Berthier *.1-2 à 17-78*	*Madeleine*
				17-18 à 62-85	*Saint-Augustin*
17	125 à 207 - 94 à 204	**G3**		*62-85 à 106-131*	*Villiers*
				106-131 à fin	*Malesherbes*
9	**Malesherbes (c.)**	**J4**	des Martyrs, 59	Victor Massé, 22	*Pigalle*
8	**Maleville**	**G4**	Corvetto, 7	Mollien, 4	*Villiers*
4	**Malher**	**L8**	de Rivoli, 6	Pavée, 20	*Saint-Paul*
16	**Malherbe (sq.)**	**B9**	Bd Suchet, 134	Av. du Mal Lyautey, 41	*Porte d'Auteuil*
14	**Mallebay (v.)**	**H12**	Didot, 86		*Plaisance*
16	**Mallet-Stevens**	**B8**	du Dr Blanche, 9		*Jasmin*
13	**Malmaisons (des)**	**L14**	Av. de Choisy, 29	Gandon, 21	*Maison Blanche*
11	**Malte (de)**	**M6**	Oberkampf, 21	du Fbg du Temple, 14	*République*
20	**Malte Brun**	**P7**	Emile Landrin, 17	Av. Gambetta, 36	*Gambetta*
5	**Malus**	**K10**	de la Clef, 45	Monge, 75	*Place Monge*
2	**Mandar**	**K6**	Montorgueil, 57	Montmartre, 66	*Sentier*
19	**Manin (v.)**	**P3**	Carrières d'Amérique, 8	de la Solidarité, 25	*Danube*

Ar./Districts	Rues/Street	Plan/Map	Commençant/Beginning	Finissant/Ending	Métro/Subway
19	Manin	N4	Av. Simon Bolivar, 42	Pl. Gal Cochet *1-2 à 6-71*	*Bolivar*
		P3		*6-71 à fin*	*Danube*
9	Mansart	I4	de Douai, 25	Blanche, 80	*Blanche*
9	Manuel	J4	Milton, 13	des Martyrs, 26	*Notre-D. de Lorette*
16	Manutention (de la)	F7	Av. de New York, 24	Av. du Pdt Wilson, 15	*Iéna*
19/20	Maquis du Vercors (pl. du)	Q4	Av. de la Pte des Lilas	René Fonck	*Porte des Lilas*
20	Maraîchers (des)	Q9	Crs de Vincennes, 83	des Pyrénées *1-2 à 37-52*	*Porte de Vincennes*
		Q8		*37-52 à fin*	*Maraîchers*
10	Marais (pas. des)	L5	Pl. Jac. Bonsergent, 10	Legouvé, 3	*Jacques Bonsergent*
16	Marbeau	D5	Pergolèse, 54	Bd de l'Amiral Bruix	*Porte Dauphine*
16	Marbeau (bd)	D5	Marbeau, 23		*Porte Dauphine*
8	Marbeuf	F6	George V, 18	Av. Champs Elysées, 37	*Franklin-D.-Roosevelt*
13	Marc Antoine Charpentier	N13	de Patay, 26	Eugène Oudiné, 5	*Porte d'Ivry*
20	Marc Bloch (pl.)	P8	de le Réunion, 35		*Buzenval*
13	Marc Chagall (al.)	L14	Gandon, 40	Av. d'Italie, 153	*Maison-Blanche*
14	Marc Sangnier (av.)	G13	Pl. de la Pte de Vanves	Av. G. Lafenestre, 14	*Porte de Vanves*
18	Marc Séguin	M2	Cugnot, 7	de la Chapelle, 24	*Marx Dormoy*
18	Marcadet	K2	Ordener	Av. St-Ouen *1-2 à 97-98*	*Marcadet-Poissonniers*
		J2		*97-98 à 189-202*	*Lamarck-Caulaincourt*
				189-202 à fin	*Guy Môquet*
8	Marceau (av.) 2 à 84	F6	Av. du Pdt Wilson, 6	Pl. Ch. de Gaulle *1-2 à 51-54*	*Alma-Marceau*
16	1 à 87	F6		*51-54 à fin*	*Ch. de Gaulle-Etoile*
19	Marceau (v.)	O4	du Gal Brunet, 28	de la Liberté, 3	*Danube*
19	Marcel Achard (pl.)	N5	Rebeval, 10		*Belleville*
18	Marcel Aymé (pl.)	J3	Norvins	Girardon	*Lamarck-Caulaincourt*
15	Marcel Cerdan (pl.)	E9	Bd de Grenelle	de Lourmel	*Dupleix*
16	Marcel Doret (av.)	B11	Bd Murat, 126	Av. Dode de la Brunerie	*Porte de St-Cloud*
12	Marcel Dubois	Q11	Bd Poniatowski, 98	du Gal Laperrine, 5	*Porte Dorée*
13	Marcel Duchamp	M13	Château d. Rentiers, 49	Nationale, 40	*Olympiades*
11	Marcel Gromaire	M7	Bd Beaumarchais, 94	Amelot, 83	*St-Sébastien Froissart*
13	Marcel Jambenoire (al.)	K14	Bd Kellermann, 88		*Cité Universitaire*
19	Marcel Landowski (pas.)	M3	Av. de Frandres, 47	de Tanger, 22bis	*Riquet*
19	Marcel Lods (v.)	N5	Pas. de l'Atlas, 8		*Belleville*
14	Marcel Paul (pl.)	H12	Al. du Château Ouvrier		*Pernety*
8	Marcel Proust (al.)	H6	Pl. de la Concorde	Av. de Marigny	*Champs-Elysées-Clem.*
16	Marcel Proust (av.)	D8	Av. René Boylesve	Berton, 18	*Passy*
11	Marcel Rajman (sq.)	O7	Merlin, 11		*Voltaire*
17	Marcel Renault	E4	Villebois-Mareuil, 5	Pierre Demours, 10	*Ternes*
18	Marcel Sembat	J1	Bd Ney, 140	René Binet	*Pte de Clignancourt*
15	Marcel Toussaint (sq.)	F11	de Dantzig, 7		*Convention*
5	Marcelin Berthelot (pl.)	K9	Jean de Beauvais, 33	Saint-Jacques, 91	*Maubert-Mutualité*

Ar./Districts	Rues/Street	Plan/Map	Commençant/Beginning	Finissant/Ending	Métro/Subway
11	**Marcès (v.)**	N8	Popincourt, 39		*Saint-Ambroise*
19	**Marchais (des)**	P3	Bd d'Indochine		*Danube*
10	**Marché (pas. du)**	L6	Bouchardon, 19	du Fbg St-Martin, 62	*Château-d'Eau*
5	**Marché aux Chevaux (imp. du)**	L11	Geoffroy-St-Hilaire, 5		*St-Marcel*
4	**Marché des Blancs Manteaux (du)**	L8	des Hospit. St-Gervais, 1	Vieille du Temple, 46	*Hôtel de Ville*
5	**Marché des Patriarches (du)**	K10	de Mirbel, 9	des Patriarches, 7	*Censier-Daubenton*
4	**Marché Neuf (q.)**	K8	de la Cité, 6	Bd du Palais, 15	*Cité*
18	**Marché Ordener (du)**	I2	Ordener, 172	Championnet, 175	*Guy Môquet*
11	**Marché Popincourt (du)**	N7	Ternaux, 12	Ternaux, 16	*Parmentier*
12	**Marché St-Antoine (cr du)**	N9	Av. Daumesnil, 39	de Charenton, 86	*Ledru Rollin*
1	**Marché Saint-Honoré (pl.)**	I6	Marché St-Honoré, 13	Marché St-Honoré, 35	*Pyramides*
1	**Marché Saint-Honoré (du)**	I6	Saint-Honoré, 326	Danielle Casanova, 15	*Pyramides*
4	**Marché Ste-Catherine (pl.)**	L8	d'Ormesson, 4	Caron, 7	*Saint-Paul*
20	**Mare (imp. de la)**	O6	de la Mare, 14		*Ménilmontant*
20	**Mare (de la)**	O6	de Ménilmontant, 71	des Pyrénées, 383	*Ménilmontant*
16	**Mal de Lattre de Tassigny (pl.)**	C5	Av. Foch	Bd Lannes	*Porte Dauphine*
16	**Maréchal Fayolle (av. du)**	C6	Pl. Mal Lattre de Tassigny	Av. Louis Barthou	*Porte Dauphine*
16	**Mal Franchet d'Espérey (av. du)**	B8	Pl. de la Pte de Passy, 9	Sq. Tolstoï	*Ranelagh*
7	**Maréchal Gallieni (av. du)**	G7	Q. d'Orsay	Pl. des Invalides	*Invalides*
7	**Maréchal Harispe (du)**	F8	Av. de La Bourdonnais, 26	Al. Adrienne Lecouvreur	*Ecole Militaire*
17	**Maréchal Juin (pl. du)**	F3	Av. de Villiers	de Courcelles	*Pereire*
16	**Maréchal Lyautey (av. du)**	B9	Sq. Tolstoï	Pl. de la Pte d'Auteuil	*Porte d'Auteuil*
16	**Maréchal Maunoury (av. du)**	B7	Pl. de Colombie	Pl. de la Pte de Passy	*La Muette*
1	**Marengo (de)**	J7	de Rivoli, 162	Saint-Honoré, 149	*Louvre*
14	**Marguerin**	I13	d'Alésia, 71	Leneveux, 2	*Alésia*
15	**Marguerite Boucicaut**	D10	de Lourmel, 111	de Sarasate, 3	*Boucicaut*
1	**Marguerite de Navarre (pl.)**	K7	des Innocents	des Halles	*Châtelet*
13	**Marguerite Duras**	N12	Françoise Dolto 22	Thomas Mann, 13	*Quai de la Gare*
17	**Marguerite Long**	F2	Bd Berthier, 74	Bd du Fort de Vaux, 19	*Porte de Clichy*
15	**Marguerite Yourcenar (al.)**	E8	Desaix, 21	Edgar Faure, 26	*Bir-Hakeim*
17	**Margueritte**	F4	Bd de Courcelles, 104	Av. de Wagram, 76	*Courcelles*
12	**Marguettes (des)**	Q10	Av. de St-Mandé, 100		*Porte de Vincennes*
16	**Maria Callas (al.)**	D7	Terre-plein	Av. G. Mandel, 2 à 56	*Rue de la Pompe*
16	**Maria Callas (pl.)**	F7	Pl. de l'Alma	Av. de New York	*Alma Marceau*
17	**Maria Deraismes**	I2	Collette, 4	Arthur Brière, 1	*Guy Môquet*
11	**Maria Doriath (al.)**	P9	Terre-plein	Bd de Charonne, 35 à 55	*Guy Môquet*
17	**Marie (c.)**	H2	Bd Bessière, 91		*Guy Môquet*
4	**Marie (pt)**	L8	Q. de l'Hôtel de Ville	Q. de Bourbon	*Pont-Marie*
12	**Marie Benoist**	P9	Dorian, 1		*Nation*
18	**Marie Blanche (imp.)**	I3	Constance, 9		*Blanche*
20	**Marie de Miribel (pl.)**	Q8	de la Croix St-Simon	Bd Davout	*Porte de Montreuil*

Ar./Districts	Rues/Street	Plan/Map	Commençant/Beginning	Finissant/Ending	Métro/Subway
16	Marie de Régnier (imp.)	D8	Av. René Boylesve, 14	....	*Passy*
10	Marie et Louise	M5	Bichat, 33	Av. Richerand, 8	*Goncourt*
12	Marie Laurencin	Q10	du Sahel, 46	André Derain	*Bel-Air*
20	Marie Laurent (al.)	Q9	de Buzenval	Mounet-Sully, 15	*Buzenval*
6	Marie Pape-Carpantier	I9	Madame, 20	Cassette, 1	*St-Sulpice*
14	Marie Rose	I13	du Père Corentin, 22	Sarrette, 23	*Alésia*
2	Marie Stuart	K6	Dussoubs, 1	Montorgueil, 60	*Etienne Marcel*
15	Marie Vassilieff (v.)	H10	Av. du Maine, 21	....	*Montparnasse-Bienv.*
13	M.-A. Lagroua Weill-Hallé	N12	Thomas Mann, 25	A. Domont, L. Duquet, 34	*Quai de la Gare*
14	Marié-Davy	I13	du Père Corentin, 38	Sarrette, 31	*Alésia*
15	Marie-José Nicoli (pl.)	O9	Guénot, 15	Imp. des Jardiniers	*Rue des Boulets*
13	Marie-Louise Dubreil-Jacotin	N12	Hélène Brion, 20	Françoise Dolto, 17	*Biblio. F. Mitterrand*
15	Marie-Mad. Fourcade (pl.)	E9	Pl. Dupleix, 14	....	*Dupleix*
16	Marietta Martin	C8	des Vignes, 67	du Gal Aubé, 2	*La Muette*
8	Marignan (pas.)	G6	de Marignan, 24	Av. Champs Elysées, 31	*Franklin-D.Roosevelt*
8	Marignan (de)	G6	François Ier, 24	Av. Champs Elysées, 33	*Franklin-D.-Roosevelt*
8	Marigny (av. de)	H6	Av. Gabriel, 34	du Fbg St-Honoré, 59	*Champs-Elysées-Clem.*
14	Mariniers (des)	G13	Sq. A. Lichtenberger	Didot, 108	*Porte de Vanves*
7	Marinoni	F8	Av. de La Bourdonnais, 48	Al. Adrienne Lecouvreur	*Ecole Militaire*
15	Mario Nikis	F9	Av. de Suffren, 112b	Chasseloup-Laubat, 8	*Ségur*
17	Mariotte	H3	des Dames, 54	des Batignolles, 27	*Rome*
19	Marius Barroux (al.)	Q4	Bd Sérurier, 18	....	*Porte des Lilas*
2	Marivaux (de)	J6	Grétry, 4	Bd des Italiens, 11	*Quatre Septembre*
16	Marlène Dietrich (pl.)	E6	de Lübeck	Hamelin	*Iéna*
15	Marmontel	F11	Yvart, 10	de la Convention, 209	*Convention*
13	Marmousets (des)	K11	des Gobelins, 24	Bd Arago, 15	*Les Gobelins*
19	Marne (q. de la)	O2	de Crimée, 158	Q. de Metz	*Crimée*
19	Marne (de la)	O3	de l'Ourcq, 24	Q. de la Marne, 28	*Ourcq*
19	Maroc (pl. du)	M3	du Maroc, 18	de Tanger, 18	*Stalingrad*
19	Maroc (du)	M3	Av. de Flandre, 25	d'Aubervilliers, 54	*Stalingrad*
19	Maroc (imp.)	M3	Pl. du Maroc, 6	....	*Stalingrad*
20	Maronites (des)	O6	Bd de Belleville, 16	Julien Lacroix, 17	*Ménilmontant*
17	Marquis d'Arlandes (du)	F2	Av. Brunetière, 12	Bd de Reims, 11	*Pereire*
16	Marronniers (des)	C8	Raynouard, 74	de Boulainvilliers, 40	*La Muette*
19	Marseillaise (de la)	P3	Av. de la Pte Chaumont	des Sept Arpents, 2	*Porte de Pantin*
10	Marseille (de)	M5	Yves Toudic, 34	Beaurepaire, 33	*Jacques Bonsergent*
2	Marsollier	J6	Méhul, 1	Monsigny, 1	*Quatre Septembre*
12	Marsoulan	Q9	Bd de Picpus, 66	Crs de Vincennes, 48	*Picpus*
18	Marteau (imp.)	L1	Av. Pte de la Chapelle	....	*Porte de la Chapelle*
10	Martel	K5	des Petites Ecuries, 14	de Paradis, 15	*Château-d'Eau*
14	Marthe Simard (pl.)	F13	Av. Pte de Vanves, 3	Maurice Noguès, 1	*Porte de Vanves*

Ma

Ar./Districts	Rues/Street	Plan/Map	Commençant/Beginning	Finissant/Ending	Métro/Subway
7	**Martignac (c.)**	H8	de Grenelle, 111		*Solférino*
7	**Martignac (de)**	H8	Saint-Dominique, 33	de Grenelle, 130	*Varenne*
13	**Martin Bernard**	K13	Bobillot, 38	de Tolbiac, 198b	*Corvisart*
20	**Martin Garat**	Q7	de la Py, 8	Géo Chavez, 5	*Porte de Bagnolet*
20	**Martin Nadaud (pl.)**	P7	Robineau	Av. Gambetta	*Gambetta*
10	**Martini (imp.)**	L6	du Fbg St-Martin, 21		*Strasbourg-St-Denis*
18	**Martinique (de la)**	L2	de la Guadeloupe, 6	de Torcy, 25	*Marx Dormoy*
17	**Marty (imp.)**	I1	Lantiez, 51	Pas. du Châtelet, 4	*Porte de St-Ouen*
9	**Martyrs (des)** 1 à 67 - 2 à 72ter	J4	Notre-D. de Lorette, 2	La Vieuville *.1-2 à 67-72*	*Notre-D. de Lorette*
18	69 à 97 - 74 à 100	J3		*67-72 à fin*	*Pigalle/Abbesses*
15	**Martyrs de la Résisistance de la Porte de Sèvres (pl. des)**	C12	Av. Pte de Sèvres	Louis Armand	*Balard*
15	**Martyrs Juifs du Vélodrome d'Hiver (pl. des)**	E8	Q. de Grenelle	Bd de Grenelle	*Bir-Hakeim*
18	**Marx Dormoy**	L3	Pl. de la Chapelle, 20	Ordener, 1	*La Chapelle*
13	**Maryse Bastié**	N14	Joseph Bédier, 1	Franc-Nohain, 3	*Porte d'Ivry*
20	**Maryse Hilsz**	R9	de Lagny, 113	Av. Pte de Montreuil	*Porte de Montreuil*
16	**Maspéro**	C7	de Franqueville, 1	d'Andigné, 10	*La Muette*
13	**Masséna (bd)**	M13	Bd Gal Jean Simon	Av. d'Italie *.9-10 à 75-76*	*Porte d'Ivry*
				75-76 à 111-122	*Porte de Choisy*
				111-122 à fin	*Porte d'Italie*
13	**Masséna (sq.)**	M13	Bd Masséna, 42		*Porte d'Ivry*
16	**Massenet**	D8	de Passy, 42	Vital, 27	*La Muette*
7	**Masseran**	G9	Eblé, 5	Duroc, 6	*Duroc*
12	**Massif Central (sq. du)**	P12	Bd Poniatowski, 37		*Porte de Charenton*
4	**Massillon**	K8	Chanoinesse, 5	Cloître Notre-Dame, 6ter	*Cité*
18	**Massonnet (imp.)**	K2	Championnet, 8		*Pte de Clignancourt*
15	**Mathieu (imp.)**	G10	Falguière, 56		*Pasteur*
19	**Mathis**	N2	Av. de Flandre, 107	Curial, 30	*Crimée*
19	**Mathurin Moreau (av.)**	N4	Pl. du Col. Fabien, 4	Manin, 29	*Colonel Fabien*
15	**Mathurin Régnier**	G11	de Vaugirard, 235bis		*Volontaires*
9	**Mathurins (des)** 1 à 21 - 2 à 28	I5	Scribe, 17	Bd Malesherbes, 30	*Havre-Caumartin*
8	21ter à 61 - 30 à 66	I5			*Havre-Caumartin*
8	**Matignon (av.)**	G5	Rd-Pt Champs Elysées	de Penthièvre, 31	*Franklin-D.-Roosevelt*
5	**Maubert (imp.)**	K9	Frédéric Sauton, 1		*Maubert-Mutualité*
5	**Maubert (pl.)**	K9	Lagrange	Bd Saint-Germain, 58	*Maubert-Mutualité*
9	**Maubeuge (de)** 1 à 65 - 2 à 84	K4	Pl. Kossuth	Bd la Chapelle *.1-2 à 67-86*	*Cadet*
10	67 à 95 - 86 à 116	L4		*67-86 à fin*	*Gare du Nord*
9	**Maubeuge (sq.)**	K4	de Maubeuge, 56		*Poissonnière*
15	**Maublanc**	F11	Blomet, 97	de Vaugirard, 264	*Vaugirard*
1	**Mauconseil**	K7	Française, 3	Montorgueil, 36	*Les Halles*

Ar./Districts	Rues/Street	Plan/Map	Commençant/Beginning	Finissant/Ending	Métro/Subway
3	Maure (pas. du)	K7	Beaubourg, 33	Brantôme	*Rambuteau*
5	Maurel (pas.)	L10	Bd de l'Hôpital, 8	de Buffon, 7	*Gare d'Austerlitz*
5	Maurice Audin (pl.)	K9	des Ecoles	Saint-Victor	*Cardinal Lemoine*
1	Maurice Barrès (pl.)	I6	Cambon	Saint-Honoré	*Madeleine*
7	Maurice Baumont (al.)	F8	Av. du Général Ferrié ..	Av. Gustave Eiffel	*Champ de Mars*
20	Maurice Berteaux	Q6	Bd Mortier, 56	Le Vau, 15	*Porte de Bagnolet*
14	Maurice Bouchor	G13	Prévost Paradol	Av. de la Porte Didot ..	*Porte de Vanves*
16	Maurice Bourdet	D9	Pt de Grenelle	Av. du Pdt Kennedy, 9 .	*Mirabeau*
4	Maurice Carême (prde)	K8	Pont au Double	Petit Pont	*St-Michel-Notre Dame*
20	Maurice Chevalier (pl.)	O6	Etienne Dolet	du Liban	*Ménilmontant*
8	M. Couve de Murville (pl.) ..	G5	du Fbg St-Honoré	Bd Haussemann	*George V*
14	Maurice d'Ocagne (av.)	G13	Av. Georges Lafenestre .	Av. Pte de Châtillon ...	*Porte de Vanves*
12	Maurice de Fontenay (pl.) ..	O10	de Reuilly, 48	....	*Montgallet*
7	Maurice de la Sizeranne ...	G9	Duroc, 1	de Sèvres, 90	*Duroc*
12	Maurice Denis	N10	Pas. Gatbois, 13	Pas. Raguinot, 18	*Gare de Lyon*
13	Maurice et Louis de Broglie .	M12	Louise Weiss	du Chevaleret	*Chevaleret*
18	Maurice Genevoix	L2	Boucry, 17	de la Chapelle, 56	*Marx Dormoy*
14	Maurice Lœwy	I13	de l'Aude, 16	....	*Alésia*
15	Maurice Maignen	G11	du Cotentin	Aristide Maillot, 17	*Pasteur*
14	Maurice Noguès	F13	Av. Marc Sangnier, 4 ..	....	*Porte de Vanves*
1	Maurice Quentin (pl.)	K7	du Pont Neuf	Berger	*Les Halles*
12	Maurice Ravel (av.)	Q10	Av. Emile Laurent, 15 ..	Jules Lemaître, 10	*Porte de Vincennes*
14	Maurice Ripoche	H12	Av. du Maine, 166	Didot, 11	*Pernety*
19	Maurice Rollinat (v.)	O4	Miguel Hidalgo, 29	....	*Danube*
14	Maurice Rouvier	G12	Ray. Losserand, 166	Vercingétorix, 183	*Plaisance*
18	Maurice Utrillo	K3	Paul Albert, 1	Lamarck, 2	*Château-Rouge*
4	Mauvais Garçons (des)	L8	de Rivoli, 44	de la Verrerie, 1	*Hôtel de Ville*
20	Mauves (al. des)	Q8	Saint-Blaise, 72	....	*Porte de Montreuil*
19	Mauxins (pas. des)	Q4	de Romainville, 59	Bd Sérurier, 11	*Porte des Lilas*
20	Max Ernst	O6	Duris, 34	des Amandiers, 87 ...	*Père-Lachaise*
15	Max Guedj (espl.)	D10	Balard	Gutenberg	*Balard*
15	Max Hymans (sq.)	H10	Bd de Vaugirard, 25 ...	Bd Pasteur	*Montparnasse-Bienv.*
13	Max Jacob	L14	Poterne des Peupliers, 5	Keufer	*Porte d'Italie*
17	Mayenne (sq. de la)	F3	Av. Brunetière, 29	....	*Porte de Champerret*
6	Mayet	H9	de Sèvres, 131	du Cherche-Midi, 122 .	*Duroc*
9	Mayran	K5	Montholon, 26	de Rochechouart, 12 ..	*Cadet*
13	Mazagran (av. de)	K14	du Val de Marne	Av. Paul Vail.-Couturier	*Porte d'Italie*
10	Mazagran (de)	K6	Bd Bonne Nouvelle, 16 .	de l'Echiquier, 9	*Strasbourg-St-Denis*
6	Mazarine	J8	de Seine, 3	Dauphine, 52	*Odéon*
12	Mazas (pl.)	M10	Bd Diderot	Bd de la Bastille	*Quai de La Rapée*
19	Meaux (de)	N4	Pl. du Col. Fabien, 8 ...	Av. J. Jaurès *.1-2 à 48-61*	*Col. Fabien/Bolivar*

Ar./Districts	Rues/Street	Plan/Map	Commençant/Beginning	Finissant/Ending	Métro/Subway
19	**Meaux (de)**	N3		*48-61 à fin*	*Laumière*
14	**Méchain**	J11	de la Santé, 32	du Fbg St-Jacques, 37	*St-Jacques*
17	**Médéric**	F4	de Courcelles, 108	de Prony, 41	*Courcelles*
6	**Médicis (de)**	J9	Pl. Paul Claudel	Pl. Ed. Rostand, 6	*Odéon/Luxembourg*
1	**Mégisserie (q. de la)**	K8	Pl. du Châtelet, 1	du Pont Neuf, 2	*Pont-Neuf*
6	**Mehdi Ben Barka (pl.)**	I8	du Four	Bonaparte	*St-Germain des Prés*
2	**Méhul**	J6	des Petits Champs, 44	Marsollier, 1	*Quatre Septembre*
15	**Meilhac**	F10	de la Croix Nivert, 53	Quinault, 1	*Commerce*
17	**Meissonier**	F4	de Prony, 48	Jouffroy d'Abbans, 77	*Wagram*
19	**Mélingue**	O5	de Belleville, 101	Fessart, 29	*Pyrénées*
19	**Melun (pas. de)**	N3	Av. Jean Jaurès, 60	de Meaux, 95	*Laumière*
2	**Ménars**	J6	de Richelieu, 79	du 4 Septembre, 10	*Quatre Septembre*
20	**Mendelssohn**	Q8	Bd Davout, 88	des Drs Déjérine, 3	*Porte de Montreuil*
3	**Ménétriers (pas. des)**	K7	Beaubourg, 23	Brantôme	*Rambuteau*
11	**Ménilmontant (bd de)** 1 à 143	O7	de Mont-Louis, 19	Oberkampf *.1-2 à 28-45*	*Philippe Auguste*
20	2 à 152			*28-45 à 100-101*	*Père-Lachaise*
				100-101 à fin	*Ménilmontant*
11	**Ménilmontant (pas. de)**	O6	Av. Jean Aicard, 4	Bd Ménilmontant, 113	*Ménilmontant*
20	**Ménilmontant (pl. de)**	O6	de la Mare	de Ménilmontant	*Saint-Fargeau*
20	**Ménilmontant (de)**	O6	Bd de Belleville, 2	Pelleport, 105 *.1-2 à 116-121*	*Ménilmontant*
		P6		*116-121 à fin*	*Pelleport*
11	**Mercœur**	O8	Bd Voltaire, 127	La Vacquerie, 5	*Voltaire*
14	**Méridienne (v.)**	J13	Av. René Coty, 53		*Alésia*
16	**Mérimée**	D6	des Belles Feuilles, 59	Emile Ménier, 20	*Victor-Hugo*
12	**Merisiers (stier des)**	Q10	Bd Soult, 101	du Niger, 3	*Porte de Vincennes*
11	**Merlin**	O7	de la Roquette, 151	du Chemin Vert, 126	*Père-Lachaise*
16	**Meryon**	A10	Bd Murat	Av. du Gal Sarrail, 31	*Michel-Ange-Molitor*
3	**Meslay (pas.)**	L6	Meslay, 32	Bd Saint-Martin, 25	*République*
3	**Meslay**	L6	du Temple, 205	Saint-Martin, 328	*République*
16	**Mesnil**	D6	Pl. Victor Hugo, 7	Saint-Didier, 52	*Victor-Hugo*
10	**Messageries (des)**	K5	d'Hauteville, 69	du Fbg Poissonnière, 78	*Poissonnière*
12	**Messidor**	Q10	de Toul, 36	du Gal M. Bizot, 117	*Bel-Air*
14	**Messier**	J11	Bd Arago, 77	Jean Dolent, 4	*St-Jacques*
8	**Messine (av. de)**	G5	Bd Haussmann, 134	Pl. de Rio de Janeiro, 1	*Miromesnil*
8	**Messine (de)**	G5	du Dr Lancereaux, 12	Av. de Messine, 23	*Monceau*
20	**Métairie (cr de la)**	O5	des Pyrénées, 403		*Pyrénées*
10	**Metz (de)**	L6	Bd de Strasbourg, 19	du Fbg St-Denis, 24	*Strasbourg-St-Denis*
19	**Metz (q. de)**	O2	de Thionville, 35	Q. de la Marne, 52	*Ourcq*
12	**Meuniers (des)**	P12	Bd Poniatowski, 33	de la Brèche aux Loups	*Porte de Charenton*
19	**Meurthe (de la)**	N3	de Thionville, 11	Q. de la Marne, 24	*Ourcq*
16	**Mexico (pl. de)**	D6	de Longchamp	des Sablons	*Trocadéro*

Ar./Districts	Rues/Street	Plan/Map	Commençant/Beginning	Finissant/Ending	Métro/Subway
9	Meyerbeer	I5	Chaussée d'Antin, 3bis	Halévy, 12	*Opéra*
19	Meynadier	O4	Pl. Armand Carrel, 4	de Crimée, 97	*Laumière*
6	Mézières (de)	I9	Bonaparte, 78	de Rennes, 79	*St-Sulpice*
13	Michal	K13	Barrault, 39	Martin Bernard, 16	*Corvisart*
14	Michel Audiard (pl.)	I12	Du Couédic	Hallé	*Mouton-Duvernet*
13	Michel Bréal	M13	Dupuy de Lôme	Bd Masséna, 65	*Porte d'Ivry*
12	Michel Chasles	N9	Bd Diderot, 23bis	Av. Daumesnil, 26bis	*Gare de Lyon*
20	Michel de Bourges	P8	des Vignoles, 42	des Vignoles, 48	*Buzenval*
6	Michel Debré (pl.)	I9	de Sèvres	du Cherche-Midi	*Sèvres-Babylone*
3	Michel Le Comte	L7	du Temple, 87	Beaubourg, 54	*Rambuteau*
13	Michel Peter	K11	Bd Saint-Marcel, 79	de la Reine Blanche, 24	*Les Gobelins*
18	Michel Petrucciani (pl.)	K2	Versigny	Duhesme	*Simplon*
19	Michel Tagrine	N4	Georges Lardennois, 64	Georges Lardennois, 2b	*Colonel Fabien*
16	Michel-Ange (ham.)	B11	Parent de Rosan, 21		*Exelmans*
16	Michel-Ange (v.)	B9	Bastien Lepage, 3		*Michel-Ange-Auteuil*
16	Michel-Ange	B10	d'Auteuil, 53	Pl. Pte de St-Cloud, 8	*Michel-Ange-Molitor*
6	Michelet	J10	Bd Saint-Michel, 82	d'Assas, 81	*Port-Royal*
18	Midi (c. du)	J3	Bd de Clichy, 48		*Pigalle*
12	Midi (cr du)	O12	Cr du Levant, 21	Cr du Levant, 53	*Cour Saint-Emilion*
17	Midi (du)	O12	de Dreux	Neuilly-sur-Seine (92)	*Cour Saint-Emilion*
16	Mignard	C7	Av. Henri Martin, 83	de Siam, 18	*Rue de la Pompe*
16	Mignet	C9	George Sand, 9	Leconte de Lisle, 12	*Michel-Ange-Auteuil*
6	Mignon	J9	Danton, 7	Bd St-Germain, 110	*Odéon*
16	Mignot (sq.)	D7	Pétrarque, 20bis		*Trocadéro*
19	Mignottes (des)	O4	Compans, 86	de Monzaïa, 14	*Botzaris*
19	Miguel Hidalgo	O4	Compans, 116	Pl. de Rhin et Danube	*Danube*
9	Milan (de)	I4	de Clichy, 31	d'Amsterdam, 46	*Liège*
16	Milleret de Brou (av.)	C8	de l'Assomption, 21	du Recteur Poincaré, 22	*Jasmin*
17	Milne-Edwards	E4	Bd Pereire, 164	Jean-B. Dumas, 4	*Pereire*
18	Milord (imp.)	I1	Av. de Saint-Ouen, 140		*Porte de St-Ouen*
9	Milton	J4	Lamartine, 46	la Tour d'Auvergne, 29	*Notre-D. de Lorette*
13	Mimosas (sq. des)	K13	des Liserons, 2		*Corvisart*
12	Minervois (cr du)	O12	de Libourne, 8	Pl. des Vins de France, 11	*Cour SainEmilion*
3	Minimes (des)	M8	des Tournelles, 33ter	de Turennes, 34	*Chemin Vert*
15	Miollis	F10	Bd Garibaldi, 48	Cambronne, 33	*Cambronne*
15/16	Mirabeau (pt)	C9	Q. Louis Blériot	Q. André Citroën	*Mirabeau*
16	Mirabeau	C9	Pl. de Barcelonne	Chardon-Lagache, 9	*Mirabeau*
5	Mirbel (de)	K10	Censier, 20ter	des Patriarches, 7	*Censier-Daubenton*
18	Mire (de la)	J3	de Ravignan, 17	Lepic, 112	*Abbesses*
1	Mireille (pl.)	I6	Molière	de Richelieu	*Pyramides*
11	Mireille Havet (pl.)	O9	du Fbg St-Antoine, 223	Faidherbe	*Faidherbe Chaligny*

Ar./Districts	Rues/Street	Plan/Map	Commençant/Beginning	Finissant/Ending	Métro/Subway
8	Miromesnil (de)	H5	Pl. Beauvau, 98	Bd de Courcelles .1-2 à 55-58	Miromesnil
	....		....	..........55-58 à fin	Villiers
16	Mission Marchand (de la) ..	B9	Pierre Guérin, 28	de la Source, 25	Michel-Ange-Auteuil
15	Mizon	G10	Brown-Séquard, 6bis ..	Bd Pasteur, 63	Pasteur
19	Moderne (av.)	N4	du Rhin, 21	....	Laumière
14	Moderne (v.)	H12	des Plantes, 15	....	Alésia
15	Modigliani	D11	Balard, 89	Jongkind, 10	Balard
15	Modigliani (ter.)	H11	Cdt René Mouchotte, 26 .	....	Montparnasse-Bienv.
9	Mogador (de)	I5	Bd Haussmann, 46	Saint-Lazare, 75	Trinité
5	Mohamed V (pl.)	L9	Q. Saint-Bernard	des Fossés St-Bernard .	Jussieu
14	Mohamed Bouazizi (pl.)	J13	Reille	de la Sibelle	Cité Universitaire
17	Moines (des)	H2	Pl. Charles Fillion, 2 ...	de La Jonquière, 41 ..	Brochant
16	Molière (av.)	B10	Av. Despréaux, 1bis ...	Av. Despréaux	Michel-Ange-Molitor
3	Molière (pas.)	K7	Saint-Martin, 157	Quincampoix, 80	Rambuteau
1	Molière	J6	Av. de l'Opéra, 6	de Richelieu, 37	Pyramides
18	Molin (imp.)	M2	Buzelin, 10	....	Marx Dormoy
16	Molitor	B10	Chardon-Lagache, 14 ..	Bd Murat, 25	Michel-Ange-Molitor
16	Molitor (v.)	B10	Molitor, 7	Chardon-Lagache, 52 .	Chardon-Lagache
8	Mollien	G4	Treilhard, 22	de Lisbonne, 29	Villiers
17	Monbel (de)	G3	de Tocqueville, 102	Bd Pereire, 31	Wagram
8	Monceau (de)	G5	Bd Haussmann, 188 ...	du Rocher, 89 ..1-2 à 41-48	Courcelles
	....	H4	....	..........41-48 à fin	Villiers
17	Monceau (sq.)	H4	Bd des Batignolles, 82 ..	....	Rome
17	Monceau (v.)	F4	de Courcelles, 156	....	Pereire
17	Moncey (pas.)	I2	Av. de Saint-Ouen, 35 .	Dautancourt, 28	La Fourche
9	Moncey	I4	Blanche, 35	de Clichy, 46	Liège
9	Moncey (sq.)	I4	Moncey, 6	....	Liège
1	Mondétour	K7	Rambuteau, 102	de Turbigo, 10	Etienne Marcel
20	Mondonville	Q6	Irénée Blanc, 2	Paul Strauss, 2	Porte de Bagnolet
1	Mondovi (de)	H6	de Rivoli, 252	du Mont Thabor, 29 ...	Concorde
5	Monge (pl.)	K10	Monge	Gracieuse	Place Monge
5	Monge	K10	Bd Saint-Germain, 47 ..	Av. des Gobelins .1-2 à 15-19	Maubert-Mutualité
	....		....	........15-19 à 56-57	Cardinal Lemoine
	....		....	........56-57 à 82-85	Place Monge
	....		....	..........82-85 à fin	Censier-Daubenton
12	Mongenot	R10	Saint-Mandé (94)	Cailletet, 10	Porte de Vincennes
19	Monjol	N5	Burnouf	....	Colonel Fabien
1	Monnaie (de la)	J7	Q. du Louvre, 2	de Rivoli, 75	Pont-Neuf
20	Monplaisir (pas.)	O6	Bd Ménilmontant, 106 ..	Louis Delgrès	Ménilmontant
17	Monseigneur Loutil (pl.) ...	F3	Av. de Villiers, 70	Jouffroy d'Abbans	Wagram
10	Monseigneur Rodhain	M5	Q. de Valmy, 135	Robert Blache, 2	Château Landon

Ar./Districts	Rues/Street	Plan/Map	Commençant/Beginning	Finissant/Ending	Métro/Subway
7	**Monsieur**	H9	de Babylone, 57bis	Oudinot, 14ter	*Saint-François-Xavier*
6	**Monsieur le Prince**	J9	Carr. de l'Odéon, 15 ...	Bd Saint-Michel, 56 ...	*Odéon*
2	**Monsigny**	J6	Dalayrac, 50	du 4 Septembre, 23 ...	*Quatre Septembre*
20	**Monsoreau (sq. de)**	P8	imp. des Orteaux	Alexandre Dumas, 93 .	*Alexandre Dumas*
15	**Mont Aigoual (du)**	C10	Cauchy, 12	Mont. de l'Espérou, 13 .	*Javel-André Citröen*
16	**Mont Blanc (sq.)**	C9	Av. Perrichon, 25	....	*Eglise d'Auteuil*
18	**Mont Cenis (pas. du)**	K1	du Mont Cenis, 133 ...	Bd Ornano, 80bis	*Pte de Clignancourt*
18	**Mont Cenis (du)**	J3	de Norvins, 2	Belliard ...*1-2 à 88-105*	*Jules Joffrin*
	....	K1	....	..........*88-105 à fin*	*Pte de Clignancourt*
17	**Mont Dore (du)**	H4	Bd des Batignolles, 38 .	des Batignolles, 9	*Rome*
1	**Mont Thabor (du)**	I6	d'Alger, 5	de Mondovi, 7	*Tuileries*
15	**Mont Tonnerre (v. du)**	H10	de Vaugirard, 127	V. de l'Astrolabe, 12 ..	*Falguière*
11	**Mont-Louis (imp.)**	O8	de Mont-Louis, 4	....	*Philippe Auguste*
11	**Mont-Louis (de)**	O8	de la Folie-Regnault, 30	Bd de Ménilmontant, 1 .	*Philippe Auguste*
15	**Montagne d'Aulas (de la)** ..	D11	Balard, 65	Saint-Charles, 186	*Javel-André Citröen*
15	**Montagne de l'Espérou**	C10	Cauchy, 2	Balard, 56	*Javel-André Citröen*
15	**Montagne de la Fage (de la)**	D11	Balard, 64	Balard, 88	*Balard*
15	**Montagne du Goulet (pl. de la)**	D10	Balard, 17	Piet Mondrian	*Javel-André Citröen*
5	**Montagne Ste-Geneviève (de la)** .	K9	Monge, 2	Pl. Ste-Geneviève, 2 ..	*Maubert-Mutualité*
8	**Montaigne (av.)**	G6	Pl. de l'Alma, 7	Rd-Pt Champs Elysées, 3 .	*Franklin-D.-Roosevelt*
7	**Montalembert (de)**	I8	Sébastien Bottin, 2	du Bac, 31	*Rue du Bac*
8	**Montalivet**	H6	d'Aguesseau, 13	des Saussaies, 10	*Champs-Elysées-Clem.*
15	**Montauban**	F12	Robert Lindet, 19	....	*Convention*
14	**Montbrun (pas.)**	I12	Montbrun, 2	....	*Alésia*
14	**Montbrun**	I12	Rémy Dumoncel, 39 ...	d'Alésia, 30	*Alésia*
18	**Montcalm**	J2	Damrémont, 78	du Ruisseau, 65	*Jules Joffrin*
18	**Montcalm (v.)**	J2	Montcalm, 17	des Cloÿs, 55	*Lamarck-Caulaincourt*
20	**Monte Cristo**	P8	de Bagnolet, 26	Alexandre Dumas, 81 .	*Alexandre Dumas*
5	**Montebello (q.)**	K9	des Grands Degrés, 2 .	Pl. du Petit Pont	*Maubert-Mutualité*
15	**Montebello (de)**	F12	Chauvelot, 5bis	....	*Porte de Vanves*
12	**Montempoivre (de)**	Q10	du Gal M. Bizot, 120 ...	Bd Soult, 67	*Bel-Air*
12	**Montempoivre (stier de)** ...	P10	Bd de Picpus, 16	de Toul, 37	*Bel-Air*
19	**Montenegro (pas. du)**	P5	de Romainville, 26	Haxo, 125	*Télégraphe*
17	**Montenotte (de)**	E4	Av. des Ternes, 21	Av. Mac-Mahon, 10 ...	*Ch. de Gaulle-Etoile*
12	**Montéra**	Q10	Av. de St-Mandé, 83 ...	Bd Soult, 133	*Porte de Vincennes*
16	**Montespan (av. de)**	D6	Av. Victor Hugo, 177 ...	de la Pompe, 99	*Rue de la Pompe*
1	**Montesquieu**	J7	Croix Pts Champs, 11 ..	des Bons Enfants, 14 .	*Palais-Royal*
12	**Montesquiou-Fezensac**	Q11	Av. Arm. Rousseau, 12 .	....	*Porte Dorée*
16	**Montevideo (de)**	C6	de Longchamp, 147bis .	Dufrenoy, 16bis	*Porte Dauphine*
6	**Montfaucon (de)**	J8	Pl. d'Acadie	Clément, 8	*Mabillon*
12	**Montgallet (pas.)**	O10	Montgallet, 23	Sainte-Claire Deville ..	*Montgallet*

Mo

Ar./Districts	Rues/Street	Plan/Map	Commençant/Beginning	Finissant/Ending	Métro/Subway
12	**Montgallet**	**O10**	de Charenton, 187	de Reuilly, 66	*Montgallet*
3	**Montgolfier**	**L6**	de Turbigo, 59	du Vertbois, 21	*Arts-et-Métiers*
9	**Monthiers (c.)**	**I4**	de Clichy, 55	d'Amsterdam, 72bis	*Place Clichy*
9	**Montholon (de)**	**K5**	du Fbg Poissonnière, 85	de Rochechouart, 2	*Cadet*
20	**Montibœufs (des)**	**Q6**	du Capitaine Ferber, 19	Le Bua, 26	*Pelleport*
14	**Monticelli**	**I13**	Bd Jourdan, 95	Av. Paul Appell, 6	*Porte d'Orléans*
2	**Montmartre (bd)** 1 à 23	**J5**	Montmartre, 169	de Richelieu, 112	*Grands Boulevards*
9	2 à 20	**J5**		*12-13*	*Richelieu-Drouot*
2	**Montmartre (gal.)**	**J6**	Montmartre, 151	Pas. Panoramas, 25	*Grands Boulevards*
2	**Montmartre (c.)**	**K6**	Montmartre, 55		*Sentier*
1	**Montmartre** 1 à 21 - 2 à 36	**K7**	Montorgueil, 1	Bd Montmartre *.1-2 à 85-104*	*Les Halles*
2	33 à 169 - 44 à 178	**J6**		*85-104*	*Grands Boulevards*
16	**Montmorency (av. de)**	**B9**	Poussin, 12	Av. du Square	*Michel-Ange-Auteuil*
16	**Montmorency (bd de)**	**B8**	de l'Assomption, 93	d'Auteuil, 76	*Michel-Ange-Auteuil*
3	**Montmorency (de)**	**L7**	du Temple, 103	Saint-Martin, 212	*Arts-et-Métiers*
1	**Montorgueil** 1 à 29 - 4 à 40	**K6**	Montmartre, 2	St-Sauveur *.1-2 à 29-40*	*Les Halles*
2	39 à 73 - 44 à 102	**K6**		*29-40 à fin*	*Sentier*
6	**Montparnasse (bd du)** 1 à 171	**I10**	de Sèvres, 145	Av. Observatoire *.1-2 à 29-40*	*Duroc*
15	2 à 66	**H10**		*29-40 à 84-89*	*Montparnasse-Bienv.*
14	68 à 174	**I10**		*84-89 à fin*	*Vavin/Port Royal*
6	**Montparnasse (du)** 1 à 33 - 2 à 40	**I10**	N.-D. des Champs, 28	d'Odessa, 23	*Edgar-Quinet*
14	37 à 69bis - 42 à 64	**I10**			*Edgar-Quinet*
1	**Montpensier (gal. de)**	**J6**	Gal. d'Orléans	Gal. de Beaujolais	*Palais-Royal*
1	**Montpensier (de)**	**J6**	de Richelieu, 8	de Beaujolais, 21	*Palais-Royal*
11	**Montreuil (de)**	**P9**	du Fbg St-Antoine, 225	Bd de Charonne *.1-2 à 66-71*	*Faidherbe-Chaligny*
				66-71 à fin	*Avron*
14	**Montsouris (sq. de)**	**J13**	Nansouty, 8	Av. Reille, 51	*Cité Universitaire*
7	**Monttessuy (de)**	**F7**	Av. Rapp, 18	Av. La Bourdonnais, 21	*Alma-Marceau*
9	**Montyon (de)**	**K5**	de Trévise, 7	du Fbg Montmartre, 18	*Grands Boulevards*
16	**Mony**	**C6**	Spontini, 68bis	Benjamin Godard, 8	*Rue de la Pompe*
11	**Morand**	**N6**	Jean-P. Timbaud, 79	de l'Orillon, 16	*Couronnes*
12	**Moreau**	**M9**	Av. Daumesnil, 7	de Charenton, 38	*Ledru-Rollin*
14	**Morère**	**H13**	Friant, 40	Av. Jean Moulin, 45	*Porte d'Orléans*
11	**Moret**	**N6**	Oberkampf, 135	Jean-P. Timbaud, 102	*Couronnes*
15	**Morieux (c.)**	**E8**	de la Fédération, 56		*Dupleix*
15	**Morillons (des)**	**F12**	Olivier de Serres, 45	Castagnary, 88	*Convention*
4	**Morland (bd)**	**M9**	Bd Bourdon, 1	Bd Henri IV, 6	*Sully-Morland*
12	**Morland (pt)**	**M9**	Bd Bourdon	Bd de la Bastille	*Quai de La Rapée*
11	**Morlet (imp.)**	**P9**	de Montreuil, 113		*Avron*
9	**Morlot**	**I5**	Pl. d'Estienne d'Orves, 7	de la Trinité, 3	*Trinité*
4	**Mornay**	**M9**	Bd Bourdon, 19	de Sully, 2	*Quai de La Rapée*

Ar./Districts	Rues/Street	Plan/Map	Commençant/Beginning	Finissant/Ending	Métro/Subway
14	Moro-Giafferi (pl. de)	H11	Didot	du Château	*Pernety*
20	Mortier (bd)	Q6	Belgrand, 49	Av. Gambetta *.1-2 à 97-102*	*Porte de Bagnolet*
				97-102 à fin	*Porte des Lilas*
11	Morvan (du)	N7	Pétion, 32	Saint-Maur, 23	*Voltaire*
8	Moscou (de)	I4	d'Amsterdam, 47	Bd des Batignolles, 41	*Rome*
19	Moselle (de la)	N3	Av. Jean Jaurès, 63	Q. de la Loire, 50	*Laumière*
19	Moselle (pas. de la)	N3	Av. Jean Jaurès, 70	de Meaux, 101	*Laumière*
18	Moskova (de la)	J1	Leibniz, 24	Jean Dollfus, 12	*Porte de St-Ouen*
5	Mouffetard	K10	Thouin, 3	Censier, 2	*Place Monge*
5	Mouffetard-Monge (gal.)	K10	Gracieuse, 11	Mouffetard, 73	*Censier-Daubenton*
11	Moufle	N7	du Chemin Vert, 35	Bd Richard Lenoir, 62	*Richard Lenoir*
11	Moulin Dagobert (v. du)	P8	Voltaire, 21ter		*Rue des Boulets*
15	Moulin de Javel (pl. du)	D9	Q. André Citroën	Leblanc	*Boulevard Victor*
13	Moulin de la Pointe (du)	L13	Av. d'Italie, 104	Bd Kellermann, 22bis	*Tolbiac*
14	Moulin de la Vierge (du)	G12	Ray. Losserand, 110		*Plaisance*
14	Moulin des Lapins (du)	H11	du Château, 138	Pl. de la Garenne, 1	*Pernety*
13	Moulin des Prés (pas. du)	K12	du Moulin des Prés, 19	Bobillot, 22	*Place d'Italie*
13	Moulin des Prés (du)	K12	Bd Aug. Blanqui, 25	Damesne, 30	*Tolbiac*
11	Moulin Joly (du)	N6	Jean-P. Timbaud, 93	de l'Orillon, 36	*Couronnes*
14	Moulin Vert (imp.)	H12	des Plantes, 27		*Alésia*
14	Moulin Vert (du)	H12	Av. du Maine, 218	de Gergovie, 69	*Alésia*
13	Moulinet (pas.)	L13	du Moulinet, 45	de Tolbiac, 154	*Tolbiac*
13	Moulinet (du)	L13	Av. d'Italie, 58	Bobillot, 57	*Tolbiac*
1	Moulins (des)	J6	Thérèse, 18	des Petits Champs, 49	*Pyramides*
20	Mounet-Sully	Q9	des Pyrénées, 3	de la Plaine, 50	*Porte de Vincennes*
20	Mouraud	Q8	de la Croix St-Simon, 19	Saint-Blaise, 80	*Porte de Montreuil*
12	Moussa et O. Abadi (pl.)	O10	de Charenton	Av. Daumesnil	*Montgallet*
12	Mousset (imp.)	O10	de Reuilly, 81		*Montgallet*
12	Mousset-Robert	Q10	du Dr Arnold Netter, 31	Sibuet, 28	*Picpus*
18	Moussorgsky	M2	de l'Evangile, 43		*Porte de la Chapelle*
4	Moussy (de)	L8	de la Verrerie, 4	Ste-Croix Bretonnerie, 19	*Hôtel de Ville*
14	Mouton-Duvernet	I12	Av. du Gal Leclerc, 36	Av. du Maine	*Mouton-Duvernet*
19	Mouzaïa (de)	P4	du Général Brunet, 8	Bd Sérurier, 103	*Danube*
12	Moynet (c.)	O10	de Charenton, 179	Ste-Claire Deville, 1	*Montgallet*
16	Mozart (av.)	C8	Chée de la Muette, 1	J. de La Fontaine *.1-2 à 58-59*	*Ranelagh*
				58-59 à fin	*Jasmin*
16	Mozart (sq.)	C8	Av. Mozart, 28		*Ranelagh*
16	Mozart (v.)	C8	Av. Mozart, 71		*Jasmin*
16	Muette (chée de la)	C8	de Boulainvilliers, 65	Av. Ingres	*La Muette*
2	Mulhouse (de)	K6	de Cléry, 27	des Jeûneurs, 7	*Sentier*
18	Muller	K3	de Clignancourt, 49	Paul Albert, 8	*Château-Rouge*

Ar./Districts	Rues/Street	Plan/Map	Commençant/Beginning	Finissant/Ending	Métro/Subway
16	Murat (bd)	B9	Pl. de la Pte d'Auteuil ..	Q. St-Exupéry ..*1-2 à 92-97*	*Porte d'Auteuil*
	....	B11	....	...........*92-97 à fin*	*Porte de St-Cloud*
16	Murat (v.)	B11	Claude Terrasse, 37 ...	Bd Murat, 153bis	*Porte de St-Cloud*
20	Mûriers (des)	O7	Av. Gambetta, 27	des Partants, 14	*Gambetta*
8	Murillo	G4	Av. Ruysdaël, 1	de Courcelles, 66	*Courcelles*
16	Musset (de)	B10	Jouvenet, 7	Boileau, 67	*Chardon-Lagache*
5	Mutualité (sq. de la)	K9	Saint-Victor, 24	....	*Maubert-Mutualité*
18	Myrha	L3	Stephenson, 29	Christiani, 14	*Château-Rouge*
8	Myron Herrick (av.)	G5	du Fbg St-Honoré, 162 .	de Courcelles, 25	*St-Philippe du Roule*

N

Ar./Districts	Rues/Street	Plan/Map	Commençant/Beginning	Finissant/Ending	Métro/Subway
17	Naboulet (imp.)	H2	de La Jonquière, 68 ...	....	*Guy Môquet*
19	Nafissa Sid Cara (pas.)	Q4	Av. René Fonck, 14 ...	Raoul Wallenberg, 11 .	*Porte des Lilas*
10	Nancy (de)	L5	Bd de Magenta, 35	du Fbg St-Martin, 86 ..	*Jacques Bonsergent*
11	Nanettes (des)	O7	Av. de la République, 91 .	Bd de Ménilmontant, 101	*Ménilmontant*
14	Nansouty (imp.)	I13	E. Deustch d. l. Meurthe, 14 .	....	*Cité Universitaire*
14	Nansouty	J13	Av. Reille, 25	du Parc Montsouris, 27	*Cité Universitaire*
19	Nantes (de)	O2	Q. de l'Oise, 17	Av. de Flandre, 130 ...	*Corentin-Cariou*
15	Nanteuil	G11	Brancion, 19	Saint-Amand, 16	*Convention*
8	Naples (de)	H4	de Rome, 61	Bd Malesherbes, 72 ..	*Europe*
10	Napoléon III (pl.)	L4	de Dunkerque	....	*Gare du Nord*
7	Narbonne (de)	H8	de la Planche, 4	....	*Sèvres-Babylone*
16	Narcisse Diaz	C10	Av. de Versailles, 72 ...	Mirabeau, 17	*Mirabeau*
8	Narvik (pl. de)	G5	Av. de Messine	de la Bienfaisance	*Miromesnil*
3	Nathalie Lemel (pl.)	L7	de la Corderie	Dupetit-Thouars	*Temple*
11	Nation (pl. de la) 1 à 21	P9	du Fbg St-Antoine	Av. du Trône	*Nation*
12	2 à 30	P9	....	....	*Nation*
13	National (pas.)	M13	Château d. Rentiers, 25 .	Nationale, 20	*Porte d'Ivry*
12/13	National (pt)	O12	Q. de Bercy	Q. d'Ivry	*Biblio. F. Mitterrand*
13	Nationale (imp.)	M13	Nationale, 56	....	*Olympiades*
13	Nationale (pl.)	M12	Nationale	du Château des Rentiers	*Olympiades*
13	Nationale	M13	Bd Masséna, 76	Bd V. Auriol .*1-2 à 79-84*	*Pte d'Ivry/Olympiades*
	....	M12	....	...........*79-84 à fin*	*Olympiades/Nationale*
16	Nations Unies (av. des)	E7	Av. Albert de Mun	Bd Delessert, 2	*Trocadéro*
12	Nativité (de la)	O11	de l'Aubrac, 19	de Dijon, 10	*Cour Saint-Emilion*
18	Nattier (pl.)	I2	Eugène Carrière	Félix Ziem	*Lamarck-Caulaincourt*
9	Navarin (de)	J4	des Martyrs, 37	Henry Monnier, 16bis .	*Pigalle*
5	Navarre (de)	K10	Lacépède, 10	Monge, 57	*Place Monge*
17	Navier	I2	Av. de St-Ouen, 121 ...	Pouchet, 66	*Porte de St-Ouen*

Ar./Districts	Rues/Street	Plan/Map	Commençant/Beginning	Finissant/Ending	Métro/Subway
4	Necker	M8	d'Ormesson, 2	de Jarente, 1	*Saint-Paul*
12	Négociants (ter. des)	O12	Bercy Expo		*Cour Saint-Emilion*
7	Négrier (c.)	G8	de Grenelle, 151	Ernest Psichari, 6	*La Tour-Maubourg*
15	Nélaton	E8	Bd de Grenelle, 4	du Dr Finlay, 7	*Bir-Hakeim*
11	Nemours (de)	M6	Oberkampf, 61	Jean-P. Timbaud, 44	*Parmentier*
6	Nesle (de)	J8	Dauphine, 22	Imp. de Nevers, 17	*Saint-Michel*
1/6	Neuf (pt)	J8	Q. de la Mégisserie	Q. des Gds-Augustins	*Pont-Neuf*
15	Neuf Novembre 1989 (espl. du)	E12	Terre-plein	Pl. d. l. Pte de Versailles	*Porte de Versailles*
16/17	Neuilly (av. de)	D4	Pl. de la Pte Maillot	Neuilly-s-Seine (92)	*Porte Maillot*
18	Neuve de la Charbonnière	K2	du Simplon, 50	Championnet, 41bis	*Simplon*
11	Neuve des Boulets	O8	Léon Frot, 12	de Nice, 1	*Charonne*
11	Neuve Popincourt	N7	Oberkampf, 58	Pas. Beslay, 17	*Parmentier*
4	Neuve Saint-Pierre	M8	Beautreillis, 23	Saint-Paul, 38	*Saint-Paul*
13	Neuve Tolbiac	N12	Q. François Mauriac	Av. de France, 114	*Biblio. F. Mitterrand*
8	Néva (de la)	F4	du Fbg St-Honoré, 260	Bd de Courcelles, 75	*Ternes*
6	Nevers (imp. de)	J8	de Nevers, 22		*Saint-Michel*
6	Nevers (de)	J8	Q. de Conti, 1	de Nesle, 12	*Saint-Michel*
16	New York (av. de)	F7	Pl. de l'Alma, 1	Beethoven, 2 *2-54*	*Alma-Marceau*
				54 à fin	*Passy*
16	Newton	F5	Av. Marceau, 73	Av. d'Iéna, 82	*Ch. de Gaulle-Etoile*
18	Ney (bd)	M1	d'Aubervilliers, 215	Av. St-Ouen *1-2 à 33-80*	*Porte de la Chapelle*
		K1		*33-80 à 87-142*	*Pte de Clignancourt*
				87-142 à fin	*Porte de St-Ouen*
17	Nicaragua (pl. du)	G3	Bd Malesherbes	Jouffroy d'Abbans	*Wagram*
11	Nice (de)	O8	Neuve des Boulets, 29	de Charonne, 152	*Charonne*
12	Nicolaï	P11	Coriolis, 2		*Dugommier*
20	Nicolas	Q8	Bd Davout, 139		*Porte de Montreuil*
11	Nicolas Appert	M7	Pas. Ste-Anne Popincourt	Pelée, 6	*Saint-Ambroise*
15	Nicolas Charlet	G10	de Vaugirard, 175	Falguière, 48	*Pasteur*
17	Nicolas Chuquet	F3	Bd Malesherbes, 199	Philippe Delorme, 18	*Pereire*
11	Nicolas de Blégny (v.)	N8	Popincourt, 11		*Voltaire*
4	Nicolas Flamel	K7	de Rivoli, 88	des Lombards, 7	*Châtelet*
13	Nicolas Fortin	L12	Albert Bayet, 1	Av. de Choisy, 164	*Place d'Italie*
5	Nicolas Houël	L10	Bd de l'Hôpital, 16		*Gare d'Austerlitz*
14	Nicolas Poussin (c.)	I11	Bd Raspail, 240		*Raspail*
13	Nicolas Roret	L11	de la Reine Blanche, 23	Le Brun, 34	*Les Gobelins*
14	Nicolas Taunay	H13	Pl. Pte de Châtillon, 5	Av. Ernest Reyer, 11	*Porte d'Orléans*
17	Nicolaÿ (sq.)	H3	des Moines, 16	Legendre, 77bis	*Brochant*
19	Nicole Chouraqui	N3	Tandou, 22		*Laumière*
13	Nicole Reine Lepaute	N13	Albert Einstein	Av. de France	*Biblio. F. Mitterrand*
18	Nicolet	K3	Ramey, 21	Bachelet, 2	*Château-Rouge*

Ar./Districts	Rues/Street	Plan/Map	Commençant/Beginning	Finissant/Ending	Métro/Subway
16	**Nicolo (hameau)**	**D8**	Nicolo, 13	....	*La Muette*
16	**Nicolo**	**D7**	de Passy, 36	de la Pompe, 36	*La Muette*
17	**Niel (av.)**	**F3**	Av. des Ternes, 30	Pl. du Mal Juin, 5	*Ternes/Pereire*
17	**Niel (v.)**	**F4**	Av. Niel, 30	....	*Ternes*
14	**Niepce**	**H11**	de l'Ouest, 79	Ray. Losserand, 58 ...	*Pernety*
13	**Nieuport (v.)**	**M13**	des Terres au Curé, 39 .	....	*Olympiades*
12	**Niger (du)**	**Q10**	Bd Soult, 113	Av. de St-Mandé, 92 ..	*Porte de Vincennes*
2	**Nil (du)**	**K6**	de Damiette, 1	des Petits Carreaux, 30 .	*Sentier*
18	**Nobel**	**J2**	Caulaincourt, 119	Francœur, 9	*Lamarck-Caulaincourt*
15	**Nocard**	**E8**	Q. de Grenelle, 13	Nélaton, 8	*Bir-Hakeim*
3	**Noël (c.)**	**L7**	Rambuteau, 22	....	*Rambuteau*
20	**Noël Ballay**	**R9**	Bd Davout, 2	Louis Delaporte, 1	*Porte de Vincennes*
16	**Noisiel (de)**	**D6**	Emile Ménier, 41	Spontini, 19	*Porte Dauphine*
20	**Noisy le Sec (de)**	**R5**	des Fougères	Evariste Galois	*Saint-Fargeau*
17	**Nollet**	**H3**	des Dames, 20	Cardinet, 164	*La Fourche*
17	**Nollet (sq.)**	**H3**	Nollet, 103	....	*Brochant*
18	**Nollez (c.)**	**J2**	Ordener, 146	....	*Lamarck-Caulaincourt*
11	**Nom de Jésus (cr du)**	**M9**	du Fbg St-Antoine, 47 .	....	*Bastille*
4	**Nonnains d'Hyères (des)** ...	**L8**	Q. des Célestins, 46 ...	Charlemagne, 25	*Pont-Marie*
19	**Nord (pas. du)**	**N3**	Petit, 25	Petit, 31	*Laumière*
18	**Nord (du)**	**K2**	des Poissonniers, 97 ..	de Clignancourt, 114 ..	*Marcadet-Poissonniers*
3	**Normandie (de)**	**M7**	Debelleyme, 39	Charlot, 62	*Filles du Calvaire*
18	**Norvins**	**J3**	du Mont-Cenis, 1	Girardon, 10	*Abbesses*
4	**Notre-Dame (pt)**	**K8**	Q. de Gesvres	Q. de la Corse	*Cité*
2	**Notre-Dame de Bonne Nouvelle**		**K6** ....Beauregard, 19	de Bonne Nouvelle, 21	*Bonne Nouvelle*
9	**Notre-Dame de Lorette**	**J5**	Saint-Lazare, 2	Jean-Bap. Pigalle, 48 .	*Notre-D. de Lorette*
3	**Notre-Dame de Nazareth** ...	**L6**	du Temple, 201	Bd Sébastopol, 104 ...	*République*
2	**Notre-D. de Recouvrance** ..	**K6**	Beauregard, 1	de Bonne Nouvelle, 37 .	*Bonne Nouvelle*
6	**Notre-Dame des Champs** ..	**I10**	de Rennes, 125	Av. l'Observatoire *.1-2 à 35-42*	*Saint-Placide*
	....		....	..........*35-42 à fin*	*Notre-D. des Champs*
2	**Notre-Dame des Victoires** ..	**J6**	Pl. des Petits Pères, 9 .	Montmartre, 141	*Bourse*
4	**Notre-D.- Pl. Jean Paul II (parv.)** .	**K8**	Pt au Double	de la Cité, 6	*Cité*
20	**Nouveau Belleville (sq. du)** .	**O6**	Bd de Belleville, 30	des Maronites, 1	*Couronnes*
19	**Nouveau Conservatoire (av. du)**	**O3**	Av. Jean Jaurès	Edgar Varèse	*Porte de Pantin*
8	**Nouvelle (v.)**	**F5**	Av. de Wagram, 30	....	*Ch. de Gaulle-Etoile*
12	**Nouvelle Calédonie (de la)** .	**Q11**	Bd Soult, 20	Av. du Gal Messimy ..	*Porte Dorée*
19	**Noyer-Durand (du)**	**P3**	Av. Pte Chaumont, 59 ..	Le Pré-St-Gervais (93)	*Porte de Pantin*
16	**Nungesser et Coli**	**A10**	Bd d'Auteuil, 40	Claude Farrère, 14 ...	*Michel-Ange-Molitor*
20	**Nymphéas (v. des)**	**Q6**	du Surmelin, 74	de la Justice,13	*Saint-Fargeau*

Ar./Districts	Rues/Street	Plan/Map	Commençant/Beginning	Finissant/Ending	Métro/Subway
	O				
11	**Oberkampf**	N7	Bd Filles du Calvaire, 26 .	Bd de Belleville *.1-2 à 38-39*	*Filles du Calvaire*
	....	N6	....	.......*38-39 à 94-109*	*Parmentier*
	....		....	.........*94-109 à fin*	*Ménilmontant*
6	**Observatoire (av. de l')** 1 à 25 - 2 à 20	J10	Auguste Comte, 9	de l'Observatoire	*Port-Royal*
5	27 à 47	J10	....	....	*Port-Royal*
14	22 à 44 - 49 à 61	J11	....	....	*Port-Royal*
20	**Octave Chanute (pl.)**	Q6	du Capitaine Ferber ...	Etienne Marey	*Porte de Bagnolet*
16	**Octave Feuillet**	C7	Bd Jules Sandeau, 1 ..	Av. Henri Martin, 113 ..	*La Muette*
7	**Octave Gréard (av.)**	E8	Av. Gustave Eiffel	Av. de Suffren, 15	*Bir-Hakeim*
6	**Odéon (carr. de l')**	J9	Bd Saint-Germain, 105 .	Monsieur le Prince ...	*Odéon*
6	**Odéon (pl. de l')**	J9	de l'Odéon	Racine	*Odéon*
6	**Odéon (de l')**	J9	Carr. de l'Odéon	Pl. de l'Odéon, 12	*Odéon*
14	**Odessa (d')**	H10	du Départ, 3	Bd Edgard Quinet, 56 .	*Montparnasse-Bienv.*
8	**Odiot (c.)**	F5	Washington, 26	Washington, 34	*George V*
19	**Oise (q. de l')**	O2	de Crimée	Q. de la Gironde, 1 ...	*Crimée*
19	**Oise (de l')**	N2	Q. de l'Oise, 9	de l'Ourcq, 47bis	*Corentin-Cariou*
3	**Oiseaux (des)**	L7	de Beauce, 16	....	*Arts-et-Métiers*
15	**Olier**	E11	Desnouettes, 25	de Vaugirard, 364	*Porte de Versailles*
18	**Olive (de l')**	L2	Riquet, 92	de Torcy, 27	*Marx Dormoy*
7	**Olivet (d')**	H9	Vaneau, 68	Pierre Leroux, 9	*Vaneau*
15	**Olivier de Serres (pas.)**	E11	de Vaugirard, 363	Olivier de Serres, 30 ..	*Convention*
15	**Olivier de Serres**	F11	Victor Duruy, 14	Bd Lefebvre, 57	*Porte de Versailles*
13	**Olivier Messiaen**	N12	Thomas Mann, 26	Neuve Tolbiac, 29	*Biblio. F. Mitterrand*
20	**Olivier Métra**	P5	Pixérécourt, 29	Belleville, 168	*Place des Fêtes*
20	**Olivier Metra (v.)**	P5	Olivier Métra, 28	....	*Place des Fêtes*
14	**Olivier Noyer**	H12	Léonidas, 32bis	Didot, 41	*Alésia*
3	**Olympe de Gouges (pl.)** ...	M7	Béranger	de Turenne	*République*
11	**Omer Talon**	O7	Servan, 30	Merlin, 31	*Père-Lachaise*
13	**Onfroy (imp.)**	L13	Damesme, 13	....	*Tolbiac*
10	**Onze Novembre 1918 (pl. du)** .	L5	du Huit Mai 1945	du Fbg Saint-Martin ...	*Gare de l'Est*
1	**Opéra (av. de l')** 1 à 31 - 2 à 26	I6	Pl. A. Malraux, 5	Pl. de l'Opéra *.1-2 à 29-31*	*Pyramides*
2	33 à 49 - 28 à 38	I6	....	..........*29-31 à fin*	*Opéra*
2	**Opéra (pl. de)** 1 à 3 - 2 à 4 ...	I6	Av. de l'Opéra	Bd des Capucines	*Opéra*
9	5 - 6 à 10	I6	....	....	*Opéra*
9	**Opéra-Louis Jouvet (sq. de l')**	I5	Boudreau, 5	Edouard VII, 10b	*Opéra*
15	**Oradour-sur-Glane (d')**	D12	de la Pte d'Issy	Av. Ernest Renan	*Porte de Versailles*
18	**Oran (d')**	L3	Ernestine, 3	des Poissonniers, 46bis .	*Marcadet-Poissonniers*
1	**Oratoire (de l')**	J7	de Rivoli, 158	Saint-Honoré, 143	*Louvre*
18	**Orchampt (d')**	J3	Ravignan, 15	Lepic, 100	*Abbesses*

Ar./Districts	Rues/Street	Plan/Map	Commençant/Beginning	Finissant/Ending	Métro/Subway
13	**Orchidées (des)**	K13	Brillat-Savarin, 36	Auguste Lançon, 27 ..	*Cité Universitaire*
18	**Ordener**	L2	de la Chapelle, 1	Championnet *.1-2 à 24-25*	*Marx Dormoy*
	....	J2	....	.......*24-25 à 70 à 99*	*Marcadet-Poissonniers*
	....		....	.........*70 à 99 à fin*	*Jules Joffrin*
18	**Ordener (v.)**	J2	Ordener, 106	....	*Jules Joffrin*
1	**Orfèvres (q. des)**	J8	Pt Saint-Michel	Pt Neuf	*Châtelet*
1	**Orfèvres (des)**	K8	St-Germain l'Auxerrois, 6 .	Jean Lantier, 15	*Châtelet*
20	**Orfila (imp.)**	P6	Orfila, 28	....	*Gambetta*
20	**Orfila**	P6	Pl. Martin Nadeau, 4 ...	Av. Gambetta, 125	*Gambetta/Pelleport*
3	**Orgues (pas. des)**	L6	Meslay, 36	Bd Saint-Martin, 29 ...	*République*
19	**Orgues de Flandres (al. des)** .	N3	Riquet, 26	Av. de Flandre, 97	*Riquet*
11	**Orillon (de l')**	N6	Saint-Maur, 158	Bd de Belleville, 71 ...	*Belleville*
1	**Orléans (gal. d')**	J5	Gal. de Valois	Gal. de Montpensier ..	*Palais-Royal*
4	**Orléans (q. d')**	L9	des Deux Ponts, 1	Jean de Bellay, 2	*Pont-Marie*
9	**Orléans (sq. d')**	J5	Taitbout, 80	....	*Trinité*
14	**Orléans (v. d')**	I12	Av. du Gal Leclerc, 67 .	Pas. Montbrun	*Alésia*
19	**Orme (de l')**	P4	de Romainville, 25bis ..	Bd Sérurier, 87	*Pré-St-Gervais*
20	**Ormeaux (des)**	P9	Bd de Charonne, 34 ...	d'Avron, 22	*Buzenval*
20	**Ormeaux-Grds Champs (pas.)** .	P9	des Grds Champs, 19 .	des Ormeaux, 38	*Buzenval*
4	**Ormesson (d')**	L8	de Turenne, 3	de Sévigné, 6	*Saint-Paul*
18	**Ornano (bd)**	K2	Ordener, 44	Bd Ney, 33	*Simplon*
18	**Ornano (sq.)**	K2	Bd Ornano, 14	....	*Simplon*
18	**Ornano (v.)**	K2	Bd Ornano, 61	....	*Pte de Clignancourt*
7	**Orsay (q. d')**	G7	Pt de la Concorde	Pt de l'Alma ...*33 à 55*	*Invalides*
	....		....	............*55 à fin*	*Pont de l'Alma*
18	**Orsel (d')**	K3	de Clignancourt, 3	des Martyrs, 88	*Anvers*
20	**Orteaux (imp. des)**	P8	des Orteaux, 14	Sq. de Monsoreau	*Alexandre Dumas*
20	**Orteaux (des)**	Q8	de Bagnolet, 36	Bd Davout, 97	*Pte de Montreuil/A. Dumas*
5	**Ortolan**	K10	Gracieuse, 23	Mouffetard, 55	*Place Monge*
15	**Oscar Roty**	E10	de Lourmel, 107	Av. Félix Faure, 32 ...	*Boucicaut*
18	**Oslo (d')**	I2	Lamarck, 154	Marcadet, 239	*Guy Môquet*
16	**Oswaldo Cruz**	C8	du Ranelagh, 88bis	Bd de Beauséjour, 31 .	*Ranelagh*
20	**Otages (v. des)**	P5	Haxo, 83	....	*Saint-Fargeau*
7	**Oudinot (imp.)**	H9	Vaneau, 55	....	*Vaneau*
7	**Oudinot**	H9	Vaneau, 56	Bd des Invalides, 47bis	*Duroc*
13	**Oudry**	L11	du Jura, 14	Le Brun, 3	*Campo-Formio*
15	**Ouessant (d')**	F9	de Pondichéry, 7	Av. la Motte-Picquet, 64 .	*La Motte-Picquet*
14	**Ouest (de l')**	H11	Av. du Maine, 92	d'Alésia, 180	*Gaîté*
19	**Ourcq (de l')**	N2	Av. Jean Jaurès, 143 ..	d'Aubervilliers, 168 *.1-2 à 28-49*	*Ourcq*
	....		....	..........*28-49 à fin*	*Crimée*
11	**Ours (cr de l')**	N9	du Fbg St-Antoine, 95 .	....	*Ledru-Rollin*

Ar./Districts	Rues/Street	Plan/Map	Commençant/Beginning	Finissant/Ending	Métro/Subway
3	Ours (aux)	K7	Saint-Martin, 187	Bd de Sébastopol, 58	Etienne Marcel
6	Ozanam (pl.)	I10	Bd Montparnasse	de Cicé	N.-D. des Champs

P

Ar./Districts	Rues/Street	Plan/Map	Commençant/Beginning	Finissant/Ending	Métro/Subway
6/14	Pablo Picasso (pl.)	I10	Bd Raspail	Delambre	Vavin
11	Pache	N7	de la Roquette, 121	Saint-Maur, 11bis	Voltaire
16	Padirac (sq. de)	B9	Bd Suchet, 108	Av. du Mal Lyautey, 17	Porte d'Auteuil
20	Paganini	R9	Bd Davout, 46	Maryse Hilsz	Porte de Montreuil
5	Paillet	J9	Soufflot, 9	Malebranche, 4	Luxembourg
2	Paix (de la)	I6	des Capucines, 2	Pl. de l'Opéra, 1	Opéra
18	Pajol	L3	Pl. de la Chapelle, 8	Pl. Hébert, 1	La Chapelle/M. Dormoy
16	Pajou	C8	des Vignes, 77	du Gal Aubé, 8	La Muette
1	Palais (bd du) 2 à 4	K8	Q. de l'Horloge	Q. des Orfèvres	Cité
4	1 à 15	K8			Cité
7	Palais Bourbon (pl. du)	H7	de l'Univers, 85	de Bourgogne, 4	Assemblée Nationale
1	Palais Royal (pl. du)	J7	de Rivoli, 168	Saint-Honoré, 155	Palais-Royal
19	Palais Royal de Belleville (c. du)	O5	des Solitaires, 38		Place des Fêtes
6	Palatine	J9	Garancière, 4	Pl. Saint-Sulpice, 1	St-Sulpice
19	Palestine	O5	de Belleville, 139	des Solitaires, 26	Jourdain
2	Palestro (de)	K6	de Turbigo, 29	du Caire, 7	Réaumur-Sébastopol
20	Pali-Kao (de)	N6	Bd de Belleville, 76	Julien Lacroix, 73	Couronnes
18	Panama (de)	K3	Léon, 15	des Poissonniers, 32	Château-Rouge
13	Panhard et Levassor (q.)	N12	Pt National	Pt de Tolbiac	Biblio. F. Mitterrand
11	Panier Fleuri (cr du)	N8	de Charonne, 17		Ledru-Rollin
2	Panoramas (pas. des)	J6	Saint-Marc, 10	Bd Montmartre, 11	Grands Boulevards
2	Panoramas (des)	J6	Feydeau, 14	Saint-Marc, 9	Bourse
20	Panoyaux (imp. des)	O6	Panoyaux, 6		Ménilmontant
20	Panoyaux (des)	O6	Bd Ménilmontant, 130	des Plâtrières	Ménilmontant
5	Panthéon (pl. du)	K9	Soufflot, 2	Clotilde	Luxembourg
9	Papillon	K5	Bleue, 2	de Montholon, 17	Cadet
3	Papin	K6	Saint-Martin, 259	Bd de Sébastopol, 98	Réaumur-Sébastopol
10	Paradis (c.)	K5	de Paradis, 43	d'Hauteville, 55	Poissonnière
10	Paradis (de)	K5	du Fbg St-Denis, 95	du Fbg Poissonnière, 64	Château-d'Eau
16	Paraguay (pl. du)	C5	Av. Foch	Bd Flandrin	Porte Dauphine
19	Parc (ter. du)	O1	Bd Macdonald, 83		Porte de la Villette
19	Parc (v. du)	N5	Pradier, 21	Botzaris, 10	Buttes-Chaumont
20	Parc de Charonne (ch. du)	Q7	des Prairies, 5bis	Stendhal, 2	Gambetta
13	Parc de Choisy (al. du)	L13	Av. de Choisy, 123		Tolbiac
14	Parc de Montsouris (du)	I13	E. Deustch d. l. Meurthe, 4	Nansouty, 18	Cité Universitaire
14	Parc de Montsouris (v. du)	I13	E. Deustch d. l. Meurthe, 8		Cité Universitaire

Ar./Districts	Rues/Street	Plan/Map	Commençant/Beginning	Finissant/Ending	Métro/Subway
16	Parc de Passy (av. du)	D8	Av. du Pdt Kennedy, 34 .	Raynouard, 25	*Passy*
16	Parc des Princes (av. du) ..	A11	Lecomte du Noüy	Pl du Dr P. Michaux ...	*Porte de St-Cloud*
3	Parc Royal (du)	M8	de Turenne, 49	Pl. de Thorigny, 4	*Chemin Vert*
11	Parchappe (c.)	M8	du Fbg St-Antoine, 21 .	Pas. Cheval Blanc, 10 .	*Bastille*
5	Parcheminerie (de la)	K9	Saint-Jacques, 28	de la Harpe, 41	*Maubert-Mutualité*
16	Parent de Rosan	B11	Boileau, 98	Michel-Ange, 89	*Exelmans*
9	Parme (de)	I4	de Clichy, 59	d'Amsterdam, 78	*Place Clichy*
11	Parmentier (av.) 1 à 135 - 2 à 150	N7	Pl. Léon Blum, 10	Alibert .....*1-2 à 35-50*	*Voltaire*
10	137 à 161 - 152 à 174	M6	....	......*35-50 à 103-108*	*Parmentier*
	....		....	.........*103-108 à fin*	*Goncourt*
14	Parnassiens (gal. des)	I10	Delambre, 18	Bd Montparnasse, 98 .	*Vavin*
12	Parrot	N9	de Lyon, 4bis	Av. Daumesnil, 30ter ..	*Gare de Lyon*
20	Partants (des)	O6	des Amandiers, 52	Sorbier, 42	*Gambetta*
3	Pas de la Mule (du) 2 à 8 ...	M8	Bd Beaumarchais, 31 ..	Pl. des Vosges, 22 ...	*Chemin Vert*
4	1 à 15	M8	....	....	*Chemin Vert*
5	Pascal 1 à 25 - 2 à 30	K11	de Bazeilles, 2	Corvisart, 15	*Les Gobelins*
13	33 à 93 - 36 à 76	K11	....	....	*Les Gobelins*
11	Pasdeloup (pl.)	M7	Bd Filles du Calvaire ..	Oberkampf	*Filles du Calvaire*
8	Pasquier	H5	Bd Malesherbes, 6	du Rocher, 1	*Saint-Lazare*
16	Passy (pl. de)	D8	de Passy	Duban	*La Muette*
16	Passy (de)	D8	Pl. de Costa Rica	de Boulainvilliers, 60 ..	*La Muette*
15	Pasteur (bd)	G10	de Sèvres, 165	Pl. 5 Martyrs Lycée Buffon	*Pasteur*
11	Pasteur	N7	de la Folie-Méricourt, 8 .	Av. Parmentier, 41	*Saint-Ambroise*
15	Pasteur (sq.)	G10	Lecourbe, 3	....	*Sèvres-Lecourbe*
16	Pasteur Marc Boegner (du) .	D7	Av. Georges Mandel, 43 .	Scheffer, 46	*Rue de la Pompe*
11	Pasteur Wagner (du)	M8	Bd Beaumarchais, 26 ..	Bd Richard Lenoir, 7 ..	*Bréguet-Sabin*
3	Pastourelle	L7	Charlot, 17	du Temple, 124	*St-Sébastien-Froissart*
13	Patay (de)	N13	Bd Masséna, 12	de Domremy, 49	*Olympiades*
20	Patenne (sq.)	Q9	Frédéric Loliée, 3	de la Plaine, 66	*Porte de Vincennes*
5	Patriarches (pas. des)	K10	des Patriarches, 8	Mouffetard, 99	*Censier-Daubenton*
5	Patriarches (des)	K10	de l'Epée de Bois, 7 ...	Daubenton, 44	*Censier-Daubenton*
16	Patrice Boudart (v.)	C9	J. de La Fontaine, 25 ..	....	*Jasmin*
20	Patrice de la Tour du Pin ...	Q9	Bd Davout, 33	Pl. Gal Tessier de M. ..	*Porte de Montreuil*
16	Pâtures (des)	C9	Av. de Versailles, 40 ...	Félicien David, 19	*Mirabeau*
14	Paturle	G12	Ray. Losserand	Vercingétorix, 235	*Porte de Vanves*
13	Pau Casals	N12	Neuve Tolbiac, 30	Emile Durkheim, 27 ...	*Biblio. F. Mitterrand*
18	Paul Abadie	J1	de la Moskova, 4	Angélique Compoint, 9	*Porte de St-Ouen*
17	Paul Adam (av.)	F3	Bd Berthier, 148	de Courcelles, 216 ...	*Porte de Champerret*
18	Paul Albert	K3	André del Sarte, 24 ...	Chevalier de la Barre, 25	*Château-Rouge*
14	Paul Appell (av.)	I14	Emile Faguet	Pl. du 25 Août 1944, 7 .	*Porte d'Orléans*
15	Paul Barruel	G11	de Vaugirard, 249	Pl. d'Alleray	*Vaugirard*

Ar./Districts	Rues/Street	Plan/Map	Commençant/Beginning	Finissant/Ending	Métro/Subway
8	Paul Baudry	G5	de Ponthieu, 54	d'Artois, 9	*St-Philippe du Roule*
16	Paul Beauregard (pl.)	C9	de Rémusat	George Sand	*Eglise d'Auteuil*
12	Paul Belmondo	O11	Joseph Kessel, 29	Pl. Léonard Bernstein	*Cour Saint-Emilion*
11	Paul Bert	O9	Faidherbe, 10	Chanzy, 24	*Faidherbe-Chaligny*
12	Paul Blanchet (sq)	Q11	Av. du Gal Dodds, 5	Marcel Dubois, 6	*Porte Dorée*
17	Paul Bodin	H2	Av. de Clichy, 174	Ernest Goüin, 3	*Porte de Clichy*
17	Paul Borel	G3	Bd Malesherbes, 126	Daubigny, 9	*Malesherbes*
13	Paul Bourget	L14	Av. de la Pte d'Italie		*Porte d'Italie*
8	Paul Cézanne	G5	du Fbg St-Honoré, 172	de Courcelles, 25	*St-Philippe du Roule*
15	Paul Chautard	F10	Cambronne, 20		*Cambronne*
6	Paul Claudel (pl.)	J9	de Médicis	de Vaugirard	*Odéon*
12	Paul Crampel	Q10	du Sahel, 43	de Rambervilliers, 8	*Bel-Air*
19	Paul de Kock	P5	Emile Desvaux, 4	Emile Desvaux, 30	*Télégraphe*
16	Paul Delaroche	D7	Vital, 40	Pl. Possoz, 1	*La Muette*
15	Paul Delmet	E11	Vaugelas, 13	Olivier de Serres, 64	*Convention*
19	Paul Delouvrier (pl.)	O2	Q. de l'Oise	face 29 à 39	*Corentin Cariou*
15	Paul Déroulède (av.)	F9	Av. de Champaubert, 15	Av. de La Motte-Picquet	*La Motte-Picquet*
7	Paul Deschanel (al.)	F7	Q. Branly, 67	Av. Silvestre de Sacy	*Bir-Hakeim*
16	Paul Doumer (av.)	D7	Pl. du Trocadéro	de Passy, 82	*La Muette*
3	Paul Dubois	L6	Perrée, 18	Dupetit-Thouars, 15	*République*
12	Paul Dukas	O10	Av. Daumesnil, 177	Al. Vivaldi, 15	*Daumesnil*
16	Paul Dupuy	C9	Félicien David, 20		*Eglise d'Auteuil*
18	Paul Eluard (pl.)	L2	Riquet	Ordener	*Marx Dormoy*
9	Paul Escudier	I4	Blanche, 56	Henner, 9	*Blanche*
7	Paul et Jean Lerolle	G7	Fabert, 7		*Invalides*
18	Paul Féval	J3	du Mont Cenis, 35	des Saules, 26	*Lamarck-Caulaincourt*
14	Paul Fort	I13	de la Tombe Issoire, 140	du Père Corentin, 61	*Porte d'Orléans*
13	Paul Gervais	K12	Corvisart, 40	Bd Aug. Blanqui, 72	*Corvisart*
15	Paul Hervieu	D10	Av. Emile Zola, 16	du Cap. Ménard, 6	*Javel-André Citröen*
13	Paul Klee	M11	Fulton, 6	Av. P. Mendès France, 34	*Quai de la Gare*
19	Paul Laurent	M3	d'Aubervilliers, 48	du Maroc, 21	*Stalingrad*
17	Paul Léautaud (pl.)	F3	Av. Paul Adam	Bd Berthier	*Pereire*
2	Paul Lelong	J6	Montmartre, 89	de la Banque, 14	*Bourse*
20	Paul Meurice	Q5	Léon Frapié	Av. du Dr Gley	*Porte des Lilas*
5	Paul Painlevé (pl.)	K9	Du Sommerard	de Cluny	*Maubert-Mutualité*
17	Paul Paray (sq.)	G3	de Saussure, 136		*Porte de Clichy*
16	Paul Reynaud (pl.)	B11	Av. de Versailles	Le Marois	*Porte de St-Cloud*
14	Paul Ricœur (al.)	J11	pl. de l'Ile de Sein	bd Arago	*Saint-Jacques*
16	Paul Saunière	D7	Eugène Manuel, 13	Nicolo, 20	*Passy*
6	Paul Séjourné	I10	N.-D. des Champs, 82	Bd Montparnasse, 129	*Vavin*
20	Paul Signac (pl.)	P6	Av. Gambetta	Pelleport	*Pelleport*

Ar./Districts	Rues/Street	Plan/Map	Commençant/Beginning	Finissant/Ending	Métro/Subway
20	**Paul Strauss**	Q6	Pl. Octave Chanute	Pierre Mouillard, 5	*Porte de Bagnolet*
17	**Paul Tortelier (pl.)**	F2	Marguerite Long, 20	Stéphane Grappelli, 2	*Porte de Clichy*
14	**Paul Vaillant-Couturier (av.)**	J14	Av. de Mazagran	Montrouge (92)	*Gentilly*
16	**Paul Valéry**	E6	Av. Kléber, 50	Av. Foch, 27bis	*Victor-Hugo*
13	**Paul Verlaine (pl.)**	K13	Bobillot	du Moulin des Prés	*Place d'Italie*
19	**Paul Verlaine (v.)**	O4	Miguel Hidalgo, 9		*Danube*
8	**Paul-Emile Victor (pl.)**	F6	François Ier	Quentin Bauchart	*George V*
12	**Paul-Henri Grauwin**	N10	Pl. Rutebœuf	Guillaumot, 5	*Gare de Lyon*
20	**Paul-Jean Toulet**	Q8	du Clos, 19	Sq. de la Salamandre	*Maraîchers*
7	**Paul-Louis Courier (imp.)**	H8	Paul-Louis Courier, 7		*Rue du Bac*
7	**Paul-Louis Courier**	H8	Bd St-Germain, 207	de Saint-Simon, 3	*Rue du Bac*
13	**Paulin Enfert**	L14	Bd Masséna, 125	Av. Léon Bollée, 18	*Porte d'Italie*
13	**Paulin Méry**	K12	Bobillot, 8	du Moulin des Prés, 7	*Porte d'Italie*
20	**Pauline Kergomard**	Q8	Mouraud, 13	des Orteaux, 78	*Maraîchers*
14	**Pauly**	G12	Ray. Losserand, 153	des Suisses, 16	*Plaisance*
4	**Pavée**	L8	de Rivoli, 10	des Francs Bourgeois, 25	*Saint-Paul*
17	**Pavillons (av. des)**	E4	Av. de Verzy, 15bis		*Porte Maillot*
18	**Pavillons (imp. des)**	J1	Leibniz, 4		*Porte de St-Ouen*
20	**Pavillons (des)**	P5	Pixérécourt, 42	Pelleport, 129	*Télégraphe*
3	**Payenne**	L8	des Francs Bourgeois, 20	du Parc Royal, 15	*Saint-Paul*
13	**Péan**	M13	Bd Masséna, 55	Av. Claude Regaud	*Porte d'Ivry*
15	**Péclet**	F10	Mademoiselle, 42	Blomet, 102	*Vaugirard*
4	**Pecquay**	L7	des Blancs Manteaux, 34	Rambuteau, 5	*Hôtel de Ville*
15	**Pégoud**	B11	Q. d'Issy-les-Moulineaux	Issy-les-Moulineaux (92)	*Balard*
6	**Péguy**	I10	Stanislas, 11	Bd Montparnasse, 93	*Vavin*
2	**Peintres (imp. des)**	K7	Saint-Denis, 112		*Etienne Marcel*
20	**Pékin (pas. de)**	O5	Julien Lacroix, 62	Julien Lacroix, 56	*Couronnes*
11	**Pelée**	M7	Saint-Sabin, 62	Bd Richard Lenoir, 63	*Richard Lenoir*
17	**Pélerin (imp. du)**	H2	de La Jonquière, 97		*Guy Môquet*
1	**Pélican (du)**	J7	Jean-J. Rousseau, 11	Croix des Pts-Champs, 8	*Palais-Royal*
20	**Pelleport**	Q7	de Bagnolet, 143	de Belleville *.1-2 à 47-56*	*Porte de Bagnolet*
		P5		*47-56 à 105-130*	*Pelleport*
				105-130 à fin	*Télégraphe*
8	**Pelouze**	H4	Andrieux, 7	de Constantinople, 36	*Villiers*
18	**Penel (pas.)**	J2	Championnet, 86	du Ruisseau, 92	*Pte de Clignancourt*
12	**Pensionnat (du)**	P9	Av. du Bel Air, 18	Colonnes du Trône, 17	*Nation*
8	**Penthièvre (de)**	H5	Cambacérès, 21	du Fbg St-Honoré, 124	*Miromesnil*
8	**Pépinière (de la)**	H5	Pl. Gabriel Péri	Pl. Saint-Augustin	*Saint-Lazare*
14	**Perceval (de)**	H11	Pl. Const. Brancusi, 10	Jean Zay	*Gaîté*
16	**Perchamps (des)**	C9	d'Auteuil, 20	J. de La Fontaine, 59b	*Michel-Ange-Auteuil*
3	**Perche (du)**	L7	Vieille du Temple, 107	Charlot, 6ter	*St-Sébastien-Froissart*

Ar./Districts	Rues/Street	Plan/Map	Commençant/Beginning	Finissant/Ending	Métro/Subway
8	Percier (av.)	G5	La Boétie, 38	Bd Haussmann, 121	Miromesnil
10	Perdonnet	L4	du Fbg St-Denis, 214	Bd de la Chapelle, 21	La Chapelle
16	Père Brottier (du)	C9	J. de La Fontaine, 41	Av. Théo. Gautier, 36	Eglise d'Auteuil
11	Père Chaillet (pl. du)	N8	de la Roquette	Av. Ledru-Rollin	Voltaire
14	Père Corentin (du)	I13	de la Tombe Issoire, 92	Bd Jourdan, 104	Porte d'Orléans
13	Père Guérin (du)	K12	Bobillot, 6	du Moulin des Prés, 3	Place d'Italie
20	Père Julien Dhuit (al. du)	O5	du Père Julien Dhuit, 9	des Envierges, 13	Pyrénées
20	Père Julien Dhuit (du)	O5	Piat, 36	Al. du Père Julien Dhuit	Pyrénées
20	Père Lachaise (av. du)	P7	des Rondeaux, 56	Pl. Gambetta, 3	Gambetta
16	Père M. Champagnat (pl.)	D8	de l'Annonciation, 6	de l'Annonciation, 10	La Muette
20	Père Prosper-Enfantin (du)	Q6	Géo Chavez, 4	Irénée Blanc, 22	Porte de Bagnolet
5	Père Teilhard de Chardin	K10	des Patriarches, 6	de l'Epée de Bois, 15	Censier-Daubenton
4	Père Teilhard de Chardin (pl. du)	L9	Bd Henri IV	Bd Morland	Sully-Morland
17	Pereire (bd)	G3	Jouffroy d'Abbans, 2	Av. Grde Armée 1-2 à 134-141	Pereire
		E4		134-141 à fin	Porte Maillot
16	Pergolèse	D5	Pl. du Gal Patton, 61ter	Av. Foch, 66	Argentine
15	Périchaux (des)	F12	Dantzig, 49	Brancion 112	Porte de Vanves
7	Pérignon 2 à 20	G9	Av. de Saxe, 48	Bd Garibaldi, 35	Ségur
15	1 à 27 - 30 à 36	G9			Ségur
20	Périgord (sq. du)	Q8	Sq. de la Gascogne, 7	Sq. de la Guyenne, 4	Porte de Montreuil
19	Périgueux (de)	P3	Bd Sérurier, 106	Bd d'Indochine, 5	Danube
3	Perle (de la)	L7	Pl. de Thorigny, 1	Vieille du Temple, 78	St-Sébastien-Froissart
4	Pernelle	K8	Saint-Bon, 7	Bd de Sébastopol, 4	Châtelet
19	Pernette du Guillet (al.)	N5	de l'Atlas, 8		Belleville
14	Pernety	H12	Didot, 24	Vercingétorix, 71	Pernety
8	Pérou (pl. du)	G5	Av. de Messine	Bd Haussmann	Miromesnil
1	Perrault	J7	Pl. du Louvre, 4	de Rivoli, 85	Louvre
3	Perrée	L7	de Picardie, 21	du Temple, 158bis	République
20	Perreur (pas.)	Q6	du Cap. Marchal, 40	de la Dhuis, 21	Pelleport
20	Perreur (v.)	Q6	de la Dhuis, 22		Pelleport
16	Perrichont (av.)	C9	Av. Théo. Gautier, 31	Félicien David, 24	Eglise d'Auteuil
7	Perronet	I8	des Saints Pères, 32	Saint-Guillaume, 11	St-Germain-des-Prés
18	Pers (imp.)	K3	Ramey, 47		Marcadet-Poissonniers
17	Pershing (bd)	D4	Bd Gouvion-St-Cyr, 46	Pl. de la Porte Maillot	Porte Maillot
5	Pestalozzi	K10	Monge, 80	de l'Epée de Bois, 6	Place Monge
15	Petel	F10	Péclet, 12	Blomet, 106	Vaugirard
17	Péterhof (av. de)	E4	Av. des Pavillons	Guersant, 43	Porte de Champerret
17	Petiet	I2	Av. de St-Ouen, 101	Maria Deraismes, 8	Guy Môquet
19	Petin (imp.)	P4	des Bois, 24		Pré-St-Gervais
11	Pétion	N7	de la Roquette, 119	du Chemin Vert, 86	Voltaire
19	Petit	O3	de Meaux, 94	Pl. Gal Cochet .1-2 à 75-88	Laumière

Ar./Districts	Rues/Street	Plan/Map	Commençant/Beginning	Finissant/Ending	Métro/Subway
	....		....	..........75-88 à fin	Porte de Pantin
17	Petit Cerf (pas. du)	H2	Av. de Clichy, 184	Boulay, 19	Porte de Clichy
13	Petit Modèle (imp. du)	L12	Av. Stéphen Pichon, 19 .	....	Place d'Italie
5	Petit Moine (du)	K11	de la Collégiale, 21	Av. des Gobelins, 7 ...	Censier-Daubenton
4	Petit Musc (du)	M8	Q. des Célestins, 2	Saint-Antoine, 23	Sully-Morland
4/5	Petit Pont	K8	Q. du Marché Neuf	Q. de Montebello	Cité
5	Petit Pont (pl. du)	K8	Q. Saint-Michel, 1	de la Huchette, 2	Saint-Michel
5	Petit Pont (du)	K8	de la Huchette, 1bis ...	Saint-Séverin, 4	Saint-Michel
16	Petite Arche (de la)	B11	du Gal Malleterre, 21 ..	Abel Ferry	Porte de St-Cloud
6	Petite Boucherie (pas. de la) .	J8	de l'Abbaye, 1	Saint-Germain, 166 ...	St-Germain-des-Prés
11	Petite Pierre (de la)	O8	Neuve des Boulets, 21 .	de Charonne, 150	Charonne
1	Petite Truanderie (de la) ...	K7	Mondétour, 16	Pierre Lescot, 11	Etienne Marcel
11	Petite Voirie (pas. de la) ...	N7	Marché Popincourt, 20 ..	Neuve Popincourt, 4 ..	Parmentier
10	Petites Ecuries (cr des)	K5	Fbg St-Denis, 61bis ...	d'Enghien, 18	Château-d'Eau
10	Petites Ecuries (pas. des) ..	K5	cr des Ptes Ecuries, 14	des Ptes Ecuries, 15 ..	Château-d'Eau
10	Petites Ecuries (des)	K5	du Fbg St-Denis, 71 ...	du Fbg Poissonnière, 42 .	Château-d'Eau
19	Petitot	P5	du Pré St-Gervais, 15 ..	des Fêtes, 14	Place des Fêtes
2	Petits Carreaux (des)	K6	Saint-Sauveur, 36	de Cléry, 44	Sentier
1	Petits Champs (des) 1 à 63 .	J6	de la Banque, 1	Av. de l'Opéra, 26	Pyramides
2	2 à 50	J6	....	....	Pyramides
10	Petits Hôtels (des)	K4	Bd de Magenta, 87	Pl. Franz Listz, 4	Poissonnière
2	Petits Pères (pas. des)	J6	Pl. des Petits-Pères, 3 ..	de la Banque, 4	Bourse
2	Petits Pères (pl. des)	J6	des Petits-Pères	N.-D. des Victoires ...	Bourse
2	Petits Pères (des)	J6	de la Banque, 2	Pl. des Petits-Pères ...	Bourse
19	Petits Ponts (rte des)	P2	Av. de la Pte de Pantin .	Pantin (93)	Porte de Pantin
16	Pétrarque	D7	Av. Paul Doumer, 10 ...	Scheffer, 28	Trocadéro
16	Pétrarque (sq.)	D7	Scheffer, 31	....	Trocadéro
9	Pétrelle	K4	Fbg Poissonnière, 155 ..	de Rochechouart, 58 ..	Barbès-Rochechouart
9	Pétrelle (sq.)	K4	Pétrelle, 4	....	Barbès-Rochechouart
16	Peupliers (av. des)	B9	Poussin, 12	Bd de Montmorency, 93	Porte d'Auteuil
13	Peupliers (des)	K13	du Moulin des Prés, 74 ..	Bd Kellermann	Tolbiac
13	Peupliers (sq. des)	K13	du Moulin des Prés, 72 ..	....	Tolbiac
11	Phalsbourg (c. de)	O8	Bd Voltaire, 149	Léon Flot, 49	Charonne
17	Phalsbourg (de)	G4	de Logelbach, 2	Pl. du Gal Catroux, 11 .	Monceau
17	Philibert Delorme	F3	Bd Pereire, 76	Bd Malesherbes, 205 .	Pereire
13	Philibert Lucot	L13	Av. de Choisy, 47	Gandon, 7	Maison Blanche
20	Philidor	Q9	des Maraîchers, 36	Pas. de Lagny, 17	Maraîchers
13	Philippe de Champagne ...	L12	Bd de l'Hôpital, 144 ...	Av. des Gobelins, 77 ..	Place d'Italie
10	Philippe de Girard 1 à 33 - 2 à 34 .	L4	La Fayette, 191	M. Dormoy .1-2 à 36-45	La Chapelle
18	47 à 103 - 38 à 98	L3	....	..........36-45 à fin	Marx Dormoy
19	Philippe Hecht	N4	Barrelet de Ricou, 17 ..	Geor. Lardennois, 37 ..	Bolivar

Ar./Districts	Rues/Street	Plan/Map	Commençant/Beginning	Finissant/Ending	Métro/Subway
11	Philippe-Auguste (av.)	P9	Pl. de la Nation, 5	Bd de Charonne .1-2 à 62-63	*Nation*
	....		....	...........*62-63 à fin*	*Philippe Auguste*
11	Philippe-Auguste (pas.)	P9	Pas. Turquetil, 12	Av. Philippe-Auguste, 35	*Rue des Boulets*
11	Philosophe (al. du)	O8	Bd Voltaire, 145bis	....	*Charonne*
20	Piat (pas.)	O6	des Couronnes, 63	Piat	*Pyrénées*
20	Piat	O5	Pas. Piat	de Belleville, 64	*Pyrénées*
3	Picardie (de)	L7	de Bretagne, 40	de Franche Comté, 2 .	*Filles du Calvaire*
15	Pic de Barette (du)	D10	Cauchy, 30	Mont. de l'Espérou, 31	*Javel-André Citröen*
16	Piccini	D5	Av. Foch, 44	Av. de Malakoff, 134 ..	*Porte Maillot*
16	Picot	D5	Av. Bugeaud, 24	Av. Foch, 49	*Victor-Hugo*
12	Picpus (bd de)	P10	de Picpus, 93	crs de Vincennes .*1-2 à 51-64*	*Bel-Air/Picpus*
	....		....	...........*51-64 à fin*	*Picpus/Nation*
12	Picpus (de)	P10	du Fbg St-Antoine, 254 .	Bd Poniatowski .*1-2 à 55-68*	*Nation*
	....	Q11	....	........*55-68 à 93-94*	*Bel-Air*
	....		....	......*93-94 à 136-137*	*Michel Bizot*
	....		....	.........*136-137 à fin*	*Porte Dorée*
18	Piémontési	J3	Houdon, 21	André Antoine, 10bis ..	*Pigalle*
16	Pierre Ier de S. (av.) 1 à 33 - 2 à 28 .	F6	Pl. d'Iéna	Av. George V, 27	*Iéna*
8	30 à 42 - 35 à 43ter	F6	....	....	*Iéna*
4	Pierre au Lard	K7	Saint-Merri, 12	du Renard, 22	*Hôtel de Ville*
20	Pierre Bayle	O8	Bd de Charonne, 212 ..	du Repos, 11	*Philippe Auguste*
20	Pierre Bonnard	Q7	Galleron, 13	Florian, 28	*Porte de Bagnolet*
12	Pierre Bourdan	O9	Dorian, 15	Bd Diderot, 150	*Nation*
16	Pierre Brisson (pl.)	F6	Georges Bizet	Av. Marceau	*Alma-Marceau*
5	Pierre Brossolette	K10	Pl. Lucien Herr, 6	Rataud	*Place Monge*
18	Pierre Budin	K3	Léon, 49	des Poissonniers, 54 ..	*Marcadet-Poissonniers*
10	Pierre Bullet	L5	du Château d'Eau, 52 ..	Hittorf	*Château-d'Eau*
14	Pierre Castagnou	I12	Charles Divry, 3	Av. du Maine, 171	*Mouton-Duvernet*
8	Pierre Charron	F6	Av. George V, 30	Av. Champs Elysées, 55	*Franklin-D.-Roosevelt*
16	Pierre-Christian Taittinger ..	C7	Terre-plein	av. Henri Martin	*Rue de la Pompe*
10	Pierre Chausson	L6	du Château d'Eau, 24 ..	Bd de Magenta, 21	*Jacques Bonsergent*
18	Pierre Dac	J2	Caulaincourt, 95	Lamarck, 53bis	*Lamarck-Caulaincourt*
13/14	Pierre de Coubertin (av.) ...	K14	Bd Kellermann	Av. P. Vaillant-Couturier .	*Gentilly*
17	Pierre Demours	F4	Pl. Tristan Bernard, 4 ..	Av. de Villiers, 93	*Wagram*
10	Pierre Dupont	M4	Eugène Varlin, 14	Alexandre Parodi, 11 ..	*Louis Blanc*
6	Pierre Dux (pl.)	J9	de Vaugirard, 22	de Vaugirard, 24	*Odéon*
1	Pierre Emmanuel (pl.)	K7	Berger	Pas. Mondétour	*Châtelet*
5	Pierre et Marie Curie	J10	d'Ulm, 14	Saint-Jacques, 189 ...	*Luxembourg*
20	Pierre Foncin	Q5	Bd Mortier, 100	des Fougères, 5	*Saint-Fargeau*
9	Pierre Fontaine	J4	Jean-Bap. Pigalle, 51 ..	Pl. Blanche, 1	*Blanche*
18	Pierre Ginier	I3	Av. de Clichy, 50	Hégésippe Moreau, 9 .	*La Fourche*

Ar./Districts	Rues/Street	Plan/Map	Commençant/Beginning	Finissant/Ending	Métro/Subway
18	**Pierre Ginier (v.)**	I3	Pierre Ginier, 7	Etienne Jodelle, 1	*La Fourche*
19	**Pierre Girard**	N3	Av. Jean Jaurès, 89 ...	Tandou, 12	*Laumière*
13	**Pierre Gourdault**	M12	du Chevaleret, 139	Dunois, 22	*Biblio. F. Mitterrand*
16	**Pierre Guérin**	B9	d'Auteuil, 30	....	*Michel-Ange-Auteuil*
9	**Pierre Haret**	I3	de Douai, 54	Bd de Clichy, 75	*Blanche*
13	**Pierre Joseph Desault**	N14	Av. de la Pte de Vitry ..	Ivry-sur-Seine (94)	*Porte d'Ivry*
18	**Pierre l'Ermite**	L3	Polonceau, 2	Saint-Bruno, 9	*La Chapelle*
6	**Pierre Lafue (pl.)**	I10	Bd Raspail	N. D. des Champs	*Notre-D. des Champs*
5	**Pierre Lampué (pl.)**	J10	Claude Bernard	Gay-Lussac	*Censier-Daubenton*
14	**Pierre Larousse**	G12	Didot, 92	Ray. Losserand, 161 ..	*Plaisance*
7	**Pierre Laroque (pl.)**	G9	Av. Duquesne	Av. de Ségur	*Ecole Militaire*
2	**Pierre Lazareff (al. et pl.)** ...	K6	des Petits-Carreaux ...	Saint-Denis	*Réaumur-Sébastopol*
8	**Pierre le Grand**	F4	Daru, 11	Bd de Courcelles, 73 ..	*Ternes*
14	**Pierre Le Roy**	G13	Bd Brune, 40	Maurice Bouchor, 7 ...	*Porte de Vanves*
7	**Pierre Leroux**	H9	Oudinot, 7	de Sèvres, 60	*Vaneau*
1	**Pierre Lescot**	K7	Berger, 20	Etienne Marcel, 17 ...	*Etienne Marcel*
11	**Pierre Levée (de la)**	M6	des Trois Bornes, 7 ...	de la Fontaine au Roi, 12	*Parmentier*
7	**Pierre Loti (av.)**	F8	Q. Branly	Pl. Joffre	*Ecole Militaire*
16	**Pierre Louÿs**	C9	Av. de Versailles, 24 ...	Félicien David, 7bis ...	*Eglise d'Auteuil*
18	**Pierre Mac Orlan (pl.)**	M2	Jean Cottin	Tristan Tzara	*Porte de la Chapelle*
14	**Pierre Masse**	I14	Paul Vaillant-Couturier .	du Dr Lannelonge	*Cité Universitaire*
13	**Pierre Mendès France (av.)** .	M11	Bd Vincent Auriol, 24 ..	Q. d'Austerlitz, 71	*Quai de la Gare*
15	**Pierre Mille**	E12	Vaugelas, 43	Olivier de Serres, 98 ..	*Porte de Versailles*
19	**Pierre Mollaret**	N1	Bd Macdonald, 204	Emile Bollaert, 69	*Corentin Cariou*
20	**Pierre Mouillard**	Q6	Bd Mortier, 41	du Cap. Ferber, 54 ...	*Porte de Bagnolet*
5	**Pierre Nicole**	J10	des Feuillantines, 27 ...	Bd de Port-Royal, 88t .	*Port-Royal*
18	**Pierre Picard**	K3	de Clignancourt, 13 ...	Charles Nodier, 2	*Anvers*
20	**Pierre Quillard**	Q6	Dulaure, 3	Victor Dejeante, 6	*Porte de Bagnolet*
17	**Pierre Rebière**	H1	Bd du Bois le Prêtre, 1 .	Saint-Just, 1	*Porte de Clichy*
19	**Pierre Reverdy**	N3	de la Moselle, 8	Euryale Denaynin, 13 .	*Laumière*
13	**Pierre Riboulet (pl.)**	K13	Brillat Savarin	Auguste Mouchot	*Maison Blanche*
6	**Pierre Sarrazin**	J9	Bd Saint-Michel, 24 ...	Hautefeuille, 19	*Odéon*
9	**Pierre Semard**	K4	La Fayette, 81	de Maubeuge, 80	*Poissonnière*
20	**Pierre Soulié**	R5	Bagnolet (93)	de Noisy-le-Sec	*Porte des Lilas*
20	**Pierre Vaudrey (pl.)**	Q7	des Balkans, 19	C. Leclaire, 20	*Porte de Bagnolet*
7	**Pierre Villey**	F7	Saint-Dominique, 92 ...	....	*Ecole Militaire*
13	**Pierre Vidal-Naquet (espl.)** .	N12	Q. Panhard et Levassor, 53	Marguerite Duras, 6 ..	*Biblio. F. Mitterrand*
19	**Pierre-Jean Jouve**	O3	des Ardennes, 23	....	*Ourcq*
15	**Piet Mondrian**	D10	Sébastien Mercier, 20 ..	Pl. Montagne du Goulet, 1	*Javel-André Citröen*
9	**Pigalle (c.)**	I4	Jean-Bap. Pigalle, 41 ..	....	*Pigalle*
9	**Pigalle (pl.)**	J4	Bd de Clichy	Jean-Bap. Pigalle	*Pigalle*

Ar./Districts	Rues/Street	Plan/Map	Commençant/Beginning	Finissant/Ending	Métro/Subway
11	Pihet	N7	Pas. Beslay, 9	du Marché Popincourt, 8	*Parmentier*
16	Pilâtre de Rozier (al.)	C7	Chaussée de la Muette	Av. Raphaël	*La Muette*
20	Pilier (imp. du)	O7	Bd de Ménilmontant, 8 ..	....	*Philippe Auguste*
9	Pillet-Will	J5	Laffite, 15bis	La Fayette, 20bis	*Chaussée-d'Antin*
18	Pilleux (c.)	I3	Av. de Saint-Ouen, 30 .	Ganneron, 45	*La Fourche*
13	Pinel (pl.)	L12	Bd Vincent Auriol, 128 .	Esquirol	*Nationale*
13	Pinel	L11	Pl. Pinel, 9	Bd de l'Hôpital, 137 ...	*Nationale*
13	Pirandello	L11	Duméril, 10	Le Brun, 19	*Campo-Formio*
12	Pirogues de Bercy (des) ...	O12	Q. de Bercy, 112	Baron Le Roy, 48	*Cour Saint-Emilion*
11	Piver (imp.)	N6	Pas. Piver, 3	....	*Belleville*
11	Piver (pas.)	N6	de l'Orillon, 15	du Fbg du Temple, 92 .	*Belleville*
20	Pixéricourt (imp.)	P5	Charles Friedel, 11	....	*Place des Fêtes*
20	Pixérécourt	P5	de Ménilmontant, 133 ..	de Belleville, 210	*Place des Fêtes*
20	Plaine (de la)	Q9	Bd de Charonne, 22 ...	des Maraîchers, 31 ...	*Buzenval*
14	Plaisance (de)	H12	Didot, 28	Ray. Losserand, 85 ...	*Pernety*
20	Planchard (pas.)	P6	Saint-Fargeau, 18bis ..	....	*Saint-Fargeau*
20	Planchat	P8	d'Avron, 15	de Bagnolet, 16	*Avron*
3	Planchette (imp. de la)	L6	Saint-Martin, 324	....	*Strasbourg-St-Denis*
12	Planchette (rlle de la)	O11	du Charolais, 2	de Charenton, 236 ...	*Dugommier*
14	Plantes (des)	H12	Av. du Maine, 176	Bd Brune, 135	*Alésia*
14	Plantes (v. des)	H12	des Plantes, 32bis	....	*Alésia*
20	Plantin (pas.)	O5	du Transvaal, 16	des Couronnes, 81 ...	*Jourdain*
1	Plat d'Etain (du)	K7	Lavandière Ste-Opportune	des Déchargeurs, 4 ...	*Châtelet*
19	Plateau (pas. du)	O4	du Plateau, 8	du Tunnel, 11	*Buttes-Chaumont*
19	Plateau (du)	O4	des Alouettes, 31	Botzaris, 32	*Buttes-Chaumont*
15	Platon	G11	Falguière	Mathurin Régnier, 61 ..	*Volontaires*
4	Plâtre (du)	L7	des Archives, 23	du Temple, 32	*Hôtel de Ville*
20	Plâtrières (des)	O6	des Amandiers, 104 ...	Sorbier, 16	*Ménilmontant*
15	Plélo (de)	E10	Convention, 114	Duranton, 19	*Boucicaut*
12	Pleyel	O11	Dubrunfaut, 12	Dugommier, 17	*Dugommier*
11	Plichon	O7	du Chemin Vert, 139 ...	Av. de la République, 112	*Père-Lachaise*
15	Plumet	G11	des Volontaires, 50	de la Procession, 19 ..	*Volontaires*
14	Poinsot	H10	Bd Edgard Quinet, 25 ..	du Maine, 10	*Edgar-Quinet*
20	Pointe (stier de la)	P8	des Vignoles, 71	Pl. de la Réunion, 60 ..	*Buzenval*
13	Pointe d'Ivry (de la)	M13	Av. d'Ivry, 49	Av. de Choisy, 30	*Porte de Choisy*
8	Point Show (gal.)	G5	Av. des Champs Elysées	de Ponthieu	*George V*
15	Poirier (v.)	F10	Lecourbe, 88	Col. Colonna d'Ornano .	*Volontaires*
14	Poirier de Narçay	H13	Av. Gal Leclerc, 130b ..	Friant, 25	*Porte d'Orléans*
4	Poissonnerie (imp. de la) ..	M8	de Jarente, 2	....	*Saint-Paul*
2	Poissonnière (bd) 5 à 29 ...	K5	Poissonnière, 35	Montmartre *.1-2 à 11-16*	*Bonne Nouvelle*
9	2 à 32	K5	....	...........*11-16 à fin*	*Grands Boulevards*

Ar./Districts	Rues/Street	Plan/Map	Commençant/Beginning	Finissant/Ending	Métro/Subway
2	Poissonnière	K6	de Cléry, 29	Bd Poissonnière, 5 ...	*Bonne Nouvelle*
18	Poissonnière (v.)	K3	de la Goutte d'Or, 42 ..	Polonceau, 41	*Barbès-Rochechouart*
18	Poissonniers (des)	K3	Bd Barbès, 26	Bd Ney ....*1-2 à 61-66*	*Château-Rouge*
	....	K2	....	..........*61-66 à fin*	*Marcadet-Poissonniers*
5	Poissy (de)	K9	Q. de la Tournelle, 29 ..	Saint-Victor, 2	*Cardinal Lemoine*
6	Poitevins (des)	J8	Hautefeuille, 6	Danton, 5	*Saint-Michel*
7	Poitiers (de)	I7	de Lille, 59	de l'Université, 66	*Solférino*
3	Poitou (de)	L7	de Turenne, 95	Charlot, 14	*Filles du Calvaire*
18	Pôle Nord (du)	J2	Montcalm, 37	Vincent Compoint, 1 ..	*Jules Joffrin*
5	Poliveau	L10	Bd de l'Hôpital, 38	Geoffroy-St-Hilaire, 18 .	*St-Marcel*
16	Pologne (av. de)	C6	Bd Lannes	Av. du Mal Fayolle	*Porte Dauphine*
18	Polonceau	L3	de la Goutte-d'Or	des Poissonniers, 8 ...	*Barbès-Rochechouart*
16	Pomereu (de)	D6	de Longchamp, 132 ...	Emile Ménier, 20	*Rue de la Pompe*
12	Pommard (de)	O11	de Dijon, 1	de Bercy, 41	*Cour Saint-Emilion*
16	Pompe (de la)	C7	Av. Paul Doumer, 100 ..	Av. Foch, 41 ..*1-2 à 42-45*	*La Muette*
	....	D6	....	......*42-45 à 130-143*	*Rue de la Pompe*
16	Pompe (de la)	D6	Av. Paul Doumer, 100 ..	Av. Foch, 41 *130-143 à fin*	*Victor-Hugo*
12	Ponant (cr du)	O12	Cr du Levant, 3	Baron Le Roy, 78	*Cour Saint-Emilion*
2	Ponceau (pas. du)	K6	Bd de Sébastopol, 119 ..	Saint-Denis, 212	*Réaumur-Sébastopol*
2	Ponceau (du)	K6	de Palestro, 33	Saint-Denis, 188	*Réaumur-Sébastopol*
17	Poncelet (pas.)	F4	Poncelet, 27	Laugier, 12	*Ternes*
17	Poncelet	F4	Av. des Ternes, 10	Av. de Wagram, 83 ...	*Ternes*
15	Pondichéry (de)	F9	Dupleix, 39	Av. La Motte-Picquet, 66	*La Motte-Picquet*
12	Poniatowski (bd)	P12	Q. de Bercy	Av. Daumesnil .*1-2 à 33-68*	*Porte de Charenton*
	....		....	..........*33-68 à fin*	*Porte Dorée*
13	Ponscarme	M13	Château d. Rentiers, 83 ..	Nationale, 74	*Olympiades*
17	Pont à Mousson (de)	H1	Bd Bessières, 42	André Bréchet	*Porte de St-Ouen*
3	Pont aux Biches (pas. du) ..	L6	N.-D. de Nazareth, 38 .	Meslay, 37	*République*
3	Pont aux Choux (du)	M7	Bd Beaumarchais, 113 .	de Turenne, 86	*St-Sébastien-Froissart*
6	Pont de Lodi (du)	J8	Grands Augustins, 6 ...	Dauphine, 17	*Odéon*
4	Pont Louis-Philippe (du) ...	L8	Q. de l'Hôtel de Ville ...	de Rivoli, 23	*Pont-Marie*
15	Pont Mirabeau (rd-pt du) ...	D10	Q. André Citroën	Av. Emile Zola	*Javel-André Citröen*
1	Pont Neuf (pl. du)	J8	Q. de l'Horloge, 41	Q. des Orfèvres, 76 ...	*Châtelet*
1	Pont Neuf (du)	K7	Q. de la Mégisserie, 22	Pl. Maurice Quentin ...	*Pont-Neuf*
8	Ponthieu (de)	G6	Av. Matignon, 7	de Berri, 8	*Franklin-D.-Roosevelt*
5	Pontoise (de)	K9	Q. de la Tournelle, 39 ..	Saint-Victor, 18	*Maubert-Mutualité*
11	Popincourt (c.)	N7	de la Folie-Méricourt, 14 .	....	*Saint-Ambroise*
11	Popincourt (imp.)	N7	Popincourt, 34	....	*Saint-Ambroise*
11	Popincourt	N8	de la Roquette, 79	Bd Voltaire, 90	*Saint-Ambroise*
13	Port-au-Prince (pl. de)	M14	Av. Pte de Choisy	Av. Léon Bollée	*Porte de Choisy*
2	Port-Mahon (de)	I6	Saint-Augustin, 30	du 4 Septembre, 31 ...	*Quatre Septembre*

Ar./Districts	Rues/Street	Plan/Map	Commençant/Beginning	Finissant/Ending	Métro/Subway
5	**Port-Royal (bd de)** 2 à 102 ..	**K11**	Bd Arago, 2	Av. Observatoire .*1-2 à 80-93*	*Les Gobelins*
13	1 à 93	**K11**	....	.........*1-2 à 80-93*	*Les Gobelins*
14	95 à 127	**J11**	....	..........*80-93 à fin*	*Port-Royal*
13	**Port-Royal (c. de)**	**K11**	Bd de Port-Royal, 49 ..	....	*Les Gobelins*
13	**Port-Royal (sq. de)**	**J11**	de la Santé, 15	....	*Glacière*
8	**Portalis**	**H4**	de La Bienfaisance, 14 .	du Rocher, 47bis	*Saint-Augustin*
15	**Porte Brancion (av. de la)** ..	**F13**	Bd Lefebvre, 94	Louis Vicat	*Porte de Vanves*
19	**Porte Brunet (av. de la)**	**P4**	Bd Sérurier, 94	des Marchais, 4	*Danube*
19	**Porte Chaumont (av. de la)** .	**P3**	Bd Sérurier	Pré-St-Gervais (93) ...	*Porte de Pantin*
17	**Porte d'Asnières (av. de la)** .	**F2**	Bd Berthier, 96	Levallois-Perret (92) ..	*Porte de Clichy*
19	**Pte d'Aubervilliers (av.)** 2 à 40	**M1**	Bd Ney, 4	Aubervilliers (93)	*Porte de la Chapelle*
18	3 à 37	**M1**	....	....	*Porte de la Chapelle*
16	**Porte d'Auteuil (av. de la)** ..	**A9**	Pl. de la Pte d'Auteuil ..	Boulogne-Billancourt (92) .	*Porte d'Auteuil*
16	**Porte d'Auteuil (pl. de la)** ..	**B9**	Bd Murat	Bd Suchet	*Porte d'Auteuil*
15	**Porte d'Issy (de la)**	**D12**	Bd Victor, 32	Louis Armand	*Porte de Versailles*
13	**Porte d'Italie (av. de la)**	**L14**	Bd Masséna	Le Kremlin-Bicêtre (94) .	*Porte d'Italie*
13	**Porte d'Ivry (av. de la)**	**M14**	André Voguet	Bd Masséna	*Porte d'Ivry*
14	**Porte d'Orléans (av. de la)** ..	**I14**	Paul Appell	Bd Romain Rolland ...	*Porte d'Orléans*
20	**Pte de Bagnolet (av. de la)** ..	**Q7**	Pl. Pte Bagnolet, 6	Av. Cartellier	*Porte de Bagnolet*
20	**Porte de Bagnolet (pl. de la)** .	**Q7**	Bd Mortier	Av. Pte de Bagnolet ...	*Porte de Bagnolet*
17	**Pte de Champerret (av. de la)** .	**E3**	Bd Yser, 2	Cino Del Duca, 1	*Porte de Champerret*
17	**Pte de Champerret (pl. de la)** .	**E3**	Bd Gouvion-St-Cyr, 8 ..	de la Somme, 25	*Porte de Champerret*
12	**Pte de Charenton (av. de la)** ..	**P12**	Bd Poniatowski, 60	Charenton-le-Pont (94) .	*Porte de Charenton*
14	**Pte de Châtillon (av. de la)** ..	**H13**	Pl. Pte de Châtillon	Bd Romain Rolland ...	*Porte d'Orléans*
14	**Porte de Châtillon (pl. de la)** .	**H13**	Bd Brune	Av. de la Pte Châtillon .	*Porte d'Orléans*
13	**Porte de Choisy (av. de la)** .	**M14**	Charles Leroy	Bd Masséna	*Porte de Choisy*
17	**Porte de Clichy (av. de la)** ..	**G2**	Bd Berthier, 2	Bd Douaumont	*Porte de Clichy*
18	**Pte de Clignancourt (av. de la)** .	**J1**	Bd Ney, 106	Jean-Henri Fabre	*Pte de Clignancourt*
18	**Pte de la Chapelle (av. de la)** ..	**L1**	Bd Ney	Saint-Denis (93)	*Porte de la Chapelle*
15	**Porte de la Plaine (av. de la)** .	**E12**	Bd Lefebvre, 38	Pl. Insurgés de Varsovie .	*Porte de Versailles*
19	**Pte de la Villette (av. de la)** ..	**O1**	Bd Macdonald, 84	Pl. Auguste Baron	*Porte la Villette*
20	**Pte de Ménilmontant (av. de la)** .	**Q6**	Bd Mortier, 94	Le Vau, 33	*Saint-Fargeau*
18	**Pte de Montmartre (av. de la)** .	**J1**	Bd Ney, 142	du Dr Babinski	*Pte de Clignancourt*
20	**Pte de Montreuil (av. de la)** .	**Q8**	Bd Davout, 72	du Prof. A. Lemierre ..	*Porte de Montreuil*
20	**Pte de Montreuil (pl. de la)** .	**R8**	Av. Pte de Montreuil ...	....	*Porte de Montreuil*
14	**Pte de Montrouge (av. de la)** .	**H13**	Bd Brune, 126	Romain Rolland	*Porte d'Orléans*
19	**Porte de Pantin (av. de la)** ..	**P2**	Pl. de la Pte de Pantin .	Pantin (93)	*Porte de Pantin*
19	**Porte de Pantin (pl. de la)** ..	**P3**	Av. Jean Jaurrès	Bd Sérurier	*Danube*
16	**Porte de Passy (pl. de la)** ..	**B8**	Bd Suchet, 40	Av. du Mal Maunoury .	*Ranelagh*
15	**Pte de Plaisance (av. de la)** ..	**E12**	Bd Lefebvre	Av. Albert Bartholomé .	*Porte de Versailles*
16	**Pte de St-Cloud (av. de la)** .	**A11**	Pl. Pte de Saint-Cloud .	Av. Ferd. Buisson, 47 .	*Porte de St-Cloud*

Ar./Districts	Rues/Street	Plan/Map	Commençant/Beginning	Finissant/Ending	Métro/Subway
16	Pte de St-Cloud (pl. de la) ..	A11	Bd Murat	Av. Pte de St-Cloud ...	*Porte de St-Cloud*
18	Pte de St-Ouen (av. de la) 2 à 36 .	I1	Bd Bessières, 2	Toulouse Lautrec	*Porte de St-Ouen*
17	1 à 31	I1	....	....	*Porte de St-Ouen*
15	Porte de Sèvres (av. de la) .	D11	Bd Victor, 8	Pl. Martyrs Résistance	*Balard*
14	Porte de Vanves (av. de la) .	F13	Pl. de la Pte de Vanves .	Bd Adolphe Pinard ...	*Porte de Vanves*
14	Porte de Vanves (pl. de la) .	F13	Bd Brune	Av. Marc Sangnier	*Porte de Vanves*
14	Porte de Vanves (sq. de la) .	F13	Av. Pte de Vanves, 16 .	....	*Porte de Vanves*
15	Prte de Versailles (pl. de la) .	E12	Bd Lefebvre	Bd Victor	*Porte de Versailles*
17	Pte de Villiers (av. de la) ...	D3	Bd Gouvion-St-Cyr, 30 .	Cino Del Duca, 7	*Porte de Champerret*
20	Pte de Vincennes (av. de la) 1 à 23	R9	Bd Soult, 86	Elie Faure	*Porte de Vincennes*
12	2 à 24	R9	....	....	*Porte de Vincennes*
13	Porte de Vitry (av. de la) ...	N13	Pierre Joseph Desault ..	Bd Masséna	*Porte d'Ivry*
19	Pte des Lilas (av. de la) 1 à 21	Q4	Bd Sérurier, 2	des Frères Flavien ...	*Porte des Lilas*
20	2	Q4	....	....	*Porte des Lilas*
18	Pte des Poissonniers (av. de la)	K1	Bd Ney	des Poissonniers	*Porte de la Chapelle*
17	Pte des Ternes (av. de la) ..	D4	Pl. du Gal Kœnig	Neuilly-s-Seine (92) ...	*Porte Maillot*
14	Porte Didot (av. de la)	G13	Bd Brune, 42	Av. Marc Sangnier	*Porte de Vanves*
19	Pte du Pré-St-Gervais (av.) .	P4	Bd Sérurier	Le Pré-St-Gervais (93) .	*Pré-St-Gervais*
17	Porte Maillot (pl. de la)	D4	Bd Pershing	Av. de Neuilly	*Porte Maillot*
16	Porte Molitor (av. de la)	A10	Av. du Gal Sarrail, 24 ..	Nungesser et Coli	*Michel-Ange-Molitor*
16	Porte Molitor (pl. de la)	A10	Bd Murat	Av. du Gal Sarrail	*Porte d'Auteuil*
17	Porte Pouchet (av. de la) ...	H1	Bd Bessières, 44	Pl. Arnault Tzanck	*Porte de St-Ouen*
3	Portefoin	L7	des Archives, 81	du Temple, 146	*Arts-et-Métiers*
18	Portes Blanches (des)	K2	des Poissonniers, 71 ..	Bd Ornano, 4	*Marcadet-Poissonniers*
16	Portugais (av. des)	E5	La Pérousse, 23	Av. Kléber, 17	*Kléber*
16	Possoz (pl.)	D7	Av. Paul Doumer	Cortambert	*La Muette*
5	Postes (pas. des)	K10	Mouffetard, 104	Lhomond, 55	*Censier-Daubenton*
5	Pot de Fer (du)	K10	Mouffetard, 58	Lhomond, 33	*Place Monge*
18	Poteau (pas. du)	J1	du Poteau, 95	Bd Ney, 105	*Pte de Clignancourt*
18	Poteau (du)	J2	Ordener, 82	Bd Ney, 87	*Jules Joffrin*
13	Poterne des Peupliers (de la) .	K14	Bd Kellermann, 47	Gentilly (94)	*Porte d'Italie*
1	Potier (pas.)	J6	Montpensier, 23	de Richelieu, 26	*Palais-Royal*
19	Pottier (c.)	N2	Curial, 44	....	*Crimée*
17	Pouchet (pas.)	H1	des Epinettes, 41	....	*Porte de St-Ouen*
17	Pouchet	H1	Av. de Clichy, 162	Bd Bessières, 49	*Porte de St-Ouen*
18	Poulbot	J3	des Norvins, 9	Pl. du Calvaire, 5	*Abbesses*
20	Poule (imp.)	P8	des Vignoles, 24	....	*Avron*
18	Poulet	K3	de Clignancourt, 36 ...	Doudeauville, 65	*Château-Rouge*
4	Poulletier	L9	Q. de Béthune, 22	Q. d'Anjou, 19	*Pont-Marie*
16	Poussin	B9	J. de La Fontaine, 112 .	Bd de Montmorency, 99 .	*Michel-Ange-Auteuil*
13	Pouy (de)	K13	Butte aux Cailles, 7 ...	Martin Bernard, 6	*Corvisart*

Ar./Districts	Rues/Street	Plan/Map	Commençant/Beginning	Finissant/Ending	Métro/Subway
19	Pradier	N5	Rébeval, 69	Fessart, 51	*Bolivar*
10	Prado (pas. du)	K6	Bd Saint-Denis, 18	du Fbg St-Denis, 12	*Strasbourg-St-Denis*
12	Prague (de)	N9	de Charenton, 89bis	Traversière, 64	*Ledru-Rollin*
20	Prairies (des)	Q7	de Bagnolet, 125	Pl. Emile Landrin, 2	*Gambetta*
18	Pré (du)	L1	de la Chapelle, 92	....	*Porte de la Chapelle*
16	Pré aux Chevaux (du)	D9	Gros, 8	de Boulainvilliers, 5	*Mirabeau*
7	Pré aux Clercs (du)	I8	de l'Université, 9	Perronet, 12	*Rue du Bac*
19	Pré Saint-Gervais (du)	P4	de Belleville, 171	Bd Sérurier, 74	*Pré-Saint-Gervais*
19	Préault	N4	Fessart, 54	du Plateau, 31	*Buttes-Chaumont*
1	Prêcheurs (des)	K7	Saint-Denis, 81	Pierre Lescot, 14	*Les Halles*
16	Préfet Claude Erignac (pl. du)	C8	Serge Prokofiev	....	*Ranelagh*
8	Presbourg (de) 1 et 2	E5	Av. Champs Elysées, 133	Av. Grande-Armée, 1	*Ch. de Gaulle-Etoile*
16	3 à 21 - 4 à 12	E5	....	....	*Ch. de Gaulle-Etoile*
11	Présentation (de la)	N6	de l'Orillon, 43	du Fbg du Temple, 112	*Belleville*
7	Pdt Edouard Herriot (pl. du)	H7	de l'Université, 110	Aristide Briant	*Assemblée Nationale*
16	Président Kennedy (av. du)	E8	Beethoven, 1	Maurice Bourdet, 4	*Passy*
7	Président Mithouard (pl. du)	G9	Bd des Invalides	Av. Duquesne	*Saint-François-Xavier*
8	Pdt Wilson (av. du) 2 à 6	F7	Pl. de l'Alma, 3	Pl. du Trocadéro, 1	*Alma-Marceau*
16	1 à 43 - 8 à 50	F7	....	....	*Iéna/Trocadéro*
15	Presles (imp. de)	F8	de Presles, 22	....	*Dupleix*
15	Presles (de)	F9	Av. de Suffren, 58	Pl. Dupleix, 8	*Dupleix*
20	Pressoir (du)	O6	des Maronites, 19	des Couronnes, 26	*Couronnes*
16	Prêtres (imp. des)	D7	Av. d'Eylau, 35	....	*Trocadéro*
1	Prêtres St-Germain l'Aux. (des)	J7	Pl. de l'Ecole, 5	Pl. du Louvre, 1	*Pont-Neuf*
5	Prêtres Saint-Séverin (des)	K9	Saint-Séverin, 5	Parcheminerie, 22	*Saint-Michel*
14	Prévost-Paradol	G13	Bd Brune, 36	Av. Marc Sangnier	*Porte de Vanves*
4	Prévôt (du)	L8	Charlemagne, 18	Saint-Antoine, 129	*Saint-Paul*
19	Prévoyance (de la)	P4	David d'Angers, 25	Bd Sérurier, 127	*Danube*
13	Primatice	L12	Rubens, 14	Phil. de Champagne, 6	*Place d'Italie*
11	Primevères (imp. des)	M7	Saint-Sabin, 50	....	*Chemin Vert*
13	Primo Levi	N12	Q. Panhard et Levassor, 81	Av. de France, 104	*Biblio. F. Mitterrand*
2	Princes (pas. des)	J5	Bd des Italiens, 5bis	de Richelieu, 97	*Richelieu-Drouot*
6	Princesse	J8	du Four, 17	Guisarde, 6	*Mabillon*
17	Printemps (du)	G3	de Tocqueville, 98	Bd Pereire, 27	*Malesherbes*
14	Prisse d'Avennes	I13	du Père Corentin, 50	Sarrette, 43	*Alésia*
15	Procession (de la)	G11	de Vaugirard, 245	de Gergovie	*Volontaires*
20	Prof. A. Lemierre (av. du)	R8	Av. Pte de Montreuil	Bagnolet (93)	*Porte de Montreuil*
15	Prof. Florian Delbarre (du)	C11	Leblanc, 6	Ernest Hemingway, 2	*Balard*
18	Professeur Gosset (du)	K1	Av. Pte des Poissonniers	Av. Pte de Clignancourt	*Pte de Clignancourt*
14	Prof. Hyacinthe Vincent (du)	I14	Av. Paul Appell	Bd Périphérique	*Porte d'Orléans*
10	Prof. Jean Bernard (al. du)	L5	Q. de Valmy, 115	Av. de Verdun, 6	*Gare de l'Est*

Ar./Districts	Rues/Street	Plan/Map	Commençant/Beginning	Finissant/Ending	Métro/Subway
13	Prof. Louis Renault (du) ...	L14	Bd Kellermann, 33	Max Jacob	*Porte d'Italie*
19	Progrès (v. du)	P4	de Mouzaïa, 37	de l'Egalité, 2	*Danube*
17	Prony (de)	G4	Pl. République Domini. ..	Av. de Villiers, 103	*Monceau*
8/17	Prosper Goubaux (pl.)	H4	Av. de Villiers	Bd des Batignolles ...	*Villiers*
11	Prost (c.)	O9	Chanzy, 30	....	*Charonne*
12	Proudhon	O11	Pl. Lachambaudie	de Charenton, 260 ...	*Dugommier*
1	Prouvaires (des)	K7	Saint-Honoré, 48	Berger, 31	*Les Halles*
9	Provence (av. de)	I5	de Provence, 56	....	*Chaussée-d'Antin*
9	Provence (de) 1 à 125 - 2 à 116 .	J5	du Fbg Montmartre, 35 .	de Rome ...*1-2 à 66-69*	*Le Peletier*
8	120 à 128 - 129 à 133	I5	....	..........*36-69 à fin*	*Havre-Caumartin*
20	Providence (pas. de la)	Q8	des Haies, 70	C. Champagne, 14 ...	*Buzenval*
13	Providence (de la)	K13	Bobillot, 62	Barrault, 51	*Corvisart*
16	Prudhon (av.)	C7	Av. du Ranelagh	Av. Raphaël	*La Muette*
20	Pruniers (des)	O7	Pl. Joseph Epstein	Av. Gambetta, 21	*Père-Lachaise*
18	Puget	I3	Bd de Clichy, 80	Coustou, 11	*Blanche*
5	Puits de l'Ermite (pl. du) ...	L10	de Quatrefages, 1	Larray, 10	*Place Monge*
5	Puits de l'Ermite (du)	K10	Larrey, 9	Monge, 83	*Place Monge*
17	Pusy (c. de)	G3	Bd Pereire, 23	....	*Pereire*
8	Puteaux (pas.)	H5	Pasquier, 28	de l'Arcade, 31	*Saint-Lazare*
17	Puteaux	H4	Bd des Batignolles, 52 .	des Dames, 59	*Rome*
17	Puvis de Chavannes	F3	Ampère, 38	Bd Pereire, 95bis	*Wagram*
20	Py (de la)	Q7	de Bagnolet, 169	Le Bua, 8	*Porte de Bagnolet*
1	Pyramides (pl. des)	I7	de Rivoli, 192	des Pyramides, 1	*Tuileries*
1	Pyramides (des)	I6	Pl. des Pyramides, 3 ..	Av. de l'Opéra, 19	*Pyramides*
20	Pyrénées (des)	Q9	Crs de Vincennes, 67 ..	de Belleville .*1-2 à 40-44*	*Porte de Vincennes*
	....	P6	....	......*40-44 à 140-145*	*Maraîchers*
	....		....	....*140-145 à 268-299*	*Gambetta*
	....		....	.........*268-299 à fin*	*Pyrénées*
20	Pyrénées (v. des)	Q8	des Pyrénées, 75	....	*Maraîchers*

Q

Ar./Districts	Rues/Street	Plan/Map	Commençant/Beginning	Finissant/Ending	Métro/Subway
13	44 Enfants d'Izieu (pl. des) .	L13	du Moulin de la Pointe, 62 .	EQ13	*Maison Blanche*
10	49 Fbg St-Martin (imp. du) .	L5	du Fbg St-Martin, 49 ...	....	*Château-d'Eau*
3	Quatre Fils (des)	L7	Vieille du Temple, 93 ..	des Archives, 60	*Rambuteau*
15	Quatre Frères Peignot (des)	D9	Linois, 36	de Javel, 45	*Charles Michels*
2	Quatre Septembre (du)	J6	Vivienne, 27	Pl. de l'Opéra, 2	*Quatre Septembre*
6	Quatre Vents (des)	J9	de Condé, 2	de Seine, 95	*Odéon*
5	Quatrefages (de)	L10	Georges Desplas 10 ...	Lacépède, 3	*Place Monge*
6	Québec (pl. du)	I8	de Rennes	Bd Saint-Germain	*St-Germain-des-Prés*
11	Quellard (cr)	N8	Pas. Thiéré, 9	....	*Ledru-Rollin*

Ar./Districts	Rues/Street	Plan/Map	Commençant/Beginning	Finissant/Ending	Métro/Subway
8	**Quentin-Bauchart**	F6	Av. Marceau, 44	Av. Champs Elysées, 79	*Franklin-D.-Roosevelt*
20	**Quercy (sq. du)**	Q8	Charles et Robert, 1 ...	Av. Pte de Montreuil, 2	*Porte de Montreuil*
11	**Questre (imp.)**	N6	Bd de Belleville, 19	....	*Couronnes*
15	**Quinault**	F10	Auguste Dorchin, 6	Mademoiselle, 55	*Cambronne*
4	**Quincampoix** 1 à 63 - 2 à 64 .	K7	des Lombards, 16	aux Ours, 17	*Rambuteau*
3	65 à 111 - 66 à 100	K7	....	....	*Rambuteau*

R

Ar./Districts	Rues/Street	Plan/Map	Commençant/Beginning	Finissant/Ending	Métro/Subway
8	**Rabelais**	G6	Av. Matignon, 17	Jean Mermoz, 26	*Franklin-D.-Roosevelt*
16	**Racan (sq.)**	B9	Bd Suchet, 126	Av. du Mal Lyautey, 33	*Porte d'Auteuil*
18	**Rachel (av.)**	I3	Bd de Clichy, 110	....	*Blanche*
16	**Racine (imp.)**	B10	Av. Molière	....	*Michel-Ange-Molitor*
6	**Racine**	J9	Bd Saint-Michel, 30 ...	Pl. de l'Odéon, 3	*Odéon*
1	**Radziwill**	J6	des Petits Champs, 1 ..	....	*Bourse*
16	**Raffaëlli**	A10	Bd Murat, 52	Av. du Gal Sarrail, 35 .	*Exelmans*
16	**Raffet (imp.)**	B9	Raffet, 7	....	*Jasmin*
16	**Raffet**	B9	de la Source, 34	Bd Suchet, 51	*Jasmin*
12	**Raguinot (pas.)**	N10	Paul-Henri Grauwin ...	Av. Daumesnil, 56	*Gare de Lyon*
12	**Rambervillers (de)**	Q10	Av. du Dr. A. Netter, 6 ..	du Sahel, 53	*Bel-Air*
12	**Rambouillet (de)**	N10	de Bercy, 144	Pl. du Col. Bourgoin, 2	*Reuilly-Diderot*
4	**Rambuteau** 1 à 71	K7	des Archives, 43	du Jour ....*1-2 à 66-71*	*Rambuteau*
3	2 à 66	K7	....	..........*1-2 à 66-71*	*Rambuteau*
1	77 à 105 - 72 à 132	K7	....	..........*66-71 à fin*	*Les Halles*
2	**Rameau**	J6	de Richelieu, 69	Sainte-Anne, 56	*Quatre Septembre*
18	**Ramey (pas.)**	K2	Ramey, 40	Marcadet, 73	*Marcadet-Poissonniers*
18	**Ramey**	K3	de Clignancourt, 51 ...	Hermel, 20	*Jules Joffrin*
19	**Rampal**	N5	de Belleville, 35	Rébeval, 48	*Belleville*
11	**Rampon**	M6	Bd Voltaire, 9	de la Folie-Méricourt, 83	*République*
20	**Ramponeau**	N5	Bd de Belleville, 108 ...	Julien Lacroix, 85	*Belleville*
20	**Ramus**	P7	Charles Renouvier, 5 ..	Av. du Père Lachaise, 4	*Gambetta*
20	**Rançon (imp.)**	Q8	des Vignoles, 84	....	*Maraîchers*
16	**Ranelagh (av. du)**	C8	Av. Ingres	Av. Raphaël	*La Muette*
16	**Ranelagh (du)**	D8	Av. du Pdt Kennedy, 106	Bd de Beauséjour .*1-2 à 40-43*	*Kennedy-Radio France*
	....	C8	....	..........*40-43 à fin*	*Ranelagh*
16	**Ranelagh (sq. du)**	C8	du Ranelagh, 117	....	*Ranelagh*
12	**Raoul**	P11	Claude Decaen, 92	Av. Daumesnil, 176 ...	*Daumesnil*
15	**Raoul Dautry (pl.)**	H10	Bd de Vaugirard	Av. du Maine	*Montparnasse-Bienv.*
20	**Raoul Dufy**	O6	des Partants, 15	Pl. Henri Matisse	*Père-Lachaise*
10	**Raoul Follereau (pl.)**	M5	Q. de Valmy, 131	Av. de Verdun	*Gare de l'Est*
19	**Raoul Wallenberg**	Q4	Av. Pte des Lilas, 19 ...	Av. René Fonck, 18 ...	*Porte des Lilas*

Ar./Districts	Rues/Street	Plan/Map	Commençant/Beginning	Finissant/Ending	Métro/Subway
12	**Rapée (q. de la)**	**N10**	Q. de Bercy, 240	Bd de la Bastille, 2 ...	*Quai de La Rapée*
16	**Raphaël (av.)**	**C7**	Bd Suchet, 1	Av. Ingres, 2	*La Muette*
7	**Rapp (av.)**	**F7**	Pl. de la Résistance ...	Pl. du Gal Gouraud ...	*Alma-Marceau*
7	**Rapp (sq.)**	**F8**	Av. Rapp, 33	....	*Ecole Militaire*
7	**Raspail (bd)** 1 à 41 - 2 à 46 ..	**I8**	Bd St-Germain, 205 ...	Pl. Denfert-Roch. *.1-2 à 26-27*	*Rue du Bac*
6	43 à 147 - 48 à 136	**I9**	....	.........*26-27 à 55-58*	*Sèvres-Babylone*
14	201 à 297 - 202 à 286	**I11**	....	.........*55-58 à 92-97*	*Rennes*
	....		....	.......*92-97 à 122-133*	*Notre-D. des Champs*
	....		....	......*122-133 à 215-216*	*Vavin*
	....		....	......*215-216 à 259-268*	*Raspail*
	....		....	..........*259-268 à fin*	*Denfert-Rochereau*
20	**Rasselins (des)**	**Q8**	d'Avron, 137	des Orteaux, 84	*Porte de Montreuil*
5	**Rataud**	**K10**	Lhomond, 32	Claude Bernard, 78 ...	*Censier-Daubenton*
11	**Rauch (pas.)**	**N8**	Pas. Charles Dallery, 8 .	Basfroi, 9	*Voltaire*
18	**Ravignan**	**J3**	des Abbesses, 26	Pl. Jean-B. Clément, 1	*Abbesses*
13	**Raymond Aron**	**N11**	Q. François Mauriac, 63 .	Av. de France	*Quai de la Gare*
14	**Raymond Losserand**	**H11**	Av. du Maine, 106	Bd Brune, 5 *.1-2 à 92-107*	*Pernety*
	....	**G12**	....	.....*92-107 à 156-163*	*Plaisance*
	....		....	.........*156-163 à fin*	*Porte de Vanves*
17	**Raymond Pitet**	**F2**	Bd de Reims, 26	Curnonsky, 13	*Porte de Champerret*
16	**Raymond Poincaré (av.)** ...	**E7**	Pl. du Trocadéro, 6	Av. Foch, 39	*Victor-Hugo*
18	**Raymond Queneau (imp.)** ..	**L2**	Raymond Queneau, 8 .	....	*Porte de la Chapelle*
18	**Raymond Queneau**	**L2**	Pl. Pierre Mac Orlan ...	de la Chapelle, 70bis ..	*Porte de la Chapelle*
19	**Raymond Radiguet**	**M2**	Curial, 17	d'Aubervilliers, 146 ...	*Crimée*
16	**Raynouard**	**D8**	Pl. de Costa Rica	Pl. du Dr Hayem, 2 ...	*Passy*
16	**Raynouard (sq.)**	**D8**	Raynouard, 16	....	*Passy*
3	**Réaumur** 1 à 49bis - 2 à 72 ...	**L6**	du Temple, 163	N.-D. des Victoires *1-2 à 43-62*	*Arts-et-Métiers*
2	51 à 121 - 74 à 134	**K6**	....	........*43-62 à 73-92*	*Réaumur-Sébastopol*
	....		....	..........*73-92 à fin*	*Sentier*
19	**Rébeval**	**N5**	Bd de la Villette, 42 ...	de Belleville, 69	*Belleville*
7	**Récamier**	**I9**	de Sèvres, 12	....	*Sèvres-Babylone*
10	**Récollets (des)**	**L5**	Q. de Valmy, 97	du Fbg St-Martin, 144 .	*Gare de l'Est*
10	**Récollets (pas.)**	**L5**	du Fbg St-Martin, 122 ..	des Récollets, 17	*Gare de l'Est*
16	**Recteur Poincaré (av. du)** ..	**C9**	J. de La Fontaine, 24 ..	Pl. Rodin, 1	*Jasmin*
13	**Réculettes (des)**	**K12**	Abel Hovelacque, 34 ..	de Croulebarde, 47 ...	*Place d'Italie*
17	**Redon**	**F2**	de Saint-Marceau, 12 ..	Sisley, 7	*Porte de Champerret*
7	**Refuzniks (al. des)**	**E8**	Q. Branly	Av. Octave Gréard	*Champ de Mars*
6	**Regard (du)**	**I9**	du Cherche-Midi, 37 ...	de Rennes, 116	*Saint-Placide*
6	**Régis**	**H9**	de l'Abbé Grégoire, 24 .	Bérite, 3	*Saint-Placide*
20	**Réglises (des)**	**Q8**	Bd Davout, 85	de la Croix St-Simon, 36	*Porte de Montreuil*
6	**Regnard**	**J9**	Pl. de l'Odéon, 4	de Condé, 25	*Odéon*

Ar./Districts	Rues/Street	Plan/Map	Commençant/Beginning	Finissant/Ending	Métro/Subway
13	**Regnault**	N13	Av. d'Ivry, 20		*Porte d'Ivry*
10	**Reilhac (pas.)**	L5	du Fbg St-Denis, 54	Bd de Strasbourg, 39	*Château-d'Eau*
14	**Reille (av.)**	J13	Pl. Coluche	Tombe Issoire, 121	*Glacière*
14	**Reille (imp.)**	J13	Av. Reille, 4		*Glacière*
17	**Reims (bd de)**	F2	Av. de la Pte d'Asnières	de Courcelles	*Porte de Champerret*
13	**Reims (de)**	M12	Dessous des Berges, 103	de Patay, 108	*Nationale*
8	**Reine (crs la)**	H6	Pl. de la Concorde	Pl. du Canada	*Concorde*
8	**Reine Astrid (pl. de la)**	F6	Av. Montaigne	Crs Albert Ier	*Alma-Marceau*
13	**Reine Blanche (de la)**	L11	Le Brun, 4	Av. des Gobelins, 33	*Les Gobelins*
1	**Reine de Hongrie (pas. de la)**	K7	Montorgueil, 17	Montmartre, 16	*Les Halles*
8	**Rembrandt**	G4	Pl. du Pérou		*Monceau*
19	**Rémi Belleau (v.)**	N3	Av. Jean Jaurès, 69		*Laumière*
16	**Rémusat (de)**	C9	Pl. de Barcelone, 4	Av. Théo. Gautier, 55	*Mirabeau*
19	**Rémy de Gourmont**	N5	Barrelet de Ricou	Georges Lardennois	*Buttes-Chaumont*
14	**Rémy Dumoncel**	I12	Tombe Issoire, 52	Av. du Gal Leclerc, 51	*Alésia*
8	**Renaissance (de la)**	F6	de la Trémoille, 19	Marbeuf, 8	*Alma-Marceau*
19	**Renaissance (v. de la)**	P4	de Mouzaïa, 43	de l'Egalité, 6	*Danube*
4	**Renard (du)**	K7	de Rivoli, 70	Simon Le Franc, 15	*Hôtel de Ville*
12	**Rendez-Vous (c. du)**	Q10	Rendez-Vous, 20		*Picpus*
12	**Rendez-Vous (du)**	Q10	Av. de St-Mandé, 67	Bd de Picpus, 96	*Picpus*
16	**René Bazin**	B8	de l'Yvette, 17	Henri Heine, 24	*Jasmin*
18	**René Binet**	J1	Av. Pte Montmartre, 14	Av. Pte Clignancourt, 15	*Pte de Clignancourt*
10	**René Boulanger**	L6	Pl. de la République, 16	Bd Saint-Martin, 20	*République*
16	**René Boylesve (av.)**	D8	Av. du Pdt Kennedy, 30	Av. Marcel Proust	*Passy*
5	**René Capitant (prde)**	K8	Petit Pont	Pt Saint-Michel	*St-Michel-Notre Dame*
1	**René Cassin (pl.)**	K7	Rambuteau		*Les Halles*
7	**René Char (pl.)**	I8	du Bac	Paul Louis Courier	*Rue du Bac*
14	**René Coty (av.)**	J13	Pl. Denfert-Rochereau, 5	Av. Reille, 58	*Denfert-Rochereau*
19	**René Fonk**	Q4	Pl. Maquis du Vercors	Av. du Belvédère, 55	*Porte des Lilas*
13	**René Goscinny**	N12	Q. Panhard Levassor, 75	Av. de France, 98	*Biblio. F. Mitterrand*
13	**René Panhard**	L11	des Wallons, 18	Bd Saint-Marcel, 19	*St-Marcel*
15	**René Ravaud**	C11	Bd Gal Martial Valin, 10	Bd périphérique	*Balard*
11	**René Villermé**	O7	de la Folie-Regnault, 70	du Chemin Vert, 138	*Père-Lachaise*
3	**Renée Vivien (pl.)**	L7	des Haudriettes	du Temple	*Rambuteau*
17	**Rennequin**	F4	Poncelet, 51	Guillaume Tell, 22	*Ternes*
6	**Rennes (de)**	I9	Pl. du Québec, 3	Pl. 18 Juin 1940 *1-2 à 79-92*	*St-Germain-des-Prés*
				79-92 à 138-147	*Rennes/St-Placide*
				138-147 à fin	*Montparnasse-Bienv.*
20	**Repos (du)**	O8	Bd de Charonne, 194	Bd de Ménilmontant, 28	*Philippe Auguste*
11	**République (av. de la)**	O7	Pl. de la République, 8	Bd Ménilmontant *1-2 à 21-32*	*République*
				21-32 à 45-54	*Parmentier*

Ar./Districts	Rues/Street	Plan/Map	Commençant/Beginning	Finissant/Ending	Métro/Subway
11	**République (av. de la)**	O7	Pl. de la République, 8 .	.......*45-54 à 99-100*	*Rue Saint-Maur*
	....		....	..........*99-100 à fin*	*Père-Lachaise*
3	**République (pl. de la)** 1 à 23	M6	Bd du Temple	Bd Saint-Martin	*République*
11	2 à 10	M6	....	....	*République*
10	12 à 16	M6	....	....	*République*
8/17	**Répub. de l'Equateur (pl. de la)**	F4	Bd de Courcelles	de Courcelles	*Courcelles*
15	**Répub. de Panama (pl. de la)** .	G9	Av. de Suffren	Bd Garibaldi	*Ségur*
8	**Répub. Dominicaine (pl.)** 1 à 3	G4	Bd de Courcelles	de Prony	*Monceau*
17	2 à 8	G4	....	....	*Monceau*
13	**Résal**	N13	Cantagrel, 19	Dessous des Berges, 44	*Porte d'Ivry*
7	**Résistance (pl. de la)**	F7	Av. Rapp	Q. d'Orsay	*Alma-Marceau*
8	**Retiro (c. du)**	H6	du Fbg St-Honoré, 30 ..	Boissy d'Anglas, 35 ...	*Madeleine*
20	**Retrait (pas. du)**	P6	du Retrait, 34	des Pyrénées, 295 ...	*Gambetta*
20	**Retrait (du)**	P6	des Pyrénées, 271	de Ménilmontant, 106 .	*Gambetta*
12	**Reuilly (bd de)**	P11	de Charenton, 211	de Picpus, 94	*Dugommier/Daumesnil*
12	**Reuilly (de)**	O10	du Fbg St-Antoine, 202 ..	Pl. F. Eboué, 1 *1-2 à 15-19*	*Faidherbe-Chaligny*
	....	P10	....	........*15-19 à 38-59*	*Reuilly-Diderot*
	....		....	.......*38-59 à 88-113*	*Montgallet*
	....		....	..........*88-113 à fin*	*Daumesnil*
20	**Réunion (pl. de la)**	P8	de la Réunion	Vitruve	*Alexandre Dumas*
20	**Réunion (de la)**	Q8	d'Avron, 73	....	*Maraîchers*
6	**Révérend Père M. Riquet (al.)**	I9	Pl. Saint-Sulpice	....	*Saint-Sulpice*
8	**Révérend Père Carré (pl.)** ..	F5	du Fbg Saint-Honoré ..	Berryer	*Ternes*
20	**Reynaldo Hahn**	R9	de Lagny, 109	Paganini	*Porte de Montreuil*
19	**Rhin (du)**	N4	de Meaux, 104	Meynadier, 1	*Laumière*
19	**Rhin et Danube (pl. de)**	P4	du Général Brunet	David d'Angers	*Danube*
17	**Rhône (sq. du)**	F3	Bd Berthier, 118	....	*Porte de Champerret*
16	**Ribera**	C9	J. de La Fontaine, 68 ..	Mozart, 85	*Jasmin*
20	**Riberolle (v.)**	P8	de Bagnolet, 35	....	*Alexandre Dumas*
15	**Ribet (pas.)**	F10	de la Croix-Nivert, 29 ..	de la Croix-Nivert, 7 ..	*Cambronne*
20	**Riblette**	Q7	Saint-Blaise, 13	des Balkans, 3	*Porte de Bagnolet*
11	**Ribot (c.)**	N6	Oberkampf, 137	Jean-P. Timbaud, 110 .	*Couronnes*
9	**Riboutté**	K5	Bleue, 12	La Fayette, 82	*Cadet*
13	**Ricaut**	L12	Château d. Rentiers, 167 .	Av. Edison, 50	*Place d'Italie*
15	**Richard (imp.)**	G12	de Vouillé, 40	....	*Convention*
17	**Richard Baret (pl.)**	H3	des Batignolles	des Dames	*Rome*
16	**R. de Coudenhoye-Kalergi (pl.)**	F5	Jean Giraudoux	Auguste Vaquerie	*Kléber*
11	**Richard Lenoir (bd)**	M8	Pl. de la Bastille, 14 ...	Av. d. l. République *1-2 à 33-44*	*Bastille/Bréguet-Sabin*
	....	M7	....	.......*33-44 à 99-110*	*Richard Lenoir*
	....		....	..........*99-110 à fin*	*Oberkampf*
11	**Richard Lenoir**	N8	de Charonne, 91	Bd Voltaire, 132	*Voltaire*

Ar./Districts	Rues/Street	Plan/Map	Commençant/Beginning	Finissant/Ending	Métro/Subway
1	Richelieu (pas. de)	J7	de Montpensier, 15	de Richelieu, 18	*Palais-Royal*
1	Richelieu (de) 1 à 53 - 2 à 56 .	J6	Pl. André Malraux, 2 ...	Bd Montmartre *1-2 à 55-58*	*Palais-Royal*
2	55 à 103 - 58 à 112	J6	....	..........*55-58 à fin*	*Richelieu-Drouot*
13	Richemont (de)	M12	de Domremy, 53	de Tolbiac, 58	*Olympiades*
9	Richer	K5	du Fbg Poissonnière, 41	du Fbg Montmartre, 32 .	*Cadet*
10	Richerand (av.)	M5	Q. de Jemmapes, 74 ..	Pl. du Dr Alf. Fournier .	*Goncourt*
18	Richomme	K3	des Gardes, 25	des Poissonniers, 10 ..	*Barbès-Rochechouart*
14	Ridder (de)	G12	Ray. Losserand, 150	Vercingétorix, 161	*Plaisance*
12	Riesener	O10	Antoine-J. Hénard, 21 ..	Jacques Hillairet, 40 ..	*Montgallet*
19	Rigaunes (imp. des)	P5	du Dr Potain, 10	....	*Télégraphe*
8	Rigny (de)	H5	Pl. Saint-Augustin, 7 ...	Roy, 6	*Saint-Lazare*
20	Rigoles (des)	P5	Pixérécourt, 23	Levert, 6	*Jourdain*
19	Rimbaud (v.)	O4	Miguel Hidalgo, 3	....	*Danube*
14	Rimbaut (pas.)	I12	Av. du Gal Leclerc, 72 .	Av. du Maine, 197	*Alésia*
18	Rimski-Korsakov (al.)	M2	Tristan Tzara, 10	....	*Porte de la Chapelle*
8	Rio de Janeiro (pl. de)	G4	de Monceau	de Lisbonne	*Monceau*
19	Riquet 1 à 63bis - 2 à 64	N3	Q. de la Seine, 67	de la Chapelle *.1-2 à 61-64*	*Riquet*
18	65 à 81 - 72 à 100	M3	....	..........*61-64 à fin*	*Marx Dormoy*
10	Riverin (c.)	L6	René Boulanger, 74 ...	du Château d'Eau, 29b .	*Strasbourg-St-Denis*
4	Rivoli (de) 1 à 39 - 2 à 96	L8	de Sévigné, 1	Pl. d. l. Concorde *.1-2 à 23-38*	*Saint-Paul*
	....		....	......*23-38 à 41-100*	*Hôtel de Ville*
1	41 à 111 - 98 à 258	K7	....	.....*41-100 à 67-130*	*Châtelet*
	....	I7	....	.....*67-130 à 91-164*	*Louvre-Rivoli*
	....		....	......*93-164 à 111-192*	*Palais-Royal*
	....		....	........*111-192 à 238*	*Tuileries*
	....		....	...........*238 à fin*	*Concorde*
18	Robert (imp.)	J2	Championnet, 115	....	*Pte de Clignancourt*
13	Robert Antelme (pl.)	N12	des Grds Moulins, 36 ..	Av. de France, 82	*Biblio. F. Mitterrand*
10	Robert Blache	M4	du Terrage, 6	Eugène Varlin, 5	*Château Landon*
15	Robert de Flers	D9	Pl. de Brazzaville, 6 ...	Linois, 11	*Charles Michels*
10	Robert Desnos (pl.)	M4	Albert Camus	Boy-Zelenski	*Colonel Fabien*
13	Robert Doineau (v.)	M13	Château des Rentiers, 64	....	*Olympiades*
7	Robert Esnault-Pelterie	H7	Q. d'Orsay, 37	de l'Université, 130 ...	*Invalides*
8	Robert Estienne	F6	Marbeuf, 26	....	*Franklin-D.-Roosevelt*
11	Robert et Sonia Delaunay ..	P8	Bd de Charonne, 172 ..	de Charonne, 97	*Alexandre Dumas*
12	Robert Etlin	O12	Q. de Bercy	Bd Poniatowski	*Porte de Charenton*
15	Robert Fleury	F10	Cambronne, 64	Mademoiselle, 85	*Cambronne*
15	Robert Guillemard (pl.)	D11	Lecourbe	Leblanc	*Balard*
16	Robert Le Coin	C8	du Ranelagh, 60	....	*Ranelagh*
15	Robert Lindet	F12	Olivier de Serres, 55 ...	de Dantzig, 48	*Convention*
15	Robert Lindet (v.)	F12	des Morillons, 14	Robert Lindet, 13	*Convention*

Ro

Ar./Districts	Rues/Street	Plan/Map	Commençant/Beginning	Finissant/Ending	Métro/Subway
18	Robert Planquette	J3	Lepic, 22		*Blanche*
7	Robert Schuman (av.)	G7	Surcouf, 6	Jean Nicot, 5	*La Tour-Maubourg*
16	Robert Turquan	B8	de l'Yvette, 13		*Jasmin*
11	Robert-Houdin	N6	de l'Orillon, 29	du Fbg du Temple, 102	*Belleville*
17	Roberval	H2	Baron, 5	des Epinettes, 8	*Guy Môquet*
7	Robiac (sq. de)	F8	de Grenelle, 192		*La Tour-Maubourg*
20	Robineau	P7	Désirée, 4	Pl. Martin Nadaud, 1	*Gambetta*
6	Robiquet (imp.)	I10	Bd du Montparnasse, 81		*Montparnasse-Bienv.*
16	Rocamadour (sq.)	B9	Bd Suchet, 92		*Porte d'Auteuil*
16	Rochambeau (pl.)	F6	Av. Pierre Ier de Serbie	Freycinet	*Alma-Marceau*
9	Rochambeau	K4	Pierre Sémard, 1	Mayran, 2	*Cadet*
11	Rochebrune (pas.)	N7	Rochebrune, 9		*Saint-Ambroise*
11	Rochebrune	N7	Av. Parmentier, 28	Saint-Maur, 41	*Saint-Ambroise*
18	Rochechouart (bd de) 2 à 126	K4	Bd Magenta, 157	des Martyrs *.1-2 à 41-70*	*Barbès-Roch./Anvers*
9	1 à 63	K4		*41-70 à fin*	*Anvers/Pigalle*
9	Rochechouart (de)	K4	Lamartine, 2	Bd de Rochechouart, 19	*Cadet/Anvers*
8	Rocher (du)	H5	de Rome, 15	Pl. Prosper Goubaux, 1	*Saint-Lazare/Villiers*
14	Rockefeller (av.)	J14	Cité Universitaire		*Cité Universitaire*
10	Rocroy (de)	K4	d'Abbeville, 8	Bd de Magenta, 133	*Poissonnière*
14	Rodenbach (al.)	J12	Jean Dolent, 25	Al. Verhaeren, 12	*St-Jacques*
9	Rodier	J4	de Maubeuge, 9bis	Av. Trudaine, 17	*Anvers*
16	Rodin (av.)	C7	Mignard, 3	de la Tour, 122	*Rue de la Pompe*
16	Rodin (pl.)	C8	Av. Adrien Hébrard	Av. Lépopold II	*Jasmin*
14	Roger	I11	Froidevaux, 43	Daguerre, 64	*Denfert-Rochereau*
17	Roger Bacon	E4	Guersant, 36	Bayen, 63	*Porte Maillot*
20	Roger Bissière	Q8	Sq. de la Salamandre, 7	Vitruve, 52	*Maraîchers*
15	Roger Cahen (av.)	F9	Av. Lowendal	Pl. Cambronne	*Cambronne*
11	Roger Linet (espl.)	N6	Terre-plein	Jean-Pierre Timbaud	*Couronnes*
4	Roger Priou-Valjean (pl.)	L8	du Figuier 8		*Pont Marie*
3	Roger Verlomme	M8	des Tournelles, 33	du Béarn, 6	*Chemin Vert*
6	Rohan (cr de)	J8	du Jardinet	Cr du Com. St-André	*Odéon*
1	Rohan (de)	J7	de Rivoli, 172	Saint-Honoré, 157	*Palais-Royal*
18	Roi d'Alger (pas. du)	K2	du Roi d'Alger, 15	Championnet, 49	*Pte de Clignancourt*
18	Roi d'Alger (du)	K2	Bd Ornano, 54	Neuve Chardonnière, 9	*Pte de Clignancourt*
4	Roi de Sicile (du)	L8	Malher, 1	du Bourg Tibourg, 4	*Saint-Paul*
3	Roi Doré (du)	M7	de Turenne, 77	de Thorigny, 20	*St-Sébastien-Froissart*
2	Roi François (cr du)	K6	Saint-Denis, 194		*Réaumur-Sébastopol*
12	Roland Barthes	N10	de Rambouillet, 5	Pl. Henri Frenay, 1	*Gare de Lyon*
20	Roland Garros (sq.)	Q6	du Cap. Ferber, 49		*Pelleport*
14	Roli	J14	d'Arcueil, 14	de la Cité Universitaire, 9	*Cité Universitaire*
20	Rolleboise (imp.)	P8	des Vignoles, 22		*Avron*

Ar./Districts	Rues/Street	Plan/Map	Commençant/Beginning	Finissant/Ending	Métro/Subway
5	Rollin	K10	Monge, 56	du Card. Lemoine, 79b	*Place Monge*
15	Romain Gary (pl.)	F12	des Périchaux	de Dantzig	*Porte de Versailles*
14	Romain Rolland (bd)	H14	Av. Dr Lannelongue	Bd Adolphe Pinard	*Porte d'Orléans*
19	Romainville (de)	Q5	de Belleville, 263	de Belleville, 337	*Télégraphe*
3	Rome (cr de)	L7	des Gravilliers, 24	des Vertus, 9	*Arts-et-Métiers*
8	Rome (cr de)	H5	Saint-Lazare	de Rome	*Saint-Lazare*
8	Rome (de) 1 à 73 - 2 à 82	I5	Bd Haussmann, 76	Cardinet *1-2 à 41-44*	*Saint-Lazare*
17	75 à 167	H4		*41-44 à 75-82*	*Europe*
				75-82 à fin	*Rome*
20	Rondeaux (pas. des)	P7	des Rondeaux, 88	Av. Gambetta, 26	*Gambetta*
20	Rondeaux (des)	P7		Av. Gambetta, 24	*Gambetta*
12	Rondelet	O9	Erard, 21	Bd Diderot, 98	*Reuilly-Diderot*
20	Rondonneaux (des)	P7	des Pyrénées, 227	Emile Landrin, 16	*Gambetta*
18	Ronsard	K3	Pl. Saint-Pierre	Charles Nodier	*Anvers*
15	Ronsin (imp.)	G10	de Vaugirard, 150		*Pasteur*
8	Roquépine	H5	Bd Malesherbes, 39	Cambacérès, 18	*Saint-Augustin*
11	Roquette (c. de la)	N8	de la Roquette, 60		*Bastille*
11	Roquette (de la)	N8	Pl. de la Bastille, 8	Bd Ménilmontant *1-2 à 79-106*	*Bastille*
		O7		*79-106 à fin*	*Voltaire*
15	Rosa Bonheur	G9	Av. de Breteuil, 78	Av. de Suffren, 157	*Sèvres-Lecourbe*
15	Rosenwald	G12	de Vouillé, 36	des Morillons, 99	*Plaisance*
18	Roses (des)	L2	Pl. Hébert, 5	de la Chapelle, 42	*Marx Dormoy*
18	Roses (v. des)	L2	de la Chapelle, 44		*Porte de la Chapelle*
15	Rosière (de la)	E10	des Entrepreneurs, 68	de l'Eglise, 51	*Charles Michels*
4	Rosiers (des)	L8	Malher, 13	Vieille du Temple, 40	*Saint-Paul*
13	Rosny Aîné (sq.)	L14	du Dr Bourneville, 1		*Porte d'Italie*
9	Rossini	J5	de la Grange Batelière, 19	Laffite, 26	*Richelieu-Drouot*
18	Rothschild (imp.)	I3	Av. de Saint-Ouen, 16		*La Fourche*
6	Rotrou	J9	Pl. de l'Odéon, 8	de Vaugirard, 20	*Odéon*
12	Rottembourg	Q11	du Gal Michel Bizot, 94	Bd Soult, 49	*Michel Bizot*
10	Roubaix (pl. de)	K4	Bd de Magenta	de Maubeuge	*Gare du Nord*
11	Roubo	O9	du Fbg St-Antoine, 261	de Montreuil, 40	*Faidherbe-Chaligny*
15	Rouelle	E9	Emeriau, 27	de Lourmel, 26	*Dupleix*
19	Rouen (de)	N3	Q. de Seine, 55	Av. de Flandre, 54	*Riquet*
14	Rouet (imp. du)	I12	Av. Jean Moulin, 4		*Alésia*
9	Rougemont (c.)	K5	Bergère, 17	Rougemont, 5	*Grands Boulevards*
9	Rougemont	K5	Bd Poissonnière, 16	Bergère, 13bis	*Grands Boulevards*
1	Rouget de l'Isle	I6	de Rivoli, 238	du Mont Thabor, 19	*Concorde*
1	Roule (du)	J7	de Rivoli, 136	Saint-Honoré, 77	*Louvre*
8	Roule (sq. du)	F5	du Fbg St-Honoré, 223		*Ternes*
7	Rousselet	H9	Oudinot, 17	de Sèvres, 68	*Vaneau*

Ar./Districts	Rues/Street	Plan/Map	Commençant/Beginning	Finissant/Ending	Métro/Subway
19	Rouvet	O2	Q. de la Gironde, 3bis	Av. Corentin Cariou, 2	*Corentin-Cariou*
16	Rouvray (av. de)	B10	Boileau, 20		*Michel-Ange-Molitor*
17	Roux (pas.)	F4	Rennequin, 19	Des Renaudes, 42	*Ternes*
8	Roy	H5	La Boétie, 4bis	de Laborde, 39	*Saint-Augustin*
1/7	Royal (pt)	I7	Q. des Tuileries	Q. Voltaire	*Rue du Bac*
8	Royale	H6	Pl. de la Concorde, 2	Pl. de la Madeleine, 2	*Concorde/Madeleine*
5	Royer-Collard (imp.)	J10	Gay-Lussac, 8	Royer-Collard, 15	*Luxembourg*
5	Royer-Collard	J10	Saint-Jacques, 202	Bd Saint-Michel, 71	*Luxembourg*
13	Rubens	L11	du Banquier, 31	Bd de l'Hôpital, 140	*Place d'Italie*
16	Rude	E5	Av. Foch, 12	Av. Grande Armée, 11	*Ch. de Gaulle-Etoile*
17	Rudolf Noureev	G2	Albert Roussel, 8		*Porte de Clichy*
18	Ruelle (pas.)	L3	Marx Dormoy, 29		*La Chapelle*
17	Ruhmkorff	E4	Bd Gouvion-St-Cyr, 47	Bd Gouvion-St-Cyr, 55	*Porte Maillot*
18	Ruisseau (du)	J1	Marcadet, 134	Bd Ney, 45	*Jules Joffrin*
20	Ruisseau de Ménilmontant (pas.)	P6	Boyer, 26	du Retrait, 25	*Gambetta*
13	Rungis (pl. de)	K13	Brillat-Savarin	de Rungis	*Cité Universitaire*
13	Rungis (de)	K13	Pl. de Rungis, 13	de l'Amiral Mouchez, 65	*Cité Universitaire*
12	Rutebeuf (pl.)	N10	Pl. Henri Grauwin	Roland Barthes	*Gare de Lyon*
8	Ruysdaël (av.)	G4	Pl. de Rio de Janeiro, 5		*Monceau*

S

Ar./Districts	Rues/Street	Plan/Map	Commençant/Beginning	Finissant/Ending	Métro/Subway
14	Sablière (de la)	H12	Av. du Maine, 186	Didot, 35	*Mouton-Duvernet*
16	Sablons (des)	D6	Saint-Didier, 35	Av. G. Mandel, 32	*Trocadéro*
17	Sablonville (de)	D4	Gustave Charpentier, 16	Neuilly-sur-Seine (92)	*Porte Maillot*
6	Sabot (du)	I8	Bernard Palissy, 11	de Rennes, 64	*St-Sulpice*
18	Sacré-Cœur (c. du)	J3	Chevalier de la Barre, 40		*Abbesses*
18	Sacré-Cœur (parv. du)	K8	du Cardinal Guibert		*Abbesses*
19	Sadi Carnot (v.)	P4	de Mouzaïa, 40	de Bellevue, 25	*Danube*
19	Sadi Lecointe	N4	de Meaux, 40	Av. Simon Bolivar, 119	*Bolivar*
12	Sahel (du)	Q10	Bd de Picpus, 30	Bd Soult, 69	*Bel-Air*
12	Sahel (v. du)	Q10	du Sahel, 45bis		*Bel-Air*
16	Saïd (v.)	D5	Pergolèse, 68		*Porte Dauphine*
15	Saïda (de la)	E12	Olivier de Serres, 75	de Dantzig, 62	*Porte de Versailles*
16	Saïgon (de)	E5	Rude, 3	d'Argentine, 4	*Argentine*
14	Saillard	I12	Charles Divry, 1	Brézin, 30	*Mouton-Duvernet*
14	Saint-Alphonse (imp.)	I13	du Père Corentin, 77		*Porte d'Orléans*
15	Saint-Amand	G11	Pl. d'Alleray, 6	Pl. du Général Monclar	*Plaisance*
11	Saint-Ambroise (pas.)	N7	Saint-Ambroise, 27		*Saint-Ambroise*
11	Saint-Ambroise	N7	de la Folie-Méricourt, 2	Saint-Maur, 69	*Saint-Ambroise*
6	Saint-André des Arts (pl.)	J8	Pl. Saint-Michel	St-André des Arts	*Saint-Michel*

Ar./Districts	Rues/Street	Plan/Map	Commençant/Beginning	Finissant/Ending	Métro/Subway
6	**Saint-André des Arts**	**J8**	Pl. St-André des Arts, 15	Dauphine, 63	*Saint-Michel*
17	**Saint-Ange (pas.)**	**I1**	Av. de St-Ouen, 131	Jean Leclaire, 20	*Porte de St-Ouen*
17	**Saint-Ange (v.)**	**I1**	Pas. Saint-Ange, 8	Jean Leclaire, 28	*Porte de St-Ouen*
11	**Saint-Antoine (pas.)**	**N8**	de Charonne, 34	Pas. Josset, 8	*Ledru-Rollin*
4	**Saint-Antoine**	**M8**	Pl. de la Bastille, 3	de Fourcy, 16	*Bastille/St-Paul*
8	**Saint-Augustin (pl.)**	**H5**	Bd Haussmann, 116	de Laborde	*Saint-Lazare*
2	**Saint-Augustin**	**J6**	de Richelieu, 75	Av. de l'Opéra, 34	*Quatre Septembre*
6	**Saint-Benoît**	**I8**	Jacob, 31	Bd St-Germain, 170	*St-Germain-des-Prés*
11	**Saint-Bernard (pas.)**	**N9**	du Fbg St-Antoine, 159	Charles Delescluze, 8	*Ledru-Rollin*
11	**Saint-Bernard**	**N8**	du Fbg St-Antoine, 183	de Charonne, 78	*Faidherbe-Chaligny*
5	**Saint-Bernard (q.)**	**L9**	Pl. Valhubert	des Fossés St-Berenard	*Gare d'Austerlitz*
20	**Saint-Blaise (pl.)**	**Q7**	Saint-Blaise	de Bagnolet	*Gambetta*
20	**Saint-Blaise**	**Q8**	Pl. Saint-Blaise	Bd Davoult, 109	*Porte de Montreuil*
4	**Saint-Bon**	**K8**	de Rivoli, 82	de la Verrerie, 91	*Hôtel de Ville*
18	**Saint-Bruno**	**L3**	Stephenson, 13	Saint-Luc, 6	*La Chapelle*
12	**Saint-Charles (sq.)**	**O9**	de Reuilly, 55	Pierre Bourdan, 17	*Reuilly-Diderot*
15	**Saint-Charles (v.)**	**D10**	Saint-Charles, 98		*Charles Michels*
15	**Saint-Charles (pl.)**	**E9**	Saint-Charles, 47	du Théâtre, 39	*Charles Michels*
15	**Saint-Charles (rd-pt)**	**D10**	Saint-Charles	des Cévennes	*Charles Michels*
15	**Saint-Charles**	**E9**	Bd de Grenelle, 32	Leblanc *1-2 à 37-40*	*Bir-Hakeim*
		D10		*37-40 à 160-167*	*Charles Michels*
				160-167 à fin	*Balard*
19	**Saint-Chaumont (c.)**	**N5**	de la Villette, 50	Simon Bolivar, 71	*Belleville*
15	**Saint-Christophe**	**D10**	de la Convention, 28	Sébastien Mercier, 29	*Javel-André Citröen*
3	**Saint-Claude (imp.)**	**M7**	Saint-Claude, 14		*St-Sébastien-Froissart*
3	**Saint-Claude**	**M7**	Bd Beaumarchais, 99	de Turenne, 70	*St-Sébastien-Froissart*
16	**Saint-Cloud (av. de)**	**B7**	Bois de Boulogne	Pl. de Colombie	*Av. Henri Martin*
3	**Saint-Denis (bd)** 1 à 9	**L6**	Saint-Martin, 359	Saint-Denis, 252	*Strasbourg-St-Denis*
2	11 à 19	**L6**			*Strasbourg-St-Denis*
10	2 à 28	**L6**			*Strasbourg-St-Denis*
2	**Saint-Denis (imp.)**	**K6**	Saint-Denis, 177		*Réaumur-Sébastopol*
1	**St-Denis** 1 à 133b - 2 à 104b	**K7**	Av. Victoria, 12	Bd St-Denis *1-2 à 60-63*	*Châtelet*
2	106 à 252 - 135 à 293	**K6**		*60-63 à 136-161*	*Etienne Marcel*
				136-161 à 212-241	*Réaumur-Sébastopol*
				212-241 à fin	*Strasbourg-St-Denis*
16	**Saint-Didier**	**E6**	Av. Kléber, 92	Av. Victor Hugo, 131	*Victor-Hugo*
7	**Saint-Dominique**	**H8**	Bd Saint-Germain, 219	Pl. Gal Gouraud *1-2 à 36-61*	*Solférino*
		G7		*36-61 à 74-91*	*Invalides*
				74-91 à fin	*Ecole Militaire*
18	**Saint-Eleuthère**	**J3**	Foyatier, 11	Pl. du Tertre, 1	*Abbesses*
12	**Saint-Eloi (cr)**	**O9**	de Reuilly, 39	Bd Diderot, 134	*Reuilly-Diderot*

Ar./Districts	Rues/Street	Plan/Map	Commençant/Beginning	Finissant/Ending	Métro/Subway
12	Saint-Emilion (cr)	O12	Gabriel Lamé	....	*Cour Saint-Emilion*
12	Saint-Emilion (pas.)	O12	Pirogues de Bercy, 35 .	François Truffaut, 34 ..	*Cour Saint-Emilion*
11	Saint-Esprit (cr du)	N9	de Fbg St-Antoine, 127	....	*Ledru-Rollin*
12	Saint-Estèphe (pl.)	O12	des Pirogues de Bercy .	Av. Terroirs de France .	*Cour Saint Emilion*
5	Saint-Etienne du Mont	K9	Descartes, 24	Pl. de l'Abbé Basset ..	*Cardinal Lemoine*
1	Saint-Eustache (imp.)	K7	Montmartre, 3	....	*Les Halles*
16	Saint-Exupéry (q.)	B11	Bd Murat	Q. du Point du Jour ...	*Porte de St-Cloud*
20	Saint-Fargeau	Q5	Pelleport, 130bis	Bd Mortier, 125	*Saint-Fargeau*
20	Saint-Fargeau (pl.)	Q5	Av. Gambetta	Saint-Fargeau	*Saint-Fargeau*
20	Saint-Fargeau (v.)	P5	Saint-Fargeau, 25	....	*Saint-Fargeau*
17	Saint-Ferdinand (pl.)	E4	Brunel	Saint-Ferdinand	*Argentine*
17	Saint-Ferdinand	E4	d'Armaillé, 27	Av. Gde Armée, 64 ...	*Argentine*
4	Saint-Fiacre (imp.)	K7	Saint-Martin, 79	....	*Châtelet*
2	Saint-Fiacre	K6	Jeûneurs, 26	Bd Poissonnière, 9bis .	*Grands Boulevards*
1	Saint-Florentin 2 à 8	H6	de Rivoli, 258	Saint-Honoré, 271	*Concorde*
8	10 à 17	H6	....	....	*Concorde*
18	Saint-François (imp.)	K1	Letort, 48bis	....	*Pte de Clignancourt*
9	Saint-Georges (pl.)	J4	Saint-Georges	Notre-D. de Lorette, 30 ..	*Saint-Georges*
9	Saint-Georges	J5	La Fayette, 31	Pl. Saint-Georges, 27 .	*Saint-Georges*
5	St-Germain (bd) 1 à 73 - 2 à 100	K9	Q. de la Tournelle, 1 ...	Q. A. France *.1-2 à 63-82*	*Maubert-Mutualité*
	....		....	*.......63-82 à 85-118*	*Cluny-La Sorbonne*
6	75 à 175 - 102 à 186	I8	....	*.....85-118 à 121-142*	*Odéon*
	....		....	*....121-142 à 147-168*	*Mabillon*
	....		....	*....147-168 à 185-200*	*St-Germain-des-Prés*
7	177 à 143 - 188 à 288	I8	....	*....185-200 à 215-246*	*Rue du Bac*
	....		....	*....215-246 à 231-270*	*Solférino*
	....		....	*.........231-270 à fin*	*Assemblée Nationale*
6	Saint-Germain des Prés (pl.)	I8	Bd Saint-Germain, 170 .	de l'Abbaye	*St-Germain-des-Prés*
1	Saint-Germain-l'Auxerrois ..	K8	des Lav. St-Opportune, 1	des Bourdonnais, 4 ...	*Pont-Neuf*
4	Saint-Gervais (pl.)	L8	de Lobau	François Miron	*Hôtel de Ville*
3	Saint-Gilles	M8	Bd Beaumarchais, 63 ..	de Turenne, 48	*Chemin Vert*
14	Saint-Gothard (du)	J12	Dareau, 45	d'Alésia, 6	*St-Jacques*
7	Saint-Guillaume	I8	du Pré aux Clercs, 18 ..	de Grenelle, 32	*Rue du Bac*
13	Saint-Hippolyte	K11	Pascal, 42	de la Glacière, 9	*Les Gobelins*
1	St-Honoré 33 à 271 - 2 à 404 .	J7	des Halles, 21	Royale *...2-33 à 76-85*	*Châtelet*
	....		....	*......76-85 à 167-248*	*Palais-Royal*
	....		....	*...167-248 à 237 à 358*	*Tuileries*
8	273 à 283 - 408 à 422	I6	....	*.......237 à 358 à fin*	*Concorde*
11	Saint-Hubert	N7	Saint-Maur, 66	Av. de la République, 86 .	*Rue Saint-Maur*
1	Saint-Hyacinthe	I6	de la Sourdière, 13	du Marché St-Honoré, 8 .	*Pyramides*
11	Saint-Irénée (sq.)	N7	Lacharrière, 10	....	*Saint-Ambroise*

Ar./Districts	Rues/Street	Plan/Map	Commençant/Beginning	Finissant/Ending	Métro/Subway
16	**Saint-Honoré d'Eylau (av.)** ..	E6	Av. Raym. Poincaré, 58	....	*Victor-Hugo*
14	**Saint-Jacques (bd)**	J12	de la Santé, 50	Pl. Denfert-Rochereau, 3	*St-Jacques/Denfert-R.*
14	**Saint-Jacques (pl.)**	J12	Fbg St-Jacques	Bd Saint-Jacques	*St-Jacques*
5	**Saint-Jacques**	K9	Saint-Séverin, 3	Bd Port-Royal .*1-2 à 131-158*	*Cluny-La Sorbonne*
...	....	J10	....	...........*131-158*	*Luxembourg*
14	**Saint-Jacques (v.)**	J12	Bd Saint-Jacques, 61 ..	de la Tombe Issoire, 20 .	*St-Jacques*
17	**Saint-Jean**	H3	Av. de Clichy, 80	Dautancourt, 4	*La Fourche*
17	**Saint-Jean (pl.)**	I3	Saint-Jean, 12	Pas. Saint-Michel, 11 ..	*La Fourche*
6	**St-Jean-Baptiste de la Salle**	H9	de Sèvres, 117	du Cherche-Midi, 110 .	*Vaneau*
18	**Saint-Jérôme**	L3	Saint-Mathieu, 8	Cavé, 11	*La Chapelle*
1	**Saint-John Perse (al.)**	K7	Berger	Pl. René Cassin	*Les Halles*
11	**Saint-Joseph (cr)**	N8	de Charonne, 5	....	*Ledru-Rollin*
2	**Saint-Joseph**	K6	du Sentier, 7	Montmartre, 140	*Sentier*
18	**Saint-Jules (pas.)**	J1	Leibniz, 18	Pas. du Poteau, 21 ...	*Pte de Clignancourt*
5	**Saint-Julien le Pauvre**	K9	de la Bûcherie, 35	Galande, 52	*Saint-Michel*
17	**Saint-Just**	G1	Pierre Rebière, 88	....	*Porte de Clichy*
15	**Saint-Lambert**	E11	Lecourbe, 259	Desnouettes, 4	*Convention*
10	**Saint-Laurent**	L5	du Fbg St-Martin, 127 ..	Bd de Magenta, 72 ...	*Gare de l'Est*
9	**Saint-Lazare** **1 à 109 - 2 à 106**	J5	Notre-Dame de Lorette, 1	de Rome . . .*1-2 à 38-39*	*Notre-D. de Lorette*
	....		....	........*38-39 à 84-91*	*Trinité*
8	**108 à 110 - 111 à 125**	I5	....	...........*84-91 à fin*	*Saint-Lazare*
11	**Saint-Louis (cr)**	M8	du Fbg St-Antoine, 45 .	de Lappe, 26bis	*Bastille*
4	**Saint-Louis (pt)**	K8	Q. d'Orléans	Q. aux Fleurs	*Pont-Marie*
4	**Saint-Louis en l'Ile**	L9	Q. d'Anjou, 1	Jean du Bellay, 4	*Pont-Marie*
18	**Saint-Luc**	L3	Polonceau, 10	Cavé, 21	*Barbès-Rochechouart*
12	**Saint-Mandé (av. de)**	Q10	de Picpus, 29	Bd Soult, 115	*Picpus*
12	**Saint-Mandé (v. de)**	P10	Av. de Saint-Mandé, 29	Bd de Picpus, 63	*Picpus*
2	**Saint-Marc (gal.)**	J6	Saint-Marc, 8	Gal. des Variétés, 23 ..	*Bourse*
2	**Saint-Marc**	J6	Montmartre, 149	Favart, 10	*Richelieu-Drouot*
17	**Saint-Marceaux (de)**	F2	Bd Berthier, 110	Av. Brunetière	*Péreire*
5	**Saint-Marcel (bd)** **2 à 94**	L11	Bd de l'Hôpital, 42	Av. des Gobelins .*1-2 à 43-50*	*St-Marcel*
13	**1 à 85**	L11	....	..........*43-50 à fin*	*Les Gobelins*
3	**Saint-Martin (bd)** **1 à 55**	L6	Pl. de la République, 16 .	Saint-Martin, 332	*République*
10	**2 à 20**	L6	....	....	*République*
10	**Saint-Martin (c.)**	L5	du Fbg St-Martin, 90 ...	....	*Château-d'Eau*
4	**Saint-Martin** **1 à 143 - 2 à 152** .	K7	Q. de Gesvres, 8	Bd St-Denis .*1-2 à 100-105*	*Châtelet*
	....		....	....*100-105 à 205-214*	*Rambuteau*
3	**145 à 359 - 154 à 332**	L6	....	....*205-214 à 292-323*	*Réaumur-Sébastopol*
	....		....	........*292-323 à fin*	*Strasbourg-St-Denis*
18	**Saint-Mathieu**	L3	Stephenson, 21	Saint-Luc, 8	*La Chapelle*
11	**Saint-Maur (pas.)**	N7	Saint-Maur, 81	Pas. St-Ambroise, 6 ..	*Rue Saint-Maur*

Ar./Districts	Rues/Street	Plan/Map	Commençant/Beginning	Finissant/Ending	Métro/Subway
11	**Saint-Maur** 1 à 175 - 2 à 176	O7	de la Roquette, 133	Av. C. Vellefaux *.1-2 à 31-32*	*Voltaire*
		N6		*31-32 à 122-139*	*Rue Saint-Maur*
10	177 à 223 - 178 à 218	M6		*122-139 à fin*	*Goncourt*
5	**Saint-Médard**	K10	Gracieuse, 35	Mouffetard, 33	*Place Monge*
4	**Saint-Merri**	K7	du Temple, 23	Saint-Martin, 100	*Hôtel de Ville*
5	**Saint-Michel (bd)** 1 à 147	J9	Pl. Saint-Michel, 7	Av. G. Bernanos *.1-2 à 20-21*	*Saint-Michel*
				20-21 à 55-56	*Cluny-La Sorbonne*
6	2 à 88	J9		*55-56 à 66-107*	*Luxembourg*
				66-107 à fin	*Port-Royal*
17	**Saint-Michel (pas.)**	I3	Av. de Saint-Ouen, 15	Pl. Saint-Jean	*La Fourche*
5	**Saint-Michel (pl.)** 1 à 7	K8	Q. Saint-Michel, 29	Bd Saint-Michel, 1	*Saint-Michel*
6	9 à 13 - 2 à 10	K8			*Saint-Michel*
1/4	**Saint-Michel (pt)**	K8	Q. des Orfèvres	Q. des Grds Augustins	*Saint-Michel*
5/6		K8			*Saint-Michel*
5	**Saint-Michel (q.)**	K8	Pl. du Petit Pont, 2	Pt Saint-Michel	*Saint-Michel*
18	**Saint-Michel (v.)**	I3	Av. de Saint-Ouen, 46	Ganneron, 61	*La Fourche*
11	**Saint-Nicolas (cr)**	O9	de Montreuil, 45		*Faidherbe-Chaligny*
12	**Saint-Nicolas**	N9	de Charenton, 67	du Fbg St-Antoine, 80	*Ledru-Rollin*
17	**Saint-Ouen (av. de)** 1 à 153	I2	Av. de Clichy, 62	Bd Bessières *.1-2 à 45-50*	*La Fourche*
18	2 à 158	I2		*45-50 à 117-118*	*Guy Môquet*
				117-118 à fin	*Porte de St-Ouen*
17	**Saint-Ouen (imp.)**	I2	Petiet, 3		*Guy Môquet*
20	**Saint-Paul (imp.)**	Q8	Pas. Dieu, 5		*Maraîchers*
4	**Saint-Paul (pas.)**	L8	Saint-Paul, 43		*Saint-Paul*
4	**Saint-Paul**	L8	Q. des Célestins, 22	Saint-Antoine, 85	*Saint-Paul*
8	**Saint-Pétersbourg (de)**	H4	Pl. de l'Europe	Pl. de Clichy, 3	*Europe/Pl. de Clichy*
2	**Saint-Philippe**	K6	d'Aboukir, 113	de Cléry, 70	*Sentier*
8	**St-Philippe du Roule (pas.)**	G5	du Fbg St-Honoré, 152	de Courcelles, 7	*St-Philippe du Roule*
8	**Saint-Philippe du Roule**	G5	du Fbg St-Honoré, 129	d'Artois, 14	*St-Philippe du Roule*
20	**Saint-Pierre (imp.)**	P8	des Vignoles, 47		*Buzenval*
18	**Saint-Pierre (pl.)**	J3	Livingstone, 7	Tardieu, 1	*Anvers*
17	**Saint-Pierre (cr)**	I3	Av. de Clichy, 47bis		*La Fourche*
11	**Saint-Pierre Amelot (pas.)**	M7	Amelot, 98bis	Bd Voltaire, 54	*St-Sébastien-Froissart*
6	**Saint-Placide**	I9	de Sèvres, 53	de Vaugirard, 88	*Saint-Placide*
10	**Saint-Quentin (de)**	L4	Bd de Magenta, 92	de Dunkerque, 17	*Gare du Nord*
1	**Saint-Roch (pas.)**	I6	Saint-Honoré, 284	des Pyramides, 15	*Pyramides*
1	**Saint-Roch**	I6	de Rivoli, 194	Av. de l'Opéra, 29	*Pyramides*
6	**Saint-Romain**	H9	de Sèvres, 109	du Cherche-Midi, 102	*Vaneau*
6	**Saint-Romain (sq.)**	H9	Saint-Romain, 9		*Vaneau*
18	**Saint-Rustique**	J3	du Mont Cenis, 5	des Saules, 2	*Abbesses*
11	**Saint-Sabin (pas.)**	M8	de la Roquette, 31	Saint-Sabin, 14	*Bréguet-Sabin*

Ar./Districts	Rues/Street	Plan/Map	Commençant/Beginning	Finissant/Ending	Métro/Subway
11	Saint-Sabin	M8	de la Roquette, 17	Bd Beaumarchais, 86 .	*Bréguet-Sabin*
15	Saint-Saëns	E8	de la Fédération, 28 ...	Bd de Grenelle, 27 ...	*Bir-Hakeim*
2	Saint-Sauveur	K6	Saint-Denis, 181	Montorgueil, 102	*Réaumur-Sébastopol*
11	Saint-Sébastien (imp.)	M7	Alphonse Baudin, 16 ..	....	*St-Sébastien-Froissart*
11	Saint-Sébastien (pas.)	M7	Amelot, 86	Bd Richard Lenoir, 91 .	*St-Sébastien-Froissart*
11	Saint-Sébastien	M7	Bd Beaumarchais, 102 .	de la Folie-Méricourt, 19	*St-Sébastien-Froissart*
17	Saint-Senoch (de)	E4	Bayen, 32	Laugier, 45	*Ternes*
5	Saint-Séverin	K8	Saint-Jacques, 12	Bd Saint-Michel, 3	*Saint-Michel*
7	Saint-Simon (de)	H8	Bd Saint-Germain, 215 .	de Grenelle, 90	*Rue du Bac*
20	Saint-Simoniens (pas. des) .	P6	Pixérécourt, 4	de la Duée, 18	*Télégraphe*
2	Saint-Spire	K6	d'Alexandrie, 14	Sainte-Foy, 8	*Réaumur-Sébastopol*
6	Saint-Sulpice (pl.)	I9	Bonaparte, 61bis	....	*St-Sulpice*
6	Saint-Sulpice	J9	de Condé, 4	Pl. Saint-Sulpice, 2	*Odéon*
7	Saint-Thomas d'Aquin (pl.) .	I8	de Gribeauval	Saint-Thomas d'Aquin .	*Rue du Bac*
7	Saint-Thomas d'Aquin	I8	Pl. St-Thomas d'Aquin, 5	Bd St-Germain, 230 ..	*Rue du Bac*
5	Saint-Victor	K9	de Poissy, 32	Monge, 11	*Cardinal Lemoine*
19	Saint-Vincent (imp.)	O4	du Plateau, 7	....	*Botzaris*
18	Saint-Vincent	J3	de la Bonne, 12	Girardon	*Lamarck-Caulaincourt*
10	Saint-Vincent de Paul	K4	de Belzunce, 10	Ambroise Paré, 5	*Gare du Nord*
12	Saint-Vivant (pas.)	O12	des Pirogues de Bercy, 25	François Truffaut, 22 ..	*Cour Saint-Emilion*
14	Saint-Yves	J13	Av. Reille	de la Tombe Issoire, 105 .	*Alésia*
3	Sainte-Anastase	M7	de Turenne, 69	de Thorigny, 12	*St-Sébastien-Froissart*
2	Sainte-Anne (pas.)	J6	Sainte-Anne, 59	Pas. Choiseul, 52	*Quatre Septembre*
1	Sainte-Anne 1 à 47 - 2 à 36 ..	J6	Av. de l'Opéra, 12	Saint-Augustin, 13	*Quatre Septembre*
2	40 à 68 - 49 à 75	J6	....	....	*Quatre Septembre*
11	Ste-Anne Popincourt (pas.) .	M8	Saint-Sabin, 42	Bd Richard Lenoir, 43 .	*Bréguet-Sabin*
3	Sainte-Apolline 1 à 11 - 2 à 8 .	L6	Saint-Martin, 357	Saint-Denis, 248	*Strasbourg-St-Denis*
2	10 à 18 - 13 à 31	L6	....	....	*Strasbourg-St-Denis*
3	Sainte-Avoie (pas.)	L7	Rambuteau, 8	du Temple, 62	*Rambuteau*
6	Sainte-Beuve	I10	N.-D. des Champs, 44 .	Bd Raspail, 131	*Vavin*
9	Sainte-Cécile	K5	du Fbg Poissonnière, 29 .	de Trévise, 6	*Grands Boulevards*
12	Sainte-Claire Deville	O10	C. Moynet, 21	Pas. Montgallet, 9	*Montgallet*
17	Sainte-Croix (v.)	H2	de La Jonquière, 34 ...	....	*Guy Môquet*
4	Ste-Croix de la Bretonnerie	L8	Vieille du Temple, 31 ..	du Temple, 24	*Hôtel de Ville*
4	Ste-Croix de la Bretonnerie (sq.)	L8	des Archives, 13	Ste-Cx Bretonnerie, 35	*Hôtel de Ville*
3	Sainte-Elisabeth (pas.)	L6	du Temple, 195	de Turbigo, 72	*République*
3	Sainte-Elisabeth	L6	Fontaines du Temple, 8 .	de Turbigo, 70	*République*
15	Sainte-Eugénie (av.)	F11	Dombasle, 30	....	*Convention*
15	Sainte-Félicité	F11	de la Procession, 12 ...	....	*Vaugirard*
2	Sainte-Foy (gal.)	K6	Pas. du Caire	....	*Sentier*
2	Sainte-Foy (pas.)	K6	Saint-Denis, 261	Sainte-Foy, 14	*Strasbourg-St-Denis*

Ar./Districts	Rues/Street	Plan/Map	Commençant/Beginning	Finissant/Ending	Métro/Subway
2	Sainte-Foy	K6	d'Alexandrie	Saint-Denis, 279	*Strasbourg-St-Denis*
5	Sainte-Geneviève (pl.)	K9	Mont. Ste Geneviève	Pl. du Panthéon	*Cardinal Lemoine*
13	Sainte-Hélène (de)	K14	Av. Caffieri	Poterne des Peupliers	*Porte d'Italie*
18	Sainte-Henriette (imp.)	J1	Letort, 53	....	*Pte de Clignancourt*
18	Sainte-Isaure	K2	du Poteau, 4	Pl. Michel Petrucciani	*Simplon*
14	Sainte-Léonie	H12	Pernety, 24	Pl. de la Garenne, 9	*Pernety*
15	Sainte-Lucie	D10	de l'Eglise, 20	de Javel, 95	*Charles Michels*
20	Sainte-Marie (v.)	Q5	Pl. de l'Adj. Vincenot, 9	....	*Saint-Fargeau*
12	Sainte-Marie (av.)	R11	de la Guyane	Saint-Mandé (94)	*Porte Dorée*
10	Sainte-Marthe (imp.)	M5	Sainte-Marthe, 22	....	*Belleville*
10	Sainte-Marthe (pl.)	M5	Sainte-Marthe, 32	du Chalet	*Belleville*
10	Sainte-Marthe	M5	Saint-Maur, 214	Sambre-et-Meuse, 38	*Belleville*
18	Sainte-Monique (imp.)	I2	des Tennis, 15	....	*Porte de St-Ouen*
1	Sainte-Opportune (pl.)	K7	des Halles	Sainte-Opportune	*Châtelet*
1	Sainte-Opportune	K7	Pl. Ste-Opportune, 10	de la Ferronnerie, 19	*Châtelet*
3	Saintonge (de)	M7	du Perche, 8	Bd du Temple, 19	*Filles du Calvaire*
6	Saints Pères (des) 1 à 85	I8	Q. Malaquais, 23	de Sèvres, 8	*Sèvres-Babylone*
7	2 à 80	I8	....	....	*Sèvres-Babylone*
20	Salamandre (sq. de la)	Q8	Saint-Blaise, 52	Courat	*Maraîchers*
11	Salarnier (pas.)	N8	Froment, 6	Sedaine, 37	*Bréguet-Sabin*
5	Salembrière (imp.)	K8	Saint-Séverin, 4bis	....	*Saint-Michel*
17	Salneuve	G3	Legendre, 29	de Saussure, 67	*Villiers*
3	Salomon de Caus	L6	Saint-Martin, 323	Bd de Sébastopol, 100	*Strasbourg-St-Denis*
17	Salonique (av. de)	D4	Bd Aurelle de Paladines, 2	Bd Dixmude, 15	*Porte Maillot*
7	Salvador Allende (pl.)	G8	Bd de la Tour-Maubourg	de Grenelle	*La Tour Maubourg*
10	Sambre-et-Meuse	M5	Juliette Dodu, 12	Bd de la Villette, 33	*Belleville*
13	Samson	K12	Gérard, 55	Butte aux Cailles, 20	*Corvisart*
14	Samuel Beckett (al.)	J12	Terre-plein	Av. René Coty	*Alésia*
12	Sancerrois (sq. du)	P12	Bd Poniatowski, 37	des Meuniers, 2	*Porte de Charenton*
9	Sandrié (imp.)	I5	Pl. Charles Garnier	Sq. de l'Opéra L. Jouvet	*Opéra*
13	Santé (imp. de la)	J11	de la Santé, 17	....	*Glacière*
13	Santé (de la) 1 à 137	J11	Bd de Port-Royal, 93	Pl. Coluche *.1-2 à 36-45*	*Port-Royal*
14	2 à 106	J12	....	*..........36-45 à fin*	*Glacière*
12	Santerre	P10	de Picpus, 55	Bd de Picpus, 27	*Bel-Air*
5	Santeuil	L11	du Fer à Moulin, 12	Censier, 19	*Censier-Daubenton*
15	Santos-Dumont	F12	de Vouillé, 28	des Morillons, 79	*Plaisance*
15	Santos-Dumont (v.)	F12	Santos-Dumont, 32	....	*Plaisance*
14	Saône (de la)	I12	du Commandeur, 27	d'Alésia, 32	*Alésia*
15	Sarasate	E10	de la Convention, 93	Oscar Roty, 6	*Boucicaut*
14	Sarrette	I13	d'Alésia, 39	Av. Gal Leclerc, 109	*Alésia*
20	Satan (imp.)	Q8	des Vignoles, 92	....	*Maraîchers*

Ar./Districts	Rues/Street	Plan/Map	Commençant/Beginning	Finissant/Ending	Métro/Subway
17	**Sauffroy**	H2	Av. de Clichy, 132	de La Jonquière, 49	*Guy Môquet*
20	**Saulaie (v. de la)**	P8	Bd de Charonne, 168		*Alexandre Dumas*
18	**Saules (des)**	J2	des Norvins, 20	Marcadet, 135	*Lamarck-Caulaincourt*
9	**Saulnier**	K5	Richer, 34	La Fayette, 70	*Cadet*
8	**Saussaies (pl. des)**	H5	des Saussaies	Cambacérès	*Miromesnil*
8	**Saussaies (des)**	H5	Pl. Beauvau, 92	des Saussaies, 1	*Champs-Elysées-Clem.*
17	**Saussier-Leroy**	F4	Poncelet, 15	Av. Niel, 18	*Ternes*
17	**Saussure (de)**	H3	des Dames, 94	Bd Berthier *.1-2 à 111-116*	*Villiers*
		G3		*111-116 à fin*	*Pereire-Levallois*
1	**Sauval**	J7	Saint-Honoré, 96	de Viarmes, 2	*Louvre*
20	**Savart (pas.)**	Q8	des Haies, 79	des Vignoles, 82	*Buzenval*
20	**Savies (de)**	O5	de la Mare, 56	des Cascades, 55	*Jourdain*
6	**Savoie (de)**	J8	Séguier, 6	des Gds Augustins, 11	*Saint-Michel*
7	**Savorgnan de Brazza**	F8	Av. de La Bourdonnais, 68	Pl. Joffre	*Ecole Militaire*
7	**Saxe (av. de)** 1 à 61 - 2 à 48	G9	Pl. de Fontenoy, 3	de Sèvres, 100	*Sèvres-Lecourbe*
15	50 à 68	G9			*Sèvres-Lecourbe*
7	**Saxe (v. de)**	G9	Av. de Saxe, 17		*Ségur*
11	**Scarron**	M8	Bd Beaumarchais, 72	Amelot, 61	*Bastille*
16	**Scheffer**	D7	Benjamin Franklin, 17	Av. Georges Mandel, 53	*Rue de la Pompe*
16	**Scheffer (v.)**	D7	Scheffer, 49		*Rue de la Pompe*
4	**Schomberg (de)**	L9	Q. Henri IV, 30	de Sully, 1	*Sully-Morland*
20	**Schubert**	Q9	Paganini	Charles et Robert	*Porte de Montreuil*
15	**Schutzenberger**	E9	Emeriau	Sextius Michel, 16	*Bir-Hakeim*
5	**Scipion**	L11	Bd Saint-Marcel, 68	du Fer à Moulin, 25	*Les Gobelins*
9	**Scribe**	I5	Bd des Capucines, 12	des Mathurins, 1	*Opéra*
7	**Sébastien Bottin**	I8	de l'Université, 19		*Rue du Bac*
15	**Sébastien Mercier**	D10	Balard, 9	Saint-Charles, 142	*Javel-André Citröen*
1	**Sébastopol (bd)** 1 à 65	K7	Av. Victoria, 12	Bd St-Denis *.1-2 à 22-29*	*Châtelet*
4	2 à 40	K7		*22-29 à 60-67*	*Rambuteau*
2	67 à 141	K6		*60-67 à 100-119*	*Réaumur-Sébastopol*
3	42 à 114	K6		*100-119 à fin*	*Strasbourg-St-Denis*
19	**Secrétan (av.)**	N4	Bd de la Villette, 198	Manin, 31	*Jaurès*
15	**Sécurité (pas.)**	F9	Bd de Grenelle, 114	Tiphaine, 19	*La Motte-Picquet*
11	**Sedaine (cr)**	N8	Sedaine, 40		*Bréguet-Sabin*
11	**Sedaine**	N8	Bd Richard Lenoir, 18	Av. Parmentier, 3	*Bréguet-Sabin*
7	**Sédillot**	F7	Pl. Edwige Feuillère	Saint-Dominique, 112	*Ecole Militaire*
7	**Sédillot (sq.)**	F8	Saint-Dominique, 133		*Ecole Militaire*
6	**Séguier**	J8	Q. des Gds Augustins, 33	St-André des Arts, 36	*Saint-Michel*
7	**Ségur (av. de)** 1 à 73 - 2 à 36	G9	Pl. Vauban, 7	Bd Garibaldi *..1-2 à 8-21*	*Saint-François-Xavier*
15	77 à 85 - 38 à 50	G9		*8-21 à fin*	*Ségur*
7	**Ségur (v. de)**	G9	Av. de Ségur, 37		*Ségur*

Ar./Districts	Rues/Street	Plan/Map	Commençant/Beginning	Finissant/Ending	Métro/Subway
6	**Seine (de)**	**J8**	Q. Malaquais, 3	Saint-Sulpice, 16	*Odéon*
19	**Seine (q. de la)**	**N3**	Av. de Flandre, 2	de Crimée, 161	*Stalingrad/Riquet*
8	**Selves (av. de)**	**G6**	Av. des Champs Elysées	Av. du Gal Eisenhower	*Champs-Elysées-Clem.*
6	**Séminaire (al. du)**	**I9**	Bonaparte	Vaugirard	*St-Sulpice*
20	**Sénégal (du)**	**N5**	Bisson, 39	Julien Lacroix, 75	*Couronnes*
17	**Senlis (de)**	**F3**	Bd Berthier, 142	Emile et A. Massard, 1	*Porte de Champerret*
2	**Sentier (du)**	**K6**	Réaumur, 114	Bd Poissonnière, 7	*Sentier*
14	**Séoul (pl. de)**	**H11**	Vercingétorix		*Pernety*
19	**Sept Arpents (des)**	**P3**	Av. Pte de Pantin, 8	Pantin/Pré St-Gervais (93)	*Porte de Pantin*
19	**Septième Art (crs du)**	**O4**	de la Villette, 53	des Alouettes, 34	*Botzaris*
16	**Serge Prokofiev**	**C8**	Av. Mozart, 64	de l'Assomption	*Ranelagh*
12	**Sergent Bauchat (du)**	**P10**	de Reuilly, 93	de Picpus, 20	*Montgallet*
17	**Sergent Hoff (du)**	**E4**	Pierre Demours, 25	Saint-Senoch, 10	*Ternes*
16	**Sergent Maginot (du)**	**A10**	du Gal Roques	Av. Parc des Princes, 23	*Porte de St-Cloud*
6	**Serpente**	**J9**	Bd Saint-Michel, 18	de l'Eperon, 9	*Saint-Michel*
20	**Serpollet**	**R7**	Bd Davout, 132		*Porte de Bagnolet*
15	**Serret**	**E10**	Av. Félix Faure, 37	Henri Bocquillon, 20	*Boucicaut*
19	**Sérurier (bd)**	**Q4**	de Belleville, 353	Bd Macdonald *.1-2 à 40-67*	*Porte des Lilas*
		P2		*40-67 à 68-117*	*Pré St-Gervais*
				68-117 à 124-149	*Danube*
				124-149 à fin	*Porte de Pantin*
11	**Servan**	**O7**	de la Roquette, 141	Av. de la République, 92	*Rue Saint-Maur*
11	**Servan (sq.)**	**N7**	Servan, 31		*Père-Lachaise*
6	**Servandoni**	**J9**	Palatine, 5	de Vaugirard, 40	*St-Sulpice*
14	**Seurat (v.)**	**I13**	de la Tombe Issoire, 101		*Alésia*
14	**Severo**	**H12**	des Plantes, 4	Hippolyte Maindron, 13	*Mouton-Duvernet*
18	**Seveste**	**K3**	Bd de Rochechouart, 56	Pl. Saint-Pierre, 7	*Anvers*
4	**Sévigné (de)** 1 à 21 - 2 à 34	**L8**	de Rivoli, 2	du Parc Royal, 3	*Saint-Paul*
3	23 à 29 -036 à 54	**L8**			*Saint-Paul*
6	**Sèvres (de)** 1 à 141 - 2 à 8	**I9**	Pl. Michel Debré, 2	Bd Pasteur *.1-2 à 24-53*	*Sèvres-Babylone*
7	10 à 98	**I9**		*24-53 à 88-141*	*Vaneau/Duroc*
15	100 à 114 - 145 à 165	**H9**		*88-141 à fin*	*Sèvres-Lecourbe*
6	**Sévrien (gal. le)**	**H9**	de Sèvres	du Cherche Midi	*Vaneau*
15	**Sextius Michel**	**E9**	du Dr Finlay, 24	Saint-Charles, 30	*Bir-Hakeim*
9	**Sèze (de)** 1 à 11 - 2 à 18	**I6**	Bd de la Madeleine, 2	Pl. de la Madeleine, 26	*Madeleine*
8	28 à 32	**I6**			*Madeleine*
16	**Sfax (de)**	**D6**	Av. Raym. Poincaré, 95	de Sontay, 10	*Victor-Hugo*
16	**Siam (de)**	**C7**	de la Pompe, 43	Mignard, 15	*Rue de la Pompe*
14	**Sibelle (av. de la)**	**J13**	d'Alésia, 5ter	Av. Reille, 40	*Glacière*
10	**Sibour**	**L5**	du Fbg St-Martin, 121	Bd de Strasbourg, 70	*Gare de l'Est*
12	**Sibuet**	**Q10**	du Sahel, 9	Bd de Picpus, 58	*Picpus*

Ar./Districts	Rues/Street	Plan/Map	Commençant/Beginning	Finissant/Ending	Métro/Subway
12	**Sidi Brahim**	**P11**	Av. Daumesnil, 219	de Picpus, 98	*Daumesnil*
13	**Sigaud (pas.)**	**K12**	Alphand, 13	Barrault, 19	*Corvisart*
19	**Sigmund Freud**	**P4**	Av. Pte Pré St-Gervais	Av. Pte Chaumont	*Pré-St-Gervais*
19	**Signoret-Montand (prde)**	**N3**	Q. de Seine		*Riquet*
7	**Silvestre de Sacy (av.)**	**F7**	Av. de La Bourdonnais, 18	Av. Gustave Eiffel	*Ecole Militaire*
18	**Simart**	**K2**	Bd Barbès, 59	Ordener, 99	*Marcadet-Poissonniers*
19	**Simon Bolivar (av.)**	**O5**	de Belleville, 91	Av. Secrétan *.1-2 à 52-61*	*Pyrénées*
		N5		*52-61 à fin*	*Bolivar*
18	**Simon Dereure**	**J3**	Pl. Casadesus, 8	Av. Junot, 24	*Lamarck-Caulaincourt*
4	**Simon Le Franc**	**K7**	du Temple, 45	du Renard, 26	*Hôtel de Ville*
12/13	**Simone de Beauvoir (paslle)**	**N11**	Parc de Bercy	Biblio. F. Mitterrand	*Quai de la Gare*
7/15	**Simone Michel-Lévy (pl.)**	**G9**	Terre-plein Av. de Saxe, 59	de Sèvres	*Duroc*
13	**Simone Weil**	**M13**	des Frs Astier de la V.	Av. d'Ivry, 59	*Tolbiac*
13	**Simonet**	**K12**	Moulin des Prés, 26	Gérard, 53	*Corvisart*
18	**Simplon (du)**	**K2**	des Poissonniers, 107	du Mont Cenis, 96	*Simplon*
16	**Singer (pas.)**	**C8**	Singer, 29	des Vignes, 36	*La Muette*
16	**Singer**	**D8**	Raynouard, 64	des Vignes, 64	*La Muette*
4	**Singes (pas. des)**	**L8**	Vieille du Temple, 43	des Guillemites, 6	*Hôtel de Ville*
17	**Sisley**	**F2**	Bd Berthier, 106	Av. Pte d'Asnières, 5	*Pereire*
14	**Sivel**	**I12**	Liancourt, 15	Charles Divry, 12	*Denfert-Rochereau*
19	**Sizerins (v. des)**	**O4**	David d'Angers, 12		*Danube*
19	**Skanderberg (pl.)**	**M1**	Av. Pte d'Aubervilliers	de la Haie Coq	*Porte de la Chapelle*
13	**Sœur Catherine Marie**	**J12**	de la Glacière, 86	de la Glacière, 98	*Glacière*
13	**Sœur Rosalie (av. de la)**	**L12**	Pl. d'Italie, 6	Abel Hovelacq, 13	*Place d'Italie*
18	**Sofia (de)**	**K3**	Bd Barbès, 5	de Clignancourt, 16	*Barbès-Rochechouart*
19	**Soissons (de)**	**M3**	Q. de la Seine, 25	Av. de Flandre, 28	*Stalingrad*
20	**Soleil (du)**	**P5**	de Belleville, 190	Pixérécourt, 69	*Place des Fêtes*
15	**Soleil d'Or (rlle du)**	**F10**	Blomet, 61	de Vaugirard	*Volontaires*
20	**Soleillet**	**O6**	Elisa Borey, 14	Sorbier, 40	*Gambetta*
7	**Solférino (de)**	**H7**	Q. Anatole France, 9bis	Bd St-Germain, 260	*Solférino*
19	**Solidarité (de la)**	**P3**	David d'Angers, 9	Bd Sérurier, 135	*Danube*
19	**Solitaires (des)**	**O5**	de la Villette, 52	des Fêtes, 19	*Place des Fêtes*
17	**Somme (bd de la)**	**E3**	de Courcelles	Av. Pte Champerret, 2	*Porte de Champerret*
16	**Sommeiller (v.)**	**B11**	Bd Murat, 149	Claude Terrasse, 43	*Porte de St-Cloud*
15	**Sommet des Alpes (du)**	**F12**	Fizeau, 18	Castagnary, 134	*Porte de Vanves*
19	**Sonatine (v.)**	**O3**	Joseph Kosma		*Ourcq*
16	**Sontay (de)**	**D6**	Pl. Victor Hugo, 6	de la Pompe, 174	*Victor-Hugo*
14	**Sophie Germain**	**I12**	Hallé, 46	Av. du Gal Leclerc, 23	*Mouton-Duvernet*
20	**Sorbier**	**P6**	de Ménilmontant, 68	Pl. Martin Nadaud	*Gambetta*
5	**Sorbonne (pl. de la)**	**J9**	de la Sorbonne, 22	Bd Saint-Michel, 47	*Odéon*
5	**Sorbonne (de la)**	**J9**	des Ecoles, 49	Pl. de la Sorbonne, 2	*Odéon*

Ar./Districts	Rues/Street	Plan/Map	Commençant/Beginning	Finissant/Ending	Métro/Subway
20	Souchet (v.)	P6	Av. Gambetta, 105	Orfila, 100	*Pelleport*
16	Souchier (v.)	D7	Eugène Delacroix, 5		*Rue de la Pompe*
15	Soudan (du)	F9	de Pondichéry, 10	Bd Grenelle, 95	*La Motte-Picquet*
5	Soufflot	J9	Pl. du Panthéon, 21	Bd Saint-Michel, 65	*Luxembourg*
20	Souhaits (imp. des)	P8	des Vignoles, 31		*Avron*
13	Souham (pl.)	M12	Pl. Jeanne d'Arc, 21	Jean Colly, 30	*Olympiades*
12	Soult (bd)	Q10	Av. Daumesnil, 279	Crs Vincennes *.1-2 à 46-69*	*Porte Dorée*
				46-69 à fin	*Porte de Vincennes*
20	Soupirs (pas. des)	P6	des Pyrénées, 244	de la Chine, 47bis	*Gambetta*
16	Source (de la)	C9	Ribera, 29	Pierre Guérin, 34	*Michel-Ange-Auteuil*
20	Sources du Nord (pl. des)	O6	d'Eupatoria	de la Mare	*Ménilmontant*
3	Sourdis (rlle)	L7	Charlot, 3	Pastourelle, 15	*St-Sébastien-Froissart*
14	Soutine (v.)	J13	Av. René Coty, 47		*Alésia*
7	Souvenir Français (espl. du)	G8	Pl. Vauban	d'Estrées	*Saint-François-Xavier*
11	Souzy (c.)	O9	des Boulets, 39		*Rue des Boulets*
11	Spinoza	O7	Av. République, 103	Bd de Ménilmontant, 81	*Père-Lachaise*
16	Spontini	D6	Av. Foch, 73	Av. Victor Hugo, 182	*Porte Dauphine*
16	Spontini (v.)	D6	Spontini, 37		*Porte Dauphine*
16	Square (av. du)	B9	Pierre Guérin, 27	Bd de Montmorency, 69	*Michel-Ange-Auteuil*
18	Square Carpeaux (du)	I2	Eugène Carrière, 53	Marcadet, 228	*Guy Môquet*
15	Staël (de)	G10	Lecourbe, 11	de Vaugirard, 166	*Pasteur*
6	Stanislas	I10	N.-D. des Champs, 42	Bd Montparnasse, 93	*Notre-D. des Champs*
20	Stanislas Meunier	Q6	Maurice Berteaux, 3	Vidal de la Blache, 4	*Porte de Bagnolet*
19	Station (stier de la)	N2	de Flandre, 1		*Corentin-Cariou*
20	Station de Ménilmontant (stier)	O6	de Ménilmontant, 79	de la Mare, 12	*Ménilmontant*
18	Steinkerque (de)	J4	Bd Rochechouart, 70	Pl. Saint-Pierre, 13	*Anvers*
18	Steinlen	I3	Damrémont, 17	Eugène Carrière, 4	*Blanche*
19	Stemler (c.)	N5	Bd de la Villette, 56		*Belleville*
20	Stendhal (pas.)	P7	Stendhal, 19	Charles Renouvier, 10	*Gambetta*
20	Stendhal	Q7	Pl. Saint-Blaise	des Pyrénées, 190	*Gambetta*
20	Stendhal (v.)	P7	Stendhal, 28		*Gambetta*
17	Stéphane Grappelli	F2	Marguerite Long, 22		*Porte de Clichy*
17	Stéphane Mallarmé (av.)	E3	de Courcelles, 191	Pl. Pte Champerret, 2	*Porte de Champerret*
13	Stéphen Pichon (av.)	L12	Pinel, 15	Pl. des Alpes, 2	*Place d'Italie*
18	Stéphenson	L3	de Jessaint, 12	Ordener, 21bis	*La Chapelle*
13	Sthrau	M13	de Tolbiac, 72	Nationale, 100	*Olympiades*
12	Stinville (pas.)	O10	Montgallet, 27		*Montgallet*
8	Stockholm (de)	H5	de Rome, 33	de Vienne, 10	*Saint-Lazare*
10	Strasbourg (bd de)	L5	Bd Saint-Denis, 10	du 8 Mai 1945, 7	*Château-d'Eau*
17	Stuart Merrill (pl.)	E3	Av. Stéphane Mallarmé	Bd Berthier	*Porte de Champerret*
16	Suchet (bd)	B7	Pl. de la Colombie, 1	d'Auteuil *...1-2 à 49-64*	*Ranelagh*

Ar./Districts	Rues/Street	Plan/Map	Commençant/Beginning	Finissant/Ending	Métro/Subway
	....	B8	....	..........*49-64 à fin*	*Porte d'Auteuil*
19	Sud (pas. du)	N3	Petit, 28	....	*Laumière*
20	Suez (imp.)	P8	de Bagnolet, 77	....	*Alexandre Dumas*
18	Suez (de)	K3	de Panama, 1	des Poissonniers, 24 ..	*Château-Rouge*
7	Suffren (av. de) 1 à 143	G9	Q. Branly, 71	Bd Garibaldi *.1-2 à 73-84*	*Sèvres-Lecourbe*
15	2 à 166 - 145 à 163	G9	....	.......*73-84 à 145-156*	*Ségur*
	....		....	.........*145-156 à fin*	*Champ de Mars-Tour Eiffel*
6	Suger	J8	Pl. St-André des Arts ..	de l'Eperon, 3	*Saint-Michel*
14	Suisses (des)	G12	d'Alésia, 197	Pierre Larousse, 48 ...	*Plaisance*
4/5	Sully (pt de)	L9	Q. Henri IV	Q. Saint-Bernard	*Sully-Morland*
4	Sully (de)	M9	de Mornay, 6	Bd Henri IV, 12	*Sully-Morland*
20	Sully Lombard (pl.)	Q6	Bd Mortier	Géo Chavez	*Porte de Bagnolet*
7	Sully-Prudhomme (av.)	G7	Q. d'Orsay, 55	de l'Université, 150 ...	*Invalides*
7	Surcouf	G7	Q. d'Orsay, 49	Saint-Dominique, 52 ..	*La Tour-Maubourg*
8	Surène (de)	H6	Boissy d'Anglas, 45 ...	des Saussaies, 16	*Madeleine*
20	Surmelin (pas. du)	Q6	de Surmelin, 45	Haxo, 10bis	*Saint-Fargeau*
20	Surmelin (du)	Q6	Pelleport, 90	Pl. de l'Adj. Vincenot ..	*Saint-Fargeau*
16	Suzanne Lenglen	A9	Boulogne-Billancourt (92) .	Av. de la Pte d'Auteuil .	*Porte d'Auteuil*
18	Suzanne Valadon (pl.)	J3	Pl. Saint-Pierre	Foyatier	*Anvers*
16	Sycomores (av. des)	B9	Bd de Montmorency, 93 .	Av. des Tilleuls, 25 ...	*Michel-Ange-Auteuil*
15	Sydney (pl. de)	E8	Av. de Suffren	Jean Rey	*Champ de Mars-Tour Eiffel*

T

Ar./Districts	Rues/Street	Plan/Map	Commençant/Beginning	Finissant/Ending	Métro/Subway
4	Tacherie (de la)	K8	Q. de Gesvres, 6	de Rivoli, 35	*Hôtel de Ville*
20	Taclet	P5	de la Duée, 26	Pelleport, 119bis	*Pelleport*
13	Tage (du)	L13	Av. d'Italie, 152	Damesme, 65	*Maison Blanche*
13	Tagore	L14	Gandon, 28	Av. d'Italie, 143	*Porte d'Italie*
12	Tahiti (de)	P10	de Picpus, 83	Bd de Picpus, 5	*Bel-Air*
20	Taillade (av.)	P5	Frédérick Lemaître, 28 .	....	*Jourdain*
11	Taillandiers (pas. des)	N8	Pas. Thiéré, 8	des Taillandiers, 7	*Ledru-Rollin*
11	Taillandiers (des)	N8	de Charonne, 29	de la Roquette, 66	*Ledru-Rollin*
11	Taillebourg (av.)	P9	Pl. de la Nation, 11bis ..	Bd de Charonne, 23 ..	*Nation*
12	Taine	P11	de Charenton, 237	Bd de Reuilly, 40	*Daumesnil*
9	Taitbout	J5	Bd des Italiens, 22	d'Aumale, 17	*Chaussée-d'Antin*
7	Talleyrand (de)	H8	de Constantine, 25	de Grenelle, 142bis ...	*Varenne*
16	Talma	C8	Bois le Vent, 7	Singer, 40	*La Muette*
18	Talus (imp. du)	I1	Leibniz, 56	....	*Porte de St-Ouen*
19	Tandou	N3	Euryale Dehaynin, 10 ..	de Crimée, 135	*Laumière*
19	Tanger (de)	M3	Bd de la Villette, 222 ..	Riquet, 41	*Stalingrad*
13	Tanneries (des)	K12	Léon-M. Normann, 117 .	Champs de l'Alouette, 6	*Glacière*

Ar./Districts	Rues/Street	Plan/Map	Commençant/Beginning	Finissant/Ending	Métro/Subway
17	Tapisseries (des)	G3	Bd Pereire, 28bis	de Saussure, 131	*Wagram*
17	Tarbé	G3	de Saussure, 74	Cardinet, 138	*Villiers*
18	Tardieu	J3	Pl. Saint-Pierre	Chappe, 2	*Anvers*
17	Tarn (sq. du)	F3	Jules Bourdais, 4	....	*Porte de Champerret*
16	Tattegrain (pl.)	C7	Bd Flandrin	Av. Henri Martin	*Rue de la Pompe*
10	Taylor	L6	René Boulanger, 62 ...	du Château d'Eau, 25 .	*République*
18	Tchaïkovski	M2	de l'Evangile, 27	Moussorgsky	*Porte de la Chapelle*
8	Téhéran (de)	G5	Bd Haussmann, 142 ...	de Monceau, 58	*Miromesnil*
20	Télégraphe (du)	P5	Saint-Fargeau, 13	de Belleville, 240	*Télégraphe*
20	Télégraphe (pas.)	P5	du Télégraphe, 39	Pelleport, 178	*Télégraphe*
3	Temple (bd du) 1 à 41	M7	des Filles du Calvaire, 25	Pl. d. l. République *.1-2 à 21-22*	*Filles du Calvaire*
11	2 à 54	M7	....	.... *21-22 à fin*	*République*
4	Temple (du) 1 à 63 - 2 à 58 ...	L7	de Rivoli, 64	Pl. d. l. République *.1-2 à 58-63*	*Hôtel de Ville*
3	60 à 180 - 67 à 205	L6	....	...... *58-63 à 158-163*	*Arts et Métiers*
	....		....	.... *158-163 à fin*	*Temple*
14	Tenaille (pas.)	I11	Av. du Maine, 143	Gassendi, 38	*Mouton-Duvernet*
18	Tennis (des)	I2	Lagille, 13	Belliard, 183	*Porte de St-Ouen*
11	Ternaux	N7	de la Folie-Méricourt, 48	Neuve Popincourt, 2bis	*Parmentier*
17	Ternes (av. des)	E4	Av. de Wagram, 49	Bd Gouvion-St-Cyr, 59 .	*Ternes*
8/17	Ternes (pl. des)	F4	Av. de Wagram	Av. des Ternes	*Ternes*
17	Ternes (des)	E4	Bd Pereire, 200	Guersant, 27	*Ternes*
10	Terrage (du)	L4	Robert Blache	du Fbg St-Martin, 174 .	*Château Landon*
17	Terrasse (v. de la)	G4	de la Terrasse, 21	....	*Villiers*
17	Terrasse (de la)	G4	Bd Malesherbes, 96 ...	de Lévis, 33	*Villiers*
20	Terre Neuve (de)	P8	Bd de Charonne, 106 ..	Alex. Dumas, 106	*Alexandre Dumas*
13	Terres au Curé (des)	M13	Regnault, 70	Albert, 41	*Porte d'Ivry*
12	Terroirs de France (av. des)	O12	Q. de Bercy, 92	Baron Le Roy, 70	*Cour St-Emilion*
18	Tertre (imp. du)	J3	Norvins, 3	....	*Abbesses*
18	Tertre (pl. du)	J3	du Calvaire	Norvins, 2	*Abbesses*
15	Tessier	G11	Bargue, 16	de la Procession, 11bis	*Volontaires*
10	Tesson	M6	Av. Parmentier, 160 ...	Saint-Maur, 187	*Goncourt*
14	Texel (du)	H11	Pl. de Catalogne	Ray. Losserand, 22 ...	*Gaîté*
17	Thann (de)	G4	de Phalsbourg, 2	Pl. du Gal Catroux, 3 ..	*Monceau*
15	Théâtre (du)	E9	Q. de Grenelle, 53	Croix Nivert *.1-2 à 62-65*	*Charles Michel*
	....	F10	....	.... *62-65 à fin*	*Emile Zola*
5	Thénard	K9	Bd Saint-Germain, 61 ..	des Ecoles, 44	*Maubert-Mutualité*
3	Theodor Herzl (pl.)	L6	de Turbigo	Réaumur	*Arts et Métiers*
17	Théodore de Banville	F4	Av. de Wagram, 87bis ..	Pierre Demours, 80 ...	*Courcelles*
15	Théodore Deck	E11	Saint-Lambert, 14	....	*Convention*
15	Théodore Deck (v.)	E11	Théodore Deck, 10	....	*Convention*
15	Théodore Judlin (sq.)	F9	du Laos, 28	....	*Cambronne*

Ar./Districts	Rues/Street	Plan/Map	Commençant/Beginning	Finissant/Ending	Métro/Subway
16	Théodore Rivière (pl.)	C9	Chardon-Lagache	du Buis	*Eglise d'Auteuil*
16	Théodore Rousseau (av.) ..	C8	Pl. Rodin, 2	de l'Assomption, 29 ...	*Jasmin*
12	Théodore-Hamont	P12	de Charenton, 327	des Meuniers, 5	*Porte de Charenton*
17	Théodule Ribot	F4	Bd de Courcelles, 106 .	Av. de Wagram, 72 ...	*Courcelles*
16	Théophile Gautier (av.)	C9	Gros, 27	d'Auteuil, 2	*Mirabeau*
16	Théophile Gautier (sq.)	C9	Av. Th. Gautier, 57	....	*Eglise d'Auteuil*
12	Théophile Roussel	N9	de Cotte, 17	de Prague, 10	*Ledru-Rollin*
15	Théophraste Renaudot	F10	Léon Lhermitte	Lecourbe, 184	*Commerce*
1	Thérèse	J6	de Richelieu, 39	Av. de l'Opéra, 24	*Pyramides*
14	Thermopyles (des)	H12	Didot, 32	Ray. Losserand, 87 ...	*Pernety*
14	Thibaud	I12	Av. du Gal Leclerc, 66 .	Av. du Maine, 191	*Alésia*
15	Thiboumery	F11	d'Alleray, 56	de Vouillé, 9	*Vaugirard*
11	Thiéré (pas.)	N8	de Charonne, 23	de la Roquette, 46	*Ledru-Rollin*
16	Thierry de Martel (bd)	D5	Bd de l'Amiral Bruix ...	....	*Porte Maillot*
16	Thiers	D6	Av. Victor Hugo, 156 ...	Spontini, 51	*Victor-Hugo*
16	Thiers (sq.)	D6	Av. Victor Hugo, 155 ...	....	*Victor-Hugo*
17	Thimerais (sq. du)	F3	de Senlis, 5	de Courcelles, 212 ...	*Porte de Champerret*
9	Thimonnier	K4	Lentonnet, 3	de Rochechouart, 50 ..	*Anvers*
19	Thionville (pas. de)	N3	Léon Giraud, 11	de Thionville, 12	*Ourcq*
19	Thionville (de)	O2	de Crimée, 150	Q. de Metz, 1	*Ourcq*
18	Tholozé	J3	Lepic, 36	Lepic, 86bis	*Abbesses*
14	Thomas Francine	J3	de la Sibelle, 6	de l'Emp. Valentinien, 21	*Cité universitaire*
13	Thomas Mann	N12	Q. Panhard et Levassor ..	du Chevaleret, 46	*Biblio. F. Mitterrand*
13	Thomire	K14	Bd Kellermann, 77	Av. Gaffieri	*Cité Universitaire*
7	Thomy-Thierry (al.)	F8	Octave Gréard	Pl. Joffre	*La Motte-Picquet*
2	Thorel	K6	de Beauregard, 9	Bd Bonne Nouvele, 27 .	*Bonne Nouvelle*
15	Thoréton (v.)	D11	Lecourbe, 324	....	*Lourmel*
3	Thorigny (pl. de)	L7	de Thorigny	Elzévir	*St-Sébastien-Froissart*
3	Thorigny (de)	L7	de la Perle, 2	Debelleyme, 3	*St-Sébastien-Froissart*
12	Thorins (de)	O12	Lheureux, 16	Baron Le Roy, 54	*Cour St-Emilion*
5	Thouin	K10	du Card. Lemoine, 68 ..	de l'Estrapade, 7	*Cardinal Lemoine*
15	Thuré (c.)	F10	du Théâtre, 130	Gramme, 15	*Commerce*
15	Thureau-Dangin	E12	Bd Lefebvre, 42	Av. Alb. Bartholomée, 7	*Porte de Versailles*
13	Tibre (du)	L13	Moulin de la Pointe, 58 .	Damesme, 71	*Maison Blanche*
16	Tilleuls (av. des)	B9	Av. du Square, 6	Bd Montmorency, 53 ..	*Michel-Ange-Molitor*
8	Tilsitt (de) 1 à 5 - 2 à 14	F5	Av. Champs Elysées, 154 .	Av. Grande Armée, 2 ..	*Ch. de Gaulle-Etoile*
17	7 à 11 - 16 à 32	F5	....	....	*Ch. de Gaulle-Etoile*
15	Tiphaine	F9	Violet, 11	du Commerce, 6	*La Motte-Picquet*
2	Tiquetonne	K7	Saint-Denis, 137	Etienne Marcel, 32 ...	*Etienne Marcel*
4	Tiron	L8	François Miron, 27	de Rivoli, 13	*Saint-Paul*
15	Tisserand	D10	de Lourmel, 141	Av. Félix Faure, 68 ...	*Lourmel*

Ar./Districts	Rues/Street	Plan/Map	Commençant/Beginning	Finissant/Ending	Métro/Subway
13	Titien	L11	Bd de l'Hôpital, 104	du Banquier, 1	*Campo-Formio*
11	Titon	O9	de Montreuil, 33	de Chanzy, 34	*Faidherbe-Chaligny*
20	Tlemcen (de)	O6	Bd Ménilmontant, 76	des Amandiers, 61	*Père-Lachaise*
19	Toccata (v.)	O3	Joseph Kosma		*Ourcq*
17	Tocqueville (sq. de)	G3	Tocqueville, 120		*Wagram*
17	Tocqueville (de)	G4	Av. de Villiers, 12	Bd Berthier, 204	*Malesherbes*
16	Tokyo (pl. de)	F7	de Galliera	Brignole	*Iéna*
20	Tolain	Q9	des Grands Champs, 55	d'Avron, 66	*Maraîchers*
12/13	Tolbiac (pt de)	N12	Q. de Bercy	Q. de la Gare	*Cour St-Emilion*
13	Tolbiac (de)	N12	Av. de France, 117	Pl. Coluche *1-2 à 45-46*	*Biblio. F. Mitterrand*
		L13		*45-46 à 122-133*	*Olympiades*
				122-133 à 222-227	*Tolbiac*
				222-227 à fin	*Glacière*
13	Tolbiac (v.)	M13	de Tolbiac, 67		*Olympiades*
16	Tolstoï (sq.)	B8	Bd Suchet, 92	Av. du Mal Lyautey, 1	*Jasmin*
14	Tombe-Issoire (de la)	J12	Bd Saint-Jacques, 59	Bd Jourdan, 48 *1-2 à 65-70*	*St-Jacques*
		I13		*65-70 à 107-112*	*Alésia*
				107-112 à fin	*Porte d'Orléans*
18	Tombouctou (de)	L3	Bd de la Chapelle, 52	de Jessaint, 11	*La Chapelle*
18	Torcy (pl. de)	L2	de Torcy, 46	de l'Evangile, 1	*Marx Dormoy*
18	Torcy (de)	M2	Cugnot, 1	de la Chapelle, 10	*Marx Dormoy*
17	Torricelli	E4	Guersant, 10	Bayen, 41	*Ternes*
12	Toul (de)	Q11	de Picpus, 133	Bd de Picpus, 28	*Michel Bizot*
5	Toullier	J9	Cujas, 9	Soufflot, 14	*Luxembourg*
19	Toulouse (de)	P3	Bd Sérurier, 110	Bd de l'Indochine, 19	*Porte de Pantin*
17	Toulouse Lautrec	I1	Av. Pte de St-Ouen, 47	Fructidor	*Porte de St-Ouen*
16	Tour (de la)	D7	Pl. de Costa Rica	Pl. Tattegrain *1-2 à 75-92*	*Passy*
				75-92 à fin	*Rue de la Pompe*
16	Tour (v. de la)	D7	de la Tour, 96bis	Eugène Delacroix, 17	*Rue de la Pompe*
14	Tour de Vanves (pas. de la)	H11	Av. du Maine, 146	Asseline, 7	*Gaîté*
9	Tour des Dames (de la)	I4	de La Rochefoucault, 7	Blanche, 12	*Trinité*
20	Tourelles (pas. des)	Q5	des Tourelles, 11	des Tourelles, 15	*Porte des Lilas*
20	Tourelles (des)	Q5	Haxo, 86	Bd Mortier, 161	*Porte des Lilas*
18	Tourlaque (pas.)	I3	Caulaincourt, 27	Damrémont, 18	*Blanche*
18	Tourlaque	I3	Lepic, 47	Joseph de Maistre, 42	*Blanche*
5	Tournefort	K10	de l'Estrapade, 1	Pl. Lucien Herr, 2	*Place Monge*
4/5	Tournelle (pt)	L9	Q. d'Orléans	Q. de la Tournelle	*Pont-Marie*
5	Tournelle (q. de la)	K9	Pt de Sully	Maître Albert	*Maubert-Mutualité*
4	Tournelles (des) 1 à 29 - 2 à 44	M8	Saint-Antoine, 8	Bd Beaumarchais *1-2 à 31-46*	*Bastille*
3	31 à 51 - 46 à 88	M8		*31-46 à fin*	*Chemin Vert*
12	Tourneux (imp.)	P11	Tourneux, 2bis		*Daumesnil*

Ar./Districts	Rues/Street	Plan/Map	Commençant/Beginning	Finissant/Ending	Métro/Subway
12	Tourneux	P11	Claude Decaen, 66	Av. Daumesnil, 194	*Daumesnil*
6	Tournon (de)	J9	Saint-Sulpice, 19	de Vaugirard, 24	*Odéon*
15	Tournus	E9	Fondary, 38	du Théâtre, 101	*Emile Zola*
20	Tourtille (de)	N6	de Pali-Kao, 27	de Belleville, 32	*Belleville*
7	Tourville (av. de)	G8	Bd des Invalides, 8	Av. Duquesne	*Saint-François-Xavier*
13	Toussaint-Féron	L13	Av. de Choisy, 139	Av. d'Italie, 51	*Tolbiac*
6	Toustain	J9	de Seine, 74	Félibien, 1	*Odéon*
2	Tracy (de)	K6	Bd de Sébastopol, 127	Saint-Denis, 222	*Réaumur-Sébastopol*
16	Traktir (de)	E5	Av. Victor Hugo, 14	Av. Foch, 9	*Ch. de Gaulle-Etoile*
20	Transvaal (du)	O5	des Envierges, 10	des Couronnes, 93	*Couronnes*
12	Traversière	M9	Q. de la Rapée, 84	du Fbg St-Antoine, 100	*Ledru-Rollin*
8	Treilhard	G5	de Miromesnil, 67	Pl. de Narvik	*Villiers*
4	Trésor (du)	L8	Vieille du Temple, 26	des Ecouffes, 9	*Saint-Paul*
18	Trétaigne (de)	J2	Marcadet, 112ter	Ordener, 117ter	*Jules Joffrin*
9	Trévise (c. de)	K5	Richer, 14	Bleue, 7	*Poissonnière*
9	Trévise (de)	K5	Bergère, 22	La Fayette, 76	*Cadet*
2	Trinité (pas. de la)	K6	Saint-Denis, 164	de Palestro, 21	*Réaumur-Sébastopol*
9	Trinité (de la)	I4	Blanche, 7	de Clichy, 8	*Trinité*
17	Tristan Bernard (pl.)	E4	Guersant	Av. des Ternes, 67	*Ternes*
18	Tristan Tzara	M2	de l'Evangile, 35	Pl. Pierre Mac Orlan	*Porte de la Chapelle*
16	Trocadéro (sq. du)	D7	Scheffer, 40		*Trocadéro*
16	Trocadéro et 11 Novembre (pl.)	E7	Av. Kléber	Av. Georges Mandel	*Trocadéro*
11	Trois Bornes (c. des)	M6	des Trois-Bornes, 3		*Parmentier*
11	Trois Bornes (des)	N6	Av. de la République, 21	Saint-Maur, 139	*Parmentier*
11	Trois Couronnes (des)	N6	Saint-Maur, 120	Morand, 1	*Parmentier*
20	Trois Couronnes (v. des)	N6	Bd de Belleville, 62	de Pali-Kao, 18	*Couronnes*
11	Trois Frères (cr des)	N9	Fbg St-Antoine, 81		*Ledru-Rollin*
18	Trois Frères (des)	J3	d'Orsel, 48bis	Ravignan, 10	*Abbesses*
5	Trois Portes (des)	K9	Frédéric Sauton, 10	de l'Hôtel Colbert, 13	*Maubert-Mutualité*
11	Trois Sœurs (imp. des)	N8	Popincourt, 26		*Voltaire*
1	Trois Visages (imp. des)	K7	des Bourdonnais, 20		*Pont-Neuf*
13	Trolley de Prévaux	M13	de Patay, 71	Albert, 54	*Olympiades*
8	Tronchet 1 à 37 - 2 à 26	I5	Pl. de la Madeleine, 35	Bd Haussmann, 55	*Havre-Caumartin*
9	28 à 36	I5			*Havre-Caumartin*
11	Trône (av. du) 1 à 9	P9	Pl. Nation, 30	Bd Picpus, 89	*Nation*
12	2 à 12	P9			*Nation*
11	Trône (pas. du)	P9	Bd de Charonne, 3ter	Av. de Taillebourg, 8	*Nation*
8	Tronson du Coudray	H5	Pasquier, 25	d'Anjou, 52	*Saint-Lazare*
11	Trousseau	N9	du Fbg St-Antoine, 143	de Charonne, 66	*Ledru-Rollin*
17	Troyon	E5	Av. de Wagram, 9	Av. Mac-Mahon, 12bis	*Ch. de Gaulle-Etoile*
13	Trubert-Bellier (pas.)	K13	Charles Fourier, 21	de la Colonie, 65bis	*Tolbiac*

Ar./Districts	Rues/Street	Plan/Map	Commençant/Beginning	Finissant/Ending	Métro/Subway
9	**Trudaine (av.)**	K4	de Rochechouart, 77	des Martyrs, 64	*Anvers*
9	**Trudaine (sq.)**	J4	des Martyrs, 52		*Saint-Georges*
17	**Truffaut**	H3	des Dames, 34	Cardinet, 154	*Brochant*
11	**Truillot (imp.)**	N7	Bd Voltaire, 86		*Saint-Ambroise*
1	**Tuileries (q. des)**	I7	Av. du Gal Lemonnier	Pl. de la Concorde	*Concorde*
18	**Tulipes (v. des)**	J1	du Ruisseau, 101		*Pte de Clignancourt*
11	**Tunis (de)**	P9	Pl. de la Nation, 7	de Montreuil, 92	*Nation*
19	**Tunnel (du)**	O4	des Alouettes, 43	Botzaris, 54	*Buttes-Chaumont*
1	**Turbigo (de)** 1 à 11 - 2 à 14	K7	Montorgueil, 8	du Temple *1-2 à 11-14*	*Les Halles*
2	13 à 21 - 16 à 24	K7		*11-14 à 36-43*	*Etienne Marcel*
3	26 à 78 - 33 à 89	L6		*36-43 à 60-71*	*Arts et Métiers*
				60-71 à fin	*Temple*
4	**Turenne (de)** 1 à 27 - 2 à 22	M8	Saint-Antoine, 72	Charlot *1-2 à 22-27*	*Saint-Paul*
3	29 à 133 - 24 à 134	M7		*22-27 à 70-83*	*Chemin Vert*
				70-83 à fin	*Filles du Calvaire*
9	**Turgot**	K4	de Rochechouart, 53	Av. Trudaine, 15	*Anvers*
8	**Turin (de)**	I4	de Liège, 32	Bd des Batignolles, 25	*Europe*
11	**Turquetil (pas.)**	P9	de Montreuil, 93	Philippe-Auguste, 43	*Rue des Boulets*

U

Ar./Districts	Rues/Street	Plan/Map	Commençant/Beginning	Finissant/Ending	Métro/Subway
5	**Ulm (d')**	K10	Pl. du Panthéon, 9	Gay-Lussac, 51	*Luxembourg*
7	**Union (pas. de l')**	F8	de Grenelle, 173	du Champ de Mars, 14	*Ecole Militaire*
16	**Union (sq. de l')**	E6	Lauriston, 84		*Boissière*
7	**Université (de l')**	I8	des Saints Pères, 20	Al. P. Deschanel *1-2 à 45-64*	*Rue du Bac*
		F7		*45-64 à 85-110*	*Solférino*
				85-110 à 137-160	*Invalides*
				137-160 à fin	*Pont de l'Alma*
16	**Urfé (sq. d')**	B9	Bd Suchet, 118	Av. du Mal Lyautey, 27	*Porte d'Auteuil*
4	**Ursins (des)**	K8	Q. aux Fleurs, 11	de la Colombe, 1	*Cité*
5	**Ursulines (des)**	J10	Gay-Lussac, 52	Saint-Jacques, 245	*Luxembourg*
16	**Uruguay (pl. de l')**	F6	Av. d'Iéna	Jean Giraudoux	*Kléber*
2	**Uzès (d')**	K6	Saint-Fiacre, 11	Montmartre, 170	*Grands Boulevards*

V

Ar./Districts	Rues/Street	Plan/Map	Commençant/Beginning	Finissant/Ending	Métro/Subway
5	**Val de Grâce (du)**	K14	Pl. Alphonse Laveran, 4	Bd Saint-Michel, 137	*Port-Royal*
13	**Val de Marne (du)**	J10	Gentilly (94)	Av. de Mazagran	*Porte d'Italie*
7	**Valadon**	G8	de Grenelle, 167	du Champ de Mars, 10	*Ecole Militaire*
5	**Valence (de)**	K11	Av. des Gobelins, 2	Pascal, 19	*Censier-Daubenton*
10	**Valenciennes (pl. de)**	L4	Bd de Magenta	Bd Denain	*Gare du Nord*
10	**Valenciennes (de)**	L4	du Fbg St-Denis, 1413	Bd de Magenta, 110	*Gare du Nord*

Ar./Districts	Rues/Street	Plan/Map	Commençant/Beginning	Finissant/Ending	Métro/Subway
18	**Valentin Abeille (al.)**	**L1**	Imp. Marteau, 27		*Porte de la Chapelle*
15	**Valentin Haüy**	**G9**	Pl. de Breteuil, 6	Bellart, 7	*Sèvres-Lecourbe*
13	**Valéry Larbaud**	**N11**	Abel Gance	Georges Balanchine	*Quai de la Gare*
5	**Valette**	**K9**	de Lanneau, 1	Pl. du Panthéon, 8	*Maubert-Mutualité*
13	**Valhubert (pl.)** 1 à 3 - 2	**M10**	Q. d'Austerlitz	Bd de l'Hôpital	*Gare d'Austerlitz*
5	7 à 21	**M10**			*Gare d'Austerlitz*
12	**Vallée de Fécamp (imp. de la)**	**P11**	...de Fécamp, 18		*Porte de Charenton*
13	**Vallet (pas.)**	**L12**	Pinel, 11	Stéphen Pichon, 11	*Nationale*
7	**Valmy (imp. de)**	**I8**	du Bac, 40		*Rue du Bac*
10	**Valmy (q. de)**	**M6**	du Fbg du Temple, 27	La Fayette ....*31 à 97*	*Jacques Bonsergent*
		M4		*97 à 173*	*Château Landon*
				173 à fin	*Jaurès*
8	**Valois (av. de)**	**G4**	Bd Malesherbes, 115		*Monceau*
1	**Valois (gal. de)**	**J6**	Gal. d'Orléans	Gal. de Beaujolais	*Palais-Royal*
1	**Valois (pl. de)**	**J7**	de Valois, 4	Pas. Vérité	*Palais-Royal*
1	**Valois (de)**	**J6**	Saint-Honoré, 202	de Beaujolais, 1	*Palais-Royal*
8	**Van Dyck (av.)**	**G4**	Pl. du Gal Brocard		*Courcelles*
12	**Van Gogh**	**M10**	Q. de la Rapée, 62	de Bercy, 197	*Gare de Lyon*
16	**Van Loo**	**C10**	Q. Louis Blériot, 154	Av. de Versailles, 155	*Chardon-Lagache*
14	**Vandal (imp.)**	**G13**	Bd Brune, 27		*Porte de Vanves*
14	**Vandamme**	**H11**	de la Gaîté, 22	Av. du Maine, 65	*Gaîté*
13	**Vandrezanne (pas.)**	**L13**	Vandrezanne, 37	du Moulin des Prés, 57	*Tolbiac*
13	**Vandrezanne**	**L12**	Av. d'Italie, 42	du Moulin des Prés, 39	*Tolbiac*
7	**Vaneau (c.)**	**H8**	de Varenne, 63	Vaneau, 12	*Varenne*
7	**Vaneau**	**H8**	de Varenne, 59bis	de Sèvres, 46	*Vaneau*
20	**Var (sq. du)**	**R9**	Noël Ballay, 3	Lippmann, 4	*Porte de Vincennes*
7	**Varenne (c. de)**	**H8**	de Varennes, 51		*Sèvres-Babylone*
7	**Varenne (de)**	**H8**	de la Chaise, 14	Bd des Invalides, 17	*Varenne*
15	**Varet**	**D10**	Saint-Charles, 197bis	de Lourmel, 154	*Lourmel*
2	**Variétés (gal. des)**	**J6**	Vivienne, 38	Gal. Saint-Marc, 28	*Grands Boulevards*
16	**Varize (de)**	**B10**	Michel-Ange, 98	Bd Murat, 63	*Exelmans*
16	**Varsovie (pl. de)**	**E7**	Pt d'Iéna	Av. de New York	*Trocadéro*
15	**Vasco de Gama**	**D11**	Av. Félix Faure, 119	Desnouettes, 74	*Lourmel*
12	**Vassou (imp.)**	**Q9**	de la Voûte, 35		*Porte de Vincennes*
7	**Vauban (pl.)**	**G8**	Av. de Tourville	Av. de Ségur	*Ecole Militaire*
3	**Vaucanson**	**L6**	de Turbigo, 53	du Vertbois, 29	*Arts-et-Métiers*
17	**Vaucluse (sq. de)**	**F3**	Av. Brunetière, 23		*Porte de Champerret*
11	**Vaucouleurs (de)**	**N6**	Jean-P. Timbaud, 83	de l'Orillon, 28	*Couronnes*
15	**Vaugelas**	**E11**	Olivier de Serres, 58	Lacretelle, 28	*Convention*
15	**Vaugirard (bd de)**	**H10**	Pl. Raoul Dautry, 2	Bd Pasteur, 71	*Montparnasse-Bienv.*
6	**Vaugirard (de)** 1 à 111 -2 à 132	**J9**	Bd Saint-Michel, 44	Bd Lefebvre *.1-2 à 21-58*	*Luxembourg*

Ar./Districts	Rues/Street	Plan/Map	Commençant/Beginning	Finissant/Ending	Métro/Subway
6	Vaugirard (de)	I9		21-58 à 111-132	Saint-Placide
15	113 à 407 - 134 à 386	H10		111-132 à 146-153	Falguière
		E11		146-153 à 174-197	Pasteur
				174-197 à 228-247	Volontaires
				228-247 à 290-323	Vaugirard
				290-323 à 364-389	Convention
				364-389 à fin	Porte de Versailles
5	Vauquelin	K10	Lhomond, 48	Claude Bernard, 70	Censier-Daubenton
18	Vauvenargues	I2	Marcadet, 204	Bd Ney, 153	Porte de St-Ouen
18	Vauvenargues (v.)	I1	Leibniz, 82		Porte de St-Ouen
1	Vauvilliers	J7	Saint-Honoré, 74	Berger, 37	Les Halles
6	Vavin (av.)	I10	d'Assas, 84		Vavin
6	Vavin	I10	d'Assas, 76	Bd Montparnasse, 99	Vavin
12	Véga (de la)	Q11	Av. Daumenil, 257	du Gal M. Bizot, 118	Michel Bizot
8	Velasquez (av.)	G4	Bd Malesherbes, 109		Monceau
13	Vélay (sq. du)	N13	Av. Boutrou, 6	Bd Masséna, 23	Porte d'Ivry
7	Velpeau	I9	de Babylone, 1	de Sèvres, 18	Sèvres-Babylone
12	Vendée (sq. de la)	P12	Bd Poniatowski, 37		Porte de Charenton
1	Vendôme (cr)	I6	Saint-Honoré, 362	Pl. Vendôme, 7	Opéra
1	Vendôme (pl.)	I6	Saint-Honoré, 356	des Capucines, 1	Opéra
3	Vendôme (pas.)	M6	Béranger, 16	Pl. de la République, 1	République
13	Vénétie (pl. de)	M14	Av. de Choisy, 18		Porte de Choisy
16	Vénézuela (pl. du)	E5	Leroux	Léonard de Vinci	Victor-Hugo
4	Venise (de)	K7	Saint-Martin, 129	Quincampoix, 54	Les Halles
1	Ventadour (de)	J6	Av. de l'Opéra, 26	des Petits Champs, 57	Pyramides
14	Vercingétorix	H11	Av. du Maine, 82	Bd Brune 1-2 à 73-78	Gaîté
		G12		73-78 à 144-183	Plaisance
				144-183 à fin	Porte de Vanves
9	Verdeau (pas.)	J5	de la Grange Batelière, 6	du Fbg Montmartre, 31b	Richelieu-Drouot
16	Verderet	C9	d'Auteuil, 1	du Buis, 2	Eglise d'Auteuil
16	Verdi	C7	Octave Feuillet, 1	de Franqueville, 2	La Muette
10	Verdun (av. de)	L5	du Fbg St-Martin, 156	du Terrage, 11	Gare de l'Est
19	Verdun (pas. de)	N3	de Thionville, 6	Léon Giraud, 5	Crimée
17	Verdun (pl. de)	D4	de Dreux	Neuilly-sur-Seine (92)	Porte Maillot
10	Verdun (sq. de)	L5	Av. de Verdun, 14		Gare de l'Est
15	Vergennes (sq.)	F11	de Vaugirard, 279		Vaugirard
12	Vergers (al. des)	P11	des Jardiniers, 6		Porte de Charenton
13	Vergniaud	K12	Bd Aug. Blanqui, 99	Brillat-Savarin, 66	Glacière
14	Verhaeren (al.)	J12	Jean Dolent, 23ter		St-Jacques
1	Vérité (pas.)	J7	des Bons Enfants, 11	Pl. de Valois, 7	Palais-Royal
19	Vermandois (sq. du)	P4	Bd Sérurier		Pré-St-Gervais

Ar./Districts	Rues/Street	Plan/Map	Commençant/Beginning	Finissant/Ending	Métro/Subway
5	Vermenouze (sq.)	K10	Mouffetard, 108	Lhomond, 61	Place Monge
8	Vernet	F6	Quentin-Bauchart, 21	Av. Marceau, 82	George V
7	Verneuil (de)	I8	des Saints-Pères, 8	de Poitiers, 9	Rue du Bac
17	Vernier	E3	Bayen, 50	Bd Gouvion-St-Cyr, 9	Porte de Champerret
17	Verniquet	F3	Bd Pereire, 86	Bd Berthier, 15	Pereire
1	Vérot-Dodat (gal.)	J7	Jean-J. Rousseau, 19	du Bouloi, 2	Louvre
18	Véron (c.)	I3	Bd Clichy, 94		Blanche
18	Véron	J3	André Antoine, 31	Lepic, 26	Blanche
13	Véronèse	L11	Rubens, 12	Av. des Gobelins, 69	Place d'Italie
4	Verrerie (de la)	L8	du Bourg Tibourg, 13	Saint-Martin, 26	Hôtel de Ville
16	Versailles (av. de)	C9	Pl. Clément Ader	Pl. Pte St-Cloud .1-2 à 43-44	Kennedy Radio-France
		B10		43-44 à 152-167	Mirabeau
				152-167 à fin	Porte de St-Cloud
18	Versigny	K2	du Mont-Cenis, 103	Letort, 22	Simplon
3	Vertbois (du)	L6	de Turbigo, 75	Saint-Martin, 306	Temple
11	Verte (al.)	M7	Saint-Sabin, 58	Bd Richard Lenoir, 59	Richard Lenoir
3	Vertus (des)	L7	des Gravilliers, 14	Réaumur, 13	Arts-et-Métiers
17	Verzy (av. de)	E4	Av. des Ternes, 96	Guersant, 39	Porte Maillot
5	Vésale	K11	Scipion, 9	de la Collégiale, 10	Les Gobelins
19	Vexin (sq. du)	P4	Av. Debidour, 1		Danube
8	Vézelay (de)	G4	de Lisbonne, 20	de Monceau, 64bis	Villiers
15	Viala	E9	Pl. M. Cerdan	Saint-Charles, 35	Dupleix
11	Viallet (pas.)	N8	Richard Lenoir, 44	Bd Voltaire, 140	Voltaire
1	Viarmes (de)	J7	Sauval	Clément Royer	Louvre
15	Vichy (de)	E12	Malassis, 5		Convention
10	Vicq d'Azir	M5	Grange aux Belles, 22	Bd de la Villette, 65	Colonel Fabien
9	Victoire (de la)	J5	La Fayette, 43	Joubert, 18	Le Peletier/Trinité
1	Victoires (pl. des) 1 à 7 - 2 à 4	J6	d'Aboukir	Etienne Marcel	Bourse
2	4bis à 12 - 9	J6			Bourse
15	Victor (bd)	D11	Bd Gal Martial Valin, 6	de Vaugirard, 386	Balard
12	Victor Chevreuil	Q10	Av. Dr Arnold Netter, 7	Sibuet, 12bis	Bel-Air
14	Victor Considérant	I11	Bd Raspail, 286	Schœlcher, 11bis	Denfert-Rochereau
5	Victor Cousin	J9	Pl. de la Sorbonne, 1	Soufflot, 20	Luxembourg
20	Victor Dejeante	Q6	Bd Mortier, 40	Le Vau, 11	Porte de Bagnolet
15	Victor Duruy	F11	de Vaugirard, 329	de la Convention, 215	Convention
14	Victor et Hélène Basch (pl.)	I12	d'Alésia	Av. du Maine	Alésia
15	Victor Galland	F12	Fizeau, 22	Castagnary, 130	Porte de Vanves
11	Victor Gelez	O7	Pas. Ménilmontant, 8	des Nanettes, 9	Ménilmontant
16	Victor Hugo (av.)	D6	Pl. Charles de Gaulle	Av. H. Martin .1-2 à 48-53	Ch. de Gaulle-Etoile
				48-53 à 150-153	Victor Hugo
				150-153 à fin	Av. Henri Martin

Ar./Districts	Rues/Street	Plan/Map	Commençant/Beginning	Finissant/Ending	Métro/Subway
16	Victor Hugo (pl.)	D6	Av. Victor Hugo	Mesnil	*Victor-Hugo*
16	Victor Hugo (v.)	D6	Av. Victor Hugo, 138 ...	....	*Rue de la Pompe*
20	Victor Letalle	O6	de Ménilmontant, 20 ...	des Panoyaux, 15	*Ménilmontant*
13	Victor Marchand (pas.)	J12	de la Glacière, 110	de la Santé, 111	*Glacière*
9	Victor Massé	J4	des Martyrs, 55	Jean-Bap. Pigalle, 54 .	*Pigalle*
14	Victor Schœlcher	I11	Bd Raspail, 268	Froidevaux, 12	*Denfert-Rochereau*
20	Victor Ségalen	Q7	Riblette, 9	des Balkans, 9	*Porte de Bagnolet*
4	Victoria (av.) 1 à 15 - 2 à 10 ..	K8	Pl. l'Hôtel de Ville, 5 ...	Lavandières Ste-Opp., 2	*Châtelet*
1	12 à 24 - 17 à 25	K8	....	....	*Châtelet*
16	Victorien Sardou	C10	Av. de Versailles, 116 ..	V. Victorien Sardou, 1 .	*Chardon-Lagache*
16	Victorien Sardou (sq.)	C10	Victorien Sardou, 12bis	....	*Chardon-Lagache*
16	Victorien Sardou (v.)	C10	Victorien Sardou, 9	....	*Chardon-Lagache*
20	Vidal de la Blache	Q6	Bd Mortier, 74	Le Vau, 25	*Pelleport*
2	Vide-Gousset	J6	Pl. des Victoires, 12 ...	des Petits Pères, 10 ..	*Bourse*
4	Vieille du Temple 1 à 69 - 2 à 52 .	L8	de Rivoli, 36	de Bretagne *.1-2 à 96-109*	*Saint-Paul*
3	71 à 137 - 54 à 132	L7	....	*.........96-109 à fin*	*Filles du Calvaire*
8	Vienne (de)	H4	Pl. Henri Bergson, 8 ...	Pl. de l'Europe	*Europe*
7	Vierge (pas. de la)	G8	Cler, 54	Av. Bosquet, 75	*Ecole Militaire*
17	Viète	G3	Av. de Villiers, 56	Bd Malesherbes, 145 .	*Malesherbes*
13	Vieux Chemin d'Ivry (v. du) .	M13	Château d. Rentiers, 56 ..	....	*Olympiades*
6	Vieux Colombier (du)	I9	Bonaparte, 72bis	Pl. Michel Debré, 1 ...	*St-Sulpice*
15	Vigée-Lebrun	G11	du Docteur Roux, 41 ..	Falguière, 106	*Volontaires*
16	Vignes (des)	D8	Raynouard, 72	Mozart, 13	*La Muette*
20	Vignoles (imp. des)	Q8	des Vignoles, 78	....	*Buzenval*
20	Vignoles (des)	Q8	Bd de Charonne, 80 ...	des Orteaux, 44	*Buzenval*
8	Vignon 1 à 35	I5	Bd de la Madeleine, 14 .	Tronchet *...1-2 à 19-22*	*Madeleine*
9	2 à 42	I5	....	*..........19-22 à fin*	*Havre-Caumartin*
11	Viguès (cr)	N9	du Fbg St-Antoine, 59 .	Cr St-Joseph	*Ledru-Rollin*
20	Vilin	O6	des Couronnes, 29	Julien Lacroix, 61	*Couronnes*
16	Villa de la Réunion (Gde av. d. l.)	B10	Av. de Versailles, 122 ..	Chardon-Lagache, 47 .	*Chardon-Lagache*
15	Villafranca (de)	F12	des Morillons, 54	Fizeau, 5	*Porte de Vanves*
17	Villaret de Joyeuse	E5	Pl. Y. et C. Morandat ...	des Acacias, 5	*Argentine*
17	Villaret de Joyeuse (sq.) ...	E5	Villaret de Joyeuse, 7 ..	....	*Argentine*
7	Villars (av. de)	G9	Pl. Vauban, 3	d'Estrées, 2	*Saint-François-Xavier*
8	Ville l'Evêque (de la)	H5	Bd Malesherbes, 9	Pl. des Saussaies, 2 ..	*Madeleine*
2	Ville Neuve (de la)	K6	Beauregard, 5	Bd Bonne Nouvelle, 31 .	*Bonne Nouvelle*
17	Villebois-Mareuil	E4	Av. des Ternes, 40	Bayen, 25	*Ternes*
1	Villedo	J6	de Richelieu, 41	Sainte-Anne, 32	*Pyramides*
3	Villehardouin	M8	Saint-Gilles, 24	de Turenne, 56	*Chemin Vert*
14	Villemain (av.)	H12	Ray. Losserand, 115 ...	d'Alésia, 134	*Plaisance*
7	Villersexel (de)	H8	de l'Université, 53	Bd St-Germain, 252bis	*Solférino*

Ar./Districts	Rues/Street	Plan/Map	Commençant/Beginning	Finissant/Ending	Métro/Subway
4	**Villes Compagnons de la Libération (espl.)**	L9	Q. Henri IV, 12	Q. Henri IV, 38	*Sully Morland*
10	**Villette (bd de la)** 1 à 173	N5	du Fbg du Temple, 137	d'Aubervilliers *.1-2 à 45-68*	*Belleville*
19	2 à 244	M4	....	*......45-68 à 131-170*	*Colonel Fabien*
	....		....	*.........131-170 à fin*	*Jaurès/Stalingrad*
19	**Villette (gal. de la)**	O2	Av. Jean Jaurès, 213	Av. Corentin Cariou, 26	*Porte la Villette*
19	**Villette (de la)**	O4	de Belleville, 115	Botzaris, 74	*Botzaris*
17	**Villiers (av. de)**	G4	Bd de Courcelles, 2	Av. S. Mallarmé *.1-2 à 31-34*	*Villiers*
	....	F3	....	*........31-34 à 56-59*	*Malesherbes*
	....		....	*........56-59 à 90-93*	*Wagram*
	....		....	*......90-93 à 113-120*	*Pereire*
	....		....	*.........113-120 à fin*	*Porte de Champerret*
20	**Villiers l'Isle Adam**	P6	Sorbier, 21	Pelleport, 81	*Gambetta*
12	**Villiot**	N10	Q. de la Rapée, 28	de Bercy, 155	*Bercy*
13	**Vimoutiers (de)**	M12	Charcot, 14	Duchefdelaville, 9	*Chevaleret*
10	**Vinaigriers (des)**	L5	Q. de Valmy, 89	du Fbg St-Martin, 100	*Jacques Bonsergent*
20	**Vincennes (crs de)** 1 à 111	Q9	Bd de Picpus, 106	Bd Soult, 141	*Nation/Pte de Vincennes*
12	2 à 120	Q9	....	....	*Nation/Pte de Vincennes*
13	**Vincent Auriol (bd)**	M11	Q. d'Austerlitz, 1	Pl. d'Italie *..1-2 à 24-28*	*Quai de la Gare*
	....	M11	....	*......24-28 à 160-171*	*Chevaleret/Nationale*
	....	L12	....	*.........160-171 à fin*	*Place d'Italie*
18	**Vincent Compoint**	J2	du Pôle Nord, 15	du Poteau, 77	*Pte de Clignancourt*
12	**Vincent d'Indy (av.)**	Q10	Jules Lemaître	Av. Courteline, 6	*Porte de Vincennes*
19	**Vincent Scotto**	N3	Q. de la Loire, 60	Pierre Reverdy, 13	*Laumière*
16	**Vineuse**	D7	Pl. de Costa Rica, 2	Benjamin Franklin, 35	*Passy*
17	**22 Novembre 1943 (pl. du)**	E3	Av. de Villiers	Bd Berthier	*Porte de Champerret*
14	**25 Août 1944 (pl. du)**	I13	Bd Brune	Av. Ernest Reyer	*Porte d'Orléans*
1	**29 Juillet (du)**	I6	de Rivoli, 208	Saint-Honoré, 213	*Tuileries*
12	**Vins de France (pl. des)**	O12	Av. Terroirs de France, 29	Pirogues de Bercy, 26	*Cour St-Emilion*
9	**Vintimille (de)**	I4	de Clichy, 64	Pl. Adolphe Max, 5	*Place Clichy*
15	**Violet (pl.)**	E10	Violet	des Entrepreneurs	*Charles Michels*
15	**Violet**	E9	Bd de Grenelle, 94	Pl. Violet	*Emile Zola*
15	**Violet (v.)**	E10	des Entrepreneurs, 80	....	*Commerce*
9	**Viollet-le-Duc**	J4	Lallier, 1	Bd Rochechouart, 57b	*Pigalle*
16	**Vion-Whitcomb (av.)**	C8	du Ranelagh, 86	Bd de Beauséjour, 23	*Ranelagh*
14	**Virginie (v.)**	I13	du Père Corentin, 66	Av. du Gal Leclerc, 115	*Porte d'Orléans*
15	**Viroflay (de)**	F10	de l'Amiral Roussin, 64	Péclet, 21	*Vaugirard*
6	**Visconti**	J8	de Seine, 24	Bonaparte, 19	*St-Germain-des-Prés*
7	**Visitation (pas. de la)**	H8	de Saint-Simon, 6	....	*Rue du Bac*
13	**Vistule (de la)**	L13	Av. de Choisy, 73	Av. d'Italie, 103	*Maison Blanche*
16	**Vital**	D7	de la Tour, 51	de Passy, 66	*Passy*

Ar./Districts	Rues/Street	Plan/Map	Commençant/Beginning	Finissant/Ending	Métro/Subway
20	Vitruve	Q7	Pl. de la Réunion, 68	Bd Davout, 171	Porte de Montreuil
20	Vitruve (sq.)	Q7	Vitruve, 76	Bd Davout, 147	Porte de Bagnolet
12	Vivaldi (al.)	O10	de Reuilly, 104	Albinoni, 1	Montgallet
17	Vivarais (sq. du)	E3	Bd Gouvion-St-Cyr, 24	Sq. du Graisivaudan, 1	Porte de Champerret
2	Vivienne (gal.)	J6	des Petits Champs, 4	Vivienne, 6	Bourse
1	Vivienne 1	J6	de Beaujolais, 14	Bd Montmartre .1-2 à 7-8	Bourse
2	2 à 48 - 7 à 53	J6		7-8 à fin	Richelieu-Drouot
20	Volga (du)	Q8	d'Avron, 70	Bd Davout, 65	Maraîchers
2	Volney	I6	des Capucines, 10	Daunou, 19	Opéra
15	Volontaires (des)	G10	Lecourbe, 59	du Dr Roux, 44	Volontaires
3	Volta	L6	au Maire, 8	N.-D. de Nazareth, 31	Arts-et-Métiers
11	Voltaire (bd)	N7	Pl. de la République, 4	Pl. de la Nation, 31-2 à 18-23	République
		P9		18-23 à 40-45	Oberkampf
				40-45 à 87-100	Saint-Ambroise
				87-100 à 133-152	Voltaire
				133-152 à 195-210	Charonne
				195-210 à 143-160	Rue des Boulets
				143-160 à fin	Nation
11	Voltaire (c.)	O8	Bd Voltaire, 205		Rue des Boulets
16	Voltaire (imp.)	B10	Imp. Racine	Av. Despréaux	Michel-Ange-Auteuil
7	Voltaire (q.)	I7	des Saints Pères, 2	du Bac, 1	Rue du Bac
11	Voltaire	O8	Bd Voltaire, 211	Philippe-Auguste, 55	Rue des Boulets
13	Volubilis (des)	K13	des Iris, 1	des Glycines, 1	Corvisart
4	Vosges (pl. des) 1 à 19 - 2 à 22	M8	de Birague, 11bis	de Béarn, 1	Chemin Vert
3	21 à 25 - 24 à 28	M8			Chemin Vert
15	Vouillé (de)	G11	Pl. Charles Vallin	d'Alésia	Plaisance
12	Voûte (pas. de la)	Q9	de la Voûte, 45	crs de Vincennes, 100	Porte de Vincennes
12	Voûte (de la)	Q9	du Dr. Arnold Netter, 54	Bd Soult, 139	Porte de Vincennes
13	Vulpian	K12	Corvisart, 26	Auguste Blanqui, 84	Glacière

W

Ar./Districts	Rues/Street	Plan/Map	Commençant/Beginning	Finissant/Ending	Métro/Subway
17	Wagram (av. de) 1 à 173-50 à 156	E5	Pl. Charles de Gaulle	Pl. Wagram .1-2 à 28-29	Ch. de Gaulle-Etoile
8	2 à 46	F3		28-29 à 80-117	Ternes
				80-117 à fin	Wagram
17	Wagram (pl. de)	F3	Bd Malesherbes	Av. de Wagram	Wagram
8	Wagram-Saint-Honoré (v.)	F5	du Fbg St-Honoré, 233bis		Ternes
17	Waldeck-Rousseau	E4	Bd Pereire, 212ter	Av. des Ternes, 91	Porte Maillot
13	Wallons (des)	L11	Bd de l'Hôpital, 48	Jules Breton	St-Marcel
8	Washington	F5	Av. Champs Elysées, 110	Av. de Friedland, 1	George V
15	Wassily Kandinsky (pl.)	G11	Brague, 56		Volontaires

Ar./Districts	Rues/Street	Plan/Map	Commençant/Beginning	Finissant/Ending	Métro/Subway
13	**Watt**	**O12**	Q. Panhard et Levassor	du Chevaleret, 24	*Porte d'Ivry*
13	**Watteau**	**L11**	du Banquier, 19	Bd de l'Hôpital, 126	*Campo-Formio*
19	**Wattieaux (pas.)**	**N2**	de l'Ourcq, 70	Curial, 78	*Crimée*
12	**Wattignies (imp. de)**	**P11**	de Wattignies, 76		*Porte de Charenton*
12	**Wattignies (de)**	**P11**	de Charenton, 243	Cl. Decaen, 19	*Dugommier/M. Bizot*
10	**Wauxhall (c. du)**	**L6**	Bd de Magenta, 4	Albert Thomas, 27	*République*
16	**Weber**	**D5**	Pergolèse, 28	Bd de l'Amiral Bruix	*Porte Maillot*
14	**Wilfrid Laurier**	**G13**	Bd Brune, 10	Av. Marc Sangnier	*Porte de Vanves*
16	**Wilhem**	**C10**	Q. Louis Blériot, 100	Chardon-Lagache, 1	*Mirabeau*
8	**Winston Churchill (av.)**	**G6**	Cours la Reine	Pl. Clemenceau	*Champs-Elysées-Clem.*
13	**Wurtz**	**K13**	Daviel, 17	Boussingault, 40	*Glacière*

X

Ar./Districts	Rues/Street	Plan/Map	Commençant/Beginning	Finissant/Ending	Métro/Subway
13	**Xaintrailles**	**M12**	de Domrémy, 32	Pl. Jeanne d'Arc, 16	*Olympiades*
5	**Xavier Privas**	**K8**	Q. Saint-Michel, 13	Saint-Séverin, 24	*Saint-Michel*

Y

Ar./Districts	Rues/Street	Plan/Map	Commençant/Beginning	Finissant/Ending	Métro/Subway
13	**Yéo Thomas**	**L12**	Nationale, 151	Château d. Rentiers, 196	*Nationale*
12	**Yonne (pas. de l')**	**O12**	Pirogues de Bercy, 17	Cr Saint-Emilion, 8	*Cour Saint-Emilion*
17	**Yser (bd de l')**	**E3**	Av. Pte de Champerret	Av. de la Pte Villiers, 10	*Porte de Champerret*
15	**Yvart**	**F11**	d'Alleray, 14bis	d'Alleray, 34	*Vaugirard*
17	**Yves du Manoir (av.)**	**E4**	Av. de Verzy, 11bis	Av. des Pavillons, 19	*Porte Maillot*
10	**Yves Toudic**	**M6**	du Fbg du Temple, 9	de Lancry, 40	*République*
16	**Yvette (de l')**	**B8**	Jasmin, 2	du Dr Blanche, 23	*Jasmin*
17	**Yvon et C. Morandat (pl.)**	**E5**	Av. de la Grde Armée	des Acacias	*Argentine*
16	**Yvon Villarceau**	**E6**	Copernic, 37	Boissière, 64	*Victor-Hugo*
18	**Yvonne Le Tac**	**J3**	des Trois Frères, 7	Pl. des Abbesses	*Abbesses*

Z

Ar./Districts	Rues/Street	Plan/Map	Commençant/Beginning	Finissant/Ending	Métro/Subway
13	**Zadkine**	**M12**	Duchefdelaville, 18	Baudoin, 9	*Chevaleret*
19	**Zénith (al. du)**	**O-P2**	Pl. de la Fontaine aux Lions		*Porte de Pantin*

AMBASSADES - CONSULATS / Embassies - Consulates

Etats/ States	Plan	Ambassades/Embassies	Plan	Consulats/Consulates
Afghanistan	C7	32, avenue Raphaël (16e)	C7	32, avenue Raphaël (16e)
Afrique du Sud	H7	59, quai d'Orsay (7e)	H7	59, quai d'Orsay (7e)
Albanie	F6	57, avenue. Marceau (16e)	6	57, avenue. Marceau (16e)
Algérie	G4	50, rue de Lisbonne (8e)	M4	48, rue Bouret (19e)
Allemagne	G6	13-15, avenue Franklin Roosevelt (8e)	D5	28, rue Marbeau (16e)
Andorre (Principauté)	C8	51bis, rue de Boulainvilliers (16e)	C8	51bis, r. de Boulainvilliers (16e)
Angola	E5	19, avenue Foch (16e)	E5	40, rue Chalgrin (16e)
Antigua et Barbada	F5	43, rue de Friedland (8e)	F5	43, av. de Friedland (8e)
Arabie Saoudite	F5	5, avenue Hoche (8e)		29, r. des Graviers-Neuilly (92)
Argentine	E6	6, rue Cimarosa (8e)	E6	1, imp. Kleber (16e)
Arménie	G3	9, rue Viète (17e)	G3	9, rue Viète (17e)
Australie	E8	4, rue Jean Rey (15e)		
Autriche	G7	6, rue Fabert (7e)	G9	17, avenue de Villars (7e)
Azerbaidjan	F7	209, rue de l'Université (7e)	F7	209, rue de l'Université (7e)
Bahamas			I6	5, rue de Beaune (7e)
Bahrein	E6	3bis, place des Etats Unis (16e)	E6	3bis, pl. des Etats Unis (16e)
Bangladesh	B10	39, rue Erlanger (16e)	B10	39, rue Erlanger (16e)
Barbade			K5	48, r. des Pes Ecuries (10e)
Belarus	B8	38, rue Suchet (16e)		
Belgique	F5	9, rue de Tilsitt (17e)		
Benin	D6	87, av. Victor Hugo (16e)	H9	89, r. du Cherche Midi (6e)
Birmanie (Myanmar)	G5	60, rue de Courcelles (18e)		
Bolivie	E8	12, av. du Pdt Kennedy (16e)	E8	12, av. du Pdt Kennedy (16e)
Bosnie-Herzégovine	F3	174,rue de Courcelle (17e)	F3	174, rue de Courcelle (17e)
Botswana			E5	88, avenue d'Iéna (16e)
Brésil	G6	34, cours Albert 1er (8e)	G6	34bis, cours Albert 1er (8e)
Bruneï-Darussalam	E5	7, rue de Presbourg (16e)	E5	7, rue de Presbourg (16e)
Bulgarie	F7	1, avenue Rapp (7e)	F7	1, avenue Rapp (7e)
Burkina-Faso	G5	159, bd Haussmann (8e)	G5	159, bd Haussmann (8e)
Burundi	P4	10-12, rue de l'Orme (19e)	P4	10-12, rue de l'Orme (19e)
Cambodge	C7	4, rue Adolphe Yvon (16e)	C7	4, rue Adolphe Yvon (16e)
Cameroun	B9	73, rue d'Auteuil (16e)	B9	73, rue d'Auteuil (16e)
Canada	G6	35, avenue Montaigne (8e)	G6	35, av. Montaigne (8e)
Cap Vert	F4	80, r. Jouffroy d'Abbans (17e)	F4	80, r. Jouffroy d'Abbans (17e)
Centrafrique	C9	30, rue des Perchamps (16e)		
Chili	G8	2, av. de la Motte Picquet (7e)	G7	64, bd Tour Maubourg (7e)
Chine (Rép. Populaire)	F6	11, avenue George V (8e)		9, av. V. Cresson -Issy-les-M. (92)
Chypre	E6	23, rue Galilée (16e)	E6	23, rue Galilée (16e)
Colombie	H6	22, rue de l'Elysée (8e)	F5	12, rue de Berri (8e)

Etats/ States	Plan	Ambassades/Embassies	Plan	Consulats/Consulates
Comores	D5	20, rue Marbeau (16e)	D5	20, rue Marbeau (16e)
Congo (Rép. Démocratique)	G6	32, cours Albert 1er (8e)		
Congo (République)	E5	37bis, rue P. Valéry (16e)		
Corée	H8	125, rue de Grenelle (7e)	H8	125, rue de Grenelle (7e)
Costa Rica	D9	78, av. Emile Zola (15e)	D9	78, av. Emile Zola (15e)
Côte d'Ivoire	E7	102, av. R. Poincarré (16e)	E7	102, av. R. Poincarré (16e)
Croatie	D7	39, av. Georges Mandel (16e)	E6	42, rue de Lübeck (16e)
Cuba	F8	16, rue de Presles (15e)	F8	14, rue de Presles (15e)
Danemark	F6	77, avenue Marceau (16e)	F6	77, avenue Marceau (16e)
Djibouti	D6	26, rue Emile Ménier (16e)	D6	26, rue Emile Ménier (16e)
Dominicaine (République)	G4	45, rue de Courcelles (8e)	E3	24, rue Vernier (17e)
Egypte	E6	56, avenue d'Iéna (16e)	E5	58, avenue Foch (16e)
El Salvador	E6	12, rue Galilée (8e)	E6	12, rue Galilée (8e)
Emirats Arabes-Unis	C6	3, rue de Lota (16e)	C6	3, rue de Lota (16e)
Equateur	G5	34, avenue de Messine (8e)	G5	34, avenue de Messine (8e)
Erythree	G10	1, rue de Staël (15e)		
Espagne	F6	22, avenue Marceau (8e)	G3	165, bd Malesherbes (17e)
Estonie	F6	46, rue Pierre Charron (8e)	F6	46, rue Pierre Charron (8e)
Etats-Unis	H6	2, avenue Gabriel (8e)	H6	2, rue Saint Florentin (8e)
Ethiopie	F8	35, av. Charles Floquet (7e)	F8	35, av. Charles Floquet (7e)
Finlande	G7	2, rue Fabert (7e)	G7	2, rue Fabert (7e)
Gabon	C7	26bis, av. Raphaël (16e)	C7	26bis, av. Raphaël (16e)
Gambie	I5	117, rue Saint-Lazare (8e)	I5	117, rue Saint-Lazare (8e)
Géorgie	E7	104, av. R. Poincarré (16e)	E7	104, av. R. Poincarré (16e)
Ghana	D5	8, villa Saïd (16e)	D5	8, villa Saïd (16e)
Grande-Bretagne	G5	35, r. du Fbg St-Honoré (8e)	H5	16, rue d'Anjou (8e)
Grèce	F6	17, r. A. Vacquerie (16e)	E6	23, rue Galilée (16e)
Guatemala	G5	73, rue de Courcelles (8e)	G5	73, rue de Courcelles (8e)
Guinée	C6	51, r. de la Faisanderie (16e)		
Guinée-Equatoriale	G5	29, rue de Courcelles (8e)		
Guinée-Bissau	G5	94, rue Saint-Lazare (9e)	G5	29, rue de Courcelles (8e)
Haïti	F4	10, r. Th. Ribot (16e)	G4	35, av. de Villiers (17e)
Honduras	D6	8, rue Crevaux (16e)	D6	8, rue Crevaux (16e)
Hongrie	F11	7-9, sq. Vergennes (15e)	J8	92, rue Bonaparte (6e)
Ile Maurice	G4	127, rue de Tocqueville (17e)	G4	127, rue de Tocqueville (17e)
Inde	C7	15, r. Alfred Dehodencq (16e)	C7	20-22, r. Albéric Magnard (16e)
Indonésie	D7	47-49, rue Cortambert (16e)		
Iraq	D6	53, r. de la Faisanderie (16e)		
Iran	E6	4, avenue d'Iéna (16e)	E6	4, avenue d'Iéna (16e)
Irlande	E5	4, rue Rude (16e)		
Islande	G6	3, rue Rabelais (8e)	E5	8, av. Kléber (16e)

Etats/ States	Plan	Ambassades/Embassies	Plan	Consulats/Consulates
Israël	G5	128, rue La Boëtie	F6	64, av. Marceau (8e)
Italie	H8	51, rue de Varenne (7e)	C7	5, bd Emile Augier (16e)
Jamaïque			D5	60, avenue Foch (16e)
Japon	F5	7, avenue Hoche (8e)	F5	7, avenue Hoche (8e)
Jordanie		80, bd M. Barrès - Neuilly-s-Seine (92)		80, bd M. Barrès - Neuilly (92)
Kazakhstan	F6	59, rue Pierre Charron (8e)	F6	59, rue Pierre Charron (8e)
Kenya	F6	3, rue Freycinet (16e)	F6	3, rue Freycinet (16e)
Koweit	E6	2, rue de Lübeck (16e)	E6	2, rue de Lübeck (16e)
Laos	E7	74, av. R. Poincaré (16e)	E7	74, av. R. Poincaré (16e)
Lesotho				Cergy-Pontoise (92)
Lettonie	D5	6, villa Saïd (16e)	D5	6, villa Saïd (16e)
Liban	E6	3, villa Copernic (16e)	D5	123, av. de Malakoff (16e)
Libéria	G4	12, pl. du Gal Catroux (17e)	G4	12, pl. du Gal Catroux (17e)
Libye	D6	2, r. Ch. Lamoureux (16e)	K6	18, rue Képler (16e)
Lithuanie	G4	22, bd de Courcelles (17e)	G4	22, bd de Courcelles (17e)
Luxembourg	F7	33, avenue Rapp (7e)	F7	33, avenue Rapp (7e)
Macédoine	D6	5, rue de la Faisanderie (16e)	D6	5, r. de la Faisanderie (16e)
Madagascar	C7	4, avenue Raphaël (16e)	C7	4, avenue Raphaël (16e)
Malaisie	D6	2bis, rue Bénouville (16e)	D6	2bis, rue Bénouville (16e)
Malawi	F6	20, rue Euler (8e)	F6	20, rue Euler (8e)
Mali	H9	89, r. du Cherche Midi (6e)	N7	43, rue du Chemin Vert (11e)
Malte	G6	92, av. des Champs-Elysées (8e)	G6	92, av. des Ch. -Elysées (8e)
Maroc	E7	5, rue Le Tasse (16e)	E12	12, r. de la Saïda (15e)
Mauritanie	C6	5, rue de Montevideo (16e)	H9	89, r. du Cherche Midi (6e)
Mexique	E7	9, rue de Longchamp (16e)	J6	4, r. N. D. des Victoires (2e)
Moldavie	D6	1, rue de Sfax (16e)	D6	1, rue de Sfax (16e)
Monaco (Principauté)	B7	22, boulevard Suchet (16e)	B7	22, boulevard Suchet (16e)
Mongolie		5, av. R. Schuman - Boulogne (92)		5, av. R. Schuman-Boulogne (92)
Mozambique	E3	82, rue Laugier (17e)	E3	82, rue Laugier (17e)
Namibie	D5	80, avenue Foch (16e)	D5	80, avenue Foch (16e)
Népal	E4	45bis, r. des Acacias (17e)	E4	45bis, r. des Acacias (17e)
Nicaragua	D6	34, av. Bugeaud (16e)	D6	34, av. Bugeaud (16e)
Niger	C6	154, r. de Longchamp (16e)	C6	154, r. de Longchamp (16e)
Nigeria	D6	173, av. Victor Hugo (16e)	D6	173, av. Victor Hugo (16e)
Norvège	G6	28, rue Bayard (8e)		
Nouvelle Zélande	E5	7 ter, rue Léonard de Vinci (16e)	E5	7ter, r. Léonard de Vinci (16e)
Oman	F6	50, avenue Iéna (16e)	F6	50, avenue Iéna (16e)
Ouzbékistan	H6	22, rue d'Aguesseau (8e)	H6	22, rue d'Aguesseau (8e)
Pakistan	F5	18, rue Lord Byron (8e)	F5	18, rue Lord Byron (8e)
Panama	G9	145, av. de Suffren (15e)	G9	145, av. de Suffren (15e)

Etats/ States	Plan	Ambassades/Embassies	Plan	Consulats/Consulates
Paraguay	H7	1, rue St-Dominique (7e)	H7	1, rue St-Dominique (7e)
Pays-Bas	G9	7, rue Eblé (7e)	G9	7, rue Eblé (7e)
Pérou	E6	50, avenue Kléber (16e)	H5	25, rue de l'Arcade (8e)
Philippines	C8	4, hameau Boulainvilliers (16e)	C8	4, ham. Boulainvilliers (16e)
Pologne	H7	1-3, rue Talleyrand (7e)	H7	5, rue Talleyrand (17e)
Portugal	D6	3, rue Noisiel (16e)	G4	6-8, rue G. Berger (17e)
Quatar	G7	57, quai d'Orsay (7e)	G7	57, quai d'Orsay (7e)
Roumanie	F8	5-7, r. de l'Exposition (16e)	F8	3, r. de l'Exposition (16e)
Russie	C6	40-50, boulevard Lannes (16e)	C6	40-50, bd Lannes (16e)
Rwanda	G4	12, rue Jadin (17e)	G4	12, rue Jadin (17e)
Saint-Marin	F6	4, rue de Cerisoles (8e)	G5	50, rue du Colisée (8e)
Saint-Siège	E7	10, av. du Pdt Wilson (16e)		
Sénégal	G7	14, av. R. Schuman (7e)	E6	22, rue Hamelin (16e)
Serbie et Montenegro	D6	54, rue de la Faisanderie (16e)	D6	54, r. de la Faisanderie (16e)
Seychelles	C8	51, avenue Mozart (16e)	F6	53, r. François 1er (8e)
Singapour	D5	12, sq. de l'Avenue Foch (16e)	D5	12, sq. de l'Av. Foch (16e)
Slovaquie	C8	125, rue du Ranelagh (16e)	C8	125, rue du Ranelagh (16e)
Slovénie	C8	28, rue Bois le Vent (16e)	C8	28, rue Bois le Vent (16e)
Somalie	E6	26, r. Dumont d'Urville (16e)	E6	26, r. Dumont d'Urville (16e)
Soudan	G6	56, avenue Montaigne (8e)	G6	56, avenue Montaigne (8e)
Sri Lanka	D6	16, rue Spontini (16e)	D6	16, rue Spontini (16e)
Suède	H8	17, r. Barbet de Jouy (7e)	H8	17, r. Barbet de Jouy (7e)
Suisse	H8	142, rue de Grenelle (7e)	H8	142, rue de Grenelle (7e)
Syrie	H8	20, rue Vaneau (7e)		
Tanzanie	E7	13, av. R. Poincaré (16e)	E7	13, av. R. Poincaré (16e)
Tchad	D6	65, r. Belles Feuilles (16e)	D6	65, r. Belles Feuilles (16e)
Tchécoslovaquie	F8	15, av. Ch. Floquet (7e)	J8	18, r. Bonaparte (6e)
Thaïlande	D7	8, rue Greuze (16e)	D7	8, rue Greuze (16e)
Togo	F3	8, rue Alfred Roll (17e)	F3	8, rue Alfred Roll (17e)
Tunisie	H8	25, r. Barbet de Jouy (7e)	E6	17-19, r. de Lubeck (16e)
Turkménistan	D5	13, rue Picot (16e)	D5	13, rue Picot (16e)
Turquie	D8	16, av. de Lamballe (16e)	F3	184, bd Malesherbes (17e)
Ukraine	G9	21, avenue de Saxe (7e)	G9	21, avenue de Saxe (7e)
Uruguay	E5	15, rue Le Sueur (16e)		
Vénézuéla	E6	11, rue Copernic (16e)	E6	8, impasse Kléber (16e)
Vietnam	B10	62, rue Boileau (16e)	B10	62, rue Boileau (16e)
Yémen	F6	25, rue G. Bizet (16e)	F6	25, rue G. Bizet (16e)
Zambie			G5	34, av. de Messine (8e)
Zimbabwe	F5	12, rue Lord Byron (8e)	F5	12, rue Lord Byron (8e)

CIMETIERES / Cemeteries

Plan	Cimetières/Cemeteries	Adresses / Addresses
B10	**Auteuil**	57, rue Claude Lorrain (16e)
H1	**Batignolles**	8, rue Saint-Just (17e)
P5	**Belleville**	40, rue du Télégraphe (20e)
P12	**Bercy**	329, rue de Charenton (12e)
	Charenton (sur plan du Bois de Vincennes en B5)	Avenue de Gravelle (12e)
Q7	**Charonne**	119, rue de Bagnolet (20e)
K14	**Gentilly**	7, rue Sainte-Hélène (13e)
D10	**Grenelle**	174, rue Saint-Charles (15e)
O3	**La Villette**	46, rue d'Hautpoul (19e)
I3	**Montmartre Nord**	20, avenue Rachel (18e)
J3	**Montmartre le Calvaire**	2, rue du Mont-Cenis (18e)
I11	**Montparnasse**	3, bd Edgar Quinet (14e)
H13	**Montrouge**	18, av. de la Pte de Montrouge (14e)
D7	**Passy**	Rue du Cdt-Schlœsing (16e)
P7	**Père Lachaise**	Bd Ménilmontant (20e)
P10	**Picpus**	35, rue de Picpus (12e)
Q11	**Saint-Mandé**	Rue du Général Archinard (12e)
J13	**Saint-Vincent**	6, rue Lucien Gaulard (18e)
P12	**Valmy**	Av. de la Porte de Charenton (12e)
D11	**Vaugirard**	320, rue Lecourbe (15e)

ENSEIGNEMENT SUPERIEUR - Universities

Plan	Etablissements/Establishments	Adresses/Addresses
	GRANDES ECOLES	
J9	**Académie de Chirurgie**	15, rue de l'Ecole de Médecine (6e)
D6	**Académie Nationale de Chirurgie Dentaire**	22, rue Emile Menier (16e)
I8	**Académie Nationale de Médecine**	16, rue Bonaparte (6e)
J10	**Académie Nationale de Pharmacie**	4, av. de l'Observatoire (6e)
H10	**AgroParisTech**	19, avenue du Maine (15e)
I9	**Alliance Française (Ecole)**	101, bd Raspail (6e)
K9	**Collège de France**	11, place Marcelin Berthelot (5e)
L6	**Conservatoire National des Arts et Métiers**	292, rue St-Martin (3e)
K5	**Conservatoire National Supérieur d'Art Dramatique**	2bis, rue du Conservatoire (9e)
O3	**Conservatoire National Supérieur de Musique**	209, av. Jean Jaurès (19e)
	Ecole Centrale	Gde Voie des Vignes - Châtenay Malabry (92)
L11	**Ecole de l'image des Gobelins**	73, bd Saint-Marcel (13e)
I9	**Ecole des Hautes Etudes en Sciences Sociales**	54, bd Raspail (6e)

Plan	Etablissements/Establishments	Adresses/Addresses
I7	**Ecole du Louvre**	Palais du Louvre - Pl. du Carroussel (1er)
G-H5	**Ecole d'Horticulture du Breuil** (plan du Bois de Vincennes)	50, route de la Pyramide (12e)
J10	**Ecole Nationale d'Administration (E.N.A)**	2, av. de l'Observatoire (6e)
J9	**Ecole Nationale des Chartres**	19, rue de la Sorbonne (5e)
L11	**Ecole Nationale Chimie Physique Biologie**	11, rue Pirandello (13e)
K8	**Ecole Nationale de la Magistrature**	8, rue Chanoinesse (4e)
I8	**Ecole Nationale des Ponts et Chausées**	28, rue des Sts-Pères (7e)
	Ecole Nationale des Sciences Géographiques	6-8 av. Blaise Pascal - Champs-sur-Marne (77)
E12	**Ecole Nat. Sup.d'Arts Appliqués et des Métiers d'Arts**	63, rue Olivier de Serres (15e)
K10	**Ecole Nationale Supérieure des Arts Décoratifs**	31, rue d'Ulm (5e)
L12	**Ecole Nationale Supérieure des Arts et Métiers**	151, bd de l'Hôpital (13e)
I8	**Ecole Nationale Supérieure des Beaux Arts**	14, rue Bonaparte (6e)
J10	**Ecole Nationale Supérieure de Chimie de Paris**	11, rue Pierre et Marie Curie (5e)
J9	**Ecole Nationale Supérieure des Mines**	60, bd St-Michel (6e)
K13	**Ecole Nationale Supérieure des Télécommunications**	46, rue Barrault (13e)
G3	**Ecole Normale de Musique de Paris**	114bis, bd Malesherbes (17e)
K10	**Ecole Normale Supérieure**	45, rue d'Ulm (5e)
	Ecole Polytechnique	Rte de Saclay - Palaiseau (91)
I11	**Ecole Spéciale d'Architecture**	254, bd Raspail (14e)
K9	**Ecole Spéciale de Travaux Publics**	57, bd St-Germain (5e)
	Ecole Supérieure d'Electricité	Plateau du Mourlon - Gif-sur-Yvette (91)
K12	**Ecole Supérieure Estienne des Arts et Industries Graphiques**	18, bd Auguste Blanqui (13e)
N7	**Ecole Supérieure de Commerce de Paris (E.S.C.P. Europe)**	79, av. de la République (11e)
K11	**Ecole Supérieure d'Informatique Electronique Automatique**	9, rue Vesale (5e)
M13	**Ecole Supérieure de Journalisme**	107 rue de Tolbiac (13e)
K10	**Ecole Supérieure de Physique et Chimie Industrielle**	10, rue Vauquelin (5e)
D11	**Ecole Supérieure des Techniques Avancées**	32, bd Victor (15e)
	Ecole Vétérinaire	7, av. Gal de Gaulle - Maisons-Alfort (94)
	Hautes Etudes Commerciales (H.E.C.)	1, r. de la Libération - Jouy-en-Josas (78)
H10	**Inst. d'Aménag. et d'Urbanisme de la Région Ile de France**	15, rue Falguière (15e)
J10	**Institut d'Art et d'Archéologie**	3, rue Michelet (6e)
G4	**Institut Dentaire**	33, rue Prony (17e)
I8	**Institut d'Etudes Politiques de Paris**	27, rue St-Guillaume (7e)
F8	**Institut des Hautes Etudes de Défense Nationale**	13, place Joffre (7e)
I9	**Institut des Hautes Etudes de l'Amérique Latine**	28, rue St-Guillaume (7e)
K11	**Institut National Agronomique de Paris Grignon**	16, rue Claude Bernard (5e)
I8	**Institut National des Langues et Civilisations Orientales**	2, rue de Lille (7e)
G13	**Institut de Puériculture**	26, bd Brune (14e)
C6	**Institut Supérieur de Gestion**	8, rue de Lota (16e)
B10	**IUFM (Institut Universitaire de Formation des Maîtres)**	10, rue Molitor (16e)
H4	**IUFM (Institut Universitaire de Formation des Maîtres)**	56, bd des Batignolles (17e)

Plan	Etablissements/Establishments	Adresses/Addresses
C10	**Institut Universitaire de Technologie**	143, av. de Versailles (16e)
	UNIVERSITES / Universities	
K9	**Académie de Paris et Universités de Paris**	47, rue des Ecoles (5e)
K9	**Paris I - Panthéon-Sorbonne**	12, place du Panthéon (5e)
K9	**Paris II - Panthéon - Assas - Droit, Eco., Sciences Sociales**	12, place du Panthéon (5e)
J9	**Paris III - Sorbonne Nouvelle**	17, rue de la Sorbonne (5e)
J9	**Paris IV - Paris-Sorbonne**	1, rue Victor Cousin (5e)
J9	**Paris V - René Descartes**	12, rue de l'Ecole de Médecine (6e)
L9	**Paris VI - Pierre et Marie Curie - Jussieu**	4, place Jussieu (5e)
L9	**Paris VII - Denis Diderot**	2, place Jussieu (5e)
N12	**Paris VII - Denis Diderot-Rive Gauche**	Al. des Gds Moulins (13e)
	Paris VIII	2, rue de la Liberté - St-Denis (93)
C6	**Paris IX - Paris-Dauphine**	Place du Mal de-Lattre-de-Tassigny (16e)
	Paris X - Paris-Nanterre	200, av. de la République - Nanterre (92)
	Paris XI - Paris-Sud	15, av. Georges Clemenceau - Orsay (91)
	Paris XII - Paris-Val de Marne	61, av. du Général-de-Gaulle - Créteil (94)
	Paris XIII - Paris-Nord	Av. Jean B. Clément - Villetaneuse (93)
	Paris-Val de Marne	58, av. Didier - La Varenne St-Hilaire (94)
	Marne la Vallée	5, bd Descartes - Champs-sur-Marne (77)

HOPITAUX /Hospitals

Plan	Hôpitaux/Hospitals	Adresses/Addresses	Téléphones/Phones
	HOPITAUX DE PARIS - ASSISTANCE PUBLIQUE : 3, av. Victoria - 75004 PARIS		01 40 27 30 00
Q10	**Armand Trousseau**	26, avenue du Docteur Arnold Netter (12e)	01 44 73 74 75
I1	**Bichat-Claude Bernard**	46, rue Henri Huchard (18e)	01 40 25 80 80
I2-3	**Bretonneau (gériatrie)**	23, rue Joseph de Maistre (18e)	01 53 11 18 00
K11	**Broca**	54-56, rue Pascal (13e)	01 44 08 30 00
J11	**Cochin**	27, rue du Faubourg St Jacques (14e)	01 58 41 41 41
K11	**Collégiale (La)**	33, rue du Fer à Moulin (5e)	01 45 35 28 35
C11	**Européen Georges Pompidou**	20, rue Leblanc (15e)	01 56 09 20 00
L4	**Fernand Widal**	200, rue du Faubourg Saint Denis (10e)	01 40 05 45 45
K8	**Hôtel-Dieu**	1, place du Parvis Notre-Dame (4e)	01 42 34 82 34
K4	**Lariboisière**	2, rue Ambroise Paré (10e)	01 49 95 65 65
I12	**La Rochefoucauld**	15, avenue du Général Leclerc (14e)	01 44 08 30 00
G10	**Necker-Enfants malades**	149-161, rue de Sèvres (15e)	01 44 49 40 00

Plan	Hôpitaux/Hospitals	Adresses/Addresses	Téléphones/Phones
M11	**Pitié-Salpétrière**	47-83, boulevard de l'Hôpital (13e)	01 42 16 00 00
J11	**Port-Royal (Cochin)**	123, bd de Port-Royal (14e)	01 58 41 41 41
Q4	**Robert Debré**	48, boulevard Sérurier (19e)	01 40 03 20 00
P10	**Rothschild**	33, boulevard de Picpus (12e)	01 40 19 30 00
N9	**Saint-Antoine**	184, rue du Faubourg St Antoine (12e)	01 49 28 20 00
M5	**Saint-Louis**	1, avenue Claude Vellefaux(10e)	01 42 49 49 49
I11	**Saint-Vincent-de-Paul**	82, avenue Denfert-Rochereau (14e)	01 40 48 81 11
C10	**Ste-Périne-Rossini-Chardon Lagache**	11, rue Chardon Lagache (16e)	01 44 96 31 31
P6	**Tenon**	4, rue de la Chine (20e)	01 56 01 70 00
E11	**Vaugirard**	10, rue Vaugelas (15e)	01 40 45 80 00

AUTRES ETABLISSEMENTS

Plan	Établissement	Adresse	Téléphone
Q8	**Croix Saint-Simon**	125, rue d'Avron (20e)	01 44 64 16 00
O10	**Diaconesses**	18, rue du Sergent Bauchat (12e)	01 44 74 10 10
B11	**Henry Dunan**	95, rue Michel Ange (16e)	01 40 71 24 24
K10	**Institut Curie**	26, rue d'Ulm (5e)	01 44 32 40 00
I13	**Institut Mutualiste Montsouris**	42, boulevard Jourdan (14e)	01 56 61 62 63
G10	**Institut Pasteur**	209, rue de Vaugirard (15e)	01 40 61 38 00
H11	**Léopold Bellan**	19, rue Vercingétorix (14e)	01 40 48 68 68
E4	**Marmottan**	17, rue d'Armaillé (17e)	01 45 74 00 04
H13	**Notre-Dame-de-Bon-Secours**	66, rue des Plantes (14e)	01 40 52 40 52
K13	**Peupliers**	8, place Abbé Georges Hénoque (13e)	01 44 16 52 00
M9	**Quinze-Vingt (Centre Nat. d'Opht.)**	28, rue de Charenton (12e)	01 40 02 15 20
G10	**Saint-Jacques**	37, rue des Volontaires (15e)	01 45 66 29 00
G12	**Saint-Joseph**	185, r. Raymond Losserand (14e)	01 44 12 33 33
F11	**Saint-Michel**	33, rue Olivier de Serres (15e)	01 40 45 63 63
J12	**Sainte-Anne**	1, rue Cabanis (14e)	01 45 65 80 00
J11	**Val de Grâce (Hôpital Militaire)**	74 bd Port Royal (5e)	01 40 51 40 00

NUMEROS UTILES / Emergency numbers

SAMU / EMS : 15
Police secours / Police rescue : 17
Pompier / Fire department : 18
SOS Médecins / SOS doctors : 01 47 07 77 77
Centre Anti-Poisons / Poison control center: 01 40 05 48 48
Pharmacies ouverte 24h/24 — **84, av. des Champs Elysées (8e) - 01 45 62 02 41**
Pharmacies open 24h/7 — **6, place de Clichy (9e) - 01 48 74 65 18**

MAGASINS-CENTRES COMMERCIAUX / Stores-shopping centers

Plan	Magasins-Centres Commerciaux/Stores-Shopping centers	Adresses/Addresses
	GRANDS MAGASINS / Department stores	
K8	Bazar de l' Hôtel-de-Ville	52-64, rue de Rivoli (4e)
H9	Bon-Marché-Rive Gauche	24, rue de Sèvres (7e)
F5	F.N.A.C. Champs Elysées	74 av. des Champs Elysées (8e)
F3	F.N.A.C. Etoile	26-30, av. des Ternes (17e)
I8	F.N.A.C. Forum	1-7, rue Pierre Lescot, niveau -3 (1e)
L12	F.N.A.C. Italie	Italie 2 - Place d'Italie (13e)
L7	F.N.A.C. La Défense	2. pl. de la Défense - Courbevoie (92)
K9	F.N.A.C. Micro	71, bd Saint-Germain (5e)
I9	F.N.A.C. Montparnasse	136, rue de Rennes (6e)
M8	F.N.A.C. Musique Bastille	4, pl. de la Bastille (12e)
J5	F.N.A.C. Musique Italiens	24, bd des Italiens (9e)
I5	F.N.A.C. Saint-Lazare	Passage du Havre, 109 r. St-Lazare (9e)
J5	Galeries Lafayette Haussmann	40, bd Haussmann (9e)
H10	Galeries Lafayette Montparnasse	22, rue du Départ (15e)
J5	Printemps Haussmann	64, bd Haussmann (9e)
L13	Printemps Italie	30, avenue d'Italie (13e)
Q9	Printemps Nation	21-25, cours de Vincennes (20e)
J7	Virgin	Galerie Carrousel du Louvre (1e)
G6	Virgin Mégastore	52, av. des Champs-Elysées (8e)
H10	Virgin Montparnasse	10, pl. Raoul Dautry (15e)
	CENTRES COMMERCIAUX-GALERIES / Shopping malls centers-Galleries	
F5	Arcades des Champs Elysées	76-78, av. des Champs Elysées (8e)
D9	Beaugrenelle	Rue Linois (15e)
O12	Bercy Village	Cour Saint Emilion (12e)
J7	Carrousel du Louvre	99, rue de Rivoli (1er)
K7	Forum des Halles	1-7, rue Pierre Lescot (1er)
F5	Galerie Berri-Washington	5, rue de Berri (8e)
F5	Galerie des Champs	84, av. des Champs Elysées (8e)
F-G5	Galerie du Claridge	74, av. des Champs Elysées (8e)
G6	Galerie Elysées 26	26, av. des Champs Elysées (8e)
G6	Galerie Elysées Rond-Point	22, av. des Champs Elysées (8e)
G5	Galerie Point Show	66 av. des Champs Elysées (8e)
L12	Italie 2	Place d'Italie (13e)
I6	Les Trois Quartiers	23, bd de la Madeleine (1er)
H10	Maine Montparnasse	Tour Maine Montparnasse (14e)

Plan	Magasins-Centres Commerciaux/Stores-Shopping centers	Adresses/Addresses
J8	**Marché Saint-Germain**	Rue Clément (6e)
M13	**Masséna 13**	13, place de Vénétie (13e)
D4	**Palais des Congrès** (boutiques)	Porte Maillot (17e)
I5	**Passage du Havre**	12-14, rue du Havre (9e)
D8	**Passy-Plazza**	53, rue de Passy (16e)
F5	**Publicis Champs Elysées** (drugstore ouvert le soir)	133, av. des Champs Elysées (8e)

MAIRIES / Town Halls

Plan	Mairies/Town Halls	Adresses/Addresses	Métro/Subway
K8	Mairie de Paris	Place de l'Hôtel-de-Ville (4e)	*Hôtel de Ville*
J7	1er arrondissement (Annexe)	4, place du Louvre	*Louvre Rivoli*
J6	2e arrondissement (Annexe)	8, rue de la Banque	*Bourse*
L7	3e arrondissement (Annexe)	2, rue Eugène Spuller	*Arts et Métiers/Temple*
L8	4e arrondissement (Annexe)	2, place Baudoyer	*Hôtel de Ville/St-Paul*
K9	5e arrondissement (Annexe)	21, place du Panthéon	*Cardinal Lemoine*
I9	6e arrondissement (Annexe)	78, rue Bonaparte	*Saint-Sulpice*
H8	7e arrondissement (Annexe)	116, rue de Grenelle	*Solférino*
H4	8e arrondissement (Annexe)	3, rue de Lisbonne	*Saint-Augustin*
J5	9e arrondissement (Annexe)	6, rue Drouot	*Richelieu-Drouot*
L5	10e arrondissement (Annexe)	72, Faubourg Saint-Martin	*Château d'Eau*
N8	11e arrondissement (Annexe)	9, place Léon Blum	*Voltaire*
O10	12e arrondissement (Annexe)	130, avenue Daumesnil	*Dugommier*
L12	13e arrondissement (Annexe)	1, place d'Italie	*Place d'Italie*
I12	14e arrondissement (Annexe)	2, place Ferdinand Brunot	*Mouton Duvernet*
F10	15e arrondissement (Annexe)	31, rue Péclet	*Vaugirard*
C7	16e arrondissement (Annexe)	71, avenue Henri Martin	*Rue de la Pompe*
H3	17e arrondissement (Annexe)	16 à 20, rue des Batignolles	*Rome*
K2	18e arrondissement (Annexe)	1, place Jules Joffrin	*Jules Joffrin*
O4	19e arrondissement (Annexe)	5, place Armand Carrel	*Laumière*
P6	20e arrondissement (Annexe)	6, place Gambetta	*Gambetta*

MARCHES (Alimentaires et spécialisés) / Markets

Plan	Jours/Days	Noms/Names	Adresses/Addresses
	MARCHES ALIMENTAIRES / Food Markets		
	(Le matin* - L'après-midi** - Le matin et l'après-midi*** - Toute la journée sans interruption°)		
	1er Arrondissement		
I6	Mer** et Sam*	**SAINT HONORE**	Pl. du Marché Saint Honoré
	2e Arrondissement		
J6	Mar** - Ven**	**BOURSE**	Pl. de la Bourse
	3e Arrondissement		
L7	Ma*** au Sa*** - Di*	**ENFANTS ROUGES** (couvert)	39, rue de Bretagne
	4e Arrondissement		
L8	Mer** - Sam*	**BAUDOYER**	Place Baudoyer
	5e Arrondissement		
K9	Mar* - Jeu* - Sam*	**MAUBERT**	Place Maubert
K10	Mer* - Ven* - Dim*	**MONGE** (couvert)	Place Monge
J11	Mar* - Jeu* - Sam*	**PORT ROYAL**	Bd de Port Royal le long de l'Hôpital du Val de Grâce
	6e Arrondissement		
I9	Mar* - Ven*	**RASPAIL**	Bd Raspail entre rues Cherche Midi et de Rennes
J9	Mar*** au Sa*** - Di*	**SAINT-GERMAIN** (couvert)	4-8, rue Lobineau
I9	Dim*	**RASPAIL** (biologique)	Bd Raspail entre rues du Cherche Midi et de Rennes
	7e Arrondissement		
G9	Jeu* - Sam*	**SAXE BRETEUIL**	Av. de Saxe, de l'av. de Ségur à la place Breteuil
	8e Arrondissement		
H6	Mar* - Ven*	**AGUESSEAU**	Pl. de la Madeleine au débouché du bd Malesherbes
H4	Sam*	**BATIGNOLLES** (biologique)	Bd des Batignolles entre les 27-35
H4	Ma*** au Sa*** - Di*	**TREILHARD** (couvert)	1, rue Corvetto
	9e Arrondissement		
K4	Ven**	**ANVERS**	Place d'Anvers
	10e Arrondissement		
M5	Dim*	**ALIBERT**	R. Alibert côté impair entre les r. C. Vellefaux et Bichat

Plan	Jours/Days	Noms/Names	Adresses/Addresses
L6	Ma*** au Sa*** - Di*	**SAINT-MARTIN** (couvert)	31-33, rue du Château d'Eau
L5	Ma*** au Sa*** - Di*	**SAINT-QUENTIN** (couvert)	85bis, bd Magenta

11e Arrondissement

Plan	Jours/Days	Noms/Names	Adresses/Addresses
M8	Jeu* - Dim*	**BASTILLE** (couvert)	Bd R. Lenoir, de rue Amelot à rue Saint-Sabin
N6	Mar* - Ven*	**BELLEVILLE**	Terre-plein du bd de Belleville
P8	Mer* - Sam*	**CHARONNE**	Entre les rues de Charonne et A. Dumas
O6	Mar* - Ven*	**PERE-LACHAISE**	Bd Ménilmontant, entre r. des Panoyaux et des Cendriers
M7	Mar* - Ven*	**POPINCOURT**	Bd R. Lenoir,entre rues Oberkampf et de Crussol

12e Arrondissement

Plan	Jours/Days	Noms/Names	Adresses/Addresses
N9	Ma*** au Sa*** - Di*	**BEAUVAU** (couvert)	Place d'Aligre
O11	Mer** - Dim*	**BERCY**	angle rue Baron Le Roy et la pl. Lachambeaudie
P9	Mer* - Sam*	**COURS DE VINCENNES**	Crs de Vincennnes,entre bd de Picpus et rue A. Netter
O11	Mar* - Ven*	**DAUMESNIL**	Bd de Reuilly, entre r. de Charenton et pl. Félix Eboué
M9	Jeu* - Sam*	**LEDRU-ROLLIN**	Av. Ledru-Rollin côté pairs, entre r.de Lyon et de Bercy
Q11	Jeu* - Dim*	**PORTE DOREE**	Av. Daumesnil, côté pair entre bd Poniatowski et av. M. Bizot
O10	Jeu* - Dim*	**SAINT-ELOI**	36-38, rue de Reuilly

13e Arrondissement

Plan	Jours/Days	Noms/Names	Adresses/Addresses
K12	Mar* - Ven* - Dim*	**AUGUSTE BLANQUI**	Bd A. Blanqui côté impair entre pl. d'Italie et r. Baurrault
K13	Mar* - Ven*	**BOBILLOT**	R. Bobillot côté impair entre pl. de Rungis et r. de la Colonie
N12	Ven**	**JEAN ANOUILH**	Rue Neuve de Tolbiac et rue Jean Anouilh
M12	Jeu* - Dim*	**JEANNE D'ARC**	Place Jeanne d'Arc
L13	Jeu* - Dim*	**MAISON-BLANCHE**	Avenue d'Italie côté pair du 110 à 162
L11	Mar* - Ven*	**SALPETRIERE**	Place de la Salpétrière, le long du bd de l'Hôpital
M11	Mer* - Sam*	**VINCENT AURIOL**	Bd V. Auriol entre le 64 et la rue Jeanne d'Arc

14e Arrondissement

Plan	Jours/Days	Noms/Names	Adresses/Addresses
J13	Mer* - Sam*	**ALESIA** (couvert)	R. de la Glacière côté pair, r. de la Santé côté impair du 137 à fin
G13	Jeu* - Dim*	**BRUNE**	Entre l'impasse Vandal et 71 du bd Brune
I10	Mer* - Sam*	**EDGAR QUINET**	Bd Edgar Quinet
I12	Mar* - Ven*	**MOUTON-DUVERNET**	Entre les r. Brezin, Saillard, Mouton-Duvernet et Boulard
H12	Mer* - Dim*	**VILLEMAIN**	Terre-plein av. Villemain entre cette av. et la r. d'Alésia
H11	Sam*	**BRANCUSI** (biologique)	Place Constantin Brancusi

15e Arrondissement

Plan	Jours/Days	Noms/Names	Adresses/Addresses
G11	Mer* - Sam*	**CERVANTES**	Entre rue Bargue et 47-49 rue de la Procession
F11	Mar* - Jeu* - Dim*	**CONVENTION**	R. de la Convention, entre r. A. Cartier et Abbé Groult
E9	Mer* - Dim*	**GRENELLE**	Bd de Grenelle, entre r. Lourmel et r. du Commerce
D11	Mer* - Sam*	**LECOURBE**	Rue Lecourbe, entre rues Vasco de Gama et Leblanc

Plan	Jours/Days	Noms/Names	Adresses/Addresses
E12	Mer* - Sam*	**LEFEBVRE**	Bd Lefebvre côté impair entre r. O. de Serres et r. de Dantzig
D10	Mar* - Ven*	**SAINT-CHARLES**	R. St-Charles, entre r. de Javel et Rd-Pt St.Charles
	16e Arrondissement		
D5	Mer* - Sam*	**AMIRAL BRUIX**	Bd Amiral Bruix entre rues Weber et Marbeau
B9	Mer* - Sam*	**AUTEUIL**	Rues d'Auteuil, Donizetti et La Fontaine
C9	Mar* - Ven*	**GROS-LA-FONTAINE**	Rue Gros, rue La Fontaine
D8	Ma*** au Sa*** - Di*	**PASSY** (couvert)	Place de Passy
B11	Mar* - Jeu* - Dim*	**POINT DU JOUR**	Av. de Versailles, de rue Le Marois à rue Gudin
B10	Mar* - Ven*	**PORTE MOLITOR**	Place Porte Molitor côté centre sportif en partant de l'av. du Gal. Sarrail avec retour sur bd Murat
F7	Mer* - Sam*	**PRESIDENT WILSON**	Terre-plein av. du Pdt Wilson entre la r. Debrousse et pl. d'Iéna
D6	Ma*** au Sa*** - Di*	**SAINT-DIDIER** (couvert)	Rues Mesnil et Saint-Didier
	17e Arrondissement		
H3	Ma*** au Sa*** - Di*	**BATIGNOLLES** (couvert)	96bis, rue Lemercier
F2	Mer* - Sam*	**BERTHIER**	Bd de Reims le long du sq. A. Ulmann
H1	Mar* - Ven*	**NAVIER**	Rues Navier, Lantiez et des Epinettes
E4	Ma*** au Sa*** - Di*	**TERNES** (couvert)	8bis, rue Lebon
H4	Sam*	**BATIGNOLLES** (biologique)	Bd des Batignolles entre les 34 et 48
	18e Arrondissement		
K3	Mer* - Sam*	**BARBES** (couvert)	Contre-allée du bd de la Chapelle face Hôpital Lariboisière
L2	Ma*** au Sa*** - Di*	**LA CHAPELLE** (couvert)	10, rue l'Olive
J1	Jeu* - Dim*	**NEY**	Bd Ney, entre rues J. Varenne et C.Flammarion
J2	Mer* - Sam*	**ORDENER**	Entre rues Moncalm et Championnet
K2	Mar* - Ven* - Dim*	**ORNANO**	Bd Ornano, entre rues de Mont-Cenis et Ordener
	19e Arrondissement		
N2	Mar* - Ven*	**CRIMEE-CURIAL**	Angle des rues de Crimée et Curial
03	Mar* - Jeu* - Dim*	**JEAN-JAURES**	Av. Jean-Jaurès entre ru. de l'Ourcq et des Ardennes
N2	Jeu* - Dim*	**JOINVILLE**	A l'angle des rues Joinville et Jomard
05	Mar* - Ven* - Dim*	**PLACE DES FETES**	Terre-plein rues Pré St-Gervais, Petitot et des Fêtes
M1	Mer* - Sam*	**PORTE D'AUBERVILLIERS**	Terre-plein de l'av. de la Pte d'Aubervilliers entre 1 et 5
P4	Mer* - Sam*	**PORTE BRUNET**	Av de la Pte Brunet entre le bd Serurier et le bd d'Algérie
M3	Ma*** au Sa*** - Di*	**RIQUET** (couvert)	42, rue Riquet
N4	Mar° au Sam° - Dim*	**SECRETAN** (couvert)	33, av. Secretan
N5	Mer* - Sam*	**VILLETTE**	Bd de la Villette,entre 27 et 41
	20e Arrondissement		
Q7	Mer* - Sam*	**BELGRAND**	Rue Belgrand, rue de la Chine et place Edith Piaf

Plan	Jours/Days	Noms/Names	Adresses/Addresses
Q8	Mar* - Ven*	**DAVOUT**	Bd Davout, entre av. Pte de Montreuil et r. Mendelssohn
Q6	Jeu* - Dim*	**MORTIER**	Bd Mortier, entre av. Pte de Ménilmontant et r. M. Berteaux
P6	Jeu* - Dim*	**PYRENEES**	R. des Pyrénées entre r. de l'Hermitage et de Ménilmontant
P8	Jeu* - Dim*	**REUNION**	Pl. de la Réunion, entre cette place et la rue Vituve
P5	Mer* - Sam*	**TELEGRAPHE**	Rue du Télégraphe

MARCHES SPECIALISES / Specialized markets - Flee markets

Plan	Jours/Days	Noms/Names	Adresses/Addresses
	Horaires variables	**BOUQUINISTES**	Rives droite et gauche entre le Pont Neuf et le Pont Sully (1er et 4e)
L7	Mar° au Sam° - Dim*	**CARREAU DU TEMPLE** (Habillement, cuir)	Rues Perrée et Dupetit Thouars (3e)
I10	Dim°	**MARCHE DE LA CREATION**	Terre plein du bd Edgar Quinet (14e)
M8	Sam°	**MARCHE DE LA CREATION**	Bd R. Lenoir entre les r. Amelot et St Sabin (11e)
K8	Mar° au Dim°	**MARCHE AUX FLEURS**	Pl. L. Lépine-Q. de la Corse (4e)
H6	Lun° au Sam°	**MARCHE AUX FLEURS**	Place de la Madeleine (8e)
F4	Mar° au Dim°	**MARCHE AUX FLEURS**	Place des Ternes (17e)
F12	Sam° - Dim°	**MARCHE AUX LIVRES ANCIENS**	Rue Brancion - Parc G. Brassens (15e)
K8	Dim°	**MARCHE AUX ANIMAUX**	Pl. L. Lépine (4e)
K8	Tous les jours°	**MARCHE AUX ANIMAUX**	Quai de la Mégisserie (1er)
G13	Sam° - Dim°	**MARCHE AUX PUCES**	Porte de Vanves (14e)
I1	Sam° - Dim° - Lun°	**MARCHE AUX PUCES**	Ptes de St-Ouen - Clignancourt (18e)
R8	Sam° - Dim° - Lun°	**MARCHE AUX PUCES**	Porte de Montreuil (20e)
J3	J° - S° - D° et fêtes°	**MARCHE AUX TIMBRES**	Avenue Gabriel (8e)
N9	Mar* au Sam*	**VIEUX HABITS-BROCANTE**	Place d'Aligre (12e)
J3	Lun° au Sam°	**MARCHE SAINT-PIERRE** (Tissus)	2, rue Charles Nodier (18e)

ANTIQUITES / Antiquities

Plan	Jours/Days	Noms/Names	Adresses/Addresses
I8	Horaires variables	**LE CARRE RIVE GAUCHE**	Entre q. Voltaire et les r. de l'Université, des Sts-Pères et du Bac (7e)
J7	Tous les jours sauf Lun	**LE LOUVRE DES ANTIQUAIRES**	2, place du Palais Royal (1er)
L8	Jeu° au Lun°	**LE VILLAGE SAINT-PAUL**	Entre les rues St-Paul et Charlemagne (4e)
F9	Jeu° au Lun°	**LE VILLAGE SUISSE**	78, av. de Suffren et 54, av. de la Motte Piquet (15e)

SALLES DES VENTES / Auction halls

Plan	Jours/Days	Noms/Names	Adresses/Addresses
G6	Horaires variables	**DROUOT MONTAIGNE**	15, avenue Montaigne (8e)
J5	Lun° au Sam°	**DROUOT RICHELIEU**	9, rue Drouot (9e)
G5	Horaires variables	**CHRISTIE'S**	6, rue Paul Baudry (8e)
H6	Horaires variables	**SOTHEBY'S FRANCE**	76, rue du Faubourg Saint-Honoré (8e)

MONUMENTS - MUSEES / Monuments - Museums

Plan	Monuments - Musées/Museums	Adresses/Addresses
	MONUMENTS	
E5	**Arc de triomphe**	Place du Général de Gaulle (8e)
K10	**Arènes de Lutèce**	47, rue Monge (5e)
H7	**Assemblée Nationale** (Palais Bourbon)	33bis, quai d'Orsay (7e)
J3	**Basilique du Sacré-Cœur**	Place du Parvis du Sacré-Cœur (18e)
N11	**Bibliothèque Nationale Site François Mitterrand**	Quai François Mauriac (13e)
J6	**Bibliothèque Nationale Site Richelieu**	58, rue de Richelieu (2e)
K8	**Conciergerie**	1, quai de l'Horloge (1er)
F9	**Ecole Militaire**	Avenue de la Motte Picquet (7e)
G6	**Grand Palais**	1, av. du Gal Eisenhower (8e)
	Grande Arche (Plan de la Défense)	1, parvis de La Défense 92040 La Défense
G8	**Hôtel National des Invalides**	Esplanade des Invalides (7e)
Q8	**Hôtel-de-Ville de Paris**	Place de l'Hotel-de-Ville (4e)
J8	**Institut de France**	23, quai Conti (6e)
I6	**La Madeleine**	Place de la Madeleine (8e)
K8	**Notre Dame de Paris**	6, place du Parvis de Notre-Dame (4e)
J11	**Observatoire de Paris**	61, av. de l'Observatoire (14e)
M9	**Opéra National de Paris-Bastille**	Place de la Bastille (12e)
I5	**Opéra National de Paris-Palais Garnier**	Place de l'Opéra (9e)
J6	**Palais Brongniart** (Bourse de Paris)	Place de la Bourse (2e)
J9	**Palais du Luxembourg** (Sénat - Musée)	15-19, rue de Vaugirard (6e)
E7	**Palais de Chaillot**	Place du Trocadéro (16e)
J7	**Palais Royal**	Place du Palais Royal (1er)
K10	**Panthéon**	Place du Panthéon (5e)
G6	**Petit Palais**	Avenue Winston Churchill (8e)
K9	**Saint-Etienne du Mont**	Place du Panthéon (5e)
K7	**Saint-Eustache**	Rue Rambuteau (1er)
J7	**Saint-Germain l'Auxerrois**	2, place du Louvre (1er)
I8	**Saint-Germain-des-Prés**	Place Saint-Germain-des-Prés (6e)
G8	**Saint-Louis des Invalides**	Esplanade des Invalides (7e)
L8	**Saint-Paul-Saint-Louis**	99, rue Saint-Antoine (4e)
K9	**Saint-Séverin**	1, rue des Prêtres Saint-Séverin (5e)
I9	**Saint-Sulpice**	Place Saint-Sulpice (6e)
K8	**Sainte Chapelle**	4, boulevard du Palais (1er)
E8	**Tour Eiffel**	Champ de Mars (7e)
H10	**Tour Montparnasse**	33, av. du Maine (15e)
K8	**Tour Saint-Jacques**	Place du Châtelet (4e)
G9	**Unesco (Maison de l')**	7, place de Fontenoy (7e)
	HOTELS DU MARAIS / Hotels in Marais	
L8	**Hôtel Carnavalet** (Musée)	23, rue de Sévigné (3e)
L7	**Hôtel de Guénégaud des Brosses** (Musée Chasse et Nature)	60, rue des Archives (3e)
L8	**Hôtel Hénault-de-Cantobre** (Maison Européenne de la Photo.)	5/7, rue de Fourcy (4e)

Plan	Monuments - Musées/Museums	Adresses/Addresses
L8	**Hôtel de Lamoignon** (Biblio. Historique de la Ville de Paris)	24, rue Pavée (4e)
L9	**Hôtel de Lauzun** (en cours de restauration)	17, quai d'Anjou (4e)
L7	**Hôtel de Rohan** (Expositions des Archives Nationales)	87, rue Vieille du Temple (3e)
L7	**Hôtel de Saint-Aignan** (Musée d'Art et d'Histoire du Judaïsme)	71, rue du Temple (3e)
L7	**Hôtel Salé** (Musée Picasso)	5, rue de Thorigny (3e)
L8	**Hôtel de Sens** (Bibliothèque Forney)	1, rue du Figuier (4e)
L7	**Hôtel de Soubise** (Musée Histoire de France - Arch. Nation.)	60, rue des Francs-Bourgeois (3e)
M8	**Hôtel de Sully** (Caisse Nationale des Monuments Historiques)	62, rue Saint-Antoine (4e)
	MUSEES / Museums	
Q11	**Aquarium tropical** (Palais de la Porte Dorée)	293, avenue Daumesnil (12e)
L7	**Archives Nationales** (Hôtel de Soubise)	60, rue des Francs-Bourgeois (3e)
L8	**Bibliothèque Forney** (Hôtel de Sens)	1, rue du Figuier (4e)
L8	**Biblio. Historique de la Ville de Paris** (Hôtel Lamoignon)	24, rue Pavée (4e)
J6	**Cabinet des Médailles et Antiques** (Biblio. Nat. Site Richelieu)	58, rue de Richelieu (2e)
I11	**Catacombes (les)**	1, place Denfert Rochereau (14e)
K7	**Centre Georges Pompidou**	Place Beaubourg (4e)
E7	**CinéAqua du Trocadéro**	2, avenue des Nations-Unies (16e)
N11	**Cinémathèque Française - Musée du Cinéma**	51, rue de Bercy (12e)
E7	**Cité de l'Architecture et du Patrimoine** (Palais de Chaillot)	1, place du Trocadéro (16e)
O2	**Cité des Sciences et de l'Industrie-La Villette**	30, avenue Corentin Cariou (19e)
Q11	**Cité d'Histoire de l'Immigration** (Palais de la Porte Dorée)	293, avenue Daumesnil (12e)
K8	**Crypte Archéologique du Parvis de Notre-Dame**	Place du Parvis de Notre-Dame (4e)
J3	**Dali Espace Montmartre**	11, rue Poulbot (18e)
M10	**Docks en Seine - Cité de la Mode et du Design**	34, quai d'Austerlitz (13e)
I11	**Fondation Cartier pour l'Art Contemporain**	261, boulevard Raspail (14e)
H9	**Fondation Dubuffet**	137, rue de Sèvres (6e)
H11	**Fondation Henri Cartier-Bresson**	2, impasse Lebouis (14e)
B9	**Fondation Le Corbusier**	8-10 sqare du Docteur Blanche (16e)
F6	**Fondation Pierre Bergé - Yves Saint Laurent**	5, avenue Marceau (16e)
K3	**Halle Saint-Pierre** (Musée d'Art Naïf - Max Fourny)	2, rue Ronsard (18e)
K11	**Galerie des Gobelins**	42, avenue des Gobelins (13e)
E6	**Galerie Musée Baccarat**	11, place des Etats-Unis (16e)
H6	**Galerie Nationale du Jeu de Paume**	1, place de la Concorde (1er)
G6	**Grand Palais**	3, avenue du Général Eisenhower (8e)
L9	**Institut du Monde Arabe**	1, rue des Fossés Saint-Bernard (5e)
J10	**Institut Océanographique** (Centre de la Mer et des Eaux)	195, rue Saint-Jacques (5e)
O5	**Maison de l'Air**	Parc de Belleville - 27, rue Piat (20e)
D8	**Maison de Balzac**	47, rue Raynouard (16e)
L8	**Maison Européenne de la Photo.** (Hôtel Hénault-de-Cantobre)	5/7, rue de Fourcy (4e)
M8	**Maison de Victor Hugo**	6, place des Vosges (4e)
L8	**Mémorial du Martyr Juif inconnu**	17, rue Geoffroy-l'Asnier (4e)
M8	**Mission du Patrimoine Photographique** (Hôtel de Sully)	62, rue Saint-Antoine (4e)
G8	**Musée de l'Armée** (Hôtel National des Invalides)	Esplanade des Invalides (7e)
I7	**Musée des Arts Décoratifs** (Palais du Louvre)	107 , rue de Rivoli (1er)

Plan	Monuments - Musées/Museums	Adresses/Addresses
L6	**Musée des Arts et Métiers**	60, rue Réaumur (3e)
F7	**Musée d'Art Moderne de la Ville de Paris** (Palais de Tokyo)	11, avenue du Président Wilson (16e)
O12	**Musée des Arts Forains** *(ouvert aux groupes sur R.V.)*	53, avenue des Terroirs de France (12e)
L7	**Musée d'Art et d'Histoire du Judaïsme** (Hôtel de Saint-Aignan)	71, rue du Temple (3e)
N10	**Musée Atelier du Cuivre et de l'Argenterie**	Viaduc des Arts - 109/113, av. Daumesnil (12e)
K7	**Musée National d'Art Moderne** (Centre Georges Pompidou)	Place Beaubourg (4e)
K9	**Musée de l'Assistance Publique-Hôpitaux de Paris**	47, quai de la Tournelle (5e)
G6	**Musée des Beaux Arts de la Ville de Paris** (Petit Palais)	Avenue Winston Churchill (8e)
H10	**Musée Bourdelle**	16, rue Antoine Bourdelle (15e)
L8	**Musée Carnavalet** (Hôtel Carnavalet)	23, rue de Sévigné (3e)
G4	**Musée Cernuschi**	7, avenue Vélasquez (8e)
L7	**Musée de la Chasse et de la Nature** (Hôtel de Guénégaud des B.)	60, rue des Archives (3e)
L8	**Musée Cognacq-Jay** (Hôtel Donon)	8, rue Elzévir (3e)
D6	**Musée de la Contrefaçon**	16, rue de la Faisanderie (16e)
J10	**Musée Curie - Institut du radium**	11, rue Pierre et Marie Curie (5e)
E5	**Musée Dapper**	50, avenue Victor Hugo (16e)
F7	**Musée des Egoûts de Paris**	face au 93, quai d'Orsay (7e)
D5	**Musée d'Ennery**	59, avenue Foch (16e)
H9	**Musée Ernest Hebert** *(fermeture pour travaux)*	85, rue du Cherche Midi (6e)
I3	**Musée de l'Erotisme**	72, boulevard de Clichy (18e)
J8	**Musée Eugène Delacroix**	6, rue de Furstenberg (6e)
L6	**Musée de l'Eventail**	2, boulevard de Strasbourg (10e)
N7	**Musée du Fumeur**	7, rue Pache (11e)
D7	**Musée Georges Clemenceau**	8, rue Benjamin Franklin (16e)
J5	**Musée Grévin**	10, boulevard Montmartre (9e)
J5	**Musée du Grand Orient de France**	16, rue Cadet (9e)
E6	**Musée Guimet** (Arts Asiatiques)	6, place d'Iéna (16e)
J4	**Musée Gustave Moreau**	14, rue de la Rochefoucault (9e)
B8	**Musée Henri Bouchard**	25, rue de l'Yvette (16e)
J6	**Musée en Herbe**	22, rue Hérold (1er)
L7	**Musée de l'Histoire de France** (Hôtel de Soubise)	60, rue des Francs-Bourgeois (3e)
J9	**Musée d'Histoire de la Médecine** (Paris V)	12, rue de l'Ecole de Medecine (6e)
E7	**Musée de l'Homme** (Palais de Chaillot) *(fermeture jusqu'en 2015)*	17, place du Trocadero (16e)
G5	**Musée Jacquemart-André**	158, boulevard Haussmann (8e)
H10	**Musée Jean Moulin** (Mémorial du Mal Leclerc de Hauteclocque)	23, allée de la 2ème DB (15e)
G4	**Musée Jean-Jacques Henner**	43, avenue de Villiers (17e)
H7	**Musée Légion d'Honneur et Ordres de Chevalerie** (Hôtel de Salm)	2, r. de la Légion d'Honneur (7e)
I8	**Musée des Lettres et Manuscrits**	222, bd Saint-Germain (7e)
J7	**Musée du Louvre**	Pyramide (Cour Napoléon) (1er)
J9	**Musée du Luxembourg**	19, rue de Vaugirard (6e)
L8	**Musée de la Magie**	11, rue Saint-Paul (4e)
I8	**Musée Maillol** (Fondation Dina Vierny)	61, rue de Grenelle (7e)
E7	**Musée de la Marine** (Palais de Chaillot)	Place du Trocadéro (16e)
C7	**Musée Marmottan - Claude Monnet**	2, rue Louis Boilly (16e)
H6	**Musée Maxim's - Collection 1900**	3, rue Royale (8e)

Plan	Monuments - Musées/Museums	Adresses/Addresses
J10	**Musée Minéralogique** (Ecole des Mines)	60, bd Saint-Michel (6e)
L9	**Musée des Minéraux** (Université Pierre et Marie Curie)	34, rue Jussieu (5e)
I7	**Musée de la Mode et du Textile** (Palais du Louvre)	107, rue de Rivoli (1er)
F6	**Musée Mode et Costume de la Ville de Paris** (Palais Galliéra)	10, avenue Pierre 1er de Serbie (16e)
J8	**Musée de la Monnaie** (Hôtel de la Monnaie)	11, quai Conti (6e)
J3	**Musée de Montmartre**	12, rue Cortot (18e)
H10	**Musée du Montparnasse**	21, avenue du Maine (15e)
J9	**Musée du Moyen-Age - Thermes de Cluny**	6, place Paul Painlevé (5e)
P2	**Musée de la Musique** (La Villette)	221, avenue Jean Jaures (19e)
N12	**Musée National du Sport**	93, avenue de France (13e)
G4	**Musée Nissim De Camondo**	63, rue de Monceau (8e)
K8	**Musée Notre-Dame**	10, r. du Cloître Notre-Dame (4e)
E7	**Musée de l'Opéra de Paris**	Place de l'Opéra (9e)
H7	**Musée de l'Orangerie** (Jardin des Tuileries)	Place de la Concorde (1er)
I7	**Musée d'Orsay**	1, r. de la Légion d'Honneur (7e)
I6	**Musée du Parfum - Fragonard**	39, bd des Capucines (2e) / 9 r. Scribe (2e)
G10	**Musée Pasteur**	25, rue du Docteur Roux (15e)
L7	**Musée Picasso** (Hôtel Salé) *(fermeture pour travaux)*	5, rue de Thorigny (3e)
G8	**Musée des Plans-Reliefs** (Hôtel National des Invalides)	Hôtel National des Invalides (7e)
H10	**Musée de la Poste**	34, rue de Vaugirard (15e)
L7	**Musée de la Poupée**	Impasse Berthaud (3e)
K9	**Musée de la Préfecture de Police**	1, rue des Carmes (5e)
I7	**Musée de la Publicité** (Palais du Louvre)	107, rue de Rivoli (1er)
F7	**Musée du Quai Branly** (Arts et Civilisations d'Afrique, d'Asie, des Amériques et d'Océanie)	55, quai Branly (7e)
D8	**Musée de Radio France** *(fermeture pour travaux)*	116, avenue du Président Kennedy (16e)
H8	**Musée Rodin** (Hôtel Biron)	77, rue de Varenne (7e)
C7	**Musée du Stylo et de l'Ecriture** *(sur R.V. groupes professionnels)*	3, rue Guy de Maupassant (16e)
J10	**Musée du Val de Grâce**	1, place Alphonse Laveran (5e)
H9	**Musée Valentin Haüy**	5, rue Duroc (7e)
I4	**Musée de la Vie Romantique**	16, rue Chaptal (9e)
D8	**Musée du Vin**	5, square Charles Dickens (16e)
I10	**Musée Zadkine**	100, rue d'Assas (6e)
L10	**Museum National d'Histoire Naturelle** (Jardin des Plantes)	57, rue Cuvier (5e)
G6	**Palais de la Découverte**	Avenue Franklin D.Roosevelt (8e)
F7	**Palais de Tokyo** (Site de la création contemporaine)	12, avenue du Président Wilson (16e)
I9	**Pavillon de l'Arsenal**	21, boulevard Morland (4e)
K7	**Pavillon des Arts** (Forum des Halles)	101, rue Rambuteau (1er)
I6	**Pinacothèque de Paris** (Expositions temporaires)	28, pl. de la Madeleine / 8 rue Vignon (8e)
K7	**Tour Jean Sans-Peur** (Vestiges de l'Hôtel de Bourgogne)	20, rue Etienne Marcel (2e)

PARCS ET JARDINS / Parks and gardens

Plan	Nom/Name	Adresses d'accès/access addresses
(Bois F1)	**Acclimatation (jardin d')**	Plan du Bois de Boulogne - 45, av. du Mahatma Gandhi (16e)
(Bois H3)	**Agronomie Tropicale R. Dumont (jard. d')**	Plan du Bois de Vincennes - 45bis, av. de la Belle Gabriel (12e)
C10	**André Citroën (parc)**	qu. André Citroën - r. Leblanc - r. St-Charles - R. de la Montagne de la Fage(15e)
(Bois G5)	**Arboretum de l'Ecole du Breuil**	Plan du Bois de Vincennes - rte de la Ferme - rte de la Pyramide (12e)
H11	**Atlantique (jardin)**	1, pl. des Martyrs du Lycée Buffon (15e)
(Bois D2)	**Bagatelle (parc de)**	Plan du Bois de Boulogne - al. de Longchamp - rte de Sèvres à Neuilly (16e)
O5-6	**Belleville (parc de)**	r. des Couronnes - r. Piat - r. Julien Lacroix - r. Jouyne Rouve (20e)
O11-12	**Bercy (parc de)**	r. P. Belmondo - r. J. Kessel - r. de l'Ambroisie - r. F. Truffaut - qu. et r. de Bercy (12e)
	Boulogne (bois de)	(16e voir plan)
P4	**Butte du Chapeau Rouge (parc de la)**	av. Debidour - bd d'Algérie (19e)
N-O4	**Buttes-Chaumont (parc des)**	rue Manin (19e)
F8	**Champ de Mars (parc du)**	qu. Branly - av. de la Motte-Piquet - av. de la Bourdonnais - av. de Suffren (7e)
G-H6	**Champs Elysées (jardin des)**	cours la Reine - av. Franklin D. Roosevelt - av. Matignon - av. Gabriel (8e)
L13	**Choisy (parc de)**	128-160, av. de Choisy - r. G. Eastman - r. C. Moureu - r. Dr Magnan (13e)
G-H2	**Clichy-Batignolles-Martin Luther King (parc)**	r. Cardinet - imp. Chalabre (17e)
M3	**Eole (jardin d')**	r. du Département - r. Riquet (18e)
(Bois E2)	**Floral (parc)**	Plan du Bois de Vincennes - espl. du Château de Vincennes - rte de la Pyramide (12e)
F12	**Georges Brassens (parc)**	r. des Morillons - r. des Périchaux - r. Brancion (15e)
N12	**Grands Moulins-Abbé Pierre (j. des)**	r. M. Duras - r. Lagroua Weill Hallé - r. des Grands Moulins (13e)
J-K7	**Halles (jardin des)**	1, rue Pierre Lescot (1er)
G7	**Invalides (esplanade des)**	quai d'Orsay - pl. des Invalides - r. de Constantine - r. Fabert (7e)
L14	**Kellermann (parc)**	bd Kellermann - r. de la Poterne des Peupliers - r. Max-Jacob (13e)
J9	**Luxembourg (jardin du)**	2, rue Auguste Comte (6e)
G4	**Monceau (parc)**	bd de Courcelles - av. Vélasquez - av. Van Dyck - av. Ruysdael (8e)
J13	**Montsouris (parc)**	bd Jourdan - av. Reille - r. Gazan - r. de la Cité Universitaire - r. Nantouzy (14e)
J6-7	**Palais-Royal (jardin du)**	2, place Colette (1er)
N9-Q10	**Plantée (promenade)**	Divers accès le long du parcours (12e)
L10	**Plantes (jardin des)**	2, rue Buffon (5e)
(Bois E3)	**Pré Catelan - Jardin Shakespeare**	Plan du Bois de Boulogne (16e)
C10	**Sainte-Perine (parc)**	r. Mirabeau - av. de Versailles (16e)
Q4	**Serge Gainsbourg (jardin)**	Porte des Lilas (19e)
A9	**Serres d'Auteuil (jardin des)**	3, av. de la Porte d'Auteuil (16e)
C12	**Suzanne Lenglen (parc omnisport)**	2, rue Louis Armand (15e)
I7	**Tuileries (jardin des)**	113, rue de Rivoli (1er)
J8	**Vert-Galant (sqare du)**	place du Pont Neuf (1er)
L5	**Villemin (jardin)**	14, rue des Récollets (10e)
O-P2	**Villette (parc de la)**	211, av. Jean Jaurès (19e)
	Vincennes (bois de)	(12e voir plan)

PARCS DE STATIONNEMENT / Parking

Plan	Noms/Names	Adresses/Addresses
	1er arrondissement	
I7	CARROUSEL DU LOUVRE	1, av. Général Lemonnier
J7	CROIX DES PETITS CHAMPS	14, r. Croix des Petits Champs
K7	FORUM DES HALLES	r. des Halles / r. Pierre Lescot
K7	FORUM DES HALLES / RAMBUTEAU	Rue de Turbigo
J8	HARLAY - PONT NEUF	angle r. Harlay / quai des Orfèvres
J7	LES HALLES GARAGE	10bis, rue de Bailleul
J7	LOUVRE MARENGO	rue de Marengo
I6	MARCHE SAINT-HONORE	39, pl. du Marché St-Honoré
I7	PYRAMIDES	ace au 15, rue des Pyramides
J7	RIVOLI PONT NEUF	4, rue du Pont Neuf
J7	ST-EUSTACHE - FORUM DES HALLES	r. Coquillière et r. du Pont Neuf
J7	ST-GERMAIN L'AUXERROIS	pl. du Louvre
K7	SEBASTOPOL	43bis, bd de Sébastopol
I6	TUILERIE	38, rue du Mont Thabor
I6	VENDOME	place Vendôme
	2e arrondissement	
J6	BOURSE	place de la Bourse
K6	CHAMPEAUX	32, rue Dussoubs
K6	REAUMUR - SAINT-DENIS	40, rue Dussoubs
K6	TURBIGO - SAINT-DENIS	149, rue St-Denis
	3e arrondissement	
L8	BARBETTE	7, rue Barbette
L7	BEAUBOURG HORLOGE	31, rue Beaubourg
L7	GARAGE CENTRAL DE BRETAGNE	14, rue de Bretagne
L7	GEORGES POMPIDOU	43, rue Beaubourg
K6	SAINT-MARTIN	angle rue Réaumur / rue St-Martin
L7	TEMPLE	132, rue du Temple
M7	TURENNE	66, rue de Turenne
	4e arrondissement	
L8	BAUDOYER	place Baudoyer
K7	CENTRE G. POMPIDOU	19, rue Beaubourg
K8	HOTEL DE VILLE	angle quai de Gesvres / rue de la Tâcherie
K8	LOBAU	4, rue Lobau
K8	LUTECE	1, place Louis Lépine
K8	NOTRE-DAME	place du Parvis Notre-Dame
L8	PONT MARIE	48, rue de l'Hôtel de Ville
K8	SAINT-MARTIN - RIVOLI	angle r. Saint Bon / rue Pernelle
M8	SOCIETE PARISIENNE DE PARKING	16, r. Saint-Antoine

Plan	Noms/Names	Adresses/Addresses
L9	**SULLY MORLAND**	5, rue Aggripa d'Aubigné
	5e arrondissement	
L11	**GARAGE DE L'ESSAI**	6, rue de l'Essai
K9	**LAGRANGE-MAUBERT**	face au 15, rue Lagrange
K9	**MAUBERT - COLLEGE DES BERNARDIN**	39, bd Saint-Germain
L10	**PARIPARK - CENSIER**	15, r. Censier
K10	**PATRIARCHES**	4, pl. Bernard Halpern
J8	**SAINT-MICHEL**	rue Hautefeuille
J9	**SOUFFLOT**	face au 22, rue Soufflot
	6e arrondissement	
J9	**ECOLE DE MEDECINE**	face au 21, rue de l'Ecole de Médecine
J9	**MARCHE SAINT-GERMAIN**	14, rue Lobineau
J8	**MAZARINE**	27, rue Mazarine
I10	**RENNES**	155bis, rue de Rennes
I8	**SAINT-GERMAIN DES PRES**	face au 171, bd Saint-Germain
I9	**SAINT-SULPICE**	face au 8, place St-Sulpice
	7e arrondissement	
I8	**BAC MONTALEMBERT**	9, rue Montalembert
G7	**INVALIDES**	face au 23, rue de Constantine
F9	**JOFFRE - ACOLLAS**	angle av. E. Acollas
F8	**JOFFRE - ECOLE MILITAIRE**	2, place Joffre
F9	**JOFFRE - SUFFREN**	avenue de Suffren
G7	**LA TOUR MAUBOURG - ORSAY**	angle quai d'Orsay / rue Desgenettes
I7	**MUSEE D'ORSAY**	face au 8, quai Anatole France
F7	**QUAI BRANLY**	25, quai Branly
I9	**VELPEAU - BOUCICAUT**	rue Velpeau
	8e arrondissement	
F6	**ALMA - GEORGE V**	face au 19, av. George V
H5	**BERGSON**	rue Laborde / sq. M. Pagnol
F5	**BERRI - WASHINGTON**	5, rue de Berri
G6	**CHAMPS ELYSEES**	angle rue La Boétie / av. des Champs Elysées
F6	**CHAMPS ELYSEES - PIERRE CHARRON**	face au 65, rue Pierre Charron
G5	**CHAMPS ELYSEES - AUTO-GARDE-PLUS**	10, r. du Colisée
G5	**CLARIDGE**	60, rue de Ponthieu
H6	**CONCORDE**	angle pl. de la Concorde / av. Gabriel
H7	**CONCORDE - TUILERIES**	place de la Concorde
G5	**ELYSEE 66**	49-51, rue de Ponthieu
G6	**ELYSEES - PONTHIEU AUTOMOBILE**	25, rue de Ponthieu
F5	**ETOILE - FRIEDLAND**	face au 31, av. de Friedland
F5	**ETOILE - WAGRAM**	22, av. de Wagram

Plan	Noms/Names	Adresses/Addresses
G6	FRANÇOIS Ier	face au 24, rue François Ier
F5	GEORGE V	face au 103, av. des Champs Elysées
G5	HAUSSMANN - BERRI	face au 155, bd Haussmann
F5	HOCHE	face au 18, av. Hoche
H5	LE BRISTOL	106, r. de Faubourg Saint-Honoré
H6	MADELEINE	face au 21, pl. de la Madeleine
I6	MADELEINE - TRONCHET	place de la Madeleine / rue Tronchet
H5	MALESHERBES - ANJOU	32, boulevard Malesherbes
F6	MARBEUF - AUTO-GARDE-PLUS	17-19, rue Marbeuf
F5	MARCEAU - ETOILE	82, av. Marceau
G6	MATIGNON	angle 17, av. de Matignon / rue Rabelais
H4	PONT DE L'EUROPE	43bis, boulevard des Batignolles
G6	RD-PT DES CHAMPS ELYSEES	face au 3, av. de Matignon
	9e arrondissement	
J4	ANVERS	41, bd Rochechouart / place d'Anvers
J5	CHAUCHAT - DROUOT	12-14, rue Chauchat
I5	EDOUARD VII	15, rue Edouard VII
J4	PARKING SAINT-GEORGES	r. Clauzel
I5	GARE SAINT-LAZARE	29, rue de Londres
I5	HAUSSMANN - C&A	16, r. des Mathurins / 43-45, bd Haussmann
I5	HAUSSMANN - LAFAYETTE	95bis, r. de Provence / 48, bd Haussmann
I5	HAUSSMANN - PRINTEMPS	98, r. de Provence / r. Charras
I4	MANSART	7, rue Mansart
K5	MAYRAN	5, rue Mayran
I5	MEYERBEER - OPERA	3, rue de la Chaussée d'Antin
K5	MONTHOLON	face au 8, rue Rochambeau
I5	PASSAGE DU HAVRE	103, rue Saint-Lazare
I6	THALASSAUTO	7, rue Caumartin
I4	TRINITE D'ESTIENNE D'ORVES	10, rue Jean Baptiste Pigalle
K5	REX ATRIUM	7, rue du Fbg Poissonnière
	10e arrondissement	
L5	ALBAN SATRAGNE - MAGENTA	107, r. du Faubourg St-Denis
K6	BONNE NOUVELLE	imp. Bonne Nouvelle
K5	CENTRAL PARK	7-9, r. des Petites Écuries
K5	ENGHIEN	rue d'Enghien
K4	EURONORD - LARIBOISIERE	1, r. Ambroise Paré
K4	FRANZ LISZT	6, place Franz Liszt
K4	GARAGE D'ABBEVILLE	5, rue d'Abbeville
M6	GARAGE HELIOS	46, quai de Jemmapes
L6	GARAGE PERIER	60, rue René Boulanger
L5	GARAGE SAINT LAURENT	52ter, rue des Vinaigriers

Plan	Noms/Names	Adresses/Addresses
L5	**GARE DE L'EST - P1**	pl. du 18 novembre 1918 / rampe d'Alsace
L5	**GARE DE L'EST - P2**	cours du 11 novembre 1918
L4	**GARE DU NORD**	18 rue de Dunkerque / rue de Compiègne
L4	**TEAM LAFAYETTE**	3, rue de Dunkerque
M5	**SAINT-LOUIS - HOPITAL**	1, av. Cl. Vellefaux
M6	**TEMPLE**	83, rue du Fbg du Temple
	11e arrondissement	
M6	**ALHAMBRA**	50, rue de Malte
M8	**CAPUS GARAGE**	45, r. du Faubourg St-Antoine
N8	**LEDRU ROLLIN**	121, av. Ledru Rollin
M7	**OBERKAMPF**	46, rue d'Oberkampf
M6	**TROIS BORNES**	11, rue des Trois Bornes
	12e arrondissement	
M9	**BASTILLE**	face au 28, bd de la Bastille
O12	**BERCY SAINT-EMILION**	12, place des Vins de France
O12	**BERCY TERROIRS**	40, av. des Terroirs de France
Q9	**COURS DE VINCENNES**	11, cours de Vincennes
O10	**DAUMESNIL**	18, rue de Rambouillet
P10	**ELIT PARK NATION 12**	28, av. de Saint-Mandé
N9	**FAUBOURG SAINT-ANTOINE**	82bis, av. Ledru Rollin
O9	**GARAGE DU FAUBOURG**	33, rue de Reuilly
N10	**GARAGE DU XIIème**	123, rue de Charenton
P12	**GARAGE PONIATOWSKI**	57, bd Poniatowski
N11	**GARE DE BERCY**	48bis, bd de Bercy
M10	**GARE DE LYON**	193, rue de Bercy
M10	**GARE DE LYON - DIDEROT**	198, rue de Bercy
N10	**GARE DE LYON - TGV - MEDITERRANEE**	26, rue de Chalon
Bois	**MARIGNY - VINCENNES** - Bois de Vincennes (en A5)	face 10, crs Marigny
P10	**MAZARINE**	13, bd de Picpus
M10	**METEOR LYON**	58, quai de la Rapée
M9	**OPERA BASTILLE**	34, rue de Lyon
N11	**PARC DE BERCY**	210, quai de Bercy
P9	**PICPUS-NATION**	face au 96, bd de Picpus
O10	**SAINT-ELOI**	34, rue de Reuilly
	13e arrondissement	
K12	**AUTOSUR**	34, rue Abel Hovelacque
K14	**CHARLETY - COUBERTIN**	17, av. Pierre de Coubertin
K14	**CHARLETY - THOMIRE**	99, bd Kellermann *(public lors des manifestations sportives)*
M14	**CENTRE COMMERCIAL MASSENA**	98, bd Massena
M10	**GARE D'AUSTERLITZ**	85, quai d'Austerlitz

Plan	Noms/Names	Adresses/Addresses
N12	**GRANDS MOULINS**	31, rue Thomas Mann
L12	**ITALIE 2**	30, av. d'Italie
N12	**PARIS 7 DENIS DIDEROT**	rue M. A. Lagroua Weill-Hallé
L14	**PORTE D'ITALIE**	angle av. de la Pte d'Italie / bretelle du bd périph. intérieur
N12	**TOLBIAC - BIBLIOTHEQUE**	rue Emile Durkheim
L12	**VINCENT AURIOL**	181, bd Vincent Auriol
N11	**VINCENT AURIOL - BIBLIOTHEQUE**	21, r. Abel Gance
	14e arrondissement	
I12	**ALESIA**	face au 204, av. du Maine
H11	**GARE MONTPARNASSE**	15, rue du Cdt Mouchotte
H11	**GARE MONTPARNASSE - CATALOGNE**	36, rue du Cdt Mouchotte
H11	**GARE MONTPARNASSE - PASTEUR**	pl. des 5 Martyrs du Lycée Buffon
I12	**MAINE - BASCH**	face au 199, av. du Maine
I10	**MONTPARNASSE - RASPAIL**	face au 128 et 141 bd du Montparnasse
H13	**OMNIPARC**	21, av. de la Porte de Châtillon
H13	**PARKING DU MIDI**	36-38, rue Friant
I14	**PORTE D'ORLEANS**	r. de la Légion Etrangère / av. de la Pte d'Orléans
I12	**SAINT-JACQUES**	83, boulevard Saint-Jacques
	15e arrondissement	
F10	**ALIZES CAMBRONNE**	26, villa Croix Nivert
D12	**AQUABOULEVARD**	4, rue Louis Armand
D9	**BEAUGRENELLE**	16, rue Linois
G10	**BONVIN - LECOURBE**	28, rue François Bonvin
C11	**CITROËN - CEVENNES**	37, rue Leblanc
E10	**CONVENTION**	98, rue de la Convention
G10	**FALGUIERE**	81, rue Falguière
L12	**GAMBETTA**	bd des Frères Voisins
G11	**GARAGE BRANCION**	23, rue Brancion
H10	**GARE MONTPARNASSE**	17, bd de Vaugirard
H10	**GARE MONTPARNASSE - OCEANE**	av. du Maine / rue du Départ
E8	**HILTON SUFFREN**	18, av. de Suffren
H10	**MAINE**	50, avenue du Maine
F10	**MAIRIE DU XVe-LECOURBE**	143, rue Lecourbe
E12	**PARC DES EXPOSITIONS B**	av. de la Plaine
E12	**PARC DES EXPOSITIONS C**	place des Insurgés de Varsovie
E13	**PARC DES EXPOSITIONS E et F**	r. Marcel Yol (Vanves)
D12	**PARC DES EXPOSITIONS R**	r. d'Oradour-sur-Glane
D12	**PORTE DE VERSAILLES - BD VICTOR**	38 boulevard Victor
D12	**PORTE DE VERSAILLES - ISSY**	rue de la Porte d'Issy
G10	**PASTEUR 1 et 2**	40-69, bd Pasteur
H10	**TOUR MAINE MONTPARNASSE**	r. du Départ / rue de l'Arrivée

Plan	Noms/Names	Adresses/Addresses
	16e arrondissement	
E5	**FOCH**	face au 8, av. Foch
D5	**FOCH**	face au 37 et 48, av. Foch
D8	**GARAGE MODERNE**	19, rue de Passy
E6	**KLEBER - LONGCHAMP**	65, av. Kleber
D9	**MAISON DE LA RADIO**	av. du Président Kennedy
F5	**MARCEAU - ETOILE**	face au 75bis, avenue Marceau
D8	**PASSY**	78-80, rue de Passy
D6	**PLACE VICTOR HUGO**	74, place Victor Hugo
A9	**PORTE D'AUTEUIL**	pl. de la Porte d'Auteuil
A11	**PORTE DE SAINT-CLOUD**	angle av. de la Pte de St-Cloud / bretelle sortie du bd périph.
D8	**RAYNOUARD**	20, av. Marcel Proust
E6	**SAINT-DIDIER**	37, rue Saint-Didier
D11	**VERSAILLES - REYNAUD**	188, av. de Versailles
D6	**VICTOR HUGO**	140, av. Victor Hugo
D6	**VICTOR HUGO - POMPE**	120, av. Victor Hugo
	17e arrondissement	
F3	**BERTHIER**	122, bd Berthier
E5	**CARNOT**	14bis, avenue Carnot
E3	**CHAMPERRET - YSER**	av. de la Pte de Champerret / Bd de l'Yser
F4	**COURCELLES**	148, rue de Courcelles
F3	**COURCELLES-REDELE**	210, rue de Courcelles
H3	**GARAGE NOLLET**	29, rue Nollet
E3	**GOUVION SAINT-CYR**	26, bd Gouvion Saint-Cyr
G3	**JOUFFROY**	6, r. Jouffroy d'Abbans
H3	**LEMERCIER**	51, rue Lemercier
E5	**MAC MAHON**	17, av. Mac Mahon
H3	**MAIRIE DU XVIIe**	16, rue des Batignolles
H3	**MARCHE DES BATIGNOLLES**	24bis, rue Brochant
E4	**MERIDIEN - ETOILE**	9, rue Waldeck Rousseau
E4	**PARIS MAILLOT**	29, rue Brunel
I1	**PORTE DE SAINT-OUEN**	17, av. de la Pte de Saint-Ouen
D4	**PORTE MAILLOT**	place de la Porte Maillot
H3	**SECURITAS**	40-42, rue Legendre
E4	**TERNES**	face au 4, 38 et 59 av. des Ternes
G4	**VILLIERS**	19, avenue de Villiers
F4	**WAGRAM - COURCELLES**	103, rue Jouffroy d'Abbans
	18e arrondissement	
J2	**ATELIER VERSIGNY**	14, rue Versigny
K3	**BARBES ROCHECHOUARD**	104, bd de la Chapelle
I3	**CLICHY-MONTMARTRE**	9, rue Forest

Plan	Noms/Names	Adresses/Addresses
K2	**CLIGNANCOURT**	120, rue Clignancourt
K3	**CUSTINE**	48bis, rue Custine
K4	**GOUTTE D'OR**	10, rue de la Goutte d'Or
J4	**MONTMARTRE GARAGE**	5, rue Dancourt
K1	**PORTE DE CLIGNANCOURT**	30, av. de la Porte de Clignancourt
L1	**PTE DE LA CHAPELLE**	av. Pte de la Chapelle / bretelle du périphérique est / A1
I3	**REDELE - FOREST**	11, rue Forest
	19e arrondissement	
P5	**AZUR AUTOS**	8, rue Compans
M2	**CAMEL**	156, r. d'Aubervilliers
O1-2	**CITE DES SCIENCES ET DE L'INDUSTRIE**	av. C. Cariou / bd Mac Donald
P3	**CITE DE LA MUSIQUE**	211, bd J. Jaurès
M2	**PARKING 2000**	234, rue de Crimée
O1	**PORTE DE LA VILLETTE**	13, bd de la Commanderie
P4	**ROBERT DEBRE - HOPITAL**	avenue de la Pte du Pré St-Gervais
N4	**SAINT GEORGES**	76, rue Secrétan
	20e arrondissement	
O6	**BELLEVILLE MARONITES**	20, bd de Belleville
P5	**M.E.A.**	27, r. Saint Fargeau
P5	**PARIPARK**	35-49, rue Olivier Métra
Q8	**PARIS FRANCE GARAGE - RUE DU CLOS**	2, rue du Clos
Q5	**PARIS FRANCE GARAGE - GAMBETTA**	211, avenue Gambetta
P9	**PRINTEMPS NATION**	22, rue de Lagny
R6-7	**PORTE DE BAGNOLET**	bretelle A3 / bd périphérique
Q9	**VINCENNES**	11, cours de Vincennes (terre-plein central)

POLICE

Plan	Noms/Names	Adresses/Addresses	Téléphones/Phones
K8	**Préfecture de Police** - 9, bd du Palais (4e) 75195 PARIS RP (4e) - 01 53 71 53 71-01 53 73 53 73-01 40 79 79 79		
	Commissariats centraux (CC) (ouverts 7j/7 et 24h/24) Services d'Accueil, de Recherche et d'Investigation Judiciaire (SARIJ) (ouverts 7j/7 et 24h/24) Unités de Police de Quartier (UPQ) (ouvertes du lundi au vendredi, de 8h30 - 9h à 20h) Unités de Police de Gare (UPG) (ouvertes variables)		
	1er arrondissement		
I6	(CC)	49, pl. du Marché Saint-Honoré	01 47 03 60 00
I6	(UPQ) Vendôme	49, pl. du Marché Saint-Honoré	01 47 03 60 10

Plan	Noms/Names	Adresses/Addresses	Téléphones/Phones
K7	(SARIJ) (UPQ) Les Halles	10, rue Pierre Lescot	01 44 82 74 00
J7	(UPQ) Palais-Royal	24, rue des Bons Enfants	01 44 55 38 00
	2e arrondissement		
J6	(CC) - (SARIJ) - (UPQ) Bonne Nouvelle	18, rue du Croissant	01 44 88 18 00
	3e arrondissement		
K7	(CC) - (SARIJ) - (UPQ)	4bis/6, rue aux Ours	01 42 76 13 00
	4e arrondissement		
M9	(CC) (SARIJ) - (UPQ) Rivoli	27 boulevard Bourdon	01 40 29 22 00
	5e arrondissement		
K9	(CC) - (SARIJ) - (UPQ) Montagne Ste Geneviève	4, r. de la Montagne Ste-Geneviève	01 44 41 51 00
	6e arrondissement		
I9	(CC)	78, rue Bonaparte	01 40 46 38 30
I9	(SARIJ) - (UPQ) Odéon - Notre-Dame des Champs	12, rue Jean Bart	01 44 39 71 70
J8	(UPQ) St-Germain des Prés	14, rue de l'Abbaye	01 44 41 47 47
	7e arrondissement		
G7	(CC)	9, rue Fabert	01 44 18 69 07
G7	(SARIJ)	9, rue Fabert	01 44 18 69 47
G8	(UPQ) Gros Caillou	6, rue Amélie	01 44 18 66 10
I8	(UPQ) Saint-Thomas d'Aquin	10, rue Perronet	01 45 49 67 70
	8e arrondissement		
G6	(CC)	1, av. du Général Eisenhower	01 53 76 60 00
F5	(SARIJ) - (UPQ) Faubourg du Roule	210, r. du Faubourg Saint Honoré	01 53 77 62 20
F6	(UPQ) Champs-Elysées	5, rue Clément Marot	01 53 67 78 00
H5	(UPQ) Madeleine	31, rue d'Anjou	01 43 12 83 83
H4	(UPQ) Europe	1-3, rue de Lisbonne	01 44 90 82 90
	9e arrondissement		
J5	(CC)	14bis, rue Chauchat	01 44 83 80 80
I4	(SARIJ) - (UPQ) Saint-Georges	5, rue de Parme	01 49 70 82 60
J5	(UPQ) Faubourg Montmartre	21, rue du Faubourg Montmartre	01 44 83 82 32
	10e arrondissement		
M4	(CC)	26, rue Louis Blanc	01 53 19 43 10
L5	(SARIJ)	14, rue de Nancy	01 48 03 89 00
M5	(UPQ) Hôpital Saint-Louis - Saint-Vincent de Paul	40, avenue Claude Vellefaux	01 44 52 74 80
K5	(UPQ) Saint-Denis - Saint-Martin	45, rue de Chabrol	01 45 23 80 00
	11e arrondissement		
N8	(CC) - (SARIJ) - (UPQ) Dallery	12/14, passage Charles Dallery	01 53 36 25 00
N7	(UPQ) Folie Méricourt - Saint-Ambroise	19, passage Beslay	01 49 29 59 60
	12e arrondissement		
N10	(CC) - (SARIJ)	80, avenue Daumesnil	01 44 87 50 12

Plan	Noms/Names	Adresses/Addresses	Téléphones/Phones
Q9	(UPQ) Bel-Air	36, rue du Rendez-Vous	01 53 33 85 15
O11	(UPQ) Bercy	20/22, rue de l'Aubrac	01 53 02 07 10
O10	(UPQ) Picpus	30, rue Antoine-Julien Hénard	01 56 95 12 81
N10	(UPQ) Quinze-Vingts	80, avenue Daumesnil	01 44 87 51 94
N10	(UPG) Gare de Lyon	80, allée de Bercy - Voie N	01 53 02 94 00
	13e arrondissement		
L12	(CC) - (SARIJ) - (UPQ)	144, boulevard de l'Hôpital	01 40 79 05 05
M10	(UPG) Gare d'Austerlitz	5 boulevard de l'Hôpital	01 44 23 22 30
	14e arrondissement		
H11	(CC) - (SARIJ) - (UPQ) Montparnasse - Plaisance	114/116, avenue du Maine	01 53 74 14 06
	15e arrondissement		
F10	(CC) - (SARIJ) - (UPQ) Saint-Lambert	250, rue de Vaugirard	01 53 68 81 00
D10	(UPQ) Javel - Grenelle	34, rue Balard	01 45 78 37 00
G10	(UPQ) Necker	45, boulevard Garibaldi	01 53 69 44 00
	16e arrondissement		
C8	(CC)	62, avenue Mozart	01 55 74 50 00
C6	(SARIJ)	75, rue de la Faisanderie	01 40 72 22 50
B10	(UPQ) Auteuil	74, rue Chardon-Lagache	01 53 92 51 00
D8	(UPQ) Muette	2, rue Bois-le-Vent	01 44 14 64 64
C6	(UPQ) Porte Dauphine	75, rue de la Faisanderie	01 40 72 22 79
E6	(UPQ) Chaillot	4, rue Bouquet-de-Longchamp	01 53 70 61 80
	17e arrondissement		
H3	(CC) - (SARIJ) - (UPQ) Epinettes - Batignolles	19/21, rue Truffault	01 44 90 37 17
F3	(UPQ) Monceau - Ternes	3, avenue Gourgaud	01 44 15 83 10
	18e arrondissement		
K3	(CC)	79/81, rue de Clignancourt	01 53 41 50 00
K3	(SARIJ)	34, rue de la Goutte d'Or	01 49 25 48 00
L3	(UPQ) Goutte d'Or	50, rue Doudeauville	01 53 09 24 70
J2	(UPQ) Clignancourt	122, rue Marcadet	01 53 41 85 00
	19e arrondissement		
O3	(CC) - (SARIJ)	3/5, rue Erik Satie	01 55 56 58 00
O2	(UPQ) Pont de Flandre	37, rue de Nantes	01 53 26 81 50
O4	(UPQ) Amérique	14, rue Auguste Thierry	01 56 41 30 00
	20e arrondissement		
P6	(CC)	48, avenue Gambetta	01 40 33 34 00
Q8	(SARIJ)	66, rue des Orteaux	01 44 93 85 20
N5	(UPQ) Belleville	46, rue Ramponeau	01 44 62 83 50
P6	(UPQ) Père Lachaise	46, avenue Gambetta	01 40 33 34 60
Q8	(UPQ) Charonne	48, rue Saint-Blaise	01 53 27 38 40

POMPIERS DE PARIS / Paris Fire department

Plan	Compagnies/Companies	Adresses/Addresses	Téléphones/Phones	
	Numéro d'urgence : 18	Etat-Major : 01 47 54 68 18		
			Tél. Secours	Tél. Caserne
	1er GROUPEMENT			
I2	Commandant de Groupement et P.C.	12, rue de Carpeaux (18e)		01 42 26 83 18
	7e Compagnie			
I4	Blanche	28, rue Blanche (9e)	**01 48 74 56 20**	01 48 74 57 33
J6	Saint-Honoré	10, rue Sainte-Anne (1er)	**01 42 61 03 93**	01 42 61 03 26
	9e Compagnie			
I2	Montmartre	12, rue Carpeaux (18e)	**01 46 27 35 55**	01 42 26 83 28
H3	Boursault	27, rue Boursault (17e)	**01 45 22 36 77**	01 45 22 43 13
	10e Compagnie			
L9	Château-Landon	12, rue Philippe-de-Girard (10e)	**01 40 35 74 58**	01 40 35 58 31
N3	Bitche	2, pl. de Bitche (19e)	**01 40 36 86 03**	01 40 34 30 48
	12e Compagnie			
Q5	Ménilmontant	47, rue Saint-Fargeau (20e)	**01 40 31 72 47**	01 40 31 64 15
Q8	Charonne	93, rue des Pyrénées (20e)	**01 43 71 53 66**	01 43 71 51 22
	2ème GROUPEMENT			
J11	Commandant de Groupement et P.C.	16, av. Boutroux (13e)		01 45 83 82 22
	1ère Compagnie			
O9	Chaligny	26, rue de Chaligny (12e)	**01 43 72 51 52**	01 43 72 55 75
O11	Nativité	5, pl. Lachambaudie (12e)	**01 43 43 53 75**	01 43 43 54 65
	2e Compagnie			
N13	Masséna	37, bd Masséna (13e)	**01 45 83 80 80**	01 45 83 82 66
K9	Poissy	48-50, r. du Cdl Lemoine (5e)	**01 43 54 41 64**	01 43 54 26 15
	8e Compagnie			
K7	Rousseau	21, rue du Jour (1er)	**01 42 36 60 03**	01 42 36 55 49
L5-6	Château d'Eau	50, rue de Château d'Eau (10e)	**01 40 40 03 33**	01 40 40 03 66
	11e Compagnie			
L8	Sévigné	7, rue de Sévigné (4e)	**01 42 72 17 84**	01 42 72 01 08
N6	Parmentier	87, av. Parmentier (11e)	**01 43 57 58 69**	01 43 57 27 43
	3ème GROUPEMENT			
	Commandant de Groupement et P.C.	12-14, r. H. Régnault Courbevoie-La Défense (92)		01 49 04 74 18
	3e Compagnie			
J11	Port-Royal	55, bd de Port-Royal (13e)	**01 45 35 18 18**	01 43 37 51 51
H12	Plaisance	45, av. Villemain (14e)	**01 45 43 00 51**	01 45 43 51 77

Plan	Compagnies/Companies	Adresses/Addresses	Téléphones/Phones	
	4e Compagnie			
I9	Colombier	11, rue du Vieux Colombier (6e)	**01 45 48 32 90**	01 45 48 50 70
J8	La Monnaie	face 11, quai de Conti (6e)	**01 43 54 89 10**	01 43 25 81 28
G7	Malar	7, rue de Malar (7e)	**01 47 05 41 99**	01 45 55 08 81
	5e Compagnie			
E3	Champerret	3, bd de l' Yser (17e)	**01 45 72 30 65**	01 45 72 41 36
D6	Dauphine	8, rue Mesnil (16e)	**01 45 53 80 11**	01 45 53 84 68
	6e Compagnie			
E10	Grenelle	6, pl. Violet / 78, r. des Entrepreneurs (15e)	**01 45 78 74 52**	01 45 78 77 07
C9	Auteuil	2-4, rue François Millet (16e)	**01 42 88 51 81**	01 42 88 76 20

LA POSTE / Post office

Plan	Noms - Adresses/Names - Addresses
	1er arrondissement
J6	**Louvre Recette Principale (ouverte 24h/24h):** 52, rue du Louvre
K7	**Beaubourg** : 90, rue Saint-Denis
I6	**Capucines** : 13, rue des Capucines
K7	**Châtelet** : 27, r. des Lavandières Ste-Opportune
K7	**Forum des Halles**: 1, rue Pierre Lescot
J7	**Musée du Louvre** : Passage du Grand Louvre
J6	**Palais Royal** : 8, rue Molière
	2e arrondissement
J6	**Bourse** : 8, place de la Bourse
K6	**Sentier** : 54, rue d'Aboukir
	3e arrondissement
L7	**Archives** : 67, rue des Archives
L6	**Art et Métiers** : 259, rue Saint-Martin
L6	**Temple** : 160, rue du Temple
M7	**Saintonge** : 64, rue Saintonge
	4e arrondissement
M8	**Bastille** : 12 rue Castex
K7	**Centre G. Pompidou** : 19, rue Beaubourg
K8	**Hôtel-de-Ville** : 9, place de l'Hôtel-de-Ville
K8	**Ile de la Cité** : 1, boulevard du Palais
L9	**Ile Saint-Louis** : 16, rue des Deux-Ponts
L8	**Le Marais** : 27, rue des Francs-Bourgeois
L8	**Moussy** : 4, rue de Moussy
	5e arrondissement
K10	**Feuillantines** : 47, rue d'Ulm
K9	**Jussieu** : 30bis, rue du Cardinal Lemoine
K10	**Mouffetard** : 10, rue de l'Epée de Bois
J9	**Sorbonne** : 13, rue Cujas
	6e arrondissement
H9	**Cherche Midi** : 111, rue de Sèvres
H10	**Littré** : 22, rue Littré
J9	**Médicis** : 24, rue de Vaugirard
J9	**Odéon** : 118, boulevard Saint-Germain
J9	**Palais du Luxembourg (Sénat)**: 15, r. de Vaugirard
I8	**Saint-Germain-des-Prés** : 53, rue de Rennes
I9	**Sèvres Babylone** : 3, rue Dupin
	7e arrondissement
I8	**Beaux Arts** : 22, rue des Saints-Pères
F8	**Champ de Mars** : 37, avenue Rapp
G8	**Ecole Militaire** : 1, passage de la Vierge
H7	**Orsay** : 3, rue Courty
H7	**Palais Bourbon** : 126, rue de l'Université
I8	**Raspail** : 3, boulevard Raspail
H8	**Rodin** : 103, rue de Grenelle
G9	**Ségur** : 5, avenue de Saxe
E8	**Tour Eiffel** : 6 Tour Eiffel

Plan	Noms - Adresses/Names - Addresses
	8e arrondissement
H6	**Anjou** : 13, rue d'Anjou
F5	**Chambre de Commerce** : 10, rue Balzac
G6	**Colisée** : 14, rue du Colisée
H5	**Europe** : 10, rue de Vienne
G5	**La Boétie** : 51, rue de La Boétie
F6	**La Trémoille** : 24, rue La Trémoille
G4	**Monceau** : 101, boulevard Malesherbes
I4	**Saint-Lazare** : 15, rue d'Amsterdam
	9e arrondissement
K5	**Conservatoire** : 2, rue du Conservatoire
J5	**Drouot** : 19, rue Chauchat
J5	**Haussmann** : 7, boulevard Haussmann
I5	**Madeleine** : 38, rue Vignon
K5	**Montholon** : 14, rue Bleue
I5	**Opéra** : 8, rue Auber
I4	**Pigalle** : 47, boulevard de Clichy
I4	**Place Clichy** : 61, rue de Douai
J5	**Rochechouart** : 4, rue Hippolyte Lebas
J5	**Trinité** : 78, rue Taitbout
K4	**Turgot** : 22, rue Turgot
	10e arrondissement
K6	**Bonne-Nouvelle** : 18, boulevard Bonne-Nouvelle
M6	**Canal Saint-Martin** : 11, rue Léon Jouhaux
L5	**Gare de l'Est** : 158, rue du Fgb Saint-Martin
L4	**Gare du Nord** : 173bis, rue du Fbg Saint-Denis
M4	**Louis Blanc** : 228, rue du Fbg Saint-Martin
L5	**Magenta** : 2, square Alban Satragne
L6	**République** : 56, rue René Boulanger
L5	**Saint-Laurent** : 38, boulevard de Strasbourg
N5	**Sambre-et-Meuse** : 46, rue Sambre-et-Meuse
	11e arrondissement
N6	**Belleville** : 73, bd de Belleville
N8	**Faidherbe** : 31, rue Faidherbe
M6	**Goncourt** : 5, rue des Goncourt
O8	**Mercœur** : 80, rue Léon Frot
N7	**Parmentier** : 7, av. Parmentier
O7	**Père Lachaise** : 103, avenue de la République
N8	**Popincourt** : 21, rue Bréguet
M7	**Richard Lenoir** : 97, boulevard Richard Lenoir

Plan	Noms - Adresses/Names - Addresses
M9	**Roquette** : 17, rue de la Roquette
N6	**Saint-Maur** : 113, rue Oberkampf
O9	**Sainte-Marguerite** : 41, rue des Boulets
	12e arrondissement
P11	**Brèche aux Loups** : 11, rue de Wattignies
N9	**Crozatier** : 31, rue Crozatier
P10	**Daumesnil** : 168bis, av Daumesnil
N9	**Faubourg Saint-Antoine** : 80, av. Ledru-Rollin
N10	**Gamma** : 193, rue de Bercy
N10	**Gare de Lyon** : 25, boulevard Diderot
O11	**Lachambeaudie** : 1, rue de Dijon
N10	**Ministère des Finances** : 139, r. de Bercy - Bât. B
P9	**Picpus** : 65, rue du Rendez-Vous
Q11	**Porte Dorée** : 15bis, rue de Rottembourg
O9	**Reuilly** : 30, rue de Reuilly
Q9	**Soult** : 137, boulevard Soult
P11	**Tahiti** : 68, bd de Reuilly
	13e arrondissement
M10	**Austerlitz** : 7bis, boulevard de l'Hôpital
K13	**Butte aux Cailles** : 216, rue de Tolbiac
K12	**Corvisart** : 9, rue Corvisart
L12	**Italie** : 23, avenue d'Italie
M12	**Jeanne d'Arc** : 38, place Jeanne d'Arc
L14	**Massena** : 129, boulevard Masséna
L13	**Moulin de la Pointe** : 2, r. du Moulin de la Pointe
M13	**Olympiades** : 19, rue Simone Weil
N13	**Patay** : 26, rue de Patay
L11	**Reine Blanche** : 21, rue Reine Blanche
N12	**Rive Gauche** : Rue Olivier Messiaen
	14e arrondissement
H12	**Alésia** : 114bis, rue d'Alésia
H13	**Brune** : 105, boulevard Brune
J14	**Cité Universitaire** : 19, boulevard Jourdan
I11	**Daguerre** : 66, rue Daguerre
I12	**Denfert-Rochereau** : 15bis, av. du Gal Leclerc
J14	**Montsouris** : 78, rue de l'Amiral Mouchez
I10	**Observatoire** : 140, boulevard du Montparnasse
H11	**Pernéty** : 52, rue Pernéty
G12	**Plaisance** : 180, r. Raymond Losserand
I13	**Porte d'Orléans** : 1, place du 25 Août 1944

Plan	Noms - Adresses/Names - Addresses
	15e arrondissement
D9	**Beaugrenelle** : 67, avenue Emile Zola
H10	**Bienvenue** : 42, boulevard de Vaugirard
E10	**Boucicaut** : 102, rue de la Convention
D10	**Citroën** : 27, rue Balard
F11	**Convention** : 204, rue de la Convention
F11	**Dombasle** : 23, rue Dombasle
E8	**Dupleix** : 27, rue Desaix
F10	**François Bonvin** : 8, rue Francois Bonvin
F12	**Georges Brassens** : 113, boulevard Lefebvre
E9	**Lourmel** : 38, rue de Lourmel
D11	**Desnouettes** : 72, rue Desnouettes
F10	**Saint-Lambert** : 2, rue Joseph Liouville
H10	**Tour Montparnasse** : 33, avenue du Maine
G10	**Volontaires** : 204, rue de Vaugirard
G11	**Vouillé** : 21, rue de Vouillé
	16e arrondissement
B9	**Auteuil** : 46, rue Poussin
E8	**Beethoven** : 2, rue Beethoven
F6	**Chaillot** : 1bis, rue de Chaillot
E6	**Etoile** : 73, rue Lauriston
C9	**La Fontaine** : 3, rue Jean de La Fontaine
A11	**Molitor** : 35, boulevard Murat
C8	**Mozart** : 28, avenue Mozart
C7	**Muette** : 39, rue de la Pompe
A11	**Parc des Princes** : 109, boulevard Murat
C8	**Passy** : 40, rue Singer
E7	**Trocadéro** : 51, rue de Longchamp
C10	**Van Loo** : 155, avenue de Versailles
D6	**Victor Hugo** : 123, avenue Victor Hugo
	17e arrondissement
H3	**Batignolles** : 9, rue Mariotte
H1	**Bessières** : 81, boulevard Bessières
H2	**Brochant** : 141, avenue de Clichy
G3	**Cardinet** : 132, rue Saussure
G3	**Debussy** : 23bis, rue Legendre
E3	**Gouvion Saint-Cyr** : 79, rue Bayen
E5	**Grande Armée** : 58, avenue de la Grande Armée
I2	**Guy Môquet** : 57, avenue de Saint-Ouen
E4	**Ternes** : 13, avenue Niel
F4	**Wagram** : 108, avenue de Wagram

Plan	Noms - Adresses/Names - Addresses
	18e arrondissement
J3	**Abbesses** : 8, rue des Abesses
J1	**Bichat** : 11, avenue de la Porte Montmartre
K2	**Boinod** : 30, rue Boinod
K3	**Château Rouge** : 39, bd Barbès
K2	**Duhesme** : 97, rue Duhesme
K3	**Goutte d'Or** : 11, rue Islettes
J2	**Lamarck** : 74, rue Lamarck
L2	**Marx Dormoy** : 2, rue Ordener
J2	**Montmartre** : 19, rue Duc
J1	**Ney** : 1133, boulevard Ney
L3	**Philippe de Girard** : 18 boulevard de la Chapelle
M1	**Porte d'Aubervilliers** : 5, av. de la Pte d'Aubervilliers
L1	**Porte de la Chapelle** : 91, rue de la Chapelle
M2	**Tristan Tzara** : 7, rue Tristan Tzara
J2	**Vauvenargues** : 204, rue Marcadet
	19e arrondissement
O3	**Buttes Chaumont** : 2, rue Goubet
O1	**Cité des Sciences et de l'Industrie** : 30, av. C. Cariou
N2	**Curial** : 218, rue de Crimée
N3	**Jaurès** : 33, avenue Jean Jaurès
N4	**Laumière** : 10, avenue Laumière
Q5	**Les Tourelles** : 339bis, rue de Belleville
N2	**Orgues de Flandre** : 67, avenue de Flandre
N2	**Ourcq** : 62, rue de l'Ourcq
O3	**Parc de la Villette** : 3, av. du Nouveau Conservatoire
P4	**Place de Fêtes** : 48, rue Compans
O5	**Simon Bolivar** : 8, rue Clavel
	20e arrondissement
P9	**Buzenval** : 56bis, rue de Buzenval
Q7	**Charonne** : 132, rue des Pyrénées
Q7	**Edith Piaf** : 21, rue Belgrand
O6	**Ménilmontant** : 9, rue Etienne Dolet
P7	**Place Gambetta** : 7, place Gambetta
P6	**Pyrénées** : 250, rue des Pyrénées
Q8	**Saint-Blaise** : 37, rue Mouraud
Q6	**Saint-Fargeau** : 73, boulevard Mortier
P5	**Télégraphe** : 28, rue du Télégraphe

SALLES DE SPECTACLES / Theaters

Plan	Salles de spectacles/Theaters	Adresses/Addresses
	Locations de places pour le jour même / Rental space for the day	
H6	Kiosque de la Madeleine	15, pl. de la Madeleine (8e)
H10	Kiosque Montparnasse	Esplanade de la Tour Montparnasse (14e)
F4	Kiosque des Ternes	Place des Ternes (17e)
	Salles de spectacles (principaux théatres, concerts, chansonniers, cabarets...) / Theaters	
L6	**Alhambra (l')**	21, rue Yves Toudic (10e)
L6	**Antoine-Simone Berriau**	14, bd de Strasbourg (10e)
J4	**Atelier (de l')**	1, place Ch. Dullin (18e)
I5	**Athénée Louis Jouvet**	4, sq. de l'Opéra Louis Jouvet (9e)
I3	**Bal du Moulin Rouge**	Place Blanche (18e)
N8	**Bastille (de la)**	76, rue de la Roquette (11e)
M7	**Bataclan**	50, bd Voltaire (11e)
H11	**Bobino**	20, rue de la Gaîté (14e)
L3	**Bouffes du Nord (des)**	37bis, bd de la Chapelle (10e)
J6	**Bouffes Parisiens (des)**	4, rue Monsigny (2e)
L7	**Café de la Gare**	41, rue du Temple (4e)
I4	**Casino de Paris**	16, rue de Clichy (9e)
L6	**Caveau de la République**	1, bd Saint-Martin (3e)
K7	**Centre Georges Pompidou**	Plateau Beaubourg (4e)
E7	**Chaillot (National de)**	1, place du Trocadéro (16e)
K8	**Châtelet (du)**	1, Place du Châtelet (1er)
N13	**Chevaleret Théâtre de l'Equipe**	24, rue du Chevaleret (13e)
M7	**Cirque d'Hiver Bouglione**	110, rue Amelot (11e)
P7	**Colline (National de la)**	15, rue de Malte (20e)
I5	**Comédie Caumartin**	25, rue Caumartin (9e)
I4	**Comédie de Paris**	42, rue Pierre Fontaine (9e)
F6	**Comédie des Champs-Elysées**	15, av. Montaigne (8e)
J7	**Comédie Française** (Salle Richelieu)	2, rue de Richelieu (1er)
L6	**Comédie République**	1, bd Saint-Martin (3e)
L6	**Comédia**	4, boulevard de Strasbourg (10e)
F6	**Crazy Horse Paris**	12, avenue George-V (8e)
I6	**Daunou**	7, rue Daunou (2e)
M6	**Déjazet**	41, boulevard du Temple (3e)
I3	**Deux Anes**	100, bd de Clichy (18e)
I5	**Edouard-VII**	10, rue Edouard-VII (9e)
I2	**Etoile du Nord**	16, rue Georgette Agutte (18e)
J4	**Elysée Montmartre**	72, bd de Rochechouart (18e)
E12	**Espace Paris Plaine**	13, rue du Gal Guillaumat (15e)

Plan	Salles de spectacles/Theaters	Adresses/Addresses
H6	**Espace Pierre Cardin**	1, avenue Gabriel (8e)
Q6	**Est-Parisien (de)**	159, avenue Gambetta (20e)
I3	**Européen (l')**	3-5, rue Biot (17e)
K5	**Folies Bergère (les)**	32, rue Richer (9e)
J4	**Fontaine**	10, rue Pierre Fontaine (9e)
L6	**Gaîté Lyrique (La)**	3 rue Papin (3e)
H11	**Gaîté Montparnasse (de la)**	26, rue de la Gaîté (14e)
G5	**Gaveau**	45, rue La Boétie (8e)
O2	**Géode**	Parc de la Villette (19e)
I4	**Grande Comédie (la)**	40, rue de Clichy (9e)
O2	**Grande Halle de la Villette**	211, avenue Jean Jaurès (19e)
K6	**Grand Rex**	1, bd Poissonnière (2e)
K5	**Gymnase-Marie Bell**	38, bd Bonne-Nouvelle (10e)
H4	**Hébertot**	78bis, bd des Batignolles (17e)
J4	**La Bruyère**	5, rue de La Bruyère (9e)
F5	**Le Lido**	116bis, av. des Champs-Elysées (8e)
N13	**Lierre Théâtre**	22, rue du Chevalerat (13e)
H6	**Madeleine**	19, rue de Surène (8e)
N9	**Main d'Or (de la)**	15, pas. de la Main d'Or (11e)
L6	**Marais**	37, rue Volta (3e)
G5	**Marigny Robert Hossein**	Avenue de Marigny (8e)
I5	**Mathurins (des)**	36, rue des Mathurins (8e)
P6	**Ménilmontant (de)**	15, rue du Retrait (20e)
I3	**Mery**	7, place de Clichy (17e)
I5	**Michel**	38, rue des Mathurins (8e)
J6	**Michodière (de la)**	4bis, rue de la Michodière (2e)
I5	**Mogador**	25, rue Mogador (9e)
H11	**Montparnasse**	31, rue de la Gaîté (14e)
K10	**Mouffetard**	73, rue Mouffetard (5e)
K5	**New Morning**	7, rue des Petites Ecuries (10e)
K5	**Nouveautés (des)**	24, boulevard Poissonnière (9e)
I4	**Nouvelle Eve**	25, rue Pierre Fontaine (9e)
J9	**Odéon-Théâtre de l'Europe**	Place de l'Odéon (6e)
I4	**Œuvre (de l')**	55, rue de Clichy (9e)
I6	**Olympia**	28, bd des Capucines (9e)
I5	**Opéra Garnier**	1, place de l'Opéra (9e)
M9	**Opéra Bastille**	Place de la Bastille (12e)
J6	**Opéra Comique**	Rue de Marivaux (2e)
D4	**Palais des Congrès**	Place de la Porte Maillot (17e)
M6	**Palais des Glaces**	37, rue du Faubourg du Temple (10e)
N11	**Palais Omnisports de Paris Bercy**	8, boulevard de Bercy (12e)

Plan	Salles de spectacles/Theaters	Adresses/Addresses
J6	**Palais-Royal (du)**	38, rue de Montpensier (1er)
D12	**Palais des Sports**	Place de la Porte de Versaille (15e)
K9	**Paradis Latin**	28, rue du Cardinal Lemoine (5e)
O2	**Paris Villette**	211, avenue Jean Jaurès (19e)
I4	**Paris (de)**	15, rue Blanche (9e)
I6	**Pépinière-Opéra**	7, rue Louis Le Grand (2e)
F5	**Pleyel** (Salle)	252, rue du Fbg St-Honoré (8e)
I6	**Porte Saint-Martin**	16, boulevard St-Martin (10e)
D8	**Ranelagh (du)**	5, rue des Vignes (16e)
L6	**Renaissance (de la)**	2, bd St-Martin (10e)
G6	**Rond-Point (du)**	2bis av. Fr. D. Roosevelt (8e)
H10	**Rive Gauche**	6, rue de la Gaîté (14e)
J4	**Saint-Georges**	51, rue St Georges (9e)
F12	**Silvia Montfort**	106, rue Brancion (15e)
Bois	**Soleil (du)** (Bois de Vincennes B6)	Rte du Champ de Manœuvre (12e)
L6	**Splendid (du)**	48, rue du Fbg St-Martin (10e)
M6	**Temple (le)**	18, rue du Fgd de Temple (11e)
Bois	**Théâtre de Verdure du Jardin Shakespeare** (Bois de Boulogne C5)	Pré Catelan (16e)
Q10	**Théâtre Douze - Maurice Ravel**	6, av. Maurice Ravel (12e)
J4	**Trianon (du)**	80, bd de Rochechouart (18e)
H4	**Tristan Bernard**	64, rue du Rocher (8e)
J5	**Variétés (des)**	7, boulevard Montmartre (2e)
K8	**Ville (de la)** (Sarah Bernhardt)	Place du Châtelet (4e)
O6	**Vingtième Théatre**	7, rue des Plâtrières (20e)
I9	**Vieux Colombier (du)**	21, r. du Vieux Colombier (6e)
P2	**Zénith**	211, av. Jean Jaurès (19e)

SALONS - EXPOSITIONS / Fairground

Plan	Noms/Names	Adresses/Addresses
E3	**Espace Champerret**	Place de la Porte de Champerret (17e)
O12	**Bercy Expo**	Av. des Terroirs de France (12e)
J7	**Carrousel du Louvre**	99, rue de Rivoli (1er)
	CNIT Paris La Défense (plan de La Défense B2)	4, pl. de La Défense (92) - La Défense
O2	**Grande Halle de la Villette**	211, avenue Jean Jaurès (19e)
	Parc des Expositions du Bourget	Aéroport du Bourget - Le Bourget (93)
	Parc des Expositions de Paris-Nord	ZAC Paris-Nord II - Villepinte (93)
D4	**Palais des Congrès**	2, place de la Porte Maillot (17e)
D12	**Paris Expo Porte de Versailles**	Porte de Versailles (15e)

SPORTS - LOISIRS / Sports - Leisure

Plan	Noms/Names	Adresses/Addresses
	CENTRES SPORTIFS / Sports centers	
M14	**Georges Carpentier** (Halle et Stade)	81, boulevard Masséna (13e)
K14	**Sébastien Charléty** (Stade)	99, boulevard Kellermann (13e)
A10	**Jean Bouin** (Centre sportif)	20-40, av. du Général Sarrail (16e)
N11	**Palais Omnisports de Paris-Bercy**	8, boulevard de Bercy (12e)
A10	**Parc des Princes**	24, rue du Cdt Guilbaud (16e)
Bois	**Pershing** (Centre sportif) - Bois de Vincennes D7	Rte du Bosquet-Mortemart (12e)
A11	**Pierre de Coubertin**	82, av. Georges Lafont (16e)
A9	**Roland Garros** (Stade)	2, av. Gordon Bennett (16e)
	Stade de France	ZAC Cornillon Nord - Rue F. de Pressensé Saint-Denis (93)
C12	**Suzanne Lenglen** (Parc Omnisport)	2, rue Louis Armand (15e)
Q13	**Vélodrome Jacques Anquetil**	Av. de Gravelle (12e) - Bois de Vincennes
	PISCINES / Swimming pool	
K2	**Amiraux**	6, rue Hermann Lachapelle (18e)
C12	**Aquaboulevard**	4, rue Louis Armand (15e)
H10	**Armand Massart**	66, bd du Montparnasse (15e)
I12	**Aspirant Durand**	20, rue Saillant (14e)
B8	**Auteuil**	Route des Lacs à Passy (16e)
J1	**Bernard Dauvin**	12, rue René Binet (18e)
H2	**Bernard Lafay**	79, rue de La Jonquière (17e)
G10	**Blomet**	17, rue Blomet (15e)
K13	**Butte aux Cailles**	5, place paul Verlaine (13e)
F3	**Champerret**	36, boulevard de Reims (17e)
M4	**Château Landon**	31, rue de Château Landon (10e)
L12	**Château des Rentiers**	184, rue du Château des Rentiers (13e)
M7	**Cour des Lions**	11, rue Alphonse Baudin (11e)
G13	**Didot**	22, av. georges Lafenestre (14e)
M12	**Dunois**	70, rue Dunois (13e)
N4	**Edouard Pailleron**	32, rue Edouard Pailleron (19e)
E8	**Emile Antoine**	9, rue Jean Rey (15e)
J4	**Georges Drigny**	18, rue Bochart de Saron (9e)
O4	**Georges Hermant**	4, rue David d'Angers (19e)
O8	**Georges Rigal**	115, boulevard de Charonne (11e)
Q5	**Georges Vallerey**	148, avenue Gambetta (20e)
K7	**Halles (Suzanne Berlioux)**	Forum des Halles-Pte du Jour-niveau -3 (1er)
M2	**Hébert**	2, rue des Fillettes (18e)
C6	**Henry de Montherlant**	32, boulevard Lannes (16e)

Plan	Noms/Names	Adresses/Addresses
K10	**Jean Taris**	16, rue Thouin (5e)
N11	**Joséphine Baker**	Quai François Mauriac (13e)
N2	**Mathis**	11-17, rue Mathis (19e)
K9	**Pontoise-Quartier Latin**	19, rue de Pontoise (5e)
E12	**Porte de la Plaine**	13, rue du Général Guillaumat (15e)
D9	**René et André Mourlon**	19, rue Gaston de Caillavet (15e)
O10	**Reuilly**	13, rue Antoine J. Hénard (12e)
R10	**Roger Le Gall**	34, boulevard Carnot (12e)
O2	**Rouvet**	1, rue Rouvet (19e)
J9	**Saint Germain**	12, rue Lobineau (6e)
K7	**Saint Merri**	16, rue du Renard (4e)
K4	**Valeyre**	22-24, rue de Rochechouard (9e)
	HIPPODROMES / Racetracks	
Bois	**Auteuil** - Bois de Boulogne B8	Route des Lacs (16e)
	Enghien-les Bains	1, pl. A. Foulon - Soisy-ss-Montmorency (95)
Bois	**Longchamp** - Bois de Boulogne D3	Routes des Tribunes (16e)
	Maisons Laffitte	1, av. de la Pelouse - Maisons Laffitte (78)
	Saint-Cloud	Rue du Champ Canadien - St-Cloud (92)
Bois	**Vincennes** - Bois de Vincennes E6	2, route de la Ferme (12e)

STATIONS - SERVICES / Gas stations

Plan	Adresses/Addresses
	1er arrondissement
J7	10, rue de Bailleul
J7	5, rue du Colonel Driant
I6	336, rue Saint-Honoré
	4e arrondissement
L9	5, rue Agrippa d'Aubigné
L7	46, rue des Archives
M9	3, boulevard Bourdon
M8	16, rue St-Antoine
	5e arrondissement
L5	36, r. des Fossés St-Bernard
J10	40, rue Gay Lussac
K10	62, rue Monge
K11	72, boulevard du Port-Royal
	6e arrondissement
J10	82, boulevard St-Michel
	7e arrondissement
G7	face 23, r. de Constantine / 37, rue Fabert
H8	15, boulevard des Invalides
I8	6, boulevard Raspail
	8e arrondissement
H4	61, bd des Batignolles
G6	face au 3, avenue Matignon
F4	61, boulevard de Courcelles
F5	face 103, av. des Champs Elysée
G5	164, boulevard Haussmann
I5	Pl. de la Madeleine / R. Tronchet
H5	32, boulevard Malesherbes
G5	60, rue de Ponthieu
	9e arrondissement
J4	20, rue Clauzel
	10e arrondissement
M3	1, boulevard de la Chapelle
L3	25, boulevard de la Chapelle
M5	21, avenue Claude Vellefaux
L5	166, r. du Faubourg St-Martin
M6	46, quai de Jemmapes
L4	142, rue La Fayette
L4	152, rue La Fayette
M4	2, rue Louis Blanc

Plan	Adresses/Addresses
	11e arrondissement
O8	127, avenue Philippe-Auguste
N7	54, avenue de la République
M6	32, boulevard du Temple
	12e arrondissement
N10	123, rue de Charenton
O11	238, rue de Charenton
P13	316, rue de Charenton
O10	173, avenue Daumesnil
O9	220, r. du Faubourg St-Antoine
P10	55, boulevard de Picpus
P12	57, boulevard Poniatowski
R9	Porte de Vincennes / Bd périphérique extérieur
N10	36, quai de la Râpée
O9	32, rue de Reuilly
Q11	51, boulevard Soult
Q10	127, boulevard Soult
	13e arrondissement
K14	83, rue de l'Amiral Mouchez
M11	11, quai d'Austerlitz
L13	137, avenue de Choisy
N14	2, place du Docteur Yersin
L11	114, boulevard de l'Hôpital
O13	Quai d'Ivry
O13	Rue Jean-Baptiste Berlier
M12	85, rue Jeanne d'Arc
L12	181, boulevard Vincent Auriol
L14	Av. de la Porte d'Italie, sortie du périphérique
K13	231, rue de Tolbiac
	14e arrondissement
H12	154, rue d'Alésia
H12	195, rue d'Alésia
H14	Rue de la Légion Etrangère
G13	28, av. de la Porte de Châtillon
	15e arrondissement
E11	151, rue de la Convention
D9	21, avenue Emile Zola
C12	19, bd des Frères Voisin
F9	11, boulevard Garibaldi
G10	76, boulevard Garibaldi
E9	34, boulevard de Grenelle
C11	Quai d'Issy-les-Moulineaux
D11	352, rue Lecourbe
H10	56, avenue du Maine
F12	1, av. de la Porte Brancion
H10	47, boulevard de Vaugirard
D11	1, boulevard Victor
D12	44, boulevard Victor
	16e arrondissement
E5	4, avenue Foch
A10	Avenue du Général Sarrail
D9	Voie Georges Pompidou / Pont de Grenelle
E6	69, avenue Kléber
B10	7, boulevard Murat
A11	105, boulevard Murat
D7	26, avenue Paul Doumer
C7	88, avenue Paul Doumer
A11	2, av. de la Porte de St-Cloud
D8	4, avenue Président Kennedy
C7	Place Tattegrain
C10	99, avenue de Versailles
C10	130, avenue de Versailles
	17e arrondissement
H4	38, boulevard des Batignolles
F3	122, boulevard Berthier
H2	153, avenue de Clichy
H2	190, avenue de Clichy
F4	100, rue de Courcelles
F4	148, rue de Courcelles
F2	Boulevard du Fort de Vaux
E4	26, bd Gouvion Saint-Cyr
E4	31, bd Gouvion Saint-Cyr
E4	37, bd Gouvion Saint-Cyr
E3	Porte de Champerret / Bd périphérique extérieur
G2	6, av. de la Porte de Clichy
G2	37, av. de la Porte de Clichy
D4	1, place de la Porte Maillot
I1	21, av. de la Porte de St-Ouen
E4	98, avenue des Ternes
F3	100, avenue de Villiers
E3	3, boulevard de l'Yser
	18e arrondissement
I3	14, rue Caulaincourt
L1	80, rue de la Chapelle
L1	90, rue de la Chapelle
I2	203, rue Championnet
K2	120, rue de Clignancourt
K3	48bis, rue Custine
L2	21, rue Ordener
L1	54, boulevard Ney
L1	Av. de la Pte de la Chapelle / Bretelle périphérique int. / A1
K1	30, av. de la Pte de Clignancourt
I1	30, av. de la Porte de St-Ouen
J2	14, rue de Versigny
	19e arrondissement
N2	234, rue de Crimée
N1	Porte d'Aubervilliers / Bd périphérique int. et ext.
O3	121, rue Manin
P3	Place de la Porte de Pantin
O1	14, av. de la Pte de la Villette
Q4	19, boulevard Sérurier
N5	41, avenue Simon Bolivar
M4	152, boulevard de la Villette
	20e arrondissement
Q7	217, boulevard Davout
Q6	22, rue Etienne Marey
R8	161, avenue Benoît Frachon
P6	161, rue de Ménilmontant
Q5	101, boulevard Mortier
Q7	6, av. de la Porte de Bagnolet
R9	Porte de Vincennes / Bd périphérique intérieur

TRANSPORTS / Transport

LIGNES D'AUTOBUS PARISIENS / Bus lines in Paris

Lignes/Lines	Têtes de Lignes/Terminus	
	RATP : Internet: www.ratp.fr Service clientèle / Customer service : 32 46 (0,34€/mn)	
20	Gare Saint-Lazare	Gare de Lyon
21	Gare Saint-Lazare	Stade Charléty - Porte de Gentilly
22	Opéra	Porte de Saint-Cloud
24	Gare Saint-Lazare	Ecole Vétérinaire de Maisons-Alfort
26	Gare Saint-Lazare	Nation - Place des Antilles
27	Gare Saint-Lazare	Porte d'Ivry
28	Gare Saint-Lazare	Porte d'Orléans
29	Gare Saint-Lazare	Porte de Montempoivre
30	Gare de l'Est	Trocadéro
31	Gare de l'Est	Charles-de-Gaulle - Etoile
32	Gare de l'Est	Porte d'Auteuil
35	Gare de l'Est	Mairie d'Aubervilliers
38	Gare du Nord	Porte d'Orléans
39	Gare du Nord	Issy - Frères Voisin
42	Gare du Nord	Hôpital Europeen G. Pompidou
43	Gare du Nord	Neuilly-Bagatelle
46	Gare du Nord	Château de Vincennes
47	Gare de l'Est	Fort du Kremlin-Bicêtre
48	Palais Royal-Musée du Louvre	Porte des Lilas
52	Opéra	Parc de Saint-Cloud
53	Opéra	Pont de Levallois
54	Porte d'Aubervilliers	Asnières - Gennevilliers - G. Péri
56	Porte de Clignancourt	Château de Vincennes
57	Porte de Bagnolet-Louis Ganne	Arcueil-Laplace RER
58	Châtelet	Vanves - Lycée Michelet
60	Gambetta	Porte de Montmartre
61	Gare d'Austerlitz	Eglise de Pantin
62	Porte de France	Porte de Saint-Cloud
63	Gare de Lyon	Porte de la Muette
64	Gambetta	Place d'Italie
65	Gare de Lyon	Porte de la Chapelle
66	Opéra	Clichy - Victor Hugo

Lignes/Lines	Têtes de Lignes/Terminus	
67	Pigalle	Stade Charléty - Porte de Gentill
68	Place de Clichy	Châtillon-Montrouge
69	Gambetta	Champ de Mars
70	Hôtel-de-Ville	Radio France
72	Hôtel-de-Ville	Parc de Saint-Cloud
73	Musée d'Orsay	La Garenne Colombes - Charlebourg
74	Hôtel-de-Ville	Clichy-Berges de Seine
75	Pont Neuf	Porte de Pantin - Marseillaise
76	Louvre-Rivoli	Bagnolet-Louise Michel
80	Porte de Versailles	Mairie du 18e-Jules Joffrin
81	Châtelet	Porte de Saint-Ouen
82	Luxembourg	Neuilly-Hôpital Américain
83	Friedland-Haussmann	Porte d'Ivry
84	Panthéon	Porte de Champerret
85	Luxembourg	Mairie de Saint-Ouen
86	Saint-Germain des Près	Saint-Mandé-Demi-Lune
87	Champ de Mars	Porte de Reuilly
88	Hôpital Europeen G. Pompidou	Montsouris-Tombe Issoire
89	Porte de France	Gare de Vanves-Malakoff
91	Montparnasse 2 - Gare TGV	Bastille
92	Gare Montparnasse	Porte de Champerret
93	Invalides	Suresnes De Gaulle
94	Gare Montparnasse	Levallois-Louison Bobet
95	Porte de Montmartre	Porte de Vanves
96	Gare Montparnasse	Porte des Lilas
PC1	Porte de Champerret	Pont de Garigliano
PC3	Porte de la Chapelle	Porte Maillot - Pershing

BALABUS : Gare de Lyon - Porte Maillot - La Défense (Dimanches et fêtes de 12h00 à 20h30, d'avril à septembre)
MONTMARTROBUS: Pigalle - Mairie du 18e-Jules Joffrin (de 7h30 à 19h50)
TRAVERSE BATIGNOLLES-BICHAT : Hôpital Bichat *(circulaire)*
TRAVERSE BIEVRE-MONTSOURIS : Place Abbé G. Hénocque *(circulaire)*
TRAVERSE DE CHARONNE : Gambetta *(circulaire)*
TRAVERSE NEY-FLANDRE : Porte d'Aubervilliers *(circulaire)*
ORLYBUS : Denfert Rochereau - Orly Ouest/Sud (jusqu'à 23h00 environ)
ROISSYBUS : Opéra - Aéroport Charles-de-Gaulle (jusqu'à 23h00 environ)
ORLYVAL : RER B4 Antony - Orly (de 6h00 à 22h55)

NOCTILIEN (night bus services) de 0h30 à 5h30 - 7 jours sur 7

Lignes/Lines	Têtes de Lignes/Terminus	
N01	**Rocade intérieur** : Gare de l'Est - Gare de Lyon - Gare Montparnasse - Gare Saint-Lazare - Gare de l'Est	
N02	**Rocade extérieur** : Gare Montparnasse - Gare de Lyon - Gare de l'Est - Gare Saint-Lazare - Gare Montparnasse	
N11	Château de Vincennes	Pont de Neuilly
N12	Romainville Carnot	Pont de Sèvres
N13	Bobigny-Pablo Picasso	Mairie d'Issy
N14	Mairie de Saint-Ouen	Bourg-la-Reine RER
N15	Asnières-Gennevilliers	Villejuif-Louis Aragon
N16	Pont de Levallois	Mairie de Montreuil
N122	Châtelet	Saint-Rémy lès Chevreuse RER
N21	Châtelet	Chilly-Mazarin-Libération
N22	Châtelet	Marché de Rungis
N23	Châtelet	Chelles-Gournay RER
N24	Châtelet	Bezons Grand Cerf
N31	Gare de Lyon	Juvisy RER
N32	Gare de Lyon	Boissy-Saint-Léger RER
N33	Gare de Lyon	Villiers-sur-Marne RER
N34	Gare de Lyon	Torcy RER
N35	Gare de Lyon	Nogent-Le Perreux RER
N130	Gare de Lyon	Marne La Vallée-Chessy RER
N131	Gare de Lyon	Brétigny RER
N132	Gare de Lyon	Melun RER
N133	Gare de Lyon	Juvisy RER
N134	Gare de Lyon	Combs-la-Ville RER
N135	Villeneuve-Saint-Georges RER	Corbeil RER
N41	Gare de l'Est	Sevran - Livry RER
N42	Gare de l'Est	Aulnay-Garonor
N43	Gare de l'Est	Gare de Sarcelles Saint-Brice
N44	Gare de l'Est	Pierreffite-Stains RER
N45	Gare de l'Est	Hôpital de Montfermeil
N140	Gare de l'Est	Aéroport Charles de Gaulle RER
N141	Gare de l'Est	Gare de Meaux
N142	Gare de l'Est	Tournan RER
N143	Gare de l'Est	Aéroport Charles de Gaulle
N144	Gare de l'Est	Corbeil RER
N145	Gare de l'Est	Gare de La Verrière
N51	Gare Saint-Lazare	Gare d'Enghien
N52	Gare Saint-Lazare	Gare d'Argenteuil
N53	Gare Saint-Lazare	Nanterre Université RER
N150	Gare Saint-Lazare	Cergy-le-Haut RER
N151	Gare Saint-Lazare	Gare de Mantes-la-Jolie
N152	Gare Saint-Lazare	Cergy-le-Haut RER

Lignes/Lines	Têtes de Lignes/Terminus	
N153	Gare Saint-Lazare	St-Germain-en-Laye RER
N154	Gare Saint-Lazare	Montigny-Beauchamp RER
N61	Gare Montparnasse	Hôtel de Ville de Vélisy
N62	Gare Montparnasse	Robinson RER
N63	Gare Montparnasse	Massy-Palaiseau RER
N71	Rungis-Marché International	Saint-Maur Créteil RER

LIGNES DE METRO / Metro lines

Lignes/Lines	Têtes de Lignes/Terminus	
1	Château de Vincennes	La Défense-Grande Arche
2	Nation	Porte Dauphine
3	Gallieni	Pont de Levallois-Bécon
3b	Porte des Lilas	Gambetta
4	Mairie de Montrouge	Porte de Clignancourt
5	Place d'Italie	Bobigny-Pablo Picasso
6	Nation	Charles-de-Gaulle-Etoile
7	Mairie d'Ivry ou Villejuif-Louis Aragon	La Courneuve-8 Mai 1945
7b	Louis Blanc	Pré Saint-Gervais
8	Balard	Créteil-Préfecture
9	Pont de Sèvres	Mairie de Montreuil
10	Gare d'Austerlitz	Boulogne-Pont de Saint-Cloud
11	Châtelet	Mairie des Lilas
12	Mairie d'Issy	Front Populaire
13	Saint Denis-Université ou Asnières-Gennevilliers Les Courtilles	Châtillon-Montrouge
14	Olympiades	Gare Saint-Lazare

LIGNES DE TRAMWAY / Trams

T1	Asnières-Gennevilliers - Les Courtille (Métro ligne 13)	Noisy-le-Sec (RER E)
T2	Pont de Bezons	Pte de Versailles (Métro ligne 12 - T3)
T3a	Pont du Garigliano (RER C)	Porte de Vincennes (Métro ligne 1)
T3b	Porte de Vincennes (Métro ligne 1)	Porte de la Chapelle (Métro ligne 12)

LIGNES DE RER / RER lines

Lignes/Lines	Têtes de Lignes/Terminus	
A1	Châtelet	Saint-Germain-en-Laye
A2	Châtelet	Boissy-Saint-Léger
A3	Châtelet	Cergy-le-Haut
A4	Châtelet	Marne la Vallée-Chessy
A5	Châtelet	Poissy

Lignes/Lines	Têtes de Lignes/Terminus	
B2	Châtelet	Robinson
B3	Châtelet	Aéroport Charles-de-Gaulle 2-TGV
B4	Châtelet	Saint-Rémy-lès-Chevreuse
B5	Châtelet	Mitry-Claye
C1	Saint-Michel-Notre-Dame	Pontoise
C2	Saint-Michel-Notre-Dame	Massy-Palaiseau
C4	Saint-Michel-Notre-Dame	Dourdan-la-Forêt
C5	Saint-Michel-Notre-Dame	Versailles-Rive Gauche
C6	Saint-Michel-Notre-Dame	Saint-Martin d'Etampes
C7	Saint-Michel-Notre-Dame	St-Quentin-en-Y. - Montigny-le B.
C8	Saint-Michel-Notre-Dame	Versailles-Chantiers
D1	Châtelet	Orry-la-Ville-Coye
D2	Châtelet	Melun
D4	Châtelet	Malesherbes
E2	Haussmann-Saint-Lazare (EOLE)	Chelles-Gournay
E4	Haussmann-Saint-Lazare (EOLE)	Tournan

GARES S.N.C.F. / Train stations

Plan	Gares/Train stations	Liaisons RER ou Métro/RER or metro links
M10	Gare d'Austerlitz (13e)	RER C - METRO (Gare d'Austerlitz) 5, 10
O11	Gare de Bercy (12e)	METRO (Bercy) 6, 14
L5	Gare de l'Est (10e)	RER E (Magenta) - METRO (Gare de l'Est) 4, 5, 7
L4	Gare du Nord (10e)	RER B, D (Gare du Nord), E (Magenta)-METRO (Gare du Nord) 4, 5
N10	Gare de Lyon (12e)	RER A, D - METRO (Gare de Lyon) 1, 14
H10	Gare Montparnasse (15e)	METRO (Monparnasse-Bienvenüe) 4, 6, 12, 13
I5	Gare St-Lazare (8e)	RER E (Haussmann St-Lazare) - METRO (St-Lazare) 3, 12, 13, 14

Service clientèle / Customer service : 0 892 335 335 (0,34/mn) - 36 35 (0,34/mn)
Internet : www.sncf.fr

STATIONS DE TAXI (avec borne d'appel) / Taxi stations with call terminal

Plan	Situations/Situation
	Numéro unique / unique number
	01 45 30 30 30 (prix d'un appel local)
	1er arrondissement
K8	**CHÂTELET** - Pl. du Châtelet
H6	**CONCORDE-RIVOLI** - 252, rue de Rivoli
J7	**PALAIS ROYAL** - Pl. André Malraux
I6	**PLACE VENDÔME** - 25, place Vendôme
	2e arrondissement
I6	**OPERA** - Pl. de l'Opéra
J6	**PL. DES VICTOIRES** - 4bis, place des Victoires
K6	**STASBOURG-ST-DENIS** - 19, bd Saint-Denis

Plan	Situations/Situation
	3e arrondissement
L7	**BEAUBOURG** - 24, rue Beaubourg
	4e arrondissement
L8	**SAINT-PAUL** - face au 10, rue de Rivoli
	5e arrondissement
K11	**GOBELINS** - 92, bd St-Marcel
K9	**MAUBERT MUTUALITE** - 62, bd St-Germain
J9	**PANTHEON** - 26, rue Soufflot
K10	**PLACE MONGE** - 75bis, rue Monge
K8	**PL. SAINT-MICHEL** - 31, quai Saint-Michel
L9	**TOURNELLE** - Quai de la Tournelle
	6e arrondissement
J8	**MABILLON** - 2, rue du Four
J10	**PORT-ROYAL-OBSERVATOIRE** 18, avenue de l'Observatoire
H10	**RENNES-MONTPARNASSE** - Pl. du 18 juin 1940
I8	**ST-GERMAIN DES PRES** - 149, bd St-Germain
I9	**SEVRES-BABYLONE** - Pl. Alphonse Deville
	7e arrondissement
F7	**ALMA-BRANLY** - 2, av. Bosquet
I8	**BAC-ST-GERMAIN** - 54, rue du Bac
G8	**ECOLE MILITAIRE** - 28, av. de Tourville
G7	**GARE DE INVALIDES** - R. R. Esnault-Pelterie
G8	**LA TOUR-MAUBOURG-INVALIDES** - Pl. S. Allende
G8	**PLACE VAUBAN** - 2, av. de Tourville
E8	**TOUR EIFFEL** - Quai Branly
	8e arrondissement
I5	**GARE SAINT-LAZARE**
H6	**MADELEINE** - 4, bd Malherbes
F6	**PLACE DE L'ALMA** - 1, av. George V
G4	**PL. RIO DE JANEIRO** - 34, av. de Messine
F4	**PL. DES TERNES** - 272, r. du Fbg St-Honoré
G6	**RD-PT DES CHAMPS-ELYSEES** Rd-Pt des Champs-Elysées
H5	**SAINT-AUGUSTIN** - 44, bd Malherbes
	9e arrondissement
J5	**NOTRE-DAME DE LORETTE** - 1, rue Fléchier
I5	**TRINITE D'ESTIENNE D'ORVES** - Pl. d'Est. d'Orves
	10e arrondissement
L4	**GARE DU NORD**

Plan	Situations/Situation
L5	**GARE DE L'EST**
M5	**HOPITAL ST-LOUIS** - 1, r. Claude Vellefaux
K4	**PL. FRANZ LISZT** - 108, rue La Fayette
	11e arrondissement
O9	**HOPITAL ST-ANTOINE** - face au 2, r. Faidherbe
N8	**MAIRIE DU 11ème** - Pl. Léon Blum
P9	**NATION** - 3, av. du Trône
M6	**REPUBLIQUE** - 10, pl. de la République
N7	**SAINT-AMBROISE** - 55, bd Voltaire
O8	**PHILIPPE AUGUSTE** - 97, av. Philippe Auguste
	12e arrondissement
M8	**BASTILLE** - 8, pl. de la Bastille
N11	**BERCY PALAIS OMNISPORTS** Bd de Bercy/r. de Bercy
A5	**CHATEAU DE VINCENNES** (Bois) Rte des Pelouses de Marigny
O12	**COUR ST-EMILION** - 8, r. des Pirogues de Bercy
P11	**DAUMESNIL-FELIX EBOUE** - 3-5, pl. F. Eboué
N10	**GARE DE LYON**
O10	**MAIRIE DU 12ème** - 130, av. Daumesnil
Q11	**PORTE DOREE** - 1, pl. Edouard Renard
	13e arrondissement
K13	**ABBE G. HENOCQUE** - 8, pl. de l'Abbé G. Hénocque
M10	**GARE D'AUSTERLITZ**
J12	**GLACIERE** - 125, bd Auguste Blanqui
M12	**PATAY-TOLBIAC** - 117, rue de Patay
L12	**PL. D'ITALIE** - face au 213, bd V. Auriol
M14	**PTE DE CHOISY** - 34, av. de la Pte de Choisy
L14	**PORTE D'ITALIE** - 166, bd Masséna
N12	**TOLBIAC BIBLIOTHEQUE NATIONALE** 38-40, r. Neuve Tolbiac
	14e arrondissement
I11	**DENFERT-ROCHEREAU** - face 297, bd Raspail
H11	**GARE MONTPARNASSE**
J13	**PL. COLUCHE-AMIRAL MOUCHEZ** - Pl. Coluche
G12	**PLAISANCE** - face au 135, r. R. Losserand
I13	**PORTE D'ORLEANS** - 1-5, pl. du 25 Août 1944
F12	**PORTE DE VANVES** - 216, r. R. Losserand
	15e arrondissement
E10	**FELIX FAURE BOUCICAUT** - 40-44, av. F. Faure

Plan	Situations/Situation
C11	**HOPITAL G. POMPIDOU** - 32, rue Leblanc
F9	**LA MOTTE-PICQUET-GRENELLE** 66, av. de La Motte-Picquet
F11	**MAIRIE DU 15ème** - 252, r. de Vaugirard
D11	**PLACE BALARD** - 3-4 pl. Balard
D9	**PL. CHARLES MICHEL** - 48, rue Linois
E12	**PTE DE VERSAILLES** - Pl. de la Pte de Versailles
G10	**SEVRES-LECOURBE** - 1, bd de Sèvres
F11	**CONVENTION-VAUGIRARD** - 304, r. de Vaugirard
	16e arrondissement
C7	**HENRI MARTIN** - 78bis, av. Henri Martin
C8	**LA MUETTE** - 9-11, chaussée de la Muette
D9	**MAISON DE LA RADIO** - Pl. Clément Ader
C9	**MOZART-JASMIN** - 80, avenue Mozart
D7	**PASSY-COSTA RICA** - 10, bd Delessert
C9	**PLACE DE BARCELONE** - 3, rue Mirabeau
D6	**PL. VICTOR HUGO** - 12, pl. Victor Hugo
B9	**PORTE D'AUTEUIL** - 144, bd Exelmans
A11	**PTE DE ST-CLOUD** - 5, pl. de la Pte de St-Cloud
E7	**TROCADERO** - 1, avenue d'Eylau
	17e arrondissement
F4	**COURCELLES-CHAZELLES** - 94, bd de Courcelles
E5	**ETOILE-WAGRAM** - 1-5, av. de Wagram
F3	**MARECHAL JUIN** - 3, pl. du Maréchal Juin
G3	**PONT CARDINET** - face au 167, rue de Rome
F2	**PORTE D'ASNIERES** - Bd Berthier
E3	**PTE DE CHAMPERRET** - 1, bd Gouvion-St-Cyr
G2	**PORTE DE CLICHY** - Av. de la Porte de Clichy
D5	**PORTE MAILLOT** - 78, av. de la Grande Armée
I1	**PORTE DE ST-OUEN** - Av. de la Pte de St-Ouen
G4	**VILLIERS-COURCELLES** - 3-15, av. de Villiers
	18e arrondissement
K3	**CHATEAU ROUGE** - 1, rue Custine
I2	**GUY MÔQUET** - 86, av. de Saint-Ouen
K2	**MAIRIE DU 18ème** - 30, rue Hermel
L2	**MARX DORMOY-ORDENER** - 76, r. M. Dormoy
I3	**PLACE DE CLICHY** - face au 140, bd de Clichy
J3	**PLACE DU TERTRE** - Pl. du Tertre
M1	**PTE D'AUBERVILLIERS** 3, av. de la Pte d'Aubervilliers

Plan	Situations/Situation
L1	**PTE DE LA CHAPELLE** - 188, r. de la Chapelle
J1	**PORTE DE CLIGNANCOURT** 1, av. de la Porte de Clignancourt
	19e arrondissement
O4	**BUTTES CHAUMONT-BOTZARIS** 1, r. du Gal Brunet
N2	**FLANDRE-ARGONNE** face au 152, av. de Flandre
N3	**FLANDRE-RIQUET** - 67, av. de Flandre
M3	**FLANDRE-STALINGRAD** - 13, av. de Flandre
N4	**MAIRIE DU 19ème** - 1, av. de Laumière
M4	**PLACE DU COLONEL FABIEN** 116, boulevard de la Villette
Q4	**PORTE DES LILAS** - Av. de la Pte des Lilas
P3	**PORTE DE PANTIN** - 211, av. Jean Jaurès
O1	**PORTE DE LA VILLETTE** 1, av. de la Porte de la Villette
	20e arrondissement
O5	**BELLEVILLE-PYRENEES** - 360, r. des Pyrénées
P7	**MAIRIE DU 20ème-GAMBETTA** 16, avenue du Père Lachaise
O6	**MENILMONTANT-BELLEVILLE** face au 148, bd de Ménilmontant
P6	**PELLEPORT-GAMBETTA** - Pl. Paul Signac
O7	**PERE LACHAISE-MENILMONTANT** 30, bd de Ménilmontant
Q6	**PTE DE BAGNOLET** - Pl. de la Pte de Bagnolet
Q8	**PORTE DE MONTREUIL** 1-3, av. de la Pte de Montreuil
Q9	**PTE DE VINCENNES** - 99, cours de Vincennes
Q8	**PYRENEES-AVRON** - 69, r. des Pyrénées

Principales compagnies de radio-taxis / Leading companies in radio-taxis

ALPHA-TAXIS 01 45 85 85 85
ARTAXI 01 42 06 67 10
TAXIS BLEUS 08 91 70 10 10
TAXIS G7 .... 01 47 39 47 39
TAXIS 7000 .... 01 42 70 00 42

PLANS ET GUIDES TOURISTIQUE

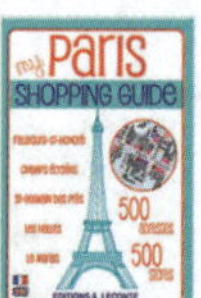

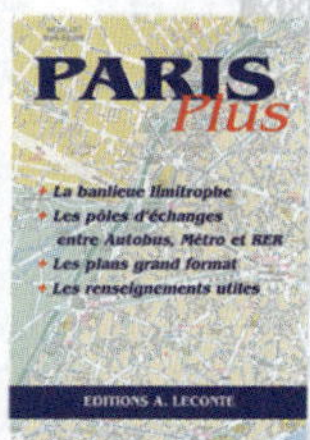

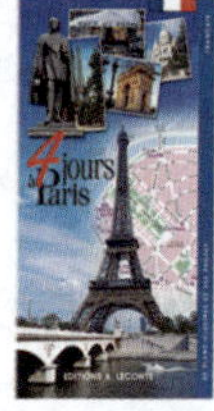

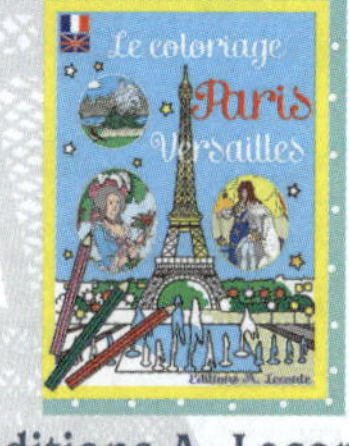

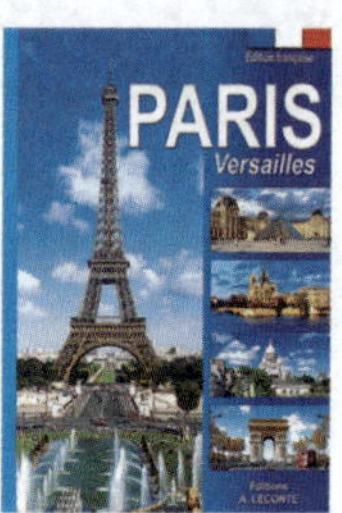

Editions A. Leconte

Éditeur depuis 1920

www.editions-leconte.com

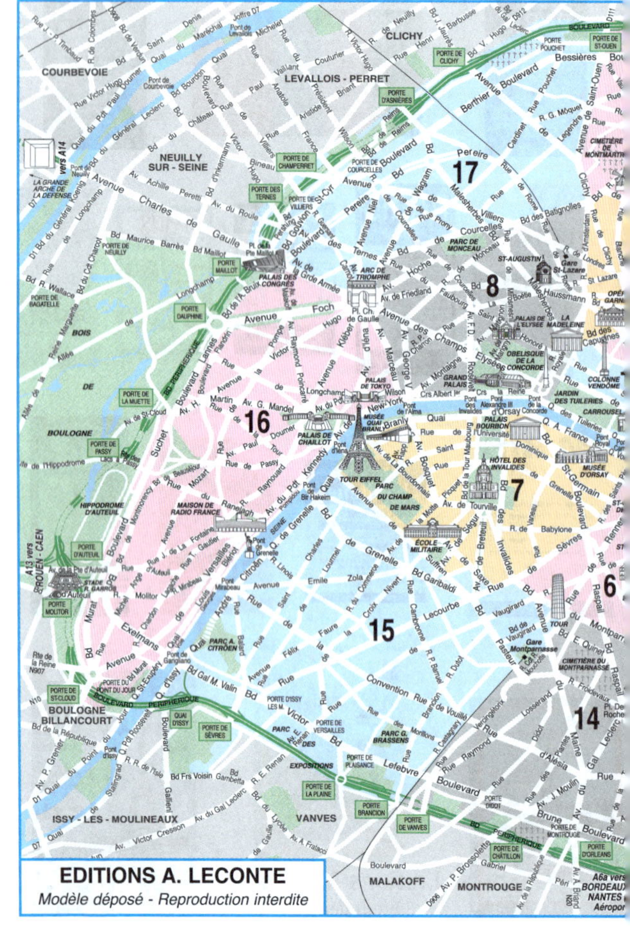
COURBEVOIE
LEVALLOIS - PERRET
CLICHY
NEUILLY
SUR - SEINE
17
8
16
7
15
6
14
BOIS
DE
BOULOGNE
BOULOGNE
BILLANCOURT
ISSY - LES - MOULINEAUX
VANVES
MALAKOFF
MONTROUGE
LA GRANDE
ARCHE DE
LA DEFENSE
vers A14
A13 vers
ROUEN - CAEN
A6a vers
BORDEAUX
NANTES
PORTE DE CLICHY
PORTE D'ASNIERES
PORTE DE CHAMPERRET
PORTE DES TERNES
PORTE MAILLOT
PORTE DAUPHINE
PORTE DE LA MUETTE
PORTE DE PASSY
PORTE D'AUTEUIL
PORTE MOLITOR
PORTE DE ST-CLOUD
PORTE DE SÈVRES
PORTE DE LA PLAINE
PORTE BRANCION
PORTE DE VANVES
PORTE DE CHÂTILLON
PORTE D'ORLEANS
PORTE DE ST-OUEN
PORTE DE BAGATELLE
PALAIS DES CONGRÈS
ARC DE TRIOMPHE
PARC DE MONCEAU
ST-AUGUSTIN
Gare St-Lazare
PALAIS DE L'ELYSEE
LA MADELEINE
OBELISQUE DE LA CONCORDE
GRAND PALAIS
PALAIS DE TOKYO
JARDIN DES TUILERIES
COLONNE VENDÔME
PALAIS DE CHAILLOT
MUSÉE QUAI BRANLY
PALAIS BOURBON
TOUR EIFFEL
PARC DU CHAMP DE MARS
HÔTEL DES INVALIDES
MUSÉE D'ORSAY
ÉCOLE MILITAIRE
MAISON DE RADIO FRANCE
HIPPODROME D'AUTEUIL
STADE R. GARROS
PARC A. CITROËN
PARC G. BRASSENS
TOUR
Gare Montparnasse
CIMETIÈRE DU MONTPARNASSE
CIMETIÈRE DE MONTMARTRE
BOULEVARD PERIPHERIQUE
EDITIONS A. LECONTE
Modèle déposé - Reproduction interdite

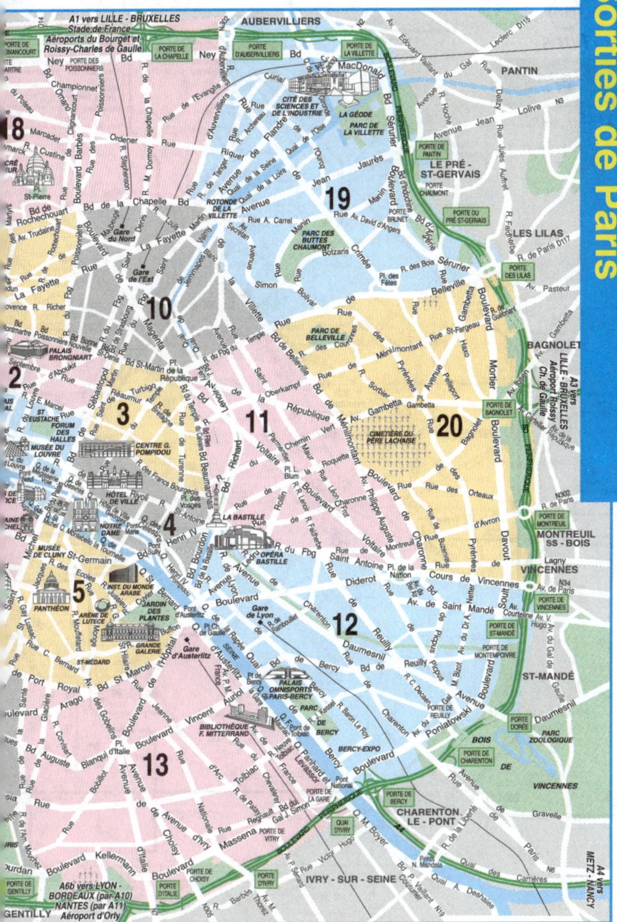
A1 vers LILLE - BRUXELLES
Stade de France
Aéroports du Bourget et
Roissy-Charles de Gaulle
AUBERVILLIERS
PORTE DE LA CHAPELLE
PORTE D'AUBERVILLIERS
PORTE DE LA VILLETTE
PORTE DES POISSONNIERS
PANTIN
CITÉ DES SCIENCES ET DE L'INDUSTRIE
LA GÉODE
PARC DE LA VILLETTE
PORTE DE PANTIN
LE PRÉ - ST-GERVAIS
PORTE CHAUMONT
PORTE DU PRÉ ST-GERVAIS
PORTE BRUNET
LES LILAS
PORTE DES LILAS
18
19
10
20
2
3
11
4
5
12
13
Gare du Nord
Gare de l'Est
ROTONDE DE LA VILLETTE
PARC DES BUTTES CHAUMONT
PARC DE BELLEVILLE
PALAIS BRONGNIART
BAGNOLET
A3 vers LILLE - BRUXELLES Aéroport Roissy Ch. de Gaulle
PORTE DE BAGNOLET
FORUM DES HALLES
ST EUSTACHE
CENTRE G. POMPIDOU
MUSÉE DU LOUVRE
CIMETIÈRE DU PÈRE LACHAISE
HÔTEL DE VILLE
NOTRE DAME
LA BASTILLE
OPÉRA BASTILLE
PORTE DE MONTREUIL
MONTREUIL SS - BOIS
VINCENNES
PORTE DE VINCENNES
MUSÉE DE CLUNY
PANTHÉON
INST. DU MONDE ARABE
JARDIN DES PLANTES
ARÈNE DE LUTECE
GRANDE GALERIE
Gare de Lyon
Gare d'Austerlitz
PORTE DE ST-MANDÉ
PORTE DE MONTEMPOIVRE
ST-MANDÉ
PALAIS OMNISPORTS PARIS-BERCY
PARC DE BERCY
BIBLIOTHÈQUE F. MITTERRAND
BERCY-EXPO
PORTE DE REUILLY
PORTE DORÉE
PARC ZOOLOGIQUE
BOIS DE VINCENNES
PORTE DE CHARENTON
PORTE DE BERCY
CHARENTON LE - PONT
PORTE DE LA GARE
QUAI D'IVRY
PORTE DE VITRY
IVRY - SUR - SEINE
PORTE D'IVRY
PORTE DE CHOISY
PORTE D'ITALIE
PORTE DE GENTILLY
A6b vers LYON - BORDEAUX (par A10) NANTES (par A11) Aéroport d'Orly
GENTILLY
A4 vers METZ - NANCY
Boulevard Périphérique

BUS
Paris
RATP
32 46 • ratp.fr
Clichy Berges de Seine
Mairie de Saint-Ouen
Asnières–Gennevilliers Gabriel Péri
Clichy Victor Hugo
Porte de Saint-Ouen
Hôpital Bichat
Porte de Montmartre
Porte de Clignancourt
Mairie du 18e Jules Joffrin
Pont de Levallois
Levallois Louison Bobet
Porte d'Asnières
Porte de Clichy
Brochant
Guy Môquet
Barbès Rochechouart
Pont Cardinet
Place de Clichy
la Traverse Batignolles-Bichat
Pigalle
Porte de Champerret
Neuilly-sur-Seine
Carrefour de Châteaudun
Gare St-Lazare
Trinité
Opéra
Neuilly Hôpital Américain
Saint-Augustin
Richelieu Drouot
La Garenne Colombes Charlebourg
Ternes
Friedland Haussmann
Madeleine
Pont de Neuilly
Ch. de Gaulle Étoile
Rond-Point des Champs-Élysées
La Défense
Porte Maillot
Concorde
Palais Royal
Neuilly Bagatelle
Victor Hugo
Alma Marceau
Musée d'Orsay
Louvre Rivoli
Boissière
Trocadéro
Invalides
Suresnes De Gaulle
Porte de la Muette
St-Germain des-Prés
Bac Saint-Germain
École Militaire
Paris Bois de Boulogne
Champ de Mars
Sèvres Babylone
Porte de Passy
La Muette Boulainvilliers
Duroc
Radio France
La Motte Picquet Grenelle
Cambronne
Charles Michels
Gare Montparnasse
Porte d'Auteuil
Église d'Auteuil
Mairie du 15e Vaugirard
Montparnasse 2 Gare TGV
Javel
Convention Vaugirard
Boulogne Pont de St-Cloud
Alésia
Parc de Saint-Cloud
Porte de Saint-Cloud
Hôpital Européen Georges Pompidou
Balard
Boulogne Billancourt
Pont du Garigliano
Pont de Bezons
Issy Val de Seine
Porte de Versailles
Porte de Plaisance
Porte de Vanves
Porte d'Orléans
Issy Frères Voisin
Issy-les-Moulineaux
Vanves
Montrouge
Vanves Lycée Michelet
Gare de Vanves Malakoff
Châtillon Montrouge
Sèvres
Meudon
La Seine

Autobus de Paris

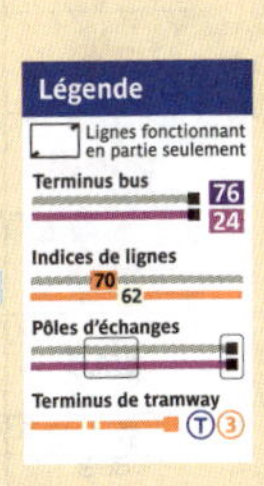

Plan de Paris

Map of Paris - Mapa de Paris
Karte von Paris - Mapa di Parigi

	Légende	Legend	Leyenda	Legende	Leggenda
	Rue à sens unique	One-way street	Calle de sentido único	Einbahnstraße	Strada a senso unico
	Rue piétonne, privée ou réglementée	Pedestrian street, private or restricted	Calle peatonal, privado o restringido	Fußbängerzone, private oder eingeschränkt	Strada pedonale, privato o limitato
	Boulevard périphérique Autoroute	Ring road, highway	Bulevar periférico, autopista	Ringstraße, Autobahn	Circonvallazione, autostrada
	Mairie	Town hall	Ayuntamiento	Rathaus	Municipio
i	Office de Tourisme	Tourist Office	Oficina de Turismo	Tourist Office	Ufficio del Turismo
M	Ministère, Institution	Ministry, institution	Ministerio, institución	Ministerium, die Einrichtung	Ministero, istituto
H	Hôpital	Hospital	Hospital	Krankenhaus	Ospedale
	Bureau de Poste	Post office	Oficina de correos	Postamt	Ufficio postale
P	Parking	Parking	Aparcamiento	Parkplatz	Parcheggio
	Station service	Gas station	Gasolinera	Tankstelle	Stazione benzina
M	Station de Métro	Subway station	Estación de metro	U-Bahn-Station	Stazione della metropolitana
RER	Station de RER	RER station	Estación de RER	RER-Station	Stazione di RER
T1 T2 T3	Station de Tramway	Tram station	Estación de tranvia	Tram-Station	Tram stazione
SNCF	Gare SNCF	Train station	Estación de tren	Bahnhof	Stazione ferroviaria
TAXI	Station taxi avec borne d'appel	Taxi station with call terminal	Llamada de la estación terminal de taxis	Bahnhof Taxi rufen terminal	Stazione dei taxi con telefono
	Piscine	Swimming pool	Piscina	Schwimmbad	Piscina

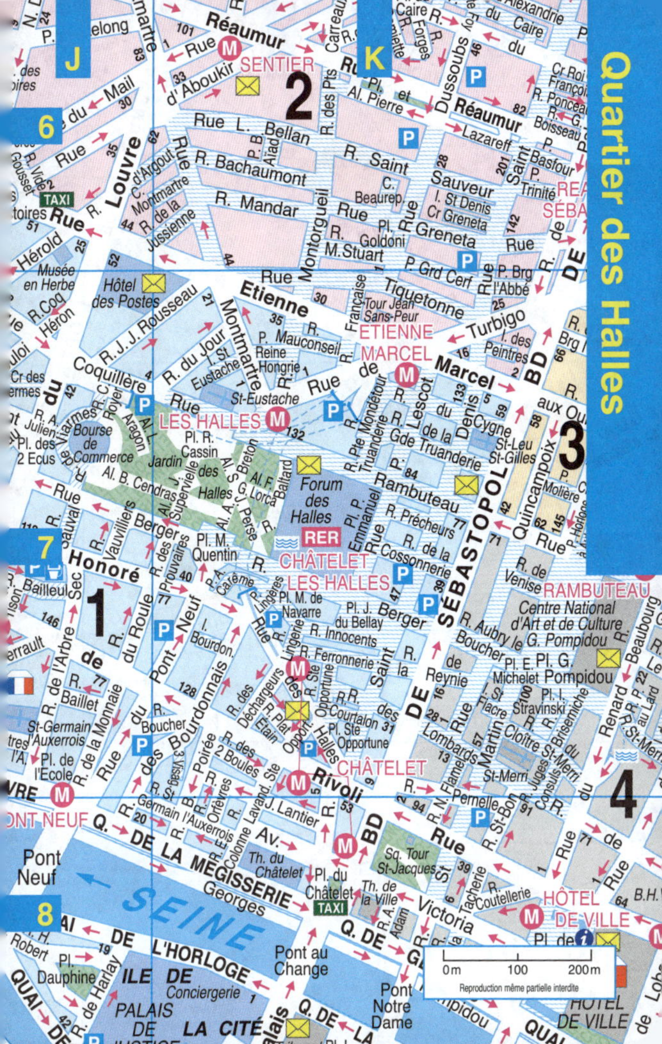

Quartier des Halles
J
K
6
7
8
1
2
3
4
SENTIER
Réaumur
Rue d'Aboukir
Rue L. Bellan
R. Bachaumont
R. Mandar
R. Saint Sauveur
Rue Greneta
Rue Montorgueil
Rue Etienne Marcel
ETIENNE MARCEL
Tiquetonne
Turbigo
Rue du Louvre
Rue Hérold
Musée en Herbe
Hôtel des Postes
R. J. J. Rousseau
R. Coquillère
R. du Jour
St-Eustache
LES HALLES
Bourse de Commerce
Jardin des Halles
Forum des Halles
RER
CHÂTELET LES HALLES
Rambuteau
R. Berger
Rue St-Honoré
Rue du Pont-Neuf
R. du Roule
R. de l'Arbre Sec
R. des Bourdonnais
R. de la Ferronnerie
Rue des Lombards
BD DE SÉBASTOPOL
Rue Quincampoix
RAMBUTEAU
Centre National d'Art et de Culture G. Pompidou
Pl. G. Pompidou
Pl. I. Stravinski
Rue Saint Martin
R. St-Merri
Rue du Renard
Rue Beaubourg
CHÂTELET
Rivoli
BD
Sq. Tour St-Jacques
Rue St-Denis
Av. Victoria
Th. du Châtelet
Pl. du Châtelet
Th. de la Ville
HÔTEL DE VILLE
Pl. de l'Hôtel de Ville
PONT NEUF
Pont Neuf
Q. DE LA MÉGISSERIE
SEINE
Pont au Change
Pont Notre Dame
Q. DE GESVRES
ILE DE LA CITÉ
Conciergerie
PALAIS DE JUSTICE
Pl. Dauphine
QUAI DE L'HORLOGE
St-Germain l'Auxerrois
Pl. de l'Ecole
TAXI
0 m
100
200 m
Reproduction même partielle interdite

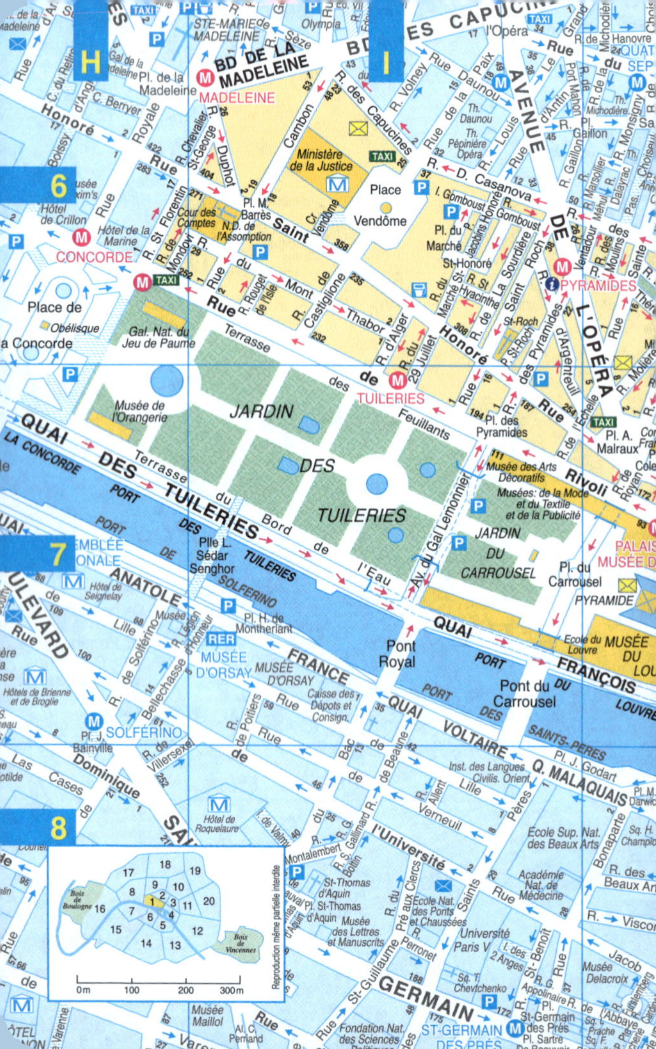
H
I
6
7
8
BD DE LA MADELEINE
MADELEINE
Pl. de la Madeleine
STE-MARIE de MADELEINE
Olympia
BD DES CAPUCINES
l'Opéra
R. de Hanovre
QUAT du SEP
Rue Royale
Rue St-Honoré
Rue Boissy d'Anglas
C. Berryer
R. Chevalier St-George
R. Duphot
Cambon
R. des Capucines
Ministère de la Justice
Place Vendôme
Rue de la Paix
R. Volney
Rue Daunou
Th. Daunou
Th. Pépinière Opéra
Rue Louis le Grand
AVENUE DE L'OPÉRA
R. D. Casanova
R. Gaillon
Pl. Gaillon
Th. Michodière
R. de la Michodière
R. Monsigny
Pas. Choiseul
Rue Marsollier
R. Méhul
R. Dalayrac
Pl. M. Barrès
Cour des Comptes
N.D. de l'Assomption
Rue Saint-Honoré
Cr. Vendôme
R. Gomboust
Pl. du Marché St-Honoré
R. St-Hyacinthe
Rue Saint-Roch
R. de la Sourdière
R. Ventadour
R. des Moulins
Rue Sainte-Anne
Musée Maxim's
Hôtel de Crillon
Hôtel de la Marine
CONCORDE
R. St Florentin
R. de Mondovi
Rue du Mont Thabor
R. Rouget de l'Isle
R. de Castiglione
R. d'Alger
R. du 29 Juillet
PYRAMIDES
St-Roch
R. des Pyramides
R. d'Argenteuil
Rue Thérèse
Rue Molière
Place de la Concorde
Obélisque
Gal. Nat. du Jeu de Paume
Terrasse des Feuillants
TUILERIES
JARDIN DES TUILERIES
Musée de l'Orangerie
Pl. des Pyramides
R. de l'Echelle
Pl. A. Malraux
Rue de Rivoli
R. de Royan
Musée des Arts Décoratifs
Musées: de la Mode et du Textile et de la Publicité
JARDIN DU CARROUSEL
Av. du Gal Lemonnier
Pl. du Carrousel
PALAIS MUSÉE DU LOUVRE
PYRAMIDE
QUAI DES TUILERIES
LA CONCORDE
PORT DES TUILERIES
PORT DE SOLFERINO
Terrasse du Bord de l'Eau
Plle L. Sédar Senghor
ASSEMBLÉE NATIONALE
QUAI ANATOLE FRANCE
BOULEVARD
Hôtel de Seignelay
Rue de Lille
Musée Légion d'Honneur
R. de Solférino
Pl. H. de Montherlant
RER MUSÉE D'ORSAY
MUSÉE D'ORSAY
Pont Royal
QUAI FRANÇOIS MITTERRAND
Ecole du Louvre
PORT DU LOUVRE
PORT DES SAINTS-PÈRES
Pont du Carrousel
Hôtels de Brienne et de Broglie
R. Bellechasse
SOLFÉRINO
Pl. J. Bainville
R. de Villersexel
Rue de Poitiers
Caisse des Dépôts et Consign.
QUAI VOLTAIRE
Rue du Bac
R. de Beaune
Rue de Verneuil
R. Allent
Inst. des Langues Civilis. Orient.
Q. MALAQUAIS
Pl. J. Godart
Pl. M. Darwich
Rue Dominique
Las Cases
Hôtel de Roquelaure
Rue de l'Université
R. Montalembert
R. S. Bottin
R. Gallimard
Ecole Sup. Nat. des Beaux Arts
Rue Bonaparte
Sq. H. Champion
R. des Beaux Arts
R. Visconti
Académie Nat. de Médecine
Rue Jacob
Musée Delacroix
St-Thomas d'Aquin
Pl. St-Thomas d'Aquin
Musée des Lettres et Manuscrits
Ecole Nat. des Ponts et Chaussées
R. du Pré aux Clercs
Rue des Saints-Pères
Université Paris V
R. Perronet
Sq. T. Chevtchenko
Rue St-Benoît
Pl. St-Germain des Prés
ST-GERMAIN DES PRÉS
BD SAINT-GERMAIN
Rue St-Guillaume
Fondation Nat. des Sciences
Musée Maillol
Al. C. Perrand
Rue de Varenne
Rue de Grenelle
R. de l'Abbaye
R. Cardinale
Sq. F.
Pl. Sartre
R. de Valmy
Bois de Boulogne
Bois de Vincennes
Reproduction même partielle interdite
0 m
100
200
300 m

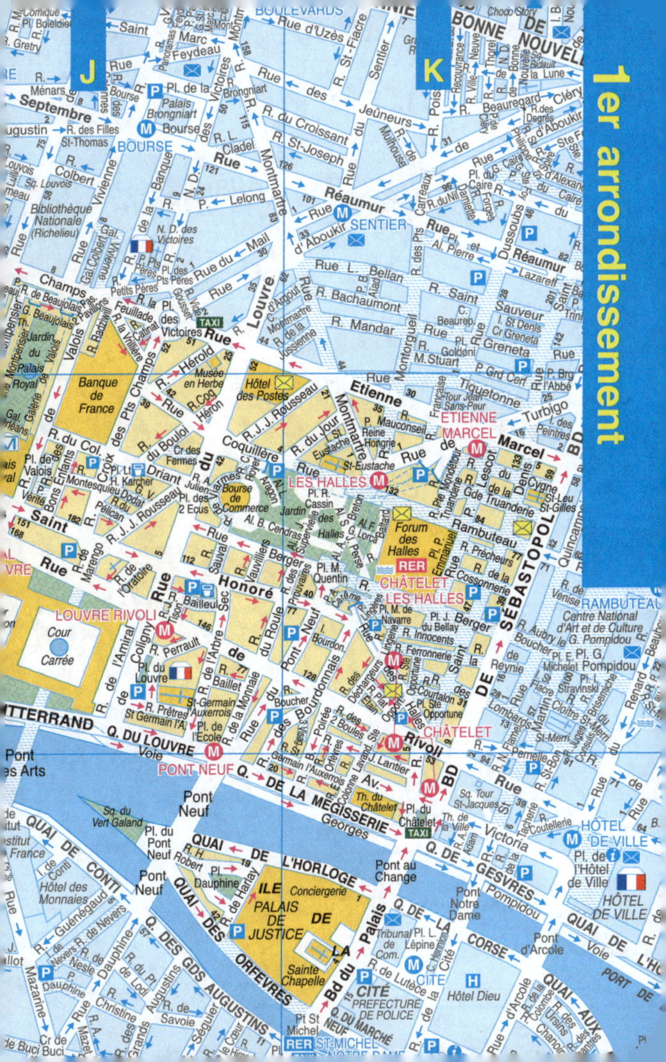
1er arrondissement
J
K
BOULEVARDS
BONNE NOUVELLE
Rue d'Uzès
R. St-Fiacre
Sentier
Choco Story
Saint Marc
Feydeau
Rue de Richelieu
Pl. Boieldieu
R. Grétry
Ménars
Septembre
Pl. de la Bourse
Palais Brongniart
Brongniart
Bourse
BOURSE
R. des Filles St-Thomas
R. Colbert
Vivienne
Rue des Jeûneurs
R. du Croissant
R. St-Joseph
Montmartre
R. Cladel
Rue
Sq. Louvois
Bibliothèque Nationale (Richelieu)
N. D. des Victoires
P. Lelong
Rue du Mail
Réaumur
SENTIER
Rue d'Aboukir
Rue L. Bellan
R. Bachaumont
R. Mandar
R. Saint Sauveur
R. Beauregard
R. Cléry
R. de la Lune
Pl. du Caire
R. du Nil
R. Dussoubs
Réaumur
Lazareff
R. Greneta
Champs
Petits Pères
R. de Beaujolais
G. Beaujolais
Jardin du Palais Royal
Valois
R. Radziwill
Feuillade
Pl. des Victoires
TAXI
R. Catinat
R. la Vrillière
Rue du Louvre
R. Hérold
Musée en Herbe
R. Coq Héron
Hôtel des Postes
R. J. J. Rousseau
Montmartre
Rue Étienne Marcel
Montorgueil
M. Stuart
Tiquetonne
Tour Jean Sans-Peur
ETIENNE MARCEL
Turbigo
Banque de France
R. des Pts Champs
R. du Bouloi
Cr des Fermes
Coquillère
R. du Jour
St-Eustache
P. Mauconseil
Reine Hongrie
Marcel
R. Lescot
R. Pte Mondétour
Gde Truanderie
du Cygne
St-Leu St-Gilles
R. du Col.
Pl. de Valois
Croix des Pts Champs
Pl. Lt H. Karcher
Driant
Montesquieu
Dodat
R. du Pélican
R. J. J. Rousseau
Pl. des 2 Ecus
Bourse de Commerce
Viarmes
R. Berger
LES HALLES
Pl. R. Cassin
Jardin des Halles
Al. B. Cendrars
Forum des Halles
RER
Rambuteau
R. Prêcheurs
Cossonnerie
Saint
R. de Marengo
R. de l'Oratoire
Rue Saint Honoré
R. Sauval
R. Vauvilliers
R. des Prouvaires
Pl. M. Quentin
CHÂTELET LES HALLES
SÉBASTOPOL
Quincampoix
R. de Venise
RAMBUTEAU
Centre National d'Art et de Culture G. Pompidou
Pl. G. Pompidou
Beaubourg
Renard
LOUVRE RIVOLI
Cour Carrée
R. Bailleul
R. de l'Arbre Sec
Coligny
R. Perrault
Pl. du Louvre
R. de l'Amiral
R. Baillet
R. du Roule
Pont-Neuf
R. Bourdonnais
R. des Déchargeurs
Pl. M. de Navarre
Pl. J. du Bellay
R. Innocents
R. Ferronnerie
R. Ste Opportune
Courtalon
Pl. Ste Opportune
R. Aubry le Boucher
Reynie
Pl. Michelet
Pl. I. Stravinski
Cloître St-Merri
Juges Consuls
R. Brisemiche
Lombards
St-Merri
Rue de Rivoli
CHÂTELET
R. Pernelle
Verrerie
R. St-Bon
Rue de la Tacherie
R. Coutellerie
HÔTEL DE VILLE
Pl. de l'Hôtel de Ville
MITTERRAND
R. Prêtres St Germain l'A.
St-Germain l'Auxerrois
Pl. de l'École
R. de la Monnaie
Boucher
Bourdonnais
R. des 2 Boules
R. Lavandières Ste Opportune
Av. Victoria
Q. DU LOUVRE
Voie
PONT NEUF
Q. DE LA MÉGISSERIE
Th. du Châtelet
Pl. du Châtelet
Th. de la Ville
Sq. Tour St-Jacques
Pont des Arts
Pont Neuf
Sq. du Vert Galand
Pl. du Pont Neuf
QUAI DE CONTI
Institut de France
Hôtel des Monnaies
QUAI DE L'HORLOGE
Pl. Dauphine
R. de Harlay
ILE DE LA CITÉ
Conciergerie
PALAIS DE JUSTICE
Sainte Chapelle
Pont au Change
Q. DE GESVRES
Pompidou
Pont Notre Dame
QUAI DE CORSE
Tribunal de Com.
Pl. L. Lépine
CITÉ
R. de Lutèce
PRÉFECTURE DE POLICE
Hôtel Dieu
Pont d'Arcole
QUAI AUX FLEURS
Q. DES GDS AUGUSTINS
QUAI DES ORFÈVRES
Bd du Palais
Q. DU MARCHÉ NEUF
Pl. St Michel
RER ST-MICHEL
R. Guénégaud
R. de Nevers
R. de Nesle
R. Dauphine
R. Christine
R. de Savoie
R. Séguier
R. Mazarine
Cr de Buci
PORT DE

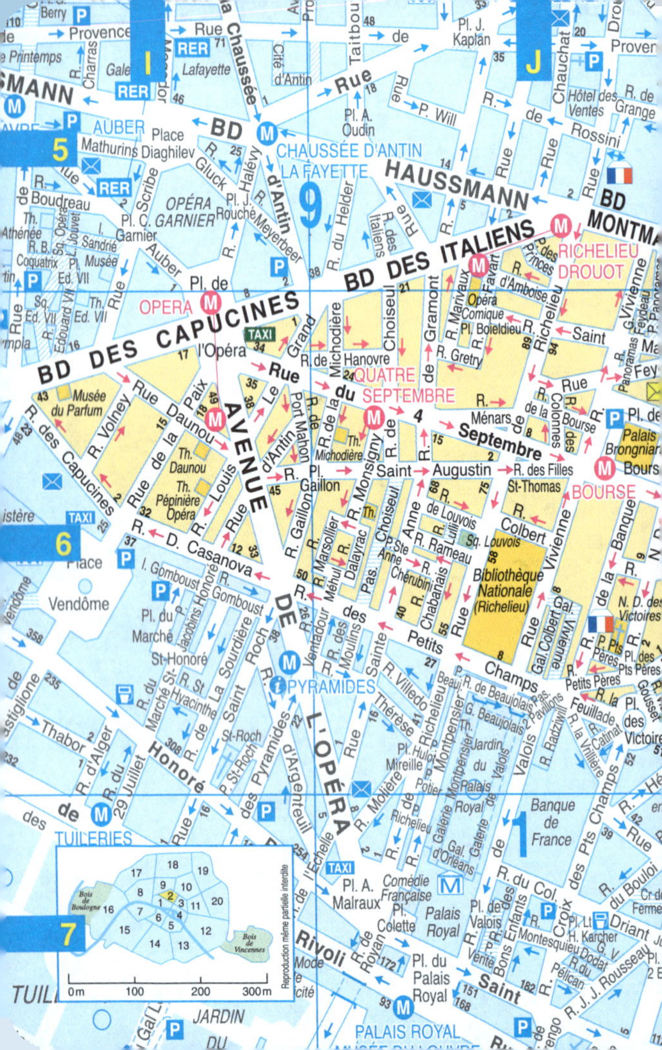

2e arrondissement
K
10
2
3
Rue Richer
R. G. Laumain
Rue des Petites Écuries
Petites Écuries
Cour des Petites Écuries
New Morning
St-Eugène Ste-Cécile
R. du Conservatoire
R. Ste Cécile
R. de Montyon
Cons. Nat. Sup. d'Art Dram.
Rue Bergère
Cité Bergère
Rue d'Hauteville
Rue d'Enghien
Rue de l'Échiquier
R. de Mazagran
Cité Rougemont
R. Rougemont
Th. des Nouveautés
BONNE NOUVELLE
BD POISSONNIÈRE
BD BONNE NOUVELLE
BD DE BONNE NOUVELLE
GRANDS BOULEVARDS
Th. Gymnase
Choco Story
P. de l'Industrie
R. de Metz
P. du Prado
Porte St-Denis
STRASB ST-DENI
BD ST-DENIS
TAXI
Rue d'Uzès
R. St-Fiacre
Grand Rex
Rue du Sentier
R. Poissonnière
R. N.D. de Recouvrance
R. Ville Neuve
R. Thorel
R. N.D. de Bonne Nouvelle
Sq. Bidault
R. de la Lune
R. Beauregard
R. de Cléry
R. des Degrés
P. de Cléry
R. Chenier
Rue des Jeûneurs
R. du Croissant
R. St-Joseph
R. de Mulhouse
Rue de Cléry
Rue d'Aboukir
R. Ste Foy
Rue Ste Foy
P. Lemoine
R. de Tracy
R. d'Alexandrie
P. du Caire
Rue du Caire
Pl. du Caire
P. du Ponceau
Rue Réaumur
SENTIER
Rue des Petits Carreaux
R. du Nil
R. Damiette
R. des Forges
Rue Dussoubs
Al. Pierre et Marie Curie
Cr Roi François
R. Ponceau
R. G. Boisseau
R. Palestro
BD DE SÉBASTOPOL
R. Papin
Sq. E. Chautemps
Gaîté Lyrique
Conservatoire des Arts et Métiers
Musée
Sq. Gal Morin
St-Nicolas des Champs
ARTS-ET MÉTIERS
R. Vaucanson
R. Conté
Rue Montmartre
Rue du Mail
Rue L. Bellan
P. Aiad
R. Bachaumont
R. Mandar
R. des Pts Carreaux
R. Saint Sauveur
C. Beaurep.
Rue Lazareff
P. Basfour
P. Trinité
REAUMUR SÉBASTOPOL
Rue Greneta
I. St Denis
Cr Greneta
Pl. Goldoni
R. M. Stuart
P. Grd Cerf
P. Brg l'Abbé
R. Louvre
R. d'Argout
C. Montmartre
R. de la Jussienne
Rue Montorgueil
Rue Française
Rue Tiquetonne
Tour Jean Sans-Peur
ÉTIENNE MARCEL
Rue Étienne Marcel
Rue de Turbigo
I. des Peintres
P. de l'Ancre
R. du Brg l'Abbé
R. Gridaine
Rue Beaubourg
R. Bailly
P. Barrois
Rue Chapon
Rue Montmorency
Hôtel des Postes
R. J.J. Rousseau
R. du Jour
I. St Eustache
St-Eustache
P. Mauconseil
Reine Hongrie
R. Coquillière
LES HALLES
Pl. R. Cassin
Jardin des Halles
Al. B. Cendrars
Forum des Halles
R. P. Lescot
R. du Cygne
R. de la Gde Truanderie
R. Pte Truanderie
R. Mondétour
R. Rambuteau
R. Prêcheurs
St-Leu St-Gilles
R. aux Ours
Rue Quincampoix
P. Molière
R. du Grenier St-Lazare
P. Commerce St-Martin
Musée de la Poupée
R. M. Le Comte

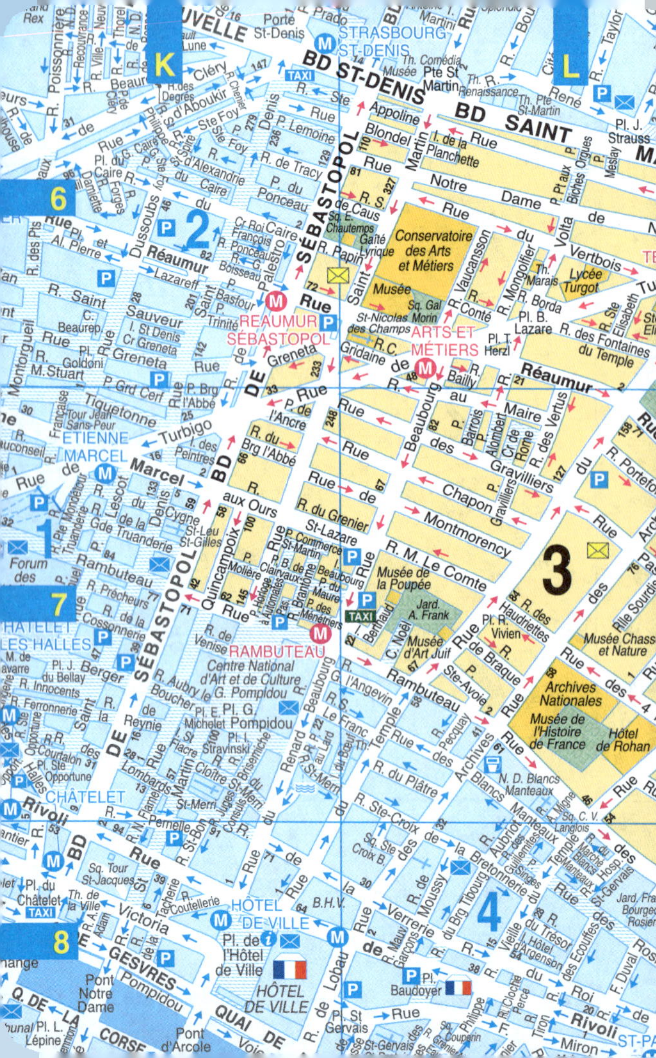

K
L
6
7
8
2
1
3
4
BD ST-DENIS
BD SAINT
STRASBOURG ST-DENIS
Porte St-Denis
Th. Comédia
Musée
Pte St Martin
Th. Renaissance
Th. Pte St-Martin
Pl. J. Strauss
TAXI
Rue d'Aboukir
Rue de Cléry
R. Ste Foy
P. Ste Foy
P. Lemoine
R. d'Alexandrie
Rue du Caire
R. de Tracy
P. du Ponceau
Pl. du Caire
Rue Réaumur
SÉBASTOPOL
BD DE SÉBASTOPOL
Sq. E. Chautemps
Gaîté Lyrique
R. Papin
R. de Caus
Appoline
Blondel
Rue Notre Dame de Nazareth
I. de la Planchette
Conservatoire des Arts et Métiers
Musée
Sq. Gal Morin
St-Nicolas des Champs
Rue du Vertbois
Lycée Turgot
Th. Marais
R. Vaucanson
R. Montgolfier
R. Conté
R. Borda
Pl. B. Lazare
R. des Fontaines du Temple
R. Ste Elisabeth
Volta
REAUMUR SÉBASTOPOL
ARTS ET MÉTIERS
Pl. T. Herzl
R. Greneta
Rue Greneta
Gridaine
Rue Saint Sauveur
Rue Montorgueil
R. Saint
Pl. Goldoni
M. Stuart
R. Tiquetonne
Tour Jean Sans-Peur
Rue Turbigo
Rue Étienne Marcel
ETIENNE MARCEL
Rue au Maire
R. des Vertus
Rue des Gravilliers
Rue Chapon
Rue de Montmorency
R. M. Le Comte
Rue Beaubourg
Rue Quincampoix
R. aux Ours
Rue du Grenier St-Lazare
Musée de la Poupée
Jard. A. Frank
Musée d'Art Juif
R. des Haudriettes
Pl. R. Vivien
Rue de Braque
Archives Nationales
Musée de l'Histoire de France
Hôtel de Rohan
Musée Chasse et Nature
Rue Rambuteau
R. Lescot
R. de la Grde Truanderie
Forum des Halles
CHÂTELET LES HALLES
R. Berger
R. des Innocents
R. de la Ferronnerie
R. Aubry le Boucher
RAMBUTEAU
Centre National d'Art et de Culture G. Pompidou
Pl. G. Pompidou
Pl. I. Stravinski
Cloître St-Merri
Rue de la Reynie
Rue des Lombards
R. du Plâtre
R. Ste-Croix de la Bretonnerie
N. D. Blancs Manteaux
Rue des Blancs Manteaux
Rue Vieille du Temple
R. des Archives
Rue du Temple
CHÂTELET
Rivoli
Sq. Tour St-Jacques
Pl. du Châtelet
Th. de la Ville
Victoria
HÔTEL DE VILLE
Pl. de l'Hôtel de Ville
HÔTEL DE VILLE
B.H.V.
Rue de la Verrerie
R. de Moussy
Rue du Roi de Sicile
Rue des Rosiers
Rue des Écouffes
Pl. Baudoyer
Rue de Rivoli
Rue de Lobau
Pl. St Gervais
Rue Miron
ST-PAUL
Q. DE GESVRES
Pont Notre Dame
Pont d'Arcole
QUAI DE LA CORSE
Pl. L. Lépine
Pompidou

3e arrondissement
10
11
GONCOURT
OBERKAMPF
FILLES DU CALVAIRE
ST-SEBASTIEN FROISSART
CHEMIN VERT
SAINT AMBROISE
RICHARD LENOIR
Pl. de la REPUBLIQUE
République
Secteur en Travaux
MAGENTA
Rue du Faubourg du Temple
Douanes
Jemmapes
Valmy
Sq. F. Lemaître
Rue Jules Ferry
Sq. Jules Ferry
R. de Malte
Th. Temple
Sq. H. Christine
Sq. A. Tollet
AVENUE DE LA RÉPUBLIQUE
BOULEVARD RICHARD LENOIR
BD DU TEMPLE
BD DES FILLES DU CALVAIRE
BD BEAUMARCHAIS
R. de la Pierre Levée
C. des 3 Bornes
R. Fontaine Timbaud
R. Timbaud
R. Rampon
Pl. D. Maffini
R. Gambey
R. Ternaux
Rue de Crussol
Cirque d'Hiver
Pl. Pasdeloup
Th. Bataclan
Pas. St-Pierre Amelot
Pas. St-Sébastien
Rue Saint Sébastien
P. des Eaux Vives
R. A. Baudin
Rue Pelée
R. Amelot
Rue Froissart
R. Pt aux Choux
R. de Turenne
R. Saintonge
R. Charlot
R. Béranger
Th. Déjazet
P. Vendôme
Pl. O. de Gouges
R. de Franche Comté
Carreau du Temple
R. de Bretagne
R. Perrée
Rue de Forez
R. de Normandie
R. de Poitou
R. Debelleyme
Lycée T. S. Weil
R. Commines
R. des Filles du Calvaire
Rue St-Claude
St-Denys du St-Sacrement
R. des Arquebusiers
Sq. St-Gilles Grd Veneur
R. de Hesse
R. Villehardouin
Rue St-Gilles
R. des Minimes
R. du Foin
R. de Béarn
R. Verlomme
R. des Tournelles
R. du Pas de la Mule
Place des Vosges
Jard. Hôtel Salé
Musée Picasso
R. de Thorigny
Pl. de Thorigny
R. du Parc Royal
Sq. L. Achille
Sq. G. Cain
Lycée V. Hugo
Musée Carnavalet
Musée Cognacq Jay
R. de Sévigné
R. Payenne
R. Elzévir
Biblio. Hist. Ville de Paris
Rue des Francs Bourgeois
R. Ste Anastase
R. Roi Doré
R. des Coutures St-Gervais
R. de la Perle
R. Vieille du Temple
R. Meslay
R. Dupetit Thouars
R. de la Corderie
R. Dupuis
Pl. E. Dmitrieff
R. Caffarelli
R. Perche
R. Ch. Verte
R. Moufle
Rue Verte
Cr du Coq
Allée I. des Primevères
R. N. Appert
Sylvia
R. Scarron
R. C. de Vaux
R. M. Gromaire
Rue des Nemours
Rue de la Folie
R. Jacquard
Reproduction même partielle interdite
0m
100
200
300m
Bois de Boulogne
Bois de Vincennes

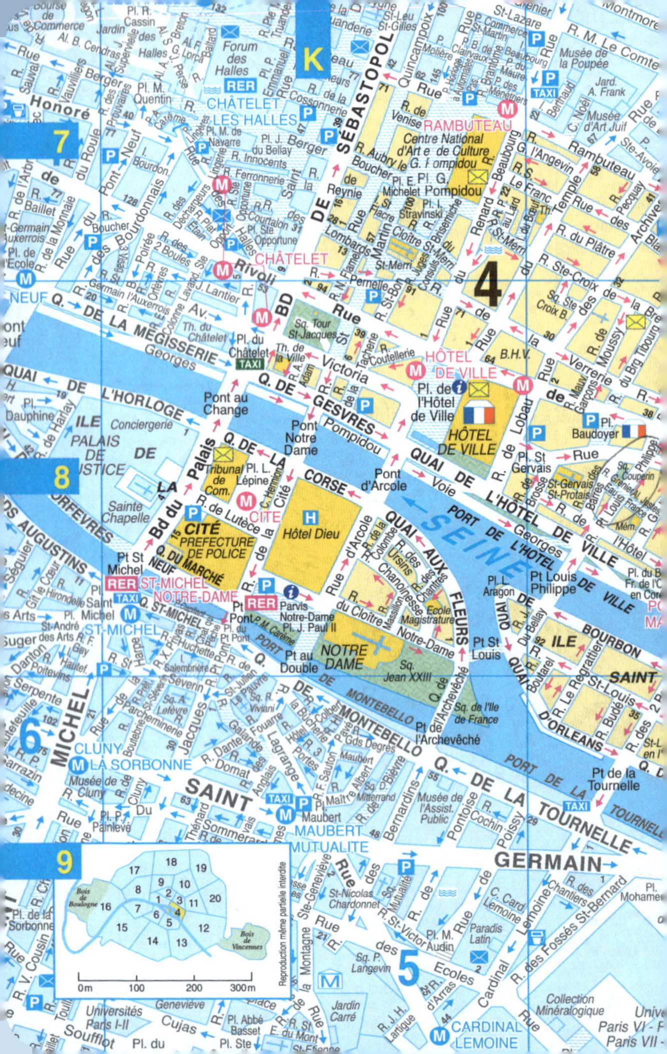
K
7
8
9
4
5
6
Forum des Halles
RER
CHÂTELET LES HALLES
Pl. R. Cassin
Jardin des Halles
Bd de Sébastopol
Rue Quincampoix
Rue Rambuteau
RAMBUTEAU
Centre National d'Art et de Culture G. Pompidou
Pl. G. Pompidou
Pl. I. Stravinski
Musée de la Poupée
Musée d'Art Juif
Jard. A. Frank
Rue Beaubourg
Rue du Renard
Rue du Temple
Rue des Archives
R. du Plâtre
R. Ste-Croix de la Bretonnerie
Rue de la Verrerie
Rue Berger
Rue de Rivoli
Rue Saint-Honoré
CHÂTELET
Pl. Ste Opportune
R. des Lombards
Cloître St-Merri
Rue St-Martin
Sq. Tour St-Jacques
Av. Victoria
HÔTEL DE VILLE
Pl. de l'Hôtel de Ville
HÔTEL DE VILLE
B.H.V.
Rue de Lobau
Pl. Baudoyer
Pl. St Gervais
St-Gervais St-Protais
Sq. Couperin
Th. du Châtelet
Th. de la Ville
Pl. du Châtelet
TAXI
Q. de la Mégisserie
Quai de Gesvres
Quai de l'Horloge
Pont au Change
Pont Notre Dame
Pont d'Arcole
Quai de l'Hôtel de Ville
Voie Georges Pompidou
Port de l'Hôtel de Ville
SEINE
Conciergerie
Palais de Justice
Ile de la Cité
Bd du Palais
Tribunal de Com.
Pl. L. Lépine
CITÉ
Sainte Chapelle
CITÉ PREFECTURE DE POLICE
Hôtel Dieu
Q. de la Corse
Q. du Marché Neuf
Quai des Orfèvres
Quai des Grands Augustins
RER ST-MICHEL NOTRE-DAME
ST-MICHEL
Pt St Michel
Parvis Notre-Dame Pl. J. Paul II
NOTRE DAME
Sq. Jean XXIII
Quai aux Fleurs
Rue du Cloître Notre-Dame
Ecole Magistrature
Pt St Louis
Pt Louis Philippe
Pl. L. Aragon
ILE SAINT-LOUIS
Quai de Bourbon
Quai d'Orléans
Rue St-Louis en l'Ile
Sq. de l'Ile de France
Pt de l'Archevêché
Pt au Double
Port de Montebello
Quai de Montebello
Port de la Tournelle
Pt de la Tournelle
Q. de la Tournelle
R. de la Huchette
Sq. R. Viviani
R. Galande
Bd Saint Michel
CLUNY LA SORBONNE
Musée de Cluny
Pl. P. Painlevé
Bd Saint Germain
MAUBERT MUTUALITE
R. de Bièvre
Rue des Bernardins
Musée de l'Assist. Public
R. de Pontoise
R. de Poissy
Rue Monge
Rue du Cardinal Lemoine
R. des Fossés St-Bernard
Rue des Ecoles
Sq. P. Langevin
Jardin Carré
Collection Minéralogique
CARDINAL LEMOINE
Universités Paris VI - Paris VII
Universités Paris I-II
Rue Soufflot
Rue Cujas
Pl. Abbé Basset
Pl. Ste Geneviève
Montagne Ste-Geneviève
St-Nicolas Chardonnet
Pl. M. Audin
Paradis Latin
Rue St-Jacques
Rue Danton
Pl. St-André des Arts
PONT NEUF
Pl. Dauphine
Reproduction même partielle interdite
Bois de Boulogne
Bois de Vincennes
0 m
100
200
300 m

L
M
4e arrondissement
3
12
Rue de Bretagne
R. Pastourelle
Rue du Temple
R. Froissard
R. Pt aux Choux
R. de Poitou
Rue Debelleyme
Lycée T. S. Weil
Musée Chasse et Nature
Archives Nationales
Musée de l'Histoire de France
Hôtel de Rohan
Rue des 4 Fils
Cath. Ste-Croix
R. du Perche
Rue Vieille du Temple
Jard. Hôtel Salé
Musée Picasso
R. de la Perle
Pl. de Thorigny
Rue Barbette
Rue St-Claude
Sq. St-Gilles Grd Veneur
R. de Villehardouin
R. du Parc Royal
ST-SEBASTIEN FROISSART
BOULEVARD BEAUMARCHAIS
Rue St-Pierre Amelot
Pas. St-Sébastien
R. Scarron
R. des Tournelles
Rue St-Gilles
R. des Minimes
R. du Foin
R. de Turenne
R. Sévigné
Musée Cognac Jay
Lycée V. Hugo
Musée Carnavalet
Rue des Francs Bourgeois
CHEMIN VERT
Rue du Chemin Vert
Rue Amelot
BRÉGUET SABIN
BOULEVARD RICHARD LENOIR
Pas. Wagner
Rue des Rosiers
Jard. Francs Bourgeois Rosiers
Rue des Écouffes
R. Pavée
Biblio. Hist. Ville de Paris
R. Malher
Place des Vosges
Sq. Louis XIII
Pas de la Mule
R. de Birague
Maison V. Hugo
Rue de Rivoli
ST-PAUL
R. de Sévigné
Pl. Marché Ste-Cath.
R. d'Ormesson
Caisse Nat. Monuments Hist. et des Sites
Rue Saint Antoine
R. Miron
Mais. de la Photo
R. François Miron
R. de Jouy
R. Fourcy
R. Prévôt
St-Paul St-Louis
Lycée Charlemagne
Rue Charlemagne
R. Eginhard
R. St-Paul
R. Neuve St-Pierre
R. Beautreillis
R. du Petit Musc
R. Castex
R. de Lesdiguières
Cr Damoye
BASTILLE
Pl. de la Bastille
OPÉRA BASTILLE
Biblio. Forney
R. des Nonnains d'Hyères
R. de l'Ave Maria
R. des Jardins St-Paul
Village St-Paul
Musée de la Magie
R. Charles V
R. des Lions St-Paul
Sq. M. Trintignant
QUAI DES CELESTINS
Pompidou
PORT DES CELESTINS
BD HENRI IV
R. de la Cerisaie
BOULEVARD BOURDON
R. de l'Arsenal
R. Bassompierre
PORT DE L'ARSENAL
BASTILLE
Rue Biscornet
Rue Lacuée
Quinze Vingts
Sq. H. Galli
SULLY-MORLAND
Pl. du P. Teilhard de Chardin
Pavillon de l'Arsenal
R. de Sully
Bibli. de l'Arsenal
R. Mornay
R. de Crillon
R. de Brissac
R. Morland
PREFECTURE DE POLICE
Esplanade des Villes Compagnons de la Libération
QUAI HENRI IV
PORT HENRI IV
Pont Sully
Sq. Barye
QUAI D'ANJOU
Pont Morland
BOULEVARD DE LA BASTILLE
R. Jules César
Rue de Lyon
Rue Ledru Rollin
R. d'Austerlitz
Crémieux
QUAI SAINT BERNARD
Musée de Sculpture en Plein Air
Sq. Tino Rossi

H
I
7
8
9
10
14
SOLFERINO
Pl. J. Bainville
Rue de Talleyrand
Rue Las Cases
Rue de Champagny
Rue de Martignac
Rue Dominique
Rue de Villersexel
Rue de Poitiers
Rue du Bac
Rue de Verneuil
Rue Allent
Inst. de France
VOLTAIRE
Hôtel de Roquelaure
BD ST-GERMAIN
Hôtel du Châtelet
VARENNE
Hôtel de Courteilles
Hôtel de Martignac
Hôtel Rothelin Charolais
Hôtel de Villeroy
Hôtel de Castries
P. de la Visitation
R. de St-Simon
R. P. L. Courier
Rue de Grenelle
RUE DU BAC
Rue de l'Université
R. Montalembert
St-Thomas d'Aquin
Pl. St-Thomas d'Aquin
Musée des Lettres et Manuscrits
Ecole Nat. des Ponts et Chaussées
Rue du Pré aux Clercs
R. Perronet
R. St-Guillaume
R. de Luynes
Sq. de Luynes
BD RASPAIL
Al. C. Pineau
Musée Rodin
Hôtel de Clermont
Rue Vaneau
Cité Vaneau
Rue de Varenne
HÔTEL MATIGNON
C. de Varenne
Sq. de la Rochefoucauld
Musée Maillol
Al. C. Perrand
Fondation Nat. des Sciences Politiques
ST-GERMAIN DES PRÉS
R. du Dragon
R. de Chanaleilles
Préfecture et Conseil Régional d'Ile de France
R. de Narbonne
R. de la Planche
R. de Commaille
Sq. des Missions Etrang.
Séminaire des Missions Etrangères
R. de la Chaise
Sq. R. Stéphane
R. Chomel
SÈVRES BABYLONE
R. de Sèvres
Pl. M. Debré
Lycée V. Duruy
BOULEVARD DES INVALIDES
Rue Barbet de Jouy
Rue de Babylone
ST-FRANÇOIS XAVIER
R. Monsieur
Jardin C. Labouré
Le Bon Marché
Pl. Le Corbusier
Sq. Boucicaut
ST-SULPICE
Imp. Oudinot
N.-D. de la Médaille Miraculeuse
St-Ignace
Pl. A. Deville
Cherche Midi
R. Coëtlogon
Ecole Htes Etudes Sc. Soc.
Rue Oudinot
R. d'Olivet
Rue Rousselet
Rue Pierre Leroux
R. Dupin
Rue du Regard
Institut Catholique de Paris
St-Joseph des Carmes
R. Cassette
VANEAU
Rue de Sèvres
Rue de l'Abbé Grégoire
Rue Saint-Placide
BD de Rennes
RENNES
Av. C. Coquelin
Av. D. Lesueur
Musée V. Haüy
Inst. des Jeunes Aveugles
R. St-Romain
Gal. le Sévrien
R. Régis
R. J. F. Gerbillon
Rue Vaugirard
R. J. Bart
Fleurus
Pl. L. P. Fargue
Fondation Dubuffet
R. St-Jean Bapt. de la Salle
Musée E. Hébert
R. J. Ferrand
N.-D. des Anges
ST-PLACIDE
Alliance Française
R. Dugay Trouin
R. Huysmans
DUROC
Rue Mayet
Sq. du Croisic
Al. de Maintenon
R. B. Desgoffe
NOTRE-DAME DES CHAMPS
NECKER
ENFANTS MALADES
BD DU MONTPARNASSE
Rue Littré
Collège et Lycée Stanislas
Pl. P. Lafue
Rue Notre-Dame des Champs
FALGUIÈRE
Pl. C. Claudel
R. Alençon
AgroParisTech
Musée du Montparnasse
MONTPARNASSE BIENVENÜE
Pl. du 18 Juin 1940
N.-D. des Champs
R. Stanislas
R. Ste-Beuve
R. de Cicé
Sq. Pl. Ozanam
R. Péguy
Rue Bréa
R. J. Chaplain
Rue Vaugirard
R. Falguière
V. Gabrielle
Musée Bourdelle
AV. DU MAINE
V. M. Vassilieff
R. de l'Arrivée
Galeries Lafayette
Rue du Départ
R. d'Odessa
R. des Ēpinettes
BD DU MONTPARNASSE
VAVIN
R. de la Grde Chaumière
R. Antoine Bourdelle
R. A. Moisant
MONTPARNASSE BIENVENÜE
Pl. Bienvenüe
Tour Montparnasse
Gal. des Parnassiens
Pl. P. Picasso
Rue Delambre
R. Chéroy
Musée de la Poste
R. Brown Séquard
R. Mizon
Pl. R. Dautry
GARE MONTPARNASSE 1
SNCF
BD EDGAR QUINET
EDGAR QUINET
Pl. J. Baker
R. Poinsot
R. Jolivet
Sq. G. Baty
R. du Maine
Rue de la Gaîté
Sq. Delambre
R. Huyghens
Lycée P. Bert
BOULEVARD RASPAIL
R. L. Robert
BD DE VAUGIRARD
BD PASTEUR
R. Dalou
R. Alexandre
Sq. M. Hymans
Al. du Cap. Dronne
Mémorial Mal Leclerc
Musée J. Moulin
Jardin Atlantique
Chef Guillebon
R. Mouchotte
Bobino
R. Vandamme
Th. Montparnasse
Th. Gaîté
Al. G. Besse
RASPAIL
Sq. Y. Klein

5e arrondissement
L
M
4
13
SEINE
ILE SAINT LOUIS
QUAI D'ORLEANS
QUAI DE BOURBON
QUAI D'ANJOU
Q. DE BETHUNE
QUAI DE L'HOTEL DE VILLE
QUAI DES CELESTINS
PORT DES CELESTINS
PORT DE LA TOURNELLE
QUAI DE LA TOURNELLE
BD HENRI IV
BD ST GERMAIN
QUAI SAINT BERNARD
QUAI HENRI IV
BOULEVARD
BD SAINT MARCEL
QUAI DE L'HÔPITAL
PONT MARIE
SULLY-MORLAND
JUSSIEU
CENSIER DAUBENTON
GARE D'AUSTERLITZ
Pont Marie
Pont Sully
Pt de la Tournelle
Pont d'Austerlitz
Pont Morland
Pt St Louis
Pt Louis Philippe
Institut du Monde Arabe
Universités Paris VI - P. et M. Curie Paris VII - D. Diderot
Collection Minéralogique
Musée de Sculpture en Plein Air
Sq. Tino Rossi
Ménagerie
JARDIN DES PLANTES
Muséum National d'Histoire Naturelle
Grande Galerie de l'Evolution
Institut Musulman
Arènes de Lutèce
PREFECTURE DE POLICE
Pavillon de l'Arsenal
Bibl. de l'Arsenal
Pl. Valhubert
Pl. Jussieu
Pl. Mohamed V
Sq. Barye
Universités Paris III
LA PITIÉ-SALPÊTRIÈRE
Bois de Boulogne
Bois de Vincennes
0m
100
200
300
400m
Reproduction même partielle interdite

6e arrondissement
J
K
Pont des Arts
Q. Malaquais
Quai de Conti
Q. du Louvre
Voie
Pont Neuf
Q. de la Mégisserie
Seine
Quai de l'Horloge
Quai des Orfèvres
Q. des Gds Augustins
Pont au Change
Ecole Sup. Nat. des Beaux Arts
Académie Nat. de Médecine
Institut de France
Hôtel des Monnaies
Pl. de l'Institut
Sq. du Vert Galand
Ile de la Cité
Palais de Justice
Conciergerie
Sainte Chapelle
Préfecture de Police
Tribunal de Com.
Cité
1
4
R. des Beaux Arts
R. Visconti
R. Jacob
Musée Delacroix
R. de l'Abbaye
R. Guénégaud
R. Dauphine
R. Christine
R. de Savoie
R. Séguier
R. St-André des Arts
Pl. St Michel
St-Michel Notre-Dame
St-Michel
Bd du Palais
Q. du Marché Neuf
Pont St Michel
Rivoli
Pl. du Châtelet
Mabillon
Odéon
St Germain
Boulevard St Germain
R. de Buci
R. Mazarine
R. de Seine
R. Bonaparte
R. Danton
R. Serpente
R. Hautefeuille
Musée Université Paris V
Académie de Chirurgie
Université Paris VI
R. de l'Ecole de Médecine
Cluny La Sorbonne
Musée de Cluny
Boulevard St Michel
R. Racine
Lycée St-Louis
St-Sulpice
Université Paris VII
R. Lobineau
R. Guisarde
R. Saint Sulpice
R. de Tournon
R. de Condé
R. de l'Odéon
Pl. de l'Odéon
Th. Odéon
R. de Vaugirard
Palais du Luxembourg
Musée
Sénat
6
Jardin du Luxembourg
Fontaine de Médicis
R. de Médicis
Pl. E. Rostand
Luxembourg
Ecole Nat. Sup. des Mines
Musée Minéralogique
R. Champollion
R. de la Sorbonne
Universités Paris III Paris IV Sorbonne
Collège de France
Lycée Louis Le Grand
R. St-Jacques
R. des Ecoles
Bd St Germain
R. Soufflot
Pl. du Panthéon
Panthéon
Lycée Henri IV
R. Cujas
Biblio. Ste Geneviève
Universités Paris I-II
St-Etienne du Mont
R. Clovis
R. Descartes
R. Mouffetard
Pl. de la Contrescarpe
R. Gay Lussac
R. Royer Collard
R. des Fossés St-Jacques
R. de l'Estrapade
R. d'Ulm
R. P. et M. Curie
Institut Océanographique
Musée Curie
Ecole Nat. Sup. de Chimie
Institut Curie
Ecole Normale Sup.
5
R. Auguste Comte
Lycée Montaigne
E.N.A.
Université Paris V
Musée Zadkine
R. Michelet
R. d'Assas
R. Le Verrier
R. Joseph Bara
Jardin des Grands Explorateurs
Av. de l'Observatoire
Boulevard St Michel
RER St-Jacques du Ht Pas
R. de l'Abbé de l'Epée
Inst. Nat. des Jeunes Sourds
R. des Ursulines
Lycée Lavoisier
R. Nicolle
R. des Feuillantines
R. du Val de Grâce
Pl. A. Laveran
Musée de Service de Santé des Armées
Val de Grâce
Bd du Montparnasse
Port Royal
Pl. C. Jullian
Inst. Nat. d'Agronomie
Jardin Carré
Sq. P. Langevin
Bois de Boulogne
Bois de Vincennes
17 18 19 8 9 10 2 3 11 20 16 7 1 6 4 5 12 15 14 13
0m 100 200 300 400m
Reproduction même partielle interdite

E
F
G
16
7
8
9
15
Place d'Iéna
Av. PDT WILSON
Pl. de Tokyo
Musée Art Moderne Ville de Paris
Palais de Tokyo
Palais Galliera
Fondation P. Y. St Laurent
Crazy Horse
Pl. de la Reine Astrid
N.-D. de la Consolation
Cours Albert 1er
Cours Georges
Jard. d'Erevan
Sq. Jean Perrin
Voie
Pont de l'Alma
PORT DE LA CONFERENCE
SEINE
Pont des Invalides
PORT DU GROS CAILLOU
Esp. H. Bourguiba
Conseil Eco. et Social
NEW - YORK
Pile Debilly
BOURDONNAIS
PORT DEBILLY
PORT DE LA
RER PONT DE L'ALMA
Pl. de la Résistance
Musée des Egoûts
QUAI D'ORSAY
American Church in Paris
Pl. de Finlande
QUAI BRANLY
Musée du Quai Branly
R. Cognac Jay
Col Combes
Av. R. Schuman
Rue de l'Université
R. Franco Russe
Rue de Montessuy
Pl. E. Feuillère
R. E. Valentin
R. Dupont des Loges
AVENUE RAPP
Sq. Rapp
Rue Saint Dominique
St-Pierre du Gros Caillou
Rue de Grenelle
LA TOUR MAUBOURG
Musées : de l'Armée et des Plans Reliefs
Pont d'Iéna
TOUR EIFFEL
Avenue Gustave Eiffel
PARC DU CHAMP DE MARS
RER CHAMP DE MARS TOUR EIFFEL
Av. des Refuzniks
Pl. J. Rueff
Bouvard
Pl. du Gal Gouraud
E. Pouvillon
Av. de Suffren
Rue Cler
Champ de Mars
R. Bosquet
P. de la Vierge
Avenue Bosquet
Pl. de l'Ecole Militaire
ECOLE MILITAIRE
Jardin de l'Intendant
Avenue de la Motte Picquet
Pl. D. Cochin
Inst. des Htes Etudes de la Défense Nationale
ECOLE MILITAIRE
Place de Fontenoy
U.N.E.S.C.O.
Pl. P. Laroque
Pl. E. Salvador
Esp. J. Chaban Delmas
BRETEUIL
Direction des Journaux Officiels
Fédération
Village Suisse
Car. Gal J. Pâris de Bollardière
Pl. M. Cerdan
DUPLEIX
Boulevard de Grenelle
LA MOTTE PIQUET-GRENELLE
Sq. T. Judlin
CAMBRONNE
Pl. Cambronne
Lycée Tech. R. Verlomme
Pl. A. Dreyfus
Zola
EMILE ZOLA
Frémicourt
BOULEVARD GARIBALDI
Avenue de Suffren
SÉGUR
Pl. de la Rép. de Panama
Place de Breteuil
SÈVRES LECOURBE
U.N.E.S.C.O. (Annexe)
Rue Lecourbe

7e arrondissement
H
I
7
1
6
Place de Concorde
Obélisque
Gal. Nat. du Jeu de Paume
Musée de l'Orangerie
JARDIN DES TUILERIES
JARDIN DU CARROUSEL
Pont de la Concorde
Pont Royal
QUAI DES TUILERIES
QUAI D'ORSAY
QUAI ANATOLE FRANCE
QUAI VOLTAIRE
PORT DE LA CONCORDE
PORT DES TUILERIES
PORT DE SOLFERINO
Plle L. Sédar Senghor
ASSEMBLÉE NATIONALE
Palais Bourbon
Hôtel de Seignelay
Pl. du Palais Bourbon
Maison de la Chimie
Ministère de la Défense
Hôtels de Brienne et de Broglie
Hôtel Kinski
MUSÉE D'ORSAY
Caisse des Dépots et Consign.
SOLFERINO
Basilique Ste-Clotilde
Hôtel de Roquelaure
Hôtel de Courteilles
Hôtel du Châtelet
VARENNE
Hôtel de Martignac
Hôtel Rothelin Charolais
Hôtel de Villeroy
Hôtel de Castries
Musée Rodin
Hôtel de Clermont
HÔTEL MATIGNON
Lycée V. Duruy
Préfecture et Conseil Régional d'Ile de France
Séminaire des Missions Etrangères
Sq. de la Rochefoucauld
Musée Maillol
RUE DU BAC
Musée des Lettres et Manuscrits
Ecole Nat. des Ponts et Chaussées
Université Paris V
Fondation Nat. des Sciences Politiques
ST-GERMAIN DES PRÉS
SÈVRES BABYLONE
Sq. Boucicaut
Le Bon Marché
Jardin C. Labouré
N.-D. de la Médaille Miraculeuse
ST-FRANÇOIS XAVIER
VANEAU
ST-SULPICE
Institut Catholique de Paris
Ecole Htes Etudes Sc. Soc.
Musée E. Hébert
ST-PLACIDE
DUROC
Fondation Dubuffet
Inst. des Jeunes Aveugles
Musée V. Haüy
NECKER ENFANTS MALADES
NOTRE-DAME DES CHAMPS
BOULEVARD SAINT GERMAIN
BOULEVARD DES INVALIDES
BD RASPAIL
Rue de Grenelle
Rue de Varenne
Rue de Babylone
Rue de Sèvres
Rue de l'Université
Rue Saint Dominique
Rue de Lille
Rue du Bac
Rue Vaneau
Rue Oudinot
Rue de Rennes
18 17 19 8 9 10 16 1 2 3 11 20 7 6 4 15 5 12 14 13
Bois de Boulogne
Bois de Vincennes
0m 100 200 300 400m
Reproduction même partielle interdite

E
F
G
4
5
6
17
16
Mal Juin
Pl. du Brésil
WAGRAM
Pl. Mgr Loutil
Lycée Carnot
AVENUE DE
MALESHERBES
R. J. Bingen
Général Catroux
Musée Henner
Fortuny
Cardinet
Jouffroy
R. Meissonier
R. Médéric
R. Jadin
Institut Dentaire
Prony
R. de Phalsbourg
R. de Thann
R. G. Berger
R. de Logelbach
R. H. Rocheforf
BD
COURCELLES
Pl. de la République Dominique
MONCEAU
Av. de Valois
Av. Velasquez
Musée Cernuschi
Parc de Monceau
Allée Berger
Comtesse de Ségur
Musée N. de Camondo
Av. Ruysdael
Av. Van Dyck
Pl. Gal Brocard
A. de Vigny
HOCHE
Rue Murillo
R. de Lisbonne
Pl. de Rio de Janeiro
R. Rembrandt
R. de Messine
Av. de
Pl. G. Oury
R. Murat
Dr Lancereaux
Musée Jacquemart André
Sq. Beaujon
HAUSSMANN
BD
Pl. M. Couve de Murville
Rue Beaujon
R. Berryer
Pl. du R. Père Carré
Balzac
Annonciation
Av. Beaucour
Salle Pleyel
Rue Daru
R. Pierre Le Grand
R. de la Néva
BOULEVARD
Pl. de la République de l'Equateur
COURCELLES
Lycée Tech. J. Drouant
R. Léon Jost
R. Marguerite
R. Th. Ribot
R. Renaudes
Courcelles
L. Cognier
R. Barye
R. G. Flaubert
R. de Banville
R. Rennequin
T. de
Villa Monceau
NIEL
R. Bayen
R. Laugier
Rue Poncelet
Pas. Poncelet
Fourcroy
P. Roux
V. Niel
Pl. A. Maillart
Faraday
V. Laugier
V. Aubriet
R. de St-Senoch
R. du Sq. Hoff
Dumas
R. M. Edwards
R. Renault
R. Villebois Mareuil
AVENUE
S. Leroy
Pl. Boulnois
TERNES
Pl. des Ternes
TERNES
Espace Wagram
AV. MAC MAHON
R. de Montenotte
R. des Acacias
R. de l'Arc de Triomphe
R. du Gal Lanrezac
P. Doisy
Av. Carnot
Forge
R. de l'Etoile
R. Brey
R. Troyon
AV. DE WAGRAM
R. Nouvelle
V. Wagram St-Honoré
Sq. du Roule
St-Joseph
AVENUE
Av. B. Albrecht
Beaujon
Pl. G. Guillaumin
FRIEDLAND
Washington
R. Lamennais
Chambre Com. Indus. de Paris
Rue Tilsitt
AVENUE DE
Houssaye
CHARLES DE GAULLE ETOILE
Place Charles de Gaulle
ARC DE TRIOMPHE
RER
R. Lord Byron
R. de Chateaubriand
Le Lido
Cité Odiot
G. Berri Washington
AVENUE
GEORGE V
Presbourg
Lauriston
KLEBER
Av. des Portugais
R. La Pérouse
R. d'Urville
Avenue
AVENUE
Galilée
R. Newton
R. Euler
Bassano
R. Magellan
R. Vernet
Bauchart
AV.
Pl. P.-E. Victor
R. C. Colomb
Quentin
Rue Lincoln
Pierre Charron
G. des Champs Elysées
Arc. Champs Elysées
G. du Claridge
G. Point Show
R. Fortin
R. F. Bastiat
R. P. Baudry
R. d'Artois
R. St-Philippe du Roule
R. du Cdt Rivière
Pl. Chassaigne Goyon
ST-PHILIPPE DU ROULE
AV. FRANKLIN D. ROOSEVELT
Colisée
Faub.
St-Philippe du Roule
R. P. Cézanne
Av. Myron Herrick
Rue Berri
Rue de La
Courcelles
Rue de
G. Elysées La Boétie
Rue de Ponthieu
Gal. Elysées 26
Gal. Elysées Rd-Point
R. Jean Mermoz
DES
FRANKLIN D. ROOSEVELT
Rd-Pt des Champs Elysées
M. Dassault
CHAMPS
Marbeuf
R. Robert Estienne
Rue de Marignan
P. Marignan
MONTAIGNE
Th. du Rond-Point
Av. de Selves
Av. du Gal Eisenhower
Sq. de Berlin
Palais de la Découverte
GRAND PALAIS
Imp. d'Antin
Church of Scotland
Pl. François 1er
Rue Goujon
François 1er
Bayard
Sq. Jean Perrin
Pl. du Canada
D. ROOSEVELT
Rue Jean
N.-D. de la Consolation
AVENUE
R. Boccador
R. de la Trémoille
R. Marbeuf
R. Cerisoles
R. Marot
R. Chambiges
R. Bourdin
François 1er
R. Renaissance
Rue du
Th. des Champs Elysées
Crazy Horse
GEORGE V
Serbie
American Cathedral in Paris
Pl. de l'Am. Beyrouth
J. Bertillon
J. du Dr.
MARCEAU
Pl. P. Brisson
R. Goethe
R. L. Reynaud
Fondation P. Bergé Y. St Laurent
Freycinet
ALMA MARCEAU
Pl. de la Reine Astrid
Pl. de l'Alma
Pl. M. Callas
WILSON
Pl. de Tokyo
Musée Art Moderne Ville de Paris
Palais de Tokyo
R. G. de St-Paul
Debrousse
Frs Pérez
NEW-YORK
Pont de l'Alma
Cours Albert 1er
Voie Georges Pompidou
Cours Albert 1er
PORT DE LA CONFERENCE
SEINE
PORT DU GROS CAILLOU
Pont des Invalides
PORT
Galliera
Palais Galliera
Sq. Brignole Galliera
Brignole
Pierre 1er de Serbie
St-Etienne
St-Pierre de Chaillot
Rue de Chaillot
Sq. de Chaillot
Giraudoux
R. Kepler
Jean
Pl. R. de Coudenhove Kalergi
Pl. de l'Uruguay
R. Vacquerie
Centre de Conférences Internationales
Dumont d'Urville
Galilée
d'Iéna
R. de Belloy
Sq. T. Jefferson
États-Unis
Pl. de l'Am. de Grasse
Galerie Musée Baccarat
R. Lübeck
R. de l'Am. d'Estaing
de l'Am.-Hamelin
Pl. M. Dietrich
Musée Guimet
Pl. Rochambeau
Av. d'Iéna
Place d'Iéna
IENA
R. Fresnel
R. de la Manutention
DU
Avenue
Musée Eco Social

8e arrondissement
H
I
BOULEVARD DES BATIGNOLLES
BOULEVARD
ROME
VILLIERS
Pl. P. Goubaux
Lycée Chaptal
R. de Florence
Saint-Pétersbourg
St-André de l'Europe
Place de Dublin
R. de Bucarest
Rue d'Amsterdam
R. de Parme
R. Bernouilli
R. de Copenhague
Rue de Naples
Constantinople
R. d'Edimbourg
Th. Tristan Bernard
EUROPE
Pl. de l'Europe
Rue de Madrid
Rue de Vienne
Rue de Moscou
Rue de Turin
Liège
LIÈGE
R. de Milan
R. d'Athènes
Grande Comédie
9
Th. de Paris
Casino de Paris
Ste-Trinité
MALESHERBES
Rue de Lisbonne
R. Portalis
Rue du Général Foy
Rue de Monceau
Rue de Stockholm
Rue de Rome
Rue de Londres
Pl. de Budapest
Direction Générale de la SNCF
GARE ST-LAZARE
SNCF
R. Maleville
Treilhard
Rue de la Bienfaisance
Pl. du Guatemala
St-Augustin
Pl. H. Bergson
Sq. M. Pagnol
Lycée Racine
Rue Laborde
8
Rue de Messine
Rue de Miromesnil
Place Saint Augustin
R. de Rigny
Pl. du Pérou
BD Haussmann
SAINT LAZARE
Cr de Rome
Cr du Havre
R. du Havre
RER
HAUSSMANN ST-LAZARE
R. Saint Lazare
Lycée Condorcet
R. de la Pépinière
SAINT AUGUSTIN
Av. Percier
MIROMESNIL
Rue La Boétie
R. d'Astorg
R. de l'Isly
Rue de Provence
Jouber
Rue de Rome
Le Printemps
Galeries Lafay
HAUSSMANN
Sq. Louis XVI
Chapelle
Th. Michel
Th. des Mathurins
R. Lavoisier
Rue des Mathurins
HAVRE CAUMARTIN
AUBER
Place Diaghilev
Salle Gaveau
Penthièvre
R. Roquépine
St-Esprit
R. T. du Coudray
Rue Pasquier
R. Greffulhe
R. de Castellane
Rue Tronchet
Rue Vignon
Rue de Caumartin
Com. Caumartin
Rue de Mogador
OPÉRA GARNIER
Pl. C. Garnier
Ministère de l'Intérieur
Archevêché de Paris
Pl. des Saussaies
R. de la Ville l'Évêque
R. Chauveau Lagarde
Pinacothèque
Matignon
Pl. Beauvau
Rue des Saussaies
Rue de Duras
Rue Montalivet
R. d'Aguesseau
Th. de la Madeleine
Rue de Surène
STE-MARIE MADELEINE
Pl. de la Madeleine
BD DE LA MADELEINE
MADELEINE
OPERA
Pl. de l'Opéra
BD DES CAPUCINES
Olympia
Musée du Parfum
2
Rue Daunou
Th. Daunou
Th. Pépinière Opéra
AVENUE DE L'OPÉRA
PALAIS DE L'ÉLYSÉE
Présidence de la République
Rue du Faubourg Saint Honoré
C. du Retiro
R. d'Anjou
R. Boissy d'Anglas
C. Berryer
Rue Royale
Gal de la Madeleine
Rue Cambon
Ministère de la Justice
Place Vendôme
R. Duphot
R. St Florentin
CHAMPS-ÉLYSÉES CLEMENCEAU
Place Clemenceau
Pavillon Gabriel
Espace P. Cardin
Avenue Gabriel
Allée Marcel Proust
Musée Maxim's
Hôtel de Crillon
Hôtel de la Marine
CONCORDE
Cour des Comptes
ÉLYSÉES
PETIT PALAIS
Av. W. Churchill
Av. C. Girault
Av. Dutuit
Av. Edward Tuck
Place de la Concorde
Obélisque
Gal. Nat. du Jeu de Paume
Cours la Reine
Pompidou
CHAMPS ELYSEES
INVALIDES
PORT DE LA CONCORDE
QUAI DES
Pont de la Concorde
Musée de l'Orangerie
Terrasse
1
Pyramides
Musée des Arts
PYRAMIDES
Bois de Boulogne
Bois de Vincennes
0m
100
200
300
400m
Reproduction même partielle interdite

9e arrondissement
J
K
BD DE ROCHECHOUART
BOULEVARD
ANVERS
BARBÈS ROCHECHOUART
Pl. d'Anvers
Sq. d'Anvers
Lycée J. Decour
Av. Trudaine
Rue Turgot
Rue Rodier
Rue de Dunkerque
Rue du Delta
Rue Pétrelle
Sq. Pétrelle
Rue Condorcet
C. Condorcet
Rue Rochechouart
Rue de Maubeuge
Sq. Maubeuge
Rue de Bellefond
Lycée Lamartine
Rue du Faubourg Poissonnière
Pl. du 8 Novembre 1942
POISSONNIÈRE
Sq. de Montholon
Rue Lamartine
CADET
Rue Cadet
Rue de la Tour d'Auvergne
Rue des Martyrs
Rue Milton
9
Rue de Châteaudun
Rue La Fayette
Rue Choron
Pl. J. Rizal
P. Briare
Pl. Kossuth
LE PELETIER
Rue Drouot
Rue de Provence
Rue Richer
Rue Bleue
Rue de Trévise
Cité de Trévise
Rue Saulnier
Musée Franc-Maçonnerie
Folies Bergère
Rue du Faubourg Montmartre
Rue Rossini
R. de la Grange Batelière
Hôtel des Ventes
Rue Bergère
Rue Rougemont
Cité Bergère
Cons. Nat. Sup. d'Art Dram.
St-Eugène Ste-Cécile
Rue du Conservatoire
Rue Ste Cécile
R. de Montyon
BD MONTMARTRE
BD POISSONNIÈRE
RICHELIEU DROUOT
GRANDS BOULEVARDS
BONNE NOUVELLE
Musée Grévin
Th. des Variétés
Th. des Nouveautés
Rue d'Uzès
Rue du Sentier
Grand Rex
Rue des Jeûneurs
Pl. de la Bourse
Palais Brongniart
Rue Vivienne
Rue Feydeau
Rue St-Marc
2
10
Rue des Petites Écuries
Rue de Paradis
Rue d'Hauteville
Rue des Messageries
New Morning
LARIBOISIÈRE
Rue Ambroise
Pl. de Roubaix
Rue de Rocroy
Rue de Belzunce
Rue d'Abbeville
Sq. A. Cavaillé Coll
Pl. Franz Liszt
Lycée Tech. J. Siegfried
St-Vincent de Paul
Bois de Boulogne
Bois de Vincennes
18 17 19 8 9 10 2 3 11 20 16 7 6 4 1 5 12 15 14 13
0 m 100 200 300 m

K
L
3
4
5
6
9
18
2
3
BOULEVARD ROCHECHOUART
BARBÈS ROCHECHOUART
LARIBOISIERE
GARE DU NORD
SNCF
RER
MAGENTA
GARE DU NORD
F. Widal
R. Demarquay
Rue La Fayette
Dunkerque
Pl. Napoléon III
Pl. de Roubaix
BOULEVARD DE MAGENTA
Rue de Maubeuge
R. Ambroise Paré
Rue de Dunkerque
Rue du Delta
Rue Rochechouart
Pl. d'Anvers
Sq. d'Anvers
ANVERS
Lycée Decour
Trudaine
Rue Turgot
Condorcet
Rue Pétrelle
Sq. Pétrelle
R. Thimonnier
R. Lentonnet
Rue de Rocroy
Rue Belzunce
Lycée Tech. J. Siegfried
St-Vincent de Paul
Sq. A. Cavaillé Coll
Pl. Franz Liszt
Rue de Bellefond
Lycée Lamartine
Pl. du 8 Novembre 1942
POISSONNIÈRE
Rue du Faubourg Poissonnière
Rue de Chabrol
R. des Petits Hôtels
Pl. de Valenciennes
R. des 2 Gares
P. Delanos
Rue d'Alsace
GARE DE L'EST
Pl. du 11 Novembre 1918
Rue du 8 Mai 1945
Pl. M. Braun
St Laurent
Sq. St Laurent
Jardin
R. des Messageries
C. d'Hauteville
Rue de Paradis
C. Paradis
R. de la Fidélité
BOULEVARD DE STRASBOURG
Rue du Faubourg Saint-Denis
Rue du Faubourg Saint-Martin
Rue des Petites Écuries
R. Martel
CHÂTEAU D'EAU
R. Jarry
P. du Désir
R. de Nancy
R. Hittorf
Rue d'Enghien
Rue de l'Échiquier
P. Reilhac
Pas. Brady
R. de Metz
P. du Prado
Porte St-Denis
STRASBOURG ST-DENIS
BD DE BONNE NOUVELLE
BD POISSONNIÈRE
GRANDS BOULEVARDS
BONNE NOUVELLE
BD ST-DENIS
BD SAINT MARTIN
Rue du Château d'Eau
Rue de Lancry
Rue Bichat
Rue Bleue
CADET
R. Richer
Rue Bergère
Cité Bergère
Rue du Conservatoire
Cons. Nat. Sup. d'Art Dram.
R. G. Laumain
St-Eugène Ste-Cécile
Rue Ste Cécile
Rue de Trévise
Rue Saulnier
Rue de Montyon
Rue Rougemont
Rue Montmartre
Rue d'Uzès
Rue St-Fiacre
Grand Rex
Rue de Cléry
Rue Réaumur
SENTIER
Rue d'Aboukir
Rue du Caire
Rue St-Denis
BD DE SEBASTOPOL
Rue Blondel
Rue Notre Dame de Nazareth
Rue Meslay
Rue du Faubourg du Temple
Th. Gymnase
New Morning
Th. du Splendid
Th. Antoine
Th. de la Renaissance
Th. Pte St-Martin
Musée Pte St Martin
TAXI

10e arrondissement
M
N
CHAPELLE
BD
DE
LA
VILLETTE
STALINGRAD
BASSIN
Rotonde de la Villette
Pl. de la Bataille de Stalingrad
JAURÈS
AVENUE
Rue Armand
Lycée Colbert
LOUIS BLANC
Rue La Fayette
Saint Martin
St-Joseph Artisan
Rue de l'Aqueduc
Chaudron
Valmy
Jemmapes
Sq. J. Falck
Av. Secrétan
Rue de Meaux
Sq. des Bouleaux
Lycée H. Bergson
Lycée Tech. Jacquard
BOLIVAR
Bouret
Édouard
Cité Hiver
Rue Louis Blanc
Rue du Faubourg
R. A. Parodi
P. Delessert
R. P. Dupont
Rue E. Varlin
R. Blache
Sq. E. Varlin
R. G. F. Haendel
R. F. James
R. A. Camus
Pl. R. Desnos
Pl. du Colonel Fabien
COLONEL FABIEN
TAXI
R. du Terrage
R. Mgr Rodhain
Pl. R. Follereau
Sq. A. Hampaté Bâ
R. B. Zelenski
des Écluses St Martin
Rue de la Grange aux Belles
CANAL
SAINT
MARTIN
Quai de Jemmapes
Quai de Valmy
10
19
11
BOULEVARD DE LA VILLETTE
R. Vicq d'Azir
Vellefaux
R. Juliette Dodu
Claude
de Sambre et Meuse
R. H. Feulard
I. Chausson
R. de l'Hôpital St-Louis
C. Héron
SAINT-LOUIS
H
P
Sq. des Récollets
R. Jean Poulmarch
Rue Lancry
Av. Richerand
Pl. du Dr A. Fournier
R. Marie et Louise
Bichat
Alibert
Avenue Parmentier
AV. PARMENTIER
R. A. Groussier
Tessier
R. Tesson
Saint Maur
R. Ste Marthe
Pl. Ste Marthe
Pas. Hébrard
P. Buisson St Louis
R. du Buisson
R. du Chalet
St-Louis
R. Civale
Cr Grâce de Dieu
Cr des Bretons
Rue du Temple
BELLEVILLE
Rue de Marseille
Beaurepaire
R. Dieu
Douanes
Jouhaux
Yves Toudic
Thomas
Sq. F. Lemaître
Th. Palais des Glaces
GONCOURT
R. Louvel
R. Bichat
R. d'Aix
Rue du Faubourg
Rue Jules Ferry
Boulevard
Sq. Jules Ferry
Th. Temple
R. de Malte
Pl. de la RÉPUBLIQUE
République
Sq. A. Tollet
Sq. H. Christine
Secteur en Travaux
St-Martin d. Champs
L'Alhambra
MAGENTA
Mathurin Moreau
Fond. Ophtalmo. A. de Rotschild
R. P. Hecht
R. R. de Gourmont
R. E. Poë
Lardennois
Simon Bolivar
R. Burnouf
Monjol
Legrand
Cité Stemler
Cité St-Chaumont
Pl. M. Achard
Pl. H. Fiszbin
Sq. de Rébeval
Pl. J. Rostand
Pl. Gal Ingold
R. Lemon
R. Dénoyez
St-Georges
R. H. Murget
Avenue Simon Bolivar
Rue des Chaufourniers
Cité Lepage
Al. G. Récipon
Al. A. de Beaulieu
P. Fours à Chaux
R. S. Lecointe
R. Baste
18
19
17
9
10
8
20
16
1
2
3
11
7
6
4
5
12
15
14
13
Bois de Boulogne
Bois de Vincennes
0m
100
200
300
400m
Reproduction même partielle interdite

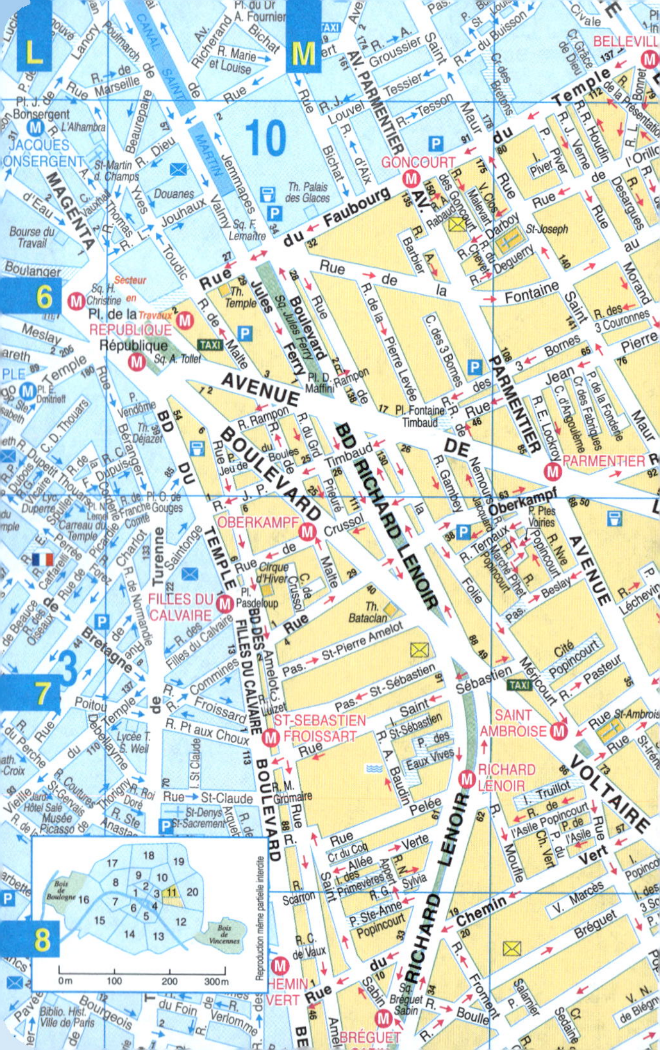

L
M
6
7
8
10
3
11
BELLEVILLE
GONCOURT
JACQUES BONSERGENT
RÉPUBLIQUE
Pl. de la République
OBERKAMPF
PARMENTIER
FILLES DU CALVAIRE
ST-SEBASTIEN FROISSART
SAINT AMBROISE
RICHARD LENOIR
CHEMIN VERT
BRÉGUET SABIN
Secteur en Travaux
CANAL SAINT MARTIN
Quai de Jemmapes
Quai de Valmy
AV. PARMENTIER
AVENUE PARMENTIER
AVENUE DE LA RÉPUBLIQUE
BOULEVARD DU TEMPLE
BD DES FILLES DU CALVAIRE
BOULEVARD JULES FERRY
BD RICHARD LENOIR
BOULEVARD RICHARD LENOIR
BD DE MAGENTA
BOULEVARD VOLTAIRE
Rue du Faubourg du Temple
Rue de la Fontaine au Roi
Rue Oberkampf
Rue Jean Pierre Timbaud
Rue de Malte
Rue Saint-Maur
Rue de Crussol
Rue Amelot
Rue de Bretagne
Rue de Turenne
Rue Charlot
Rue de Saintonge
Rue du Temple
Rue Froissart
Rue St-Claude
Rue St-Sébastien
Pas. St-Pierre Amelot
Rue du Chemin Vert
Rue de la Folie Méricourt
Rue Pelée
Rue Bréguet
Rue Popincourt
Rue de Marseille
Rue de Lancry
Rue Beaurepaire
Rue Bichat
Rue Louvel Tessier
Rue Tesson
Rue Darboy
Rue Deguerry
Rue Morand
Rue des 3 Couronnes
Rue des 3 Bornes
Rue de Nemours
Rue Ternaux
Rue Moufle
Rue Alibert
Rue Jacquard
Rue de Normandie
Rue Vieille du Temple
Rue Debelleyme
Rue de Poitou
Rue de Beauce
Rue des Oiseaux
Rue de Saint-Gilles
Rue Jules Verne
Rue Robert Houdin
Rue de l'Orillon
Rue de la Présentation
Rue des Goncourt
Rue Rampon
Rue du Grand Prieuré
Rue des Boulets
Rue Gambey
Rue Lechevin
Rue Crussol
Rue Richard Lenoir
Rue Sedaine
Rue Saint-Ambroise
Rue Pastoral
Rue Jean-Pierre Timbaud
Rue St-Sébastien
Rue Saint-Sabin
Rue Bréguet
Rue de la Roquette
Rue Vert
Rue Turbigo
Sq. Jules Ferry
Sq. A. Tollet
Sq. H. Christine
Sq. F. Lemaître
Pl. Fontaine Timbaud
Pl. Pasdeloup
Cirque d'Hiver
Th. Bataclan
Th. Déjazet
Th. Palais des Glaces
Th. Temple
L'Alhambra
Bourse du Travail
Douanes
Carreau du Temple
Hôtel Salé Musée Picasso
Biblio. Hist. Ville de Paris
Lycée T. S. Weil
St-Joseph
TAXI
Cité Popincourt
Bois de Boulogne
Bois de Vincennes
0 m
100
200
300 m
Reproduction même partielle interdite

N
O
11e arrondissement Nord
COURONNES
MÉNILMONTANT
RUE SAINT-MAUR
PÈRE LACHAISE
VOLTAIRE
PHILIPPE AUGUSTE
BOULEVARD DE BELLEVILLE
BOULEVARD DE MÉNILMONTANT
BOULEVARD DE
Parc de Belleville
Maison de l'Air
Sq. du Nouveau Belleville
Pl. M. Chevalier
N. D. de la Croix
Pl. de Ménilmontant
20ème Théâtre
Rue de Ménilmontant
Rue Oberkampf
Pl. J. Ferrat
Lycée Voltaire
Ecole Sup. de Commerce
Rue des Amandiers
Avenue de la République
Rue du Chemin Vert
Basilique N.-D. du Perpétuel Secours
Pl. A. Métivier
CIMETIÈRE
PÈRE
Sq. de la Roquette
Sq.M. Rajman
Rue de la Roquette
Rue Servan
Rue Merlin
Rue de la Folie Régnault
Avenue Parmentier
Rue Saint-Maur
Sq. M. Gardette
Pl. Léon Blum
Sq. D. Poulot
Musée
Sq. J. Allemane
Sq. Folie Régnault
Rue du Mont Louis
Rue Mercœur
Rue Léon Frot
11
20

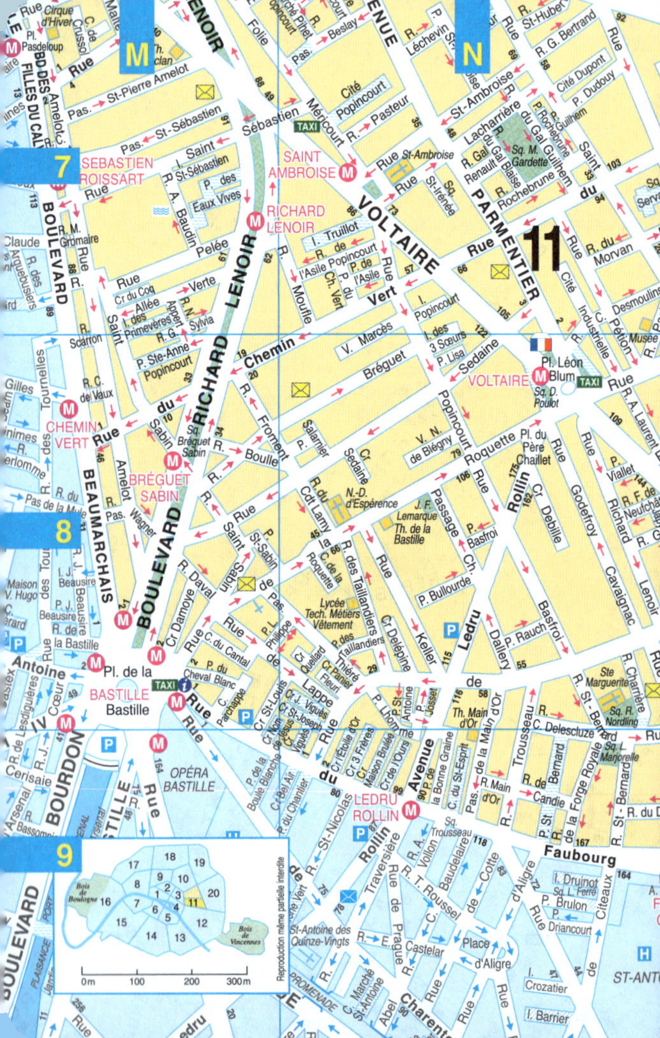

M
N
7
8
9
11
Cirque d'Hiver
Pl. Pasdeloup
BD DES FILLES DU CALVAIRE
Rue St-Pierre Amelot
Pas. St-Sébastien
SAINT SEBASTIEN FROISSART
Th. Déjazet
R. St-Sébastien
Sébastien
R. Folie Méricourt
R. Beslay
Cité Popincourt
R. Pasteur
R. Léchevin
R. St-Ambroise
Rue St-Ambroise
R. St-Hubert
R. G. Bertrand
Cité Dupont
P. Dudouy
R. Lacharrière
Sq. M. Gardette
R. du Gal Guilhem
P. Rochebrune
R. Rochebrune
R. Gal Renault
SAINT AMBROISE
RICHARD LENOIR
Sq. St-Irénée
R. A. Baudin
P. des Eaux Vives
Rue Pelée
R. M. Gromaire
Claude
R. des Arquebusiers
BOULEVARD
Rue Verte
Cr du Coq
Allée des Primevères
R. N. Appert
Sylvia
R. G.
P. Ste-Anne Popincourt
I. Truillot
R. de l'Asile Popincourt
P. de l'Asile
Ch. Vert
Rue du Chemin Vert
R. Moufle
VOLTAIRE
Rue PARMENTIER
R. du Morvan
R. Desmoulins
Cité Industrielle
C. Pétion
Musée
I. Popincourt
I. des 3 Sœurs
P. Lisa
Rue Sedaine
Rue Bréguet
V. Marcès
Chemin
R. Scarron
R. C. de Vaux
Tournelles
CHEMIN VERT
Rue du Pas de la Mule
BEAUMARCHAIS
Rue Amelot
Sq. Bréguet Sabin
BRÉGUET SABIN
R. Froment
R. Boulle
P. Salarnier
Cr Sedaine
Pl. Léon Blum
VOLTAIRE
Sq. D. Poulot
R. A. Laurent
V. N. de Blégny
Popincourt
Rue de la Roquette
Pl. du Père Chaillet
Rue Rollin
Cr Debille
Rue Godefroy Cavaignac
P. Viallet
R. F. de Neufchâteau
Rue Richard Lenoir
R. du Cdt Lamy
N.-D. d'Espérance
J. F. Lemarque
Th. de la Bastille
Passage Ch. Dallery
P. Basfroi
Rue Basfroi
P. Bullourde
Rue Keller
R. des Taillandiers
Cr Delépine
Lycée Tech. Métiers Vêtement
Rue Saint Sabin
P. St-Sabin
Pas. Wagner
R. Daval
Cr Damoye
Rue de Lappe
P. L. Philippe
Cr Quellard
Cr Panier Fleuri
Thiéré
P. des Taillandiers
Rue de la Roquette
C. de la Roquette
Ledru
P. Rauch
Maison V. Hugo
P. J. Beausire
R. de la Bastille
Pl. de la BASTILLE
Bastille
Rue Antoine
TAXI
Rue C. du Cantal
P. du Cheval Blanc
C. Parchappe
Cr St-Louis
Cr J. Viguès
Cr St-Joseph
Cr Nom de Jésus
Cr Étoile d'Or
Cr 3 Frères
Cr Maison Brûlée
Cr de l'Ours
P. Lhomme
P. St Antoine
P. Josset
Th. Main d'Or
Rue de la Main d'Or
Trousseau
C. Delescluze
R. Charrière
Ste Marguerite
R. St-Bernard
Sq. R. Nordling
Sq. L. Majorelle
R. de Candie
R. de la Forge Royale
R. St-Bernard
R. Main d'Or
Pas. St-Esprit
C. du St-Esprit
P. de la Bonne Graine
Avenue Ledru Rollin
LEDRU ROLLIN
OPÉRA BASTILLE
Rue de Lyon
BOURDON
R. de Lesdiguières
R. J. Cœur
Cerisaie
Arsenal
Bassompierre
P. de la Boule Blanche
Cr Bel Air
P. du Chantier
R. St-Nicolas
Rue Traversière
R. A. Vollon
Rue de Prague
R. T. Roussel
Baudelaire
Rue de Cotte
Sq. Trousseau
Faubourg St-Antoine
R. d'Aligre
Rue de Citeaux
I. Druinot
Sq. L. Ferré
P. Brulon
P. Driancourt
Place d'Aligre
R. Castelar
C. Marché St-Antoine
Abel
Charenton
I. Crozatier
I. Barrier
St-Antoine des Quinze-Vingts
PROMENADE
ST-ANTOINE
BOULEVARD
PLAISANCE
Ledru
Bois de Boulogne
Bois de Vincennes
Reproduction même partielle interdite
0 m
100
200
300 m

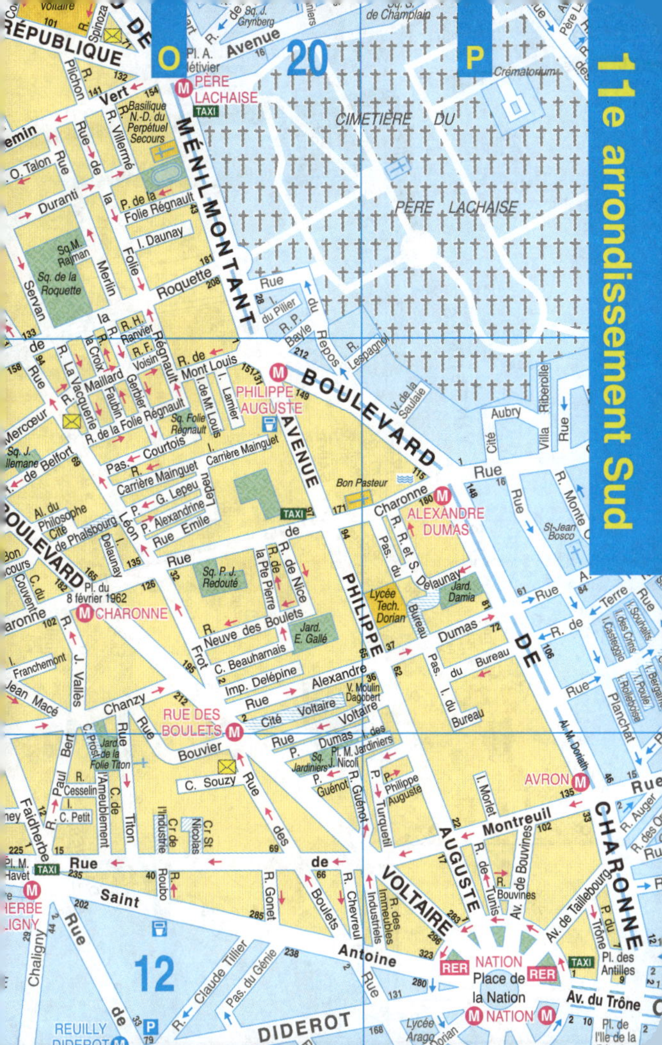
11e arrondissement Sud
O
P
20
12
RÉPUBLIQUE
Avenue
Pl. A. Métivier
PÈRE LACHAISE
TAXI
Crématorium
CIMETIÈRE DU
PÈRE LACHAISE
de Champlain
Sq. J. Grynberg
Spinoza
Vert
Plichon
Basilique N.-D. du Perpétuel Secours
R. Villermé
MÉNILMONTANT
O. Talon
Duranti
P. de la Folie Régnault
I. Daunay
Sq.M. Rajman
Sq. de la Roquette
Merlin
Folie
Servan
Roquette
Rue
I. du Pillier
R. P. Bayle
du Repos
R. Lespagnol
R. H. Ranvier
R. F. Voisin
Régnault
R. de Mont Louis
I. de Mt Louis
I. Lamier
PHILIPPE AUGUSTE
BOULEVARD
V. de la Saulaie
Aubry
Cité
Villa Riberolle
R. La Vacquerie
Maillard
Faubin
Gerbier
R. de la Folie Régnault
Sq. Folie Régnault
Mercœur
Sq. J. Allemane
de Belfort
Pas.
Courtois
R. Carrière Mainguet
I. Carrière Mainguet
AVENUE
Bon Pasteur
Rue
R. Monte Cristo
St-Jean Bosco
Al. du Philosophe
Cité de Phalsbourg
P. G. Lepeu
P. Alexandrine
Rue Emile Lepeu
Léon
I. Delaunay
TAXI
Charonne
ALEXANDRE DUMAS
Pas. du Bureau
R. R. et S. Delaunay
BOULEVARD
Pl. du 8 février 1962
CHARONNE
C. du Couvent
Rue
Sq. P. J. Redouté
R. de la Pte Pierre
R. de Nice
PHILIPPE
Lycée Tech. Dorian
Jard. Damia
Rue
R. de
Terre
I. des Crins
I. Castéggio
I. Souhaits
R. Neuve des Boulets
Jard. E. Gallé
C. Beauharnais
Imp. Delépine
Frot
Dumas
Pas. du Bureau
I. du Bureau
DE
Rue
I. Bergame
I. Poule
I. Rolleboise
Planchat
Franchemont
R. J. Vallès
Jean Macé
Chanzy
Rue
Alexandre
V. Moulin Dagobert
Cité Voltaire
Voltaire
RUE DES BOULETS
Al. M. Doriath
AVRON
Rue
R. Auger
Jard. de la Folie Titon
C. Prost
Bert
Paul Bert
R. Cesselin
I. C. Petit
C. de l'Ameublement
Titon
Bouvier
C. Souzy
Rue des
P. Dumas
Sq. Pl. M. Jardiniers
J. Nicoli
I. des Jardiniers
P. Guénot
R. Guénot
P. Turquetil
P. Philippe Auguste
I. Morlet
Montreuil
CHARONNE
Faidherbe
Cr de l'Industrie
Cr St Nicolas
R. de Tunis
R. Bouvines
Av. de Bouvines
Av. de Taillebourg
Pl. M. Havet
TAXI
Rue
de
Roubo
R. Gonet
R. Boulets
R. Chevreul
Industriels
R. des Immeubles
VOLTAIRE
AUGUSTE
P. du Trône
Saint
Antoine
Rue Chaligny
Rue Claude Tillier
Pas. du Génie
NATION
Place de la Nation
RER
TAXI
Pl. des Antilles
Av. du Trône
NATION
Rue de Reuilly
REUILLY DIDEROT
DIDEROT
Lycée Arago
Dorian
Pl. de l'Île de la Réunion

O
P
Q
R
9
10
20
12
COURS DE VINCENNES
AVENUE DE SAINT MANDE
Place de la Nation
NATION
PORTE DE VINCENNES
PORTE DE ST-MANDÉ
PORTE DE MONTEMPOIRE
MONTEMPOIRE
PICPUS
BEL-AIR
DAUMESNIL
MONTGALLET
DUGOMMIER
ALEXANDRA DAVID-NÉEL
CHARONNE
VOLTAIRE
AUGUSTE
DAVOUT
SOULT
PÉRIPHÉRIQUE
Av. du Trône
Av. du Bel Air
Bd de Picpus
Rue de Picpus
Rue de Reuilly
Boulevard de Reuilly
Rue Dagorno
Rue Santerre
Rue de Lagny
Rue des Pyrénées
Rue des Maraîchers
Rue Marsoulan
Rue Netter
Rue Arnold
Avenue du Docteur Netter
Rue des Marguettes
Rue Lasson
R. Mousset Robert
R. V. Chevreuil
R. Messidor
Rue Bizot
Rue Louis Braille
R. de la Gare de Reuilly
Rue Montgallet
Av. de la Pte de Vincennes
Avenue Courteline
Bd Soult
Carnot
Boulevard de la Guyane
ROTHSCHILD
TROUSSEAU
Diaconesses
Office National des Forêts
Cimetière de Picpus
Immaculée Conception
Lycée Arago
Lycée M. Ravel
Lycée P. Valéry
PROMENADE PLANTÉE
Jardin de Reuilly
Sq. Sarah Bernhardt
Sq. Ch. Péguy
Reproduction même partielle interdite
0m
100
200
300
400m
Bois de Boulogne
Bois de Vincennes

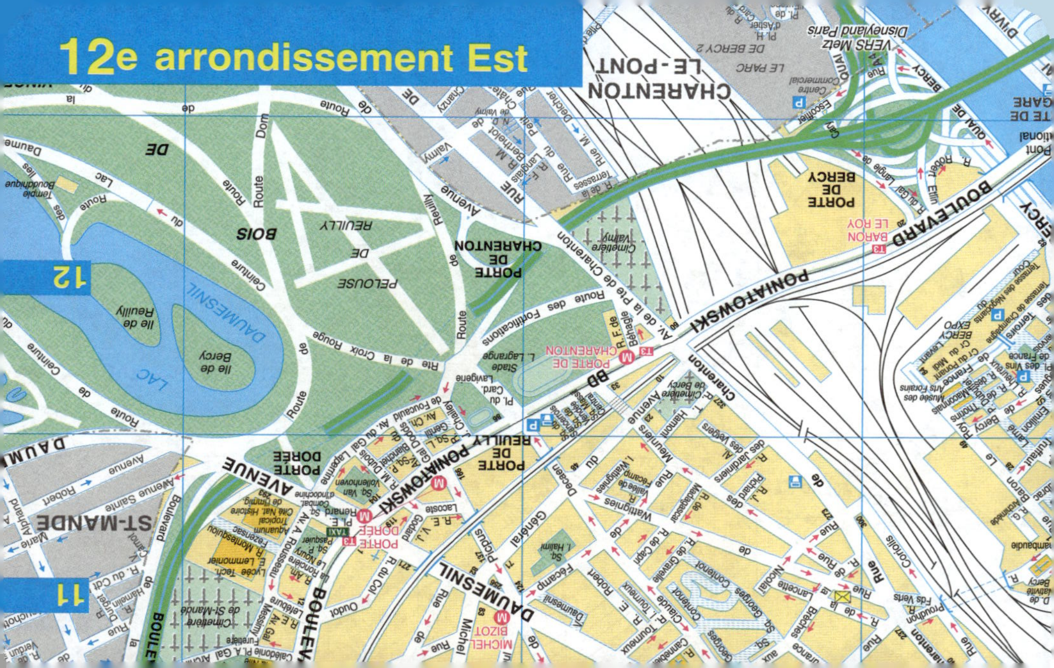

12e arrondissement Est
11
12
ST-MANDÉ
BOIS DE
PELOUSE DE REUILLY
LAC DAUMESNIL
Ile de Bercy
Ile de Reuilly
Temple Bouddhique
PORTE DORÉE
PORTE DE REUILLY
PORTE DE CHARENTON
PORTE DE BERCY
CHARENTON LE-PONT
LE PARC DE BERCY 2
Centre Commercial
VERS Metz Disneyland Paris
BOULEVARD PONIATOWSKI
AVENUE DAUMESNIL
Cimetière de St-Mandé
Cimetière Valmy
Cimetière de Bercy
Stade L. Lagrange
Aquarium Tropical Cité Nat. Histoire de l'Immig.
Lycée Tech. E. Lemmonier
PORTE DORÉE
PORTE DE CHARENTON
BARON LE ROY
MICHEL BIZOT
BERCY EXPO
Musée des Arts Forains
Rte de la Croix Rouge
Route des Fortifications
Av. de la Pte de Charenton
Rue de Charenton
Rue Claude Decaen
Rue de Picpus
Rue de Wattignies
Rue des Meuniers
Rue Coriolis
QUAI DE BERCY

M
N
O
8
9
10
11
12
4
BOULEVARD DIDEROT
DIDEROT
BOULEVARD DAUMESNIL
Rue du Faubourg Saint Antoine
Avenue Ledru Rollin
AVENUE DE LYON
Rue de Charenton
Rue de Reuilly
Rue Chaligny
Rue de Lyon
Rue Crozatier
Rue d'Aligre
Rue Beccaria
Rue de Prague
Rue Traversière
Rue Biscornet
Rue Lacuée
R. Jules César
Rue de Bercy
Rue Montgallet
Rue de Rambouillet
Rue de Chalon
Rue Parrot
Rue Legraverend
Rue Abel
R. E. Castelar
R. T. Roussel
Rue Baudelaire
Place d'Aligre
R. Moreau
Rue de Cotte
Rue Trousseau
Rue de Charonne
Rue Keller
Rue de Lappe
Rue Faidherbe
Rue Chanzy
Rue Voltaire
Rue Titon
R. Paul Bert
R. Jean Macé
R. J. Vallès
Rue des Boulets
RUE DES BOULETS
R. Gonet
R. Turquetil
R. Guénot
Rue Lenoir
Cavaignac
Bastroi
Dallery
Frot
R. P. Bourdan
R. Rondelet
Rue Erard
R. du Col
Rozanoff
R. d'Artagnan
R. E. Éboué
R. Hénard
R. Riesener
Rue du Sergent Bauchat
Imp. Mousset
PROMENADE PLANTÉE
ST-ANTOINE
Quinze Vingts
OPÉRA BASTILLE
BASTILLE
Bastille
Pl. de la Bastille
BD DE LA BASTILLE
BOULEVARD BOURDON
BOULEVARD HENRI IV
R. Crillon
R. Mornay
Pont Morland
QUAI DE LA RAPÉE
QUAI DE LA RAPÉE
QUAI
Pont d'Austerlitz
Pont Charles de Gaulle
PORT
Pl. Mazas
Inst. Médico Légal
Jardin
ARSENAL
PORT DE PARIS
PLAISANCE
GARE DE LYON
SNCF
TAXI
RER
GARE D'AUSTERLITZ
LEDRU ROLLIN
FAIDHERBE CHALIGNY
REUILLY DIDEROT
MONTGALLET
Diaconesses
Lycée Arago
Lycée Tech. Boulle
Lycée Tech. Métiers Vêtement

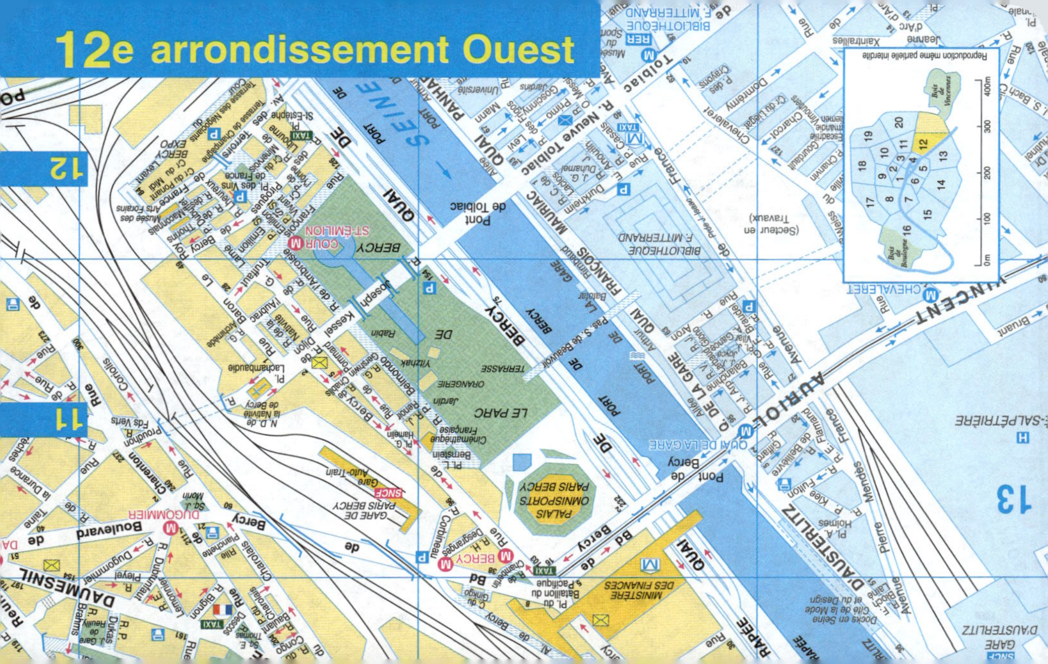

12e arrondissement Ouest
11
12
13
SEINE
QUAI DE BERCY
PORT DE BERCY
QUAI DE LA RAPÉE
QUAI D'AUSTERLITZ
QUAI FRANÇOIS MAURIAC
PORT DE LA GARE
Q. DE LA GARE
QUAI PANHARD
Bd de Bercy
Rue de Bercy
Boulevard de Bercy
DAUMESNIL
Rue de Charenton
Rue Proudhon
R. Corbineau
Pont de Bercy
Pont de Tolbiac
GARE DE PARIS BERCY
Gare Auto-Train
SNCF
BERCY
DUGOMMIER
COUR ST-ÉMILION
LE PARC DE BERCY
Jardin
ORANGERIE
TERRASSE
Cinémathèque Française
PALAIS OMNISPORTS PARIS BERCY
MINISTÈRE DES FINANCES
BERCY EXPO
Musée des Arts Forains
N. D. de la Nativité de Bercy
Pl. Lachambaudie
R. de l'Ambroisie
R. Joseph Kessel
Pl. du Bataillon du Pacifique
BIBLIOTHÈQUE F. MITTERRAND
QUAI DE LA GARE
CHEVALERET
Bd VINCENT AURIOL
Avenue Pierre Mendès France
R. Neuve Tolbiac
Rue de Tolbiac
(Secteur en Travaux)
Docks en Seine Cité de la Mode et du Design
GARE D'AUSTERLITZ
SALPÊTRIÈRE
Bois de Boulogne
Bois de Vincennes
0m
100
200
300
400m
Reproduction même partielle interdite

L
M
N
O
5
12
10
11
12
JARDIN DES PLANTES
Muséum National d'Histoire Naturelle
Grande Galerie de l'Evolution
Buffon
Poliveau
Geoffroy Saint
Pl. Valhubert
d'Austerlitz
QUAI
L'HÔPITAL
GARE D'AUSTERLITZ
RER
SNCF
TAXI
Sq. M. Curie
SAINT-MARCEL
MARCEL
DE
BOULEVARD
LA PITIÉ-SALPÊTRIÈRE
Pont Charles de Gaulle
PORT D'AUSTERLITZ
PORT DE LA RAPÉE
QUAI DE LA RAPÉE
Docks en Seine Cité de la Mode et du Design
D'AUSTERLITZ
Avenue Pierre Mendès France
Pl. A. Holmes
R. P. Klee
R. Fulton
R. de Bellièvre
R. E. Flamand
R. Giffard
QUAI DE LA GARE
Pont de Bercy
AURIOL
VINCENT
CHEVALERET
NATIONALE
CAMPO FORMIO
Manufacture des Gobelins
Ecole Nat. Sup. d'Arts et Métiers
PLACE D'ITALIE
Pl. L. Armstrong
R. Jeanne d'Arc
Sq. G. Mesureur
Pl. Pinel
Rue Esquirol
Rue Campo Formio
Rue Bruant
Rue Jenner
Rue Louise Weiss
R. M. L. de Broglie
Rue Clisson
(Secteur en Travaux)
Q. DE LA GARE
Allée Arthur Rimbaud
PORT DE LA GARE
QUAI FRANÇOIS MAURIAC
Batofar
Pas. S. de Beauvoir
BIBLIOTHEQUE F. MITTERRAND
Avenue de France
Pont de Tolbiac
R. Neuve Tolbiac
QUAI PANHARD
MINISTÈRE DES FINANCES
GARE DE LYON
RER
SNCF
TAXI
Rue de Bercy
Rue Villiot
Bd de Bercy
BERCY
Pl. du Bataillon du Pacifique
PALAIS OMNISPORTS PARIS BERCY
LE PARC DE BERCY
Cinémathèque Française
Pl. L. Bernstein
Jardin
ORANGERIE
TERRASSE
Yitzhak Rabin
PORT DE BERCY
QUAI DE BERCY
GARE DE PARIS BERCY
SNCF
Gare Auto-Train
Rue de Bercy
Rue de Charenton
PROMENADE
AVENUE DAUMESNIL
de Reuilly
Rue de Rambouillet
Rue Joseph Kessel
Pl. Lachambaudie
BERCY
COUR ST-ÉMILION
R. de l'Aubrac
R. Baron Le Roy
R. de Dijon
R. des Pirogues de Bercy
Pl. des Vins de France
SEINE
QUAI DE LA RAPÉE

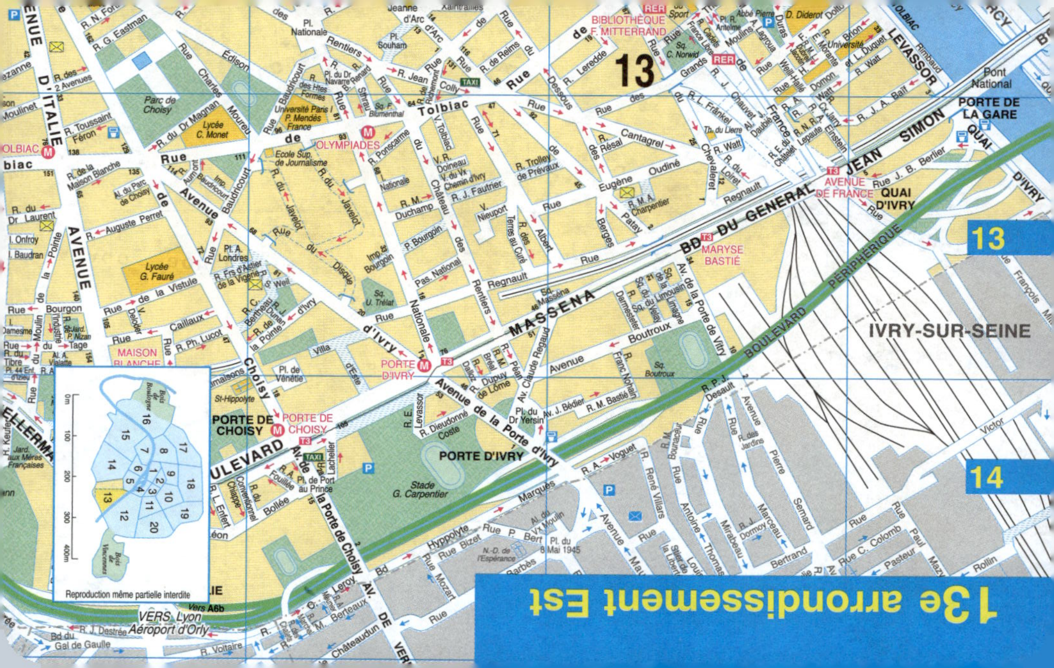
13e arrondissement Est
13
14
IVRY-SUR-SEINE
BOULEVARD PÉRIPHÉRIQUE
BD DU GÉNÉRAL JEAN SIMON
QUAI D'IVRY
PORTE DE LA GARE
Pont National
AVENUE DE FRANCE
MARYSE BASTIÉ
BIBLIOTHÈQUE F. MITTERRAND
OLYMPIADES
PORTE D'IVRY
PORTE DE CHOISY
MASSENA
Avenue de la Porte d'Ivry
Stade G. Carpentier
Parc de Choisy
Lycée C. Monet
Lycée G. Fauré
Université Paris I P. Mendès France
Ecole Sup. de Journalisme
MAISON BLANCHE
AVENUE D'ITALIE
VERS Lyon Aéroport d'Orly
Vers A6b
Bois de Boulogne
Bois de Vincennes
Reproduction même partielle interdite

J
K
L
M
5
10
11
12
14
BOULEVARD DE PORT ROYAL
BOULEVARD ARAGO
BD SAINT MARCEL
AV. DES GOBELINS
BOULEVARD VINCENT
BOULEVARD AURIOL
BOULEVARD DE L'HÔPITAL
BD AUGUSTE BLANQUI
BD SAINT-JACQUES
QUAI
Pont Charles de Gaulle
GARE D'AUSTERLITZ
LA PITIÉ-SALPÊTRIÈRE
SAINT-MARCEL
CAMPO FORMIO
LES GOBELINS
PLACE D'ITALIE
NATIONALE
CHEVALERET
CORVISART
GLACIÈRE
CENSIER DAUBENTON
PLACE MONGE
VAL DE GRÂCE
COCHIN
MATERNITE PORT-ROYAL
BROCA
Musée de Santé des Armées
Maison d'Arrêt de la Santé
Manufacture des Gobelins
Mobilière National
Sqare René Le Gall
Lycée Rodin
Ecole Supérieure Estienne
Ecole Nat. Sup. d'Arts et Métiers
Ecole Nat. de Chimie Physique Biologie
Grande Galerie de l'Evolution
Institut Musulman
Ecole Normale Sup.
Place d'Italie
Rue Mouffetard
Rue Monge
Rue Pascal
Rue Broca
Rue Jeanne d'Arc
Rue de Tolbiac
Avenue de Choisy
Rue Nationale
Rue du Château des Rentiers
Rue Clisson
Rue Bobillot
Rue de la Glacière
Rue de la Santé
Rue Saint-Jacques
Rue Gay-Lussac
Rue Claude Bernard
Rue Lhomond
Rue Geoffroy Saint-Hilaire
Rue Buffon
Rue Poliveau
Rue Jenner
Rue Bruant
Rue Pinel
Rue Esquirol
Rue Campo Formio
Rue Croulebarbe
Rue des Reculettes
Rue Vulpian
Rue Corvisart
Rue Berbier du Mets
Rue Le Brun
Rue Pirandello
Rue Duméril
Rue Mouffetard
Rue Méchain
Rue Dolent
Rue Léon Maurice Nordmann
Faubourg Saint-Jacques
Rue Cabanis
Rue Ferrus
Rue Lourcine
Rue Dareau
Rue Pierre Nicole
Rue des Feuillantines
Rue des Ursulines
Rue Vauquelin
Rue Rataud
Rue Tournefort
Rue Amyot
Rue Erasme
Rue Thuillier
Rue Larrey
Rue Daubenton
Rue Censier
Rue Santeuil
Rue du Fer à Moulin
Rue Scipion
Rue Berthollet
Rue des Lyonnais
Rue Flatters
Rue Hippolyte
Rue Vergniaud
Rue Dantec
Rue Bourdet
Rue Abel Hovelacque
Rue Rubens
Rue Primatice
Rue Coypel
Rue Fagon
Rue Albert Bayet
Rue R. Y. Thomas
Rue J. S. Bach
Rue Lahire
Rue Xaintrailles
Rue Ricaut
Rue Godefroy
Rue Wallons
Rue Mendès
Pierre
Avenue

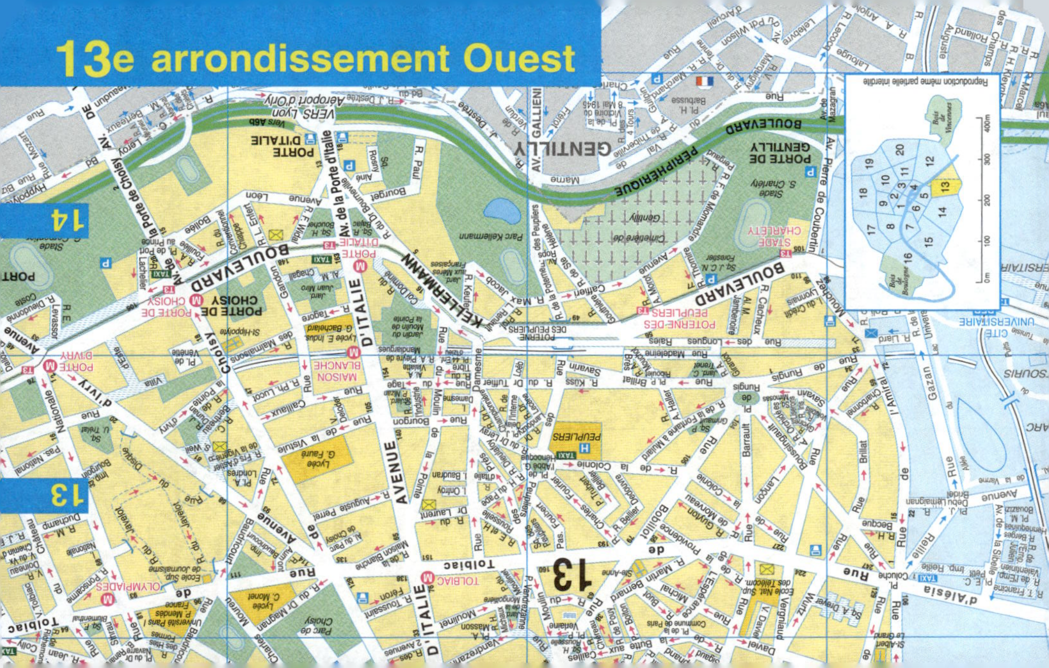
13e arrondissement Ouest
13
14
BOULEVARD KELLERMANN
AVENUE D'ITALIE
Av. de la Porte d'Italie
Av. de la Porte de Choisy
PÉRIPHÉRIQUE
GENTILLY
PORTE D'ITALIE
PORTE DE CHOISY
PORTE D'IVRY
PORTE DE GENTILLY
POTERNE DES PEUPLIERS
MAISON BLANCHE
TOLBIAC
OLYMPIADES
STADE CHARLÉTY
CITÉ UNIVERSITAIRE
Parc Kellermann
Cimetière de Gentilly
Parc de Choisy
Lycée G. Fauré
Lycée C. Monet
PEUPLIERS
VERS Lyon
Aéroport d'Orly
Reproduction même partielle interdite

F
G
H
10
11
12
13
15
FALGUIÈRE
PASTEUR
VOLONTAIRES
MONTPARNASSE BIENVENÜE
GARE MONTPARNASSE 1
SNCF
MONTPARNASSE 2 PASTEUR - TGV
MONTPARNASSE 3 VAUGIRARD
INSTITUT PASTEUR
Musée PASTEUR
Lycée Tech. Fresnel
Musée Bourdelle
Musée de la Poste
Mémorial Mal Leclerc
Musée J. Moulin
Jardin Atlantique
AgroParisTech Musée du Montparnasse
Tour Montparnasse
GAÎTÉ
PERNETY
PLAISANCE
Pl. de Catalogne
BD DE VAUGIRARD
BD PASTEUR
Rue de Vaugirard
Rue Lecourbe
Rue Blomet
Rue Cambronne
Rue du Dr Roux
Rue Falguière
Rue du Cotentin
Rue de Gergovie
Rue Vercingétorix
Rue Raymond Losserand
Rue d'Alésia
Rue de Vouillé
Rue d'Alleray
Rue des Morillons
Rue Castagnary
Rue Labrousse
Rue Alphonse Bertillon
Rue de la Procession
Rue Brancion
Rue de Plaisance
Rue Didot
Rue Pernety
Rue du Château
Rue de l'Ouest
Rue Jonquoy
Rue Pierre Larousse
Rue des Suisses
Rue Vigée Lebrun
Rue Mathurin Régnier
Rue de la Quintinie
Rue Dutot
Rue Plumet
Rue Gager Gabillot
Rue Dombasle
Rue de Dantzig
ST-JOSEPH
Hôpital Broussais
N.-D. DE BON SECOURS
PORTE DE VANVES
Pl. de la Porte de Vanves
BOULEVARD
Avenue Marc Sangnier
Avenue Georges Lafenestre
Avenue Maurice d'Ocagne
PORTE DIDOT
DIDOT
JEAN MOULIN
AVENUE
Lycée F. Villon
Stade Didot
Lycée Rasp.
Sq. des Jonquilles
Sq. Losserand Suisses
Sq. du Père Plumier
Sq. H. et A. Duchêne
Jard. d'Alleray Procession
Jard. Alleray Labrousse
Jard. d'Alleray
Jard. du Moulin de la Vierge
Centre Chèques Postaux
Rue Jacquier
Rue Louis Morard
Rue Antoine Chantin
Rue Giordano Bruno
R. A. Cain

14e arrondissement Nord
I
J
5
6
13
14
BD DU MONTPARNASSE
BOULEVARD MONTPARNASSE
BOULEVARD RASPAIL
BD EDGAR QUINET
BOULEVARD SAINT-MICHEL
BOULEVARD DE PORT-ROYAL
BD ARAGO
BD SAINT JACQUES
AV. DENFERT ROCHEREAU
AVENUE DU GÉNÉRAL LECLERC
AVENUE DU MAINE
Avenue René Coty
Rue d'Alésia
CIMETIÈRE DU MONTPARNASSE
VAVIN
EDGAR QUINET
RASPAIL
PORT ROYAL
DENFERT ROCHEREAU
SAINT JACQUES
GLACIÈRE
MOUTON DUVERNET
ALÉSIA
RER
TAXI
Université de Droit Paris II
Université Paris V
Lycée Montaigne
Musée Zadkine
Lycée P. Bert
Ecole Spé. d'Architecture
Fondation Cartier
ST-VINCENT DE PAUL
MATERNITE PORT-ROYAL
COCHIN
Observatoire de Paris
Maison d'Arrêt de la Santé
LA ROCHEFOUCAULT
SAINTE-ANNE
Lycée Tech. E. Dubois
Les Catacombes
Place Denfert Rochereau
Réservoirs de Montsouris
St-Pierre de Montrouge
Inst. Nat. des Jeunes Sourds
Lycée Lavoisier
Collège et Lycée Stanislas
Rue Froidevaux
Rue Daguerre
Rue Boulard
Rue Brézin
Rue Mouton Duvernet
Rue Méchain
Rue Cassini
Rue de la Santé
Rue Broussais
Rue Cabanis
Rue Delambre
Rue Vavin
Rue Auguste Comte
Rue Michelet
Rue Boissonade
Rue Campagne Première
Rue Ledru Rollin
Rue Bezout
Rue du Commandant René Mouchotte
Rue Dareau
Rue de la Tombe Issoire
Rue Saint-Yves
Rue Friant
Rue Gassendi
Rue Émile Richard
Faubourg Saint-Jacques
Av. de l'Observatoire
Bois de Boulogne
Bois de Vincennes
0m 100 200 300 400m
Reproduction même partielle interdite
17 18 19 8 9 10 2 3 11 20 16 7 1 4 6 5 12 15 14 13

11
12
13
14
G
H
PERNETY
PLAISANCE
ST-JOSEPH
Hôpital Broussais
N.-D. DE BON SECOURS
BOULEVARD
Avenue Marc Sangnier
PORTE DE VANVES
PORTE DIDOT
DIDOT
JEAN MOULIN
AVENUE JEAN MOULIN
BRUNE
Lycée F. Villon
Lycée Raspail
Stade Didot
Stade J. Noël
Avenue Georges Lafenestre
Avenue Maurice d'Ocagne
Av. de la Porte de Châtillon
PORTE DE CHÂTILLON
Cimetière de Montrouge
BOULEVARD PÉRIPHÉRIQUE
Boulevard Adolphe Pinard
BROSSOLETTE
MALAKOFF
MONTROUGE
MAIRIE DE MONTROUGE
Ecole Normale Supérieure
Fac Dentaire
Place Dépinoy
Pl. de la Libération
Pl. des Etats-Unis
Pl. du Gal Leclerc
Rue Raymond Losserand
Rue d'Alésia
Rue Didot
Rue de Vouillé
Rue Vercingétorix
Rue Pierre Larousse
Rue des Suisses
Rue de Gergovie
Rue de Plaisance
Rue Pernety
R. des Arbustes
R. de Ridder
R. Giordano Bruno
R. Antoine Chantin
R. Louis Morard
R. du 11 Novembre
Av. E. Boutroux
Rue Gabriel Péri
Avenue Jean Jaurès
R. Sadi Carnot
Reproduction même partielle interdite
17
18
19
8
9
10
20
16
1
2
3
11
7
6
4
15
5
12
14
13
Bois de Boulogne
Bois de Vincennes
0m
100
200
300
400m

14e arrondissement Sud
I
J
14
13
Place Denfert Rochereau
DENFERT ROCHEREAU
Les Catacombes
BD SAINT JACQUES
SAINT JACQUES
Maison d'Arrêt de la Santé
Jean Dolent
LA ROCHEFOUCAULT
Lycée Tech. E. Dubois
MOUTON DUVERNET
Avenue René Coty
Rue de la Tombe Issoire
Rue du Saint Gothard
Rue Broussais
Rue Cabanis
SAINTE-ANNE
ALÉSIA
Rue d'Alésia
AVENUE DU GÉNÉRAL LECLERC
AVENUE DU MAINE
Rue Daguerre
Rue Didot
Réservoirs de Montsouris
PARC MONTSOURIS
Avenue Reille
Institut Mutualiste Montsouris
Sq. de Montsouris
Rue Nansouty
Rue Gazan
Rue de l'Amiral Mouchez
BOULEVARD JOURDAN
PORTE D'ORLÉANS
PORTE D'ARCUEIL
MONTSOURIS
CITÉ UNIVERSITAIRE
CITÉ INTERNATIONALE UNIVERSITAIRE DE PARIS
Stade Élisabeth
PORTE DE GENTILLY
Vers A6a
AVENUE ARISTIDE BRIAND
GENTILLY
VERS Lyon Aéroport d'Orly
Avenue Paul Vaillant Couturier
Rue Barbès

CHAMP DE MARS
ECOLE MILITAIRE
U.N.E.S.C.O.
HÔTEL DES INVALIDES
BD DES INVALIDES
BOULEVARD GARIBALDI
NECKER ENFANTS MALADES
MONTPARNASSE BIENVENÜE
GRENELLE
15
Reproduction même partielle interdite

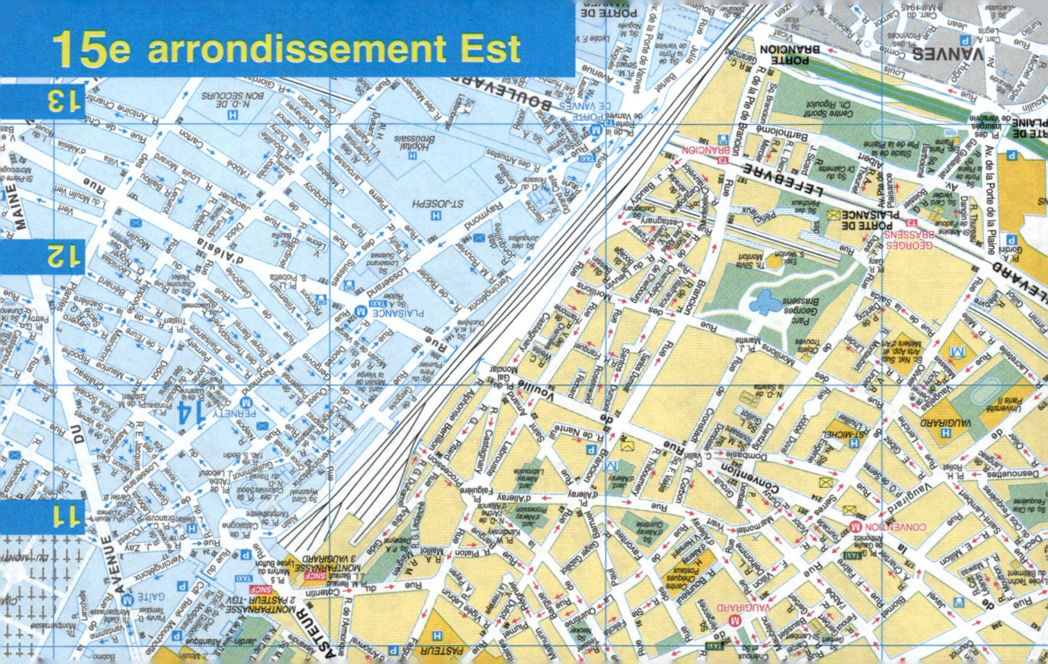

15e arrondissement Est
11
12
13
14
PLAISANCE
PERNETY
VAUGIRARD
CONVENTION
PORTE DE PLAISANCE
PORTE BRANCION
GEORGES BRASSENS
Parc Georges Brassens
VANVES

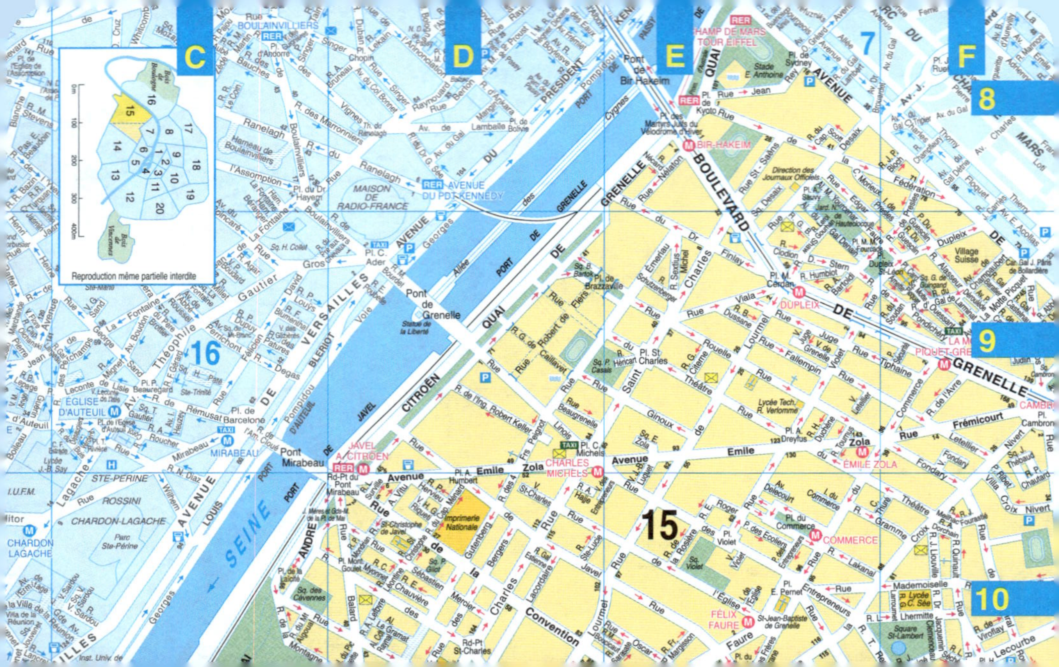
C
D
E
F
7
8
9
10
15
16
SEINE
BOULEVARD DE GRENELLE
QUAI DE GRENELLE
QUAI ANDRÉ CITROËN
PORT DE JAVEL
PORT DE GRENELLE
AVENUE DU PRÉSIDENT KENNEDY
AVENUE DE VERSAILLES
QUAI LOUIS BLÉRIOT
Avenue Émile Zola
Rue de la Convention
Pont de Bir Hakeim
Pont de Grenelle
Pont Mirabeau
Statue de la Liberté
MAISON DE RADIO-FRANCE
CHAMP DE MARS TOUR EIFFEL
BIR-HAKEIM
DUPLEIX
LA MOTTE-PICQUET-GRENELLE
CAMBRONNE
ÉMILE ZOLA
CHARLES MICHELS
COMMERCE
FÉLIX FAURE
JAVEL A. CITROËN
MIRABEAU
ÉGLISE D'AUTEUIL
CHARDON LAGACHE
AVENUE DU PDT KENNEDY
BOULAINVILLIERS
Imprimerie Nationale
Village Suisse
Stade E. Anthoine
Parc Ste-Périne
STE-PERINE
ROSSINI
CHARDON-LAGACHE
Square St-Lambert
Sq. des Cévennes
Bois de Boulogne
Bois de Vincennes
Reproduction même partielle interdite
0m
100
200
300
400m

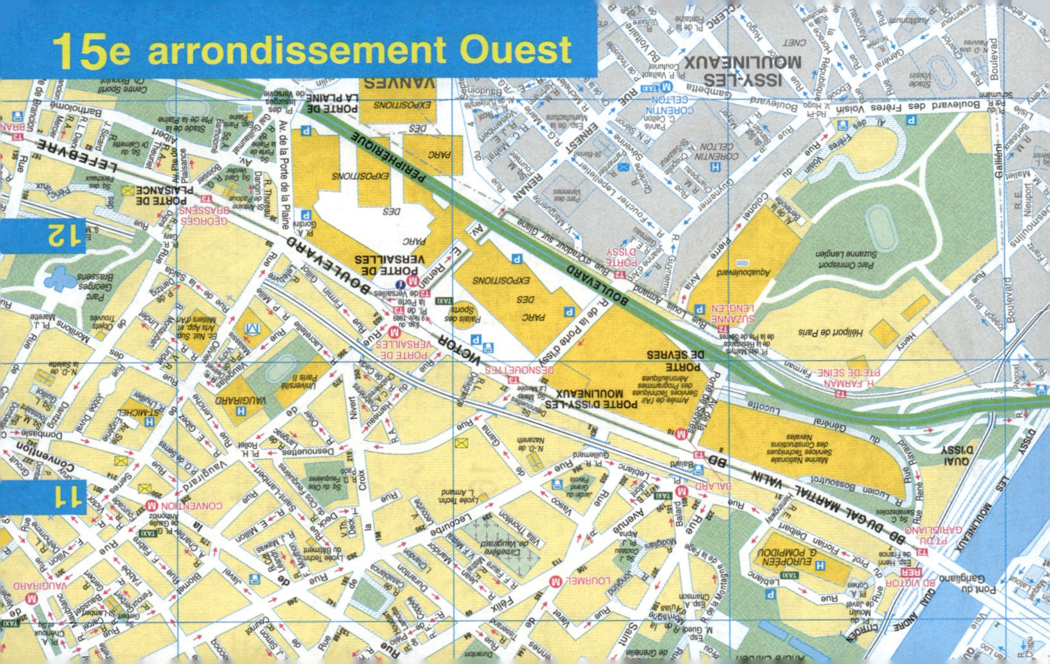
15e arrondissement Ouest
11
12
BOULEVARD VICTOR
BD DU GAL MARTIAL VALIN
PÉRIPHÉRIQUE
PARC DES EXPOSITIONS
PORTE DE VERSAILLES
PORTE DE SÈVRES
PORTE D'ISSY-LES-MOULINEAUX
PORTE DE LA PLAINE
PORTE DE PLAISANCE
ISSY-LES-MOULINEAUX
VANVES
QUAI D'ISSY
Parc Georges Brassens
Parc Omnisport Suzanne Lenglen
Héliport de Paris
Aquaboulevard
LOURMEL
BALARD
CONVENTION
VAUGIRARD
Boulevard des Frères Voisin
Rue Lecourbe
Rue de Vaugirard
Rue de la Croix Nivert

A
B
C
8
9
10
11
16
BOIS
DE
BOULOGNE
PELOUSE DE ST-CLOUD
LAC SUPÉRIEUR
HIPPODROME D'AUTEUIL
Jeux de Boules de Passy
Butte Mortemart
Tribunes
Rte de la Seine à la Butte Mortemart
Ch. des vieux Chênes
Route de Boulogne à Passy
Ceinture du Lac Supérieur
Avenue de Saint Cloud
PORTE D'AUTEUIL
Place de la Porte d'Auteuil
Avenue de la Porte d'Auteuil
Jardin des Poètes
Jardin des Serres d'Auteuil
Stade R. Garros
PORTE MOLITOR
Pl. de la Porte Molitor
Stade Jean Bouin
PARC DES PRINCES
Stade G. André
RTE DE LA REINE
Av. de la Porte de St-Cloud
PTE DE ST-CLOUD
PORTE DE ST-CLOUD
Pl. de la Porte de St-Cloud
PORTE DU POINT DU JOUR
Stade P. de Coubertin
BOULOGNE BILLANCOURT
BOULEVARD PÉRIPHÉRIQUE
BOULEVARD SUCHET
BOULEVARD MURAT
Bd Murat
AVENUE DE VERSAILLES
EXELMANS
MICHEL-ANGE AUTEUIL
MICHEL-ANGE MOLITOR
CHARDON LAGACHE
ÉGLISE D'AUTEUIL
JASMIN
RANELAGH
PORTE D'AUTEUIL
Rue Molitor
Rue d'Auteuil
Rue Poussin
Rue Erlanger
Rue Chanez
Rue Lagache
Rue Boileau
Rue Mozart
Rue de la Source
Rue Jean de la Fontaine
Rue du Ranelagh
Lycée La Fontaine
Lycée J.-B. Say
I.U.F.M.
STE-PERINE
ROSSINI
CHARDON-LAGACHE
Parc Ste-Périne
Hameau Boileau
H. DUNANT
Cimetière d'Auteuil
Musée H. Bouchard
Œuvre des Orphelins
Abbaye Ste-Marie
Inst. Univ. de Technologie (Paris V)
Pont du Garigliano
PT DU GARIGLIANO
QUAI D'ISSY
QUAI LES MOULINEAUX
QUAI SAINT EXUPERY
A13
VERS Rouen

16e arrondissement Sud
D
E
15
LA MUETTE
BOULAINVILLIERS
PASSY
KENNEDY
PRESIDENT
Pont de Bir Hakeim
BIR-HAKEIM
BOULEVARD
GRENELLE
CHAMP DE MARS TOUR EIFFEL
Stade E. Anthoine
Pl. de Kyoto
Pl. des Martyrs Juifs du Vélodrome d'Hiver
MAISON DE RADIO-FRANCE
AVENUE DU PDT KENNEDY
Sq. H. Collet
Pl. C. Ader
VERSAILLES
AVENUE
Pont de Grenelle
Statue de la Liberté
Allée des Cygnes
PORT DE GRENELLE
QUAI DE GRENELLE
QUAI ANDRÉ CITROËN
PORT DE JAVEL
SEINE
Pl. de Barcelone
MIRABEAU
Pont Mirabeau
JAVEL A. CITROËN
Rd-Pt du Pont Mirabeau
Avenue Emile Zola
CHARLES MICHELS
Pl. C. Michels
Sq. B. Bartok
Pl. de Brazzaville
Pl. St Charles
Sq. P. Hérican
Pl. A. Humbert
Imprimerie Nationale
St-Christophe de Javel
Sq. P. Gilot
Pl. de la Lacité
Sq. des Cévennes
Rue de la Convention
Rd-Pt St-Charles
Université Paris I
Cimetière de Grenelle
Parc André Citroën
Esp. M. Guedj
Esp. A. Chamson
LOURMEL
BOUCICAUT
Jardin Duranton
FÉLIX FAURE
St-Jean-Baptiste de Grenelle
Pl. du Comtat Venaissin
Pl. Violet
Sq. Violet
Pl. E. Pernet
Lycée Techn. du Bâtiment
Cimetière de Vaugirard
Villa Thoréton
Sq. J. Cocteau
Pl. J. Alpha
EUROPÉEN G. POMPIDOU
BD MARTIAL VALIN
BALARD
Marine Nationale Services Techniques des Constructions Navales
Armée de l'Air Services Techniques des Programmes Aéronautiques
PORTE D'ISSY-LES MOULINEAUX
Jardin du Grand Pavois
N.-D. de Nazareth
DESNOUETTES
PORTE DE SÈVRES
PORTE DE VERSAILLES
VICTOR
Sq. Marin La Meslée
Parc des Expositions
17
18
19
8
9
10
2
1
3
11
20
7
4
6
16
5
12
15
14
13
Bois de Boulogne
Bois de Vincennes
0m 100 200 300 400 500m
Reproduction même partielle interdite

A
B
C
5
6
7
8
PORTE ST-JAMES
Cercle Hippique du Bois de Boulogne
Boule du Lac St-James
JARDIN D'ACCLIMATATION
Bowling de Paris
MARE DE ST-JAMES
PORTE DES SABLONS
Carrefour des Sablons
Pavillon d'Armenonville
Ch. du Pavillon d'Armenonville
ILE DES CÈDRES
LAC DE PATINAGE
Société Équestre de l'Étrier
BOIS DE BOULOGNE
Stade J.-P. Wimille
PORTE DAUPHINE
Pl. du Mal de Lattre de Tassigny
Pl. des Gatix des Trentinian
Pl. du Paraguay
Musée de la Contrefaçon
RER
AVENUE FOCH
UNIVERSITÉ PARIS IX
Carrefour du Bout des Lacs
INFÉRIEUR
Jard. du Gal Anselin
Jardin Jan Doornik
Jardin Cl. Debussy
Institut Sup. de Gestion
BD PÉRIPHÉRIQUE
AV. HENRI MARTIN
AVENUE HENRI MARTIN
RACING CLUB DE FRANCE
PELOUSE DE LA MUETTE
LAC
Sq. Alexandre Ier de Yougoslavie
Pl. de Colombie
PORTE DE LA MUETTE
OCDE
Cœur Immaculé de Marie
Sq. des Écrivains Combattants Morts pour la France
Musée Marmottan
JARDIN DU RANELAGH
Carrefour des Cascades
PORTE DE PASSY
Pl. de la Porte de Passy
LA MUETTE
BOULAINVILLIERS
Pl. de l'Église de l'Assomption
N. D. de l'Assomption de Passy
RANELAGH
BOULEVARD SUCHET
BOULEVARD LANNES
Route de la Muette à Neuilly
Route de Suresnes
Allée de Longchamp
Route des Lacs à Passy
Chaussée de la Muette
Allée des Dames
Route des Pins
Route de Sèvres à Neuilly

16e arrondissement Nord
D
E
F
17
16
8
7
PALAIS DES CONGRÈS
Pl. de la Porte Maillot
Jard. A. Soljenitsyne
PORTE MAILLOT
RER NEUILLY PTE MAILLOT
AV. DE LA GRANDE ARMÉE
ARGENTINE
TERNES
AV. MAC MAHON
AVENUE DE WAGRAM
Espace Wagram
RER CHARLES DE GAULLE ÉTOILE
Place Charles de Gaulle
ARC DE TRIOMPHE
AVENUE FOCH
GEORGE V
KLÉBER
AVENUE KLÉBER
Avenue d'Iéna
AVENUE MARCEAU
AVENUE VICTOR HUGO
VICTOR HUGO
Pl. Victor Hugo
Musée d'Ennery
Musée Dapper
Réservoirs de Passy
Centre de Conférences Internationales
BOISSIÈRE
Pl. des États-Unis
Galerie Musée Baccarat
Musée Guimet
Place d'Iéna
IÉNA
AVENUE DU PDT WILSON
ALMA MARCEAU
Musée Art Moderne Ville de Paris
Palais de Tokyo
Palais Galliera
AVENUE DE NEW-YORK
Pont de l'Alma
RER PONT DE L'ALMA
Lycée Janson de Sailly
AVENUE GEORGES MANDEL
Cimetière de Passy
TROCADÉRO
Pl. du Trocadéro et du 11 Novembre
PALAIS DE CHAILLOT
JARDINS DU TROCADÉRO
Cité de l'Archi. Patrimoine
Musée de l'Homme
Musée de la Marine
CinéAqua
Conseil Eco. et Social
PORT DEBILLY
Pont d'Iéna
SEINE
AVENUE DE SUFFREN
QUAI BRANLY
Musée du Quai Branly
PASSY
AVENUE DU PRÉSIDENT KENNEDY
Pont de Bir Hakeim
RER CHAMP DE MARS TOUR EIFFEL
Stade E. Anthoine
Bois de Boulogne
Bois de Vincennes
0m
100
200
300
400
500m
Reproduction même partielle interdite

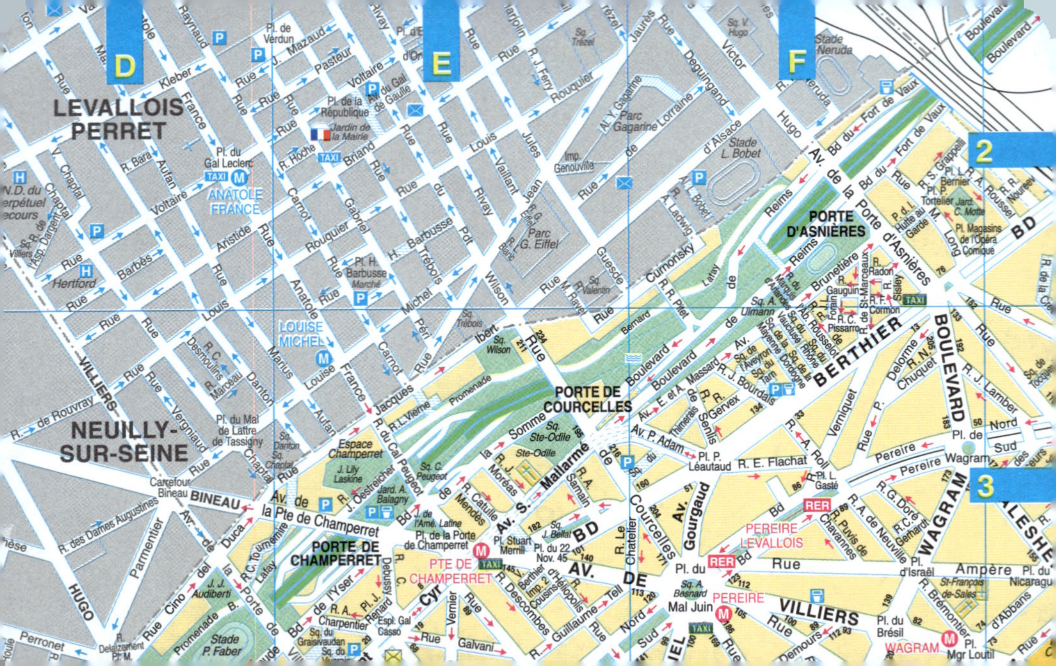

D
E
F
2
3
LEVALLOIS PERRET
NEUILLY-SUR-SEINE
PORTE D'ASNIÈRES
PORTE DE COURCELLES
PORTE DE CHAMPERRET
ANATOLE FRANCE
LOUISE MICHEL
PTE DE CHAMPERRET
PEREIRE LEVALLOIS
PEREIRE
WAGRAM
BOULEVARD BERTHIER
BD MALESHERBES
AV. DE VILLIERS
BD DE COURCELLES
AV. DE LA PORTE D'ASNIÈRES
BOULEVARD PEREIRE
AV. GOURGAUD
AV. S. MALLARMÉ
RUE CINO DEL DUCA
AV. DE LA PTE DE CHAMPERRET
BINEAU
HUGO
Stade Neruda
Stade L. Bobet
Stade P. Faber
Parc Gagarine
Parc G. Eiffel
Jardin de la Mairie
Espace Champerret
Carrefour Bineau
Pl. de la République
Pl. du Gal Leclerc
Pl. du Mal de Lattre de Tassigny
Pl. de la Porte de Champerret
Pl. du Mal Juin
Pl. de Wagram
Pl. du Brésil
Pl. P. Léautaud
Pl. Stuart Merrill
Pl. du 22 Nov. 45
Pl. d'Israël
Pl. Mgr Loutil

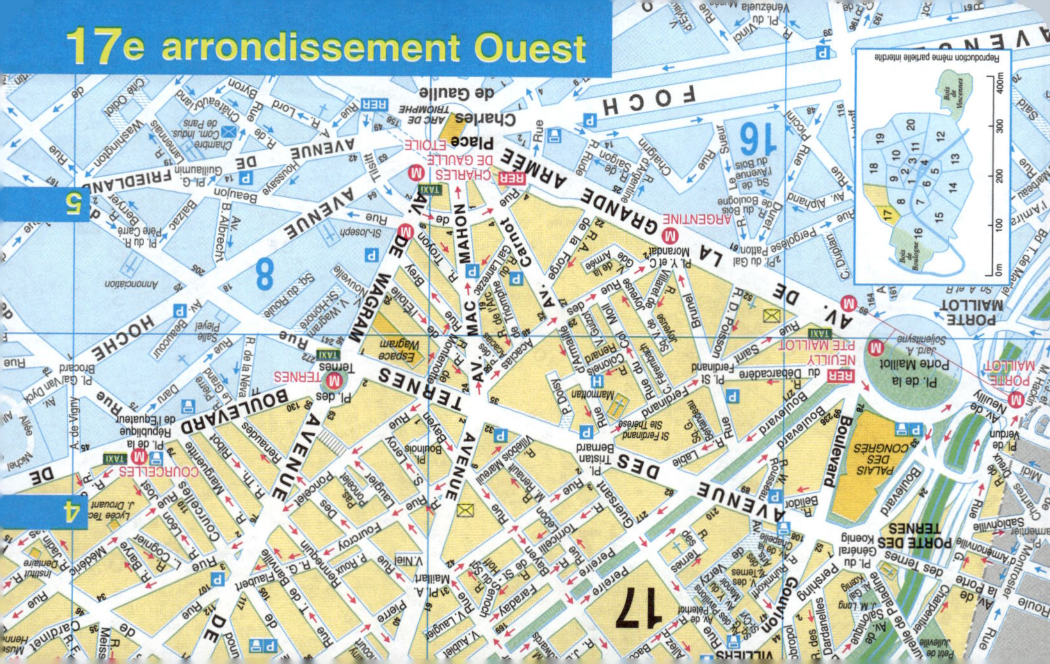

17e arrondissement Ouest
Avenue de Wagram
Avenue des Ternes
Boulevard de Courcelles
Avenue de la Grande Armée
Avenue Foch
Avenue Hoche
Avenue de Friedland
Av. Mac Mahon
Av. Carnot
Place Charles de Gaulle
Arc de Triomphe
Charles de Gaulle Étoile
Ternes
Courcelles
Argentine
Porte Maillot
Neuilly Pte Maillot
Palais des Congrès
Porte des Ternes
Pl. de la Porte Maillot
Espace Wagram
Salle Pleyel
Boulevard Gouvion St-Cyr
Boulevard Pereire
Boulevard Pershing
Reproduction même partielle interdite

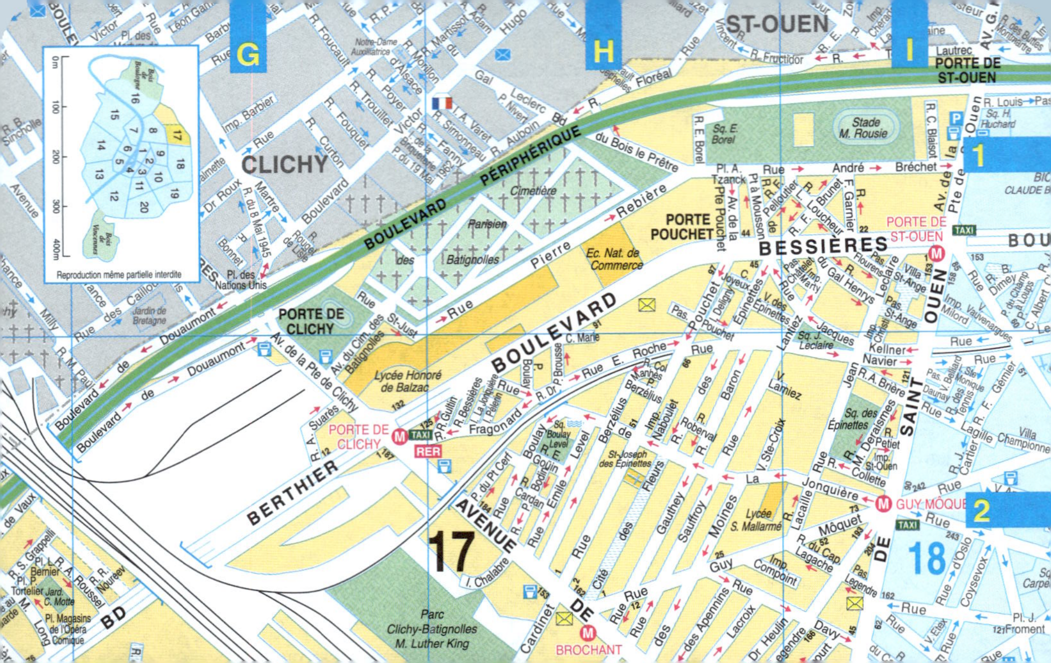
G
H
I
1
2
ST-OUEN
CLICHY
PORTE DE ST-OUEN
PORTE POUCHET
PORTE DE CLICHY
BOULEVARD PÉRIPHÉRIQUE
BOULEVARD BESSIÈRES
AVENUE DE SAINT OUEN
AVENUE DE CLICHY
BERTHIER
BD
17
18
Stade M. Rousie
Sq. E. Borel
Cimetière des Batignolles
Parisien
Ec. Nat. de Commerce
Lycée Honoré de Balzac
Lycée S. Mallarmé
Parc Clichy-Batignolles M. Luther King
Sq. des Épinettes
St-Joseph des Épinettes
Jardin de Bretagne
GUY MÔQUET
BROCHANT
RER
TAXI
Reproduction même partielle interdite
0m
100
200
300
400m
Bois de Boulogne
Bois de Vincennes

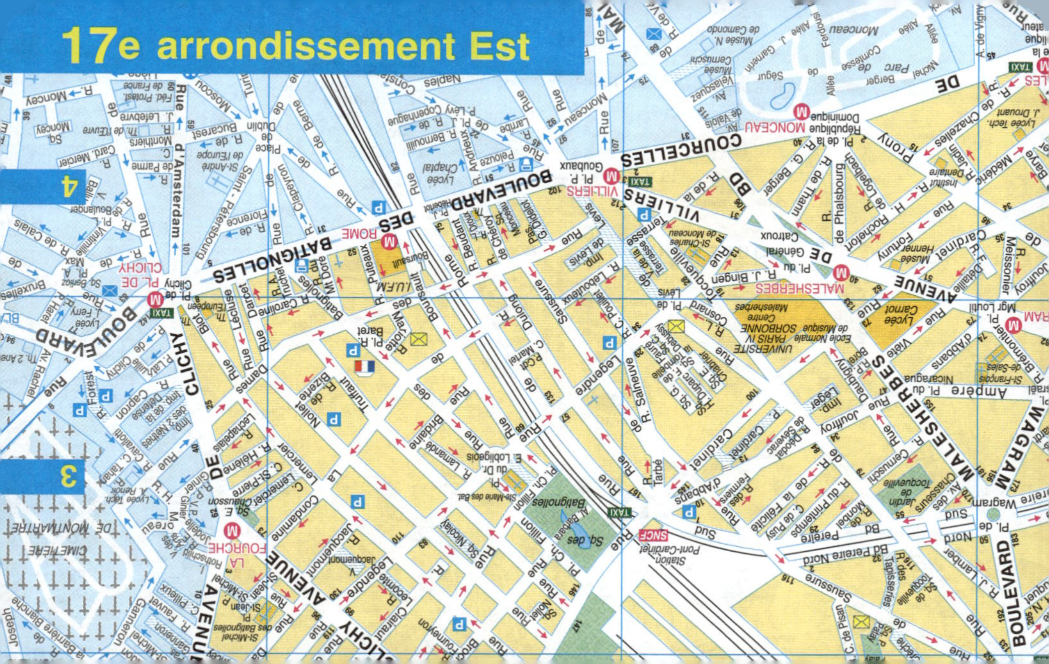

17e arrondissement Est
3
4
BOULEVARD DE CLICHY
BOULEVARD DES BATIGNOLLES
BD DE COURCELLES
BOULEVARD MALESHERBES
AVENUE DE CLICHY
AVENUE DE VILLIERS
AVENUE DE WAGRAM
BOULEVARD
CIMETIÈRE DE MONTMARTRE
PL. DE CLICHY
LA FOURCHE
ROME
VILLIERS
MONCEAU
MALESHERBES
Parc Monceau
Rue d'Amsterdam
Rue de Saint-Pétersbourg
Place de Dublin
Rue de Rome
Rue des Dames
Rue Legendre
Rue Nollet
Rue Truffaut
Rue Lemercier
Rue La Condamine
Rue Cardinet
Rue de Saussure
Rue de Tocqueville
Rue de Prony
Rue Jouffroy
Rue de Lévis
Rue Boursault
Rue des Batignolles
Sq. des Batignolles
Station Pont-Cardinet
SNCF
Lycée Carnot
UNIVERSITÉ PARIS IV SORBONNE
Centre Malesherbes
Ecole Normale de Musique
Musée Henner
Lycée Chaptal
I.U.F.M.
TAXI

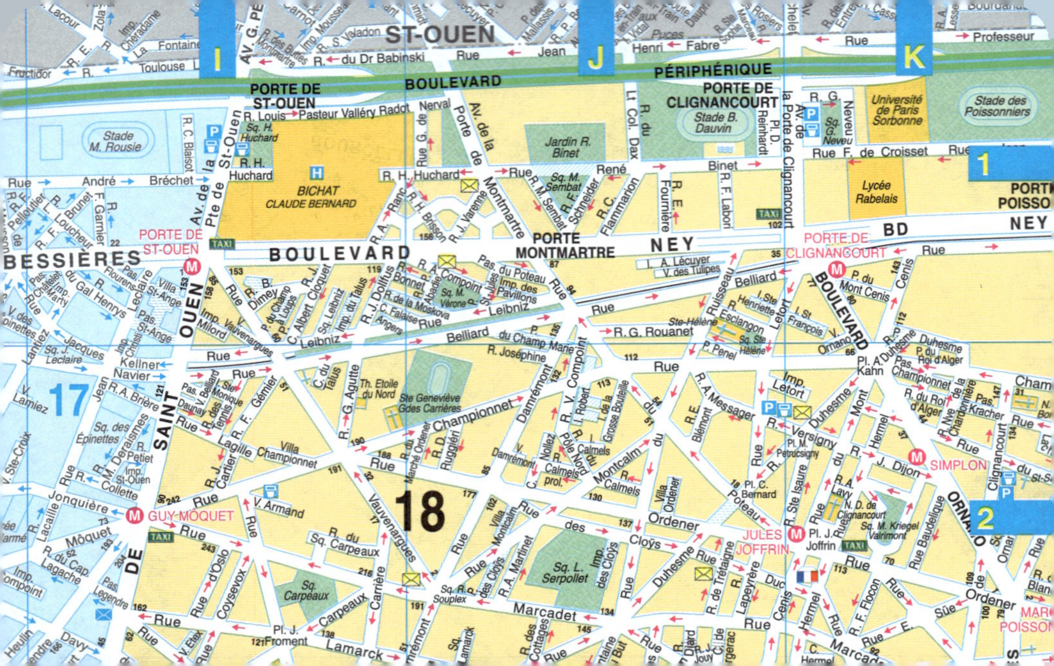

ST-OUEN
PÉRIPHÉRIQUE
BOULEVARD
PORTE DE ST-OUEN
PORTE DE CLIGNANCOURT
Stade M. Rousie
BICHAT CLAUDE BERNARD
Jardin R. Binet
Stade B. Dauvin
Université de Paris Sorbonne
Stade des Poissonniers
Lycée Rabelais
BESSIÈRES
BOULEVARD
PORTE MONTMARTRE
NEY
BD
NEY
BOULEVARD
OUEN
SAINT
DE
Ste Geneviève Gdes Carrières
Th. Etoile du Nord
Sq. L. Serpollet
Sq. Carpeaux
18
17
GUY-MÔQUET
JULES JOFFRIN
SIMPLON
ORNANO
Championnet
Ordener
Marcadet
Lamarck
Vauvenargues
1
2
I
J
K

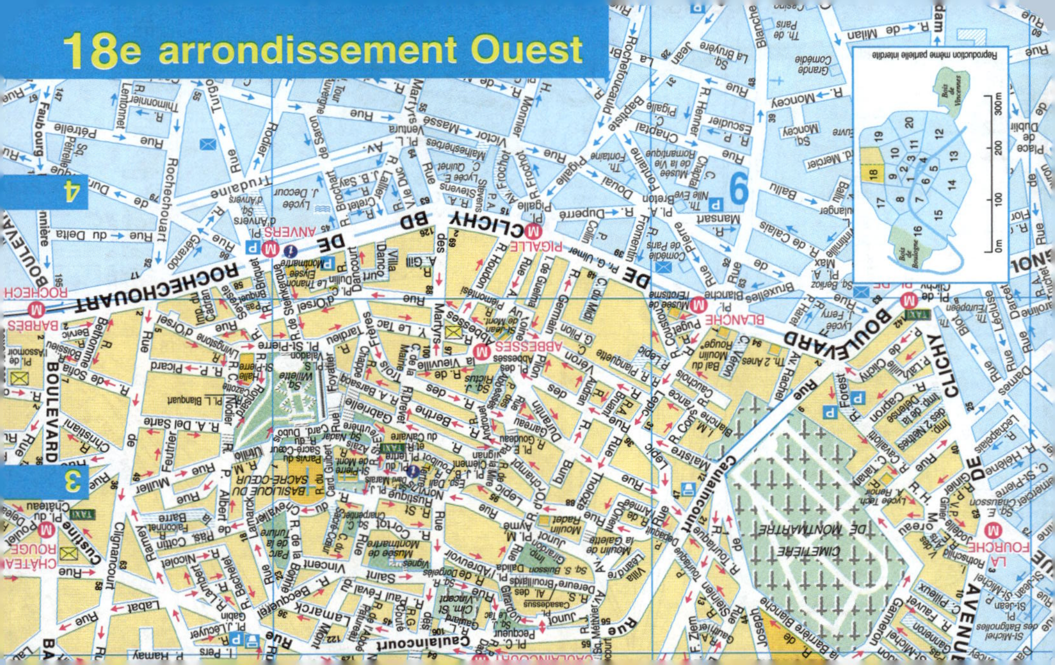
18e arrondissement Ouest
BOULEVARD DE ROCHECHOUART
BD DE CLICHY
BOULEVARD DE CLICHY
AVENUE DE CLICHY
BASILIQUE DU SACRÉ-CŒUR
CIMETIÈRE DE MONTMARTRE
ANVERS
PIGALLE
ABBESSES
BLANCHE
BARBÈS ROCHECHOUART
CHÂTEAU ROUGE
LA FOURCHE
Rue Caulaincourt
Rue Lepic
Rue Lamarck
Rue des Martyrs
Rue Custine
Rue Ramey
Rue Muller
Rue Feutrier
Rue de Clignancourt
Rue Tholozé
Rue Durantin
Rue des Abbesses
Rue Houdon
Rue Germain Pilon
Rue Véron
Rue Burq
Rue d'Orchampt
Rue Norvins
Rue Cortot
Rue Saint Vincent
Rue Tardieu
Rue Foyatier
Rue Gabrielle
Rue Berthe
Rue Ronsard
Rue Seveste
Rue d'Orsel
Rue de Steinkerque
Rue Dancourt
Rue Forest
Rue Joseph de Maistre
Rue Constance
Rue Caulaincourt
Moulin Rouge
Moulin de la Galette
Musée de Montmartre
Pl. du Tertre
Vignes
Sq. Willette
Parvis du Sacré-Cœur
Pl. Blanche
Pl. Pigalle
Pl. de Clichy
Rue Rochechouart
Rue de Rochechouart
Rue Trudaine
Rue Victor Massé
Rue Frochot
Rue Pigalle
Rue Fontaine
Rue de Douai
Rue Chaptal
Rue Blanche
Rue de Calais
Rue de Bruxelles
Rue Ballu
Rue de Moncey
Rue de Milan
Rue de La Bruyère
Rue Jean-Baptiste Pigalle
Rue Turgot
Rue Rodier
Rue Pétrelle
Rue du Delta
Rue Mansart
Musée de la Vie Romantique
9
3
4
Reproduction même partielle interdite
Bois de Boulogne
Bois de Vincennes
0m
100
200
300m
1
2
3
4
5
6
7
8
9
10
11
12
13
14
15
16
17
18
19
20

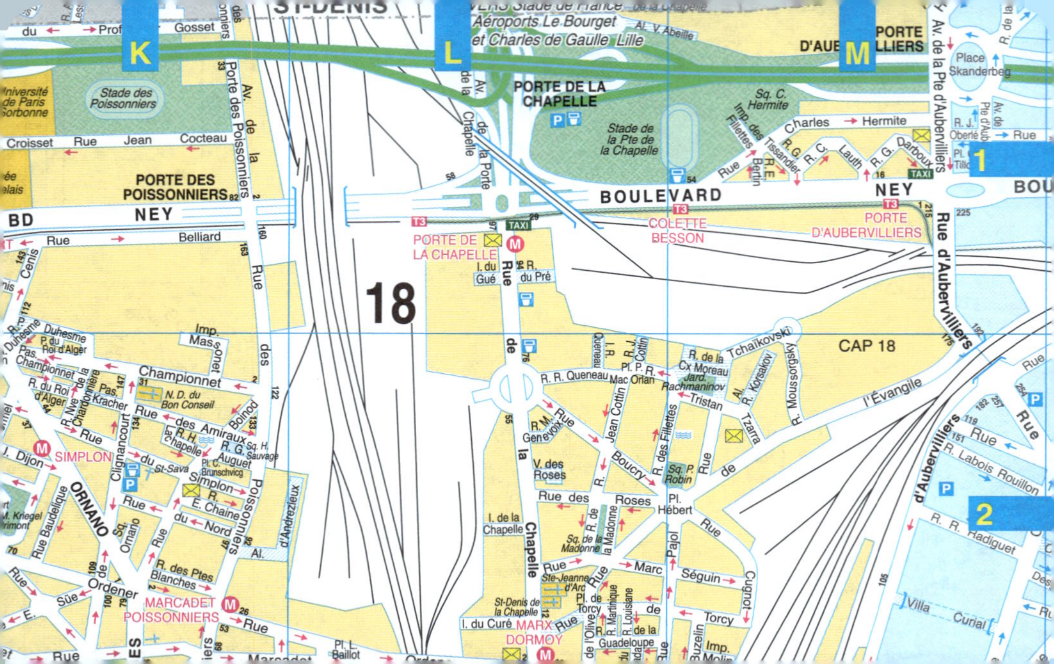
K
L
M
1
2
18
Aéroports Le Bourget
et Charles de Gaulle Lille
PORTE D'AUBERVILLIERS
PORTE DE LA CHAPELLE
PORTE DES POISSONNIERS
Place Skanderbeg
Av. de la Pte d'Aubervilliers
Stade des Poissonniers
Université de Paris Sorbonne
Stade de la Pte de la Chapelle
Sq. C. Hermite
Imp. des Fillettes
Rue Charles Hermite
R. G. Tissandier
R. E. Bertin
R. C. Lauth
R. G. Darboux
Av. de la Porte de la Chapelle
Av. de la Porte des Poissonniers
Rue Jean Cocteau
Croisset
Gosset
BOULEVARD NEY
BD NEY
COLETTE BESSON
PORTE D'AUBERVILLIERS
PORTE DE LA CHAPELLE
Rue d'Aubervilliers
Rue Belliard
Rue des Poissonniers
Rue de la Chapelle
I. du Gué
R. du Pré
CAP 18
Rue de l'Évangile
Tchaïkovski
R. Moussorgsky
Al. R. Korsakov
R. de la Cx Moreau
Jard. Rachmaninov
Rue Tristan Tzara
R. R. Queneau
I. R. Queneau
R. J. Cottin
Pl. P. R. Mac Orlan
Rue Jean Cottin
R. des Fillettes
Sq. P. Robin
R. M. Genevoix
V. des Roses
Rue Boucry
Rue des Roses
Pl. Hébert
Rue Pajol
R. de la Madonne
Sq. de la Madonne
I. de la Chapelle
Rue Marc Séguin
Rue Cugnot
Rue de Torcy
Pl. de Torcy
Ste-Jeanne d'Arc
St-Denis de la Chapelle
I. du Curé
MARX DORMOY
R. Martinique
R. Louisiane
R. de la Guadeloupe
R. de l'Olive
Buzelin
R. Labois Rouillon
R. R. Radiguet
Villa Curial
Imp. Massonet
Rue Championnet
N. D. du Bon Conseil
Rue des Amiraux
Boinod
R. H. Lachapelle
R. G. Auguet
Sq. H. Sauvage
Pl. C. Brunschvicg
Rue Simplon
R. E. Chaine
Rue du Nord
Al. d'Andrezieux
Rue Clignancourt
du St-Sava
SIMPLON
ORNANO
Sq. Ornano
Rue Baudelique
R. des Ptes Blanches
Rue Ordener
MARCADET POISSONNIERS
Pl. L. Baillot
Rue Marcadet
R. du Roi d'Alger
P. du Roi d'Alger
R. Duhesme
Pas. Championnet
Pas. Kracher
R. Nve de la Chardonnière
Dijon
Cenis
Süe
M. Kriegel Valrimont
TAXI
T3

18e arrondissement Est

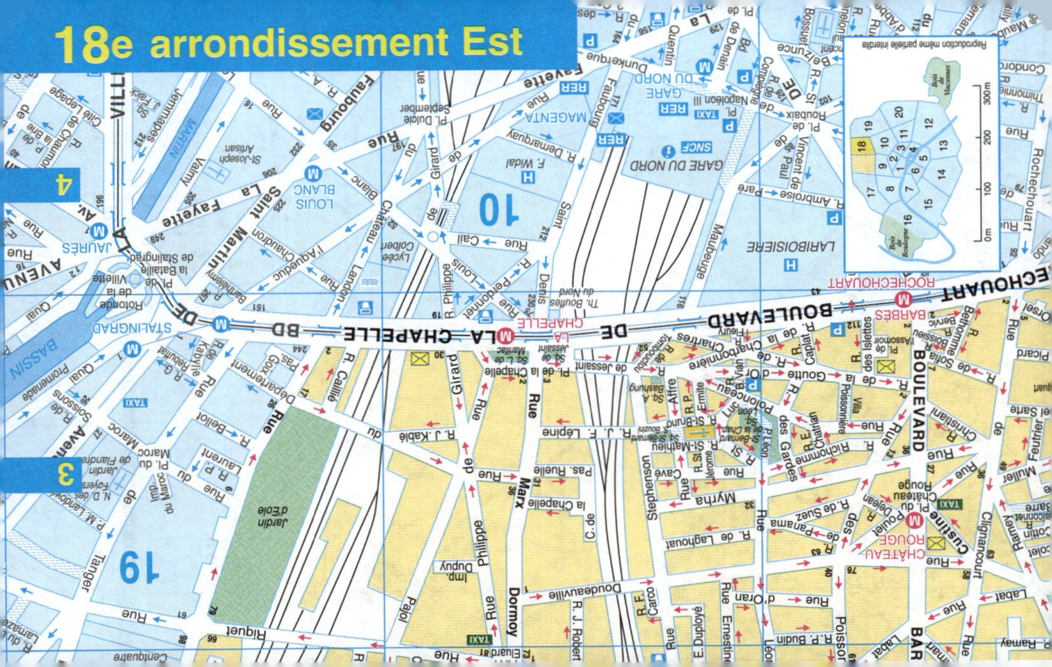

M
N
AUBERVILLIERS
PORTE D'AUBERVILLIERS
Place Skanderbeg
BOULEVARD PÉRIPHÉRIQUE
BOULEVARD NEY
BOULEVARD MACDONALD
CANAL SAINT-DENIS
ROSA PARKS
CAP 18
CORENTIN CARIOU
CRIMÉE
RIQUET
LAUMIÈRE
STALINGRAD
JAURÈS
BASSIN DE LA VILLETTE
Le Centquatre
Jardin d'Eole
Rotonde de la Villette
Pl. de la Bataille de Stalingrad
Rue de Flandre
Rue de Crimée
Avenue de Flandre
Avenue Jean Jaurès
Rue Curial
Rue Riquet
Rue de Tanger
Quai de la Seine
Quai de la Loire
Rue de l'Ourcq
Rue Armand Carrel
1
2
3
4
18
19
10

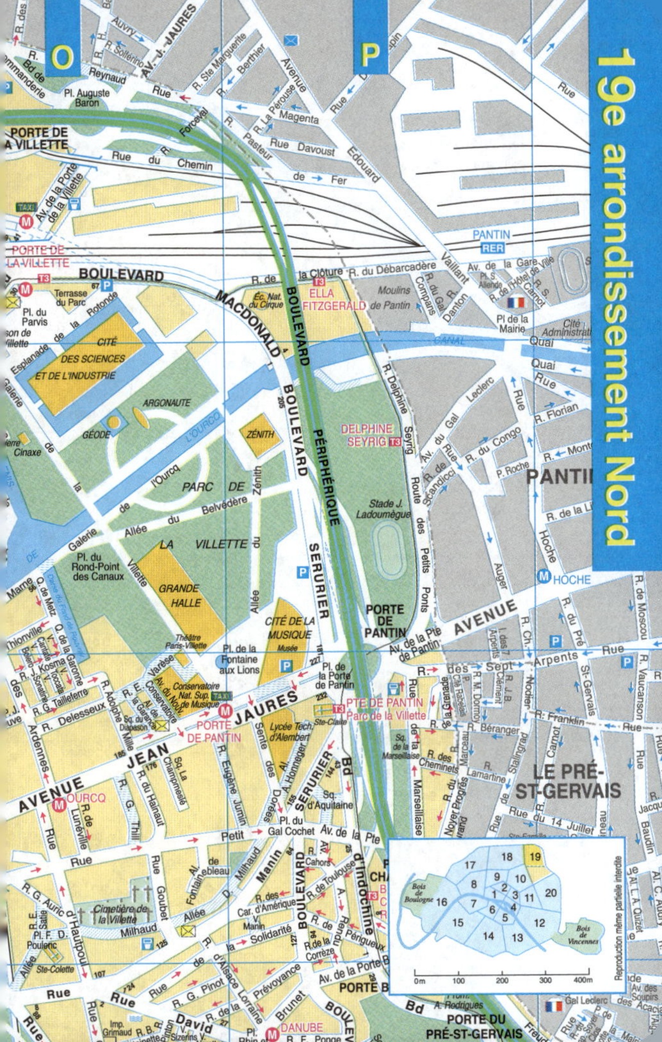
19e arrondissement Nord
O
P
PORTE DE LA VILLETTE
BOULEVARD MACDONALD
BOULEVARD PÉRIPHÉRIQUE
BOULEVARD SERURIER
CITÉ DES SCIENCES ET DE L'INDUSTRIE
ARGONAUTE
GÉODE
Cinaxe
ZÉNITH
PARC DE LA VILLETTE
GRANDE HALLE
CITÉ DE LA MUSIQUE
Musée
Théâtre Paris-Villette
Conservatoire Nat. Sup. de Musique
Pl. de la Fontaine aux Lions
Pl. de la Porte de Pantin
PORTE DE PANTIN
PTE DE PANTIN Parc de la Villette
ELLA FITZGERALD
DELPHINE SEYRIG
Stade J. Ladoumègue
Moulins de Pantin
PANTIN
RER
HOCHE
LE PRÉ-ST-GERVAIS
AVENUE JEAN JAURES
OURCQ
DANUBE
Cimetière de la Villette
Lycée Tech. d'Alembert
Sq. d'Aquitaine
PORTE DU PRÉ-ST-GERVAIS
Pl. Auguste Baron
Pl. du Parvis
Pl. du Rond-Point des Canaux
Pl. de la Mairie
Cité Administrative
Rue du Chemin de Fer
Rue Davoust
Avenue Edouard Vaillant
Canal
Quai
Bois de Boulogne
Bois de Vincennes
17
18
19
8
9
10
16
7
1
2
3
11
20
6
4
5
15
14
13
12
0m
100
200
300
400m
Reproduction même partielle interdite

M
N
O
2
3
4
5
19
10
CRIMÉE
RIQUET
STALINGRAD
JAURÈS
LAUMIÈRE
OURCQ
BOLIVAR
COLONEL FABIEN
BUTTES CHAUMONT
BOTZARIS
PYRÉNÉES
BELLEVILLE
BASSIN DE LA VILLETTE
CANAL
PARC DES BUTTES CHAUMONT
Cascade
Av. de Marnes
Av. du Gal San Martin
AVENUE JEAN JAURES
BOULEVARD DE LA VILLETTE
Rue de Crimée
Rue de Flandre
Quai de la Seine
Quai de la Loire
Quai de l'Oise
Quai de la Marne
Rue Riquet
Rue Armand Carrel
Rue Manin
Rue Petit
Rue de Meaux
Rue Édouard Pailleron
Av. Secrétan
Av. Mathurin Moreau
Avenue Simon Bolivar
Rue de Belleville
Rue Botzaris
Rue Fessart
Rue du Plateau
Rue de Lorraine
Rue de l'Ourcq
Rue d'Hautpoul
Rue de Tanger
Rue Cavendish
Rue Bolivar
Promenade Eric Tabarly
Promenade Jean Vigo
Rotonde de la Villette
Pl. de Bataille Stalingrad
Pl. A. Carrel
Pl. du Colonel Fabien
Lycée H. Bergson
Lycée Tech. Jacquard
Cité Hiver
Fond. Ophtalmo. A. de Rotschild
N. D. des Buttes Chaumont
St-Jacques St-Christophe
St-Georges
St-Serge
Ste-Colette
Cimetière de la Villette
Pl. de Joinville
Pl. de Bitche
Sq. de Rébeval
TAXI

19e arrondissement Sud
P
Q
PORTE DE PANTIN
PTE DE PANTIN
Parc de la Villette
CITÉ DE LA MUSIQUE
Musée
GRANDE HALLE
Théâtre Paris-Villette
Conservatoire Nat. Sup. de Musique
Pl. de la Fontaine aux Lions
Pl. de la Porte de Pantin
Lycée Tech. d'Alembert
Ste-Claire
JAURES
SERURIER
AVENUE JEAN JAURES
HOCHE
LE PRÉ-ST-GERVAIS
Ste-Famille
Rue des Sept Arpents
R. Franklin
Rue d'Estienne d'Orves
Rue du 14 Juillet
PORTE CHAUMONT
BUTTE DU CHAPEAU ROUGE
Av. de la Pte Chaumont
Bd d'Indochine
Sq. d'Aquitaine
Pl. du Gal Cochet
Sq. de la Marseillaise
PORTE BRUNET
Av. de la Porte Brunet
PORTE DU PRÉ-ST-GERVAIS
Prom. A. Rodrigues
Parc de la Butte du Chapeau Rouge
Pl. du Gal Leclerc
Grande Avenue
BOULEVARD PÉRIPHÉRIQUE
Rue Alexander Fleming
DANUBE
Pl. Rhin et Danube
Lycée Diderot
Rue d'Angers
BOULEVARD SERURIER
Rue Mouzaïa
PRÉ ST GERVAIS
Bd d'Algérie
HÔPITAL R. DEBRÉ
ROBERT DEBRÉ
N. D. de Fatima
Réservoirs des Lilas
Centre des Archives
Jard. S. Gainsbourg
Av. René Fonck
Av. du Belvédère
PORTE DES LILAS
Pl. du Maquis du Vercors
Rue de Romainville
Rue de Belleville
Rue de Bellevue
Rue Compans
Rue de Crimée
Sq. Compans
Rue Thuliez
Pl. des Fêtes
PLACE DES FÊTES
Rue du Dr Potain
Rue Haxo
Pas. du Monténégro
TÉLÉGRAPHE
Cimetière de Belleville
Réservoirs de Belleville
Rue Pelleport
Rue Pixérécourt
Rue des Pavillons
Rue Olivier Métra
20
Bois de Boulogne
Bois de Vincennes
17
18
19
8
9
10
16
7
1
2
3
11
20
6
4
5
12
15
14
13
0m
100
200
300
400m
Reproduction même partielle interdite
Saint Fargeau

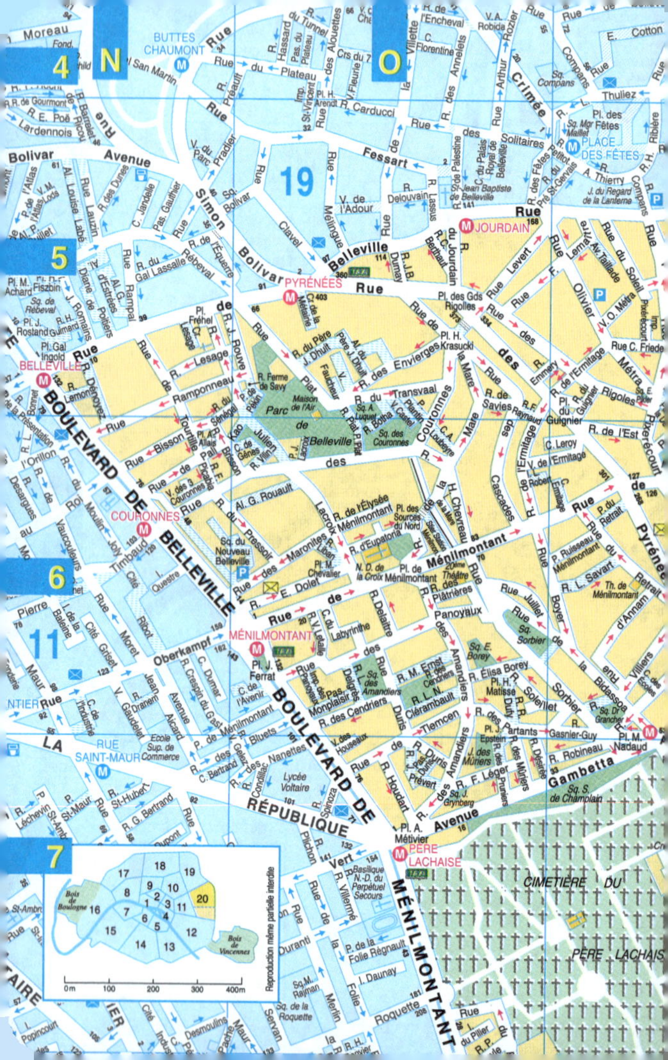

4
N
O
5
6
7
19
11
BUTTES CHAUMONT
PLACE DES FÊTES
JOURDAIN
PYRÉNÉES
BELLEVILLE
COURONNES
MÉNILMONTANT
PÈRE LACHAISE
RUE SAINT-MAUR
BOULEVARD DE BELLEVILLE
BOULEVARD DE MÉNILMONTANT
Avenue Simon Bolivar
Rue de Belleville
Rue des Pyrénées
Rue de Ménilmontant
Avenue Gambetta
Rue Oberkampf
Rue Fessart
Rue de Crimée
Rue des Solitaires
Parc de Belleville
Maison de l'Air
Sq. de Belleville
Sq. du Nouveau Belleville
Lycée Voltaire
Basilique N.-D. du Perpétuel Secours
Ecole Sup. de Commerce
Théâtre de Ménilmontant
20ème Théâtre
Sq. S. de Champlain
CIMETIÈRE DU PÈRE LACHAISE
Bois de Boulogne
Bois de Vincennes
0m
100
200
300
400m
Reproduction même partielle interdite

20e arrondissement Nord
P
Q
R
20
HÔPITAL R. DEBRÉ
Réservoirs des Lilas
Centre Commercial Babylone
BD SERURIER
PORTE DES LILAS
PORTE DES LILAS
LES LILAS
Pl. du Maquis du Vercors
Av. du Dr Gley
Rue des Frères Flavien
Rue Paul Meurice
Rue de Romainville
Pas. du Monténégro
Imp. des Rigaunes
V. du Bois d'Orme
TÉLÉGRAPHE
Cimetière de Belleville
Réservoirs de Belleville
Pas. du Télégraphe
Rue de Belleville
Rue Haxo
Avenue Gambetta
BOULEVARD
Sq. du Dr Variot
Rue des Tourelles
V. des Otages
N. D. des Otages
Stade H. Paté
R. H. Dubouillon
Rue du Borrégo
Rue Pelleport
Rue des Pavillons
Rue Devéria
Rue du Télégraphe
Pte Imp. Gambetta
V. St Fargeau
Rue Saint Fargeau
Pl. St Fargeau
SAINT FARGEAU
Rue Fargeau
R. de Guébriant
R. L. Frapié
Sq. L. Frapié
ADRIENNE BOLLAND
Rue des Fougères
R. P. Foncin
Rue de Noisy
BOULEVARD PÉRIPHÉRIQUE
Réservoirs de Ménilmontant
Pl. de l'Ad. Vincenot
Av. de la Pte de Ménilmontant
PORTE DE MÉNILMONTANT
Sq. E. Fleury
R. du Dr Labbé
R. Vidal de la Blache
Rue de Ménilmontant
Th. Est Parisien
N. D. de Lourdes
Sq. P. Seghers
R. H. Poincaré
R. J. Dumien
Gambetta
R. Groupe Manouchian
Rue Darcy
Rue du Surmelin
Rue de la Justice
R. des Nymphes
MORTIER
PELLEPORT
Rue Adam
R. Dr Paquelin
Sq. A. Lebaudy
Rue Lefèvre
Pas. Boudin
Imp. Haxo
Sq. R. Garros
R. S. Meunier
M. Berteaux
Orfila
Pl. P. Signac
Rue Bretonneau
Rue Le Bua
R. de la Dhuis
R. du Lt Chauré
Rue Mouraud
Ferber
SÉVERINE
R. V. Dejeante
R. P. Quillard
R. Dulaure
Rue du Cap. Marchal
R. des Montiboeufs
V. des Falaises
Pl. O. Chanute
R. J. Bombois
Sq. Séverine
Rue Le Vau
AVENUE ISBEN
TENON
Rue Pelleport
Rue Souchet
Rue Dupont de l'Eure
Avenue du Japon
Sq. E. Vaillant
Rue de la Chine
R. du Cambodge
Rue des Gâtines
Rue Belgrand
Pl. E. Piaf
Av. de la Pte de Bagnolet
Pl. de la Porte de Bagnolet
PORTE DE BAGNOLET
AVENUE CARTELLIER
VERS Aéroport Ch. de Gaulle Lille
A3
GALLIENI
BAGNOLET
R. J. Python
Cour des Noues
Pl. E. Landrin
Imp. Évellard
V. des Lyanes
R. des Lyanes
Rue Bagnolet
PORTE DE BAGNOLET
BOULEVARD
R. L. Ganne
R. J. Véber
Rue Henri Duvernois
Rue Louis
Stade de la Pte de Bagnolet
T.E.P. Davout
Serpollet
Centre International Handisport
Sq. L. Lumière
R. du Château
Rue Galliéni
Rue Ramus
R. C. Renouvier
Rue des Pyrénées
Sq. H. Karcher
Sq. de Villa Gord
R. L. Mathieu
R. de l'Indre
Pelleport
Réservoirs
Jardins Debrousse
Fondation Alquier Debrousse
Al. A. Debrousse
V. Stendhal
R. Lisfranc
Ch. du Parc de Charonne
St-Germain de Charonne
Cim. de Charonne
Pl. St-Blaise
Sq. A. Blondin
V. Ségalen
Riblette
R. des Balkans
Rue Vitruve
Sq. Vitruve
Sq. des Grés
Pl. des
Rue Stendhal
Rue des Prairies
R. Leuwen
Rue Sq. d'Amiens
Stade

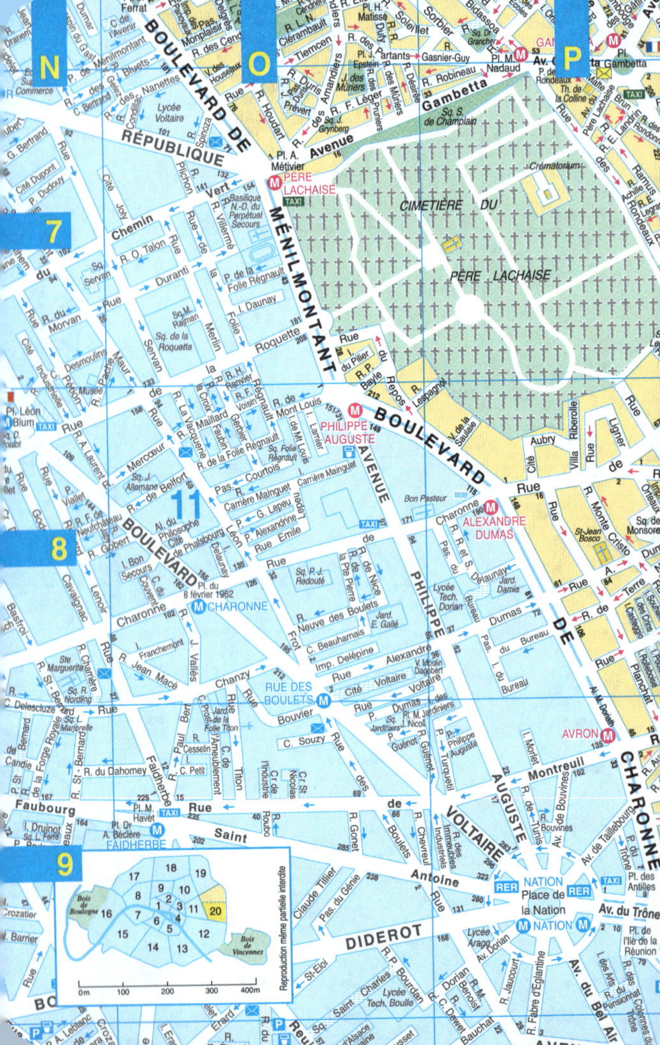

N
O
P
7
8
9
BOULEVARD DE MÉNILMONTANT
RÉPUBLIQUE
Avenue Gambetta
PÈRE LACHAISE
CIMETIÈRE DU PÈRE LACHAISE
Crématorium
Lycée Voltaire
Basilique N.-D. du Perpétuel Secours
Chemin Vert
R. de la Roquette
PHILIPPE AUGUSTE
BOULEVARD DE CHARONNE
AVENUE PHILIPPE AUGUSTE
ALEXANDRE DUMAS
CHARONNE
RUE DES BOULETS
AVRON
NATION
Place de la Nation
Av. du Trône
BOULEVARD VOLTAIRE
Rue du Faubourg Saint Antoine
DIDEROT
FAIDHERBE
GAMBETTA
Pl. Gambetta
Av. Gambetta
Sq. de la Roquette
Sq. Folie Régnault
Sq. P. J. Redouté
Jard. E. Gallé
Lycée Tech. Dorian
Lycée Arago
Lycée Tech. Boulle
Bon Pasteur
Pl. du 8 février 1962
Pl. Léon Blum
Pl. M. Havet
Pl. Dr A. Béclère
Pl. de l'Île de la Réunion
Pl. des Antilles
11
Bois de Boulogne
Bois de Vincennes
0m 100 200 300 400m
Reproduction même partielle interdite

20e arrondissement Sud
Q
R
PORTE DE BAGNOLET
BAGNOLET
MONTREUIL
VINCENNES
PORTE DE MONTREUIL
PORTE DE VINCENNES
BD PÉRIPHÉRIQUE
BOULEVARD DAVOUT
COURS DE VINCENNES
20
12
GALLIENI
MARIE DE MIRIBEL
PTE DE MONTREUIL
MARAÎCHERS
BUZENVAL
ST-MANDÉ
Place de la Porte de Montreuil
Stade L. Lumière
Centre International Handisport
Jardins Debrousse
Fondation Alquier Debrousse
Croix St-Simon
Lycée H. Boucher
Lycée M. Ravel
Sq. Sarah Bernhardt
TENON

A
B
C
D
1
2
3
4
5
6
NANTERRE
Fort du
Mont Valérien
PUTEAUX
SURESNES
SAINT - CLOUD
BOULOGNE
BILLANCOURT
Parc
Interdépartemental
des Sports
Champ
d'Entrainement
Bagatelle
Camping
Paris-Ouest
Polo
de Paris
Centre
International
de l'Enfance
Roseraie
Carrefour
de Norvège
Carrefour
de
Longchamp
Carrefour
des Tribunes
Hippodrome
de
Longchamp
Pépinières
Grille de
Saint-Cloud
Parc de
Boulogne
Porte de
l'Hippodrome
Porte de
Boulogne
Carrefour
des Anciens
Combattants
Stade Roland
Porte de
la Seine
Tir à l'Arc
Ambroise
Paré
Foch
Pt de
Suresnes
Pt de Puteaux
Pile de l'Avre
SEINE
Voie ouverte à la circulation
Allée - Voie piétonne
Piste Cyclable
Parc de stationnement
0 m
200
400
600
800

Bois de Boulogne (16e)

E F G H

NEUILLY-SUR-SEINE

NEUILLY SUR - SEINE

17e

Jardin d'Acclimatation

Centre Equestre du Touring Club de France

Jeu de boules de Neuilly

Bowling de Paris

Porte St-James

Porte des Sablons

Carrefour des Sablons

Porte Maillot

Pl. de la Pte Maillot

Palais des Congrès

Pavillon d'Armenonville

Ile des Cèdres

Porte de Madrid

Centre Equestre de l'Etrier Madrid

Pelouse de Madrid

Sq. A. de Noailles

Stade J. P. Wimile

Porte Dauphine

Pavillon Dauphine

Centre Equestre de l'Etrier Dauphine

Pl. du Mal de Lattre de Tassigny

PORTE DAUPHINE

AVENUE FOCH

Pavillon Royal

Carrefour du Bout des Lacs

Centre Sportif H. de Montherlant

Piscine

Carrefour de la Rte du Pré Catelan

Croix Catelan

Pré Catelan

Jardin Shakespeare

Théâtre de verdure

Racing Club de France

LAC INFÉRIEUR

Pelouse de la Muette

Porte de la Muette

Stade de la Porte de la Muette

AVENUE HENRI MARTIN

RUE DE LA POMPE

Place de Colombie

PARIS 16e

LA MUETTE

RANELAGH

BOULAINVILLIERS

PASSY

Pl. de Costa Rica

KENNEDY RADIO FRANCE

JASMIN

Carrefour des Cascades

Porte de Passy

Piscine

Pelouse de St-Cloud

LAC SUPÉRIEUR

Hippodrome d'Auteuil

Butte Mortemart

Porte d'Auteuil

PORTE D'AUTEUIL

Pl. de la Porte d'Auteuil

Jardin et Serres d'Auteuil

Stade G. Hébert

MICHEL-ANGE AUTEUIL

EGLISE D'AUTEUIL

MIRABEAU

Pl. de Barcelone

SEINE

JAVEL ANDRÉ CITROËN

CHARLES MICHELS

PARIS 7e

7

BOIS DE BOULOGNE (16e)

Plan	Rues
C3	Abbaye (Chemin de l')
B5-C6	Anatole France (Boulevard)
D6	Anciens Combattants (Carrefour des)
G1	André Maurois (Boulevard)
G2	Anna de Noailles (Square)
E5-6	Auteuil aux Lacs (Route d')
C4-D5	Auteuil à Suresnes (Route d')
B5-D1	Bord de l'Eau (Allée du)
E2-F1	Bouleaux (Allée des)
D6-E5	Boulogne à Passy (Route de)
F3	Bout des Lacs (Carrefour du)
E5	Butte Mortemart
E4	Cascades (Carrefour des)
E4-F3	Ceinture du Lac Inférieur (Chemin de la)
E4-F3	Ceinture du Lac Supérieur (Chemin de la)
D-E2	Champ d'Entraînement (Route du)
F4	Colombie (Place de la)
E1	Commandant Charcot (Boulevard du)
E3	Croix Catelan (Carrefour de la)
E3	Croix Catelan (Chemin de la)
F4	Dames (Allée des)
F-G1	Erables (Allée des)
C4-C5	Espérance (Allée de l')
F-G2	Etoile (Route de l')
E6-F4	Fortifications (Allée des)
D6-E4	Fortunée (Allée)
G1-2	Fortunée (Allée)
G1	Général Anselin (Rue du)
D-E3	Grande Cascade (Route de la)
D4	Gravilliers (Chemin des)
C3-E4	Hippodrome (Avenue de l')
E3	Lacs à Bagatelle (Route des)
F3-G2	Lacs à la Porte Dauphine (Ch. des)
G2	Lacs (Route des)
E-F2	Lacs à Madrid (Route des)
F4	Lacs à Passy (Route des)

Plan	Rues
D3-G1	Longchamp (Allée de)
C3	Longchamp (Carrefour de)
E-F2	Longchamp au Bout des Lacs (Route de)
D3-E2	Longue Queue (Route de la)
F3	Louis Barthou (Avenue)
E1	Madrid à Neuilly (Allée de)
E-F1	Mahatma Gandhi (Avenue du)
G1	Maillot (Boulevard)
G2	Maréchal De Lattre de Tassigny (Place du)
G2-3	Maréchal Fayolle (Avenue du)
F5	Maréchal Franchet d'Espérey (Avenue du)
E6-F5	Maréchal Lyautey (Avenue du)
F4	Maréchal Maunoury (Avenue du)
F1	Maurice Barrès (Boulevard)
C-D3	Moulins (Route des)
F1-3	Muette à Neuilly (Route de la)
C3	Norvège (Carrefour de)
G1	Pavillon d'Armenonville (Chemin du)
B4-5	Pépinières (Chemin des)
F4	Pins (Route des)
D3-5	Point du Jour à Bagatelle (Route du)
C4-D5	Point du Jour à Suresnes (Route du)
E6	Porte d'Auteuil
E-D6	Porte d'Auteuil (Avenue de la)
E6	Porte d'Auteuil (Place de la)
D-E1	Porte de Bagatelle
D6	Porte de Boulogne
G2	Porte Dauphine
G1-2	Pte Dauphine à la Pte des Sablons (Rte de la)
C5	Porte de l'Hippodrome
E1	Porte de Madrid
F3	Porte de la Muette
E1	Porte de Neuilly
F4	Porte de Passy
D6	Porte des Princes
G1	Porte des Sablons

BOIS DE BOULOGNE (16e)

Plan	Rues
G1	Pte des Sablons à la Porte Maillot (Route de la)
D1	Porte de la Seine
H1	Porte Maillot
E1	Porte Saint-James
E-F1	Porte Saint-James (Route de la)
F-G2	Poteaux (Allée des)
E3	Pré Catelan (Route du)
D1	Puteaux (Pont de)
B5-6	Quatre-Septembre (Quai du)
D5-E2	Reine Marguerite (Allée de la)
C-D4	Réservoirs (Chemin des)
D-E1	Richard Wallace (Boulevard)
D4	Rond des Mélèzes
F1-3	Sablonneuse (Route)
G1	Sablons (Carrefour des)
D6-F4	Saint Cloud (Avenue de)
B5	Saint Cloud (Grille de)
D5-G2	Saint Denis (Allée)
B-E5	Seine à la Butte Mortemart (Route de la)
C5-D2	Sèvres à Neuilly (Route de)
B3	Suresnes (Pont de)
C3-F2	Suresnes (Route de)
C2-3	Suresnes à Bagatelle (Chemin de)
D6	Suzanne Lenglen
B4	Tribunes (Carrefour des)
B5-C3	Tribunes (Route des)
D3-E4	Vierge aux Berceaux (Route de la)
E5	Vieux Chênes (Chemin des)

Plan	Renseignements divers
E5	Butte Mortemart
C2	Camping Paris-Ouest
E2	Centre Equestre de l'Etrier Madrid
G2	Centre Equestre de l'Etrier Dauphine
C3	Centre International de l'Enfance
D3	Grande Cascade
E5	Hippodrome d'Auteuil
C4	Hippodrome de Longchamp
F1	Jardin d'Acclimatation
E6	Jardin et Serres d'Auteuil
E3	Jardin Shakespeare
E1	Jeux de Boules de Neuilly
D-E5	Jeux de Boules de Passy
F3	Lac Inférieur
E5	Lac Supérieur
E1	Mare Saint-James
D2	Parc de Bagatelle
G1	Pavillon d'Armenonville
G2	Pavillon Dauphine
F2	Pavillon Royal
E2	Pelouse de Madrid
F3	Pelouse de la Muette
E5	Pelouse de Saint-Cloud
B5	Pépinière
C3	Polo de Paris
E3	Pré Catelan
E3	Racing Club de France
D6	Stade Roland Garros (Musée Tenniseum)
E3	Théatre de verdure du Jardin Shakespeare

A
B
C
D
1
2
3
4
5
6
PARIS 12e
SAINT-MANDÉ
VINCENNES
CHARENTON
SAINT-MAURICE
Parc Zoologique
LAC DAUMESNIL
Cimetière Sud de St-Mandé
Cimetière de Charenton
Aquarium Tropical
Cité Nat. Histoire de l'Immigration
Pelouse de Reuilly
Vélodrome J. Anquetil
Temple Bouddhique
Centre Equestre Bayard- UCPA
Ecole de Chiens-Guides d'Aveugles
Services Municipaux
Bégin
Esquirol
Saint-Maurice
PÉRIPHÉRIQUE
AUTOROUTE
A4 - E 50
Voie ouverte à la circulation
Allée - Voie piétonne
Piste Cyclable
Parc de stationnement
0 m
200
400
600
800

Bois de Vincennes (12e)

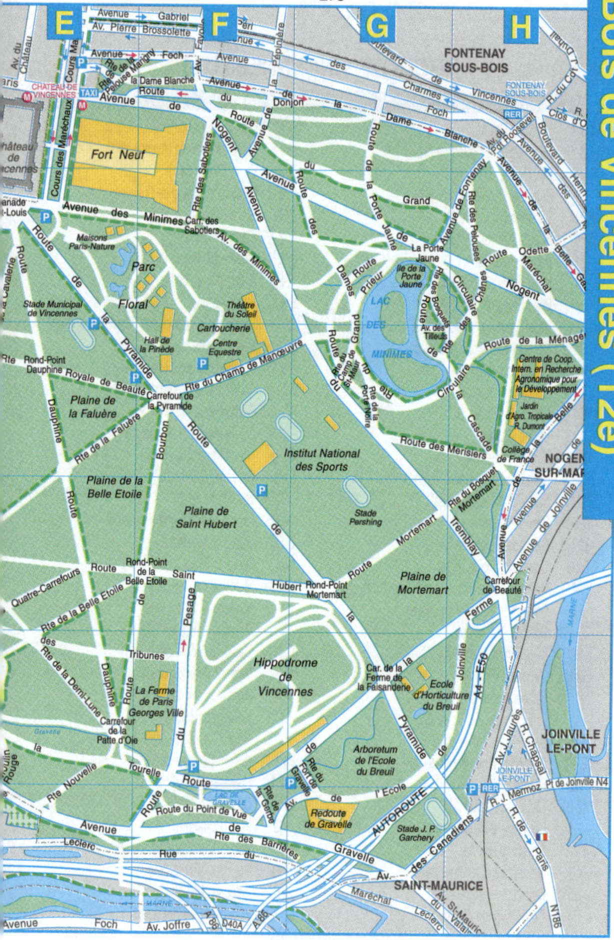

E
F
G
H

FONTENAY SOUS-BOIS
NOGENT SUR-MARNE
JOINVILLE LE-PONT
SAINT-MAURICE
Château de Vincennes
CHATEAU DE VINCENNES
TAXI
FONTENAY SOUS-BOIS
RER
Fort Neuf
Cours des Maréchaux
Cours Marigny
Avenue Gabriel
Av. Pierre Brossolette
Avenue Foch
Rte de la Pelouse Marigny
la Dame Blanche
Route de la Dame Blanche
Avenue du Château
Avenue de Paris
Avenue de Nogent
Avenue du Donjon
Avenue de la Pépinière
Av. Favola
Avenue des Minimes
Carr. des Sabotiers
Rte des Sabotiers
Av. des Minimes
Maisons Paris-Nature
Parc Floral
Stade Municipal de Vincennes
Hall de la Pinède
Théâtre du Soleil
Cartoucherie
Centre Equestre
Rte du Champ de Manœuvre
Route de la Pyramide
Carrefour de la Pyramide
Rte Royale de Beauté
Rond-Point Dauphine
Route Dauphine
Route de la Cavalerie
Plaine de la Faluère
Rte de la Faluère
Route de Bourbon
Plaine de la Belle Etoile
Plaine de Saint Hubert
Institut National des Sports
Stade Pershing
Route de la Belle Etoile
Rond-Point de la Belle Etoile
Route de Saint Hubert
Rond-Point Mortemart
Route Mortemart
Plaine de Mortemart
Quatre-Carrefours
Rte de la Belle Etoile
Route des Tribunes
Rte de la Demi-Lune
Route du Pesage
Route Dauphine
La Ferme de Paris
Route Georges Ville
Carrefour de la Patte d'Oie
Hippodrome de Vincennes
Car. de la Ferme de la Faisanderie
Route de la Ferme
Ecole d'Horticulture du Breuil
Arboretum de l'Ecole du Breuil
Route de la Pyramide
Route de Joinville
A4 - E50
Rte de la Tourelle
Rte Nouvelle
Route du Moulin Rouge
Gravelle
LAC DE GRAVELLE
Route du Point de Vue
Rte de la Gerbe
Rte du Fort de Gravelle
Av. de l'Ecole
Redoute de Gravelle
AUTOROUTE
Stade J. P. Garchery
Av. des Canadiens
Avenue de Gravelle
Rte des Barrières
Rue du Maréchal Leclerc
Av. St-Maurice du Valais
MARNE
Avenue Foch
Av. Joffre
A86
D40A
N186
Route du Grand Prieur
Route des Dames
Route de la Porte Jaune
La Porte Jaune
Ile de la Porte Jaune
LAC DES MINIMES
Rte des Bosquets
Route Circulaire
Av. des Tilleuls
Rte du Camp de St-Maur
Rte de la Porte Noire
Rte des Chênes
Rte des Pelouses
Avenue de Fontenay
Route Odette
Av. du Pdt Roosevelt
Boulevard Henri
Avenue des Charmes
Boulevard de Vincennes
Clos d'Orléans
R. du Cdt
R. Dubail
Route de Nogent
Route de la Ménagerie
Centre de Coop. Intern. en Recherche Agronomique pour le Développement
Jardin d'Agro. Tropicale R. Dumont
Avenue de la Belle Gabrielle
Route de la Cascade
Route des Merisiers
Collège de France
Rte du Bosquet Mortemart
Route de Tremblay
Carrefour de Beauté
Avenue de Joinville
Avenue de Nogent
Av. J. Jaurès
R. Chapsal
JOINVILLE LE-PONT
R. J. Mermoz
Pt de Joinville N4
R. de Paris

BOIS DE VINCENNES (12e)

Plan	Rues
C3-4	Aimable (Route)
C3-4	Asile National (Route de l')
B4-C5	Bac (Route du)
F6	Barrières (Route des)
C-D4	Batteries (Route des)
H4	Beauté (Carrefour de)
C1	Bel Air (Avenue du)
F4	Belle Etoile (Rond-Point de la)
E4	Belle Etoile (Route de la)
H1-4	Belle Gabrielle (Avenue de la)
H4	Bosquet Mortemart (Route du)
G2	Bosquets (Route des)
E5-F3	Bourbon (Route de)
C4	Brasserie (Route de la)
C-D3	Brûlée (Route)
D4-5	Buttes (Allée des)
G3	Camp de Saint-Maur (Route du)
G-H6	Canadiens (Avenue des)
D-E2	Carnot (Square)
G2-H3	Cascade (Route de la)
E2-3	Cavalerie (Route de la)
B3-C4	Ceinture du Lac Daumesnil (Route de)
F3	Champ de Manoeuvre (Route du)
G3-H2	Chênes (Route des)
B5	Cimetière (Chemin du)
G2-H3	Circulaire (Route)
C4	Conservation (Carrefour de la)
A3	Croix Rouge (Route de la)
F-H1	Dame Blanche (Avenue de la)
E-F1	Dame Blanche (Route de la)
G2	Dames (Route des)
A2-B3	Daumesnil (Avenue)
E3	Dauphine (Rond-Point)
E2-5	Dauphine (Route)
C3	Demi-Lune (Carrefour de la)
E5	Demi-Lune (Route de la)
B4	Dom Pérignon (Route)
F1	Donjon (Route du)
G6-H5	Ecole de Joinville (Avenue de l')
C2	Epine (Route de l')
D2	Esplanade (Route de l')
C1-2	Etang (Chaussée de l')
D2	Etang (Route de l')
E3	Faluère (Route de la)
F5-H4	Ferme (Route de la)
E-F1	Foch (Avenue)
G5	Ferme de la Faisanderie (Carrefour de la)
G2-H1	Fontenay (Avenue de)
G5	Fort de Gravelle (Route du)
A3-4	Fortifications (Route des)
F6	Gerbe (Route de la)
F1-H2	Grand Maréchal (Route du)
G2-3	Grand Prieur (Route du)
A4-G6	Gravelle (Avenue de)
B4	Iles (Route des)
C-D2	Lac de Saint-Mandé (Route du)
C-D3	Lapins (Allée des)
C-D2	Lemoine (Route)
E-G6	Maréchal Leclerc (du)
E1-2	Maréchaux (Cours des)
H3	Ménagerie (Route de la)
G-H3	Merisiers (Route des)
D-F2	Minimes (Avenue des)
G4	Mortemart (Rond-Point)
G4	Mortemart (Route)
E5	Moulin Rouge (Route du)
E1-H2	Nogent (Avenue de)
E5-6	Nouvelle (Route)
H2	Odette (Route)
C5	Parc (Route du)
E5	Patte d'Oie (Carrefour de la)
H2	Pelouses (Route des)
E-F1	Pelouses Marigny (Route des)
F1	Pépinière (Avenue de la)

BOIS DE VINCENNES (12e)

Plan	Rues	Plan	Rues
F4-6	Pesage (Route du)	D5-E4	Quatre-Carrefours (Allée des)
B-C4	Plaine (Route de la)	A4	Reuilly (Route de)
F6	Point de Vue (Route du)	D3-4	Royale (Allée)
D2-3	Polygone (Avenue du)	E3	Royale de Beauté (Route)
E-D4	Pompadour (Route de la)	D5	Ruisseau (Route du)
C1	Porte de Bel-Air	F2	Sabotiers (Carrefour des)
A4	Porte de Charenton	F1-2	Sabotiers (Route des)
A4	Porte de Charenton (Avenue de la)	E-F4	Saint-Hubert (Route)
A3	Porte de Reuilly	E2	Saint-Louis (Esplanade)
A3	Porte Dorée	C5-D4	Saint-Louis (Route)
G2	Porte Jaune (la)	C3-5	Saint-Maurice (Avenue de)
G1-2	Porte Jaune (Route de la)	E5	Terrasse (Route de la)
G3	Porte Noire (Route de la)	G3	Tilleuls (Avenue des)
C2	Porte de Saint-Mandé	D2-F5	Tourelle (Route de la)
F3	Pyramide (Carrefour de la)	F2-H4	Tremblay (Avenue du)
E2-G5	Pyramide (Route de la)	C4-F5	Tribunes (Avenue des)

Plan	Renseignements divers	Plan	Renseignements divers
H3	Jardin d'Agronomie Tropicale R. Dumont	C2	Jeu de Boules de Saint-Mandé
G5	Arboretum de l'Ecole du Breuil	C-D5	Jeu de Boules de Saint-Maurice
B3	Aquarium tropical (Palais de la Porte Dorée)	B3-4	Lac Daumesnil
F3	Cartoucherie	F6	Lac de Gravelle
D2	Caserne	G2-3	Lac des Minimes
E1-2	Château de Vincennes	C1-2	Lac de Saint Mandé
B3	Cité Nat. de l'Histoire de l'Immigration (Palais de la Porte Dorée)	E2	Maisons Paris-Nature (Parc Floral)
		E2-F3	Parc Floral
C3	Ecole de Chiens-Guides d'Aveugles	C3	Parc Zoologique *(fermeture pour travaux)*
G5	Ecole d'Horticulture du Breuil	A4-5	Pelouse de Reuilly
F5	Ferme de Paris Georges Ville	E4	Plaine de la Belle Etoile
E1	Fort Neuf	E3	Plaine de la Faluère
F-G5	Hippodrome de Vincennes	G4	Plaine Mortemart
B3	Ile de Bercy	F4	Plaine de Saint-Hubert
G2	Ile de la Porte Jaune	G6	Redoute de Gravelle
B3-4	Ile de Reuilly	G4	Stade Pershing
H3	Centre de Coop. Intern. en Recherche Agro. pour le Développement	B4	Temple Bouddhique
		F2	Théâtre du Soleil
G3	Institut National des Sports	B4	Vélodrome J. Anquetil

LA GARENNE-COLOMBES
NANTERRE
NOUVEAU CIMETIÈRE DE NEUILLY
QUARTIER FG DE L'ARCHE
LA GRANDE ARCHE
Musée de l'Informatique
LA DEFENSE GRANDE ARCHE
Le Parvis
Place de la Défense
C.N.I.T
QUARTIER COUPOLE-REGNAULT
QUARTIER VALMY
QUARTIER DEGRES
QUARTIER BOIELDIEU
CENTRE COMMERCIAL LES QUATRE TEMPS
Parc du Millénaire
Les Jardins de l'Arche
La Jetée
BOULEVARD CIRCULAIRE
Boulevard Pablo Picasso
Avenue du Général de Gaulle
Avenue Perronet Nord
Avenue Perronet Sud
Sq. des Marées
SORTIE 6
SORTIE 7
SORTIE 8
SORTIE 12
N13
N314
N192
A14 vers A86 CARRIERES-S-SEINE

La Défense (92)

LA DEFENSE

Rues	Plan
Albert Gleizes (Av.)	C2
Alexis Séon	AB1
Alsace (Avenue d')	D2
Anatole France	C4
André Prothin (Av.)	C2
Ancre (Voie de l')	E2
Arago	D3-4
Arche (Allée de l')	A-B2
Arche (Av. de l')	A-B1
Batisseurs (Voie des)	C-D2
Bellini (et Terrasse)	D3
Boieldieu (Jard., Ter., Pas.)	B3
Bouvets (Bd des)	A3
Capitaine Guynemer (du)	B1
Carpeaux (et Place)	B2
Circulaire (Bd)	B2-D3
Corolles (Pl.et Sq. des)	C2
Coupole J. Millier (Pl. de la)	B-C2
De Dion Bouton (Q.)	D4-E3
Damiers (Gal. des)	D2
Défense (Pl. de la)	B-C2
Degrés (Place des)	B3
Delarivière Lefoullon	C3
Demi-Lune (Rte de la)	A-B3
Diderot (Cours et Parc)	C-D1
Division Leclerc (Av. de la)	B2
Dôme (Place du)	B3
Dominos (Pl. des)	D2
Douces (voie des)	B3
Ellipse (Pl. de l')	A3
Essling (d')	C-D1
Félix Pyat	A3-B4
François Rabelais	A2
Frank Kupka (Bd)	A3
Franklin (Passage)	C3
Galliéni (Square)	C3
Gambetta (Av.)	C1
Général Audran (du)	D-E2
Général de Gaulle (Av. du)	A-B4
Général de Gaulle (Esp.)	C-D2
Hémicycle (Pl. de)	A3
Henri-Regnault (Pl.)	B2
Henri Regnault	B1-C2
Henri Regnault (Sq.)	B1
Hoche	A3
Horlogerie (voie de l')	B-C3
Iris (Pl. et Ter. de d')	D2
Jacques Villon	C3
Jean-Rodolphe Perronet	A-B2
Jetée (La)	A2
Jean Moulin (Av.)	C3
Léonard de Vinci (Av.)	A1
Longues Raies (des)	A3
Louis Blanc	D1-2
Louis Pouey	B-C4
Michel Ange	A-B2
Michelet (et Cours)	C-D3
Michets-Petray (Av. des)	B3
Mission Marchand (Bd)	A-B1
Neuilly (Bd de)	D-E2
Neptune	E2
Pablo Picasso (Av.)	A3-4
Paradis (et Sq.)	C3
Parvis (le)	B2
Paul Lafargue	D3
Perronet (av.) Nord / Sud	B2
Pierre Gaudin (Bd)	D3-E2
Pdt Paul Doumer (q. du)	E1-2
Président Wilson (av. du)	B3
Pyramide (Pl. et Patio de la)	C3
Reflets (Pl., Ter. et Patio des)	C2
Renaissance (esc. de la)	A1
République (de la)	C-D3
Ronde (Place)	A3
Saisons (Pl. et Sq. des)	D2
Sculpteurs (Voie des)	D2
Ségofin	B-C1
Seine (Place de)	E2
Serpentine	B1
Strasbourg (de)	C2-D1
Sud (Place du)	C3
Triangle (crs du)	A2
Valmy (Crs et Ter.)	A3
Valmy (de)	A-B2
Vivaldi (Square)	E2
Vosges (Pl. et Al.)	C2

Résidences, Tours, Immeubles	Plan
Adria	A2
Allianz Acacias	D3
Allianz Athéna	D3
Allianz Neptune	E2
Ampère	C1
Ancre (Résidence de l')	D2
Areva	B2
Ariane	C3
Atlantique	C3
B	B1
Balzac	C-D2
Basalte	A3
Bellini (Résidence)	DE3
Berkeley Buildind	B1
Boieldieu (Résidence)	B-C3

bread
milk
oj
lettuce
tomatoes
yogurt
cheese
flat water
fizzy water

→ salad makings
→ bread
→ flat water (2)
→ yogurt

Blvd des Batignolles/
Rue de Moscou

Louis Philippe
Tresor
Miron
Turenne.

* Rue du Treso
4° / L8
Bonton (children)
3° / M7
* Tumbleweed (toys)
19 Rue de Turenne
(R. St Paul becomes
rue de Turenne)
* Mi Amor
10 Rue du pont Louis Philippe
4° (hats & scarves)
* Petit Pan Bebe
39 rue Francois Miron
4° L8

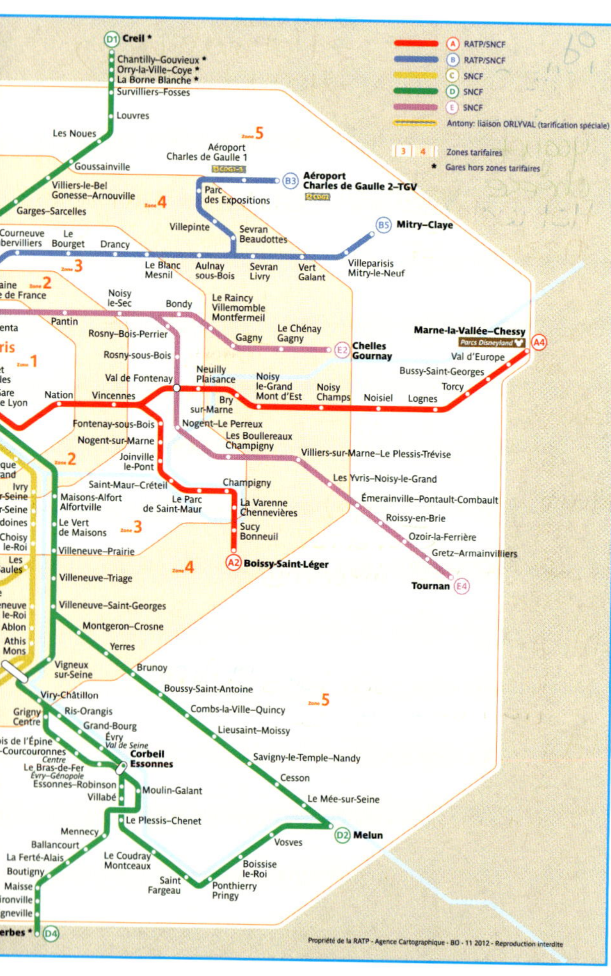
RATP/SNCF
RATP/SNCF
SNCF
SNCF
SNCF
Antony: liaison ORLYVAL (tarification spéciale)
Zones tarifaires
* Gares hors zones tarifaires
Creil *
Chantilly–Gouvieux *
Orry-la-Ville–Coye *
La Borne Blanche *
Survilliers–Fosses
Louvres
Les Noues
Goussainville
Villiers-le-Bel Gonesse–Arnouville
Garges–Sarcelles
Aéroport Charles de Gaulle 1
Aéroport Charles de Gaulle 2–TGV
Parc des Expositions
Villepinte
Sevran Beaudottes
Mitry–Claye
Villeparisis Mitry-le-Neuf
Le Bourget
Drancy
Le Blanc Mesnil
Aulnay sous-Bois
Sevran Livry
Vert Galant
Noisy le-Sec
Bondy
Le Raincy Villemomble Montfermeil
Pantin
Rosny–Bois-Perrier
Gagny
Le Chénay Gagny
Chelles Gournay
Marne-la-Vallée–Chessy
Parcs Disneyland
Val d'Europe
Bussy-Saint-Georges
Torcy
Rosny-sous-Bois
Val de Fontenay
Neuilly Plaisance
Noisy le-Grand Mont d'Est
Noisy Champs
Noisiel
Lognes
Nation
Vincennes
Bry sur-Marne
Fontenay-sous-Bois
Nogent–Le Perreux
Les Boullereaux Champigny
Nogent-sur-Marne
Villiers-sur-Marne–Le Plessis-Trévise
Joinville le-Pont
Les Yvris–Noisy-le-Grand
Saint-Maur–Créteil
Champigny
Émerainville–Pontault-Combault
Maisons-Alfort Alfortville
Le Parc de Saint-Maur
La Varenne Chennevières
Roissy-en-Brie
Le Vert de Maisons
Sucy Bonneuil
Ozoir-la-Ferrière
Villeneuve–Prairie
Gretz–Armainvilliers
Boissy-Saint-Léger
Villeneuve–Triage
Tournan
Villeneuve-Saint-Georges
Montgeron–Crosne
Yerres
Brunoy
Vigneux sur-Seine
Boussy-Saint-Antoine
Viry-Châtillon
Combs-la-Ville–Quincy
Grigny Centre
Ris-Orangis
Grand-Bourg
Lieusaint–Moissy
Évry Val de Seine
Corbeil Essonnes
Savigny-le-Temple–Nandy
Le Bras-de-Fer Évry–Génopole
Essonnes–Robinson
Villabé
Moulin-Galant
Cesson
Le Mée-sur-Seine
Le Plessis–Chenet
Melun
Mennecy
Ballancourt
La Ferté-Alais
Boutigny
Maisse
Le Coudray Montceaux
Vosves
Boissise le-Roi
Saint Fargeau
Ponthierry Pringy
Propriété de la RATP - Agence Cartographique - BO - 11 2012 - Reproduction interdite

Résidences, Tours, Immeubles	Plan
C1	A-B1
Carpe Diem	C2
CB 21	D2
CBC	B3-4
Chartis	C2
CNIT	B2
Cèdre	A1
City Défense	C2
Cœur Défense	C2
Coface (Le)	D3
Colisée	AB1
Collines de l'Arche (Les)	AB2
Damiers d'Anjou	E2
Damiers de Bretagne	DE2
Damiers de Champagne	D2
Damiers de Dauphiné	D2
Dauphins (Résidence les)	B1
Defacto	C2
Defacto La Gallery	D2
Défense (Résidence la)	B3
Défense 2000 (Résidence)	B4
Défense Plaza	C3
Descartes	C2
Dexia	C2
Diamant (Le)	C3
EDF	C3
Egée	B2
Ellipse	C2
Elysées-La Défense	B3
Espace 21	A3
Europe	C2
Europlaza	C2
Eve (Tour)	C3
Exaltis Mazars	C2
Fayette (La)	C1
First	D2
Franklin	C3
Gallieni (Le)	C3
Galion (Le)	D3
Gambetta (Tour)	B1
GDF Suez	B1
Grande Arche (La)	AB2
Granite	A3
Guillaumet (Le)	AB4
Guynemer	B1
IFPASS	B4
Ile de France	C3
Jean Monnet	C2
Kupka (A-B-C)	A3
KPMG	A3
Lavoisier	C1
Linea	C3
Logica	C2
Lorraine (Résidence)	C2
Lotus	B1
Louis Pouey (Résidence)	B3
Maison de la Défense	B2
Manhattan	D2
Manhattan Square	D2
Maréchal Leclerc (Résid. du)	B2
Michelet - Gan Groupama (Le)	D3
Minerve (Résidence)	D3
Miroirs (Les)	D2
Monge	C2
Neuilly-Défense (Résidence)	D2
Newton	C1-2
Opus 12	C3
Pacific (la)	A3
Palatin I - II - III (Le)	A2
Pascal	B3
Passage de l'Arche	A-B3
Platanes (Résidence les)	C3
Praetorium	C2
Prisma	D2
Pyramidion / C2	A1
Renaissance (Hôtel)	A3
RTE Nexity	D-E3
Saisons (Les)	D2
Séquoia SFR	B2
SCOR	B3
SGAM	B2
Sirène (Résidence la)	C2
Société Générale	A3
Total-Coupole	C2
Total-Galilée	C-D3
Total-Michelet	C3
Triangle de l'Arche (LE)	A2
Vinci (Le)	A2
Vision 80 (Résidence)	C-D2
Voltaire	B3
Wilson (Le)	A4
Winterthur	B3

Renseignements pratiques	Plan
Commissariat	C2
Pôle Universitaire Léonard de Vinci	A1-2
Poste - CNIT	B2
Pompiers	C2
RER A / Métro ligne 1 / SNCF : La Défense Grande Arche	B3
Métro ligne 1 : Esplanade de la Défense	D2
Info-Défense - Musée	C2
CNIT Paris la Défense	B2
Comité Départemental du Tourisme 92 (CDT92)	B2
Le Toit de la Grande Arche	A2
Notre-Dame de la Pentecôte	B2

Editions A. LECONTE
8-10, avenue Henri Barbusse - BP 120
94208 IVRY-sur-SEINE Cedex - Tél. : 01 46 58 65 44
e-mail : contact@editions-leconte.com
Site : www.editions-leconte.com
R.C.S. CRETEIL B572 140 788
Dépôt légal 3ème trimestre 2013 - Modèle déposé - Reproduction interdite
Imprimerie Moderne de l'Est - 25110 Baume-les-Dames
MADE IN FRANCE

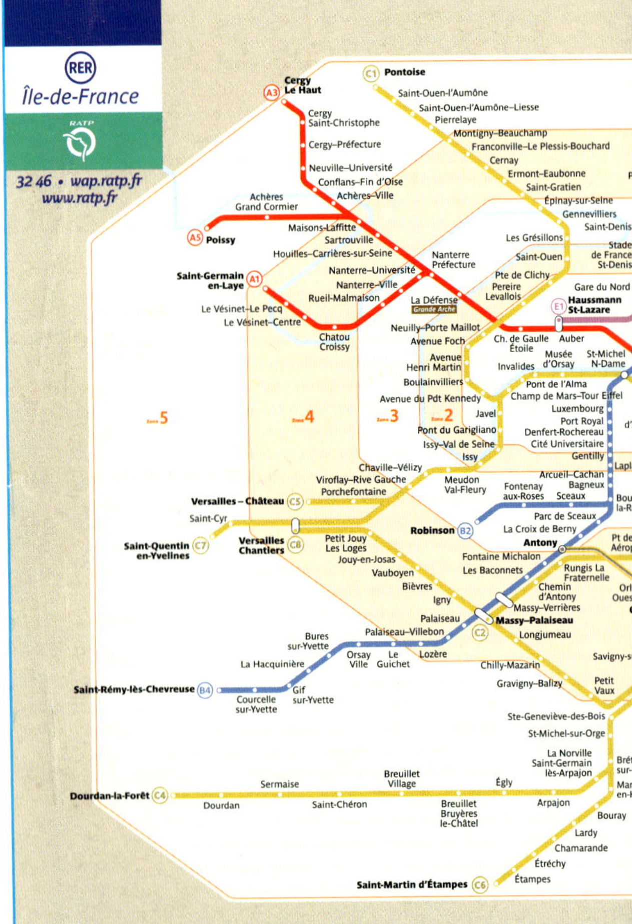

RER
Île-de-France
RATP
32 46 • wap.ratp.fr
www.ratp.fr
Cergy Le Haut
Cergy Saint-Christophe
Cergy–Préfecture
Neuville–Université
Conflans–Fin d'Oise
Achères–Ville
Achères Grand Cormier
Poissy
Maisons-Laffitte
Sartrouville
Houilles–Carrières-sur-Seine
Saint-Germain en-Laye
Nanterre–Université
Nanterre–Ville
Rueil-Malmaison
Le Vésinet–Le Pecq
Le Vésinet–Centre
Chatou Croissy
Pontoise
Saint-Ouen-l'Aumône
Saint-Ouen-l'Aumône–Liesse
Pierrelaye
Montigny–Beauchamp
Franconville–Le Plessis-Bouchard
Cernay
Ermont–Eaubonne
Saint-Gratien
Épinay-sur-Seine
Gennevilliers
Saint-Denis
Les Grésillons
Saint-Ouen
Stade de France St-Denis
Nanterre Préfecture
Pte de Clichy
Pereire Levallois
Gare du Nord
Haussmann St-Lazare
La Défense
Grande Arche
Neuilly–Porte Maillot
Avenue Foch
Ch. de Gaulle Étoile
Auber
Musée d'Orsay
St-Michel N-Dame
Avenue Henri Martin
Invalides
Boulainvilliers
Pont de l'Alma
Champ de Mars–Tour Eiffel
Avenue du Pdt Kennedy
Luxembourg
Port Royal
Denfert-Rochereau
Cité Universitaire
Gentilly
Javel
Pont du Garigliano
Issy–Val de Seine
Issy
5
4
3
2
Chaville–Vélizy
Viroflay–Rive Gauche
Porchefontaine
Meudon Val-Fleury
Versailles – Château
Saint-Cyr
Saint-Quentin en-Yvelines
Versailles Chantiers
Petit Jouy Les Loges
Jouy-en-Josas
Vauboyen
Bièvres
Igny
Palaiseau
Palaiseau–Villebon
Arcueil–Cachan
Bagneux
Fontenay aux-Roses
Sceaux
Parc de Sceaux
Robinson
La Croix de Berny
Antony
Fontaine Michalon
Les Baconnets
Rungis La Fraternelle
Chemin d'Antony
Massy–Verrières
Massy–Palaiseau
Longjumeau
Bures sur-Yvette
La Hacquinière
Orsay Ville
Le Guichet
Lozère
Chilly-Mazarin
Gravigny–Balizy
Petit Vaux
Savigny-su
Saint-Rémy-lès-Chevreuse
Gif sur-Yvette
Courcelle sur-Yvette
Ste-Geneviève-des-Bois
St-Michel-sur-Orge
La Norville Saint-Germain lès-Arpajon
Sermaise
Breuillet Village
Égly
Dourdan-la-Forêt
Dourdan
Saint-Chéron
Breuillet Bruyères le-Châtel
Arpajon
Bouray
Lardy
Chamarande
Étréchy
Étampes
Saint-Martin d'Étampes
Lapla
Bour la-Re
Pt de Aérop
Orly Ouest

8
J
K
9
10
11
5
6
14
ST-MICHEL NOTRE-DAME
ST-MICHEL
MABILLON
ODÉON
CLUNY LA SORBONNE
MAUBERT MUTUALITE
LUXEMBOURG
PORT ROYAL
PREFECTURE DE POLICE
CITE
Q. DU MARCHÉ NEUF
Q. ST-MICHEL
NOTRE DAME
Parvis Notre-Dame Pl. J. Paul II
DE MONTEBELLO
BOULEVARD
SAINT
MICHEL
SAINT GERMAIN
BOULEVARD DE PORT ROYAL
PALAIS DU LUXEMBOURG
Sénat
JARDIN DU LUXEMBOURG
Fontaine de Médicis
Musée de Cluny
Université Paris V
Université Paris VI
Université Paris VII
Académie de Chirurgie
Lycée St-Louis
Lycée Fénelon
St-Sulpice
Ec. Nat. des Chartres Universités Paris III Paris IV Sorbonne
Collège de France
Lycée Louis Le Grand
Biblio. Ste Geneviève
Universités Paris I-II
PANTHÉON
Pl. du Panthéon
Lycée Henri IV
St-Etienne du-Mont
Jardin Carré
Sq. P. Langevin
Ecole Nat. Sup. des Mines
Musée Minéralogique
Institut Océanographique
Musée Curie
Ecole Nat. Sup. de Chimie
Institut Curie
Ecole Normale Sup.
Ecole Nat. Sup. Arts Déco.
Inst. Nat. des Jeunes Sourds
Lycée Lavoisier
Ecole Normale Sup.
Ecole Sup. de Physique et de Chimie Industrielle
Musée de Santé des Armées
VAL DE GRÂCE
Inst. Nat. d'Agronomie
MATERNITE PORT-ROYAL
COCHIN
E.N.A.
St-Jacques du Ht Pas
PLACE MONGE
Rue Soufflot
Rue Mouffetard
Rue Clovis
Rue des Ecoles
Rue de Vaugirard
Rue Gay Lussac
Rue d'Ulm
Rue Claude Bernard
Rue Lhomond
Rue Saint-Jacques
Rue Broca
Rue Pascal
Rue des Feuillantines
Rue Henri Barbusse
Rue de Tournon
Rue de Condé
Rue de Médicis
Rue Monsieur le Prince
Rue Racine
Rue Cujas
Rue Descartes
Rue Tournefort
Rue Berthollet
Rue Michelet
Rue Auguste Comte
R. Royer Collard
R. Malebranche
R. Le Goff
R. de l'Abbé de l'Epée
R. des Ursulines
R. L. Thuillier
R. Erasme
R. Amyot
R. du Pot de Fer
R. Vauquelin
R. Lagrange
R. Dante
R. Domat
R. Galande
R. Monge
R. Clotilde
R. de l'Estrapade
R. Thouin
R. Ortolan
Av. de l'Observatoire
Pl. E. Rostand
Pl. de l'Odéon
Pl. de la Sorbonne
Pl. Ste Geneviève
Pl. de la Contrescarpe
Pl. A. Laveran
Pl. P. Lampué
TAXI
RER